WERNER GOEZ

GESTALTEN DES HOCHMITTELALTERS

WERNER GOEZ

GESTALTEN DES HOCHMITTELALTERS

PERSONENGESCHICHTLICHE ESSAYS IM ALLGEMEINHISTORISCHEN KONTEXT

1983

WISSENSCHAFTLICHE BUCHGESELLSCHAFT

DARMSTADT

CIP-Kurztitelaufnahme der Deutschen Bibliothek

Goez, Werner:
Gestalten des Hochmittelalters: personengeschichtl. Essays im allgemeinhistor. Kontext / Werner Goez. – Darmstadt: Wissenschaftliche Buchgesellschaft, 1983.
ISBN 3-534-09078-0

1 2 3 4 5

Bestellnummer 9078-0

Satz: Maschinensetzerei Janß, Pfungstadt
Druck und Einband: Wissenschaftliche Buchgesellschaft, Darmstadt
Printed in Germany
Schrift: Linotype Garamond, 9/11

ISBN 3-534-09078-0

DEN FREUNDEN GEWIDMET

INHALT

D. Spätere Stauferzeit (1198–1254)

GESTALTEN DES HOCHMITTELALTERS ?

Eine Vorüberlegung

„Il problema dei problemi: come ricostruire un personaggio storico?"
Raoul Manselli (Assisi, 17. 10. 81)

„Alle Geschichte läßt sich nur unter Verbindung von Einzigartigkeiten und Gemeinsamkeiten wissenschaftlich betreiben."
Martin Buber (Königtum Gottes, Vorwort zur 3. Aufl. 1956, S. LI)

„Erzählung ist das Element, das Argumentation und Urteil in sich aufnimmt und vermittelt."
Kurt Ruh (Nesslau, 28. 8. 82)

Verehrter Leser, nicht ohne Zögern lege ich dieses Buch in Ihre Hand, und ich möchte Ihnen meine Bedenken verdeutlichen. Ist es heute noch an der Zeit, als Universitätslehrer der Geschichtswissenschaft eine Reihe biographischer Essays zu veröffentlichen, obwohl gegenwärtig eher Strukturen, Quantitäten und Mentalitäten im Vordergrund der historischen Forschung stehen? Muß ich nicht fürchten, selbst wieder 'Heldengeschichte' geschrieben zu haben, der gegenüber wir nach den bitteren Erfahrungen aus der ersten Hälfte dieses Jahrhunderts mißtrauisch geworden sind? Und ist es überhaupt für einen kritischen Gelehrten möglich, guten Gewissens Einzelgestalten aus einer Zeit zu präsentieren, die so weit von uns entfernt ist – nicht allein bezüglich der Jahre, sondern noch stärker bezüglich ihrer Denk- und Lebensformen – und für deren Rekonstruktion nur eine höchst trümmerhafte Überlieferung zur Verfügung steht? Daß Derartiges auf dem Büchermarkt angeblich wieder 'geht', kann dafür kein ernsthaftes Argument darstellen!

Keiner der biographischen Essays, die im vorliegenden Buch enthalten sind, steht für sich allein und soll lediglich eine 'interessante Persönlichkeit' vergegenwärtigen, – obwohl mir auch dieses als lohnendes Ziel erschiene. Jedes der Lebensbilder illustriert und diskutiert an einem individuellen Schicksal zugleich Möglichkeiten und Schranken menschlicher Existenz unter bestimmten gesellschaftlichen, politischen und geistigen Rahmengegebenheiten. Bei Martin Buber fand ich den Satz: „Alle Geschichte läßt sich nur in der Verbindung von Einzigartigkeiten und Gemeinsamkeiten wissenschaftlich betreiben." Es lohnt, darüber nachzudenken.

Es geht um historisch-biographische, nicht um allgemeine soziologische oder psychologische Sachverhalte. Die Fragestellungen der Sozialwissenschaften liefern wertvolle Erkenntnisse. Aber Leben läßt sich nicht als bloße Summe von Einzelmerkmalen oder als typischer Ablauf ganz begreifen. Statistische Aussagen sind lehrreich, doch aus der alltäglichen Erfahrung wissen wir, daß sie zugleich Distanz schaffen. Nur aus Individualisierung erwächst persönliche Betroffenheit; – und angesichts der uns alle bedrohenden Gefahr emotioneller Vermassung stünde es manchem Zeitgenossen gut an, öfters einmal betroffen zu sein. Ich möchte kein pauschales und anonymes Rollenverhalten demonstrieren, wie es sich die Mentalitätsforschung zur Aufgabe macht, sondern die Bekanntschaft mit bestimmten Personen vermitteln, denen das Schicksal jeweils ihre besondere Rolle zugewiesen hat. Damit ist nicht gemeint, daß hier nur 'die Großen des Mittelalters' Berücksichtigung finden sollen: Herrscher und Heilige. Wir blicken auch auf die Mitglieder anderer Lebenskreise, stoßen dabei freilich an eine unüberschreitbare Schranke: Der Historiker ist immer an die Überlieferung gebunden. Wo die Quellen versagen, muß er verstummen. Innerhalb des Zeitraumes vom 10. bis zum 13. Jahrhundert – diese Spanne ist mit der Epochenbezeichnung 'Hochmittelalter' gemeint – fällt noch kein Licht auf das Leben von Individuen aus den zahlenstärksten Bevölkerungsgruppen: Bauern, Bürgern und Bettlern. Vergleichsweise wenige Personen sind es, die überhaupt aus der Anonymität der Geschichtslosigkeit heraustreten. So wird uns Unvollständigkeit aufgezwungen.

Trotzdem wird hier ein breiteres Spektrum hochmittelalterlicher Lebensformen und Existenzmöglichkeiten am Beispiel einzelner historischer Gestalten geboten, als dies bislang in der mir bekannten wissenschaftlichen Literatur geschah. In jedem der vier chronologisch strukturierten Hauptteile wird von einem Herrscher, einem Papst, einem Bischof, einem Mönch, einem Mitglied der Laienschaft – unterschiedlich nach Stand –, einer Frau und einem 'Literaten' gehandelt, in dessen Schriften sich eigene Existenz wie Zeitsituation widerspiegeln.* Ein Herrscher: es mag ein Kaiser oder König sein. Ein Bischof: abweichend von der allgemeinen Disposition werden im zweiten Abschnitt gleich drei vorgestellt, um die Unterschiedlichkeit zu erläutern, mit der man im Episkopat auf jene unerhörte Zerreißprobe antwortete, die wir verkürzend 'Investiturstreit' nennen. In jedem der biographischen Essays bleibt Wichtiges ungesagt; denn in der Regel läßt sich nicht mehr der gesamte Lebensweg rekonstruieren. Manchmal muß man sich mit wenigen Einzelszenen begnügen; um Allerprivatestes kann es dem Historiker ohnehin nicht gehen.

Denn ich rede nicht von erfundenen Personen, wie sie der Dichter erschafft. Poetische Wahrheit kann mehr sein als historische Wirklichkeit, weil sie nicht dazu verurteilt ist, gleich den Aussagen der Geschichtswissenschaft immer nur Fragment zu bleiben. Die Entscheidung, prinzipiell auf die dichterische Ganzheit zu verzichten, war schmerzlich. Wie unmittelbar läßt sich beispielsweise in der mittelhochdeutschen Verserzählung vom ›Meier Helmbrecht‹ ständische Gebundenheit und soziales Aufbegehren eines Bauernsohnes aus dem 13. Jahrhundert miterleben! Doch selbst der unerhörte Realitätsgrad einer solchen,

* Die Erstveröffentlichung dieses Buches erfolgt im Rahmen der ›Billigen Wissenschaftlichen Reihe 1983‹. Da der Gesamtumfang der jährlich erscheinenden Bände festliegt und aus verlegerischen Gründen nicht überschritten werden kann, mußte die ursprüngliche Auswahl des Autors leider beschränkt werden. Dies geschah jedoch in vollem Einvernehmen zwischen Autor und Verlag. Die Kürzung wurde so vorgenommen, daß die Ausgewogenheit der vier Hauptteile und des Gesamtkonzepts möglichst wenig beeinträchtigt wurde. Die in der Erstauflage zurückgestellten, bei einer etwaigen Neuauflage zusätzlich aufzunehmenden Essays betreffen: A. Ottonenzeit: Kaiserin Adelheid; Papst Gregor V. B. Salierzeit: Kaiser Konrad II.; Otloh von Sankt Emmeram, Theologe und Hagiograph. – C. Frühe Stauferzeit: Papst Hadrian IV.; Konrad von Wittelsbach, Erzbischof von Mainz und von Salzburg. – D. Spätere Stauferzeit: Papst Innozenz III.; König Heinrich (VII.).

'aus dem Leben gegriffenen' Dichtung steht prinzipiell unter dem Vorbehalt poetischer Fiktion. Das einzige, worin sich der Historiker dem Dichter überlegen erweist, ist in der Faktizität seines Gegenstandes begründet. Er verfügt nicht über menschliches Handeln und Erleiden, sondern hat es getreulich einer sich wandelnden Gegenwart weiterzusagen. (Um Mißverständnisse auszuschließen: Natürlich stellt auch die Poesie eine historische Quellengattung dar. Oft genug ist die Geschichtswissenschaft genötigt, sie für ihre Zwecke auszubeuten. Vor allem die Mentalitätsforschung kann gar nicht darauf verzichten. Als Beispiel mag der Essay über Walther von der Vogelweide dienen.)

Es mag freilich sein, daß die prinzipielle Unterscheidung zwischen Geschichte und Kunst klarer erscheint, als sie es in Wirklichkeit ist. Der Einwand liegt nahe: Verfällt der Historiker nicht einer Selbsttäuschung, wenn er gegenüber allem dichterischen Fiktionalismus auf den realen Ereignischarakter seiner Aussagen pocht und sich dafür auf eine Überlieferung stützt, in welcher es an Fehlinformationen wahrlich nicht mangelt: unbeabsichtigten Irrtümern, tendenziöser Berichterstattung, literarischer Stilisierung oder auch nur einer naiven Erzählfreude, die mehr sagt, als sie tatsächlich weiß? Auf das große Kapitel 'Geschichte und Rhetorik' wäre hinzuweisen. Ich habe mich um Kritik der Quellen bemüht – sicherlich trotz aller Anstrengung und einer gewissen Erfahrung nicht überall mit Erfolg. Tröstlich ist, daß jedes wissenschaftliche Bestreben nur den Teil eines Gespräches darstellt, das über die Lebenszeit des einzelnen Gelehrten hinausreicht: Andere werden mich korrigieren. Im allgemeinen hoffe ich, den Wahrscheinlichkeitsgrad der Aussagen deutlich angesprochen zu haben, wenn Zweifel am Platz zu sein scheinen. Es gibt freilich auch ein Zuviel an Kritik. Nicht jeder geschliffene Ausspruch muß unecht sein; nicht jede bildhaft geschlossene Szene ist erst durch die geschickte Redaktion eines Chronisten entstanden! Natürlich bleibt vieles eine Ermessensfrage; es sei angemerkt, daß ich mich dabei nicht von den allerersten Ergebnissen einer Psychologie der Geschichte oder den jüngsten Konzepten einer historischen Verhaltensforschung leiten ließ. Doch soll mit dieser Enthaltsamkeit kein Urteil über derartige methodische Neuansätze gefällt werden!

Goethe spricht im ›Faust‹ – erster Teil, Szene: 'Wald und Höhle' –

von „der Vorwelt silbernen Gestalten".* Er meint damit: Verglichen mit den Lebenden und den Geschöpfen der dichterischen Phantasie bleiben die Menschen der Geschichte, welche der Historiker aus den Quellen neu zu erwecken sucht, immer nur blaß und schattenhaft; sie scheinen gleichsam in ein geisterhaftes Mondlicht getaucht. Goethe hat recht. Dennoch sind es eben keine bloßen Schemen! Meine Darstellung soll möglichst viel von der Lebenswirklichkeit einfangen, in der sie einst standen. Freilich hängt dies wiederum von der Beschaffenheit der Überlieferung und dem Grad der wissenschaftlichen Aufarbeitung ab; bewußt knapp gehaltene Hinweise darauf findet der Leser am Ende des Buches.

Es geht um Gestalten aus einer Epoche, die uns nicht zuletzt dadurch ferngerückt ist, daß sie ein anderes, engeres Verhältnis zu Kirche und Glauben besaß. Ob sie deswegen 'frömmer' war, ist eine kaum zu beantwortende Frage; vieles spricht dafür, manches eher dagegen. Die Analphabeten bildeten die Masse der Bevölkerung, die Schriftkundigen nur eine kleine Minderheit. Schreiben und lesen konnten lediglich jene, die es auf einer Dom- oder Klosterschule gelernt hatten. Das waren Institutionen, welche primär einem geistlichen Zweck dienten. Unsere Überlieferung, ihre Formen und Bewertungskategorien konnten davon nicht unbeeinflußt bleiben. Und auch Personenauswahl wie Darstellungsart dieses Buches sind notwendigerweise dadurch mitbestimmt, trotz der Forderung größtmöglicher Offenheit, die der Autor an sich stellte.

Wir gliedern das Hochmittelalter nach Herrscherdynastien, – nicht um auf einem fragwürdig gewordenen Geschichtsbild zu beharren, sondern weil meines Erachtens bislang noch keine schlüssigere Einteilung in Vorschlag gebracht, geschweige denn allgemein rezipiert wurde. Nicht ohne guten Grund verwenden selbst Kunst- und Literaturhistoriker zumeist diese alteingeführten Epochenbezeichnungen.

Während des Hochmittelalters verschlingt sich die deutsche Geschichte mit derjenigen von 'Reichsitalien' (= Norden und Mitte der

* Mein verehrter Lehrer Paul Kirn († 1965), dessen ich in Dankbarkeit gedenke, hat mich auf das Zitat hingewiesen. Sein lehrreiches und zugleich überaus reizvolles Buch ›Das Bild des Menschen in der Geschichtsschreibung von Polybios bis Ranke‹ (Göttingen 1955) sollte ursprünglich diesen Titel tragen.

Apenninenhalbinsel) in einer besonders innigen, schicksalhaften Weise. Ich habe versucht, diesem Tatbestand bei der Auswahl der behandelten Personen Rechnung zu tragen. Der thematischen Einheitlichkeit wegen wurden dagegen keine Gestalten aus anderen Teilen Europas aufgenommen. Mein Bestreben war, die verschiedenen Regionen innerhalb des 'Reiches' einigermaßen gleichgewichtig zu berücksichtigen. Das war nicht immer möglich. Die Quellensituation mußte bedacht werden. Daß aber auch Persönliches eine nicht unwesentliche Rolle spielte – unterschiedlicher Informationsstand, selbst eigene Vorliebe –, wird man mir hoffentlich zubilligen.

Dieses Buch wurde nicht in der Erwartung niedergeschrieben, man müsse es in einem Zuge von vorn bis hinten durchlesen. Das Interesse des Lesers möge ihn leiten. Jeder der zweiundzwanzig biographischen Essays steht für sich; keiner nimmt unmittelbar auf einen anderen Bezug. Jede der Studien muß deshalb in sich verständlich sein; ich habe trotzdem versucht, auf informelle oder thematische Wiederholungen weitestgehend zu verzichten. Mit Absicht finden sich einige berühmte Namen neben solchen, die unbekannt geblieben oder es inzwischen geworden sind. Also eine Sammlung selbständiger Skizzen; dennoch bilden diese einen Gesamtzusammenhang und besitzen sie ein gemeinsames Ziel.

Im 18. Jahrhundert schrieb man über nicht wenige Musikstücke die Worte: 'für Kenner und Liebhaber'. Es wäre mein Wunsch, auch den Fachkollegen einiges Neue zu sagen, wiewohl das hier nicht mittels ausgedehnter Erörterungen und durch einen großen quellenkritischen Apparat geschehen kann. Denn in erster Linie richte ich das Wort an den geschichtsinteressierten 'Dilettanten'. Im Sprachgebrauch gelehrter Rezensenten besitzt dieser Ausdruck negative Bedeutung. Ich halte das nicht für ganz gerechtfertigt, denn es muß damit nicht Unwissenschaftlichkeit gemeint sein. Zur Zeit von Spätbarock und Wiener Klassik verstanden die Komponisten unter dem 'Dilettanten' denjenigen, der noch lernen, kennenlernen wollte.

Vielleicht sollte man sich öfter daran erinnern, daß dieses italienische Lehnwort mit 'diletto' zusammenhängt, was soviel wie 'Wohlgefallen' und 'Freude' bedeutet. Darum 'erzähle' ich Geschichte, wo immer es die Überlieferung ermöglicht, umschreibe die Spezialbegriffe, soweit dies in knapper Form geschehen kann, und verdeutsche alle Quellenzitate, wobei sich der Leser stets dessen bewußt sein sollte, daß jede Übersetzung zugleich eine Interpretation darstellt. Es wäre gut, wenn die Begegnung mit der Vergangenheit zum Nachdenken über die Nicht-Selbstverständlichkeit der gegenwärtigen Existenz führte, und es wäre schön, wenn das Abenteuer, einige Gestalten des Hochmittelalters näher kennenzulernen, als 'diletto' empfunden würde: als Bereicherung eigenen geistigen Seins.

Erlangen und Florenz, im Frühjahr 1982 Werner Goez

A. OTTONENZEIT
(919–1024)

Der Lebensrahmen:

Nach dem Zerfall des fränkischen Großreiches der Karolinger formieren sich Deutschland und Frankreich als eigene Staatsgebilde. Unter Otto I. wird die folgenschwere Verbindung nach Italien geschlagen. Seit 962 beansprucht der deutsche Herrscher auch die Kaiserkrone.

Allmählicher Beginn einer Bevölkerungsvermehrung mit spürbarem West-Ost-Gefälle, zunehmende Verdichtung der Marktorte. Doch ist das Leben in den Städten – in Deutschland vor allem den Bischofsresidenzen – wie auf dem Land noch herrschaftlich organisiert.

Der ottonische Ausgriff in die westslawischen Gebiete – ein militärisch-missionarisches Unternehmen, mit dem weithin noch kein Siedlungsvorgang von bedeutenden Dimensionen verbunden ist – wird durch den großen Rückschlag von 983 (Slawenaufstand) vorerst zum Stillstand gebracht.

Das traditionelle, schon von den Karolingern politisch wie administrativ genutzte enge Verhältnis zwischen Krone und Kirche wird ausgebaut (Reichskirchensystem). Die sakrale Stellung des Königs steht fest. Vor allem im klösterlichen Bereich anlaufende Reformbewegungen gefährden noch nicht Selbstverständnis und Herrschaftspraxis der Krone.

KÖNIG HEINRICH I.
(919–936)

Wer über Gestalt und Werk Heinrichs I. nachdenkt, sieht sich mit einer doppelten Schwierigkeit konfrontiert: dem fast vollständigen Mangel an zeitgenössischer Überlieferung und dem Übermaß an späterer Stilisierung. Schon frühzeitig hat sich die Sage dieses Königs bemächtigt; aus keiner Epoche der hochmittelalterlichen Geschichte sind so wenige Quellen erhalten wie aus derjenigen des ersten ottonischen Herrschers. Dabei waren es ohne Zweifel schlechthin entscheidende Jahre.

„Wer hätte nicht von Heinrich dem Finkler gehört, wie er am Vogelherde saß, als Eberhard und die Franken mit der Krone zu ihm kamen und ihn zum Throne beriefen?" Der Ranke-Schüler Wilhelm von Giesebrecht schrieb diesen Satz 1855 nieder; mit seiner vielgelesenen ›Geschichte der deutschen Kaiserzeit‹ begann eine neue Phase wissenschaftlich-kritischer und zugleich nationalistisch-emotioneller Historiographie. Damals gab es kein deutsches Reich; ein halbes Jahrhundert zuvor war es unrühmlich zugrunde gegangen (1806) und sollte erst sechzehn Jahre später wieder neu proklamiert werden, unter Vorstellungen und in Formen, deren Problematik sich dann in unserem Jahrhundert voll enthüllte. Die Gegenwart, in welcher der Historiker Giesebrecht lebte, war verworren und enttäuschte viele. Daher suchte man im Rückblick auf eine romantisch verklärte Vergangenheit Hoffnung für eine ungewisse Zukunft. Kein hochmittelalterlicher Herrscher, den man damals 'deutscher' empfand als diesen Ottonen! Das Gedicht des Österreichers Johann Nepomuk Vogl ›Herr Heinrich saß am Vogelherd‹ wurde in der gefälligen Vertonung durch den Stettiner Musikdirektor Carl Loewe eine der populärsten Balladen jener sangesfrohen Zeit. Und in Wagners ›Lohengrin‹ – uraufgeführt an Goethes Geburtstag 1850 in der Goethestadt Weimar, der 'heimlichen Hauptstadt' eines 'Deutschlands der Dichter und Denker' – betrat der gleiche Herrscher sogar in strahlendem C-Dur die Bühne. Erklärte Vogl die Wahl

„Kaiser" Heinrichs für „deutschen Reiches Will'", so bezeugte bei Richard Wagner der „Finkler" – wie Heinrich I. im Personenverzeichnis des Operntextes genannt wird – gemeinsam mit den sächsischen und brabantischen Edlen die Kampfes- und Verteidigungsbereitschaft „für deutschen Reiches Ehr'"!

Hier liegen gleich mehrere Mißverständnisse und Geschichtslegenden vor. Zwei davon sind leicht zu entlarven: Heinrich brachte es niemals zur Kaiserwürde; den Romzug, welchen er angeblich in den letzten Lebensjahren plante, verhinderte der Tod. Und erst zweihundert Jahre später findet sich die Erzählung, der Sachsenherzog habe die Mitteilung über die Wahl zum König – für ihn selbst völlig unerwartet – während der Vogeljagd mit Netzen und Leimruten erhalten. Es handelt sich eindeutig nicht um echte Tradition, sondern lediglich um ein 'artig Märlein'. In Wirklichkeit besteht kein Zweifel daran, daß sich nach Konrads I. Tod am 23. Dezember 918 die Vertreter des (mittelrhein- und main-)fränkischen und des (westfälisch-nieder-)sächsischen Stammes in langwierigen Verhandlungen, die sich bis in den Mai erstreckten, auf Heinrich als neuen Herrscher einigten und er am Zustandekommen der Entscheidung selber maßgeblich beteiligt war. Dieser Fürst wartete nicht untätig, bis ihm alles ohne sein Zutun in den Schoß fiel. Freilich verdarb er sich seine Chancen auch nicht durch voreilige Ungeduld. Offenbar war Heinrich ein guter Politiker; das macht es gewiß nicht leichter, ihn nach über tausend Jahren in seiner Handlungsweise verstehen zu wollen.

Menschliches Handeln wurzelt in der Vergangenheit. Die Macht der Frankenkönige, welche auch die 'deutschen' Stämme ihrem Großreich eingefügt hatten, war im Lauf des 9. Jahrhunderts durch äußere Not und innere Uneinigkeit immer mehr dahingeschwunden. Es stellte eine merowingische Gewohnheit dar, die Herrschaft im Kreis der Königsfamilie aufzuteilen, weil man allen ihren Mitgliedern die Teilhabe an einem erblichen, übernatürlichen 'Heil' zutraute; überall mochten die Äcker grünen, die Herden sich mehren, wenn ein Sippengenosse dort regierte. Die Karolinger übernahmen den Brauch; doch er führte zur Zerrüttung des Reiches. Zusehends versagte die Krone bei der Abwehr raubgieriger Nachbarn: der Normannen, Sarazenen, Slawen, endlich der Ungarn. Sichtlich degenerierten die Nachkommen Karls des Großen. Da auf ihre Hilfe nicht länger zu hoffen war, scharte man sich bei den in Mitleidenschaft gezogenen Stämmen um mächtige Herren von erlauchtem Blut, die aufgrund der bewährten Kriegstüchtigkeit, der Stärke ihrer Gefolgschaft und des ererbten Reichtums am ehesten befähigt schienen, Frieden, Schutz und Schirm in ihrem Umkreis zu gewährleisten.

Not-Wendigkeit und Selbsthilfe haben an der Schwelle zum 10. Jahrhundert zur Errichtung des 'jüngeren Stammesherzogtums' geführt. Das ist ein modernes Kunstwort der Verfassungshistoriker; die zeitgenössischen Quellen sprechen von 'Reichen' (regna). Ihre Führer betitelte man unterschiedlich. 'Comes' (Graf) – darin kam zum Ausdruck, daß es sich durchweg um Große handelte, die sich schon im Dienst der Karolinger ausgezeichnet hatten, denn die Grafschaft stellte den wichtigsten Baustein der politischen Organisationsform dar, welche von den Frankenkönigen aufgerichtet worden war. Obwohl das Reich immer lockerer und hinfälliger wurde – seine Tradition bestimmte weiterhin unangefochten die Auffassung vom Wesen der Staatlichkeit. Daß man trotz der Schwäche der Krone noch im 'regnum Francorum' lebte, wurde bei Rhein- und Mainfranken, Lothringern, Schwaben, Bayern, Thüringern und Sachsen (– immer im Sinn der heutigen Niedersachsen und Westfalen –) nicht in Zweifel gezogen.

Doch es findet sich in der ältesten Überlieferung gelegentlich auch die Bezeichnung 'princeps' (Fürst). Sie verdeutlicht, daß man die Macht jener Herren keineswegs lediglich als delegierte, vom fränkischen Thron abgeleitete Herrschaft ansah. Der 'princeps' führte sein Amt kraft eigenen Rechts. Wie Königtum und Adelsherrschaft war die fürstliche Gewalt 'unmittelbar zu Gott', heilsbezogen, letztlich rational nicht ganz auszuloten. Zwischen ihr und der Krone bestand somit eine wesensmäßige Konkurrenz, die zwar zeitweilig politisch überdeckt, aber im Grunde niemals ganz ausgeräumt werden konnte. Dieser Tatbestand sollte sich im gesamten Verlauf des Mittelalters und der frühen Neuzeit nicht prinzipiell verändern; er war und blieb kennzeichnend für das 'erste Reich der Deutschen'.

Am häufigsten verwendete man in den Quellen jedoch den Titel 'dux' (Herzog). Bei diesem Wort stand die militärische Aufgabe im Vordergrund. Ähnlich den karolingischen Markgrafen an den Außengrenzen, doch im Unterschied zu den Grafen, besaß der Herzog das Recht, den Heerbann seines Landes aufzubieten, zum Krieg gegen auswärtige

Feinde, aber auch zum Kampf gegen Widersacher im Reichsinnern. Unter den 'deutschen' Stämmen waren Bayern und Sachsen am meisten gefährdet; bei ihnen kam es besonders rasch zur Ausbildung der neuen Verfassungsform. Fast unangefochten erlangte je eine Familie aus dem heimischen Hochadel die Führungsposition. Man nennt sie nach prominenten 'Spitzenahnen' Luitpoldinger und Liudolfinger (Ottonen).

Von allen germanischen Völkerschaften waren die Sachsen am spätesten ins Frankenreich eingegliedert und christianisiert worden. In jenen Jahren, als Karl der Große den letzten erbitterten Widerstand mit blutiger Härte brach, dürfte Liudolf geboren worden sein, namengebendes Sippenhaupt und Großvater Heinrichs I. Er gehörte einem Geschlecht an, das früh und entschieden auf die Seite der Sieger trat. Es war sicher kein biographischer Zufall, daß Liudolf seine Gemahlin Oda aus dem bereits stärker frankisierten Hessen holte. Seine weitgestreuten Besitzungen reichten von Westfalen bis an die Slawen- und Dänengrenze, die entlang der Saale und Unterelbe verlief. Besonders massierten sich die Güter in Ostsachsen; hier stiftete Liudolf auf eigenem Boden das Nonnen-Kloster Gandersheim, dem nacheinander seine Töchter Hathumod, Gerberga und Christine als Äbtissinnen vorstanden. Für die berühmten Mönchskonvente Corvey und (Essen-)Werden – fränkische Gründungen auf sächsischem Boden – tätigte er große Schenkungen. Als Liudolf 866 starb, übernahm der ältere Sohn Brun den Hauptteil des Familienerbes und die Grenzhut gegenüber den Dänen. Er vermählte seine Schwester Liutgart sogar mit einem Karolinger, nämlich mit Ludwigs des Deutschen gleichnamigem Sohn, der damals Unterkönig in Sachsen war.

Um die Zeit dieser Eheschließung wurde Bruns und Liutgarts Bruder Otto ein Sohn geboren, der den Namen Heinrich erhielt. Der spätere Herzog und König war also der Neffe eines karolingischen Herrschers, ein Tatbestand, den man nicht unterschätzen darf: Noch war der Glaube an die Heilsmächtigkeit des königlichen Blutes lebendig, und obwohl Heinrich nicht selbst von den Trägern der Krone abstammte, stand er doch mit diesen in einem heilsvermittelnden Familienzusammenhang! Daß freilich ein Enkel Liudolfs einmal selber 'Franken'-König sein würde, lag damals außerhalb des Vorstellbaren. Aber schon für die Übernahme des sächsischen Herzogsamtes mußte diese ehrenvolle 'Ansippung' eine wesentliche Erleichterung darstellen. Nachdem Brun im

Kampf gegen die Normannen 880 den Tod gefunden hatte, erlangte Heinrichs Vater Otto als erster die neue, eben in Entstehung begriffene Führungsposition. Das Heerbannrecht – die allgemeine Befehlsgewalt im Kriege – begründete noch keine Herrschaft über den Adel in Friedenszeiten. Vor allem durch Besitzvermehrung und vornehme Verschwägerung konnten die Liudolfinger nach den Anschauungen der Zeit über den Kreis der anderen Großen hinauswachsen.

Die früheste Nachricht, welche über Heinrich überliefert ist, entbehrt nicht menschlicher Fragwürdigkeit. Sie betrifft seine Ehe mit Hatheburg, der Erbtochter des verstorbenen Grafen Erwin von Merseburg. Es war eine Verbindung, die von Anfang an der Kritik ausgesetzt war. Hatheburg war verwitwet; nach dem Tod des Gatten hatte sie den Schleier genommen und damit nach strengkirchlicher Auffassung lebenslange Ehelosigkeit gelobt. Doch der annähernd dreißigjährige Heinrich stieß sich nicht daran. „Er hörte von der Schönheit der jungen Witwe und nicht minder von der günstigen Lage ihrer ausgedehnten Besitzungen; beides ließ ihn zu ihr in jugendlicher Liebe entbrennen und um sie werben." Sie widerstrebte; aber er gab nicht nach und bewegte sie schließlich doch dazu, alle Einwände aufzugeben. Mit einem Fest, von dem man sich noch nach hundert Jahren erzählte, wurde die Hochzeit gefeiert. Anschließend residierte das Paar in Merseburg. Heinrichs Machtgewinn war erheblich. Hatheburgs Güter befanden sich entlang der Slawengrenze. Es mag damit zusammenhängen, daß Herzog Otto dem Sohn den Auftrag gab, eine Strafexpedition gegen die Daleminzier durchzuführen. Heinrich erwies sich als überaus erfolgreicher Feldherr. Die Slawen befürchteten, durch ihn jegliche Selbständigkeit zu verlieren. Deshalb riefen sie die Ungarn gegen die Sachsen zur Hilfe. Zum ersten Mal erschienen die magyarischen Raubscharen nördlich der Mainlinie, eine breite Spur von Brand, Greuel und Verwüstung hinterlassend. In den Folgejahren kamen sie mehrfach wieder. 908 besiegten sie die Thüringer; Markgraf Burchard fiel in der Schlacht. Daraufhin unterstellten sich seine gedemütigten Stammesgenossen den siegreichen Führern der Sachsen in der Hoffnung, Schutz bei ihnen zu finden. Deshalb kam es bei den Thüringern nicht zur Ausbildung einer eigenen verfestigten politischen Großform – ein historisches Faktum von allgemeiner Bedeutung, nicht nur ein Detail von lediglich landesgeschichtlicher Relevanz!

Hatheburg gebar Heinrich einen Knaben: Thankmar. Doch die von Anfang an stark mit materiellen Erwägungen verknüpften Gefühle des Herzogssohnes schwanden dahin, als sich die Möglichkeit abzeichnete, eine weit bessere Partie zu machen. Es handelte sich um Mathilde, die Tochter des westfälischen Grafen Thiadrich, dem man nachrühmte, in direkter Linie von Karls des Großen sächsischem Hauptgegner Widukind abzustammen. Vor allem Herzog Otto, Heinrichs Vater, setzte sich für das Zustandekommen dieser Verbindung ein. Er schickte einen Vertrauten nach Herford, wo Mathilde bei ihrer Großmutter im Kloster erzogen wurde, um sie in Augenschein zu nehmen. Der Beauftragte – Heinrich hatte bei ihm den Waffendienst erlernt – war offenbar stark beeindruckt. „Wegen ihrer Schönheit und ihres Besitzes" bezauberte sie auch Heinrich. So gab er jetzt den Einwänden Raum, welche vor allem der Bischof von Halberstadt gegen die Rechtsgültigkeit der Ehe mit Hatheburg erhob, und verstieß diese. Die ausgedehnten Grundherrschaften aus dem Erbe des Erwin von Merseburg behielt er freilich in eigener Verwaltung. Ansprüche Thankmars darauf wurden übergangen.

Auf bestimmte politische Fähigkeiten mag hindeuten, was im privaten Bereich charakterlich enttäuscht. Jedenfalls hat die Legende diese traurigen Ereignisse bald verklärt und vor allem die Szene, wie sich Heinrich und Mathilde erstmals begegneten, mit Wandermotiven der Sage ausgeschmückt. Die Haus- und Stammesüberlieferung wischt hinweg, was gegen das erste liudolfingische Königspaar, die Vorfahren späterer Herrscher, sprechen müßte. Statt dessen entwirft sie ein lichtes, schattenloses Bild von dem hochgemuten Jüngling (– in Wirklichkeit zählte er bereits etwa dreiunddreißig Jahre –) und der liebreizenden Jungfrau. Nur in Merseburg, dem Erbgut Hatheburgs, hat man später aufgezeichnet, wie es sich wirklich verhielt.

Man feierte die Hochzeit diesmal nicht in der Heimat der Braut, sondern in Ostsachsen zu Wallhausen (südlich von Quedlinburg am Harz); der Platz gehörte zum liudolfingischen Hausgut und wurde der Braut als Morgengabe übereignet. Heinrich hatte eine glückliche Wahl getroffen. Offenbar erwies sich Mathilde allen Aufgaben gewachsen. Die Quellen rühmen ihr viel Gutes nach. Allerdings zeigte sie gelegentlich allzu deutlich Vorlieben und Abneigungen; auch den eigenen Kindern gegenüber verhielt sie sich nicht immer gerecht. Sie überlebte ihren Mann um mehr als dreißig Jahre. Drei Knaben und zwei Mädchen entsprossen der Ehe. Im Spätherbst 912 gebar Mathilde ihren ersten Sohn; man taufte ihn auf den Namen des Großvaters. Für den greisen Herzog Otto war die Nachricht von der Geburt des Stammhalters die letzte Freude. Er starb wenige Tage danach. Über dreißig Jahre lang hatte er die Sachsen geführt und sich in allen Landesteilen Autorität erworben; auch bei den Nachbarn genoß er hohes Ansehen. Ohne Schwierigkeiten übernahm sein Sohn Heinrich die Nachfolge.

Die Überlieferung läßt den Rechtstitel im unklaren, aufgrund dessen Heinrich das Herzogsamt antrat. Ein Gewährsmann erwähnt eine förmliche Wahl durch die sächsischen Großen, ein anderer stellt das Erbrecht in den Vordergrund. Wie aber gestaltete sich das Verhältnis zum Königtum? Ein einziger Berichterstatter geht darauf ein, doch es bleiben Widersprüche. Aber gerade dieses war das politische Hauptproblem: Wie würde man die bald latente, bald offene Spannung zwischen dem Reichsganzen und den sich verselbständigenden Reichsteilen lösen und die Zuständigkeiten abgrenzen? Ein Jahr zuvor war Ludwig 'das Kind' gestorben, der letzte ostfränkische Herrscher aus karolingischem Blute. Zwar gab es im Westen noch einen Angehörigen der alten, erlauchten Königssippe, doch er war „hinfälligen Leibes und arm an Glück", wie die Quellen versichern. Einen Herrscher, der keinen Schutz gewähren konnte und kein Heil besaß, wollte man nicht. So nahmen die östlichen Stämme ihr Schicksal selbst in die Hand. In Forchheim boten sie dem Mittelrheinfranken Konrad (I.) die Krone an. Damit wurde einer aus dem Kreise der Herzöge neuer König des Ostreiches. Nur die Lothringer verhielten sich ablehnend und schlossen sich statt dessen Karl 'dem Einfältigen' an – um in Wirklichkeit eigene Interessen besser verfolgen zu können.

Im Herrschaftskonzept der karolingischen Monarchie bestand an sich kein Raum für Herzogtümer. Konrad I. gehörte zwar selber zu den neuen Stammesführern – er hatte sich allerdings nur unter Schwierigkeiten und schließlich mit Blutvergießen gegen die mainfränkischen Babenberger durchgesetzt –, aber kaum war er mit der Krone geschmückt, da versuchte auch er, königliche Politik im herkömmlichen Sinn zu treiben. In Thüringen unterstützte er Ambitionen des Mainzer Erzbischofs Hatto gegen die Liudolfinger. Gleichzeitig verstärkte er in Hessen seine eigene Machtstellung. Die Verhältnisse spitzten sich zu; ein Zustand wurde erreicht, der sich in nichts von einem offenen Krieg unterschied.

Denn natürlich wehrte sich Heinrich nach Kräften. Er drängte Erzbischof Hatto zurück und eignete sich die Mainzischen Besitzungen um Erfurt an; feindliche Parteigänger wie die Söhne des 908 umgekommenen Markgrafen Burchard wurden aus Thüringen vertrieben. (Eine wenig zuverlässige Überlieferung weiß zu berichten, daß sich Hatto derartig über die Rückschläge grämte, daß ihn der Ärger gleichsam auffraß; noch später entstand die Sage, Mäuse hätten ihn zernagt und in einem Turm inmitten des Rheinstromes bei Bingen, wohin er sich flüchtete, entsetzlich zu Tode gemartert.) Ein fränkisches Heer unter Konrads Bruder Eberhard versuchte in Sachsen einzumarschieren; an der hessischen Grenze trat ihm Heinrich erfolgreich entgegen. Anschließend unternahm der Herzog seinerseits einen Einfall ins Mittelrheingebiet, während der König im Bodenseeraum kämpfte. Heinrich brach das Unternehmen jedoch sofort ab, als Konrad herbeieilte. Der Kampf wogte hin und her. Einmal kamen die Sachsen in eine gefährliche Lage; sie wurden in Grone (bei Göttingen) belagert und mußten schon das Schlimmste befürchten; nur eine Kriegslist rettete sie.

Der wichtigste Bundesgenosse des Herrschers gegen die Partikulargewalten war die Kirche. Auch dies entsprach großfränkischer Tradition. Während der Zersetzung des Karlsreiches hatte sich der Episkopat immer wieder als Verfechter der Reichseinheit erwiesen. Konrad I. knüpfte daran an. Auf einer Synode zu Hohenaltheim (im schwäbischen Ries) sammelte er die Prälaten um sich, was zu einer beträchtlichen Aufwertung seiner Stellung führte; aber durch allzu scharfes Vorgehen in Schwaben brachte er die öffentliche Meinung wieder gegen sich auf. Zudem verstanden es die Liudolfinger in Sachsen, die Luitpoldinger in Bayern, die Bischöfe dieser Herzogtümer mehrheitlich auf ihre Seite zu ziehen, so daß sie in Hohenaltheim gar nicht erst erschienen. Da überdies die Ungarn die Raubzüge fortsetzten und die Krone es nicht wehren konnte, wuchs die Enttäuschung über Konrad immer mehr. Bei Kämpfen in der Nähe von Regensburg wurde er schwer verwundet. Im Dezember 918 ist er daran (?) gestorben. Doch kurz vor dem Tode gab er dem Bruder Eberhard den dringenden Rat, weil ihrem Haus und Stamm „offenbar nach Gottes Willen Heil und Tüchtigkeit fehlten“, die Königsinsignien an den stärksten Gegner zu senden und diesen dadurch also zum neuen Herrscher vorzuschlagen: Heinrich von Sachsen.

So berichten es nicht weniger als drei Quellen – aber erst aus dem Abstand eines vollen Menschenalters. Wir wissen nicht, ob die Geschichte von Heinrichs Designation durch Konrad I. den Tatsachen entspricht oder den Thronwechsel zu den Sachsen nur sagenhaft ausgestaltet. Jedenfalls steht fest: Die Mittelrhein- und Mainfranken haben nach Konrads Ende keinen neuen König erhoben, obwohl mit Eberhard ein enger Blutsverwandter zur Verfügung gestanden hätte; sie haben sich dazu durchgerungen, gemeinsam mit den Sachsen deren Herzog die Krone anzubieten. Nach wochenlangen Vorverhandlungen traten die Großen beider Stämme in Fritzlar zusammen – auf hessischem, mithin fränkischem Boden, aber doch nicht weit von der Grenze. Der Wahlort legt die Vermutung nahe: Falls man den Plan einer Gemeinschaftsaktion mit den süd-'deutschen' Stämmen überhaupt erwogen hatte, so war dieser offenbar gescheitert. Man nahm auf Schwaben und Bayern keinerlei Rücksicht; ein solidarisches Handeln schien unmöglich.

Also nur zwei Stämme wählten den neuen Herrscher. Lothringen befand sich beim Westreich; Schwaben verhielt sich abwartend; in Bayern wurde der dortige Herzog Arnulf gleichzeitig mit Heinrich zum König erhoben. Eine Quelle, welche erst in unserem Jahrhundert gefunden wurde und durch die eigentümliche Überlieferung ganz besondere Probleme aufweist – sie besitzt die Form einer Schreibübung klösterlicher Elementarschüler mit Lehrerkorrekturen und reichlichen Rasuren –, verrät, daß „sich die Bayern freiwillig Herzog Arnulf unterwarfen und ihn zum König im Reich der Deutschen machten".

Dieser Satz eines Salzburger Annalenwerkes gibt uns die Information, daß eine Doppelerhebung, ein Königsschisma und Thronstreit am Anfang des ottonischen Zeitalters stehen. Und er bildet – wenigstens dem Anschein nach – den frühesten Beleg für eine Verwendung des Ausdrucks 'deutsch' in politisch-staatlichem Zusammenhang. Doch hierzu ist anzumerken, daß sich ohne Zweifel ursprünglich ein anderes Wort im Text fand, welches im 12. Jahrhundert, dem die Handschrift entstammt, nachträglich ausgetauscht wurde.

Denn 'theodisk' – woraus der Sprachwandel 'deutsch' machte und womit auch 'teutonicus' zusammenhängt – meinte ursprünglich 'volkssprachlich', 'muttersprachlich', vor allem im Gegensatz zum gelehrten Latein. Wir besitzen dafür Belege aus verschiedenen Teilen Europas, in welchen germanische Stämme siedelten. Das Wort war deshalb ungeeignet, der politischen Abgrenzung zu dienen. Niemand dachte damals daran, von einem 'Deutschen Reich' zu reden, auf welches der Bayer Arnulf Anspruch erhob und zu dessen Herrscher man gleichzeitig den Sachsen Heinrich machte. Erst im Verlauf des 11. Jahrhunderts begann man bei den Nachbarn, das staatliche Gebilde im Herzen Europas so zu bezeichnen. Die Benennung war vorwiegend abwehrend und abwertend gemeint. Im eigenen 'amtlichen' Sprachgebrauch trug Deutschland dagegen bis 1871 niemals diesen Namen. Wenn in jenem Geschichtswerk, das Klosterschülern als Übungstext diente, ursprünglich nicht etwa von einem 'Reich der Bayern' die Rede gewesen sein sollte, so kann nur 'Reich der Franken' dort gestanden haben. Die beiden Nachfolgestaaten der karolingischen Großmonarchie, die durch deren Teilung entstanden, Deutschland und Frankreich, nannten sich noch lange so. Später trat durch die stärker akzentuierte Rom-Bindung aus Anlaß der Kaiserkrönung die Benennung 'Römisches Reich' in den Vordergrund. Ein merkwürdiger, gewiß nicht unbedenklicher Tatbestand: ein politisches Gebilde, das nicht nach seinem 'Trägervolk' hieß, wie die anderen Staatswesen ringsum, sondern eine Fremdbezeichnung führte, die nur zum Teil eigenen Traditionen entsprach. Viele Deutschen glaubten später – durch die Namengebung irregeleitet –, sie wären die wahren, einzigen Erben Karls des Großen oder gar der römischen Weltkaiser Augustus, Trajan und Konstantin. Mußte dies nicht in den Augen der anderen Völker als anmaßende Zumutung erscheinen und für die Deutschen selber eine verhängnisvolle Überforderung bedeuten? Historische Hypotheken wiegen schwer. Es hatte Folgen bis ins 20. Jahrhundert, daß man seit dem 10. nicht zu einer Nomenklatur kam, die sich am 'Trägervolk' orientierte, sondern in der Selbstbezeichnung darüber hinausgriff.

Doch auf die Zeit nach Konrads I. Tod bezogen, wäre ein solcher Vorwurf grundlos. Es gab ja noch gar kein 'Trägervolk', als im Süden Arnulf von den Bayern, in Fritzlar Heinrich von den Sachsen, Mittelrhein- und Mainfranken zu Königen erhoben wurden. Erst eine gemeinsame Geschichte machte aus den unterschiedlichen Stämmen ein Volk mit eigenem Zusammengehörigkeitsgefühl. Die 'deutsche' Staatsgründung im 10. Jahrhundert gehörte zu den großen Unwahrscheinlichkeiten der europäischen Entwicklung. Es gab kaum Gegebenheiten, welche zwischen den Stämmen eine Verbindung hätten schlagen und gleichzeitig als Elemente der Abgrenzung nach außen hätten wirksam werden können. Verfassung und Sozialstruktur wiesen Unterschiede auf. Das Recht war verschieden. Man besaß nicht einmal eine einheitliche Sprache; zumal das Altsächsische war den andern so gut wie unverständlich. Die einzigen, allen gemeinsamen politischen Traditionen waren die großfränkisch-karolingischen. Lag es da nicht nahe, sich wie die Lothringer dem Westreich anzuschließen und Karl dem Einfältigen zu huldigen?

Die Alternative lautete: Beibehaltung des karolingischen Erbes oder Bruch mit dieser Tradition. Konrad I. versuchte beides zugleich; er war damit gescheitert. Auch Heinrich I. wurde noch in Fritzlar vor die Frage gestellt. Der Erzbischof von Mainz – es war der milde, gelehrte und fromme Heriger – bot ihm einen kirchlichen Benediktionsakt an, wie er bei den Karolingern seit Pippin üblich war. Doch der Sachse lehnte ab. Was bewog ihn dazu, Segnung und Salbung auszuschlagen? Die ottonische Hausüberlieferung versicherte ein halbes Jahrhundert später: lediglich seine Demut und das Sündenbewußtsein, daß er dafür unwürdig war – also das Übermaß an Frömmigkeit. Neuzeitliche Historiker haben gerade daran gezweifelt und mancherlei Begründungen diskutiert, vielleicht sogar versucht, in Heinrich einen Kronzeugen für ihre eigenen Positionen zu finden. Darauf ist nicht weiter einzugehen.

Nach mittelalterlicher Auffassung, wie sie in besonderer Weise Karl der Große, Heinrich II. und Heinrich III. verwirklichten, gehörten Krone und Kirche aufs engste zusammen. Der König regierte in himmlischem Auftrag. Deshalb wurde jeder Herrschaftsantritt als Gottesdienst gefeiert; schließlich dauerte die Liturgie mehrere Stunden. Die einzige und darum doppelt gewichtige Ausnahme von dieser Regel bildet die Erhebung Heinrichs I. Daß „des Sachsen vollsaftige Laiennatur solcher Frömmelei zuwider war“, wie ein allzu zeitgebundener Historiker in der ersten Hälfte unseres Jahrhunderts einmal schrieb, ist unbeweisbar und ganz unwahrscheinlich. Der neue König beabsichtigte auch nicht, Heriger bewußt zu brüskieren. Im Thüringischen bestanden Besitzstreitigkeiten mit Mainz; doch reicht diese Erklärung nicht aus. Heinrich wollte sich vielmehr von der gescheiterten, wider die Selbständigkeit der Stämme gerichteten Politik Konrads I. deutlich absetzen. Auf der Synode von Hohenaltheim waren König und Episkopat gemeinsam gegen die Herzöge aufgetreten; Konrad hatte die Führer der Schwaben anschließend sogar dem Henker überantwortet. Der Erzbischof von Mainz spielte auf dieser Versammlung eine erhebliche Rolle. Das lag alles erst drei Jahre zurück! So nahm es Heinrich lieber in Kauf, als König ohne Salbung einem „Schwert ohne Griff" verglichen zu werden, wenn er damit vor den Herzögen und dem Adel dartun konnte, daß er sein Amt anders wahrzunehmen beabsichtigte: nur als „primus inter pares", nicht – wie es karolingischer Tradition entsprach und Konrad versucht hatte – im Bund mit der Kirche als Alleinherrscher und Gegner aller partikularen Sonderinteressen.

Dennoch war die Zusammenfassung der Stämme des ostfränkischen Teilreiches das Programm, welches er von Anfang an klar ins Auge faßte. Bei der Verwirklichung erwies sich Heinrichs persönliche Überzeugungskraft als entscheidend. Überall herrschte Ungarnnot; nur gemeinsam bestand Hoffnung auf einen Sieg, der die Feinde in die Schranken weisen würde. Heinrich ging schrittweise vor. Nach dem Grad der inneren Verfestigung war Schwaben unter den 'süddeutschen' Herzogtümern der schwächere Kontrahent. Darum bemühte sich der Sachse zunächst um diesen Stamm. Es mag sein, daß auch eine Demonstration militärischer Stärke dabei eine Rolle spielte – jedenfalls gelang es Heinrich, Herzog Burchard zur Anerkennung seiner Oberhoheit zu bewegen. Ein Chronist, der zwar erst nach der Jahrhundertmitte die Ereignisse aufzeichnete, sich aber im allgemeinen als gut informiert erweist, versichert, daß Burchards „Einsicht und Klugheit" die friedliche Zuordnung ermöglichen. Es ist nichts Näheres überliefert, doch besteht kein Zweifel daran: Die äußeren Formen der vertraglichen Angliederung wurden dem Lehnswesen entnommen. Als neuer Vasall legte der Herzog die gefalteten, damit gleichsam selbstgefesselten Hände in diejenigen des königlichen Lehnsherrn, der sie umschloß, als wollte er sie schützend bergen. Das eine Knie gebeugt, leistete Burchard anschließend den Eid, mit dem er sich zu militärischer Hilfe, politischem Rat und wechselseitig bindender Treue verpflichtete. Mit dem Freundschaftskuß endete die Zeremonie.

Sie enthielt keine Demütigung. Auf dem Lehnrecht baute jene Staatlichkeit auf, die Heinrich errichtete. Im Karolingerreich hatten feudale Elemente die amtsweise öffentliche Verwaltung eher ergänzt, später wohl auch zu zersetzen begonnen. Im ottonischen 'regnum' bildeten sie geradezu die Grundlage. Daher wurde kein straffes Untertanenverhältnis der Herzöge und des hohen Adels konstituiert. Gewiß, es war nicht mehr ein aufkündbarer Vertrag mit beschränkter Laufzeit, wie man ihn beim Eintritt in die Gefolgschaft eines Großen abschloß. Aber der Huldigungsakt hatte keinerlei Ähnlichkeit mit einer Unterwerfung auf Gnade oder Ungnade, wie sie nach Kriegsrecht der Sieger beanspruchen konnte. Lehnsordnung bedeutet immer ein hohes Maß an Lockerheit der staatlichen Organisation. Die Rechte Burchards – und entsprechend der anderen Herzöge – blieben nahezu ungeschmälert. Zwar urkundete der König wiederholt für schwäbische Empfänger, doch zumeist nach herzoglicher Fürsprache. Und auch sein Reiseweg führte Heinrich kaum einmal nach Schwaben, als wollte er verhindern, daß in seiner Gegenwart die Hoheit des Herzogs gemindert erscheine.

Während Burchard sich für Heinrichs Königtum gewinnen ließ, forderte die Entwicklung westlich des Rheines dessen besondere Aufmerksamkeit. In Lothringen – man verstand unter diesem Namen die gesamte Erzdiözese Trier und den links des Stromes gelegenen Teil der Erzdiözese Köln – herrschte ein politisches Chaos. Jeder versuchte, seine Macht zu vermehren und jene Bundesgenossen zu finden, von denen er für möglichst geringe Gegenleistungen am meisten erwarten zu können glaubte. Noch war der Kampf um die Ausbildung einer eigenen stammesherzoglichen Gewalt hier nicht völlig entschieden. Zeitweilig wurde auch Heinrich I. in den Streit um die Neubesetzung des Bistums Lüttich hineingezogen.

Der lothringische Adel hatte sich 911 den westfränkischen Karolingern unterstellt. Nominell herrschte Karl der Einfältige. Er beanspruchte das ungeteilte Familienerbe und wollte deshalb seine Zuständigkeit weiter nach Osten ausdehnen. Der dortige Thronwechsel von Konrad I. zu Heinrich I. schien eine günstige Gelegenheit dafür zu bieten. So unternahm Karl einen militärischen Einfall ins Mittelrheingebiet, der offenbar auf Mainz zielte. Doch als der unfähige Ururenkel des größten Frankenkaisers in Pfeddersheim die Nachricht erhielt, daß sich die Anhänger des Sachsen im nahen Worms versammelten, zog er sich fluchtartig wieder zurück, „anders als es sich für einen König geziemt", wie die Quelle anmerkt. Verhandlungen wurden eröffnet. Im November 921 führten sie zum Abschluß eines Nichtangriffspaktes. Der Vertrag ist das erste ‘außenpolitische’ Dokument, welches sich aus ottonischer Zeit erhalten hat.

Inhaltlich ist dieses Stück denkbar karg an Informationen. Seine

Bedeutung liegt nur darin, daß es überhaupt ausgehandelt wurde. Umständlich wird eingangs geschildert, wie die beiden Könige an das Rheinufer kamen – der Strom bildete die Grenze ihrer Reiche – und sich zunächst nur aus der Ferne quer über den Fluß sahen: Karl in Bonn, Heinrich im gegenüberliegenden Beuel. Erst am dritten Tag trafen sie auf einem Schiff zusammen, das mitten im Strom verankert war, und beschworen das Abkommen. Keiner wollte hinfort dem andern Schaden zufügen, jeder sich vielmehr so verhalten, „wie es ein Freund von Rechts wegen seinem Freunde gegenüber tun soll".

Was wichtig ist, betrifft Formales. Bis in die Kleinigkeiten werden beide Herrscher gleichrangig behandelt. Keiner steht irgendwie hinter dem andern zurück. Sie sind gleichberechtigt, und ihre Reiche gelten gleichviel. Selbst die Zahl der Zeugen entspricht sich. Jeder König war von fünf Bischöfen und zehn Grafen begleitet. Doch es war auf den Anschluß Schwabens Rücksicht zu nehmen, darum wurden der Bischof von Konstanz und ein weltlicher Großer aus diesem Stamm noch zusätzlich eingeladen: die einzige Abweichung von der sonst peinlich genau beachteten Symmetrie. Der im eigenen Herrschaftsbereich heftig angefochtene Karl durfte erwarten, daß fortan seine Feinde bei dem Sachsen keine Unterstützung mehr finden würden; die Abmachung wurde über der Bibel und einigen eigens dazu mitgebrachten Reliquien feierlich beschworen. Doch der größere Vorteil lag bei Heinrich. Das Dokument enthielt die Anerkennung der Selbständigkeit des Ostreiches, obwohl dessen König nicht dem karolingischen Hause angehörte. Das bedeutete: Karl verzichtete auf jeden erbrechtlich begründeten Anspruch. An diesem Faktum wurde hinfort nicht mehr gedeutelt, obwohl der 'Bonner Vertrag' an sich nur zwei Jahre lang in Gültigkeit blieb.

Überdies ermöglichte die Übereinkunft Heinrich, daß er sich nun zur Lösung der bayerischen Frage in den Südosten begeben konnte, ohne irgendwelche Störungen von Westen her befürchten zu müssen. Schon einmal hatte er versucht, Arnulf durch militärischen Druck zur Aufgabe des Sonderkönigtums und Einordnung in sein Reich zu zwingen; er mußte den Feldzug abbrechen. Nun zog er abermals bis vor Regensburg. Die Belagerung wurde begonnen, doch wie in Schwaben gelang es Heinrich, auch hier eine Übereinkunft durch Verhandlungen zu erzielen. Arnulf verzichtete auf die Königswürde, aber die herrscherlichen Vorrechte wurden ihm großenteils belassen. Er durfte weiter eigene

Münzen schlagen, verwendete auch in Zukunft ein Siegel (– was damals nur bei souveränen Königen und hohen Prälaten gebräuchlich war –); in seinen Urkunden wurde nach wie vor betont, daß er sein Amt allein der Gnade Gottes verdankte. Vor allem behielt er die Kirchenhoheit. Es war ein königliches Exklusivrecht, Bischöfe ernennen und bei ihren Versammlungen präsidieren zu dürfen; beide Befugnisse verblieben dem Bayern. Heinrich aber verzichtete darauf, in die inneren Angelegenheiten des Stammes einzugreifen und die Bischofsstühle zu besetzen – im Gegensatz zu Schwaben, wo er darauf bestanden hatte, so entgegenkommend er sich sonst erwies. Auch in Bayern erfolgte die neue Zuordnung zur Krone in den Formen des Lehnswesens.

Wie in Schwaben, so läßt sich in Bayern eine Anwesenheit Heinrichs I. in den folgenden Jahren nicht nachweisen. Offenbar achtete der König hier in gleicher Weise die Zuständigkeit des Herzogs und griff nicht in dessen Rechte ein, übrigens im Unterschied zu Franken. Nur einmal kam er anläßlich eines gemeinsamen Feldzuges gegen Böhmen in den bayerischen Nordgau (– die spätere Oberpfalz –) und stellte dabei eine Urkunde aus, aber gar nicht für einen dortigen Empfänger, sondern für das schwäbische Kloster Kempten; die Herzöge Arnulf von Bayern und Eberhard von Franken verwendeten sich dafür. In Franken weilte Heinrich dagegen mehrfach. Doch vorzugsweise hielt er sich in seiner sächsischen Heimat auf, die er weiterhin selbst verwaltete.

Damals kam es jenseits der Grenzen im Westen zu politischen Veränderungen. Gegen Karl den Einfältigen, dessen Unfähigkeit immer deutlicher zutage trat, brach ein Bürgerkrieg aus. Schließlich ließ sich Herzog Robert von Franzien, einer der großen Thronvasallen, zum Gegenkönig ausrufen. Der Karolinger beschwor Heinrich, ihm zu Hilfe zu kommen und übersandte ihm eine kostbare Reliquie; auch der Rebell wandte sich an den Sachsen und verabredete mit ihm ein Treffen an der Ruhr. Aber Heinrich wahrte peinlichste Neutralität und ließ sich nicht in die Auseinandersetzung hineinziehen. Ohne seine Beteiligung gerieten die Verteidiger von Karls Erbrecht und die Aufrührer bei Soissons aneinander. Dabei verlor Robert das Leben; der Hergang machte auf die Zeitgenossen tiefen Eindruck: Es war, als schlüge der Himmel ihn mit ‘spiegelnder’, seiner Schuld körperlich genau entsprechender Strafe (‘Talion’): Zwar gewannen die Aufständischen die Schlacht, aber Robert starb durch eine Lanze, die ihm durch den Mund gestoßen wurde, der einst Karl den Friedenskuß gegeben, die eidbrüchige Zunge zerriß und durch den Nacken drang, welcher sich bei der Huldigung vor dem Herrscher gebeugt hatte. Doch bald darauf fiel der Karolinger in die Hände des Grafen Heribert von Vermandois, der ihn bis zu seinem Tod 929 gefangenhielt. Anstelle von Karl erhob man Rudolf von Burgund zum westfränkischen König.

Damit war der Vertrag von Bonn hinfällig geworden. Jene Zeit empfand weniger institutionell als persönlich. Heinrich hatte deshalb keine Skrupel, in die nicht abreißenden lothringischen Wirren einzugreifen. Im Gegenteil! Trat er damit nicht als Rächer seines Freundes Karl auf, dessen Interesse er wahrte, wenn er die Rebellen angriff? Es bedeutete für Rudolf von Burgund eine ernstzunehmende Einbuße – nicht zuletzt an Ansehen –, daß es ihm als neuem König der Westfranken nicht gelang, sich in Lothringen durchzusetzen. Gerade hier widmete Heinrich bestimmten kirchlichen Streitigkeiten besondere Aufmerksamkeit. Er belagerte Metz, nahm es ein. Als Rudolf mit einem starken Heer heranzog, wich der Liudolfinger einer offenen Schlacht aus. Dennoch verbesserte sich seine Stellung erheblich, denn die Anhänger des entthronten Karolingers erklärten sich mehrheitlich für ihn. Als das Jahr 923 zu Ende ging, hatte er den gesamten Osten Lothringens gewonnen. In Trier und Köln begann man, die Urkunden nach Regierungsjahren Heinrichs zu datieren. Krankheit hinderte ihn, den Erfolg im nächsten Sommer weiter auszubauen. Gleichzeitig verheerte ein Ungarneinfall Mainfranken. Aber 925 führte Heinrich die Eroberung Lothringens zum Abschluß. Zülpich wurde genommen; der Adel – an der Spitze Herzog Giselbert – mußte Geiseln stellen. Strenger als in Schwaben oder gar Bayern nahm der König hier seine Rechte wahr. Vor allem bezüglich der Kirche machte er keine Zugeständnisse. Er beanspruchte die Ernennung der Bischöfe, wie dies nach der Anschauung der Zeit dem König zukam. Nicht alle Großen waren zufrieden. Aber der Bürgerkrieg endete nun, und Frieden kehrte ein.

Die Folgen der Gewinnung Lothringens können gar nicht überschätzt werden. Jetzt gehörte die Rheinlinie in ganzer Länge vom Basler Knie bis zur Mündung zum ostfränkischen Reich: die wichtigste Nord-Süd-Straße des gesamten deutschen Mittelalters bildete fortan eine Klammer um die wenig homogenen und immer wieder auseinanderstrebenden Reichsteile. Nun konnte man in organischer Weise an die karolingische Tradition wiederanknüpfen, da Trier, Köln und vor allem Aachen, der Lieblingsort des großen Karl, wo sein Thron stand und sein Grab zu finden war, in diesem Reich lagen. Selbst in den Urkunden Heinrichs wird deutlich, welchen Wandel die Erwerbung Lothringens brachte: Hatte sich der König bislang mit wenigen Schreibern beholfen und der schriftlichen Verwaltungstätigkeit nur geringe Beachtung geschenkt, so begann er nun, nach karolingischem Brauch eine Hofkanzlei aufzubauen, die unter seinen Nachfolgern die Bedeutung eines Zentralministeriums erlangte.

In territorialer Hinsicht war die Gründung jenes Staatswesens, das man später 'Deutschland' nennen sollte, mit der Erwerbung Lothringens 925 vorerst abgeschlossen. Aufgrund der karolingisch-ostfränkischen Tradition, wie sie sich im Lauf der Wirren des 9. Jahrhunderts allmählich verfestigt hatte, fügte Heinrich die fünf Herzogtümer Sachsen (mit Thüringen), Franken (mit Hessen), Bayern (mit den angrenzenden Gebieten im Ostalpenraum), Schwaben (mit dem Elsaß) und Lothringen (zwischen Vogesen und Ärmelkanal, ein durch historische Zufälligkeiten entstandenes Land ohne Identität von Sprache und Volkstum) zu einer Einheit zusammen. Die Zuordnung erfolgte lehnrechtlich; schon aus diesem Grund besaß das Gesamtgebilde eine lockerere Struktur, als sie beispielsweise bei einem Eroberungsstaat zu erwarten wäre. Trotz gelegentlicher Anwendung von militärischem Druck hatten geduldige Verhandlungsbereitschaft und friedliche Übereinkunft die Einigung bewirkt; deshalb konnte das Eigenleben der verschiedenen Teile nicht beseitigt werden. Überdies vermied es Heinrich I., in den beiden südlichen Herzogtümern selbst Amtshandlungen vorzunehmen. Es war – germanischem Brauch folgend – ein 'Reich ohne Hauptstadt', das 'vom Sattel aus' regiert wurde. Doch gab es durchaus auch unitarische Tendenzen, vor allem wegen der gemeinsamen Ungarnnot, bezüglich der Thronfolge, welche der Sachse seinem Sohn Otto sichern wollte, und der königlichen Kirchenherrschaft (mit dem zeitweiligen, durch die rückgängig gemachte Thronbesteigung Arnulfs zu erklärenden Ausnahmefall Bayern). Aber die partikularen Sonderinteressen wurden fast gleichberechtigt eingebracht. Schon unter Heinrichs Nachfolger Otto haben sich daraus schwere Konflikte entwickelt. Doch letztlich bestand an der Einheit des Reiches kein Zweifel. Von Anfang an hielt man am Prinzip der Unteilbarkeit fest; nicht zuletzt dadurch unterschied sich dieses Staatswesen von dem karolingischen, dessen Erbe es in vielfacher Hinsicht übernahm. So legte Heinrich I. die Grundlagen, auf denen spätere Generationen weiterbauten.

Als man ihn 919 zum König erhob, zählte er dreiundvierzig Jahre. Die meisten deutschen Herrscher des Mittelalters bestiegen als Jünglinge den Thron, manche sogar schon als Kinder. Nur einer der Nachfolger Heinrichs war noch älter, als er die Krone empfing, nämlich genau fünfzig Jahre: Lothar von Süpplingenburg (1125–1137). Das fortgeschrittene Lebensalter mag Heinrichs politische Reife und besonnene Umsicht gefördert haben, die nichts durch Übereifer verdarb, aber auch keine Chancen übersah. Doch diese Fähigkeiten sind nicht erst mit der höheren Zahl der Jahre entstanden.

Auch wenn es personalistisch zugespitzt anmutet – in gewisser Weise läßt sich die 'Grundlegung Deutschlands' als Werk Heinrichs I. bezeichnen. Der Vorgang war mehr als nur ein äußerlicher Zusammenschluß. Mit ihm verband sich vielmehr die Selbstbehauptung gegenüber einem auswärtigen Feind. Seit 900 kamen immer wieder die wieselschnellen Reiterscharen der Ungarn ins Land; die Klöster waren ihr bevorzugtes Ziel. Verteidigung schien lediglich hinter festen Wällen und Mauern möglich; in der Kriegstechnik waren die 'deutschen' Stämme den Angreifern nicht gewachsen. 926 erfolgte ein besonders schlimmer Einfall; alle Reichsteile hatten darunter zu leiden. Benediktbeuren wurde verbrannt, Sankt Gallen überfallen, selbst das weit entfernte Herford zerstört. Heinrich I. wagte keine Schlacht; in der Fliehburg Werla (südlich von Wolfenbüttel am Harz) wartete er ab, bis die Magyaren wieder abzogen. Durch einen unerwarteten Glücksfall fiel ein Führer der Ungarn in seine Hand. Gegen einen neunjährigen Waffenstillstand, der sich offenbar auf das ganze Reich erstreckte, ließ ihn der König frei; allerdings verlangten die Magyaren zusätzlich noch einen jährlichen, hohen Tribut.

Eine Friedenspause war damit erkauft, die Heinrich zu nutzen entschlossen war. Vielenorts wurden nun die Siedlungen ummauert; der König ließ Burgen errichten; von den Rittern, die sie bemannten, sollte ein Teil stets im Waffendienst präsent sein, während die andern der Landwirtschaft nachgehen mochten. Man kaufte Pferde, widmete sich verstärkt ihrer Aufzucht. Die Gefolgschaftsleute des Herrschers mußten lernen, als Reiter in fester Formation zu kämpfen; das Vorbild, welches Heinrich damit gab, wurde in den anderen Herzogtümern nachgeahmt. Zwar ist es leider nicht viel, was die Quellen darüber berichten, aber an der Planmäßigkeit der Verteidigungsvorbereitungen und der Umrüstung des Heerbanns besteht kein Zweifel. Und anders, als es die ältere Forschung annahm, war dies eine Veränderung, die das ganze Reich betraf, nicht nur Sachsen.

Wie wenig weiß man über die Beratungen und Beschlüsse, die dafür notwendig waren! Noch im Ausgang des gleichen Jahres 926 wurde ein Hoftag zu Worms von Teilnehmern aus allen fünf Herzogtümern besucht. Wenige Monate später traf man sich in Mainz. Ein weiterer Hoftag in Ingelheim am Rhein, auf dem sich auch Arnulf von Bayern einfand, ist allein durch die Salzburger Annalen bezeugt, die durch jene klösterliche Schreibübung des 12. Jahrhunderts erhalten blieben. – Und wie wurden die Anweisungen überall bekanntgegeben? Wie überwachte man ihre Befolgung? Nur für Sachsen ist einiges darüber in den Quellen überliefert. Heinrich schreckte offenbar nicht davor zurück, selbst Strafgefangene in einer eigenen Einheit zusammenzufassen; sie war in Merseburg stationiert. Die neue Kampfestaktik übte man im Krieg mit den Kleinvölkern im Slawenland ein. Man lernte für den magyarischen Ernstfall und erweiterte zugleich den eigenen Stammesraum allmählich nach Osten. Die Grausamkeit, mit welcher die Sachsen dabei vorgingen, ist erschreckend – aber hatten nicht die Daleminzier erstmals den Ungarn den Weg nach Norddeutschland* gewiesen? Jetzt mochten sie dafür büßen! Einmal wurde sogar ein Winterfeldzug gegen die Heveller unternommen; zur Eroberung Brennabors (Brandenburg?) ritten die schwergepanzerten Reiter über die gefrorenen Moore. „Und als Heinrich mit dieser Burg das ganze Land in seine Gewalt gebracht hatte, zog er gegen die Dalemincier, belagerte die Burg Jahna und nahm sie endlich am zwanzigsten Tag. Die Beute in der Burg überließ er seinen Kriegern. Alle Erwachsenen wurden niedergemacht, die Knaben und Mädchen in Sklaverei verschleppt." Auch der Böhmenfeldzug, durch welchen König Heinrich und Herzog Arnulf gemeinsam in Przemyslidische Thronstreitigkeiten eingriffen, ist wohl zum Teil in diesem Zusammenhang zu sehen; bis Prag stieß man vor. Terror und Expansion

* Ich verwende fortan das Wort „deutsch" ohne besondere Kennzeichnung auch dann, wenn es nicht quellengemäß und im Grunde noch anachronistisch ist.

lösten einen Slawenaufstand aus, den die Sachsen trotz zahlenmäßiger Unterlegenheit dank der neuen taktischen Schulung in der Schlacht bei Lenzen blutig niederwarfen. Eine Schar schwergepanzerter Reiter soll dabei die Entscheidung gebracht haben, obwohl die Verluste im Aufgebot des Königs größer waren, als es der Chronist wahrhaben will.

Es war eine harte, gegenüber den 'Übungsfeinden' grausame Militärertüchtigung, aber sie brachte Erfolge. Schon vor Ablauf des Waffenstillstandes fühlte sich Heinrich den Ungarn gewachsen. Auf einem Hoftag im Herbst 932 fiel die Entscheidung. Als die magyarischen Gesandten das nächste Mal zum Einsammeln des Tributs erschienen, schickte man sie mit leeren Händen heim. Jeder wußte im voraus die Antwort: In besonders großer Zahl zogen die Raubscharen durch das Slawenland gegen Sachsen und Thüringen. Wie mehrfach zuvor, verlangten sie von den Daleminciern Beteiligung an dem Unternehmen. Aber die Slawenvölker hatten Heinrichs Schwert zur Genüge kennengelernt; diesmals trauten sie ihm den Sieg zu und wiesen die Ungarn in höhnischer, ehrenrühriger Form ab. Der König erwartete die Feinde. Dennoch schien es anfänglich, als sei jegliche Gegenwehr vergeblich. Wieder brannten die Dörfer, wurden Männer erschlagen, Frauen und Kinder in Gefangenschaft geführt. Die Ungarn teilten ihr Heer. Eine Schar zog weiter nach Westen, doch ein sächsisch-thüringisches Aufgebot konnte ihr eine empfindliche Niederlage bereiten. Die Hauptmacht der Magyaren machte sich daran, eine Burg zu berennen, in der eine Schwester Heinrichs Zuflucht gesucht hatte. Aber der Platz war inzwischen zu stark befestigt; so ritten sie weiter. Bei einem Ort Riade – irgendwo im Saale-Unstrut-Gebiet; der Name ist nicht mehr zu identifizieren – wurden sie vom König gestellt. Es kam zu keiner eigentlichen Vernichtungsschlacht; Heinrich nahm das anscheinend unverteidigte Lager der Ungarn ein und bedrängte ihre Nachhut. Als die Räuber – ihrer Kampfesweise gemäß – flüchteten, verfolgte man sie nur wenige Meilen weit. Doch zum ersten Mal waren sie auf eine überörtlich organisierte Verteidigung gestoßen, die sie nicht im ersten Ansturm überwältigen konnten. Die Gefährlichkeit der Magyaren war keinesfalls gebrochen; erst der große Sieg Ottos I. auf dem Lechfeld 955 brachte den Wandel. Aber zu Lebzeiten Heinrichs kamen die Ungarn nicht wieder.

Ein anderes Faktum verschafft der ‘Schlacht’ bei Riade hohe historische Bedeutsamkeit: Das Aufgebot des Königs bestand aus Angehörigen aller deutschen Stämme. In der Verteidigung gegen eine fremde Aggression bildete sich ein neues Gemeinschaftsgefühl. Überall verzeichneten die Annalisten den Kampf. Ein wichtiger Schritt war getan, die eher äußerliche Zusammenfügung der Herzogtümer durch ein stammübergreifendes Bewußtsein innerlich zu füllen.

Unser wichtigster Gewährsmann, der sächsische Mönch Widukind von Corvey, erzählt mit einer Anleihe aus der römischen Antike, nach dem Gefecht von Riade hätten die siegreichen Truppen Heinrich I. zum ‘Vater des Vaterlandes’ ausgerufen. Auf den Wortlaut ist wenig zu geben; der Sache nach trifft der Bericht zu: Für die Entstehung jenes historischen Staatsgebildes, das man später ‘Deutschland’ nennen sollte, hat der erste Herrscher aus ottonischem Hause Wesentliches, ja Entscheidendes geleistet. Gerade auch die allen Stämmen gemeinsame Erinnerung an den Verteidigungskampf gegen die Ungarn bei Riade gehörte dazu. Selbst Wagners ›Lohengrin‹ gemahnt noch daran.

Es blieben Heinrich nur wenige Jahre. Schon einige Zeit zuvor – 929 – hatte er nach schwerer Krankheit das Haus bestellt, die Versorgung von Königin Mathilde für den Fall seines Todes geregelt und deutlich zu erkennen gegeben, daß nach ihm der älteste Sohn Otto die Krone tragen sollte. Der Hoftag fand in Quedlinburg statt. Damals vermählte sich der siebzehnjährige Thronfolger mit Edgitha, der Schwester des angelsächsischen Königs Aethelstan. Daran wurde offenbar, welche europäische Geltung der einstige Stammesführer gewonnen hatte, denn Heinrichs eigene Gemahlin stammte ja nur aus sächsischem, gräflichem Hause.

Um die Jahreswende 935/936 erlitt Heinrich während der Jagd in den Harzwäldern einen Schlaganfall. Man brachte ihn in die Pfalz Bothfeld; sein Zustand war kritisch. Umgehend wurden die Großen des ganzen Reiches zu einer Versammlung nach Erfurt geladen. Dort machte der König sein Testament. Mit Zustimmung Mathildes verfügte er die Verlegung des Nonnenkonvents von Windhausen auf den Sandsteinfelsen von Quedlinburg, in die der Königin zugewiesenen Gebäude des befestigten Krongutes. Seine Krankheit schien sich wieder zu bessern; nach Abschluß des Hoftages begab er sich in kleiner Begleitung in den Königshof Memleben an der Unstrut. Dort erlitt der Sechzigjährige einen erneuten Schlaganfall. Er starb am zweiten Juni 936. Man bestattete ihn zu Quedlinburg. Nicht nur die Sachsen trauerten um ihn; glaubhaft versichert Widukind von Corvey: „Ihn beklagten und beweinten viele Stämme.“

BISCHOF ULRICH VON AUGSBURG
(923–973)

Seit geraumer Zeit finden die großen Prachthandschriften des Mittelalters in den Schauvitrinen der Museen und Bibliotheken wieder besondere Bewunderung. Eines der herrlichsten Bücher aus dem frühen 11. Jahrhundert ist das Sakramentar Kaiser Heinrichs II., welches der letzte Ottone seiner Lieblingsstiftung Bamberg vermachte. Es hat programmatische Bedeutung, daß darin auf einem ganzseitigen Bild der Herrscher dargestellt ist, frontal stehend, in einem Prunkgewand, wie ihm Christus – als Weltenrichter in der Mandorla sitzend – die Krone aufs Haupt drückt. Zwei Engel schweben vom Himmel herab, um dem neuen 'Gesalbten des Herrn' das Schwert und die heilige Lanze zu reichen. Zwei heiligmäßige Bischöfe stützen die weit ausgebreiteten Arme: Sankt Emmeram, der legendäre Regensburger Glaubensbote aus der Völkerwanderungszeit (– der Codex wurde in einer klösterlichen Schreibwerkstatt zu Regensburg geschaffen –), und Sankt Ulrich.

Hier stutzen wir. Als das Kunstwerk entstand, war der Bischof von Augsburg etwa dreißig Jahre tot und erst vor zehn Jahren feierlich heiliggesprochen worden. Es gab zahlreiche Zeitgenossen, die an ihn eine lebendige Erinnerung besaßen. Und nun erscheint er auf dem Blatt zusammen mit dem um Jahrhunderte älteren Amtsbruder, um wie Aaron und Hur die Hände des 'neuen Moses' zu halten, bis die Schlacht gegen die Feinde Gottes und des Reiches (– beide werden gleichgesetzt –) siegreich geschlagen ist (Ex. 17).

Das Bild meint nicht Ulrich als ein historisches Individuum, sondern als Vertreter einer Gruppe, als Inhaber seines Amtes. Die Bischöfe sind die Stützen des Königtums. Welt und Überwelt fallen nicht auseinander, sondern durchdringen sich. Der König ist mehr als eine profane Obrigkeit, die für die diesseitige Ordnung zuständig ist, der Bischof nicht nur der Hirte der Seelen. Das Leben Ulrichs von Augsburg kann es verdeutlichen.

„Ulrich glückseligen Andenkens stammte aus einem erlauchten

schwäbischen Geschlecht. Er war der Sohn frommer und edler Eltern. Hubald hieß sein Vater, die Mutter Dietbirg." So hebt die Biographie an, welche der augsburgische Domkleriker Gerhard nicht lange nach dem Tod des Bischofs verfaßte. Der Autor war mehrere Jahre hindurch in der Umgebung Ulrichs tätig und gehörte zu dessen Vertrauten. Er brachte diese persönliche Bekanntschaft in das Büchlein voll ein; darin beruht der besondere Reiz der Quelle. Die lebendige Erinnerung an den Menschen ist noch nicht in die verherrlichend-distanzierende Legende eines heiligen Wundertäters umgezeichnet; daß Ulrich zu den 'Auserwählten Gottes' gehört, bezweifelt Gerhard freilich nicht. Es wurde vermutet, er hätte die Vita als Dokumentation für den römischen Kanonisierungsprozeß geschrieben – den ersten, der mit päpstlicher Autorität für die gesamte katholische Kirche 993 durchgeführt wurde, denn zuvor gelangten die Heiligen nicht durch ein geregeltes Rechtsverfahren, sondern aufgrund der lebendigen Verehrung der Gläubigen zur Ehre der Altäre – und es ist auch bezeugt, daß der Text vor Johannes XV. verlesen wurde; aber Gerhard gibt selbst einen andern Grund an: Aus nah und fern habe man ihn immer wieder nach Ulrich gefragt und verläßlichen Bescheid erbeten. Diesem Wunsch wolle er entsprechen „zum Vorbild, zur Erbauung und heilsamen Bekehrung".

Ein Adliger, einer der vornehmsten Familien Oberschwabens entstammend, von denen sich durch das liturgische Totengedenken der Klöster undeutliche Spuren erhalten haben: Namenreihen, welche die Mönche rezitierten, um Gott für die entschlafenen Wohltäter der Konvente um Gnade zu bitten. Ulrich ist als Herr geboren und es lebenslang geblieben, gerade auch wenn er Demut und Mildtätigkeit gegenüber den sozial Schwachen übte. Das Datum: ums Jahr 890, der Ort vielleicht Augsburg, möglicherweise auch Dillingen oder Wittislingen im bayerisch-schwäbischen Donautal, wo man 1881 ein merowingisches Fürstinnengrab entdeckte. War es eine Ahnin Ulrichs? Seine Eltern hatten an beiden Orten Besitz; Nachkommen des Bruders nannten sich später Grafen von Dillingen. Vielleicht ist der Vater des Bischofs mit einem großen Herrn gleichen Namens identisch, der bei Grundstücksgeschäften des Klosters Sankt Gallen im schweizerischen Thurgau als Zeuge genannt wird.

Das Kleinkind war sehr kränklich; man mußte um sein Leben fürchten, doch ein durchreisender Priester wußte heilsamen Rat. Bei der verordneten Ernährungsumstellung entwickelte es sich prächtig. Trotzdem brachten es die Eltern Gott dar, eine Handlungsweise nach überstandener schwerer Gefahr, wie sie für jene Zeit oftmals zu belegen ist. Als Ulrich nach einigen Jahren lesen und schreiben lernen sollte, gab man ihn nach Sankt Gallen. Er besuchte mit bestem Erfolg die berühmte Schule der altehrwürdigen Abtei zwischen Bodensee und Säntis, aber als man ihm nahelegte, doch selber ins Kloster einzutreten – „die Mönche hätten es gern gesehen" –, zögerte er und schlug die Aufforderung aus. Er wollte lieber Weltgeistlicher werden. So begaben sich die Eltern mit dem Jungkleriker zu Bischof Adalbero von Augsburg, „der damals als großer Gelehrter, bedeutender Musiker und bewährter Mitarbeiter des Königs in allen Reichsangelegenheiten weitbekannt war. Dieser aber nahm ihn wegen des Adels der Eltern, seiner guten Anlagen und des ansehnlichen Äußeren gern bei sich auf, und er vertraute ihm das Amt des Kämmerers an".

„Ein frühgereifter, junger Mann" am Anfang einer glänzenden Karriere! Dazu brauchte man Adel des Blutes, gute Begabung und das entsprechende Aussehen. In diesem Zusammenhang hören wir nichts von Frömmigkeit oder anderen geistlichen Tugenden. Wer einmal andere leiten will, muß vor allem das Verwaltungsgeschäft genauestens kennenlernen. Der Kämmerer führt die Diözesankasse; er ist für alle wirtschaftlichen Belange (mit Ausnahme der Vorratshaltung und der Betreuung von Besuchern) zuständig und verantwortlich.

Wie es scheint, war Bischof Adalbero keineswegs in erster Linie Seelenhirt. Er genoß hohes wissenschaftliches Ansehen; deshalb widmete ihm der berühmte Chronist Regino von Prüm ein Exemplar seines Geschichtswerkes. Er war in der Kunstpflege engagiert, im Fall der Musik sogar schöpferisch. Und er besaß eine wichtige, geradezu unentbehrliche Aufgabe im Regiment: Er war Ratgeber des Königs, Diplomat des Reiches, Richter im Namen der Krone und, wenn es sein mußte, sogar Heerführer. Adalbero wird in etlichen Herrscherurkunden genannt, aber er stellte keine Ausnahmeerscheinung dar. So verhielt es sich eben seit langem. Und diese bedeutende, vielseitige Rolle des Episkopats sollte im Lauf des 10. Jahrhunderts nur weiter an Gewicht zunehmen.

Im Jahr 909 begab sich Ulrich auf seine erste Romreise 'zu den Schwellen der Apostelgräber'. Die katholische Kirche zählt die Pilgerfahrt zu den frommen Werken; sicher unternahm sie der Schwabe vor allem des Seelenheils wegen. Aber sie vermittelte zugleich Erfahrungen, welche bei der Übernahme neuer Aufgaben nützlich sein konnten. Leider sind unsere Informationen darüber höchst ungenau. Weil der Biograph selber nichts Näheres wußte, füllte er die Lücke mit wunderbaren Prophezeiungen. Dennoch wird deutlich: Der zukünftige Heilige gewann bereits in frühen Jahren starke Beziehungen zum Apostolischen Stuhl, obwohl damals am Sitz der Kurie eine grauenvolle sittliche Verwilderung herrschte. Man spricht geradezu von den 'schwarzen Tagen des Papsttums'. Doch die üblen Zustände konnten Ulrichs lebenslange Rom-Bindung offenbar nicht beeinträchtigen.

Als er nach Augsburg zurückkam, fand er einen neuen Bischof vor. Nach Adalberos Tod wurde ein gewisser Hiltine zum Nachfolger erhoben. „Dieser war nicht von so hohem Adel, daß Ulrich in seinen Dienst hätte treten mögen. Und weil inzwischen sein Vater gestorben war, ging er ins Elternhaus zurück und übernahm die Versorgung der Mutter, indem er sich das Gebot Gottes vor Augen hielt: Du sollst Vater und Mutter ehren . . . (Deut. 5,16). Daher hütete er sie mit liebender Aufmerksamkeit und verwaltete alles, so gut es in seinen Kräften stand."

Ein Heiliger, der den Dienst der Kirche verläßt, weil ihm der neue Vorgesetzte nicht paßt! Die Vita entschuldigt es mit dem Vierten Gebot. Doch Ulrich war nicht das einzige Kind; er besaß mindestens zwei Schwestern (– von denen eine später Nonne wurde –) und zwei Brüder im weltlichen Stand. Nach dem Namensbrauch der Zeit war wohl Dietbald der älteste. (Er übernahm später den Familienbesitz, verwaltete im Auftrag der Krone mehrere Grafschaften und fiel 955 in der Lechfeldschlacht im Kampf gegen die Ungarn.) Warum ließ Ulrich nicht diese für die Mutter sorgen? Der Biograph sagt es mit unbefangener Offenheit: Weil es Ulrich nicht zugemutet werden konnte, sich einem minder Vornehmen unterzuordnen. So war die grundsätzliche Auffassung des Hochmittelalters: Die Menschen sind von Natur aus ungleich. Zwar bekannte man mit der gesamten Christenheit, daß der Heiland für alle gestorben und auferstanden sei; trotzdem machte man Unterschiede. Daher gab es lange Zeit Klöster, die ausschließlich Adlige als Vollmönche aufnahmen, obwohl gerade dies in der Benediktinerregel untersagt ist. Im schwäbischen Stammesgebiet gehörten Sankt Gallen, Einsiedeln und Reichenau (auf der Insel im Bodensee) zu ihnen. Normalerweise war jeder Bischof vornehmer Herkunft. Hiltine stellte einen seltenen Ausnahmefall dar (– leider kennen wir den Grund nicht –); wie Ulrich reagierte, war in den Augen der Zeitgenossen durchaus verständlich.

Es handelte sich nicht nur um eine zeitweilige Verstimmung. Volle vierzehn Jahre lang lebte Ulrich nun als Privatmann auf den Familiengütern und betreute gleichzeitig (– man darf es annehmen; bezeugt ist es nicht –) die 'Eigenkirchen' des Geschlechts, die zur geistlichen Versorgung der Hintersassen eingerichtet worden waren und geradezu einen Teil des Vermögens bildeten. Erst als Hiltine im November 923 starb, trat Ulrich wieder in den 'amtlichen' Kirchendienst. Er wurde neuer Bischof von Augsburg; für ein halbes Jahrhundert übernahm er das Hirtenamt in der schwäbischen Diözese.

Es war König Heinrich I., der Ulrich zu Hiltines Nachfolger machte. Die Bischofserhebung galt damals als herrscherliches Reservatrecht; selbst die Päpste erkannten es an. Zwar schrieb die Alte Kirche eine 'Wahl durch Klerus und Volk' vor, aber diese hatte sich längst in eine bloße Beifallsbekundung verwandelt, die leicht zu arrangieren und notfalls sogar zu verschmerzen war. Verleihung der Bischofswürde bedeutete Teilhabe an der Ordnung des Reiches, nicht nur Verwaltung des geistlichen Amtes. Der König mußte darauf achten, daß er die Diözesen tüchtigen und treuen Männern anvertraute – um so besser, wenn sie zugleich fromm waren! Noch gab es die Hofkapelle nicht, jene Institution in Herrschernähe, wo (seit der Mitte des Jahrhunderts) Jungkleriker aus gutem Hause und mit entsprechenden Fähigkeiten zusammengezogen und unter den Augen des Königs für ihren verantwortungsvollen, hohen Dienst vorbereitet wurden. Heinrich I. setzte zum ersten Mal einen Bischof im deutschen Südwesten ein; es lag nur kurze Zeit zurück, daß sich die Schwaben seiner Krone unterstellt hatten. Er handelte auf Empfehlung hin; Herzog Burchard präsentierte ihm den Kandidaten persönlich. Da galt es natürlich, Rücksicht zu nehmen; trotzdem ist eigens belegt, daß Heinrich eine Art Einstellungsgespräch führte. Zweifellos spielten für seine Entscheidung die trefflichen Eigenschaften Ulrichs und auch die vom Biographen erwähnte körperliche Ansehnlichkeit eine Rolle. Außerdem war der Vorgeschlagene von Mutters Seite her ein naher Verwandter des Herzogs. Die Erfüllung seiner Bitte mochte Burchard verstärkt an die Krone binden. Der sächsische König verpflichtete den neuernannten schwäbischen Bischof durch Treuegelöbnis und 'Handgang', jene schöne lehnrechtliche Geste, die in der Selbstfesselung des Vasallen durch das Falten der Hände und der sichtbaren Schutzgewährung durch deren Umschließen seitens des Gefolgschaftsherrn bestand. Bei der feierlichen Amtseinführung in Augsburg wirkte ein Vertreter des Herrschers mit.

Ulrich hat das Versprechen, welches er im Dezember 923 dem König gab, das ganze Leben hindurch treulich gehalten. Mit gutem Grund rühmte ihm der Biograph „Eifer und Beständigkeit" im Reichsdienst nach. Das 10. Jahrhundert ist das quellenärmste der deutschen Geschichte. Dennoch läßt sich der Bischof von Augsburg nicht weniger als fünfzehnmal außerhalb seiner Diözese in der Umgebung des Herrschers nachweisen, zunächst Heinrichs I., seit 936 Ottos des Großen. Ulrich befindet sich damit in der Spitzengruppe jener Mitglieder des Episkopats, welche die 'Königsnähe' suchten. Er ist der einzige schwäbische Prälat, von dem bezeugt ist, daß er nach seiner Erhebung noch einmal zu Heinrich I. nach Sachsen reiste. So weit nach Norden gingen die Süddeutschen sonst nicht; erst unter dem neuen König sollte sich das ändern. 932 nahm der Augsburger an einer Reichssynode in Erfurt teil. Zur Zeit Ottos I. verstärkte sich sein Engagement noch; in Sachen der Krone kam er in alle deutschen Herzogtümer, nur nach Lothringen nicht (– doch es mag ein Zufall der Überlieferung sein, daß wir ihn hier nicht finden). Erst in Ulrichs letztem Lebensjahrzehnt wurden die Aufenthalte beim Herrscher seltener; der greise Bischof erbat die Genehmigung, sich durch einen Beauftragten vertreten zu lassen.

Wenn dem Wortlaut der Vita darin Glauben zu schenken ist, hatte es Ulrich vermieden, während der Amtszeit Hiltines einen Besuch in Augsburg zu machen. Es wurde ein erschreckendes Wiedersehen. Vier- oder fünfmal waren die Ungarn in diesen Jahren raubend und mordend in Schwaben eingefallen; auch die alte Römerstadt hatte schweren Schaden genommen. Eine Feuersbrunst hatte viele Häuser in Schutt und Asche gelegt; die Domkirche war teilweise ein Raub der Flammen geworden. Mit glühendem Eifer ging Ulrich an den Wiederaufbau; doch dieser stellte nicht zuletzt ein materielles Problem dar. Überall herrschte Armut; auch im Umland hatten die Magyaren entsetzlich gehaust. Um unter diesen Umständen überhaupt einen ersten Anfang machen zu können, mußte der Bischof auf sein Familienvermögen und die Eigenleute zurückgreifen. Manches hätte man besser ganz neu aufgemauert, anstatt es nur auszuflicken. So verhielt es sich auch mit dem Dom. Während man daran arbeitete, klagte Ulrich immer wieder über die Unansehnlichkeit der Krypta und die allzu kleinen Fenster. Ein Zufall kam ihm gelegen; die Überlieferung hat ihn als Wunder gedeutet: Ulrich wurde zum Königshof gerufen. So konnte er längere Zeit die Handwerker nicht selbst beaufsichtigen, wie es sonst seine Art war. Als er zurückkam, war der mißratene Bau eingestürzt. Diesmal machte man's richtig: Die Ruine wurde abgerissen, der Dom völlig neu erbaut, größer und schöner als zuvor.

Anfänglich dauerte die Ungarngefahr an. Im dritten Jahr nach Ulrichs Amtsantritt unternahmen die wilden Reiter abermals einen Raubzug. Er führte quer durch das Reich. Augsburg wurde berannt, vielleicht auch kurz belagert, konnte sich indessen halten. Später wußte man zu berichten, nur durch die Verdienste des Bischofs hätte man die Ungarn abgeschlagen. Manche Angaben deuten darauf hin, daß er für die Ummauerung des Weichbildes gesorgt hatte. Das schreckte die Magyaren ab; mit der Erstürmung von Wall und Graben hielten sie sich gar nicht erst auf.

Aufbau – unter dieser Überschrift stand der Pontifikat des heiligen Ulrich, Aufbau auf vielen Gebieten. Der Biograph Gerhard schildert anschaulich, wie der Bischof durch die Diözese reiste, überall selbst nach dem Rechten sah, Klerus und Laien vermahnte und belehrte, die Firmung spendete und Kirchen weihte. Keine Mühsal schreckte ihn ab; er besuchte sogar die unwegsamen Alpentäler im südlichen Allgäu, um in einer kleinen Kapelle, welche die arme Bergbevölkerung selbst errichtet hatte, die erste Messe zu lesen. Er visitierte, hielt Sendgericht. „So lehrte er in Wort und Tat, nichts dem Herrn vorzuziehen, ihn von ganzem Herzen zu lieben und ebenso den Nächsten wie sich selbst."

Nicht wegen erstaunlicher Wundertaten oder heldenhafter Leidensbereitschaft zum Martyrium hat die Kirche Ulrich heiliggesprochen, sondern weil sie in ihm das Muster eines rechten Bischofs sah. Unermüdlich war er tätig – in der Wahrnehmung seiner geistlichen Pflichten, der Verwaltung der Diözese, dem Reichsdienst. Wie er das alles bewältigte, bis ihn die Gebrechlichkeit des Greisenalters nötigte, manche Aufgaben zu delegieren, deutet die Vita an: „Leeren Müßiggang gestattete er sich keinen Augenblick lang." Selbst auf der Fahrt übers Land –

in einem großen Reisewagen, den Ochsen zogen und Bewaffnete schützten – arbeitete er oder betete Psalmen; um nicht vom Gespräch der Kapläne oder der Sachverständigen gestört zu werden, die ihn begleiteten, bediente er sich bei trockenem Wetter eines Hängesessels, der mit Seilen außen am Wagen angebracht war, so daß er trotz der Anwesenheit des Gefolges ganz allein sein konnte.

Nicht nur der Reichsdienst führte den Bischof wiederholt auf Reisen außerhalb seiner Diözese. Er pflegte engen Kontakt mit den benachbarten Amtskollegen und besuchte sie gern. Er ließ es sich nicht nehmen, Starchand von Eichstätt die Exequien zu lesen und seinem Nachfolger Reginold Rat in Bauangelegenheiten zu geben. Auch bei der Beerdigung des 934 verstorbenen Bischofs Nothing von Konstanz war er anwesend und lenkte anschließend die Wahl auf den Dompropst Konrad, dem er persönlich verbunden war. Wie Ulrich gehörte der neue Konstanzer Oberhirte dem Hochadel an; er war ein Sohn des Welfen Heinrich von Altdorf, des Gründers von Kloster Weingarten (nördlich des Bodensees), und wurde gleich dem Augsburger später um seiner treuen Amtsführung willen als Heiliger verehrt. Die Überlieferung erzählt, einst hätten die Freunde auf gemeinsamer Reise von der Burg Lauffen auf die donnernden Fluten des Rheinfalls herabgeblickt (– die älteste Erwähnung dieses grandiosen Naturschauspiels in den Quellen –); zwei Vögel, die sich aus dem tosenden, gischtigen Wasser zu befreien suchten, aber dann doch von den Wirbeln verschlungen wurden, wären ihnen wie ein Abbild des Menschenlebens in Gottesferne erschienen. (Die Vita des Konrad von Konstanz, die davon berichtet, entstand erst im 12. Jahrhundert. Sollte es sich nicht dennoch bei dieser Szene um eine echte Erinnerung handeln?)

Das Naturerlebnis wird gleichnishaft gedeutet. Gerade im Zusammenhang mit den Reisen des Bischofs finden sich in der Überlieferung einige Schilderungen, welche Rückschlüsse auf allgemeine Wesenszüge hochmittelalterlicher Frömmigkeit und zugleich auf die besondere Beschaffenheit von Ulrichs Religiosität ermöglichen. Da sind die drei Romreisen: Ausdruck einer lebendigen Beziehung zum Apostolischen Stuhl, wie sie damals – im Gegensatz zu früheren und späteren Zeiten – gar nicht alltäglich war. Da sind die Berichte vom Erwerb heiliger Reliquien für die augsburgische Kirche; man sah in diesen segenspendende Unterpfänder himmlischer Gnade. Ganz mit rechten Dingen ging es dabei nicht immer zu. Der Reliquienhandel, ja selbst der Reliquienraub blühte; man mußte immer damit rechnen, einmal an einen Schwindler zu geraten. Selbst ein Ulrich von Augsburg war nicht gegen die Versuchung gefeit, das heißersehnte Ziel auf krummen Wegen zu erreichen. Kommentarlos erzählt der Biograph (– es erschien ihm wohl allzugut verständlich –): Während des zweiten Rom-Aufenthaltes „äußerte der Bischof, er wollte gern die Gebeine von Heiligen käuflich erwerben. Ein Kleriker kam deshalb zu ihm und führte ihn in der Stille der Nacht in eine Kirche, wo sich das Haupt des heiligen Märtyrers Abundus wohlverwahrt im Altar befand. Er las dessen Leidensgeschichte vor, zeigte Ulrich den Schädel und schwor auf die Reliquien, welche der Bischof vorsichtshalber eigens dazu mitgebracht hatte, daß es sich wirklich um den Kopf des heiligen Abundus handele, dessen Leidensgeschichte soeben vorgelesen worden war. Nach dieser Eidesleistung bezahlte der Bischof den ausbedungenen Preis und erhielt daraufhin das Haupt des heiligen Abundus, brachte es nach Augsburg und deponierte es dort zum Trost für viele mit höchsten Ehren.“ Auch im Kloster Saint-Maurice im Wallis verschaffte Ulrich seinem Hochstift anläßlich eines Besuches kostbare Heiligengebeine, diesmal freilich offenbar in ganz legitimer Weise.

Reliquienkult, Visionen- und Wundergläubigkeit, im Mönchtum institutionalisierte Fürbitte und gesteigerter Ritualismus kennzeichnen das ‘archaische’ Frömmigkeitsleben des frühen Hochmittelalters. Vor allem zeigten sich Ulrichs Zeitgenossen von der feierlich ausgestalteten Liturgie beeindruckt, wie sie am großartigsten in dem neugegründeten burgundischen Kloster Cluny zelebriert wurde. Es war ein allgemeines Anliegen. Auch der Bischof von Augsburg tat sich darin ganz besonders hervor. In ungewöhnlicher Ausführlichkeit geht die Vita darauf ein; sie schildert anschaulich die Prozession am Palmsonntag, die verschiedenen Zeremonien der Karwoche, die Feier des österlichen Hochamtes. Zugleich erfährt man einiges vom Lebensstil der Zeit. Während Ulrich am Karfreitag fastete und ganz allein nur ein Stücklein trockenen Brotes sowie ein wenig Bier zu sich nahm, speiste er am Ostersonntag im Kreis der Freunde, der Domgeistlichkeit und des Stiftsklerus von Sankt Afra (Augsburg) an drei festlich gedeckten Tafeln. „Anschließend erschienen zu bestimmter Zeit so viele Spielleute, daß sie fast die ganze Empore des Saales füllten, und führten – von Musik begleitet – drei geistliche Spiele auf. Immer größer wurde die Freude. Endlich gab der Bischof ein Zeichen; während man im Wechsel die Auferstehung des Herrn besang, tranken sich die Mitglieder des Domkapitels am ersten Tisch gegenseitig zu. Und nachdem sie sich so ihre Zuneigung zugesichert hatten, machte es ihnen die Gemeinschaft von Sankt Afra am andern Tisch nach. Der Abend nahte heran; schließlich ließ der Bischof sich und denen, die mit ihm am dritten Tisch saßen, frohgemut die Becher reichen und bat alle, gemeinsam den dritten ‚Minneschluck' einander zuzutrinken. Anschließend stimmte der gesamte Klerus frohen Herzens den dritten Wechselgesang an. Unter Absingen einer Hymne erhob man sich, um sich zum Vespergottesdienst zu begeben. Nach der Vesper kehrte der Bischof mit seinen Gästen und den Rittern in den Amtspalast zurück, um allen noch ein Geschenk zu überreichen."

Man hat mit Recht darauf hingewiesen, daß Ulrichs persönlicher Lebensstil stark von monastischer Askese bestimmt war, obwohl er es abgelehnt hatte, selber ins Kloster einzutreten. „Er bemühte sich, durch Gebet und Nachtwachen, Fasten und Almosengeben Gott näher zu kommen. Stets trug er ein Gewand aus rauher Wolle auf der bloßen Haut und lebte insgeheim nach der Mönchsregel." Aber zur hochmittelalterlichen Geselligkeit gehörte nun einmal die festliche Freude. Nicht zuletzt an Ulrichs Sinn für höfisches Feiern wurde die lebenslang wirksame Prägung durch adlige Herkunft und entsprechende Erziehung ersichtlich.

Er wußte zu gebieten, aber er beachtete auch die Herrenpflicht, für die Untergebenen und Leibeigenen Sorge zu tragen. „Wenn einer seiner Hörigen vor ihn mit der Klage trat, er wäre unterdrückt, beraubt oder ungerecht behandelt worden, hörte er aufmerksam zu. Und wenn er erkannte, daß jenem wirklich Unrecht widerfahren war, befahl er sogleich und mit Nachdruck, es schleunigst wiedergutzumachen." Es ist kein Zufall, daß das lateinische Wort für den Lebenszusammenhang zwischen Adelsgeschlecht und Hausgesinde, 'familia', in nachmittelalterlicher Zeit die Blutsgemeinschaft bezeichnen sollte; so dicht wie in der Sippe waren auch die Bindungen zwischen Herr und Dienerschaft. Wie es bis zur Aufklärung dem Familienvater geradezu mit Selbstverständlichkeit zugebilligt wurde, über Frau und Kinder zu bestimmen, so beanspruchte auch Ulrich von Augsburg unbedingten Gehorsam. In Sankt Gallen erzählte man sich noch Jahrzehnte danach, mit welchem

Temperament der hochgeborene Bischof einen halsstarrigen Mönch behandelt hatte:

Gegen den allzu strengen, geradezu unleidlichen Abt Craloh hatte sich Opposition gebildet. Craloh mußte fliehen und hielt sich fast zwei Jahre lang am Königshof auf. Ulrich von Augsburg verwendete sich für die Wiedereinsetzung; im Auftrag Ottos I. geleitete er den Vertriebenen nach Sankt Gallen zurück. Im Konvent erregte die Nachricht Unruhe. Den bischöflichen Königsboten mußte man in aller Form empfangen; dagegen beschloß man, Craloh einfach zu ignorieren. Als sich beide der Klosterpforte näherten, zogen ihnen die rebellischen Mönche gemäß altem Brauch in feierlicher Prozession entgegen. Wie es die Sitte befahl, reichte ihr Anführer Victor das Evangelium Ulrich zum Kuß; als er es wiedererhielt, trat er zurück, ohne Craloh auch nur anzusehen. Doch der Bischof sprang ihm nach, packte ihn bei den Haaren, drehte ihn gewaltsam um und herrschte ihn an, gefälligst seinen Abt zu begrüßen. Worauf ihm Victor die Bibel vor die Füße warf! Ulrich hob unbeirrt das Buch auf und übergab es nun seinerseits Craloh zum Kuß. Anschließend wußte er Abt und Konvent doch noch zu einer Übereinkunft zu bewegen, die freilich nicht lange bestehen bleiben sollte.

Die Parteinahme des Augsburgers für Craloh hatte gleichzeitig politische Gründe. Im Aufstand des Königssohnes Liudolf gegen den eigenen Vater Otto I. (953/954) stand nahezu ganz Schwaben auf der Seite des jungen Herzogs. Auch in Sankt Gallen hielt es die Mehrheit des Konventes mit ihm. Craloh wahrte indessen dem Herrscher die Treue, ebenso wie Graf Adalbert von (Ober-)Marchtal (südwestlich von Ulm) und Ulrich mit seinen Brüdern. Sie bezahlten teuer dafür: Im Lauf der Auseinandersetzungen wurde der Abt vertrieben, der Graf erschlagen, der Bischof materiell erheblich geschädigt. Vom König zum Krieg aufgeboten, leistete der augsburgische Oberhirte zusammen mit einer Anzahl Vasallen Otto dem Großen Zuzug nach Bayern. Während ihrer Abwesenheit überfielen die Gegner die Bischofsstadt und plünderten sie aus; Liudolf verteilte das Kirchengut als Lehen an seine Anhänger. Nicht wenige Ritter Ulrichs gerieten in Gefangenschaft; andere fielen von ihm ab. Als der Bischof eilends zurückkehrte, konnte er nicht in der Domstadt bleiben; er verschanzte sich in dem südlich davon gelegenen Schwabmünchen. Man schloß ihn ein, stellte ihm ein Ultimatum. Durch geschickte Verhandlungen erreichte Ulrich einen Waffenstillstand, den er zur Befestigung des Ortes nutzte; den Eid, welchen er dem König geschworen hatte, brach er nicht. So belagerte man ihn. Doch unter Führung seines Bruders Dietbald konnten die wenigen Anhänger Ottos I. in Schwaben durch einen unerwarteten Angriff in frühester Morgenstunde die Feinde, die sich schon siegessicher wähnten, in die Flucht schlagen. Alsbald kam der König selber mit starker Macht ins Herzogtum; eine Schlacht zwischen Vater und Sohn bei Illertissen (südlich von Ulm) wurde lediglich durch die Vermittlung der Bischöfe von Augsburg und Chur vermieden; der Aufstand brach zusammen.

Nun hieß es abermals aufbauen und Ordnung schaffen. Die Kosten wurden den ungetreuen Vasallen und den Anhängern Liudolfs auferlegt. „Keiner von denen, die in Augsburg feindlich gegen die heilige Gottesmutter Maria (– die Patronin des Domes –) Beute gemacht hatten, kam ungestraft davon, es sei denn, er hätte sich unverzüglich mit seinem eigenen Besitz die Verzeihung des verehrungswürdigen Bischofs erkauft."

Damals hatte Ulrich die Sechzig bereits erheblich überschritten. Nur ein Jahr später (955) wurde ihm abermals eine militärische Bewährungsprobe auferlegt. Diesmal ging es nicht lediglich um innere Zwistigkeiten. In gewaltiger Zahl fielen die Ungarn in Süddeutschland ein, überrannten Bayern, bedrohten Schwaben. Und die Magyaren wußten, wo es für sie etwas zu holen gab. Zu ihren Zielen gehörte Augsburg. Eine Bischofsstadt, das verhieß besonders reiche Beute! Die Ungarn umgingen nicht in gewohnter Weise die Mauern, welche Ulrich wiederhergestellt oder neuerrichtet hatte, sondern griffen an. Hoch zu Roß, doch selber waffenlos, leitete der Bischof persönlich die Verteidigung. Seine Ritter wollten in törichtem Heldenmut den Feinden außerhalb der Wälle entgegentreten; Ulrich verbot es ihnen. Er wußte, daß sich die magyarische Übermacht nur dank der schützenden Befestigung nicht voll entfalten konnte. Freilich: Sankt Afra – damals noch jenseits des Weichbildes gelegen – wurde verbrannt, schließlich sogar das Lech-Tor von den Ungarn genommen. Die Gefahr war riesengroß. Aber die Stadt wurde gehalten, bis Entsatz nahte: das Heer des Königs! Zu spät brachen die Magyaren das Unternehmen ab. Mit Ulrichs Gegenwehr beschäftigt, hatten sie diesmal die Zeit versäumt, gemäß ihrer Kampfesart das Weite zu suchen, sobald sich ein ernsthafter Gegner zeigte. Jetzt blieb nur die Schlacht wider einen Feind, der sich ihnen gewachsen erwies. Es wurde ein glanzvoller Sieg Ottos mit welthistorischen Folgen. Alle deutschen Stämme waren daran beteiligt; ihr Gemeinschaftsbewußtsein kräftigte sich. Und die Ungarn gaben nach der Niederlage auf dem Lechfeld ihre Raubzüge auf, wurden seßhaft, öffneten sich der Mission und entwickelten sich zu Gliedern des christlichen Abendlandes, ja, viel später sogar zu Vorkämpfern gegenüber Islam und Türken.

Auf beiden Seiten waren die Blutopfer überaus zahlreich und bitter. Unter Führung von Ulrichs Bruder hatte sich auch ein Kontingent der Verteidiger Augsburgs an der Schlacht beteiligt. Dietbald und sein Neffe Reginbald fielen im Kampf. Unverzüglich verlieh der König Riwin, dem Sohn Dietbalds, die Grafschaften und Lehen des Vaters. Aber dies war kein Einzelfall, lediglich in der Absicht Ottos I. begründet, Ulrich einen Trost für den schweren, schmerzlichen Verlust zu verschaffen. Auch zu anderen Zeiten empfingen Verwandte des Bischofs die Gnade des Herrschers. An der 'Königsnähe' des Augsburgers partizipierte sein ganzes Geschlecht mit selbstverständlicher Natürlichkeit. Ulrich nahm die engsten Mitarbeiter vorzugsweise aus dem Kreise jener, die seines Blutes waren. So fremd, ja fragwürdig uns diese Haltung anmutet – der Bischof erscheint darin als typischer Vertreter der Reichs- und Adelskirche des frühen Hochmittelalters.

Es ist einer der grundsätzlichen Strukturunterschiede zwischen jener Epoche und der Gegenwart: Heute herrscht gegenüber erblichen Eliten und personenhaft-charismatischen Herrschaftsformen Mißtrauen; trotz mancher bitterer Erfahrungen ist der Ruf nach 'Chancengleichheit' und 'mehr Staat' populär. Umgekehrt hatte das frühe Hochmittelalter Schwierigkeiten, egalitär und abstrakt-institutionell zu empfinden. Sogar im Raum der Kirche war die Förderung von Verwandten, selbst krasser Nepotismus, kein Phänomen, das ein schlechtes Gewissen verursachte, wenn man nur subjektiv die Auffassung hegte, daß die Begünstigten die notwendigen Fähigkeiten besäßen und es wert wären. Allerdings ging Ulrich von Augsburg in dieser Hinsicht wohl auch für seine Zeit ungewöhnlich weit.

Besonders nahe stand dem Alternden der Neffe Adalbero. Wie Ulrich selbst war dieser Sohn seiner Schwester Liutgard schon als Kind für eine geistliche Laufbahn bestimmt worden. Der Oheim sorgte für die entsprechende Ausbildung und übergab ihn einem fähigen Lehrer, anscheinend dem Abt des Klosters Wessobrunn. Später zog er Adalbero an seinen Hof. Im Lauf der Jahre wurden Ulrich die Pflichten der kaiserlichen Heeresfolge und der Besuch der Hoftage zu anstrengend; er erbat und erhielt die Erlaubnis, daß ihn der Neffe bei Otto I. vertreten dürfe. Immer enger und herzlicher gestaltete sich das Verhältnis zwischen den beiden Blutsverwandten. Adalbero begleitete den nahezu achtzigjährigen Bischof auf dessen letzter Romfahrt. Die Rückreise führte über Ravenna, wo sich das Kaiserpaar gerade aufhielt; in aller Freundlichkeit aufgenommen – die Überlieferung versichert, daß sich Otto I. bei der unvermuteten Ankunft der Gäste nicht einmal die Zeit genommen habe, den einen Schuh noch anzuziehen, um den Greis sofort selbst zu begrüßen –, ersuchte Ulrich den Herrscher, Adalbero zusätzlich die gesamte weltliche Verwaltung der Diözese zu übertragen und ihm schon jetzt die Nachfolge auf dem Bischofsstuhl zuzusichern.

Mit der Zustimmung des Kaisers kehrten sie nach Augsburg zurück. „Dann versammelte Adalbero die bischöflichen Ritter und verlangte, daß sie ihm den Treueid leisteten. In Gegenwart des Bischofs legten sie das Gelübde ab, und nicht minder die bischöflichen Eigenleute der ganzen Diözese." Und damit keine Unklarheit bestand, „nahm sich Adalbero heraus, den Krummstab [das Herrschaftszeichen des Bischofs] bereits in aller Öffentlichkeit zu tragen".

Doch damit verstieß der Neffe gegen die kanonische Ordnung und erregte Ärgernis. Auch gegen Ulrich erhob sich Unwillen. Die oppositionellen Stimmen blieben nicht auf die Diözese beschränkt. Der greise Bischof hatte gehofft, Entlastung im Amt zu erhalten und durch die Zusammenarbeit mit dem lieben Blutsverwandten noch eine friedvolle, schöne Zeit genießen zu können. Statt dessen lud man ihn und Adalbero vor eine Reichssynode nach Ingelheim, um sich zu rechtfertigen! Lebenslang hatte sich Ulrich für den Wiederaufbau in Augsburg und die geistlich-weltliche Harmonie im ganzen Reich eingesetzt. Doch nun mußte der Dienstälteste im deutschen Episkopat erleben, daß man ihn des Rechtsbruchs, ja des Irrglaubens anklagte! Er reiste nach Ingelheim; Leibesschwäche machte es ihm unmöglich, sich dort selbst zu verteidigen. An seiner Statt sprach Dompropst Gerhard, Ulrichs späterer Biograph. Der Achtzigjährige bot den sofortigen Rücktritt an, wenn nur Adalbero dafür sein Nachfolger würde. Man lehnte ab: Einem Bischof sei es unter keinen Umständen gestattet, das Amt im Stich zu lassen. Hinter der Zurückweisung stand die Vorstellung jener Zeit, zwischen jeder Diözese und ihrem Oberhirten bestünde eine unverbrüchliche Bindung, die einer Ehe gleichkäme. Niemand wollte dem Augsburger Übles; dennoch konnte nur mit Mühe eine Kompromißformel gefunden werden, welche die Vorwürfe ausräumte und es zu ermöglichen schien, Adalberos Anwartschaft aufrechtzuerhalten.

Tief gedemütigt kehrten Oheim und Neffe nach Schwaben zurück. Der Greis hatte das Bedürfnis, jetzt Frieden im Kreis der Verwandten zu genießen. Zusammen mit Adalbero besuchte er Dietbalds Sohn Riwin in der Burg Dillingen. Es war die medizinische Gepflogenheit der Zeit, sich bei Unpäßlichkeit zur Ader zu lassen. Adalbero ging es nicht gut; ganz überraschend ist er an der Therapie gestorben. Nun mußte Ulrich ihm das Grab bereiten, umgekehrt wie er es erwartet und gehofft hatte. Neffen, Nichten und Großneffen suchten den Tiefbetrübten zu trösten; diesmal luden ihn Riwin und sein Bruder Hubald nach Wittislingen ein, wo die Familiengräber der Restaurierung bedurften. Ulrich kannte sich aus; er gab die nötigen Anweisungen. Aber er blieb nicht lange. So gebrechlich er war – schon konnte er kaum noch Nahrung zu sich nehmen –, so sehr bedrängte ihn die Unrast, alles zu regeln, daß er sich bald wieder auf den Weg machte. Wie der Bischof selbst durch kaiserliches Privileg lange Zeit das Reichskloster Kempten als Titular-Abt leitete (– zwei Vertraute vertraten ihn an Ort und Stelle –), hatte auch der verstorbene Adalbero dreißig Jahre hindurch die Abtei Ottobeuren regiert, obwohl er gar kein Mönch war. (Es waren Verfassungszustände, wie sie für die späte Karolingerzeit vielfach bezeugt sind.) Nun bat der dortige Konvent, Ulrich möge auch Ottobeuren in seine Obhut nehmen. Mit herrscherlicher Genehmigung lud sich der Bischof zusätzlich noch diese Pflicht auf. Er reiste nach Ottobeuren. Kaum war dort die Bestallungsurkunde eingegangen, als unverhofft die Trauerbotschaft folgte: Um fast ein Vierteljahrhundert jünger als Ulrich, im Alter von einundsechzig Jahren, war ihm sein Kaiser im Tode vorausgegangen. Doch auch das Ende Ulrichs kündigte sich an. Immer mehr verließen ihn die Kräfte. Deshalb schlug der Bischof dem Konvent von Ottobeuren vor, nach seinem Rat einen neuen Abt zu wählen. Riwin und Hubald geleiteten diesen zu Otto II., die Bestätigung zu erbitten. Ulrich kehrte mit letzter Anstrengung nach Augsburg zurück; der Dompropst Gerhard wich nicht von seiner Seite. Lange schon hatte der Bischof sich das eigene Grab in Sankt Afra bereitet; Ulrich bestellte sein

Haus, verteilte die Habe. Er wünschte sich Abt Werinhar von Fulda zum Nachfolger, einen langjährigen Freund, empfahl ihn dem neuen Kaiser. In seinem Auftrag besuchte der Neffe Riwin deshalb den Hoftag von Worms. (Otto II. hat der Bitte nicht entsprochen.)

So ist alles geordnet. Aber der Bischof kann noch nicht sterben; Ulrich wartet auf Riwin. Erst am 4. Juli 973 steht der Graf wieder am Lager des dreiundachtzigjährigen Oheims, zur rechten Zeit: so kann er ihm die Augen zudrücken. Ein fünfzigjähriger Pontifikat endet, ein Leben im Dienst der Kirche und des Reiches. Ein anderer heiligmäßiger Bischof der Ottonenzeit hat Ulrich von Augsburg in Sankt Afra bestattet: Wolfgang von Regensburg. Die Verwandten, Klerus und Laien, groß und klein trauern um den Toten: „Ungezählte Menschen hatte er durch Wohltaten während seiner Lebensreise an sich gezogen." Nun pilgern sie zu dem Grab, um die Fürbitte des Heimgegangenen zu erflehen. Ehrfürchtiges Vertrauen verklärt sein Bild zum Heiligen: Sankt Ulrich, Patron von Augsburg.

GRAF WICHMANN DER JÜNGERE
(† 22. 9. 967)

Von einem, der gescheitert ist, soll die Rede sein. Nach unseren Kategorien war er im Unrecht, und auch seine Zeitgenossen urteilten nicht anders. Der Geschichtsschreiber, welcher am ausführlichsten über Graf Wichmann den Jüngeren berichtet, fühlte sich an Catilina erinnert, den verbrecherischen Verschwörer gegen die Römische Republik; die Wortwahl beweist es. Und doch konnte der gleiche Mönch Widukind von Corvey dem Aufrührer und Friedensbrecher das Mitgefühl nicht versagen, und vielleicht bewunderte er ihn. Dieser Autor hatte Sinn und Talent für eine wirkungsvolle Disposition; ursprünglich bildete Wichmanns Tod das Ende seiner ›Sachsengeschichte‹. Gott ist mit dem Herrscher, und darum werden dessen Feinde zuschanden; der letzte Satz der ersten Fassung lautet: „So wie Wichmann gingen fast alle zugrunde, die gegen den Kaiser, deinen Vater, die Waffen erhoben." Die Angeredete ist Mathilde von Quedlinburg, die Tochter Ottos des Großen. Ihr hat Widukind sein Buch gewidmet. Später setzte er es bis zum Jahr 973 fort, dem Sterbedatum des Kaisers.

Wir kennen die These, die Historie sei immer nur Geschichtsschreibung der Sieger. Äußerlich paßt sie auf die Erzählung vom Untergang des Rebellen Wichmann. Aber wer auf die Untertöne achtet, wird gewahr, daß Widukind den Grafen zugleich ehrlich betrauerte. Der Stil, in dem berichtet wird, ist heroisch und tragisch, wie in dem alten Heldenlied von Hildebrand, der um der Mannesehre willen den eigenen Sohn erschlug. Doch es ist keine Dichtung. Vom Ende Wichmanns hört man auch in klösterlichen Totenlisten, welche die Mönche erinnerten, für den gefallenen Wohltäter zu beten, und in einigen anderen Geschichtswerken, die ihn freilich nur kurz erwähnen. Historische Bilanz ist oftmals gespalten: zugleich Gewinn und Verlust, Verdienst und Schuld. Doch selten erkennt man das so deutlich wie in Wichmanns letzten Worten, die er (– nach Widukind –) verwundet angesichts des Todes sprach: „So bringt dem Kaiser mein Schwert, damit er wisse, er könne nun über einen Feind lachen, der erschlagen wurde, oder um einen Blutsverwandten weinen."

Wichmann war Ottos leiblicher Vetter, seine Mutter Friderun die Schwester von Heinrichs I. Gemahlin Mathilde. In der friedlosen Welt archaischer Frühzeit bildete die Sippengemeinschaft einen der wenigen Bereiche unverbrüchlichen Friedens (neben Haus, Thing, Kirche, Gefolgschaft). Aber die Wirklichkeit sah oft ganz anders aus, gerade während der Epoche des zweiten Sachsenherrschers. Ottos Verhältnis zu den Menschen seiner Umgebung gestaltete sich um so schwieriger, je näher sie ihm standen. Die Geschichte Deutschlands in der Mitte des 10. Jahrhunderts war zu einem guten Teil die Geschichte der Aufstände gegen den König, der nicht – wie es fränkischem Brauch entsprochen hätte – die Verwandten an seinem Vorrecht beteiligte, sondern das Prinzip der Unteilbarkeit des Reiches vertrat. Die eigenen Brüder empörten sich, Sohn, Schwiegersohn, Onkel und Vettern . . . Was sich in diesen Fehden entlud – auf der 'staatlichen' Ebene im Kampf der Herzöge, innerhalb der Familie im Konflikt mit dem eigenen Blut –, waren unerfüllter Ehrgeiz, das bedingungslose Beharren auf dem Recht, das man verkürzt glaubte, Unfähigkeit zum Gehorsam gegenüber der Krone, den man erst mühsam lernen mußte. Abweichend von der politischen Vermittlungskunst des Vaters verlangte Otto Unterwerfung unter seinen eisernen Willen. Der Herrscher sollte nicht nur 'primus inter pares' sein. Aber war der Hochadel nicht dazu geboren, selber Herrschaft auszuüben? Das Eigenrecht des edlen Blutes und die Krongewalt rangen um die Priorität im Staatsganzen. Der Kampf kostete zahllose Opfer; eines davon war Graf Wichmann. Und dennoch konnte keine Seite einen klaren Sieg davontragen. Anders als Frankreich und England entwickelte sich Deutschland im Verlauf des Mittelalters weder zu einer geschlossenen, starken Monarchie noch zu einer klar verfaßten aristokratischen Genossenschaft. Es blieb ein 'mixtum compositum'. 'Kaiser und Reich', 'Krone und Fürsten' – das sollten die Formeln sein, mit denen man später – nach mehreren Generationen und durch etliche Jahrhunderte – den gespaltenen Verfassungszustand und die doppelte Trägerschaft politischen Willens beschrieb, wie sie als historisches Erbe noch heute im föderativen Charakter unseres Staatswesens erkennbar sind.

Wichmann entstammte einem Geschlecht, das man in späterer Zeit die 'Billunger' nannte und dessen Anfänge die Sage in ihrer Weise ausschmückte: Hermann, ein armer, aber freigeborener Bauer habe zufällig die Aufmerksamkeit Ottos I. auf sich gezogen; im Dienst des Herrschers sei er wegen seiner Tüchtigkeit und Treue immer weiter emporgestiegen, bis ihm schließlich die Fürsorge über den Stamm der Sachsen als neuem Herzog anvertraut wurde. – In Wirklichkeit spielte die Familie wohl schon vor der Erhebung der Liudolfinger zu königlichen Ehren im Raum zwischen unterer Weser und Elbe eine wichtige Rolle. Noch durch Heinrich I. wurde Wichmanns Oheim Amelung Bischof von Verden (an der Aller, südöstlich von Bremen); Hermann, der andere Onkel, an den sich dann die Sage knüpfte, war ursprünglich Graf an der mittleren Leine; er gründete um 950 auf eigenem Boden Lüneburg, und zusammen stifteten sie dort ein Kloster.

Um die Jahrhundertmitte waren beide Eltern Wichmanns des Jüngeren längst verstorben. Als sich sein gleichnamiger Vater – der dritte der Brüder – mit Friderun vermählte, der Schwägerin König Heinrichs I., kann die Braut nicht mehr jung gewesen sein. Es läßt sich vermuten, daß bei dieser Eheschließung der Wunsch des Grafen im Gau Wigmodia (zu beiden Seiten der unteren Weser) die Hauptrolle spielte, in familiäre Beziehungen zum Herrscherhaus zu kommen; der ältere Wichmann wird in der Überlieferung als tapfer, kriegserfahren und kenntnisreich geschildert, vor allem aber als überaus ehrgeizig und ruhmgierig. Auf das Ansehen anderer war er eifersüchtig. Es bedeutete für sein Selbstgefühl einen harten Schlag, daß Otto der Große nicht ihm, sondern seinem Bruder Hermann das Heer anvertraute, welches 937 – schon ein Jahr nach der Thronbesteigung – gegen den aufständischen Halbbruder des Königs, Thankmar, zu Felde zog. Zwischen den Billunger Geschwistern kam es darüber zum Bruch, und auch Wichmanns Treue gegenüber dem Herrscher geriet ins Wanken.

Doch es zeigte sich, daß König Otto mit Hermann eine glückliche Wahl getroffen hatte. Die Operationen gegen Thankmar begannen unter schwierigsten Umständen. Trotzdem kam Wichmanns Bruder bald in Vorteil und konnte dem Gegner einige Niederlagen zufügen. Nach wenigen Monaten fiel der Aufstand in sich zusammen. Thankmar wurde in den Grenzraum zwischen Westfalen und Hessen zurückgedrängt. Man erschlug ihn, als er den vergeblichen Versuch unternahm, sich in der Eresburg (Obermarsberg an der Diemel) gegen Hermann zu verteidigen.

Anfangs hatte Wichmann d. Ä. die Aufrührer unterstützt, sich aber zeitig wieder von der Sache der Rebellen losgesagt und dem König genähert. Es heißt, die Nachricht von dem Mord an einem prominenten Parteigänger Ottos habe ihn umgestimmt. Rechnete der kluge Graf mit Weiterungen zu seinen Ungunsten? Fürchtete er die Rache des Herrschers? Er fand offene Türen zur Versöhnung. Wichmanns Wechsel auf die Seite des Königs wurde nicht nur in Sachsen, sondern sogar bei einem Geschichtsschreiber im äußersten Westen des Reiches beachtet; das spricht für eine einflußreiche, mächtige Stellung und hohes Ansehen. Fortan hat sich Wichmann d. Ä. bis zu seinem Tod im Jahr 944 dem gekrönten Neffen gegenüber loyal verhalten.

Er hinterließ zwei Söhne: Ekbert und den jüngeren Wichmann. Die Brüder waren noch minderjährig; Otto der Große übernahm persönlich die Vormundschaft und ließ beide am Königshof erziehen. Man gewann den Eindruck, daß sich besonders das Verhältnis zu Wichmann ausgesprochen herzlich gestaltete: Dieser wurde wie ein Sohn behandelt. Mit Ekbert stand es anders. Er hegte Vorurteile gegenüber dem um etliche Lebensjahre älteren königlichen Vetter. Durch pure Unvorsichtigkeit hatte der hitzige und streitlustige Grafensohn im Kampf das eine Auge verloren und war von Otto wegen des unsinnigen Wagemuts öffentlich getadelt worden, eine Bloßstellung, die sein empfindliches Ehrgefühl tief verletzte und die er niemals vergaß. So beobachtete er mit Genugtuung, wie der energische, bisweilen geradezu rücksichtslose Regierungsstil des Königs Antipathien Vorschub leistete, aus denen Aufstände entstanden.

953 empörte sich Herzog Liudolf von Schwaben, Ottos Sohn aus erster Ehe mit der Angelsächsin Edgitha, wider den eigenen Vater. Er fand Unterstützung bei Herzog Konrad von Lothringen, seinem Schwager. Nahezu der gesamte Westen des Reiches erhob sich gegen den Herrscher. Die Auseinandersetzung kulminierte im Kampf um Mainz. Zwei Monate lang belagerte der König den Platz, aber er vermochte ihn nicht einzunehmen. So eröffnete man Verhandlungen. Nachdem Otto den Führern des Aufstandes das Versprechen persönlicher Sicherheit geleistet und Geiseln gestellt hatte, kamen sie selbst in sein Lager. Doch man konnte sich nicht einigen; vor allem war der Dissens zwischen Liudolf und dem Königsbruder Heinrich, dem Herzog der Bayern, dem viele die Schuld an dem Zerwürfnis gaben, nicht zu überbrücken. Und voll-

ends scheiterten die Gespräche, als sich die Nachricht verbreitete, daß sich gerade gegen diesen der Stamm der Bayern auf Anstiften eines Angehörigen der alten Herzogssippe empört habe. Nun war vorerst auch der Südosten für Otto verloren. Die Belagerung von Mainz mußte aufgegeben werden; sächsische Verstärkungen, auf die der Herrscher wartete, wurden abgedrängt. Ihre Führer waren die Grafen Dietrich und Wichmann der Jüngere. Ein geschicktes Manöver der Gegner brachte sie in Schwierigkeiten; statt zu kämpfen, erbaten und erhielten sie freien Abzug in die Heimat. Wichmann – so hieß es bald – habe sich von dem rebellierenden Königssohn Liudolf dazu bereden lassen.

Verrat bedrohte den König. Eine der Geiseln, die Otto bei den Verhandlungen vor Mainz gestellt hatte, war Wichmanns Bruder Ekbert. Der alte Groll fraß in ihm. Die Aufständischen konnten ihn für ihre Sache gewinnen; er machte es ihnen nicht schwer. Beide Söhne des älteren Wichmann fühlten sich durch den eigenen Oheim, Ottos besonderen Vertrauten Hermann, in ihrem Erbe geschädigt. Je stärker der Herrscher auf diesen baute, desto hitziger nahmen sie auch gegen Otto Partei. Später versicherte man, die Brüder wären bestochen worden. Der Vorwurf ließ sich schon damals weder erhärten noch widerlegen. Entscheidend für die Haltung der beiden schien vielmehr der Gegensatz zum Onkel, der in dieser Krise unter den weltlichen Großen nahezu die einzige verläßliche Stütze des angefeindeten Königs war.

Die privaten Streitigkeiten zwischen den Billungern gefährdeten zunehmend die allgemeine öffentliche Ordnung. Für den Augenblick wurde Hermann zwar mit den rebellischen Neffen fertig. „Er zähmte mit edler Geduld die Wut der Jünglinge und verhütete, daß sich ein Aufstand in den sächsischen Landen während des Königs Abwesenheit ausbreitete."

So blieb dank Hermanns Umsicht und Gelassenheit der eigene Stammesraum für Otto den Großen eine sichere, befriedete Operationsbasis. Doch auch in den anderen Herzogtümern erloschen endlich die Zwistigkeiten. Es war die äußere Bedrohung, welche die Eintracht im Innern erzwang; die Ungarn-Not erneuerte sich. Dem zweimaligen, verheerenden Einfall (954 und 955) konnte man nur gemeinsam begegnen. Bayern, das am meisten gefährdet war, gab den Widerstand gegen den Königsbruder Herzog Heinrich auf; über Schwaben und Lothringen verfügte der Herrscher jetzt neu. Sohn und Schwiegersohn mußten die

Stammesführung niederlegen. Sie sühnten die begangenen Frevel im unmittelbaren Dienst der Krone. Konrad fiel in der Schlacht auf dem Lechfeld; Liudolf starb, als er für den Vater in Oberitalien politisch tätig wurde. Die Zeit der Empörungen und inneren Unruhen war vorbei, jedenfalls nördlich der Alpen – und ausgenommen von Sachsen.

Denn die Erbauseinandersetzungen unter den Billungern waren nicht beizulegen und wurden zum allgemeinen Ärgernis. Die Ungarngefahr bedrohte doch alle; jetzt Ruhe zu halten, war das Gebot der Stunde! Statt dessen ließen sich die beiden Vettern des Königs vom leidenschaftlichen Haß immer weiter treiben. Fortan erscheint Wichmann als der Wortführer der Brüder. In aller Öffentlichkeit erklärte er den Oheim für einen „Räuber und Dieb des väterlichen Besitzes", was der Stellvertreter des Königs und Markgraf an der Slawengrenze einfach nicht auf sich sitzen lassen konnte. Deshalb wurde vor Ottos I. Hofgericht die Sache verhandelt. Die Zeugenaussagen lauteten – anscheinend ausnahmslos – zugunsten von Hermann; die Anwesenden sprachen sich für eine harte Bestrafung der Neffen als Verleumder der Ehre des Markgrafen und als Friedensstörer aus. Das allgemeine Interesse erforderte strenge Ahndung; eigentlich konnten die schimpflichen Behauptungen nur durch Blut getilgt werden. Doch Otto gedachte der nahen Verwandtschaft, der alten Zuneigung und seiner früheren Vormundschaft über die beiden jungen Männer. „So schonte er sie in seiner Liebe." Ekbert ging offenbar ganz frei aus. Wichmann wurde ritterliche Haft auferlegt – am Königshof, also in unmittelbarer Umgebung des Herrschers. Glimpflicher konnte das Urteil gewiß nicht lauten!

Aber selbst in dieser gelinden Strafe – die eher einen Akt der Vorsicht als eine echte Vergeltungsmaßnahme darstellte – sah Wichmann eine ungerechtfertigte Kränkung. Als die Nachricht von einem erneuten Einfall der Ungarn Otto den Großen nötigte, schleunigst nach Süddeutschland zu reiten, verfügte er, der Vetter sollte ihn begleiten. Doch Wichmann schützte Krankheit vor. So blieb er in einer der königlichen Pfalzen zurück – vermutlich im Harzraum –, vom Herrscher noch einmal ernstlich vermahnt, sich auf die enge Blutsverwandtschaft zu besinnen, der empfangenen Wohltaten und Ehren eingedenk zu sein und während der Abwesenheit des Hofes nichts Unrechtes zu unternehmen. Offenbar erwartete Otto darauf ein bekräftigendes Versprechen. Als er nur eine vage, unbefriedigende Antwort erhielt, gab er den trotzigen

Billunger in die Obhut eines Grafen Ibo, der sich allerdings als unfähig erwies, weil er den jungen Rebellen in seinem Freiheitsdrang und Rachedurst unterschätzte. Wichmann mißbrauchte die Erlaubnis zu einem Jagdausflug, um zu einer Schar von Anhängern zu flüchten, die ihn – im nahen Wald verborgen – heimlich erwartet hatten und nun mit ihm in die Heimat zogen. Dort verband er sich mit Ekbert. Es gelang ihnen, sich einiger Burgen zu bemächtigen und den Aufruhr gegen den König und den Markgrafen zu entfachen. Aber es war nur ein Strohfeuer; Otto brauchte nicht zum Kampf gegen beide anzutreten. Der eigene Oheim warf ihre Revolte nieder und zwang die Brüder zur Flucht über die Unterelbe, welche damals die Grenze gegenüber Dänen und Slawen bildete. Damit wurde der innersächsische Familien- und Stammeskonflikt zu einer Auseinandersetzung zwischen den Deutschen und ihren nordöstlichen Nachbarn. Denn Wichmann und Ekbert verbündeten sich mit zwei Abodriten-Fürsten zum Kampf gegen die eigene Sippe, das eigene Volk, den eigenen 'Staat'.

Handelte es sich bei ihnen lediglich um zwei ehrvergessene Lügner und undankbare Vaterlandsverräter? Die deutsche Geschichtsschreibung war seit der Romantik und den Freiheitskriegen 1813/1815 mit solchen Urteilen rasch bei der Hand. Doch muß man wohl vorsichtiger sein und differenzieren. Wichmann gab dem königlichen Vetter kein Versprechen, das er gleich anschließend leichten Herzens brach. Unser Gewährsmann läßt daran keinen Zweifel: Otto wußte, daß Wichmann jede Chance nützen würde, aus der Haft bei Hofe freizukommen. Und vor allem ergibt sich die Frage: Welchen Stellenwert besaßen im 10. Jahrhundert überhaupt Begriffe wie Stamm, Volk und Reich? Wo nicht bereits die Tradition des antiken 'Imperium Romanum' einen festen Grund gelegt hatte, mußte sich ein 'staatliches' oder 'nationales' Gemeinschaftsbewußtsein von verpflichtendem Charakter erst einmal bilden. Es unterliegt keinem Zweifel, daß im Frühmittelalter den sozialen Nah-Bindungen bei Germanen und Slawen der Vorrang gegenüber umfassenderen Ordnungsformen zukam. Überdies galt dem Adel das eigene Recht auf bewaffneten Widerstand (gerade auch der 'ungerecht' handelnden Krone gegenüber) und auf persönliche Selbstverwirklichung mehr als die allgemeinen Gehorsamspflichten und Friedensnormen der Gesellschaft. Fehde war – gemäß einhelliger Meinung, gegen welche Königtum und Kirche erst nach jahrhundertelangem Kampf ankamen – keine verbrecherische Gesetzlosigkeit, sondern ein anerkanntes, allerdings standesgebundenes Mittel rechtlicher Selbsthilfe. Man achtete den edlen Mann, der in eigener Sache offen die Waffe führte, auch wenn er damit der Gemeinschaft schadete. Er bewies 'Ehre'! Deshalb konnte sich der 'ehrliche' Totschläger von seiner Schuld durch ein Wergeld loskaufen; dagegen endeten der heimtückische Mörder und der Dieb schimpflich am Galgen.

Nur mit erheblichen Einschränkungen läßt sich der Gegensatz zwischen den Vettern Otto I. und Wichmann in 'nationalen' Kategorien beschreiben. Wenn der trotzige Graf zu den Abodriten floh und zusammen mit ihnen gegen die eigenen Stammesgenossen kämpfte, so erinnert sein Handeln an Herzog Arnulf von Bayern, der das Land wiederholt gegen die Ungarn verteidigte, dann aber ausgerechnet bei diesem Volk Exil nahm und mit ungarischer Waffenhilfe 917 nach Bayern zurückkehrte. Man hatte ihn dennoch nach Konrads I. Tod 'im Reich der Deutschen' zum König erhoben! Und das war keinesfalls der einzige vergleichbare Fall. Bei derartigen Vorgängen nahmen die zeitgenössischen Chronisten in der Regel nicht so sehr an dem Militärbündnis mit dem feindlichen Volk Anstoß, als vielmehr an dem Zusammengehen mit dem Glaubensfeind. Ungarn und Slawen waren noch Heiden. Erst allmählich reifte seit Heinrich I. ein Gemeinschaftsbewußtsein heran, das empfindlicher reagierte. Wenn beim Ungarn-Einfall 954 die Anhänger des Königssohnes Liudolf dem Königsbruder Heinrich den Vorwurf machten, den Feind herbeigerufen zu haben, und dieser die Beschuldigung gleichlautend zurückgab, ersieht man den sich anbahnenden Wandel: Solidarität gegenüber der Außenwelt wird zum politisch-moralischen Postulat. Auch Wichmann hat man wegen des Abodriten-Bündnisses scharf kritisiert. In seiner Abwesenheit beschäftigte sich das Hofgericht abermals mit ihm: „Man beriet über die Sachsen, welche sich mit den Slawen verschworen hatten, und das Urteil lautete, daß Wichmann und Ekbert fortan als notorische Landesfeinde gelten sollten, die übrigen aber begnadigt werden könnten, wenn sie in die Heimat zurückkehren wollten."

Nicht ohne Erfolg versuchte der Herrscher, durch das unterschiedliche Strafmaß die sächsische Opposition zu spalten. Im Bund mit den Nachbarn war sie nicht länger ungefährlich. Zwar wäre es Hermann Billung fast gelungen, sich durch einen nächtlichen Handstreich der Burg zu bemächtigen, in der sich die Rebellen aufhielten, aber im letzten Augenblick wurde der Überfall bemerkt und Lärm geschlagen. So konnte der Platz nicht genommen werden, wenngleich die Aufrührer erhebliche Verluste erlitten. Im Gegenschlag unternahmen sie mit sehr starker slawischer Unterstützung einen Rachefeldzug gegen die Heimat. Der ortskundige Wichmann führte selber die Raubscharen über den Grenzfluß nach Sachsen. Diesmal waren die Kräfte der Angreifer denen des Markgrafen weit überlegen. Widerstand schien sinnlos; zum Unwillen mancher Mitkämpfer handelte Hermann einen unrühmlichen Waffenstillstand aus. Er mußte sich verpflichten, eine Fliehburg kampflos zu räumen, in welche sich die Gaubevölkerung mit ihrer Habe zurückgezogen hatte. Den Sachsen wurde freier Abzug zugestanden, freilich ohne ihre Waffen, den Besitz und alle unfreien Knechte und Mägde – zweifellos fast ohne Ausnahme kriegsgefangene oder in die Sklaverei verkaufte Slawen, die man zurückforderte. Ein Zwischenfall führte zu blutigen Folgen: Ein Abodrite erkannte unter den sächsischen Frauen eine frühere Dienerin; als er sie ergriff, erhielt er einen Faustschlag und schrie, die Sachsen hätten den Vertrag gebrochen. Daraufhin ermordeten die Sieger alle Verteidiger und die gesamten männlichen Gaubewohner; Frauen und Kinder führte man gefangen als Beute ins Slawenland.

Es war eine böse Schlappe; Otto der Große unternahm es selbst, sie wieder auszugleichen. Fast hätte der Kriegszug mit einer Katastrophe geendet: Zwischen Sümpfen und Wasserläufen wurde Ottos Heer von den Abodriten eingeschlossen. Den Rückweg versperrten sie durch ein rasch angelegtes, starkes Verhau; den Weitermarsch hinderte der Fluß Raxa (Recknitz in Mecklenburg?), an dessen jenseitigem Ufer die feindliche Hauptmacht lauerte. So saß man nun fest. Schon begann die Verpflegung knapp zu werden, Krankheiten breiteten sich aus. Da war es der zweite der beiden bedeutenden Markgrafen des Königs, Gero, welcher auf einem Umweg, vom Gegner unbemerkt, weil gleichzeitig die Sachsen einen Scheinangriff unternahmen, durch einen unerwarteten Flankenstoß die Reihen der Abodriten wanken machte. Krieger einer anderen slawischen Völkerschaft halfen ihm dabei. So wurde aus der drohenden Niederlage doch noch ein entscheidender Sieg. Nach dem Urteil der zeitgenössischen Chronisten waren die Folgen kaum weniger gewichtig als die der Ungarnschlacht auf dem Lechfeld. Und

Otto errang die beiden Triumphe innerhalb von nur zwei Monaten! Der Abodritenfürst Stoinef wurde auf der Flucht erschlagen, blutige Rache für das erwähnte Massaker in der sächsischen Gauburg genommen. Wichmann und Ekbert konnten sich retten, aber aus Furcht vor dem deutschen Schwert und vielleicht auch deshalb, weil man sie für Unheilbringer hielt, nahm sie keiner der Slawenstämme ringsum auf. So mußten sie in den Westen fliehen: bis ins ferne Frankreich.

Die beiden Billunger hatten dort Verwandte. Sowohl die Königinwitwe Gerberga wie auch Hedwig, die Gemahlin des Herzogs Hugo von Franzien, waren Schwestern Ottos des Großen, mithin Basen der vertriebenen Brüder. Diese fanden Asyl, aber keine Hilfe. Hugos Politik war in dieser Zeit ganz auf Sicherung des Friedens gerichtet; davon ließ er sich durch Wichmann und Ekbert nicht abbringen. Überdies ist er bald nach ihrer Ankunft gestorben. Was sollten die zwei Rebellen weiterhin in Frankreich? Wahrscheinlich bedeutete man ihnen, daß sie keineswegs willkommen waren. Daraufhin trennten sich ihre Wege. Ekbert gab den Widerstand gegen den deutschen König auf. Durch die Vermittlung von Ottos Bruder Brun, dem Erzbischof von Köln und 'Erzherzog' von Lothringen, näherte er sich dem Herrscher und erlangte großzügig Verzeihung. Ekbert spielte später keine unwichtige Rolle im Reich; eine Enkelin Ottos I. wurde zeitweilig von ihm erzogen; kurz vor der Jahrhundertwende ist er gestorben. –

Auch Wichmann mußte Frankreich wieder verlassen. Er kehrte heimlich nach Sachsen zurück. Es war ein gefährliches Unterfangen; jedermann hätte den Geächteten straflos erschlagen dürfen! Aber Wichmann wollte noch einmal die Heimat sehen, sein Haus, die Gattin. (Bei dieser Gelegenheit erfahren wir, daß der Rebell verheiratet war. Name und Herkunft seiner Frau sind nicht überliefert.) Es mag ein bitterer Besuch gewesen sein. Dort, wo alle ihn kannten, war an Bleiben nicht zu denken, eine Geheimhaltung seiner Anwesenheit auf Dauer unmöglich. So flüchtete Wichmann weiter, abermals zu den Slawen, die er zu erneutem Kampf gegen den eigenen Volksstamm anstachelte.

Wiederum erlitt er einen Mißerfolg. Markgraf Gero stellte den Aufrührer und zerschlug die Schar seiner Anhänger. Diesmal gab es keinen Ausweg. Wichmann mußte sich ergeben. Nur mit Mühe erlangte er, daß man seine Kapitulation annahm. Das Hofgericht hatte ihn geächtet; um sein Leben zu retten, war Wichmann deshalb gezwungen, durch die

Vermittlung des Siegers den König um Gnade zu bitten. Unaufgefordert schwor er, es hinfort Otto und dem Reich gegenüber niemals mehr an Treue fehlen zu lassen; er wartete nicht, bis man ihn zu einem solchen Gelübde zwang. Nach der feierlichen Eidesleistung wurde Wichmann begnadigt. Er durfte heim. Aber seine Lehen und Grafschaften erhielt er nicht zurück. Wichmann mußte vom Erbgut der Gattin leben. Und doch stellte ihm der königliche Vetter in Aussicht, daß er später bei Wohlverhalten mit völliger Wiederherstellung rechnen dürfte. „Der Herrscher richtete ihn auf" – so berichtet es die Quelle. Man darf ihr Glauben schenken: Sein ganzes Leben hindurch war Großzügigkeit im Verzeihen, nicht Kleinlichkeit der Rache ein hervorstechender Charakterzug Ottos I.

Der König mußte es manchmal bereuen. Auch Wichmann hat ihn enttäuscht. Der gestürzte Vetter und Vasall beachtete seinen Eid und war ruhig, solange Otto im Lande blieb und die Markgrafen Hermann und Gero die Slawen niederhielten. Aber dann kamen der zweite Italienzug, die Kaiserkrönung, die jahrelange Abwesenheit des Herrschers. Wichmann hatte auf Restitution gewartet; sie war nicht in völligem Umfang erfolgt. Bedeutete das nicht einen Wortbruch, auf den ein Mann von Ehre mit Fehde antwortete?

Unzufriedenheit mit der eigenen Situation und Uneinsichtigkeit in die begangene Schuld führten zu einem Ausbruch leidenschaftlichen Aufbegehrens. Auch Ekbert ließ sich noch einmal anstecken. Ihr Zorn richtete sich vor allem auf den Oheim Hermann Billung. War es letztlich der Neid des Vaters auf den bevorzugten Bruder, der in den Söhnen fortwirkte? Der Haß gegen den Onkel, der sich an ihrem Erbe vergriffen habe? Mit einer Schar von Parteigängern störten die beiden den Land- und Straßenfrieden. Ihre Zahl war zu gering, um etwas Ernstliches auszurichten; um die Dänen zu einem Einfall nach Sachsen zu veranlassen, begab sich Wichmann zu diesen nördlichen Nachbarn. Aber der Aufrührer hatte mit seinen Mißerfolgen das einstige Ansehen weitgehend verspielt; man traute ihm nicht. König Harald Blauzahn ließ ihn wissen, er würde ihm nur Glauben schenken, daß er es mit den Dänen ehrlich meinte, wenn Wichmann zuvor Hermann Billung oder einen andern prominenten Großen des Reiches umbrächte. Noch während man verhandelte, kam die Nachricht, daß der Markgraf einige Anhänger Wichmanns ergriffen und als Volksfeinde und gemeine Räuber durch den Strang hingerichtet hatte. Ekbert war gerade noch entkommen, der Aufstandsversuch damit niedergeschlagen.

Im Reich war fortan für Wichmann kein Raum mehr. Es scheint, daß er sich noch einmal an Gero mit der Bitte um Vermittlung wandte. Aber erfolglos; der Markgraf starb schon kurz darauf, im Mai 965. Vielleicht, daß Gero dem Sachsen eine Empfehlung an befreundete Slawenstämme ausstellte. Dort schätzte man Wichmanns scharfes Schwert. Aus dem deutschen Rebellen wurde ein slawischer Heerführer, der vor allem den Völkerschaften, die sich durch das aufkommende Reich der Polen von Osten her in ihrer Selbständigkeit gefährdet fühlten, militärische Dienste leistete. Zweimal besiegte Wichmann in wendischem Auftrag den Staatsgründer Mieszko, tötete dessen Bruder und erpreßte reiche Beute. Aber auch diese Erfolge konnten den Gesamtvorgang nicht verhindern: Im Verlauf des Hochmittelalters wurden die westslawischen Stämme zwischen den erstarkenden Reichen der Deutschen und der Polen politisch gedemütigt und ethnisch weitgehend zerrieben. Uneinigkeit im eigenen Lager leistete dabei Vorschub.

In einen solchen, schon Generationen alten Streit zwischen Wagriern und Abodriten wurde einerseits Hermann Billung, andererseits sein trotziger Neffe hineingezogen. Anfänglich erstrebte man eine friedliche Beilegung des Konflikts: Das markgräfliche Gericht sollte entscheiden. Es erklärte sich für den Abodritenfürsten Mistav und verurteilte dessen Gegner Selibur zu einer hohen Strafzahlung. Doch jener erklärte den Spruch für ungerecht, rief seinen Stamm zu den Waffen und bat Wichmann, ihm zu Hilfe zu kommen. Umgehend eilte dieser mit einer Schar von Soldkämpfern herbei, begierig, an dem Oheim Rache zu nehmen. Doch es kam anders. Hermann schloß die Burg, in welcher sich Selibur und Wichmann befanden, von allen Seiten ein. Der Platz war schlecht verproviantiert; um Hilfe zu holen, schlug sich der sächsische Rebell mit wenigen Begleitern durch den Ring der Belagerer. Aber vor jedem Entsatz kapitulierten die Wagrier bereits. Schon die Zeitgenossen rätselten: Wie konnte einem so kriegserfahrenen Mann wie Selibur ein solcher Fehler unterlaufen, in einer Burg ohne Vorräte Zuflucht zu suchen? Und man munkelte, daß es ein abgekartetes Spiel gewesen sei und Hermann den Neffen ins feingeknüpfte Garn locken wollte.

Wichmann verlor bei dem Unternehmen einen erheblichen Teil der Gefährten; der Markgraf hat sie zu schwerer Strafe verurteilt. Weiter im

Osten mußte nun der sächsische Aufrührer sein Auskommen suchen. Zwischen Redariern und Polen herrschte Krieg; Wichmann bot seine Dienste an, was wiederum Mieszko veranlaßte, sich mit Böhmen zu verbünden. Das Glück hatte den Vetter Ottos des Großen verlassen; ein geschicktes taktisches Manöver mit einer Scheinflucht durchschaute er nicht und geriet in einen Hinterhalt. Die Lage war hoffnungslos; Wichmann erwog zu fliehen. Da beschuldigten ihn jene, die noch bei ihm waren, er wolle sich auf ihre Kosten retten. „So ließ er das Pferd und begann zu Fuß den Kampf gemeinsam mit den Gefährten. Mannhaft verteidigte er sich den ganzen Tag lang mit den Waffen." Der kleine Trupp, der noch übriggeblieben war, suchte durch einen Nachtmarsch in Sicherheit zu kommen. Bei Tagesanbruch erreichte man ein Gehöft, durch Hunger und Strapazen erschöpft. Hier trafen die Verfolger auf Wichmann und seine wenigen Begleiter; an der wertvollen Rüstung sahen sie, daß ein vornehmer Mann vor ihnen stand. Er nannte seinen Namen, doch stolz lehnte er es ab, sich ihnen zu ergeben, selbst als man ihm zusicherte, ihn unversehrt vor Mieszko zu führen und anschließend dem Kaiser auszuliefern. „Eingedenk des früheren Adels und seiner Tapferkeit" war Wichmann nur bereit, vor dem Polenfürsten persönlich die Waffen niederzulegen. So ging der Kampf weiter; trotz Erschöpfung und Verwundung verteidigte sich Wichmann, bis ihn die Feinde zu Tode verletzten. Da reichte er das Schwert dem Vornehmsten unter den Gegnern, daß er es dem Kaiser bringen sollte, „wandte sich gegen Osten und betete, so gut er es konnte, in seiner Muttersprache zum Herrn und hauchte endlich die mit vielem Elend und Leid beschwerte Seele aus, indem er sich der Barmherzigkeit des Schöpfers empfahl".

Es war der 22. September 967. Der Tod löschte die Feindschaft aus. In Hermanns Gründung, dem Michaelskloster zu Lüneburg, notierten die Mönche zu ewigem Angedenken und alljährlicher Fürbitte: „Graf Wichmann und viele andere wurden erschlagen." Und der Kaiser teilte das schmalgewordene Erbe des Rebellen in zwei Teile und übergab das eine dem Lüneburger Konvent, das andere dem Kloster Kemnade an der Weser, um die Schuld des Vetters zu sühnen. In Sachsen aber kehrte jetzt endlich der Frieden ein.

ABT JOHANNES VON GORZE
(† 30. 3. 974)

Mönchtum des Hochmittelalters! Man denkt an den Gleichklang des Stundengebets, an 'Memento mori' und Gotteslob, an reifende Felder inmitten von düsterem Wald und schwankendem Moor, an fleißige Brüder im Kreuzgang, die sorgfältig mit Federkiel oder Schreibrohr einen Buchstaben nach dem andern auf das geglättete Pergament malen, um das Wissen der Vergangenheit an die Zukunft weiterzugeben. Die verschiedenen Künste und Kunstfertigkeiten sind hier zu Hause. Man denkt an Weinbau und Fischzucht, Pilgerfürsorge und Krankenpflege, einsame Askese oder das lebhafte Treiben in der konventseigenen Schule. In den Klöstern läßt der Adel die begabtesten seiner Söhne erziehen – keineswegs ausschließlich diejenigen, welche dort als Novizen eintreten sollen – und die Toten begraben. Die Herausbildung eines verfestigten Geschlechterbewußtseins knüpft sich an Stammburg und Hausabtei. Mönchtum des Hochmittelalters steht zwischen Gott und Welt. Beim Krönungsmahl beansprucht der Abt von Fulda den Ehrenplatz zur Rechten des Königs. Über ein halbes Hundert Äbte, Pröpste und Äbtissinnen gelten als Reichsfürsten. Das ist eine Zahl aus der Epoche der Staufer; doch schon in ottonischer Zeit führten beispielsweise die Äbte von Lorsch (Bergstraße) und Weißenburg (Elsaß) dem Kaiser je fünfzig Gepanzerte für den Italienkrieg zu, mehr als die Bischöfe von Worms, Konstanz oder Freising.

Die Blüte des hochmittelalterlichen Mönchtums ist um so erstaunlicher, als das Klosterleben während des Zerfalls des Karolingerreiches schweren Schaden nahm. Normannen, Sarazenen und Ungarn brandschatzten viele Konvente; in anderen erlahmte die Zucht. Mächtige Laien rissen die Güter an sich; manchenorts zogen sie selber mit Gefolge, Troß und Hunden in die Abteigebäude ein und warfen die Brüder kurzerhand hinaus. Doch am allgemeinen Wiederaufbau der Ottonenzeit hatte auch das Mönchtum gebend wie nehmend seinen Anteil. Es erlitt Veränderungen; die Vielgestaltigkeit früherer Verhältnisse wich einer stärkeren Einheitlichkeit. Überall wurden die Regel Sankt Benedikts und ergänzende Normierungen in den 'Consuetudines' (Einzelfestlegungen monastischer Lebensform) verpflichtend. Von Cluny (in Burgund zwischen Dijon und Lyon gelegen) ging ein Strom klösterlicher Erneuerung aus, der bald ganz Frankreich sowie Teile Italiens, Nordspaniens und Englands befruchtete. Dagegen wirkte die berühmte Reformabtei eher indirekt ins Reich hinein, bevor es ihr nach der Mitte des 11. Jahrhunderts gelang, auch östlich des Rheines Fuß zu fassen. Statt dessen wurde ein großer Teil der deutschen Konvente von den Gebräuchen geprägt oder zumindest beeinflußt, welche das Gemeinschaftsverhalten und den Tagesrhythmus im lothringischen Gorze bestimmten.

Gorze war ein altes Kloster, bereits in frühkarolingischer Zeit gegründet, jedoch zu Beginn des 10. Jahrhunderts völlig heruntergekommen. Selbst ein zeitgenössischer Gewährsmann, dem man doch einige Unempfindlichkeit zutrauen möchte, versichert: Der armselige Platz starrte geradezu vor Schmutz; es herrschte ein Gestank, daß man am liebsten die Flucht ergriffen hätte; die wenigen Mönche scherten sich kaum um die Regel. Längst gab es keinen Abt mehr; konkurrierend nahmen weltliche Große und der Bischof des nahegelegenen Metz die Leitung wahr, eher aus eigenem Interesse als in Verantwortung für den schutzbedürftigen Ort. Als sich 919 die Nachricht von einem drohenden Einfall der Ungarn verbreitete, flüchteten die letzten Brüder mit den Gebeinen ihres Patrons Sankt Gorgonius in die benachbarte Stadt; Gorze besaß keine verteidigungsfähigen Mauern. Die Feudalherren der Umgebung bemächtigten sich der paar Landgüter, die noch vorhanden waren. Das klösterliche Leben hörte so gut wie völlig auf. –

Einige Jahre später wandte sich eine kleine Schar frommer Büßer an Bischof Adalbero von Metz mit der Bitte, ihnen eine passende Bleibe für ein gemeinsames monastisches Leben zuzuweisen. Gorze wurde vorgeschlagen; nach gewissen Bedenken genehmigte Adalbero, den verlassenen Konvent in Besitz zu nehmen. Allerdings behielt er sich alle Herrenrechte vor. Die Neugründung Gorzes erfolgte 933 als bischöfliches Eigenkloster. Es war schwer, ja erschien geradezu hoffnungslos, hier einen Anfang zu machen: Zwar mangelte es nicht an guten Vorsätzen und geistlichen Tugenden, wohl aber an jeglicher materiellen Voraussetzung. Die Armut war so drückend, daß die Brüder in den ersten

Jahren wiederholt erwogen, Gorze aufzugeben. Daß schließlich alle Schwierigkeiten überwunden werden konnten, lag vor allem an der Tüchtigkeit und Geschicklichkeit des Mönchs Johannes, dem die junge monastische Gemeinschaft die Sorge für ihr leibliches Wohl und alle wirtschaftlichen Belange anvertraute und der 959 zweiter Abt in Gorze wurde: keine Erscheinung von überragender klösterlicher Spiritualität, aber dafür von ungewöhnlichem persönlichen Zuschnitt. Wir kennen ihn aus der umfänglichen, nicht ganz vollständig erhaltenen Biographie, welche ihm ein langjähriger Augenzeuge widmete, der später selber einem Benediktinerkonvent vorstand, Abt Johannes von St. Arnulf in Metz.

Der Hergang der Zweitgründung Gorzes 933 unterscheidet sich beträchtlich von dem, was sonst die Regel war. Im allgemeinen steht am Anfang der Geschichte eines Klosters ein engagierter Stifter, häufig aus hohem Adel, wie im Fall Clunys 910 Herzog Wilhelm von Aquitanien, bezüglich der Magdeburger Mauritius-Abtei 937 König Otto der Große, bei dem Kölner Konvent Sankt Pantaleon – bald nach 955 – dessen Bruder Erzbischof Brun. Dagegen fehlt in Gorze eine solche Gründerpersönlichkeit. Oftmals prägten die ersten Äbte das religiöse Klima weit über die eigene Lebenszeit hinaus; das bedeutendste Beispiel dafür liefert abermals Cluny mit der Folge von Berno, Odo, Aymard, Majolus, Odilo und Hugo. Mit diesen großen Männern, von denen einige als Heilige verehrt werden, lassen sich die Äbte Gorzes nicht vergleichen. Endlich: Die meisten Konvente wurden durch Mönchsgruppen besiedelt oder reformiert, die aus einem anderen Kloster kamen und daher das monastische Leben längst aus eigener Erfahrung kannten. In Gorze war das anders: Der Konvent bildete sich mit der Neugründung; die ersten sieben oder acht Brüder besaßen keine einschlägige Vorbildung; keiner war je Novize. Fast alle gehörten zuvor dem Weltklerus an; bei ihrem gesteigerten religiösen Ernst hatten sie im Kirchendienst kein Genüge gefunden. Ein asketisch bestimmter Individualismus war für sie kennzeichnend; darum hatten einige zwischenzeitlich als Eremiten in der Einsamkeit gelebt. So mußten sie alle erst einmal lernen, sich in eine Gemeinschaft einzufügen. Es fiel ihnen nicht leicht. Typisch ist dafür, daß man in Gorze die mangelnde Erfahrung klösterlichen Beisammenseins durch eine um so genauere Beachtung der Benediktinerregel und die peinlichste Einhaltung der Consuetudines zu kompensieren suchte.

Es war ein ganz ungewöhnlicher Kreis, der sich in Gorze zusammenfand, schon dadurch bemerkenswert, daß im Gegensatz zur Gewohnheit der Zeit dabei keine Abschließung nach sozialen Schichten stattfand. Eine glückliche Überlieferung wirft Schlaglichter auf den sich bildenden Konvent. Da war Einold, den die Gefährten zum ersten Abt erwählten, ein hochgebildeter, einflußreicher und sehr vermögender Kleriker, der es in der kirchlichen Hierarchie bereits bis zum Archidiakon von Toul gebracht hatte, bis er ganz plötzlich auf sein Amt verzichtete, den Besitz unter die Armen verteilte und sich mitten in der Stadt, einen Steinwurf vom Dom entfernt, eine Einsiedlerklause errichtete, nachdem ein Versuch, auswärts ein Büßerleben zu führen, wohl an der Unkenntnis praktischer Lebensnotwendigkeiten gescheitert war; zeitweilig mußte Bischof Gauzlin Einold unterhalten, sonst wäre er verhungert. Da war der reiche Bauernsohn Humbert, den irgendein Erlebnis auf der Wallfahrt nach Italien aus den angestammten Bahnen geworfen hatte; seither war er auf der Suche. Er lebte in einem Kellerloch in Verdun, schloß sich vorübergehend den Eremiten im undurchdringlichen Wald der Ardennen an, dann nahm er mit Einold ein Büßerleben jenseits der Mosel auf; um sich der Landbevölkerung fernzuhalten, nächtigten sie in einer Erdhöhle und kamen gerade dadurch in Schwierigkeiten, so daß sie den Versuch bald aufgaben. Übrigens galt Humbert als ungewöhnlich feinfühliger Seelsorger; die Nonnen von Verdun beichteten vorzugsweise bei ihm. Auch ein Ausländer schloß sich den Brüdern in Gorze an, der Brite Andreas aus dem Exulanten-Konvent von Montfaucon. Er war vor den Normannen-Einfällen aufs Festland geflohen, aber im Kreis von seinesgleichen nicht glücklich geworden. Nun brachte der gründlich gebildete Mann die spirituelle Unbedingtheit seines Volkes in das Gorzer Konventsleben ein. Andreas war der einzige mit monastischen Erfahrungen, die jedoch von den kontinentalen Gebräuchen stark abwichen. Da war Angilram, wie Einold zuvor Archidiakon von Toul, der seinen Besitz an das Domstift geschenkt hatte und statt dessen von einem Leihgut lebte, berühmt wegen seiner Askese; schon als Weltgeistlicher pflegte er sich zwei Tage hintereinander jeglicher Speise zu enthalten. Da waren Bernacer, Kleriker in Metz, der als Rechenmeister gegen Geld tätig war, Berner, ein Grammatiklehrer, der kein Ansehen der Person kannte, aber den Zölibat so übertrieb, daß er sich auf keinen Stuhl setzte, den vorher eine Frau benutzt hatte, und endlich Johannes.

Er ist ein Bauernsohn aus Vandières (südlich von Metz an der Mosel), der älteste von drei Söhnen eines einfachen, aber freigeborenen Landwirts, der noch in hohem Alter ein junges Mädchen gefreit hat. Der Vater bestimmt ihn für das Studium (was bedeutet, daß er Geistlicher werden soll). Aber weder in Metz noch auf der Klosterschule von St.-Mihiel hat der Knabe auch nur leidlichen Erfolg; er will einfach nicht lernen! Der Vater stirbt, die Mutter geht eine neue Ehe ein – noch als halber Bub übernimmt Johannes die Verwaltung des Familienerbes, bewirtschaftet den Hof, sorgt für die Brüder. Das geht so die Jahre hindurch; bis ins Mannesalter bleibt er daheim, ohne deswegen den Plänen abzusagen, Kleriker zu werden: Es wäre eine schwere Sünde und könnte noch im Jenseits auf den Vater zurückfallen, wenn man dessen Gelübde nicht erfüllt. Ein guter Landwirt mit Geschick, Fleiß und Glück, nicht belastet durch die Frondienste und Abgaben eines Leibeigenen, macht sein Geschäft; das Vermögen vermehrt sich. Bald besitzt Johannes ein Wohnhaus in Toul, die Einkünfte von zwei Pfarreien, selbst Pfarrechte. Adel und Hierarchie werden auf ihn aufmerksam; bei Graf Richwin geht er ein und aus; Bischof Dado von Verdun zieht ihn an seinen Hof.

Ein erfolgreiches Bauerndasein – aber es genügt Johannes nicht. Im praktischen Leben kann er alles, was die Zeit kennt: Ackerbau, Viehzucht, Obst- und Weinanbau, Brot backen, Schweine schlachten, selbst Mühlen reparieren. (Wer das versteht, hat in der Sprache der Zeit ein 'ingenium' = technischen Verstand; unser Lehnwort 'Ingenieur' wird sich auf dem Umweg über das Französische davon ableiten.) Aber Johannes fehlt jegliches Schulwissen. So geht er nun – als erwachsener Mann – regelmäßig nach Toul zu Diakon Berner in den Lateinunterricht. Weil er arbeiten kann, mit eisernem Willen dahintersitzt und über die nötige Begabung verfügt, lohnt es sich. Er paukt den Donat (– das Grammatiklehrbuch der Zeit –), lernt auswendig, mit erstaunlichem Erfolg und offenkundig mit wahrer Lust am Studium. (Später wird ihm in Gorze Abt Einold deshalb sogar Schranken setzen müssen.)

Und doch fehlt etwas. Der Umgang mit dem asketisch-strengen Berner wird auch geistliche Früchte getragen haben. Wichtiger ist die Bekanntschaft mit einigen frommen Nonnen in Toul. Eine – sie heißt Geisa – verwendet gleichfalls allen Fleiß auf die Wissenschaften. Beide studieren um die Wette. Einmal verschiebt sich ihr Gewand; mit Staunen sieht Johannes, daß sie darunter ein hartes, rauhes Tuch trägt, um

Buße zu tun. Das beschäftigt ihn; soll er sich in seiner Frömmigkeit von einer Frau übertreffen lassen? Das eigene Verlangen nach Askese – sicher bereits durch Berner genährt – wird übermächtig. Seine Brüder sind erwachsen, brauchen ihn nicht mehr. Er besucht Humbert von Verdun, erbittet von dem erfahrenen Seelsorger Rat. Seither verzichtet er das ganze Leben lang auf Fleischspeisen. Endlich verläßt er den gewohnten Lebenskreis, Besitz, Bekannte – und wird Eremit.

Da gibt es in den Ardennen einen heiligen Mann, von dem sich die Leute Wunderbares erzählen. Er heißt Lantbert und ist – wie Johannes – von Hause ein Bauer, aber völlig ungebildet, roh, „von ungeheuerlicher Torheit". Halbnackt haust er im Wald, kommt gelegentlich zum Vorschein, um dann wieder unvermittelt zu verschwinden; sein Erscheinen erweckt Gelächter und Entsetzen. Alle zwei Monate backt er sich eine gewaltige Menge Brot auf einmal; es wird so hart und trocken, daß er sich dann seine Ration mit dem Beil abschlagen und mit Wasser aufweichen muß. Wenn es ihm in den Sinn kommt, beginnt er mitten in der Nacht Psalmen zu singen; ohne Maß ist seine Selbstkasteiung. Johannes begibt sich zu ihm, aber er bleibt nicht lange, denn Lantbert fehlt der Sinn für alle Angemessenheit. Er verkörpert einen Typus formloser asketisch-individualistischer Frömmigkeit, den es im Mittelalter offenbar wiederholt gegeben hat, der aber für die Ausfaltung christlicher Spiritualität nur einen sehr geringen Beitrag leistete.

Statt dessen tut sich Johannes mit dem Kleriker Bernacer zusammen, dem Rechenmeister aus Toul. Gemeinsam wandern sie in den Süden: zuerst zur Grotte des Erzengels Michael auf dem Monte Gargano (– es ist nächst Jerusalem, Rom und dem nordspanischen Santiago de Compostela damals das wichtigste Wallfahrtsziel in der Christenheit –), dann nach Montecassino, zur Mutterabtei des benediktinischen Mönchtums, und schließlich zu dem Salvatorskloster am Abhang des Vesuv. Noch suchen sie die Erfüllung ihrer religiösen Wünsche im Asketisch-Eremitenhaften. Aber die Reise-Etappen beweisen, daß die monastische Möglichkeit immer greifbarer wird.

Johannes und Bernacer kehren in die Heimat zurück. Wo finden sie einen Konvent, der ihrem Anliegen frommer Selbstkasteiung und gesteigerter christlicher Verantwortung entspricht? Von einem Einsiedler-Dasein ist hinfort nicht mehr die Rede. Sie nehmen mit den Gesinnungsgenossen rings im Lande Fühlung auf. Man kennt sich ja schon längst. Es sind nur wenige. Man trifft sich, sucht nach Wegen, das eigene Ideal gemeinsam zu verwirklichen. Der Schauplatz solchen Fragens und schließlich auch Findens ist Oberlothringen, der romanisch besiedelte Raum der drei Bistümer Metz, Toul und Verdun an der oberen Maas und Mosel.

Eine monastische Reform liegt in der Luft. Weiter im Süden wie im Norden läuft sie damals bereits an. Von dem 910 gegründeten (zwischen Dijon und Lyon gelegenen) Cluny aus breitet sich allmählich – eigentlich erst seit 927/929 – eine Kloster-Kongregation aus, die den organisatorischen Zusammenschluß der betroffenen Abteien anstrebt und stark liturgisch-ritualistische Züge aufweist. Aber diese burgundischen Neuansätze haben Oberlothringen noch gar nicht erreicht. Sie entsprechen auch nicht genau dem viel mehr auf individuelle Buße gestimmten Anliegen der Weltpriester-Eremiten vom Schlage Einolds, Humberts, Angilrams oder Johannes'. In Niederlothringen (– dem heutigen Belgien –) setzt der Grafensohn Gerhard von Brogne eine stark an seine Persönlichkeit geknüpfte, ganz im Rahmen des Eigenkirchenwesens verlaufende und damit an Herrschaft geknüpfte 'Klosterreform von oben' in Gang, die Gerhards Lebenszeit deshalb nicht lange überdauern wird. Zwischen diesen beiden Gebieten entsteht nun, aus dem Geist gemeinsamer Askese geboren, ein neues Konzept monastischer Existenzform: Gorze.

Anfänglich sehen jene Männer, die frommes Unbehagen aus ihren gesicherten Stellungen als Weltpriester in ein freies Einsiedler- und Büßer-Dasein führte, in Oberlothringen keine rechte Möglichkeit, ihren religiösen Ansatz in einem gemeinsamen Leben zu verwirklichen. Man diskutiert Auswanderung in weit entfernte Gegenden; Johannes von Vandières schlägt das Bergland von Benevent in Unteritalien vor! Da wird entscheidend, daß Radincus, einer dieser Kleriker-Asketen, von dem sonst wenig bekannt ist, dringend mahnt, man solle nichts ohne Wissen des Bischofs tun. Adalbero von Metz wird benachrichtigt: Die besten Kräfte einer geistlichen Erneuerung wollen die Diözese verlassen! Das schreckt den Bischof auf; um sie im Lande zu halten, stellt er ihnen schließlich, einem Vorschlag Bernacers folgend, das herabgewirtschaftete Gorze zur Verfügung.

So kommt es 933 zur Gründung – richtiger: Neugründung – der 'Mutter Gorze', wie man diesen Ort später nennen wird. Denn von dem

Konvent geht die Welle einer monastischen Reformbewegung aus, die – anfänglich auf Oberlothringen beschränkt – bald den größten Teil des deutschen Mönchtums erfaßt und sogar über die Grenzen des Reiches ausstrahlt. Hundertsiebzig Jahre später werden es ebenso viele Klöster sein, welche die Lebensform Gorzes übernommen haben: Jedes Jahr ein weiterer Konvent! Ganz anders als die gleichzeitige burgundische Erneuerungsströmung mit ihrer straffen Unterordnung unter den 'Abt-König' von Cluny vollzieht sich die lothringische in einer freieren und deshalb stark fluktuierenden Weise. Cluniazensische Reform heißt in der Regel Eingliederung in den festgefügten Verfassungsorganismus der Kongregation, Gorzische Reform Annahme der dortigen Consuetudines. Die Rechtsverhältnisse brauchen sich deshalb nicht zu ändern. Die 'mater Gorizia' errichtet kein Kloster-Imperium, sondern wird zum Vorbild für das Zusammenleben der Brüder.

Jede Reform, die in weitere Bereiche ausstrahlt, ist auf Menschen als ihre Träger angewiesen. Kaum ist Gorze gegründet, da zeigt sich, daß die Zahl der Frommen, die ein monastisches Leben ohne Verweltlichung, aber mit verschärften asketischen Bedingungen führen wollen, größer ist, als man es hätte glauben können. Gorze erhält einen erstaunlichen, geradezu überwältigenden Zuspruch. Natürlich entstehen dadurch die bedrängendsten Probleme bei der inneren Organisation, der Verpflegung, den vielen Fragen, die sich nun einmal in einer allzu rasch expandierenden Gemeinschaft stellen. Man hat ja keine Erfahrung! Abt Einold, der ohne monastische Praxis einen Konvent der Individualisten leiten soll, wird mit mancherlei Fragen konfrontiert, die ihm schwere Sorgen bereiten. Aber die Hauptlast trägt der Mönch Johannes, denn er ist verantwortlich für die gesamte Wirtschaftsführung. Auf zahllosen Gebieten hat er nach dem Rechten zu sehen. Die Vita berichtet darüber, seitenlang! Viel Zeit für Entspannung, Schlaf und Kontemplation bleibt da nicht. Abt Einold sorgt sich um die Gesundheit des Bruders; er verbietet Johannes, das geliebte Studium im ersehnten Umfang fortzuführen. Denn dieser muß arbeitsfähig bleiben; die Gemeinschaft bedarf seiner. Johannes dient dem Konvent als Prior, Dekan, Cellerar (= Wirtschaftsverwalter), Krankenmeister, Finanzverwalter, Herbergsvater. Morgens ist er der erste, abends der letzte; in mancher hellen Sommernacht bleibt sein Lager unbenützt. Er ißt äußerst mäßig, fastet über das Gebot von Regel und Consuetudines hinaus. „Allen erschien es geradezu als ein Wunder, daß seine Arbeitskraft dabei erhalten blieb." In Gehorsam, Demut und Genügsamkeit besitzt er nicht seinesgleichen. „Niemals hörte man von ihm ein Wort wie: 'Das mag ich nicht; gib oder mache mir jenes dafür!' Jegliche Erleichterung lehnte er ab – und das alles mit fröhlichem Gesicht und heiterem Gemüt."

Trotzdem kommt es einmal zu Unmutsäußerungen, weil er den Frommen gar zu sehr auf das wirtschaftliche Gedeihen des Konvents bedacht ist. Man nennt ihn Heuchler, Geizhals und Betrüger, wirft ihm vor, aus der Abtei ein Weiberhaus gemacht zu haben, weil er vorübergehend die abermals verwitwete Mutter in der Klosterherberge unterbringt. Auch außerhalb des Konvents gibt es manchen, der gar nicht mit Johannes einverstanden ist. Bischof Adalbero, Pfalzgraf Hamadeus und der Edle Folmar fühlen sich durch sein unermüdliches Drängen gestört und schließlich beleidigt, mit dem er die Rückgabe eines entfremdeten Gutes fordert. Doch er setzt sich durch, nachdem einer der Schädiger plötzlich gestorben ist und einem andern ein schwerer Alptraum Angst eingejagt hat.

Nicht wenige Klöster des Hochmittelalters haben gleichsam als agrarische Musterbetriebe neue Techniken und Betriebsweisen entwickelt und diese der bäuerlichen Bevölkerung weitervermittelt. Gerade auch Gorze gehört zu diesen. Johannes sorgt für die Neuanlage von Fischteichen und Gehegen zur Vogelzucht; von den Mühlen war schon die Rede; auch eine aufgegebene Saline bringt er wieder in Gang. Er sichert die Abtei durch eine feste Mauer, errichtet Werkstätten und kümmert sich um den Kirchenbau, den Schmuck, die Beleuchtung. Auch die Bibliothek vermehrt sich, wenn auch keinesfalls allein durch sein Bemühen. Das Gorzische Mönchtum in Lothringen und im Reich wird zu einem Kulturfaktor, dessen Bedeutsamkeit – trotz gelegentlicher Kritik – gar nicht überschätzt werden kann.

Über der vielfältigen äußerlichen Tätigkeit darf die innere Ausformung des monastischen Lebens nicht vergessen werden. Unstreitig ist sie den Zeitgenossen wie den Mönchen selbst viel wichtiger als alle wirtschaftlichen und kulturellen Erfolge. Die Consuetudines von Gorze finden weithin Anklang. Der Chordienst wird dabei ausgedehnt, zugleich aufs langsame Rezitieren der liturgischen Texte besonderer Wert gelegt: „Wenn ihr betet, so sollt ihr nicht plappern wie die Heiden" (Matth. 6, 7). Nach den nächtlichen Gebetszeiten werden noch Psalmen gesprochen, im Winter dreißig: zehn für die Verstorbenen, zehn für die Wohltäter, zehn für besondere Anliegen, im Sommer – wenn die Arbeit in der Landwirtschaft drängt – die Hälfte. Aber dazu kommen noch die Privatfürbitten jedes einzelnen Mönchs.

Ein solches Kloster zu besitzen, muß sich vor Gott 'rentieren'. Darum beeilen sich die geistlichen und weltlichen Eigenkirchenherren, die Bischöfe und die Grafen zumal, den 'Geist von Gorze' in ihren Stiftungen heimisch zu machen. Am Anfang steht Herzog Giselbert von Lothringen persönlich. Schon 934 – im Jahr nach der Gründung Gorzes – führt er in St. Maximin in Trier die Reform ein und bestellt den Mönch Hugo von Gorze zum Prior. Damit übernimmt ein Konvent von weit über hundert Brüdern (– eine Quelle spricht von dreihundert! –) die Lebensform des vergleichsweise nicht eben großen, bischöflichen Eigenklosters vor den Toren von Metz! Es ist eine berühmte Abtei, die ihre Tradition bis in die Zeit Kaiser Konstantins zurückführt. Kurze Zeit später, und im Gefolge politischer Umwälzungen wird dieses St. Maximin ottonische Reichsabtei. Wenn der König fortan einen Konvent reformieren will, welcher der Krone gehört – hier hat er Mönche in Hülle und Fülle. Denn üblicherweise besorgt man dieses Geschäft durch Übersendung einer Handschrift der Consuetudines und eines darin bereits eingeübten Kerntrupps von Brüdern. Natürlich erhöht der Vorgang den Ruhm der Mutterabtei. Selbst als Papst Agapet II. um die Jahrhundertmitte dem erlahmten Frömmigkeitsleben von San Paolo vor den Mauern der 'Ewigen Stadt' neue Impulse vermitteln möchte, wendet er sich an Gorze. Und als Otto I. 953 einen Gesandten braucht, der das Reich am Kalifenhof von Cordoba vertreten soll, folgt er gern dem Vorschlag, einen Mönch aus Gorze damit zu betrauen.

Der König ist soeben durch den Erwerb Reichsitaliens – des ganzen Nordteils der Apenninen-Halbinsel mit Ausnahme des venetischen Küstensaumes – zu einem gewichtigen Faktor in der internationalen Politik am Mittelmeer geworden, Grund für den spanischen Kalifen Abderrachman III. von Cordoba – die Iberische Halbinsel befindet sich immer noch zum größeren Teil unter islamischer Herrschaft –, das Gespräch mit dem Sachsen zu suchen. Jenen beunruhigt ein Bruderzwist im Lager der Muslim; vielleicht daß sich zu beiderseitigem Nutzen ein Freundschaftsvertrag aushandeln ließe? Doch die Botschaft wird am deutschen Königshof mit Argwohn und gar nicht zuvorkommend aufgenommen. Seit Karl dem Großen – und das ist inzwischen hundertfünfzig Jahre her! – hat man mit den ärgsten Feinden des christlichen Glaubens niemals diplomatisch verkehrt; die emotionellen Hemmungen sind entsprechend groß. Paktiert man da nicht mit dem Teufel selbst? Was weiß man schon in Sachsen vom fernen Spanien, seiner religiös gemischten Bevölkerung, der weitgehenden Toleranz der islamischen Herrscher? Als sich endlich die Einsicht durchsetzt, es wäre doch besser, eine Gegengesandtschaft nach Cordoba zu entsenden, fragt Otto I. wegen einer geeigneten Persönlichkeit bei Adalbero von Metz an. Denn nur in Oberlothringen gibt es damals christliche Fernhändler, die regelmäßig ins Land des Kalifen reisen, um Sklaven zu verkaufen, die traurige Beute aus den Wendenkriegen. Wenn überhaupt, findet man dort am ehesten einen fähigen Unterhändler. Der Bischof wiederum wendet sich an Einold von Gorze, denn man gibt ja einen unangenehmen Auftrag gern weiter. Freiwillig ist im Konvent niemand zur Übernahme der gefährlichen Aufgabe bereit; man könnte sich damit das Martyrium einhandeln! Der Abt bestimmt entsprechend seinem Weisungsrecht zwei Brüder, doch der eine gebärdet sich daraufhin in einer Art, daß man ihn aus dem Kloster ausschließen muß, weil er alle Pflichten gegenüber dem Oberen verletzt, dem er doch Gehorsam geschworen hat! Niemand will zu den 'wilden Heiden' reisen. Verlegenheit herrscht. In dieser Situation meldet sich Johannes.

Wir besitzen seinen eigenen Bericht über das große Abenteuer, als Einschub in die Vita offensichtlich nur geringfügig umstilisiert. Weil die adligen Herren vor Angst zittern, wird ein Bauernsohn der Botschafter des Königs. Die Unkosten hat übrigens die Abtei zu tragen. Im ottonischen Reichskirchensystem erhalten die geistlichen Institutionen schier im Übermaß nutzbare, einträgliche Kronrechte, aber sie müssen dafür entsprechende Lasten übernehmen. Gorze kann sich als Eigenkloster des Bischofs von Metz nicht dagegen wehren, daß Adalbero die Beisteuer, zu welcher man ihn verpflichtet, seinerseits vom Konvent erhebt. „Auf Geheiß der königlichen Majestät wurde die gesamte Reiseausstattung aus Mitteln der Abtei beschafft."

In Gorze entbehrt man Johannes höchst ungern, doch es bleibt keine Wahl. Der Mönch reitet zunächst an den Herrscherhof, steht persönlich vor Otto dem Großen und empfängt von ihm genaue Anweisung sowie eine schriftliche Botschaft an Abderrachman mitsamt den üblichen Geschenken, welche eine Gesandtschaft zu überbringen pflegt. Anschließend trifft er in Gorze die letzten Reisevorbereitungen. Ein dienender Bruder und ein Kaufmann aus Verdun ziehen mit ihm; auch ein christlicher Priester aus Spanien schließt sich an, der zuvor Abderrachmans Unterhändler nach Deutschland begleitet hatte. Man verfügt über fünf Pferde, reist zunächst nach Lyon und schifft sich dort ein, um einen beträchtlichen Teil des Weges auf der Rhone und entlang der Meeresküste zu Wasser zurückzulegen; das geht im allgemeinen schneller und ist vor allem bequemer. Aber die Gesandtschaft fällt Räubern in die Hände und wird teilweise ausgeplündert. Erst nach notdürftiger Ergänzung der Verluste kommt sie an der Grenze zum islamischen Spanien an. Der Befehlshaber der Grenzfestung hält sie fest, bis durch eine Nachrichten-Stafette der Kalifenhof informiert ist und die Einreise genehmigt hat. Nun geht es mit der Staatspost weiter (– eine solche Einrichtung kennt man im Reich gar nicht). Man geleitet sie nach Cordoba, „wobei sie in den einzelnen Städten und Ortschaften mit einer der Freigebigkeit des Kalifen entsprechenden Weise beherbergt und verpflegt wurden". In der Residenzstadt weist man ihnen einen Palast als Unterkunft zu, „sorgt in hinreichender Fülle und üppigster Zurüstung für alles Nötige" – und läßt sie warten.

Es ist ein Stück weit Vergeltung für die Behandlung, welche Otto I. den Bevollmächtigten Abderrachmans hatte zuteil werden lassen. Aber das Verhalten entspringt zugleich der Verlegenheit: Man weiß nicht, wie man sich klug verhalten kann gegenüber der schlechthin erschrekkenden Unklugheit des sächsischen Hofes. Von der Grenze war jener spanische Priester, der sich den Reisenden schon in Lothringen angeschlossen hatte, nach Cordoba vorausgeeilt. Er gibt dem Kalifen eine vertrauliche Vorinformation, was er über die Aufträge der Gesandtschaft in Erfahrung brachte. Es steht fest: Wenn alles so in der Öffentlichkeit abläuft, wie es Otto I. seinem Botschafter zur Pflicht machte, bricht unter den islamischen Zuhörern eine solche Empörung aus, daß Blut fließen wird. Nicht nur die drei Gesandten werden es mit dem Leben büßen; auch die sorgsam gehütete Toleranz gegenüber den eigenen christlichen Untertanen Abderrachmans gerät in Gefahr. Und wenn der Kalif nicht mit den härtesten Leibesstrafen auf die Verlesung des Briefes antwortet, wird sich der unversöhnliche Zorn der Gläubigen gegen ihn selber richten. Denn das Schreiben des deutschen Königs strotzt nur so von Beleidigungen des Islam. (Wir kennen den Wortlaut nicht, aber nach der Vita des Johannes von Gorze kennzeichnete diesen Text eine leider im christlichen Mittelalter nicht singuläre Hybris, ohne nähere Kenntnisse Andersgläubigen selbst das Abstruse zuzutrauen und sie ungeprüft zu verurteilen.)

Der Kalif will sichergehen. Ihm genügt die Auskunft eines einzelnen nicht. Ein gewitzter Jude, Chisdai mit Namen, wird zu Johannes geschickt, um ihn über die Landessitten zu belehren und auszuhorchen. Denn die 'Franken' könnten durch Ungeschick Arges verursachen. „Er machte sie warnend mit den Bräuchen des Volkes bekannt; er gab ihnen an, wie sie sich zu benehmen hätten, ohne Anstoß zu erregen. ... Sobald ihnen die Erlaubnis auszugehen erteilt würde, sollten sie nicht einmal durch einen bloßen Blick mit den Frauen zu schäkern sich gestatten, denn damit würden sie das furchtbarste Verderben heraufbeschwören ..." Der Gorzer Mönch faßt Vertrauen zu Chisdai, er gibt ihm seine Instruktionen bekannt; was zuvor gemeldet wurde, stimmt. Was tun? Nach geraumer Zeit kommt ein neuer Bote Abderrachmans zu Johannes, diesmal ein christlicher Bischof. Der macht den Vorschlag, zwar die Geschenke König Ottos zu überreichen, den Brief aber zu unterdrücken. Denn die Folgen erstrecken sich ja nicht nur auf die Gesandtschaft, sondern gleichzeitig auf alle spanischen Christen!

Johannes läßt sich nicht zu einer milderen Haltung überreden. Er weiß wohl nicht – oder hat man es ihm gesagt? –, daß er mit seiner eigenen Bereitschaft zum Martyrium, die Tausende gefährdet, Vorgänger besitzt, an die man sich unter den spanischen Christen nur ungern und gar nicht dankbar-verehrend erinnert (– jedenfalls nicht im islamischen Süden der Halbinsel): Genau hundert Jahre ist es her, daß Eulogius und seine Gefährten in tollkühnem Bekennermut die Behörden so lange herausforderten, bis man sie hinrichtete. Sie bekamen, was sie gewollt; aber die Menge der Kirchenanhänger hatte den Schaden! Die Folgen dauern noch an! Das spielte sich im gleichen Cordoba ab; der Kalif trug sogar den gleichen Namen: Abderrachman II. Am Hof seines Nachfolgers, in der Stadt, bei Christen, Juden und Muslim denkt man schaudernd daran. Ist es heilig, einen andern zur Verhängung des Bluturteils einfach zu zwingen? Die Kirche verbietet den Selbstmord. Wenn doch dieser starrköpfige Mönch seine provozierende Haltung ändern würde!

Vielleicht glaubt Johannes gar nicht daran, daß die Anhänger Mohammeds ihre Drohungen wahrmachen könnten. Denn die Zuvorkommenheit der Gesandtschaft gegenüber ist außerordentlich groß. Man sieht es an der komfortablen Unterkunft, dem ausgezeichneten Essen, dem höflichen Umgangsstil. Jeden Sonntag darf der Mönch eine christliche Kirche besuchen; auf dem Weg eskortieren ihn zwölf Bewaffnete. Und da erhält er plötzlich auf dem Weg zum Gottesdienst ein Handschreiben des Kalifen in feierlichster Form: Wenn er seine Haltung nicht aufgibt, wird Abderrachman die Anweisung geben, ein Massaker unter den Glaubensgenossen des Mönchs zu veranstalten. An dem Blutvergießen sei dann ausschließlich er – Johannes – schuld.

Bisher hat sich Johannes immer nur auf seine Anweisungen berufen: Er handelt, wie es ihm König Otto befahl. Jetzt wird er in seiner Eigenentscheidung angesprochen: Von ihm hängt es allein ab, was geschieht. Nicht der ferne Herrscher, sondern der gegenwärtige Unterhändler ist es, der die Verantwortung trägt: Gemetzel oder Frieden. Kaum von der Kirche heimgekehrt, diktiert der Mönch seine Antwort. Die Sätze sprudeln ihm nur so von den Lippen, bis Bruder Garamann erklärt, auf dem Pergament sei kein Platz mehr. Was Johannes wortreich vorbringt, ist im Grunde nur dieses eine: Ich besitze doch nicht die Vollmacht, meine Instruktionen zu überschreiten. Wenn mein Auftraggeber die Anweisung ändert, bin ich liebend gern bereit, mich ganz anders zu verhalten!

Darauf kommt es dem Kalifen an: Der Gesandte hat erklärt, man solle ihn zunächst übergehen. Otto kann einer erneuten Botschaft aus Cordoba nicht entgegenhalten: Verhandelt mit meinem Bevollmächtigten; denn dieser hat selbst gesagt: Verhandelt mit dem deutschen König. Eine Gesandtschaft, geführt von dem Bischof Recemund von Elvira, begibt sich ins Reich, zuerst nach Gorze, wo man die Nachricht von dem Totgeglaubten mit Erleichterung in Empfang nimmt, dann nach Metz, wo der Bischof weiterhilft, endlich nach Frankfurt, wo der Hof sich befindet. Und der Sachse versteht diesmal sehr wohl, was zu tun ist: Er verfügt, Johannes solle das frühere Schreiben unterdrücken; auf Frieden ist seine Politik gerichtet – und wenn in diesem Zusammenhang die sarazenischen Überfälle in den Seealpen (zwischen dem heutigen Frankreich und Italien) ein Ende finden, steht weitergehenden Abmachungen nichts im Wege.

Der Spanier kehrt zurück, begleitet von neuen Beauftragten Ottos. Doch als sie um Audienz bei Abderrachman nachsuchen, lehnt der Kalif ab: Jetzt soll erst einmal Johannes vorgelassen werden. So geschieht es. Und doch wäre auch diesmal die Übereinkunft fast noch gescheitert. „Als man ihm bedeutete, er habe sich mit geschorenem Haar, rein gewaschenem Körper und in einem Festkleid einzufinden, weigerte er sich. Jene meinten, er habe wohl kein entsprechendes Gewand, und meldeten es dem Kalifen. Sofort übersandte dieser Johannes zehn Pfund Silber für ein würdiges Kleid, denn es gilt nicht als schicklich, in der Alltagstracht dem Kalifen unter die Augen zu treten. Johannes schwankte zunächst, ob er das Geld annehmen solle. Endlich siegte bei ihm der Gedanke, es vortrefflich für die Bedürfnisse der Armen verwenden zu können. Er ließ dem Kalifen Dank sagen, fügte aber hinzu: ‚Die Gabe des Kalifen weise ich nicht zurück, aber es ist mir nicht erlaubt, ein anderes Kleid als mein dunkles Mönchsgewand anzulegen: keinen Überwurf und kein farbiges Tuch.‘ Als man es dem Kalifen ausrichtete, sagte dieser: ‚Daran erkenne ich seine Beharrlichkeit. Und wenn er in einem Sack käme, ich würde ihn mit Vergnügen empfangen; er gefällt mir immer besser.‘“

Ein einfacher Bauer, der Mönch geworden ist, erscheint als Gesandter König Ottos vor dem Kalifen von Cordoba. Mit aller Pracht, militärischen Ehren und großem Aufwand wird er vor Abderrachman geleitet; er kommt in dem schlichten Ordenshabit. Es ist ein Empfang streng nach der Etikette; keiner vergibt sich etwas. Johannes verhält sich ausgesprochen höflich, jedenfalls für seine Verhältnisse. Als er die kriegerische Macht des deutschen Herrschers ein wenig zu laut rühmt, weist ihn der Kalif ganz freundschaftlich leise zurück: Das abendländische Lehnswesen kann nicht dazu angetan sein, die Gewalt eines Königs zu steigern; es muß sie sogar schwächen.

An dieser Stelle bricht unsere Quelle ab, mitten im Satz. Der Dialog, der nun endlich zustande gekommen ist, reißt ab. Aber war es überhaupt ein echtes Gespräch? Wir hören täglich in den Zeitungen über den Dialog zwischen Staaten und Völkern, Religionen und Weltanschauungen, reich und arm, Ost und West. Dem nachdenklichen Leser will es indessen scheinen, als fände gar kein Gespräch dabei statt, sondern nur ein Wechsel von Monologen. Das ist kein neues Elend. Wo gab es im Mittelalter wirklich schon einmal zwischen Christentum und Islam, zwischen Kirche und Nichtkirche ein echtes Geben und Nehmen? Vielleicht – ganz selten – in der Stauferzeit. Das Gespräch von Cordoba 956 brachte es jedenfalls nicht.

Johannes von Gorze ist unversehrt nach Lothringen zurückgekehrt. Die politischen Verhandlungen zwischen dem König und dem Kalifen sind von anderen weitergeführt, aber bald aufgegeben worden; eine Allianz war nicht zu erreichen. Der kühne Mönch wurde nach Einolds Tod 959 Abt von Gorze. Wir wissen nicht viel darüber. Nur einige Urkunden nennen ihn noch. Umgeben von den Vorstehern benachbarter Klöster, ist er wohl am 30. März 974 in Gorze gestorben.

THIETMAR VON MERSEBURG
Geschichtsschreiber
(* 975 † 1018)

„Sieh dir doch einmal den vornehmen Herrn genau an, lieber Leser! Da erblickst du ein kleines Männlein, entstellt an der linken Wange und derselben Seite, weil hier ein Eitergeschwür aufgebrochen ist, das oftmals wieder anschwillt. Ein Bruch des Nasenbeins gibt mir seit der Kindheit ein lächerliches Aussehen. Doch deshalb würde ich mich nicht beklagen, wenn ich nur dafür über irgendwelche inneren Vorzüge verfügte. Aber ich bin ein elender Kerl, jähzornig, zu störrisch, um Gutes zu tun, neidisch, spottsüchtig, obwohl ich eigentlich selber ausgelacht werden sollte. Keinen verschone ich, wie es doch Christenpflicht wäre. Ich bin ein Schlemmer und Heuchler, ein Geizhals und Verleumder. Und damit ich mit der Aufzählung meiner Laster ein Ende mache: Ich bin schlimmer, als man es sagen oder glauben kann. ... Manchmal habe ich gute Vorsätze; aber weil ich mich nicht nach Kräften anstrenge, das Gewollte zu vollbringen, nützt das wenig. Ich mache mir beständig Vorwürfe, tilge aber nicht meine Schuld, wie ich es sollte."

Wir blicken in das Antlitz eines Menschen, der vor tausend Jahren lebte, von Krankheit gezeichnet, von Gewissensqualen gemartert. Eine unausgeheilte Fistel machte ihm zeitlebens zu schaffen. Thietmar war Bischof und stammte aus vornehmster sächsischer Familie. Sicher ließ er sich von den besten Ärzten seiner Zeit behandeln. Man darf ihre Kunst nicht unterschätzen; aber in allzu vielen Fällen waren sie machtlos gegenüber dem vorzeitigen Tod, gegenüber Leiden und Siechtum, nicht zuletzt gegenüber dem bohrenden Schmerz. Oftmals sind die Berichte von Exhumierungen mittelalterlicher Gräber eine erschütternde Lektüre. Die 'gute alte Zeit' hatte ihre wahrhaft finsteren Schattenseiten. Auch das Selbstporträt des Thietmar von Merseburg ist ein Beleg dafür.

Doch schlimmer als die Not des Leibes bedrängte diesen Autor, wie es scheint, die Last seiner Seele. Zwar war Thietmar – geachtetes Mitglied des Reichsepiskopats unter Kaiser Heinrich II., Verfasser der bedeutendsten Chronik der ausgehenden Ottonenzeit – gewiß kein Verbrecher. Wessen er sich bezichtigt, ist wohl eher ein Ausdruck menschlicher Schwäche als wirklicher Schlechtigkeit. Aber es sind bis auf zwei Ausnahmen, die noch zu erörtern sind, eigentlich gar nicht seine Taten oder Unterlassungen, woran er leidet, sondern es ist der Maßstab, mit dem er sich mißt. Thietmar vergleicht, wie er sein sollte und wie es statt dessen wirklich um ihn steht. Und er nimmt diesen Unterschied nicht mit einem Achselzucken hin: So bin ich nun einmal. Ist es die 'prinzipielle Unerfüllbarkeit christlicher Moral', die ihn zerquält? (Die Formulierung wäre anachronistisch, die Sache keineswegs.) Führt ihn ein überwaches Sündenbewußtsein zu panischer Gerichtsangst? Thietmar kennt beide Empfindungen sehr wohl. Aber an dieser Stelle – dem Ende des vierten Buches seiner Chronik – spricht er nicht vom Zorn des ewigen Gottes. Er vergleicht sich lediglich „mit manchem wackeren Mann, den ich in dieser Stadt [Merseburg] mit eigenen Augen gesehen habe". Was hat er demgegenüber aufzuweisen? Der Bischof findet: So gut wie nichts. Diese Aussage braucht durchaus nicht zutreffend zu sein; wer sieht sich selber schon richtig? Wie, wenn er übertriebe? Es scheint, als quäle ihn ein so starkes Minderwertigkeitsgefühl, daß er beständig von der eigenen Unvollkommenheit reden muß. Ist das Selbstkritik als innere Entlastung? Ein Komplex, vielleicht gar ein psychischer Defekt? Oder einfach eine Attitüde der Zeit?

Die zitierte Selbstanklage steht nicht allein. Sechsmal beklagt Thietmar in exkursartigen Ausbrüchen seine Unwürdigkeit. Weit öfter noch kommt es zu kurzen Aufschreien des Leidens am eigenen Ungenügen. Solche Äußerungen stehen in einer langen geistigen Tradition: Der Christ muß demütig sein; wer sich selbst erniedrigt, wird erhöht werden (Matth. 23,12). Jeder Papstbrief beginnt seit Gregor I. (590–604) mit den Worten „Knecht der Knechte Gottes". Das scheint bisweilen nur noch ausgehöhlte literarische Tradition; in vielen mittelalterlichen Abschriften wird die Formel daher einfach weggelassen. Jeder neuerwählte Abt, Bischof oder Papst betont seine mangelnde Eignung, auch wenn er sehr wohl davon überzeugt ist, derzeit der Geeignetste zu sein. Aber wer sich dieser Gepflogenheit entzieht, muß damit rechnen, des verwerflichen Hochmutes und Ehrgeizes beschuldigt zu werden. Also plappert man nach und heuchelt eben Bescheidenheit? Nicht immer findet sich lediglich anerzogene Formelhaftigkeit ohne entsprechenden Inhalt;

häufiger als man denkt, mag tatsächlich ein Gefühl der Unwürdigkeit vorliegen. Ob es sich bei einem Quellenbeleg nur um den Ausdruck jener veräußerlichten gesellschaftlichen Verhaltensnorm handelt, ist oftmals eine schwierige Ermessensfrage. Auf Thietmar bezogen: Natürlich ist er in den kirchlich-moralischen Konventionen seiner Zeit herangewachsen, und das prägt auch seinen literarischen Stil. Dennoch wird Eigenes unüberhörbar. Nicht alles klingt echt, aber man vernimmt daneben Töne, die unmittelbar aus dem Herzen zu dringen scheinen. Diese Klagen über sich selbst entsprechen großenteils nicht den üblichen Mustern; sie wiederholen nicht lediglich rhetorische Gemeinplätze, sondern sind – gewiß nicht überall, aber zum beträchtlichen Teil – unverkennbar individuelle Äußerungen seiner wirklichen Seelenverfassung.

Doch auch eine solche Aussage bedeutet schwerlich die ganze Wahrheit und beantwortet die Frage nicht, was vorliegen mag. Betrachten wir den Historiker Thietmar etwas genauer! Es gibt mancherlei Arten von Geschichtsschreibung. Hier handelt es sich weithin um Gegenwartschronistik. Thietmar will „in schlichter Erzählung und zeitlicher Anordnung die Lebenswege und Taten der frommen Könige Sachsens" sowie „die Errichtung und den Niedergang der Merseburger Kirche" schildern. Diese Worte klingen nach einem konventionellen Programm: Herrschergeschichte verbunden mit Bistumsgeschichte. Vielleicht erwartet man sogar eine Behandlung des Doppelthemas in der Art herkömmlicher Annalistik. Doch weit gefehlt: Dieser Historiker beschreibt seine Zeit nicht aus sicherer Entfernung. Er ist alles andere als ein deskriptiver Antiquar, der leidenschaftslos informiert, wie es gewesen. Thietmar bezieht ständig Stellung; er urteilt, identifiziert sich. Daher befindet er sich nicht außerhalb, sondern innerhalb dessen, was er berichtet. Und darum ist er auch daran beteiligt, wenn er – äußerlich gesehen – bei einem Ereignis, das er gerade erwähnt, gar nicht mitgewirkt hat.

Seine Beteiligung bedeutet etwas ganz anderes als freundliches Interesse oder neugierige Anteilnahme. (Das findet sich freilich durchaus ebenfalls in Thietmars Chronik!) Beteiligung äußert sich in Mitfreude und Mitleiden, vor allem aber – auf der Ebene politischen wie literarischen Handelns – in der Übernahme von Mitverantwortung. Nach der Anschauung der Zeit sind die Bischöfe entsprechend dem Willen Gottes die wichtigsten Mitarbeiter der Krone. Gerade auch Merseburg wird unter Heinrich II. in hervorragendem Maße zum 'Hofbistum', nachdem es unter Otto II. einer zeitweiligen Auflösung unterworfen wurde. Doch der gegenwärtige König hat im Auftrag des Himmels die Diözese gnädig wiederhergestellt. Damit ist eine Beziehung gestiftet, welche für das Verhalten des Bischofs und das Urteil des Historikers Thietmar bestimmend bleibt. Der König ist der Stellvertreter Gottes auf Erden (– nicht der Papst, der im Gesichtskreis dieses Autors völlig zurücktritt, ein damals nicht nur auf Thietmar beschränktes Phänomen). Mit dem Versprechen, das der Bischof von Merseburg wie jeder Reichsfürst bei der feierlichen Amtseinweisung ablegte, verpflichtete er sich gegenüber dem Herrscher, der ihn mit der Vollmacht eines 'Gesalbten des Herrn' ('christus Domini') in Dienst nahm, zu 'Rat und Hilfe' ('consilium et auxilium'). Zum Rat gehört notwendig die Kritik – kein hämisches Mäkeln, sondern der sachliche Einwand, den ernstzunehmen wiederum zur Königspflicht zählt. Es ist öfters in der Forschung mit Verwunderung konstatiert worden, mit welcher unbestechlichen Deutlichkeit dieser Geschichtsschreiber seinen Tadel an bestimmten Handlungen der Ottonen vorbringt; als ob dies nicht eine Selbstverständlichkeit wäre, wenn man zu gutem Rat verpflichtet ist und zu seiner Aufgabe steht! (Der Historiker ist 'ein rückwärtsgerichteter Prophet', der geschichtsschreibende Reichsbischof daher auch ein Kritiker im Nachhinein.) Und zu der Hilfe, die Thietmar gelobte, gehört natürlich die Unterstützung der Krone mit moralisch-geistlichen Argumenten ebensogut wie mit dem Heeresaufgebot des Hochstiftes. Der Bischof von Merseburg bekämpft deshalb mit aller Entschiedenheit ein Adelsrecht auf Fehde gegen den Herrscher: Wer gegen den König die Hand erhebt, der widersteht Gott selbst! Abermals hat sich die Forschung über Thietmar verwundert und ihn widersprüchlich gefunden, weil man die notwendig sich ergebende Unterschiedlichkeit der praktischen Schlußfolgerung aus dem Prinzip 'Rat und Hilfe' nicht bemerkte! Man hat von seinem „zähen politischen Konservativismus" gesprochen. Dabei ist er es, der sich gegenüber der archaischen Handhabung eines germanischen Widerstandsrechtes mit aller Schärfe abgrenzt und auf viel jüngere politische Vorstellungen vorausweist – wenigstens in diesem Punkt! Denn der Kampf gegen die außergerichtliche Selbsthilfe des Adels im Fall der Verletzung eigener Rechte durch Standesgenossen oder das Königtum –

nur das bedeutet 'Fehde' – ist eine der großen Aufgaben der 'Verstaatung' im Laufe des Mittelalters und wird in Deutschland erst an der Schwelle zur Neuzeit mit dem Erlaß eines 'Ewigen Landfriedens' (1495) einigermaßen vollständig bewältigt.

Auch wenn Thietmar als Politiker hinter anderen zurücksteht, als Heerführer wenig beschäftigt wird, als Diözesanbischof blaß bleibt (– was wohl auch mit der Verhaltenheit seines Berichtes über das eigene Tun und nicht zuletzt mit jenen beständigen Selbstanklagen zusammenhängen mag –), als Geschichtsschreiber zeigt er eine Beteiligung an allem, was rings um ihn geschieht, die weit über die eigene Person hinausreicht. Der einzelne lebt und wirkt in einem Sozialzusammenhang; vor allem wird er in eine Sippe hineingeboren. In einer Weise, die man in unserem Jahrhundert, das durch den weitgehenden Verlust der Familie gekennzeichnet ist, nur schwer nachvollziehen kann, bedeutet Blutsverwandtschaft für diesen Autor an der Wende vom 10. zum 11. Jahrhundert eine höchst reale Bindung. Man mag es nachzählen: Mehr als siebzigmal spricht er in seinem Werk von denen, mit welchen er durch Bande des Blutes (und damit der Tradition, der Erziehung, des Ethos und des Anspruchs) zusammenhängt, und er vergißt dabei nicht, jeweils genau anzugeben, um wen es sich handelt und wie die Verwandtschaft beschaffen ist: „Meine beiden Urgroßväter mit Namen Liuthar...", „Dietrich, der Bischof der heiligen Kirche von Münster, ein Sohn meiner Mutterschwester...", „meine Base Brigida, die damals dem St. Laurentius-Kloster vorstand...". Man hat den Chronisten wiederholt wegen seines „Adelsstolzes" und der „Ruhmseligkeit ob seiner glänzenden Verwandtschaft" gescholten. Aber für die Epoche, in welcher er lebt, bildet Adel nun eben eine unangezweifelte, für notwendig erachtete Grundkategorie der Sozialordnung. Und Ruhmesseligkeit? Gewiß, die Siege der Verwandten sind auch Siege Thietmars, doch er scheut sich nicht, an ihnen ebenso Kritik zu üben, wie er an sich selber Kritik übt. Einmal berichtet er über einen Mordanschlag auf Otto den Großen. Die Verschwörer werden enthauptet. „Auch die Hinrichtung meines am Komplott beteiligten Großvaters Liuthar hätte der Kaiser gern gesehen, doch ließ er sich durch den Rat vertrauter Fürsten bereden, ihn nach Bayern in Haft zu schicken und mit Vermögensverlust zu bestrafen." Man hätte die Bemerkung ohne Schaden für den Zusammenhang unterdrücken können. Warum tut es Thietmar nicht? Ist es nicht eine Schande, von einem solchen Menschen abzustammen? Aber der Chronist läßt nichts fort, was gegen ihn oder seine Verwandten sprechen könnte. Im guten wie im argen: der Mensch der Ottonenzeit lebt gemeinhin nicht in der Beziehungslosigkeit und Vereinzelung – es sei denn, er würde Eremit –, sondern in Gemeinschaften, vor allem derjenigen der Sippe. Wohl nirgends wird das deutlicher als in dieser Quelle.

Unversehens wandelt sich die Herrscher- und Bistums-Historie zur Familienchronik, ja sie gewinnt memoirenhafte Züge. Thietmar ist kein disziplinierter Autor. Seine Disposition ist nicht frei von Durchbrechungen und Zufälligkeiten. Doch dadurch gewinnt das Werk an Spontaneität. Der Bischof erzählt, was ihm gerade gemeldet wird; er unterbricht immer wieder den thematischen Zusammenhang und die Zeitfolge, um einzuschieben, was ihm in den Sinn kommt. „Bis mir eilende Kunde Neuigkeiten für die Niederschrift zuträgt, will ich unbedingt rasch einmal vom Leben einiger frommer Menschen berichten, denn durch eigene Schuld und sträfliche Vergeßlichkeit bin ich dazu bisher nicht gekommen." Ähnliches findet sich mehrfach. Die Zahl der Vor- und Rückverweise ist nicht gering, das Durcheinander beträchtlich, aber die Lebendigkeit und Vielseitigkeit der Darstellung kaum zu überbieten. Wir können sehr genau nachvollziehen, wie Thietmar arbeitete, denn die Urschrift seiner Chronik hat sich erhalten. Er diktierte den größten Teil; man merkt es an Verschreibungen, die nur auf Hörfehler zurückgeführt werden können. Acht Hände lassen sich unterscheiden, vermutlich von Klerikern des kleinen Merseburgischen Domstiftes. Schwer begreiflich: Thietmar genierte sich nicht, sie durch ihre Mitarbeit so genau über sein Versagen, die Zweifel und Ängste seines Herzens zu informieren. Manche Seite gleicht doch einer offenen Beichte! Und immer wieder hat der Bischof eigenhändig Nachträge oder Erweiterungen, bisweilen auch stilistische Verbesserungen auf den breiten Rand des Codex eingetragen, rasch und mit flüchtiger Feder. Dann kopierte meist einer der Helfer den Zusatz in Reinschrift und löschte anschließend die Marginal-Notiz – oft so wenig gründlich, daß (erfreulicherweise!) lesbar blieb, was Thietmar selber hinzugesetzt hatte.

Der Bischof schreibt im Ich-Stil. Ein majestätisches, gespreiztes episches 'Wir' würde zu seiner Mentalität auch nicht recht passen. Es gibt nur wenige Seiten in dem umfänglichen Buch, auf denen sich dieses 'ich' nicht meldet, um zu glossieren, zu urteilen, Verweise zu geben oder über sich selber zu klagen. Daran liegt es, daß sich kaum ein zweiter Geschichtsschreiber des deutschen Hochmittelalters finden läßt, über den wir so viel durch eigene Aussagen wüßten: über den äußeren Lebenslauf, aber vor allem bezüglich seiner Gedanken, Zweifel und Nöte.

Thietmar wurde am 25. Juli 975 geboren; er war der dritte von fünf Söhnen des Grafen Siegfried von Walbeck (in den östlichen Vorbergen des Harzes nicht weit von Eisleben) und seiner Gemahlin Kunigunde von Stade (westlich von Hamburg). Einen Teil der ersten Kindheit verbrachte er bei einer alten, schon recht kränklichen Großtante in Quedlinburg, wo er auch den Elementarunterricht erhielt. Ob die Neigung zu klagender Selbstbemitleidung durch die Einseitigkeit des Umgangs in den frühen Jugendjahren verstärkt wurde? Thietmars Haupterinnerung an die würdige Matrone war anscheinend, daß sie lange Zeit an Lähmungserscheinungen litt. Schließlich übergaben ihn die Eltern zur weiteren Erziehung Abt Rikdag, dem Vorsteher des Johannisklosters in Magdeburg, denn der Sohn war zum Geistlichen bestimmt. Schon im Alter von sechzehn Jahren wurde er dort Mitglied des Metropolitankapitels; seine Bindungen an die erzbischöfliche Domstadt sind lebenslang ungemein eng geblieben. Doch mit siebenundzwanzig Jahren kehrte Thietmar vorerst in die Heimat zurück; er übernahm die Propstei der Familienstiftskirche in Walbeck. Nun empfing er auch die Priesterweihe, die zu erlangen er sich nicht beeilt hatte. Die heilige Handlung wurde durch Erzbischof Tagino von Magdeburg ausgeführt; Kaiser Heinrich II. war persönlich anwesend. Seither stand Thietmar zu beiden in einem besonderen Vertrauensverhältnis. Mehrfach wurde er zu Gesandtschaftsreisen mitherangezogen. Im April 1009 übertrug ihm der Herrscher den freigewordenen Bischofsstuhl von Merseburg (Saale). Die Diözese war eine jener Neugründungen Ottos des Großen am Rande des Slawenlandes, vorgenommen mit weitreichenden politisch-missionarischen Plänen. Aber der Platz erlebte anfänglich keine glückliche Entwicklung, weshalb Otto II. das Bistum aufgehoben hatte. Die Maßnahme blieb nicht unangefochten; Otto III. erwog die Wiederherstellung. Doch erst im Jahr 1004 wurde sie von Heinrich II. wirklich vorgenommen. Dabei stellte sich heraus, daß ein erheblicher Teil des ohnehin schmal bemessenen Sprengels und Hochstiftbesitzes nicht mehr eingebracht werden konnte. Merseburg blieb ein wirtschaftlich schwaches, nach Umfang und Menschenzahl geringes Bistum. Unverhältnismäßig groß war dagegen unter dem letzten Ottonen die Präsenz der Krone – Merseburg wurde von allen Orten im Reich bei weitem am häufigsten aufgesucht – sowie die materielle Belastung für den Königsdienst; wenn sich der Hof in einer Bischofsstadt aufhielt, hatte diese den Großteil der Verpflegungsleistungen mitzuübernehmen. Damals erforderten die Verhältnisse in Polen, Böhmen und den Sachsen vorgelagerten wendisch-sorbischen Gebieten vermehrte Aufmerksamkeit der Herrscher; wiederholt wurden militärische Maßnahmen notwendig. Dafür war Merseburg einer der bestgelegenen Ausgangs- und Etappenorte. Zudem waren die Ottonen in der Gegend begütert; schon vor 919, während Heinrichs I. Herzogszeit, bestanden enge Beziehungen zu dem Platz. Thietmar bemühte sich, diese Gegebenheiten für die vollständige Restitution seiner Diözese auszunutzen; er hatte indessen nur eingeschränkten Erfolg. Am 1. Dezember 1018 ist er im Alter von dreiundvierzig Jahren gestorben. Das Grab im Dom, dessen Neubau er begann, ist zwar erhalten, die Inschrift jedoch großenteils zerstört; nach einer Kopie aus dem 17. Jahrhundert lautete sie:

„Wer je das Rechte erstrebt in Wissen, Handeln und Lehre,
den lehrt es das Leben des Thietmar:
sein Fühlen, sein Schreiben, sein Tun."

Offenkundig nimmt der Text – ein doppelzeiliger Hexameter – auf Thietmars Chronik Bezug. Der Bischof begann mit der Abfassung Ende 1012; sie beschäftigte ihn bis zu seinem Tode. Hätte er länger gelebt, so wäre sie fortgesetzt worden; insofern ist sie unfertig, ohne doch den Charakter eines Fragmentes zu besitzen.

Im Anfang eine Ortshistorie Merseburgs, wandelt sie sich rasch zu einer Chronik der Ottonen: anekdotisch, sprunghaft, im ganzen allzu gerafft, in manchem wenig kritisch. Ein durch lokale Sondertraditionen wertvolles, aber keineswegs besonders hervorragendes Geschichtswerk, bis Thietmar anläßlich der Erwähnung eines Gefechtes gegen die Slawen (929 bei Lenzen/untere Elbe) auf den Schlachtentod von zwei seiner eigenen Urgroßväter zu sprechen kommt. Unvermittelt wandelt sich der Charakter des Buches. Zum ersten Mal wird die Sippen-Bindung thematisiert. Das bedeutet: Hier geht es zugleich um Thietmar selber. Doch auch die Familienbeziehung ist nur ein Vorletztes: Thietmar rührt an die schwerste existenzielle Frage des Daseins. Das Todesproblem wird fortan in der Chronik immer wieder angesprochen werden.

Von der oft gerühmten Glaubenssicherheit des 'christlichen Mittelalters' kann dabei nur mit Einschränkungen die Rede sein. Auch damals begegnet man Zweiflern. „Es gibt Unwissende, besonders unter den Slawen, welche den zeitlichen Tod für das Ende aller Dinge halten." Thietmar möchte diesen Irregeleiteten helfen, ihrer Skepsis entgegentreten – als Priester, als Reichsbischof (– Eroberung geht ja mit Mission einher und dient somit sogar dem Seelenheil! –), oder vielleicht auch, weil er selbst Zuspruch braucht? „Damit hinfort kein Christgläubiger noch an der zukünftigen Auferstehung der Toten zweifle, will ich etwas mitteilen, von dem ich zuverlässig erfahren habe." Es ist die Geschichte von einem Priester, der beim ersten Tagesanbruch eine große Menschenmenge vor der Friedhofskirche seines Ortes sah. „Zitternd und ohne einen einzigen zu erkennen, ging er durch ihre Mitte auf die Kapelle zu. Da fragte ihn eine Frau, die erst kürzlich aus dieser Welt geschieden war und die er sehr gut kannte, was er denn wolle. Alles hätten sie bereits verrichtet, er aber würde nicht mehr lange leben. Er erzählte es den Nachbarn, und es erwies sich als Wahrheit."

Es gibt Vorzeichen akustischer oder optischer Art, die den Tod eines Menschen ankündigen. Das Sonnenlicht verscheucht sie, aber in der Dunkelheit werden sie vernehmbar. „Wie den Lebenden der Tag gehört, so den Verstorbenen die Nacht." Selbst das Behängen mit Reliquien oder das Besprengen mit Weihwasser nützt da nichts. „Oft ist es mir begegnet, daß ich in der Nacht Holz fällen hörte" – der lebendige Baum als Symbol des Menschen – „und einmal vernahm ich zusammen mit einem Gefährten, während die anderen schliefen, ganz deutlich ein Totengespräch; aus beiden Zeichen entnahm ich, daß für den nächsten Tag ein Todesfall bevorstand." Eine sieghafte, frohe Jenseitshoffnung ist es nicht, die aus solchen Geschichten und den Überlegungen spricht, welche Thietmar daran anknüpft. (Lohnt es überhaupt, den Heiden einen so unerlösenden, weil unerlösten Glauben zu predigen? Liegt darin die Erklärung für die geringen Fortschritte der damaligen Mission unter den wendisch-sorbischen, westslawischen Stämmen im allgemeinen und für die eigenen Mißerfolge Thietmars sowie für seinen oft konstatierten, mangelnden Eifer bei der Ausbreitung der christlichen Religion im besonderen?) Den Bischof quält die uralte animistische Vorstellung vom Noch-nicht-ganz-Toten, der bis zu seiner endgültigen Erlösung Unheil stiftet oder zumindest vorhersagt. Von Thietmars älterem Zeitgenossen Erzbischof Brun von Köln, dem Bruder Ottos des Großen, berichtet dagegen dessen Vita, auf dem Sterbebett habe er sich neugierig auf die bevorstehende Bekanntschaft mit vielen berühmten Männern gefreut, die er im Paradies machen werde. Auch dies eine nicht unproblematische Glaubenskonkretisation, aber sie macht Leben und Sterben leichter! Doch ein solches positives Erwartungsgefühl, das es demnach bisweilen im frühen Hochmittelalter gleichfalls gab, sucht man bei Thietmar vergebens. Es herrscht auf weite Strecken eine bleierne Glaubens-Atmosphäre. Es mangelt nicht an Vorzeichen, Traumgesichten, Erscheinungen, aber die meisten besitzen eine negative Bedeutung.

Denn Furcht bildet einen Grundzug dieser Religiosität. Immer wieder werden in Thietmars Chronik die Grenzen zwischen Realität und Irrealität aufgehoben. Tod und Teufel schrecken den Bischof und seine Zeitgenossen. „Als ich eines Nachts auf meinem Hofgut Heeslingen ausruhte, sah ich im Traum eine große Geisterschar, die mich zwang, etwas aus einem Gefäß zu mir zu nehmen. Anfangs sträubte ich mich, weil ich merkte, daß es der böse Feind war. Schließlich sagte ich den Erscheinungen, ich wollte es im Namen Gottes des Vaters trinken. Das mißfiel ihnen sehr, doch als die böse Schar erkannte, daß anders nichts daraus geworden wäre, erfolgte zähneknirschende Zustimmung. Hätte ich damals den Namen des Herrn nicht angerufen, ich wäre verloren gewesen! Der Trank verursachte mir manche schlimme Gedanken, besonders während des Gottesdienstes, aber mit Hilfe Gottes, dem ich mich ja unterstellt hatte, konnten sie kaum je über mich Gewalt erlangen. Die bösen Geister glaubten damals allerdings, Anteil an mir gewonnen zu haben. Abermals umringten sie mich – wenn auch mit einigem Abstand, weil ich mich bekreuzigte – und fragten: ‘Hast du dich gut geschützt?’ Und als ich entgegnete, ich hoffte es, setzten sie hinzu: ‘So warte nur ab!’ Ich fürchte ihr Drohen nicht; ich glaube nicht an ihre verlockenden Versprechungen. Aber wegen meiner schweren Schuld habe ich schreckliche Angst.“

Die Welt ist ein Kampfplatz zwischen Himmel und Hölle; mit eigener Kraft ist da nichts getan. In Kloster Corvey lebt ein Mönch Alfrik; er leidet an grausamen Migräne-Anfällen – oder ist es Trichinose? Der Chronist weiß es nicht recht. „Da stiegen aus der Kloake des Abtritts

Dämonen empor, jeder mit einem Buch in der Hand, um den Schwerkranken durch die Verlesung seiner Taten in unsinnige Furcht zu versetzen." Doch Sankt Veit, der Schutzheilige der Abtei, weist sie hinaus, stellt sich neben den Leidenden und beruhigt ihn.

Freilich darf man es mit den Heiligen nicht verderben, denn wie die großen Herren dieser Welt können sie sonst rachsüchtig werden. Thietmar bringt mancherlei Geschichten, in denen die Grenzen zwischen Glaubensheros und Dämon für unser Gefühl zu verschwimmen beginnen. „Wer den heiligen Mauritius kränkt, muß wissen, daß ihm Schaden droht. Einmal wollte ein junger Mann in finsterer Nacht auf Veranlassung des Teufels den Schatz des Heiligen stehlen. Kaum hatte der Elende eine Reliquienkrone ergriffen, als man ihn schon ertappte und ohne Säumen mit gebrochenen Gliedern aufs Rad band." Aber manchmal täuschen sich sogar Heilige! Als in Kloster Berge bei Magdeburg der Kirchenpfleger, ein frommer, wohlbeleumundeter Mann, den mit Edelsteinen, Bernstein und Gold geschmückten Altar inspizierte, vermutete Sankt Mauritius, er wollte ihn bestehlen. Der Aufbau brach über dem Kirchenpfleger zusammen und zerquetschte ihn. Jeder ist überzeugt: das ist die Strafe des Heiligen. Aber niemand kann sich vorstellen, daß das Opfer etwas Böses im Schilde führte. Auch die Schutzpatrone des Bistums Osnabrück, die Märtyrer Crispin und Crispinian, sind solche eifernde Herren. Den Kleriker, welcher ihre Reliquien unehrerbietig behandelt, lassen sie unverzüglich umkommen; einem neuen Bischof, an dessen Demut sie zweifeln, erscheinen sie des Nachts im Traum und durchbohren ihn mit ihren Lanzen; nach dem Erwachen berichtet er davon und stirbt dann. Angesichts der allbekannten Frömmigkeit des Toten wundert man sich. Sollte den Heiligen ein Irrtum unterlaufen sein? Oder wurde über eine unbekannte Schuld das Urteil vollzogen? Thietmar enthält sich einer Antwort: „Ich weiß nicht, ob Gott oder seinen Märtyrern etwas an jenem mißfiel. Das aber sah und hörte ich von anderen: Er war ein gerechter, gottesfürchtiger Mann, mild und zuchtvoll. Und diejenigen, die am Ort seiner Grabstätte leben, versichern, daß er viel bei Gott vermag, was durch zahlreiche Wunder bekräftigt wird."

Jede Chronik handelt von dem Tode, dem Wechsel der Generationen, den Opfern von Kriegen, Seuchen und Hungersnot. Das findet sich auch bei Thietmar; aber zugleich kommt dieser Autor beständig noch in anderer, ihn tiefer berührender Weise auf das Sterben zu sprechen. Der Tod ist eine Antwort Gottes auf die Schuld der Menschen. Und Thietmar selbst fühlt sich schuldig und spricht davon: Er ist ein Simonist und ein Grabschänder.

In beiden Fällen hat ihn wiederum Schwäche, nicht Schlechtigkeit dazu verführt. Thietmar will 1002 Propst der Familienstiftung Walbeck werden; dazu benötigt er die Zustimmung eines Oheims. „Nach langen, zähen Verhandlungen, bei denen er die Liebe und die Verwandtschaft, die uns hätte verbinden sollen, geringschätzte, verlangte er von mir eine hohe Summe. Und leider gab ich seiner Forderung nach, weil mich die Brüder nicht unterstützten." Kaum Propst geworden, soll Thietmar an bezeichneter Stelle in der Kirche die verstorbene Gemahlin eines Bruders bestatten. „Ich wußte, daß dort der hochwürdige Propst Willigis begraben lag, lehnte auch zunächst ab, schob aber schließlich angesichts der Dringlichkeit seiner Bitte Recht und fromme Scheu beiseite. So beging ich Elender diesen Frevel; ach, daß ich es unterlassen hätte! Ich habe bald darauf an einer Krankheit erkannt, wie schlimm ich mich versündigt hatte. Eines Nachts hörte ich großen Lärm; auf meine Frage, was es denn gebe, antwortete eine Stimme: ‚Ich bin es, Willigis. Durch deine Schuld muß ich ruhelos umherirren.' Voll Schrecken fuhr ich auf; bis zum heutigen Tag muß ich alle Zeit zitternd diese Schuld beklagen. Und als ich mein Verbrechen beichtete, habe ich die versprochene Buße nicht vollständig geleistet."

Ganz offenkundig quält die begangene Lieblosigkeit den Bischof weit mehr als der simonistische Erwerb der Propstei Walbeck. Da liegt für sein Gefühl die Schuld doch im wesentlichen bei dem harten, habsüchtigen Oheim – und bei aller so selbstverständlichen Hochschätzung der Verwandtschaft fährt es ihm heraus: „Jeder Onkel verhält sich nun einmal gegenüber den Neffen grausam!" (Das ist in anderem Zusammenhang gesagt, bezieht sich aber dennoch auf Walbeck.) Doch die durch ihn herbeigeführte Verletzung der Grabesruhe des Amtsvorgängers macht ihm schwer zu schaffen, anscheinend je später desto mehr, und nicht minder die lässige Bequemlichkeit, die ihn zweimal zögern ließ, als er zur Abnahme der Beichte an ein Sterbebett gerufen wurde. In beiden Fällen war es dann zu spät – jeweils endet der chronikalische Bericht mit einer der großen Selbstanklagen.

Aber wer erwartet in einer Herrscher- und Diözesanchronik – so die

Definition des undefinierbaren Werkes am Beginn des ersten Buches – derartige private Schuldbekenntnisse? Wen interessieren sie hier überhaupt? Wenn der Bischof in die erste Initiale des neugeschaffenen Merseburger Dom-Meßbuches den Eintrag eigenhändig vornimmt: „Priester Gottes, erbarme dich deines Bruders Thietmar, des unwürdigen Sünders“, so ist dies eine geeignete Stelle, um sich der Fürbitte zu vergewissern. Was man üblicherweise eine Chronik nennt, kommt dafür schwerlich in Frage. Für wen schreibt sie Thietmar? Es ist eigentümlich: Er besitzt kein Publikum. Er hat keine Leser, denen er – wie einst der römische Senator Tacitus oder der karolingische Hofbeamte Einhard – im historischen Rückblick einen zukunftsorientierten Spiegel vorhalten kann, um sie zu besserem politischen Handeln zu veranlassen. Anders als die meisten Heiligen-Legenden gibt er keine erzieherischen Vorbilder, auch wenn unausgesetzt von Schuld und Strafe die Rede ist. Er schreibt nicht wie sein Stammesgenosse Widukind von Corvey Geschichte, „damit du – so tugendhaft und ruhmreich du auch schon bist – dadurch noch tugendhafter und ruhmreicher werden mögest“. Er folgt offenkundig nicht einer (fiktiven oder realen) Aufforderung wie der ottonische Bischof Liudprand von Cremona, den ein spanischer Amtsbruder zur Abfassung der ›Antapodosis‹ ermunterte. Er belehrt keinen Hof und predigt keiner Gemeinde (– obwohl dies gelegentlich in der Forschung unterstellt wurde).

In den lateinischen Versen, welche das erste Buch der Chronik eröffnen, werden drei Wunsch-Leser erwähnt, aber man glaubt dem Autor nicht recht, daß er bei der Niederschrift wirklich ganz ernsthaft und nicht nur einmal sporadisch an sie dachte. Doch die Nennungen sind nicht zufällig: der Bruder Siegfried, damals Abt des Klosters Berge bei Magdeburg, der um nachträgliche stilistische Redaktion und inhaltliche Ergänzung gebeten wird; der zukünftige Amtsnachfolger in Merseburg, den Thietmar über die Geschicke des Bistums informieren möchte und dessen Fürbitte er sich empfiehlt; jeder christliche Leser, der für die Zukunft von Krone und Kirche beten und seine Grillen mit der Lektüre verjagen soll. Demnach wären Familienchronik, Diözesangeschichte, Reichshistorie das Thema und der Zeitvertreib das Ziel? Das ist wohl nicht falsch, aber es gilt weithin deshalb, weil und insofern es mit dem Thietmar-Leben in Zusammenhang steht! Die Rezeptionsgeschichte dieser Chronik ist seltsam gering. Das umfangreiche Buch, welches die literarischen Gattungen vermischt, die thematischen Bezüge beständig wechselt, alle Gesetze der Form mißachtet, aber dafür aufzunehmen sucht, was immer einen Adligen, Kleriker, Reichsbischof – einen Menschen der späten Ottonenzeit nur beschäftigen konnte, das mit Unterstützung zahlreicher Informanten, eigens beschäftigter Boten und acht Schreiber verfaßt wurde (– damals einer erstaunlich großen Zahl –), dieses Buch hat man während des gesamten Mittelalters lediglich einmal abgeschrieben, selten gelesen und kaum benützt.

Wofür wurde es unter vielen Mühen und Opfern geschaffen? „Um dem Leser die Traurigkeit zu verscheuchen?" So heißt es eingangs, aber das nehmen wir Thietmar nicht ab; dazu ist ein solches Werk gewiß wenig geeignet. Fragen wir ihn nochmals! Er gibt kurz vor Ende des Werkes – und das bedeutet: nicht lange vor seinem Tod – eine andere Antwort, oder vielmehr gar keine: „Warum schildere ich das alles, da ich doch in nichts davon ein Vorbild oder einen Trost erblicke? Es ist besser, anstatt zu grübeln das Angefangene fortzuführen." Auch Thietmar weiß keinen Sinn. Vielleicht braucht er gar keinen Leser. Er schreibt, weil er sich nun einmal dieses Buch von der Seele schreiben will. Es ist wie ein Zwang: Er muß es eben tun.

B. SALIERZEIT
(1024–1125)

Der Lebensrahmen:

Die von den Ottonen übernommene hegemoniale Stellung des deutschen Herrschers im Abendland bleibt nur bis zum Tod Heinrichs III. (1056) erhalten. Das durch Eingreifen der Krone (Sutri 1046) aus stadtrömischer Abhängigkeit befreite, seiner selbst neu bewußt werdende Papsttum stellt sich an die Spitze der kirchlichen Erneuerungsbewegung.

Indem die Kurie auf einem unbedingten Führungsanspruch gegenüber dem Episkopat beharrt, kommt es zum Konflikt mit dem Königtum, das die Bischöfe nicht aus der Mitverantwortung für das Reichsganze entlassen kann. Nach fünfzig Jahren 'Investiturstreit', begleitet von einem erbitterten Kampf um die öffentliche Meinung, Teilschlichtung im Wormser Konkordat 1122, welches durch die westeuropäische Frühscholastik vorbereitet wird. Erhebliche Einbußen der Krone bezüglich der realen Herrschaft und der Sakralfülle.

Trotz dem Beginn einer mit dem Hochadel konkurrierenden Königslandpolitik beschleunigter Machtanstieg der Reichsfürsten. An der vor der Jahrhundertwende einsetzenden Kreuzzugsbewegung ist das Königtum nicht beteiligt. Dagegen gelingt es ihm zeitweilig, Gottes- und Landfrieden in gewissem Umfang an sich zu binden.

Fortschreitende Bevölkerungsvermehrung, vor allem in Oberitalien und dem agrarisch bereits nicht mehr autarken Gebiet zwischen Schelde und Niederrhein, führt zu verstärkter Arbeitsteiligkeit, Verdichtung des Fernhandels, herrschaftsbegründender Binnenrodung. Dagegen stagniert der deutsche Ausgriff in den Osten. Beginn des Kampfes der Bürger um städtische Freiheit und Autonomie.

JOHANNES GUALBERTI
Abt von Vallombrosa
(† 12. 7. 1073)

Im Jahre 1951 hat ihn Papst Pius XII. zum Schutzpatron der Forstleute und Waldarbeiter erklärt: Johannes Gualberti, Mönch und Mitbegründer des Benediktiner-Konvents von Vallombrosa. Die Abtei liegt östlich von Florenz in der frischen Bergeshöhe des Pratomagno, inmitten eines prächtigen Forstes von hochstämmigen Tannen, Fichten und Buchen, der sich kilometerweit erstreckt. Es ist ein ganz anderes Italien, als man es gemeinhin kennt. Da sprudeln die Bäche und singen die Vögel. Im Gebirgswind fühlt sich der Mensch freier; das päpstliche Breve beginnt: „Der grüne Wald, diese unübersehbare und herrliche Schöpfungstat Gottes, gibt den Müden jenen Schatten, in dem sich die Kräfte erneuern, und reinigt die Herzen vom zermürbenden Getriebe der Welt, indem er sie sanft dem Himmel näherbringt." Darum stellte Pius XII. den Wald und diejenigen, welche zu seiner Pflege tätig sind, unter den besonderen Schutz des Johannes Gualberti, „eines Heiligen, der die Wälder besonders liebte und sich um sie verdient machte, ... indem er in einem einsamen und schweigenden Forst des toskanischen Apennins beständig dem Gebet und der Buße oblag, aber sich zugleich zusammen mit seinen Mönchen der Baumpflege widmete."

Ganz anders klangen die Worte, die achthundert Jahre zuvor Papst Gregor VII. an die Mönche des Johannes Gualberti richtete, als er die Nachricht von dessen Tod erhielt! Im Sommer 1073, drei Monate nach seiner Erhebung auf den Stuhl Petri, schrieb er an die Vallombrosaner: „Obwohl wir euren Vater Johannes seligen Angedenkens niemals von Auge zu Auge sahen, schätzten wir ihn ganz besonders, weil die Reinheit seines Glaubens ganz Tuszien wunderbar erleuchtete. Wir zweifeln nicht, daß ihr seinen heiligen Lebenswandel nachahmt; dennoch senden wir euch dieses Wort väterlicher Ermahnung, daß euer Eifer nicht erlahmt, alles Unkraut im Acker des Herrn sorgfältig auszuraufen. ... Erweist euch daher als seine wahren Söhne. Täglich sollt ihr an Hand der heiligen Schriften darüber nachdenken, wie die Scheinbeweise der Irrlehrer widerlegt und die Glaubenswahrheiten der heiligen Kirche verteidigt werden können gegen alle Teufelsbrut, die gegenwärtig mit mancherlei Machenschaften das Christentum zu vernichten sucht. ... Nicht allein euer vorbildlicher Lebenswandel [als strenge Mönche nach der Regel] soll den Ruhm eures geistlichen Vaters verkündigen, sondern auch das Gott wohlgefällige Leben aller, die rings um euch im ganzen Lande wohnen."

Kein Wort fällt über frommes Naturgefühl, idyllisch-beschauliche Zurückgezogenheit, arbeitsame Sorge für die Wälder des Pratomagno! Gregor VII. geht es ausschließlich um den rechten Glauben, die Makellosigkeit der Kirche, das Seelenheil aller wahren Christen – mögen sie nun gemeinsam in einem Konvent und als Eremiten in der Einsamkeit der kontemplativen Selbstheiligung leben oder weiterhin mitten in der Welt stehen. Unerhörter Aktivismus im Dienst Christi, die Bereitwilligkeit, sich notfalls „als eine lebendige Mauer vor das Haus Gottes zu stellen", wenn ein Angriff der „Kinder Satans" droht – das ist es, was der kämpferischste unter allen hochmittelalterlichen Päpsten an Johannes Gualberti besonders schätzte und nach dessen Tod den Mönchen in Vallombrosa zur bleibenden Verpflichtung zu machen suchte.

Bei Johannes Gualberti scheinen jene Kategorien zu versagen, mit denen man gemeinhin abendländisches Mönchtum umschreiben kann – oder vielmehr: sie sind zu ergänzen. Dieser Landadlige aus dem toskanischen Val di Pesa 'verließ die Welt', wie zahllose andere vor und nach ihm, und zog sich ins Kloster zurück; aber mit einer Entschiedenheit, die selbst vor gewaltsamen Maßnahmen nicht zurückschreckte, suchte er in die Welt hineinzuwirken, sobald sie in Widerstreit zu den Ordnungsvorstellungen der großen Kirchenreform des 11. Jahrhunderts geriet. Normalerweise dient der Mönch seinen Mitmenschen eher indirekt: durch Fürbitte, Totengedenken, das tägliche Meßopfer, die Zuwendung der Verdienste aus guten Werken, wie Fasten, Nachtwachen, asketische Selbstmarterung, wie sie gerade damals Verbreitung fand. Johannes Gualberti ging weit darüber hinaus. Er griff in viel unmittelbarerer Weise die Übelstände im Glaubensleben an. So wurde er lange vor Gregor VII. zum kirchenpolitischen Revolutionär.

Was die Quellen über seine Anfänge erzählen, ist mitunter bezüglich der Glaubwürdigkeit angezweifelt worden, aber ohne rechte Begründung der Hyperkritik: Johannes, der Sohn eines Gualbert, will eines Tages von Florenz in den Heimatort zurückkehren. Er begegnet in einem engen Hohlweg ausgerechnet jenem Mann, der ihm einen Verwandten erschlug. Der junge Ritter wird von seinem Gefolge begleitet, der andere ist allein, eine Flucht unmöglich. Das Gesetz des Adels heißt Blutrache. Johannes reißt das Schwert von der Seite und stürmt auf den Mörder ein. Der läßt sich vom Pferd fallen, den sicheren Tod vor Augen, fleht verzweifelt zum Himmel, breitet die Arme weit aus – „in Form eines Kreuzes", berichtet die Legende – und erwartet das Ende. Aber da senkt Johannes gegen alles 'Normalverhalten' den scharfen Stahl. Er kann ihn nicht töten, läßt ihn laufen. Was bewegt ihn dazu? Ist es die 'Demutsgebärde', wie heute die Verhaltensforscher sagen? Der Aufschrei zu Gott? Die Überlieferung versichert: Johannes weiß es selber nicht. Er versteht sich nicht mehr. Die Begleiter schickt er heim. Wenn der mittelalterliche Mensch über sich oder andere verstört und fassungslos ist, sucht er eine Kirche auf. Johannes tritt ein. Und da ist es ihm, als grüße ihn das Bild des Gekreuzigten mit einem tiefen Kopfnicken. Der Anruf Gottes ist immer zugleich Gnadenzuwendung und Indienstnahme. Tief aufgewühlt, wird Johannes Gualberti Mönch im Benediktinerkloster San Miniato südlich von Florenz.

Damit erreichen wir sicheren historischen Boden. Der alte Konvent des heiligen Minias auf dem Hügel jenseits des Arno war im Lauf der Generationen weitgehend verfallen; die Klosterzucht hatte sich aufgelöst. Seit 1018 wurde vom Bischof von Florenz für die Wiederherstellung der Mönchsgemeinschaft Sorge getragen und ein Neubau errichtet. Das war kein Einzelfall. In der ganzen Toskana setzte mit Beginn des 11. Jahrhunderts eine geistliche Erneuerungsbewegung ein, die innerhalb weniger Jahrzehnte eine große Zahl monastischer Niederlassungen entstehen ließ und viele alte reformierte.

Aber äußerliche Blüte und interne Lebenswirklichkeit stimmten keinesfalls immer überein. Längst hatten – von Frankreich ausgehend – die religiösen Reformvorstellungen auch Italien erreicht. Man wußte, daß Simonie und Nikolaitismus nach kanonischem Recht verboten waren. Doch wie sah die Realität aus? Unter Simonie verstand man den kirchlichen Ämterschacher. Seit vielen Jahrhunderten verpönt, stellte es dennoch die Regel dar, daß ein Geistlicher sein Amt nur gegen Bezahlung erhielt. Ob es sich um die Bestellung eines Bischofs, eines Abtes oder selbst des Verwalters einer kleinen Landpfarrei handelte – meistens war Geld im Spiel. Nikolaiten nannte man jene Priester, die in eheähnlichen Bindungen lebten, obwohl für sie der Zölibat vorgeschrieben war. In vielen Gegenden bildeten sie die Mehrheit unter den Klerikern. Man kennt aus der Toskana ganze Pfarrer-Dynastien, bei denen sich eine Gemeindekirche über Generationen vom Vater auf den Sohn vererbte. Wie aber mochte der Himmel über einen Klostergründer oder Eigenkirchenherrn urteilen, wenn Anstößigkeit und weltlicher Sinn in seinen Stiftungen herrschten?

„Ich gebe, damit du gleichfalls gibst." Hochmittelalterliche Religiosität trägt oftmals die Züge eines Tauschgeschäfts. Von Sündenangst getrieben, erbaut man Kirchen – vom gewaltigen Bischofsdom bis zur kleinen Dorfkapelle –, um sich vom Verdammungsurteil des ewigen Gottes loszukaufen. Man übereignet einem Kloster Grundbesitz „wegen der vielen Beleidigungen, die ich selbst Gott zufügte oder andere in meinem Namen". Wie wird angesichts der menschlichen Verderbnis die Entscheidung am Jüngsten Tage lauten? Man fürchtet den Zorn des Herrn; die Urkunden versichern es nachdrücklich. Die Sakralkunst deutet es aus: in den Apsismosaiken der Kathedralen mit der gewaltigen, jedes irdische Maß übersteigenden Darstellung des Weltenrichters, in den Höllenbildern der Obergaden und Westwände, in der bauplastischen Veranschaulichung der Seelenwaage: Sankt Michael und der Teufel rechten um die Toten. Sie wiegen auf, was die Verstorbenen zu Lebzeiten an Schuld auf sich luden und was sie an guten Werken vorzuweisen haben. Not lehrt beten, Sündenbewußtsein schenken. Die Besitzübertragung an ein Kloster, „um die Übertretungen abzuwaschen", könnte die Entscheidung bedeuten: Verdammnis oder Seligkeit – aber doch nur dann, wenn in dem Konvent Gott in der rechten Weise verherrlicht wird und das Mönchsleben nicht vielmehr eine beständige Beleidigung des Himmels bedeutet! Dann mag anstelle des erhofften Seelenheils nur vermehrte Strafe drohen.

Es ist vor allem der Laienadel, welcher solche Empfindungen hegt. Wie aber kann man Vorkehrungen treffen, daß sich die Kloster- und Kirchengründungen am Ende auch geistlich rentieren? Im Jahre 1001 stiftet eine vornehme Dame namens Ava zwischen Florenz und Siena eine Abtei zu Ehren des Erlösers, und sie bestimmt, daß keinem die Leitung des Konvents in anderer Weise übertragen werden darf als gemäß der Benediktinerregel. „Doch wenn jemals einer mit Hilfe von Geld oder durch simonistischen Irrglauben zum Abt gemacht wird, so soll er ohne Zaudern hinausgeworfen werden und ein anderer, der würdig ist, seine Stelle einnehmen."

Eine allgemeine Sensibilisierung kündigt sich an. Die Ava-Urkunde ist der früheste, noch ganz vereinzelte Beleg dafür. Aber schreiben kann man ja vieles; aufs Handeln kommt es an! Um die Zeit, als Johannes Gualberti ins Kloster San Miniato eintritt, leitet Abt Guarinus den Konvent von Settimo westlich der Stadt Florenz. Ein Rechtsanliegen – nicht einfach zu entscheiden – führt ihn eines Tages zu Bischof Hildebrand. In öffentlicher Sitzung, umringt von seinen Beratern, vernimmt der Florentiner Oberhirte, was der Abt vorzutragen hat. Bei der Beantwortung der Anfrage muß man alle Folgen reiflich überlegen. Zur Rechten Hildebrands hat die 'Bischofsfrau' Alberga ihren Platz. Schlagfertiger als der geistig etwas langsamere 'Gemahl', erwidert sie in dessen Namen vor allen Anwesenden: „Herr Abt, bezüglich der Angelegenheit, deretwegen du vorstellig wirst, hat mein Herr noch keine Überlegungen angestellt. Er wird mit seinen Ratgebern sprechen und dir dann Antwort geben." Entrüstet weist Guarinus sie zurecht: Als Frau habe sie nicht im Kreis der Männer zu reden; eher solle man sie als Dirne verbrennen, weil sie durch geschlechtlichen Umgang den geweihten Priester Gottes zu beflecken wagte! Ein Wort gibt das andere; es kommt zu offenem Streit, der nur dadurch entschärft wird, daß ein päpstliches Machtwort die Abtei Settimo der Oberaufsicht des Bischofs entzieht und Rom unmittelbar unterstellt. Simonie und Nikolaitismus beginnen in der Toskana 'Reizworte' zu werden. (Im übrigen Italien ist man noch nicht soweit.) Ein zündender Funke, und eine Feuersbrunst wird ausbrechen!

Im Jahre 1035 stellt der zum Mönch gewordene Johannes Gualberti fest, daß auch der Benediktinerkonvent von San Miniato durch die „simonistische Pest" vergiftet ist. Die Brüder wissen es längst, aber sie nehmen es gelassen hin. Es beunruhigt sie nicht, daß Abt Ubertus sein Amt gegen Geld erlangte. Er ist doch ein angenehmer Oberer, allseits anerkannt, hochgeschätzt bei Kaiser und Papst, Markgraf und Bischof! Den herrlichen Neubau der Kirche fördert er mit Nachdruck; wirtschaftlich geht es dem Konvent unter ihm besser denn je zuvor. Was soll also die ganze Aufregung? Innerhalb der Mönchsgemeinschaft steht Johannes Gualberti mit seiner Ratlosigkeit und Empörung allein; keiner teilt die Angst, er könnte um des unrechtmäßigen Abtes willen das eigene Seelenheil für alle Ewigkeit aufs Spiel setzen. Man lacht ihn aus; die Mahnungen machen ihn unbeliebt. Man bedeutet ihm, er störe den Klosterfrieden. Was soll er tun?

Auf der andern Arno-Seite, bei der städtischen Marien-Abtei, gibt es einen Einsiedler, an den man sich wendet, wenn man weder ein noch aus weiß. Er heißt Teuzo; selbst der Kaiser schätzt ihn als einen heiligen Mann. Er ist ein Sonderling, der mitten zwischen den Menschen als Eremit lebt. Johannes Gualberti sucht ihn auf. Die älteste Quelle gibt ihr Gespräch – natürlich in freier Nachgestaltung – folgendermaßen wieder: „Ich beschwöre dich, Vater, daß du mir in meiner großen Verwirrung Rat erteilst. Ich habe Angst, unter einem simonistischen Abt zu leben, und weiß einfach nicht, was ich machen soll." Die Antwort Teuzos klingt schier verzweifelt: „Was du sagst, ist schon richtig, aber ich kann dir nicht raten. Solange du unter einem Simonisten als Mönch lebst, gibt es eben keinen guten Rat. Und wenn du hierzulande in ein anderes Kloster eintreten wolltest, würdest du – in gutem Glauben, den Zähnen des Löwen zu entfliehen – doch dem Biß der Schlange nicht entgehen." Denn Käuflichkeit herrscht überall; kein Konvent hat sich davon freigehalten. „So sage mir, was ich tun soll. Um der heiligen Wahrheit willen bin ich zu allem bereit." „Begib dich auf den Marktplatz und verkündige es allen: Bischof und Abt sind Simonisten. Anschließend verlasse die Stadt."

Ist das nicht geradezu Selbstmord? Was wird die Obrigkeit dazu sagen? Dennoch: es geschieht. Als der Marktbetrieb besonders lebhaft ist, klettert Johannes Gualberti auf einen Warenballen, richtet das Wort an die Umstehenden und fordert sie auf, den unheiligen Zuständen an heiliger Stätte ein Ende zu bereiten, und sei es mit Gewalt! In aller Öffentlichkeit verlangt er den Rücktritt von Abt Ubertus. Verletzt er damit nicht das monastische Gehorsamsgelübde? In gleicher Weise wendet er sich gegen den Bischof, welcher das Bestechungsgeld entgegennahm. Bedeutet das nicht Hochverrat, vielleicht gar den Versuch eines politischen Umsturzes? Der Oberhirte von Florenz ist schließlich innerhalb der städtischen Mauern zugleich der Exponent kaiserlicher und markgräflicher Gewalt! Mit dem Aufruf zur Besserung werden nicht die Kleriker angesprochen; die Marktbesucher – in der Mehrzahl kleine Leute –

bilden das Publikum. Soll das heißen, daß die Laien aus der Unterschicht fortan über Geistliches entscheiden wollen? Wo bleiben die Vorrechte der Priester und des Adels? Dieser Mann predigt Verwirrung! Der Ruf wird laut: „Laßt ihn nicht entweichen; bringt ihn doch um!"

Zwischen den Verkaufsständen kommt es zu einer großen Prügelei, bei welcher sich auch manche Emotionen entladen, die Johannes Gualberti völlig fernliegen. Doch für alle, denen – nach einem geflügelten Wort aus späterer Zeit – „Ruhe die erste Bürgerpflicht" bedeutet, ist offenkundig: Dieser Fanatiker bedroht die allgemeine Ordnung. Man muß ihm beizeiten Schranken setzen. Die Wachen greifen ein. Noch auf dem Marktplatz wird der Mönch verhaftet. Einige rasch gewonnene Anhänger entreißen ihn den Händen der Obrigkeit und verhelfen ihm zur Flucht. Aber wohin?

Einsam irrt Johannes Gualberti durch den romagnolisch-tuszischen Apennin. In Adelskastellen oder bei Hirten, die ihre Herden hüten, erbettelt er Nahrung. Wo kann er ein Kloster finden, in dem man ohne Käuflichkeit und sittliche Verwilderung lebt, um dort fortan Christus zu dienen? Er kehrt bei den Eremiten von Camaldoli ein, wo man die allerhärteste Askese beachtet. Strenge schreckt ihn nicht; auch wäre man nicht abgeneigt, ihn aufzunehmen. Aber er müßte dann die Observanz wechseln und die Benediktinerregel aufgeben. Doch an diese fühlt er sich unverbrüchlich gebunden, obwohl er sie gerade schon wieder verletzt: Was ist mit der bindend vorgeschriebenen Ortsansässigkeit? Er wandert weiter. Endlich erreicht er ein einsames Hochtal, welches sich nach Westen öffnet: Vallombrosa. An klaren Tagen erblickt man von hier aus, verblauend in der Ferne, die Türme von Florenz. Überraschend trifft Johannes Gualberti auf Menschen: Zwei Mönche aus Settimo haben sich mit Erlaubnis des Abtes Guarinus an den idyllischen Platz zurückgezogen; inmitten des schattigen Waldes führen sie bei einem sprudelnden Bächlein ein beschauliches Einsiedlerdasein. Zu ihnen gesellt sich der Flüchtling. Gemeinsam gründen sie zu Ehren der reinen Magd Maria ein neues Kloster.

„Doch als Johannes Gualberti so in heiligmäßigem Lebenswandel dort weilte, wollte Gott nicht, daß sein Licht im Dunkel verborgen blieb, da er durch dieses viele Seelen zu erleuchten beschlossen hatte." Der Einsame fand Gefährten; gerade seine kompromißlose Strenge und

Regeltreue zog die Menschen an. „Allmählich verbreitete sich die Nachricht durch die benachbarten Regionen; in steigender Zahl suchten ihn Laien und Kleriker auf und ließen sich von ihm bekehren.“ Anfänglich unterstützte Guarinus von Settimo die junge Mönchsgemeinschaft; materiell selbständig und lebensfähig wurde sie durch eine umfangreiche Schenkung der Äbtissin Itta von Sant'Ellero, der das 'Schattental' gehörte. Diese Nonne stammte aus gräflichem Adel; bald übergaben die vornehmen Geschlechter der Toskana ihre Hausabteien den Vallombrosanern, weil deren sittlicher Rigorismus über jeden Zweifel erhaben war. Für wen diese frommen Männer beteten, der rechnete fest auf die Gnade des ewigen Richters am Jüngsten Tage! So bildete sich allmählich ein Kranz vallombrosanischer Konvente rings um Florenz.

Den Anfängen entsprechend, blieben die Beziehungen zum heimischen Episkopat lange gespannt. Man traute sich gegenseitig nicht. Es war kein Zufall: Nicht von einem Italiener, sondern durch den Deutschen Rudolf von Paderborn ließ der Reformmönch das erste Holzkirchlein seines Konvents weihen; ihn entsandte eigens dazu der tiefreligiöse, über jeden Verdacht der Simonie erhabene König Heinrich III. Wenige Jahre später bemühte man sich beim Papsttum um die Exemtion von der bischöflichen Oberaufsicht; Viktor II. – abermals ein Deutscher – löste die Abtei aus dem Diözesanverband von Fiesole und unterstellte sie der Kurie unmittelbar. Als wieder ein Altar zu konsekrieren war, bat man den Kardinal Humbert von Silva Candida darum, den radikalsten Theologen im Kreis der römischen Reformer. So war bei den monastischen Vorkämpfern gegen die Simonie also auch jener Mann zu Gast, der gerade damals in seiner Schrift ›Gegen die Simonisten‹ das Agitationsprogramm der Gregorianischen Revolution verfaßte!

Der Besuch des einflußreichen Kardinals blieb kein Einzelfall. Die Abtei im stillen Waldgebirge sah von nun an viele Gäste. Wo in Italien der Kampf um die Reinheit der Kirche geführt wurde, da suchte man Rückhalt an Vallombrosa. Nach der Jahrhundertmitte eskalierten vor allem in der Po-Ebene die Spannungen. Mit den geistlichen Reformbestrebungen verband sich eine soziale Auseinandersetzung. In Mailand kam es zu offenem Bürgerkrieg. Die Unterschicht der 'Pataria' reagierte so empfindlich auf Simonie und Nikolaitismus, daß ihre Mitglieder die Sakramente korrupter oder unenthaltsamer Priester verächtlich als 'Hundekot' bezeichneten, denen anstelle einer segenspendenden Kraft nur eine verderbenbringende Wirkung innewohne. Nicht allein derjenige galt ihnen als Simonist, welcher selber Geld bezahlt oder empfangen hatte, sondern auch jeder, der unwissend und unschuldig von einem Simonisten die Konsekration erhielt. Gewissensnot verbreitete sich. Es waren theologische Überzeugungen, die erhebliche häretische Überspitzungen enthielten, aber das bemerkten die Patarener nicht. In dem ethischen Rigoristen Johannes Gualberti hatten sie einen prominenten Gesinnungsgenossen. Darum suchten sie seine Unterstützung. Jungkleriker wurden nach Vallombrosa geschickt, damit sie dort ohne jeden Makel die Weihe empfangen und anschließend in der Heimat Dienst tun sollten. „Mönche, Priester und gläubige Laien begannen sich an ihn zu wenden, vor allem aus Mailand, Cremona und Piacenza. Mancher verließ sein bisheriges Kloster, um in langer Wanderschaft zu ihm zu gelangen." Die Priesterweihe in Vallombrosa wurde gleichsam zu einem Gütezeichen spiritueller Integrität.

Doch gerade in diesen Jahren beginnt Johannes Gualberti in der Überlieferung allmählich zurückzutreten; andere scheinen seine Rolle zu übernehmen. Wächst ihm die Leitung eines großen Mönchskonvents und der sich immer weiter ausdehnenden Kongregation über den Kopf? Es ist nicht anzunehmen, denn gerade bezüglich der Verwaltung und der Arbeitsverteilung gehen von Vallombrosa neue Impulse aus, die bald bei anderen monastischen Gruppen Nachahmung finden. So überläßt man bestimmte Tätigkeiten außerhalb der Klostermauern, namentlich in der Landwirtschaft, aus praktischen Erwägungen den Konversen, einer Art von Halbmönchen mit verringerten liturgischen Pflichten. Die Überlieferung führt diese Einrichtung ausdrücklich auf Johannes Gualberti selbst zurück.

Oder ist es die ungenügende wissenschaftliche Vorbildung, welche dem einstigen Ritter zum Bewußtsein kommt und ihn lähmt, weil er jetzt theologische Grundsatzentscheidungen von erheblicher Tragweite zu treffen hat? Wohl kaum; die unerhörte Sicherheit und Unbedingtheit, mit welcher Johannes Gualberti das ganze Leben hindurch seinen Weg verfolgt, spricht dagegen. 'Des Gedankens Blässe' kann ihn nicht ankränkeln. Er hegt keine Zweifel darüber, was richtig sei. Ihm liegen die feinen Differenzierungen in Glaubenslehre und Kirchenrecht nicht, deren unerreichter Meister damals der Eremitenprior und Kardinalbischof Petrus Damiani ist. Beide Heilige sind darin geradezu Antipoden.

Johannes Gualberti ist krank. Durch unbarmherzige Askese hat er seine Gesundheit zerrüttet. So sorgsam er über jene wacht, die ihm anvertraut sind – er selbst billigt dem 'Bruder Leib' keinerlei Schonung zu. Auch hier geschieht alles, was er treibt, im Übermaß. Die Quellen berichten von stundenlangem Gebet, selbstzerstörerischem Fasten, allzu weit ausgedehnten Nachtwachen. Die Benediktinerregel verlangt von jedem Mönch Tätigkeit mit seinen Händen, aber muß es gleich körperliche Schwerstarbeit sein, die der Abt sich auferlegt? Ein Magenleiden quält Johannes Gualberti; er kann die Speisen nur in kleinen Portionen zu sich nehmen; doch dafür häufiger zu essen, lehnt er ab, weil es dem Buchstaben der Regel widerspricht. Gelegentliche Ohnmachtsanfälle und Bewegungsstörungen erschrecken die Brüder. Auch vor seinem Bedürfnis nach Einsamkeit und mystischer Kontemplation haben sie Angst, denn öfters müssen sie ihn im Winterwald suchen. Einmal finden sie ihn erstarrt und halb im Schnee versunken in einem Felsenloch.

Ist sein Lebenswerk erfüllt? Während in Oberitalien der Kampf um die Reinheit der Kirche ausbricht – zwei Jahrzehnte später als in Florenz – und sich rasch verschärft, so daß die Patarener Hilfe in Vallombrosa suchen, herrscht in der Toskana Frieden. Noch ist viel zu tun, aber unverkennbar macht die Reform Fortschritte. Der Kontakt mit Rom intensiviert sich; wochenlang weilen die Päpste am Arno – übrigens ohne mit Johannes Gualberti häufiger zusammenzutreffen. Er gehört nicht zu denen, die antichambrieren; zudem ist er ja leidend und bleibt am liebsten in seinem Kloster in frischer Bergesluft. 1058 wird Gerhard von Florenz zum Nachfolger Petri erhoben; er behält seine Diözese bei. Als er stirbt, bestellt Heinrich IV. den hochadligen und steinreichen Petrus Mezzabarba aus Pavia zum neuen Bischof. Man weiß nichts Näheres darüber, warum die Wahl gerade auf diesen Mann fiel, aber man munkelt. Der Neuernannte wird von seinem Vater Teuzo Mezzabarba besucht; einige Florentiner fragen den Greis aus: „Nun, Herr Teuzo, du hast wohl eine ganze Menge Geld dem König für die Erhebung deines Sohnes hinlegen müssen?“ Der bemerkt die Falle nicht: „Bei den Gebeinen des heiligen Syrus von Pavia, nicht einmal eine lumpige Mühle bekommt man am Hof meines Herrn, des Königs, ohne anständig dafür zu bezahlen, geschweige denn ein ganzes Bistum.“ „Dann sag doch, wenn es Euer Hochwohlgeborenheit gefällig ist, wieviel es dich genau gekostet hat.“ Darauf der Alte: „Beim heiligen Syrus, wenn ihr's unbedingt wissen wollt: Ungefähr dreitausend Pfund waren es, die ich für dieses Bistum hingelegt habe, als wäre es ein einziges Goldstück."

Also unverhüllte Simonie! „Überall begann man dieses Zeugnis zu verbreiten. Auch vor den Herrn Johannes kam die Sache, und in allen seinen Klöstern wie nicht minder in sämtlichen Kirchen der Diözese Florenz wurde darüber viel und ausführlich geredet." Wieder ziehen die Mönche aus, um die Laien zu bewegen, mit allen Mitteln gegen dieses schändliche Geschäft anzugehen. Auch Johannes Gualberti beteiligt sich persönlich daran, verläßt seine Berge, kommt ins Arnotal und predigt Widerstand gegen diesen Teufelsbischof. San Salvi ist das Zentrum der Agitation, jener Konvent der Vallombrosaner, der Florenz am nächsten liegt. Petrus Mezzabarba versucht, sich mit einer Gegenaktion zur Wehr zu setzen. In der Hoffnung, sich dabei des Johannes Gualberti zu bemächtigen, überfallen die Soldaten des Bischofs des Nachts das Kloster San Salvi und schlagen die Mönche zusammen. Der Abt hat freilich bereits tags zuvor den Rückweg nach Vallombrosa angetreten. Ihn fängt man nicht; insofern ist die Operation fehlgeschlagen. Doch einige seiner Anhänger sind schwerverletzt. Blut ist geflossen. Läßt sich der Konflikt jetzt noch unter Kontrolle bringen?

Die Vallombrosaner versuchen es. Anders als zweiundzwanzig Jahre zuvor, bei der Predigt gegen Abt Ubertus auf dem Florentiner Markt, gibt es inzwischen eine Instanz, die beide Seiten anerkennen: das Reformpapsttum. Alexander II. – selbst der Mailänder Pataria nahestehend – zieht den Fall an sich. Er tadelt den Bischof, weil er Rückendekkung bei der Krone sucht; er tadelt die agitierenden Mönche, weil sie die bischöfliche Würde nicht achten und im Kampf gegen die Simonie das benediktinische Gelübde der Ortsbeständigkeit immer wieder verletzen. Ein Vermittlungsversuch des Kardinals von Ostia, Petrus Damiani, zeitigt keinen Erfolg. Deshalb wird auf einer Synode zu Rom, welcher der Papst persönlich präsidiert, der Fall untersucht. Johannes Gualberti selbst bleibt in Vallombrosa; eine Abordnung seiner Mönche unter Führung des Priors Rudolf von Moscheta erhebt Anklage gegen Petrus Mezzabarba. Aber die Stimmung ist gegen sie. Die Bischöfe schützen den Bischof. Sie fühlen die Bedrohung, welche der objektivierten, sakramentalen Gnadenvermittlung der Kirche durch den subjektiven sittlichen Rigorismus, der episkopalen Hierarchie durch das revolutionäre Treiben dieser monastischen Fanatiker erwächst. Der Bischof von Como beschuldigt schließlich nach einer theologischen Fangfrage an Rudolf von Moscheta, auf welche dieser ungelehrte Mönch, der zuvor als Krankenpfleger tätig war, persönlich sympathisch, aber dogmatisch grundfalsch antwortet, gar der offenkundigen Ketzerei. Petrus Damiani, der berühmte Eremit, Kardinal und Kirchenlehrer, ergreift das Wort und ruft aus: „Herr Papst, diese da sind die wahren Heuschrecken, welche die grüne Weide der heiligen Kirche abfressen; daß sich doch ein Sturm erhöbe und sie alle ins Rote Meer wehte!“ Ein Beschwichtigungsversuch Alexanders II. scheitert; alle sind gegen die Vallombrosaner.

Da erhebt sich plötzlich der Archidiakon Hildebrand, der bis dahin geschwiegen hatte, so daß man annahm, er teile die Meinung der Bischöfe. Nicht in bedächtiger Argumentation, sondern in mannhaft-offener Rede spricht er zu der Mönche Verteidigung: Sie hätten doch nicht für sich selbst Macht erstrebt, sondern für die Reinheit der ganzen Kirche gekämpft. Der spätere Gregor VII. ist schon damals an der Kurie derjenige, auf den man hört. Das Toben verstummt. Die Vallombrosaner können ungehindert heimreisen. Der Bischof aber bleibt im Amt.

Und deshalb kommt es in der Toskana abermals zu Zusammenrottungen, ja zu Straßenkämpfen. Der Markgraf, der Königshof, einzelne Mitbischöfe suchen Petrus Mezzabarba zu stützen. Sogar als sich Papst Alexander II. persönlich nach Florenz begibt, um dem Unfrieden ein Ende zu bereiten, erleidet er einen Mißerfolg. Aber ist denn überhaupt sicher ausgemacht, daß die Anschuldigung zutreffend ist? Vielleicht hat man den alten Teuzo Mezzabarba falsch verstanden. Vielleicht ist alles nur ein trügerisches Gerücht. Ein Beweis wurde nie erbracht!

Da bietet Johannes Gualberti ein Gottesurteil an. Alexander II. verbietet es als frevlerische Versuchung des Himmels. Aber der höchste Hüter des Glaubens findet keinen Gehorsam. In Settimo, das die Kadolinger-Grafen nach dem Tode des Guarinus den Vallombrosanern übergeben haben, wird die Feuerprobe stattfinden, „ob Petrus aus Pavia, der sich jetzt Bischof von Florenz nennt, durch Geld zum Bischofssitz gelangt sei.“ Ein junger Mönch – er heißt gleichfalls Petrus – erklärt sich bereit, zwischen zwei lodernden Holzstößen hindurchzugehen. Entspricht die Anklage auf Simonie der Wahrheit, dann „möge ihm der ewige Gott in diesem furchtbaren Gericht beistehen und ihn aus der Glut unversehrt hervortreten lassen, wie er einst die drei Jünglinge aus dem feurigen Ofen errettet hat." (Dan. 3) Vor einer tausendköpfigen Menschenmenge bekreuzigt sich Petrus, schreitet hinein in die Flammengasse und kommt wieder heil ins Freie. Das entscheidet. Der Bischof muß abdanken. Er verschwindet im Kloster Pomposa. Die Vallombrosaner haben den Sieg errungen.

Man hat den kühnen Mönch Petrus, den man seit diesem Tag 'den Feurigen' ('Igneus') nannte, in Fucecchio, einem Kloster arnoabwärts, zum Abt gewählt. Auch das Papsttum nahm den Ungehorsamen, der dem Verbot des Gottesurteils trotzte, in seinen Dienst. Petrus wurde Kardinalbischof von Albano und hat im Kampf Gregors VII. gegen König Heinrich IV. noch manche wichtige Sonderaufgabe erhalten.

Johannes Gualberti überlebte den Tag der Feuerprobe von Settimo um fünf Jahre. Die Quellen vermelden wenig aus dieser Zeit. Er starb nicht in Vallombrosa, sondern auf einer Visitationsreise durch die Klöster seiner Kongregation am 12. Juli 1073 in Passignano südlich von Florenz, in Sichtweite zu dem kleinen Kastell Petroio, wo er nach einer allerdings späten Überlieferung geboren war. Erst hundertzwanzig Jahre nach seinem Tod wurde er zum Heiligen erklärt; man wußte, daß er es gewagt hatte, in der Unbedingtheit seiner sittlichen Reformbestrebungen selbst dem Nachfolger Petri einmal Trotz zu bieten. Mit Johannes Gualberti begann jene Phase kirchlicher Erneuerungsbestrebungen des Hochmittelalters, die selbst Gewalt nicht verschmähte, um der 'Sache Gottes' zum Sieg zu verhelfen. Als dieser Mönch auf dem Marktplatz von Florenz mit seiner militanten Bußpredigt begann, stand er noch völlig allein. Als er starb, bezeugte Papst Gregor VII., der ihn nie persönlich gesehen hatte, in einem Brief an die Vallombrosaner: „Wir haben ihn sehr geliebt."

PAPST LEO IX.
(1049–1054)

Von zwei Freunden wird uns berichtet, einem Burgunder unbekannten Standes und einem elsässischen Grafensohn. Über beide entschieden die Eltern schon in frühem Kindesalter, daß sie Geistliche werden sollten. Humbert brachte man ins Vogesen-Kloster Moyenmoutier, damit er dort Mönch würde. Brun übergab man im Alter von fünf Jahren der Domschule von Toul; er wurde mit aller Sorgfalt zum Weltgeistlichen ausgebildet. Beide lernten gerne und leicht. Innerhalb der Konventsmauern studierte Humbert alles, was es an geistlichem Schrifttum zu lesen gab, selbst wenn es griechisch verfaßt war; doch die Ferne blieb ihm verschlossen. Bruns Bildung war wohl weniger gründlich, aber vielseitiger; als Sohn des Grafen von Egisheim standen ihm alle Wege offen. Er war fromm und liebenswürdig; als er zum Königshof kam, nannte man ihn den 'guten Bruno'. Humbert erschreckte viele durch die Schroffheit seines raschen Urteils und die wortgewaltige, aber harte Begeisterungsfähigkeit; Brun meinte es nicht minder ernsthaft, aber er war höflich und hielt die gesellschaftlichen Formen ein. Als er vierundzwanzig Jahre geworden war, machte ihn sein Verwandter, König Konrad II., zum Bischof von Toul. Er bewährte sich als Theologe, Verwalter und Diplomat, doch er achtete stets darauf, daß er als Reichsfürst nicht zu Handlungen genötigt wurde, die sein Gewissen belastet hätten. Eines Tages kam Humbert zu ihm, vom Abt entsandt in klösterlichen Geschäften. So verschieden sie nach Herkunft, Temperament und Lebenserfahrung waren – sie fanden sich. Wir wissen, daß Humbert damals religiöse Dichtungen verfaßte, Responsorien, Hymnen und Sequenzen. Brun vertonte sie. Humbert, der Mönch, wurde später Kardinal; Brun, der sangeskundige Grafensohn, brachte es bis zum Papst. Und es war nicht nur eine persönlich erfolgreiche Karriere, die beiden Freunden beschieden war. Humbert und Brun – oder sagen wir statt dessen: Leo IX. – haben wahrhaft Weltgeschichte gestaltet. Und dies, obwohl Leos Pontifikat nur fünf Jahre währte!

Der Stammsitz von Bruns väterlichen Ahnen war Egisheim. Das Städtchen liegt südwestlich von Colmar; die Häuser drängen sich um eine ältere Wasserburg. Vermutlich hier wurde der spätere Papst am 21. Juni 1002 geboren. Die Egisheimer waren mit zahlreichen erlauchten Familien verwandt; fraglos gehörten sie zu den vornehmsten Geschlechtern im Reich. Freilich hatten sie sich zu ihrem Schaden einmal mit den Ottonen überworfen und dafür teuer bezahlt. Dennoch waren sie als Grafen im elsässischen Sundgau (– der Name bezeichnete damals ein ausgedehnteres Gebiet als heute –) immer noch mächtige und streitbare Herren, zugleich aber engagierte Klostergründer. Für Brun bedeuteten frommer Einsatz und kirchliches Verantwortungsgefühl eine unverbrüchliche Familientradition. Als Bischof und selbst noch als Papst hat er die von Großvater und Vater gestifteten Konvente wiederholt aufgesucht, sie mit Privilegien gefördert und dort Altäre geweiht. Doch er hatte persönlich noch einen weiteren Grund, sein Lebtag lang dem Mönchtum zugetan zu sein: Als sich Brun während der Schulzeit einmal in den Ferien daheim befand, erkrankte er schwer. Man erklärte die ausgedehnte Eitergeschwulst an Schläfe und Wange für den Biß einer giftigen Kröte. Erst als dem Fiebernden des Nachts Sankt Benedikt erschien, öffnete sich die Beule und der Eiter floß ab. Brun hat die Heilung als Weisung des Himmels verstanden, den Klöstern stets geneigt zu sein.

Er wuchs zweisprachig heran. Sein Vater Hugo war ein Vetter jenes Grafen vom Speyergau, der 1024 als König Konrad II. des Reiches Krone erlangen sollte, die Mutter Heilwide eine Grafentochter von Dagsburg (heute Dabo/Lothringen, westlich von Straßburg). Während Hugos Heimatsprache das Deutsche war, redete sie von Hause aus französisch. Weder daheim noch in Toul – in rein romanischer Umgebung – wurde Brun in Festlegung auf die politischen und kulturellen Traditionen eines einzigen Volkes und Staatswesens erzogen; die zeitweilige Anwesenheit am Königshof konnte die Offenheit der Jugendprägung nicht beeinträchtigen. Brun gehörte beiden Seiten an. Die emotionelle Bindung an den Westen war stark; Bischof Berthold von Toul († 1019), zu dem das Kind geschickt worden war, kümmerte sich um es persönlich, und Brun dankte es ihm mit rührender Anhänglichkeit. Es war für die Kirche des Abendlandes ein unerhörter Glücksfall, daß der dritte, wichtigste der vorgregorianischen Reformpäpste auch bewußtseinsmäßig in seltener Weite und Unvoreingenommenheit 'über Völkern und

Reichen' stand, wie man damals im Rückgriff auf ein alttestamentliches Prophetenwort (Jer. 1, 10) den weltumspannenden Auftrag des Apostolischen Stuhles neu zu definieren begann. Ob überhaupt ein enger auf Deutschland festgelegter Nachfolger Petri für das salische Königtum von 'nationalem' Vorteil gewesen wäre, braucht angesichts des ausgezeichneten Verhältnisses, welches zwischen Brun = Leo IX., Konrad II. und Heinrich III. bestand, hier nicht diskutiert zu werden und wäre sogar zweifelhaft; die spätere Entwicklung, die zu dem großen Konflikt führte, hätte es sicher nicht verhindert.

Doch damit wurde vorgegriffen. Nicht nur für Brun, sondern für die ganze Diözese war es ein schwerer Verlust, als Bischof Berthold starb. Wie ein Vater hatte er über dem Grafensohn gewacht, den Jüngling bereits zum Domherrn erhoben – viel früher als es das Kirchenrecht an sich gestattete. In ihrem Verhältnis zum Mönchtum harmonierten beide vortrefflich. Dagegen setzte der neue Oberhirte Hermann andere Prioritäten. Er kam aus Köln; dort war man an zurückhaltendere Formen monastischer Reform gewöhnt, als man sie damals jenseits der Reichsgrenze dicht vor den Toren von Toul erlebte. Es ging dabei nicht zuletzt um das Verhältnis zwischen bischöflicher Hirtengewalt und klösterlichem Selbstbestimmungsrecht. Die cluniazensische Bewegung räumte mit der althergebrachten, für Benedikt von Montecassino selbstverständlichen Einzelstellung der Abteien auf; sie schuf straff organisierte Klosterverbände, bei denen jeweils dem leitenden (Ober-)Abt eine geradezu monarchische Gewalt zukam. Das galt für Cluny selber, aber noch ausgeprägter für einige Reformgruppen, die das Muster Clunys weiterentwickelten. Nach Toul strahlte vor allem die rigide Reform von St.-Bénigne in Dijon aus. Wo sie Einfluß gewann, wurden die Rechte der Bischöfe beschnitten. Diese fühlten sich bisweilen aus den Klöstern ihrer Diözesen geradezu ausgesperrt. Schon Berthold von Toul hatte einen Konvent seines Sprengels – St.-Èvre – St.-Bénigne zur Reform übergeben. Mit dem Nachfolger kam es rasch zu einem höchst unerquicklichen Zusammenstoß, in dessen Verlauf der neue Bischof dem Propst von St.-Èvre höchstpersönlich eine Tracht Prügel in Aussicht stellte! Hermann war nicht prinzipiell gegen die Mönche eingestellt, aber er wollte andere, ihm gegenüber botmäßigere Klosterinsassen.

In Toul wurde es unangenehm. Auch wer nicht unmittelbar davon betroffen war, spürte das veränderte geistliche Klima. Der junge Domherr versah unter dem neuen Oberhirten weiterhin den gewohnten Dienst – Disziplin und Gehorsam bedeuteten für Brun Selbstverständlichkeiten –, aber es machte keine Freude mehr. Da erreichte ihn bald nach dem Thronwechsel von Heinrich II. zu Konrad II. der Ruf an den Königshof! Umgehend leistete er Folge; es lag auch im Interesse seines Bischofs, wenn dort wirkungsvoll die Belange der Diözese Toul vertreten wurden. Der Empfang, den Brun bei den gekrönten Verwandten fand, hätte nicht herzlicher sein können! Graf Hugo von Egisheim war ein alter Waffengefährte des neuen Herrschers; jetzt begleitete sein Sohn den Salier im Frühjahr 1026 nach Oberitalien und führte dabei das Aufgebot, welches Toul für das Reichsheer zu stellen hatte. Bei den Operationen um Verona, Mailand, Vercelli und Pavia mag er als militärischer Unterbefehlshaber teilgenommen haben; es bereitete Brun lebenslang keine Skrupel, als Geistlicher Krieg zu führen, wenn es nur um die gute Sache ging – und konnte die Verteidigung der Thronrechte jemals ungerecht sein? (– Nur ein halbes Jahrhundert später hat man darüber ganz anders zu denken gelernt. –) Südlich von Pavia stießen die Truppen bis tief ins Orba-Tal vor, nur noch eine starke Tagesreise vom Tyrrhenischen Meer entfernt. Dort erreichte den König und seinen Neffen zweiten Grades die Nachricht, daß Bischof Hermann von Toul bei einem Besuch seiner Heimatstadt Köln gestorben war und man sich in der lothringischen Diözese darauf geeinigt hatte, Brun als neuen Bischof vom Herrscher zu erbitten! Er zählte damals noch nicht vierundzwanzig Jahre; an sich schrieb das Kirchenrecht fünfunddreißig als Mindestalter vor. Aber Brun besaß eben das Vertrauen des Saliers. So wurde er Bischof.

Der 'gute Bruno' hatte viel Glück. Konrad II. verzichtete darauf, von dem lieben Verwandten, dessen Vater gerade wieder in der Heimat für den Herrscher das Schwert gegen den aufständischen Stiefsohn Ernst von Schwaben führte, die üblichen Geldzahlungen aus Anlaß der Verleihung der weltlichen Bischofsrechte zu verlangen. Daher wurde Brun kein Simonist, wie eine empfindlicher werdende Zeit andernfalls bald geurteilt hätte. Der König war sonst mit derartigen Forderungen nicht kleinlich! Nur die ungewöhnlich guten Beziehungen ließen den zukünftigen Papst damals nicht zum 'Sünder' werden.

Es heißt in einer Quelle, daß Konrad II. zögerte, Brun das Bistum Toul zu übertragen, weil er ihm eine bedeutendere und ehrenvollere

Aufgabe als die Leitung der verhältnismäßig kleinen, an der Reichsgrenze gelegenen Diözese zugedacht hatte. Doch stand bei dieser Behauptung unserem Gewährsmann vielleicht schon die spätere Erhebung zum Papst vor Augen. Das gilt sicher auch für die Mitteilung, der König habe vorgeschlagen, Brun erst an jenem Tage die Bischofsweihe zu erteilen – und zwar in Rom –, an welchem er selbst zum Kaiser gekrönt würde. Überhaupt ist es schwierig, sich über Bruns dreiundzwanzig Bischofsjahre bis zur Wahl zum Nachfolger Petri ein Bild zu machen, weil die Überlieferung seine Tätigkeit von der nachfolgenden Phase seines Lebens aus interpretiert und stilisiert.

Jedenfalls reiste der neuernannte Bischof umgehend nach Lothringen. Am Alpenrand entging er glücklich einem Überfall; auch nördlich des Genfer Sees konnte er Widerstände nur mit der Hilfe von Verwandten überwinden. Der Weg führte durch das Elsaß; sicherlich ritt Brun über Egisheim, wo er wohl die Eltern traf. Am Himmelfahrtstage fand die feierliche Amtseinführung in Toul statt; Bruns eigener Vetter von Mutterseite, Dietrich von Metz (aus dem Haus der Luxemburger), präsentierte ihn dem Volk. Bei der Weihe, die Erzbischof Poppo von Trier vornahm, kam es zu einer vorübergehenden Spannung zwischen Brun und dem Metropoliten. Als dieser nämlich die Leistung eines besonderen Gehorsamseides verlangte, wie er bislang nicht üblich war, lehnte Brun ab. Poppos Forderung mochte damit zusammenhängen, daß er auf eine Verstärkung der erzbischöflichen Rechte bedacht war und seine Suffragane (– die 'Unterbischöfe' der Kirchenprovinz –) fester an sich binden wollte: ein Bestreben, das damals manchenorts zu verspüren war. Die Verstimmung hatte keine Folgen; später fand man Brun wiederholt unter den Teilnehmern von Provinzialsynoden; doch es war dokumentiert, daß er seine Selbständigkeit verteidigte und am Rechtsstand keine Veränderung zu seinen Ungunsten hinzunehmen bereit war.

Nun war er Bischof. In dem sakramentalischen Amtsverständnis jener Zeit war es ein unaufkündbares, eheähnliches Verhältnis, welches den Hirten mit seiner Herde verband. In nicht erlahmender Aufmerksamkeit und Pflichterfüllung kam Brun allen Aufgaben nach. Da war die äußere Selbstbehauptung, die Verteidigung der Diözese gegen den Grafen von Champagne, der wider das Reich Fehde führte und Toul zum Opfer seiner Aggression machte; entsetzlich wurde die Umgebung der

Domstadt verheert, bis Bruns persönlicher Einsatz und das Eingreifen Konrads II. ihn zum Rückzug nötigten. Da war die Sorge um die innere Identität, die Ortstradition: Durch die in Auftrag gegebene Vita seines vierten Amtsvorgängers Gerhard versuchte der Bischof, das geistliche Eigenbewußtsein des Sprengels mittels der kultischen Verehrung jenes vorbildlichen Oberhirten zu fördern. Da war immer noch das seit Hermann verschärfte Problem des Verhältnisses zwischen der Diözese und den in ihr gelegenen Klöstern. Ohne die prinzipielle Zuständigkeit des Bischofs aufzugeben, sorgte Brun dafür, daß die Mißhelligkeiten ausgeräumt wurden. Bislang hatte die monastische Reform cluniazensischer Prägung wie um das Reichsgebiet insgesamt, so auch um Toul gleichsam einen Bogen geschlagen; jetzt wurde sie in Bruns Sprengel heimisch. Er traf sich persönlich mit Wilhelm von Dijon, dem strengen Reformator des nordburgundischen Mönchtums. Es ging vor allem um jenen Konvent, mit dem sein Amtsvorgänger Hermann im Streit gelegen hatte: St.-Èvre. Eine Brandkatastrophe hatte Kirche und Klostergebäude in Schutt und Asche gelegt; gemeinsam sorgten sie für den Wiederaufbau. Brun warb dafür in Predigten, er bat jedermann um Beteiligung an den Kosten. Durch Zufall hat sich die Spendenliste erhalten; sie enthält achtunddreißig Namen, zudem zahlreiche Ungenannte. Der Bischof stiftete selber für St.-Èvre dreißig Pfund Silber, König Konrad II. fünfzehn und vier Unzen Gold, seine Gemahlin Gisela drei Pfund Silber und zwei Unzen Gold, der Bischof von Metz – Bruns Verwandter Dietrich von Luxemburg – zwei Pfund Silber. Die Einwohner von Toul verpflichteten sich, die Ruinen kostenlos wegzuräumen. Viele halfen in anderer Weise. So konnte man es wagen, der Abtei beim Wiederaufbau eine größere, aufwendigere Gestalt zu geben. St.-Èvre sollte ein Musterkloster werden; der Bischof übergab alsbald dem neuen Abt Widerich zwei weitere Konvente, um auch dort ein Leben nach den Gebräuchen von Cluny und St.-Bénigne einzurichten; einer davon war Moyenmoutier, wo Humbert Mönch war. (Gerade dadurch lernten sich Brun und Humbert kennen.) Und Brun bat den Herrscher, St.-Èvre ein Privileg auszustellen, welches den Königsschutz für alle Zukunft verhieß; es war nach einem Diplom für die Nonnen von Bouxières die zweite Urkunde Konrads II., welche der Bischof für einen Empfänger in seiner Diözese erwirkte.

Ersichtlich besaß der Grafensohn von Egisheim das besondere

Wohlwollen des königlichen Verwandten. Der Salier besuchte ihn schon bald nach seiner Rückkehr aus Italien in Toul. Es war vermutlich zum ersten Mal, daß sich ein deutscher Herrscher in der lothringischen Bischofsstadt aufhielt! Dabei war Brun durchaus keiner, der von sich aus die „Königsnähe“ erstrebte; nur wenn es unumgänglich war, ließ er sich bei Hofe blicken. Das bedeutete keine Opposition; aber er widmete sich so stark den Geschäften im eigenen Sprengel, daß für anderes wenig Zeit blieb. Dennoch war er es, der zusammen mit Erzbischof Poppo von Trier als Gesandter des Reiches nach Paris reiste und den Freundschaftsvertrag mit Frankreich aushandelte; er ebnete die Wege zum Königstreffen von Deville im Frühsommer 1033. Das Bündnis störte die eigensüchtigen Pläne des Grafen von Champagne; deshalb verwüstete dieser den Sprengel von Toul. Zweimal trat ihm der Kaiser selbst mit einem starken Aufgebot entgegen, um blutige Vergeltung zu nehmen und Brun zu schützen.

Auch zu Heinrich III., der 1039 dem Vater auf dem Thron folgte, bestand ein ungestörtes Verhältnis. Allerdings sahen sie sich nur selten. Aber im Prinzipiellen waren beide sich einig. Während Konrad II. öfters nicht eben viel kirchlichen Sinn bewies (– auch wenn weitergehende Behauptungen sich vornehmlich auf jüngere Quellen stützen, welche erst unter dem Eindruck der sich verschärfenden Reformbewegung entstanden –), war es dem Sohn bitterernst, die Verchristlichung des Abendlandes vorwärtszutreiben. Da mußten die Verhältnisse in Rom ein ganz besonderes Ärgernis bieten. Der Stadtadel verfügte nach Gutdünken über den Apostolischen Stuhl; er besetzte ihn mit seinen Kreaturen. Aber er war zerstritten; deshalb kam es zum Schisma. Papst stand gegen Papst; beide waren unrechtmäßig erhoben und boten der Kirche durch ihre Amtsführung ein Zerrbild ihres Auftrages. Sie bekämpften einander; schließlich wurde es dem einen zu gefährlich oder zu unbequem; kurzerhand verschacherte er seinen Thron an einen Dritten, der – als frommer, aber wenig welterfahrener Mann – die kühne Hoffnung hegte, gerade durch seinen Ämterkauf Käuflichkeit und weltliches Wesen aus dem ‘Tempel des Herrn’ auszutreiben!

Was Rom damals für die Völker des Abendlandes bedeutete, läßt sich leichter negativ umreißen als positiv angeben: Es war nicht mehr die wirkungsmächtige Mitte allen kirchlichen Lebens, nicht mehr die Hüterin der katholischen Einheit, nicht mehr jener Ort, der für den Glauben und die Kultformen das Muster darstellte, auf welches sich alle Kirchen verpflichtet wußten. Nicht daß man dem Apostolischen Stuhl das Vorrecht bestritten hätte, der erste der heiligen 'Hochthrone' zu sein! Selbst die Griechen erkannten ungeachtet aller tiefgreifenden Entfremdung dem Bischof der alten Reichshauptstadt einen besonderen Ehrenplatz zu. Rom galt noch immer im Bewußtsein der lateinischen Christenheit als 'Mutter und Lehrmeisterin' – aber vom Tiber kam längst keine Weisung mehr. Seit zweihundert Jahren hatte man keinen Papst zur Ehre der Altäre erhoben. Die Zahl der Urkunden, die man dort erbat, war rückläufig. Zwar pilgerte man weiterhin zur Basilika des Apostelfürsten, aber nicht zu dessen Nachfolgern. Man fand in Rom selbstzufriedene Enge anstelle weltumspannender Weite; dicht neben den vielbesuchten Wallfahrtskirchen mit den Gräbern Tausender von Märtyrern, Bekennern und heiligen Jungfrauen herrschte eine sittliche Verkommenheit, die aller Beschreibung spottete, und eine theologische Unwissenheit, die zum Verzweifeln war. Rom bildete das 'Scandalum' der Christenheit, nicht mehr ein Heilszeichen. Und nun war es überdies zu dem schändlichen Schisma gekommen und dann zu dem schmählichen Handel! „Einem Drachen gleich nistet der Satan simonistischer Glaubensverkehrtheit am Ort des Heils!“

Heinrich III. ging daran, diese Verhältnisse radikal zu bereinigen. Dazu trieben ihn seine persönliche Frömmigkeit, die sich für das allgemeine Wohl verantwortlich wußte, und das Amtsgefühl, als 'Gesalbter des Herrn' von Gott zu seinem 'Stellvertreter auf Erden' bestellt zu sein. Auf dem Weg zur Kaiserkrönung gelangte der Salier 1046 mit starkem Heer bis nach Sutri, eine gute Tagesreise nördlich von Rom; dorthin kamen ihm die widerstreitenden Päpste entgegen. In einer Synode, besetzt mit den Bischöfen aus der Umgebung des Herrschers, wurden beide ihrer Würde entkleidet – und wenige Tage später in Rom auch jener dritte, welcher den Stuhl Petri amtsmüde gegen klingende Münze verkauft hatte. Denn konnte ein Bischof, in heiligem Bund seiner Kirche angetraut gleich einem Ehemann der Gemahlin, einfach darauf verzichten? (– In dieser sakramentalischen Unbedingtheit der Beziehung zwischen Hirt und Herde bestand ein tiefgreifender Unterschied zu dem Verständnis des Bischofsamtes in späterer Zeit, als Versetzbarkeit, zeitweilig Kumulation und schließlich sogar Pensionierung möglich wurden.–)

Durch das Eingreifen des Saliers war der Thron des Apostelfürsten von jenen Kreaturen freigeräumt worden, die ihn zum Gespött gemacht hatten. Statt dessen wählte die Versammlung nach Heinrichs Vorschlag den Bischof Swidger von Bamberg zum neuen Papst. Das Vorgehen fand vereinzelte Kritik, aber das Ergebnis befriedigte die allermeisten. Nur der römische Adel grollte, doch er war gegenüber der militärischen Überlegenheit des deutschen Heeres machtlos.

Der Erwählte nahm den Pontifikatsnamen Clemens II. an. Man kannte einen derartigen Namenswechsel seit langem beim Eintritt in den Mönchsstand, doch bei der Erhebung zum Papst bildete er erst seit einigen Jahren einen regelmäßig geübten Brauch. Die wenigen früheren Beispiele hingen mit der Wahrung des Dekorums zusammen: Sollte der Inhaber der vornehmsten Bischofskirche der Christenheit einen heidnischen (Beispiel: 'Mercurius' = Johannes II.), einen politisch vorbelasteten (Beispiel: 'Octavianus' = Johannes XII.) oder gar einen vulgären Namen wie 'Schweinsmaul' ('Os porci' = Sergius IV.) führen? Wäre es nicht Blasphemie, sich Petrus II. zu nennen (Beispiel: Petrus von Pavia = Johannes XIV.)? Doch nun wurde die Umbenennung eine Dauergepflogenheit und damit ein Charakteristikum des Amtes. Wen man zum Papst erhob, der wurde 'ein neuer Mensch'. Natürlich erfolgte die Namenswahl jeweils nach reiflicher Überlegung. Man vermied Namen, welche durch die unwürdigen Adelspäpste diskreditiert waren. Man wählte solche, die dem eigenen Selbstverständnis entsprachen. Es war die Unvergleichlichkeit des Amtes und seiner Tradition, die damit betont wurde.

Clemens II. starb schon nach zehn Monaten, sein Nachfolger Poppo von Brixen, der sich Damasus II. nannte, nach sechseinhalb. Abermals wurde eine Neuwahl notwendig; zum dritten Mal bestimmte Heinrich III. kraft seiner Rechte als Kaiser und Patrizius der Römischen Kirche einen deutschen Reichsbischof zum Papst. Diesmal erkor er Brun von Toul, der sich den Pontifikatsnamen Leo IX. beilegte.

Die römische Gesandtschaft, welche den Tod Damasus' II. am Kaiserhof meldete, hatte einen anderen für die Nachfolge vorgeschlagen: Erzbischof Halinard von Lyon, vormals Abt des Klosters St.-Bénigne in Dijon, der als strenger Cluniazenser und Eiferer für eine allgemeine Kirchenreform hervorgetreten war; auch als Metropolit trug er die Mönchskutte. Als ihm das Erzbistum übertragen wurde, hatte Halinard es abgelehnt, Heinrich III. den Treueid zu leisten (– Lyon gehörte zum Reich, wenngleich dicht an der Grenze zu Frankreich gelegen –); ein Ordensmann dürfe nicht schwören! So kam er als Papst nicht recht in Frage und lehnte zudem selber ab. Doch der Gedanke, einen entschiedenen Förderer klösterlichen Lebens auf den Apostolischen Stuhl zu erheben, mochte das tieffromme Kaiserpaar faszinieren. Heinrichs Gemahlin Agnes von Poitou war gewiß erfreut, wenn einer Papst wurde, der ein enges Verhältnis zu ihrem Heimatland besaß. Das alles sprach für Brun von Toul, der ja einer der wenigen Reichsbischöfe war, die sich gegenüber Cluny und seinen Filiationen offen verhielten.

Der Bischof war damals sechsundvierzig Jahre alt. Er kannte Rom von einer Pilgerfahrt her, die er mit ungewöhnlich starkem Gefolge unternommen hatte. Auffällig war, daß er dabei nicht mit dem Nachfolger Petri Fühlung aufgenommen oder gar von ihm ein Privileg erbeten hatte, obwohl er den Apostelfürsten und Himmelspförtner mehr verehrte als alle anderen Heiligen! Doch er wollte nichts mit den Simonisten und Sündern zu tun haben, die den ersten Bischofsstuhl der Christenheit besudelten. Wie er das Amt verstand, welches ihm nun angeboten wurde, besagte schon der Name, den er sich wählte: Leo IX.

Leo I. war jener große Papst des 5. Jahrhunderts, welcher am deutlichsten und entschiedensten für die Sonderstellung eingetreten war, die dem Apostolischen Stuhl innerhalb der gesamten Christenheit gebühre. Viele Formulierungen, mit denen die katholische Kirche bis zum heutigen Tag das Vorrecht des Bischofs der 'Ewigen Stadt' kennzeichnet, stammen von Leo I. Das Petrinische Erbe des römischen Metropolitenstuhles hat er wie kein anderer betont: Der Apostelfürst lebt in seinen Erben fort; sie sind nicht nur Traditionsnachfolger des (historischen und damit toten) Petrus, sondern sie sind die Stellvertreter des (lebendigen) Allbischofs, „der seinem Thron unablässig vorsteht in unwandelbarer Teilhaberschaft mit dem ewigen Hohenpriester (Christus)". Größeres ist dem Papsttum niemals zugeschrieben worden.

Leo IX. greift auf diese Gedanken zurück, und zwar durchaus nicht unbewußt, wie bereits die Namenswahl zeigt. Doch er möchte keineswegs nur eine alte Theorie über den Apostolischen Stuhl, die damals halbvergessen scheint, neu zur Diskussion stellen, sondern er will dementsprechend die Praxis umgestalten: die Lebenswirklichkeit der Kirche. Das ist sein Anliegen, und das wird zum Programm des Reformpapsttums insgesamt! Dieses Konzept betrifft nicht nur die Diözese Rom, sondern die ganze Christenheit, betrifft – angesichts der hochmittelalterlichen Verschmelzung der Bereiche – die gesamte 'staatliche' und geistliche Ordnung, die damit letztlich aus den Angeln zu heben wäre, auch wenn 'der gute Bruno' das nicht erkennen kann und gar nicht will. Es geht nicht lediglich um eine rückwärtsgerichtete Reform, die das bewährte Alte wiederherstellen, die Zerrüttung durch das schlechte Neue zurückschneiden soll. Nein, unter den (– durchaus ehrlich vorgebrachten –) Forderungen nach sittlicher Besserung und Verwirklichung der kirchlichen Freiheit verbirgt sich mehr: eine sich anbahnende Revolution.

Der neue Papst weiß, wie die Verhältnisse wirklich sind, denen er den Kampf ansagt, außerhalb und innerhalb Roms. In einer Schrift, die ihm damals überreicht wird, ist überdies alles in greller Überdeutlichkeit beim Namen genannt. Der italienische Eremitenprior Petrus Damiani, ein großer Theologe und flammender Bußprediger, widmet Leo IX. sein ›Buch von Sodom und Gomorrha‹, eine Gegenwartsanalyse ohne beschwichtigende Retuschen; er stellt sich zugleich dem Apostolischen Stuhl zur Verfügung. Denn nichts geht im Alleingang; man braucht Helfer, auf die man sich verlassen kann.

Manche bringt Leo aus seinem bisherigen Tätigkeitsbereich mit: den Touler Archidiakon Udo, den er zum päpstlichen Kanzler macht, die Mönche Hugo von Remirémont, Azolin von Compiègne, Friedrich von Lothringen, Humbert, den Freund aus Moyenmoutier. Und noch einer ist eigens zu erwähnen – neben etlichen, die ungenannt bleiben –: Hildebrand, ein junger Italiener, der den abgesetzten Gregor VI. nach Köln in die Verbannung begleitet hat. In dem Drama, das bald anheben soll, wird ihm die Hauptrolle zufallen. Leo IX. nimmt den späteren Gregor VII. in sein Gefolge auf. Braucht er einen zuverlässigen, landeskundigen Dolmetscher? Ganz gewiß, aber offenbar findet er Gefallen an diesem ernsten, glutvollen Mann. Er weiht ihn persönlich zum Subdiakon und leitet damit Hildebrands Aufstieg ein; er betraut ihn mit der Wirtschaftsverwaltung der berühmten Abtei St. Paul vor den Mauern der 'Ewigen Stadt'. Das ist angesichts der finanziellen Notlage, in welcher der Apostolische Stuhl während Leos Anfangszeit steckt, kein unwichtiger Posten. Vor allem aber ist im Hochmittelalter der Kämmerer oder Ökonom immer wieder eine Durchgangsfunktion: Man muß das

Wirtschaften gelernt haben; dann kann man auch Höheres werden. Doch Hildebrands Einfluß bleibt unter diesem Papst noch beschränkt.

Es ist ein ganz normales Geschehen, wenn ein Fürst, König, Bischof oder Papst die Neigung zeigt, sich mit bekannten Gesichtern zu umgeben und seine bewährten Mitarbeiter aus dem bisherigen Lebenskreis mitzubringen. Aber was hier geschieht, hat eine weit größere Bedeutsamkeit. Es bildet sich – inmitten einer Adelsumwelt, die vorerst nichts von dieser Reform wissen will, sondern am liebsten zu den Verhältnissen vor Sutri 1046 zurückkehren möchte – eine Kerngruppe, die auch über den Tod des einzelnen Nachfolgers Petri hinaus die Fortdauer von dessen Politik verbürgt. Damit verändert sich das Zentrum der Kirche – oder vielmehr: Es entsteht überhaupt erst jetzt eine Mitte, die nicht nur auf die Person des Papstes beschränkt ist. Die althergebrachte stadtrömische Bistumsverwaltung des 'Palatium Lateranense' wandelt sich zur Kurie der katholischen Weltkirche. Ein paar Bistümer rings um Rom werden mit Lothringern, Burgundern und Franzosen besetzt: Die Basis der Reform verbreitert sich. Natürlich erhalten die Vertrauensleute Leos verantwortliche Stellen in der Pfarrverwaltung der 'Ewigen Stadt'; sie werden – wie der Ausdruck dafür vielenorts lautet (– keinesfalls nur in Rom! –) – 'Cardinales'. Aber weil Leo sie weiterhin für die Beratung und Entscheidung allgemeiner Angelegenheiten heranzieht, verändert sich das Wesen ihrer gelegentlichen Konferenzen; es entsteht das Kardinalskollegium als der höchste Senat der katholischen Kirche. Noch besitzt dieses Gremium nicht das Recht der Papstwahl; erst sechs Jahre nach Leos Tod und – wichtiger! – drei Jahre nach dem frühen Ende Heinrichs III. wird ihm diese Befugnis zuwachsen. Aber schon jetzt entwickelt das Kardinalskollegium Verantwortungsgefühl und Selbstbewußtsein, und es wird nach Leos Tod nicht zu handeln zögern, als es den Fortgang der Reform gefährdet sieht. Der Reform? Gewiß: im doppelten Sinn einer Besserung der sittlichen Zustände und des Umbaues der Kirche in eine Monarchie, deren weltweiter Herrscher der Papst ist.

„Der Herrscher heißt danach, daß er auch tatsächlich herrscht." So liest man es bei dem Kirchenvater Augustin. Unter Leo IX. wird der Apostolische Stuhl wieder aktiv, wird geradezu unerhört tätig, wartet nicht länger ab, bis man ihn um ein Schutzprivileg oder ein Urteil angeht, sondern greift von sich aus Übelstände, Händel und Nöte in der ganzen Christenheit auf, „denn der Papst ist der allgemeine Bischof". Am 12. Februar 1049 erfolgt in der Lateransbasilika zu Rom Leos feierliche Inthronisation. Noch am gleichen Tage gehen die Ladungsschreiben zu einer großen Bischofssynode hinaus, die Mitte April in der 'Ewigen Stadt' zusammentreten soll! Der neue Papst weiß, was er will; und so geschieht es auch. Diese Versammlung des abendländischen Episkopats während der österlichen Zeit ist von Anfang an als regelmäßige Einrichtung konzipiert. In jedem der fünf Pontifikatsjahre Leos findet sie statt; erst später verlegt man sie in die Fastenzeit, weil die Bischöfe gerade am Auferstehungsfest in ihren Diözesen weilen sollen. Aber die Einrichtung als Ganzes bleibt erhalten und verkümmert erst in der heißesten Phase des Investiturstreites, als es kaum mehr gefahrlos zu realisieren ist, in großer Zahl heranzureisen und sich in Rom zu versammeln.

Schon Clemens II. hatte eine solche Synode abgehalten, nur wenige Tage nach seiner Wahl und Weihe. Da konnten nur diejenigen Bischöfe teilnehmen, welche ohnehin schon anwesend waren. Nun wird eine Regelveranstaltung geschaffen: Unter dem persönlichen Vorsitz des Papstes fällen die Mitbrüder wichtige Entscheidungen. (Im Gegensatz zu späteren Zeiten besitzen sie unter Leo IX. ein echtes Mitspracherecht.) Alljährlich verwirklicht sich bei diesen Zusammenkünften in Rom Gesamtkirche. Ein Bewußtsein katholischer Einheit entsteht, wie man es nur theoretisch kannte, aber generationenlang nicht mehr erlebt hatte.

Und dennoch! So großartig dies alles geplant ist, so sehr bleibt die Realisierung eben doch hinter der Idee zurück. In den wenigen Tagen der Synode lassen sich nicht alle Probleme gebührend diskutieren und sachentsprechend entscheiden. Viele Fragen besitzen nur örtliche Relevanz, so dringlich die Beantwortung dort auch sein mag. Vor allem läßt die Teilnahme an den österlichen Bischofsversammlungen erheblich zu wünschen übrig. Die geringen technischen Möglichkeiten der Zeit errichten Barrieren. Die Reise schreckt viele Prälaten ab: Sie ist zu weit, zu teuer und zu gefährlich. Es ist sogar keinesfalls gesichert, daß man an der Peripherie des Abendlandes überhaupt schon von dieser Initiative Leos Kenntnis erhalten hat.

Wenn Rom unter diesem Papst weltweit tätig sein will, dann muß es selber weltweit präsent werden. Es hat innerhalb des 'Leibes Christi', als der sich die Kirche versteht, für Kommunikation zu sorgen. Zwischen dem Herzen – gemeint ist der Apostolische Stuhl – und den Gliedern muß eine lebendige Verbindung geschaffen werden. Später wird dies die Aufgabe der päpstlichen Legaten und Nuntien sein, aber diese Institutionen gibt es vorerst nur in ganz rudimentärer, über die Zufälligkeit der seltenen Ausnahme nicht hinausgehender Form. Also wird Leo IX. sein eigener Bote. Er reist in Sachen der 'ecclesia catholica' zu den Deutschen, Franzosen und unteritalienischen Normannen, überwindet in weniger als fünf Jahren sechsmal die Alpen. Für diejenigen Bischöfe, die nicht nach Rom kommen können oder wollen, hält er in ihrem eigenen Land Synoden ab. Wie der Kaiser „vom Sattel aus das Reich regiert", so dieser Papst die abendländische Christenheit.

Im Süden der Apenninen-Halbinsel entsteht damals eine neue Macht: Normannische Ritterscharen erkämpfen sich die Herrschaft. Welche Rückwirkungen wird der Vorgang auf das Papsttum zeitigen? Leo pilgert in den wenigen Wochen zwischen dem feierlichen Amtsantritt und der ersten Lateransynode zu dem uralten, vielbesuchten Michaels-Heiligtum auf dem Monte Gargano, dem 'Sporn' Italiens; er reist als Wallfahrer, doch er knüpft dabei Kontakte. Anschließend präsidiert er der Bischofsversammlung in Rom. Kaum ist sie zu Ende gegangen, da bricht er nach Oberitalien, Deutschland und Frankreich auf. In Pavia, Reims und Mainz begrüßt der Papst die Hierarchie der Po-Ebene, Frankreichs und Deutschlands, und zwar – was Aufsehen erregt haben dürfte – jeweils in der Landessprache! Aber diese Konferenzen sind keine Angelegenheiten von nur lokaler Bedeutung. Wo sich der Papst befindet, da ist Rom, und in Rom geht es immer um die ganze Welt! Nicht am Tiber, sondern in Reims wird schon im Jahr der Erhebung Leos eine der dogmatischen Festlegungen ausformuliert, hinter welche der Katholizismus nicht mehr zurückweichen wird: „Und es wurde feierlich definiert, daß allein der Bischof des römischen Stuhles der Primas und Oberhirte der gesamten Kirche ist."

Darin sind sie sich einig: Leo IX., Humbert, Petrus Damiani, Hildebrand und die rasch zunehmende Zahl ihrer Meinungsgefährten: Was den Papst auszeichnet, ist nicht lediglich ein Ehrenvorrang, sondern ein qualitativer Unterschied gegenüber allen anderen Bischöfen. Von dem streitbaren Mönch aus Moyenmoutier, den sein Freund zum Kardinal erhoben hat und der als einer der bedeutendsten Primatstheologen zwischen Leo I. (440–461) und den Vätern des ersten Vatikanischen Konzils (1870) gelten muß, stammt die berühmte Unfehlbarkeits-Formel 'ex kathedra'. Humbert hat wiederholt die Sonderstellung des Petrus im Kreis der Apostel und entsprechend seines Nachfolgers unter den Bischöfen literarisch expliziert; er schildert wohl konkret den Auftritt Leos IX. bei einer jener Synoden innerhalb und außerhalb der 'Ewigen Stadt' und deutet ihn zugleich wesensmäßig, wenn er schreibt: „Wahrlich, mit solcher Ehrfurcht nehmen alle das Oberhaupt des Apostolischen Amtes auf, daß sie manche Belehrung über die heiligen Gebote und das alte Glaubensherkommen lieber aus dem Munde des Leiters der Kirche als aus den heiligen Schriften und der kirchlichen Überlieferung erwarten." Die drei Quellen katholischer Glaubensvergewisserung werden hier aufgezählt: Bibel, Tradition, apostolisches Lehramt.

Freilich übertreibt Humbert. Ganz so positiv war das Echo nicht, besonders was die Reformanliegen des Kampfes gegen Simonie und Priesterehe anlangte. Auf mehreren Synoden kam es zu Tumulten und stürmischem Protest: Wie sollte die geistliche Versorgung des Kirchenvolkes aufrechterhalten werden, wenn mit der ganzen Schärfe der päpstlichen Strafsetzungen verfahren wurde? Es ging namentlich um jene Geistlichen, welche die Priesterweihe von Simonisten empfangen hatten, aber selber kein Geld dafür bezahlten. Sollten sie wirklich für alle Zeit vom Altardienst ausgeschlossen sein, wie es manche Rigoristen forderten? Und gab es nach Beweisen echter Reue bei leichteren Formen der Simonie keine Vergebung für die Schuldigen? Erst vor zwei Jahren hatte Clemens II. – immerhin doch auch ein Papst! – bestimmt, daß sie nach vierzigtägiger Buße zu begnadigen wären. Angesichts des härteren Kurses, den der Apostolische Stuhl jetzt einschlug, verbreitete sich Rechtsunsicherheit. Auch in der nächsten Umgebung Leos kam es zu erheblichen Meinungsverschiedenheiten: Mußte bei der Begnadigung eines Simonisten eine neue Priesterweihe vorgenommen werden – so Humbert –, oder genügte eine versöhnende Geste der Handauflegung durch den zuständigen Bischof, wie Petrus Damiani vorschlug? Es war ein Problem, welches schon in der Alten Kirche heftige Kontroversen ausgelöst hatte. Jetzt erneuerte sich dieser Zwist. Er überdauerte den Pontifikat Leos IX.; zuletzt setzte sich die mildere Praxis des Petrus Damiani durch.

Leo IX. begnügte sich aber nicht damit, Gesetze zu erlassen und Normen einzuschärfen. Wohin er kam, da legte er selber Hand an. Kaum eine Synode, auf welcher nicht simonistische Geistliche verurteilt, Verletzer des Zölibats gemaßregelt, in der Amtsführung Lässige öffentlich vermahnt wurden! Auf seiner ersten Versammlung des mittelitalienischen Episkopats verlangte der Papst, jeder, dem man Simonie vorwarf, sollte einen feierlichen Reinigungsschwur mit einer Selbstverfluchung für den Fall des Meineides ablegen; der Bischof von Sutri erlitt daraufhin einen Herzinfarkt. Leo ersetzte ihn umgehend durch seinen Vertrauten Azolin von Compiègne. Der Vorfall sprach sich herum; Angst griff um sich. Viele Mitglieder des Episkopats gingen lieber gar nicht erst auf die Synoden, weil sie sich schuldig wußten, Verleumdung fürchteten oder Zweifel bezüglich der Integrität ihrer eigenen Konsekratoren hegten. Mancher sprach es offen aus: Päpste leben nicht lange; auch diese heiße Zeit wird rasch vorübergehen! In Reims waren – ungeachtet der wichtigen Beschlüsse, die getroffen wurden – nur wenige Bischöfe anwesend. Auf der Synode von Mantua 1053 kam es zu einer Empörung; als Leo das Drohgeschrei nicht besänftigen konnte und die Unruhen eskalierten, brach er die Veranstaltung kurzerhand ab.

Dagegen fand der Papst starken Rückhalt im Mönchtum. Diesem erwies er sich besonders zugetan. Das entsprach der Familientradition; sämtliche Urkunden des Bischofs von Toul, die erhalten sind, galten der Förderung von Konventen. Viele der Männer, mit denen sich Leo umgab, kamen aus Klöstern oder besaßen zum monastischen Leben enge Beziehungen. Der benediktinischen Mutterabtei gab er einen seiner vertrautesten Mitarbeiter zum Abt, den lothringischen Herzogssohn Friedrich, welcher als Stephan IX. dann sein zweiter Nachfolger werden sollte. Leo IX. stellte für mindestens vierundfünfzig Konvente in Italien Privilegien aus, für siebzehn in Burgund, siebenundvierzig in Deutschland und etwa gleichviel in Frankreich. Er war es, der zwischen der Reformkurie und der klösterlichen Sphäre jenes Bündnis von welthistorischer Bedeutsamkeit knüpfte, das für die Mächtekonstellation im Investiturstreit grundlegend wurde.

Gleich wichtig war für Leos vielfältige Aktivitäten das tiefe Vertrauen, das zwischen ihm und dem Kaiser bestand. Wochenlang begleitete der Papst den Herrscher beim Umritt durch Deutschland; gemeinsam sorgten sie für Recht und Ordnung. Nie zuvor – auch nicht in den Tagen Ottos III. – hatte es ein solches Ausmaß an Zusammenarbeit zwischen den Universalgewalten gegeben, gegründet auf Blutsverwandtschaft, die Erfahrung ihrer Anfangsjahre, Leos Erhebung durch Heinrich und vor allem eine Frömmigkeit, die beide ganz beherrschte und gleiche Züge trug. Bisweilen bestand zwischen Hoftag und Reichssynode kaum ein Unterschied. Man fragte nicht viel nach der Zuständigkeit, weil die Gemeinsamkeit der Anschauungen solche Abgrenzung unnötig erscheinen ließ.

Man hat später, aus zeitlichem Abstand, an dieser Harmonie gezweifelt, mancherlei Geschichten erfunden, um Leo nicht als 'Kreatur' Heinrichs sehen zu müssen, dem Papst listig-eigensüchtige Ausnutzung der Vertrauenssituation, dem Kaiser brutale Ausnutzung seiner überlegenen Macht vorgehalten; er habe den Apostolischen Stuhl dem Reichskirchensystem endgültig eingliedern wollen. Die ältesten Quellen bieten für solche Vermutungen wenig Anhaltspunkte. Dem Kaiser war es selbstverständlich, dereinst vor Gott auch über den Zustand der Kirche Rechenschaft ablegen zu müssen; der Papst war als Reichsbischof daran gewöhnt, auch für Weltliches Verantwortung zu tragen. Erst als nach beider Tod diese doppelseitig verschränkte Voraussetzung hinfällig wurde, kam es sehr rasch zu wachsenden Spannungen und endlich zum offenen Krieg zwischen den Institutionen, die Leo IX. und Heinrich III. repräsentierten.

Man hat in diesem Zusammenhang darauf verwiesen, daß Leo = Brun als Papst seine alte Diözese Toul noch drei Jahre lang beibehielt. Das mutet in der Tat seltsam an, war jedoch während jener tiefgreifenden Wandlungszeit, von welcher hier die Rede ist, kein Einzelfall. Im Gegenteil! Für alle Päpste von Clemens II. bis zu Alexander II., dem Vorgänger Gregors VII., gilt das gleiche (1046–1073). Aber diese merkwürdige Erscheinung – Päpste, welche zugleich anderswo Diözesanbischöfe waren – findet sich, aufs Ganze der Papstgeschichte gesehen, eben nur hier! Die Voraussetzung dafür bildete das neubelebte Gefühl für eine ganz andere Wertigkeit Roms, verglichen mit den sonstigen Bistümern der Christenheit. Im Sinn eines sakramentalischen Verständnisses des Bischofsamtes als eines geistlichen Verlöbnisses zwischen Bischof und Diözese war es undenkbar, ein Bistum aufzugeben, um ein anderes dafür zu empfangen. Das betraf bis zur Mitte des 11. Jahrhunderts auch den Wechsel auswärtiger Bischöfe nach Rom; er war verpönt, galt als Unrecht. (Die wenigen, stark angefochtenen Ausnahmen bestätigten die Regel.) Doch nun trat die 'überepiskopale', gesamtkirchliche Tätigkeit des Apostolischen Stuhles immer mehr in den Vordergrund. Da wurde es möglich, auch fremde Bischöfe zu Päpsten zu machen. Aber was sollte mit ihren früheren Bistümern geschehen? War die alte Bindung nicht unaufkündbar? Clemens II. kleidete das Dilemma in einer Urkunde für sein Bamberg in folgende Worte: „Wahrlich, keinem Ehemann war gegenüber seiner Gemahlin reinere Treue und glühendere Liebe zu eigen als Uns dir gegenüber. Aber ich weiß nicht, durch welchen göttlichen Ratschluß es geschah, daß ich deiner Mutter [Rom], der Mutter aller Kirchen, beigesellt wurde und ein wenig, jedoch nicht völlig, von dir abgezogen." Er wollte es beiden recht machen – und vermochte es nicht. Man kann nicht Papst der Weltkirche (und Bischof von Rom) und zugleich Bischof einer anderen Diözese sein. Eine Seite muß eben darunter leiden. Und so wurde der Versuch bald aufgegeben, das alte Verständnis von der unauflöslichen Bindung des Hirten an seine Herde und das neue Verständnis für den weltweiten Auftrag Roms in dieser Weise verknüpfen zu wollen.

Leo IX. hat sich redlich bemüht, beide Ämter nebeneinander bestmöglichst wahrzunehmen. Wie er alljährlich um die Osterzeit in Rom weilte, um die Lateransynode abzuhalten, so kam er 1049 und 1050 pünktlich im Herbst nach Toul, um dort nach dem Rechten zu sehen. Doch auf Dauer war diese Verbindung nicht aufrechtzuerhalten, wenn man es mit den Pflichten ernstnahm. Gerade weil Leo = Brun nach Kräften die altvertraute, eigene Diözese weiterhin fördern wollte, mußte er dem Kirchenvolk einen ständig anwesenden Hirten geben. Er sorgte dafür, daß der getreue Udo sein Nachfolger wurde, ohnehin Archidiakon von Toul, den er nach Rom mitgenommen hatte.

So konnte er sich nun ganz den weltweiten Aufgaben widmen. Man merkte es selbst an Kleinigkeiten, daß ein früherer Diözesanbischof mit großer Erfahrung an der Spitze der katholischen Kirche stand. Es war wohl kein Zufall, daß die beiden Heiligsprechungen, welche Leo vornahm, gleichfalls zwei vorbildliche Bischöfe betrafen: seinen Amtsvorgänger Gerhard von Toul und Wolfgang von Regensburg. Eine Erweiterung des kirchlichen Festkalenders, die auf ihn zurückgeht, macht deutlich, wo er einen wichtigen Teil seiner geistlichen Prägung empfangen hatte: Aus Cluny, St.-Bénigne und St.-Èvre kannte er das Allerseelenfest zum Gedächtnis der Entschlafenen und machte es allgemein verbindlich. Leo wachte über das zentrale Mysterium der Messe und lud den der Häresie verdächtigten französischen Theologen Berengar von

Tours vor sein Gericht. Im Auftrag des Papstes verhörte einmal Humbert, ein anderes Mal Hildebrand den subtilen, philosophisch-symbolistischen Gedankengängen huldigenden Gelehrten; in aller Schärfe fuhr der temperamentvolle burgundische Kardinal auf den 'Irrlehrer' los, aber dessen Anliegen sollten die Hüter des Glaubens noch längere Zeit beunruhigen – über das Leben Leos IX. hinaus.

Humbert, der Freund, war der besondere Vertrauensmann des Papstes. Wenn Leo auf Reisen ging, vertrat ihn fast regelmäßig der einstige Mönch von Moyenmoutier am Sitz der Kurie. Der Papst hatte ihn zum Kardinalbischof von Silva Candida erhoben und überdies zum Erzbischof von Sizilien – zu einer Zeit, in welcher dort keine Handbreit Erde katholischen Herrschern unterstand und die Christen, welche dank der Duldsamkeit des muslimischen Fürsten auf der Insel ihr Leben fristeten, sich eher nach Byzanz denn nach Rom ausrichteten.

Humberts Ernennung bedeutete einen Auftrag auf Hoffnung hin. In Unteritalien waren die Verhältnisse in Bewegung geraten. Zwischen Langobarden, deren Macht zersplittert war, Muslimen im Süden, Griechen, die es mit dem byzantinischen Kaiser hielten, und Griechen, die gegen ihn revoltierten, hatten sich die Normannen als neuer, beständiger Unruheherd eingenistet. Ihre aggressive Eroberungspolitik begann allmählich, größere Erfolge zu zeitigen. Mehr noch als der Islam wurden zunächst die Byzantiner zurückgedrängt. Die Frage wurde unausweichlich, welcher Obödienz die normannischen Gebiete zufallen sollten, Rom oder Konstantinopel.

Noch bestand kein Schisma zwischen der lateinischen und der griechischen Christenheit. Aber man hatte sich seit langem entfremdet, und mancherlei Details des Frömmigkeitslebens – kaum dogmatischer, sondern vornehmlich ritueller Art – standen zwischen den Kirchen. Uns erscheint es schwer verständlich, daß man über die „nicht geringe Frage des rechten Fastens" – freitags oder samstags – aneinandergeriet, über die Haartracht der Geistlichen, die Verwendung gesäuerter oder ungesäuerter Hostien; aber im Volk ist dergleichen immer populärer gewesen und wichtiger genommen worden als die schwer verständlichen, subtilen theologischen Systemdifferenzen. Außerdem zankte man sich über den Zölibat der Priester. Und hinter allem Hader stand nun – durch den Aufstieg der Reformkurie und ihr gesteigertes Selbstbewußtsein unvermeidbar geworden – die Frage nach der Stellung des Papstes:

einer der 'fünf Hochthrone' Rom, Jerusalem, Alexandria, Antiochia und Konstantinopel – oder der einzige, universale, ökumenische und katholische Allbischof?

Zu allem Unglück waren die Wortführer des nun ausbrechenden literarischen Kampfes beide selbstbewußte, ungeduldige und streitbare Scharfmacher: Patriarch Michael Kerullarios im Osten, Leos Freund und Griechensachverständiger Humbert im Westen. Ein Ringen um die öffentliche Meinung entbrannte, das in der Schärfe der Vorwürfe und der Unbedenklichkeit der gegenseitigen Verleumdung nur beschämend und bedauerlich genannt werden kann. Allerdings wurden die schlimmsten Elaborate auf dem Transport abgefangen und unterdrückt; denn aus politischen Gründen mußte beiden Seiten ungemein viel an einer Einigung oder doch mindestens Dämpfung der Emotionen liegen.

Noch einmal schien Hoffnung auf Verhandlungen zu bestehen. Aber wie es oftmals in der Geschichte geschah: Im Verlauf dieses Dialogs der Monologe hatte sich die eigene Haltung auf beiden Seiten abgeklärt und damit verfestigt. Als auf persönliches Betreiben des byzantinischen Kaisers, der Kerullarios unter Druck setzte, die Fortführung der Diskussion durch bevollmächtigte Gesandte vorgeschlagen und akzeptiert wurde, war es im Grunde zu spät. Man hatte hier wie dort eine Position bezogen, die auch nur zu modifizieren als Selbstaufgabe (miß-)verstanden worden wäre. Und dazu kam der Fehlgriff bei der Wahl der Verhandlungsführer: Leo IX. benannte den Erzbischof von Amalfi (zu dessen Bürgern zahlreiche Griechen gehörten), den Kanzler der Römischen Kirche und Abt von Montecassino Friedrich von Lothringen (dessen Kloster in umstrittenem Gebiet lag) – und Humbert von Silva Candida. So kam es, wie es kommen mußte: statt Brückenschlag Abbruch aller Brücken, Schisma, gegenseitige Verfluchung. Zwar suchte der Kaiser unter Aufbietung aller Mittel – auch Einschüchterung des eigenen Patriarchen durch Gewaltdrohung gehörte dazu –, das Schlimmste zu verhüten. Aber auf Humberts Verhalten hatte er keinen Einfluß. Die Römer fühlten sich hingehalten, vor allem bezüglich des zentralen Punktes: der Stellung des römischen Bischofs. Am 16. Juli 1054 legten sie auf dem Hochaltar der Hagia Sophia die Urkunde nieder, in der sie über den Patriarchen und alle seine Anhänger im Namen des Apostolischen Stuhles den Fluch aussprachen. Eine Woche später versammelte Kerullarios die Spitzen der griechischen Geistlichkeit um sich: Auf die römische Exkommunikation antwortete man seinerseits mit dem Kirchenbann.

Leo IX. hat den endgültigen Bruch zwischen der lateinischen und der griechischen Kirche nicht mehr erlebt. Insofern ist die Ansicht tatsächlich rechtlich begründbar, das römische Anathema sei unter (unbewußter) Kompetenzüberschreitung erfolgt, denn die Vollmachten jedes Legaten erlöschen, wenn sein Auftraggeber nicht mehr existent ist. So sympathisch das Anliegen jener ist, die jüngst dergestalt argumentierten: Die Ausformung des römischen Selbstverständnisses, wie es unter Leo IX. zur Reife gedieh, mußte zum Bruch mit einer Kirche führen, welche den päpstlichen Primatsanspruch ablehnte. Was in Byzanz geschah, bleibt tief bedauerlich. Aber es war wohl doch unausweichlich.

Traurig das Ende dieses Papstes, der so viel in Bewegung brachte: Seit Beginn seines Pontifikats kümmerte sich Leo IX. ganz besonders um die brodelnde, in Umwälzung begriffene Welt Unteritaliens. Er sah die gewaltigen Chancen und die großen Gefahren, welche der Kurie hier erwuchsen. 1051 konnte er erreichen, daß sich die Stadt Benevent dem Apostolischen Stuhl unterwarf und ihm als ihrem geistlichen und zugleich weltlichen Herrn huldigte; bis zur Französischen Revolution bildete der Ort mit seinem Umland als Exklave einen Teil des Kirchenstaates. Die Verteidigung gegen die andrängenden Normannen führte zum Krieg. Leo suchte bei Heinrich III. Unterstützung; sie wurde ihm zugesagt, dann aber durch den Reichskanzler Bischof Gebhard von Eichstätt hintertrieben. (Dieser wurde als Viktor II. kurz darauf Leos Nachfolger.)

So kämpfte nun Leo allein gegen die Normannen, mit allzu schwachen Kräften. Vor dem Städtchen Civitate (heute verschwunden, westlich von Foggia/Apulien) kam es zur Schlacht. Von der Mauer aus mußte der Papst ansehen, wie seine Truppen niedergemacht wurden. Man lieferte ihn den Siegern aus, die ihn jedoch mit Ehrfurcht behandelten. Sie führten ihn nach Benevent, dann – bereits schwer erkrankt – nach Capua und endlich nach Rom. Hier ist er am 19. April 1054 gestorben. Man hat ihn sehr bald als Heiligen verehrt, als einzigen Papst des Hochmittelalters, bevor – weit über ein halbes Jahrtausend später – auch Gregor VII. mit dem Attribut der Heiligkeit geschmückt wurde.

Die Überlieferung berichtet, daß Leo IX. in Erwartung des nahen Todes seine letzten Tage in der Peterskirche zubrachte, und zwar in einem der Räume, die unterhalb des Hauptaltars unmittelbar neben dem Grab des Apostelfürsten liegen – vielleicht in der heutigen Palliennische. Und sie erzählt durchaus glaubwürdig, er habe sein letztes Gebet auf Deutsch gesprochen. Man mag über die historische Leistung dieses Mannes durchaus unterschiedlich urteilen; am Papsttum scheiden sich nun einmal die Meinungen. Doch es steht fest: Unter allen Nachfolgern des Apostelfürsten war er einer der bedeutendsten, unter den deutschen Päpsten sicher der wichtigste. Sein Lebenswerk hat die Geschichte tief geprägt.

NN, BÜRGER VON KÖLN
(† nach 1074)

Dieses ist eine grimmige, bittere Geschichte. Ein einziger Gewährsmann überliefert sie uns, ein Mönch, der Chronist Lampert von Hersfeld. Er wußte wie kaum ein zweiter Autor des 11. Jahrhunderts lebhaft und spannend zu erzählen; deshalb hörten die Historiker gern auf ihn, und es dauerte lange, bis sie bemerkten, in welch erschreckendem Ausmaß er eigenes Hassen und Lieben in den Bericht über seine Zeit einströmen ließ. Lampert vermied es, grobe Lügen zu erfinden; er stellte es feiner an: Er gab den Personen und Ereignissen eine tendenziöse Färbung und schmückte knappe Informationen phantasievoll in seinem Sinne aus. Auch was er über NN mitteilt, den namenlosen Bürgersohn aus der Stadt Köln, wird nicht vom Willen zu Gerechtigkeit und sachlicher Berichterstattung gezügelt, sondern von der Verachtung geprägt, welche der vornehme Herr aus dem Landadel gegenüber dem Städter, der Mönch des traditionsbewußten Reichsklosters Hersfeld gegenüber dem Kaufmann empfand. War nicht in den Augen der Zeit der 'Pfeffersack' ein verworfenes Geschöpf, weil er einem Beruf nachging, der keine neuen Werte schuf, sondern die materiellen Bedürfnisse seiner Kunden bedenkenlos ausnützte und ihre Verführbarkeit zu gesteigertem Luxus und Verschwendung nach Kräften selbstsüchtig unterstützte? Mitleid mit dem Unglück des Kölner Bürgersohnes, Verständnis für seine gerechtfertigte Empörung, ja das Eingeständnis, daß NN offenkundiges Unrecht widerfahren sei – all das sucht man bei Lampert vergebens.

Viel mehr Sympathie hegte der Mönch dagegen für den Gegenspieler des jungen Kaufmanns NN, obwohl es auch hier nicht ganz an leiser Kritik mangelt. Gegen den anonymen Bürger stand ein erlauchter Kirchenfürst von glänzendem Namen, eine berühmte, bis heute unvergessene Gestalt, die manche Seiten in den Annalen der Geschichte füllt und sogar mit dem Attribut der Heiligkeit geschmückt wurde: Erzbischof Anno II. von Köln (1056–1075).

Seine Spuren sind immer noch sichtbar. Wer in Köln die grandiose Drei-Konchen-Anlage von Maria im Kapitol betritt, im hochmittelalterlichen Erweiterungsbau des spätantiken Ovals von Sankt Gereon steht oder westlich der Stadt die Klosterkirche von Brauweiler aufsucht – Anno hat diese Gotteshäuser geweiht. An Groß Sankt Martin war er beteiligt; Mariengraden, das durch den gotischen Riesendom und die Absenkung des Rheinufers verschwunden ist, und das eindrucksvolle, fast vollständig erhaltene Sankt Georg sind seine Gründungen. Drei Klöster gehen auf Anno zurück: Saalfeld in Thüringen, das in der Reformationszeit zerstört wurde, Grafschaft im Sauerland, wovon sich Reste erhalten haben, und der Konvent auf der Bergkuppe oberhalb von Siegburg; er trägt heute noch den Namen des Stifters. Diese Abtei war eine der großen Einfallspforten der monastischen Reform Westeuropas im Reich; hier hat Anno seine letzte Ruhe gefunden. Der Schau-Sarkophag des Heiligen gehört zu den erlesensten Goldschmiedewerken der Rheinlande, obwohl der plastische Dekor und die kostbaren Emailplatten, mit denen der Schrein einst geschmückt war, großenteils verschwunden sind.

Anno stammte aus Schwaben. Er kam nicht aus einem der vornehmsten Geschlechter, war aber immerhin edelfreier Herkunft. Über Bamberg und Paderborn diente sich der junge, hochtalentierte Kleriker in der Hofkapelle bis zum Kanzleimitglied empor; Kaiser Heinrich III. wurde auf ihn aufmerksam und machte ihn 1054 zum Propst seiner Lieblingsgründung, des Stifts Sankt Simon und Juda in Goslar. Schon zwei Jahre später erlangte Anno noch höhere Ehren: Nach dem Tod des Erzbischofs Hermann wurde er Metropolit von Köln und Erzkanzler für Italien. Zeitweilig hatte er das gleiche Amt auch an der Kurie inne. Doch im Vordergrund stand die eigene Diözese. Zielbewußt baute Anno die Territorialmacht der Kölner Kirche aus, vor allem gegenüber den rheinischen Pfalzgrafen, die ihm als Sühne für begangene Schuld Siegburg abtreten mußten. Als sich nach Heinrichs III. Tod die Minderjährigkeitsregierung der Kaiserwitwe Agnes den Anforderungen nicht gewachsen zeigte, entführte Anno kurzerhand den unmündigen Königssohn und übernahm vorübergehend die Geschäfte eines Reichsverwesers. Seine Macht stand damals auf dem Zenit; er verhalf Verwandten und Freunden zu Schlüsselstellungen in Kirche und Königsdienst. Zwar beeinträchtigte sein Rivale, Erzbischof Adalbert von Bremen, Annos

Machtposition, und als Heinrich IV. volljährig wurde, bedeutete dies eine weitere, nicht unerhebliche Einbuße. Um so stärker widmete sich Anno der Förderung jener monastischen Gruppen, denen er besonders gewogen war, und dem weiteren Ausbau seiner Herrschaft, gerade auch in Köln selbst. Doch hier traf er auf Gegenkräfte.

Erstmals läßt sich unter Annos Vorgänger Hermann nachweisen, daß die Stadt 'das heilige Köln' genannt wurde. Sicher dachte man dabei an die überaus zahlreichen Kirchen, die ausgedehnten spätantiken Friedhöfe, die örtliche Märtyrertradition. Über das blühende Wirtschaftsleben Kölns bestand dagegen eine ganz andere Einschätzung. Gewerbe und Handel galten als ausgesprochen 'unheilig'. Vom seligen Guido, der aus Brabant stammte, berichtet der Biograph des 11. Jahrhunderts, daß ihn zeitweilig die „satanische Versuchung" befiel, Kaufmann zu werden. Guido stellte keinen Einzelfall dar. Gerade Köln war ein Treffpunkt der Fernhändler. Die Lage am schiffbaren Strom, den hier wichtige Landverkehrswege kreuzten, bildete dafür die Voraussetzung. Erst kürzlich hatte man den Römerhafen in einem Altwasser hinter der Insel von Groß Sankt Martin zugeschüttet, um Platz für Häuser und Lagerräume zu schaffen, dafür aber eine neue Lände unmittelbar am Hauptarm des Rheines angelegt. Die Maßnahme verschlang erhebliche Mittel, doch sie lohnte sich! Nach Umfang und Warenvielfalt stieg der Handel gewaltig an. Es waren längst nicht mehr allein Salz, Metalle und Gewürze, was man in Köln verschiffte. Aus der Zeit der Erzbischöfe Hermann und Anno stammt der Koblenzer Zolltarif; er vermittelt einen instruktiven Einblick in die Vielgestaltigkeit der Produkte. Da gab es Wein, Korn, Käse, Fische, Textilien und Pelze, Metallartikel der verschiedensten Art, Bienenwachs und – offenbar nicht selten – Sklaven. Bei manchen der Kölner Fertigungsbetriebe mag man an eine Tradition seit der Römerzeit denken, insbesondere bei der Glasherstellung, der Töpferei und der Goldschmiedekunst. Auch die Kölner Tuchmacher waren berühmt. Man produzierte in der ganzen Wirtschaftsprovinz zwischen Niederrhein und Schelde längst exportorientiert. Von den Kaufleuten hing es ab, ob es zu Verarmung und Hungersnot kam. Köln war im Fernhandel einer der führenden Orte, wahrscheinlich schon damals nach Bevölkerungszahl die größte Stadt im Reich.

Diese Wanderkaufleute waren oftmals monatelang unterwegs, quer durch ganz Europa, ja über die Grenzen der Christenheit hinaus. An

Geschäftssinn, aber auch an Wagemut, Energie und Selbstbewußtsein fehlte es ihnen nicht. (Einer unter ihnen, der Franke Samo, war schon im 7. Jahrhundert als Staatsgründer bei den Slawen aufgetreten.) Auch wenn der Fernhändler unter dem Schutz der Obrigkeit stand, weil man überall des Austauschs der Produkte bedurfte, mußte er doch jederzeit bereit sein, mit der Waffe in der Faust für sein Recht und den eigenen Besitz einzustehen. Überdies war das Risiko groß: Der Verlust eines einzigen Schiffes oder Wagenzuges mit kostbarer Ladung konnte den Ruin bedeuten. Ständig bedrohten den Kaufmann Strandrecht und 'Grundruhr': Lief ein Boot auf eine Sandbank auf, konnten die Anwohner es plündern und die Kaufleute versklaven; hing an einem Karren ein Gegenstand bis zum Boden herunter – beispielsweise ein aufgewickelter Ballen Tuch –, durfte der Grundherr alles beschlagnahmen. Als einzelner konnte man sich gegen solche Bräuche nicht wehren; die Fernhändler bildeten deshalb Gilden und Schwurbrüderschaften zu Selbstschutz und gegenseitiger Hilfe. Allein war man schwach; die Vereinigung gab Macht. Natürlich sahen es die Orts- und Landesherren nicht gern, denn der Zusammenschluß ermöglichte es den Kaufleuten, selbst Fürsten gegenüber als Verhandlungs- und Vertragspartner aufzutreten und allgemeine Besserstellungen durchzusetzen. Gerade in Köln sind derartige Gilden schon bald nach der Mitte des 11. Jahrhunderts bezeugt.

Wir kennen den Tatbestand aus den hochmittelalterlichen Ritter- und Heldenepen: Mit seinen Waren brachte der Fernhändler auch Nachrichten aus aller Herren Ländern mit. Er beeinflußte so die öffentliche Meinung. Natürlich wußten die Kaufleute am allerbesten über die eigenen Anliegen Bescheid. In Köln war bekannt, daß der Bischof von Lüttich 1066 in seiner Stadt Huy durch Mauerbau und Errichtung einer Kirche finanziell in die Klemme gekommen war. Die dortigen Kaufleute hatten ihm daraufhin angeboten, die Schulden zu übernehmen, wenn er dafür eine Reihe von Verwaltungsbefugnissen ihrer Schwurgemeinschaft überließe. Mit diesem 'ersten Stadtrecht nördlich der Alpen' begann sich der angestammte Ortsherr allmählich aus seinen Zuständigkeiten in Huy zurückzuziehen. In dem gewonnenen Freiraum regelten die 'Bürger' – es ist wohl der früheste Beleg für dieses Wort innerhalb der Grenzen des Reiches – ihre Anliegen selber, in einer freilich noch eng beschränkten Autonomie. Übrigens verstand man unter diesen 'Bürgern' beileibe nicht sämtliche Einwohner von Huy. In erster Linie waren die Warenproduzenten und Kaufleute gemeint. Diese bestellten ihre Vertreter aus dem Kreis der bedeutendsten Fernhändler-Familien. Längst nicht jeder war wählbar oder auch nur wahlberechtigt. Von Demokratie im neuzeitlichen Sinn läßt sich nicht reden. Dennoch bedeutete das Privileg von Huy den Beginn einer Entwicklung, welche die feudalen Herrschaftsformen, die bis dahin auch das Leben in den Städten kennzeichneten, allmählich zurückdrängen sollte. Mit Bedenken, bald gar mit Ingrimm bemerkten es die Exponenten der alten Ordnung. Es waren vor allem die Bischöfe im Westen des Reiches, deren Residenzorte in wirtschaftlicher Hinsicht und bezüglich der Entfaltung eines bürgerlich-emanzipatorischen Selbstbewußtseins besonders weit fortgeschritten waren. Da lag die Versuchung nahe, doch einmal zu demonstrieren, wer eigentlich das Sagen habe.

Im April 1074 empfing Erzbischof Anno vertrauten Besuch. Bischof Friedrich von Münster, der einst mit dem Metropoliten zusammen in Paderborn die Schulbank gedrückt hatte, feierte bei ihm das Osterfest. Die Rückreise nahte. Man unternahm sie am bequemsten zu Schiff; so konnte man den Rhein abwärts und dann die Lippe aufwärts bis in die Nähe der westfälischen Domstadt gelangen. Anno gab die Anweisung, ein entsprechendes Fahrzeug auszuwählen und zuzurichten. Eines, das geeignet schien, lag im Kölner Hafen vor Anker. Es gehörte einem der reichsten Kaufleute und war gerade für eine Handelsfahrt mit allerlei Waren beladen worden. Die erzbischöflichen Bediensteten erklärten es für beschlagnahmt und befahlen, es umgehend für Friedrich von Münster freizumachen. An Bord befand sich eine Wache, bestehend aus einigen Knechten des Besitzers. Sie weigerten sich; Annos Leute drohten mit Gewalt. Darauf rannten ein paar der Kaufmannsgehilfen schleunigst zu ihrem Herrn und fragten, was zu tun sei.

Wo liegen die Grenzen des Herrenrechtes? Anno wollte den Fernhändler nicht berauben, sondern nur seinem Freund zu einer bequemen Heimreise verhelfen. Die wenigsten Fürsten verfügten über eigene Schiffe; es war üblich, im Bedarfsfall eine Beschlagnahmung durchzuführen. Unzuträglichkeiten des Termins interessierten nicht. Schließlich waren die Städter in der Mehrzahl Eigenleute, selbst wenn sie noch soviel Vermögen anhäuften und dadurch erhöhte soziale Reputation erwarben! Auch auf dem platten Land wurden bei günstigem Erntewetter zuerst die herrschaftlichen Äcker gemäht! Pech für die unfreien Hintersassen, falls es dann regnete, wenn sie anschließend selbst ihre Feldfrüchte einbringen wollten. Der Bauer zinst und front; der Bürger zahlt und leistet Dienste. So war nun einmal die Weltordnung. Schien es nicht gut, darüber Klarheit zu schaffen, nachdem in den Städten seit neuestem ganz andere Auffassungen diskutiert wurden?

Es gärte in der Bürgerschaft. In Worms war es vor einem Jahr zu einer Umwälzung gekommen. Man hatte den bischöflichen Stadtherrn vertrieben und dafür den König in die eigenen Mauern festlich eingeholt, der – selbst in politische Schwierigkeiten verstrickt – es den Bürgern mit reichen Privilegien dankte. Plötzlich zeichnete sich eine Bundesgenossenschaft zwischen Krone und Stadt ab, die auch andernorts geradezu elektrisierend wirkte. „Überall hatten sich die Wormser einen gefeierten Namen gemacht", berichtet Lampert. "Diesem grundschlechten Beispiel eiferte man nach." Anno war nicht beliebt. Er benötigte ganz erhebliche Mittel für die großen Baumaßnahmen, die Kirchengründungen zu seiner eigenen Ehre, den prächtigen Lebensstil, die Rolle, welche er im Reich zu spielen gedachte. Daher wurden den Kölnern nicht geringe Steuern auferlegt, was sie empörte. Außerdem gab es immer noch Leute, die nur darauf warteten, dem Erzbischof eins auszuwischen wegen seiner Rolle beim Staatsstreich von Kaiserswerth (heute Stadtkreis Düsseldorf), als er den minderjährigen Heinrich IV. aus der dortigen Königspfalz entführte. Die Gemüter waren bereits aufgeputscht. Es fehlte nur der Anlaß zur offenen Revolte.

Die Beschlagnahmung des Schiffes liefert ihn. Der Kaufmann, dem es gehört, besitzt einen erwachsenen Sohn. NN wird zum Führer des Aufstandes. Bis in die angesehensten Kreise der Stadt schätzt man ihn wegen des kühnen Mutes, seines kraftvollen, durchtrainierten Körpers, der Verwandtschaftsbeziehungen und des wiederholten Einsatzes für Gemeinschaftsanliegen. Er läuft mit den Knechten zum Hafen zurück; junge Leute aus der Bürgerschaft schließen sich an. Am Rhein ist die Lage unverändert: Annos Diener beharren auf der Beschlagnahmung. Daraufhin verjagt sie NN mit Brachialgewalt. Sie rufen den Stadtvogt zu Hilfe, den ranghöchsten weltlichen Vertreter des Erzbischofs in Köln. (Aus anderen Quellen kennen wir seinen Namen. Er hieß Franko. Lampert nennt ihn nicht.) Der rückt mit den Leuten seiner Wache heran und will den Platz räumen lassen. Es kommt zu erneutem Handgemenge. Noch fließt kein Blut; man prügelt sich. Dabei imponiert NN durch Unerschrockenheit und überlegene physische Kraft. Der Stadtvogt muß weichen. Doch er kehrt mit Soldaten zurück. Aber auch die zusammengelaufenen Bürger bewaffnen sich. Ihre Zahl wird immer größer. Verwandelt sich der persönliche Akt der Selbstverteidigung in eine allgemeine Revolte? Man muß es befürchten.

Erst jetzt meldet man dem Erzbischof, daß in der Stadt ein schwerer Aufstand ausgebrochen sei. Anno schickt sofort einige Vertraute – vermutlich würdige Geistliche, die das Vertrauen des Volkes genießen –, um auf die Streitenden besänftigend einzuwirken. Im Palast aber tobt er vor Zorn, er werde die aufrührerischen Burschen bei der nächsten öffentlichen Gerichtssitzung mit der verdienten Strafe züchtigen. Gewiß empfindet er den Vorfall als Schande, zumal Bischof Friedrich von Münster ja alles miterlebt. Selbstbeherrschung war nie eine Tugend dieses Prälaten; Lampert gibt das offen zu. Anno ist jähzornig und kann, wenn er gereizt ist, die Zunge nicht im Zaume halten. Man wird es in der Stadt weitererzählt haben, daß er selber ankündigte, seinen Rachedurst an diesem 'Pack' nächstens stillen zu wollen. Doch für den Augenblick wird tatsächlich draußen am Hafen der Frieden wiederhergestellt. Die Rauferei wird unterbunden, die Beschlagnahmung des Schiffs offenbar zurückgestellt. Es scheint, als sei NN der Sieger.

Aber die Ruhe ist trügerisch. NN kostet seinen Erfolg mit trotzigen, übermütigen Reden voll aus. An vielen Stellen der Stadt unterhält er sich mit den Leuten, und anscheinend wird dabei allmählich die Forderung nach Systemveränderung immer deutlicher artikuliert. Huy ist nicht weit; können die Kölner aus eigener Kraft erreichen, was man dort dem Bischof von Lüttich gegen Geld an Rechten abkaufte? An Erzbischof Anno läßt man kein gutes Haar: Ist er nicht von überheblicher Strenge und kostet er sein Herrenrecht allzu sehr aus? Nimmt er nicht unschuldigen Bürgern widerrechtlich das Ihre weg, wie es ihm in den Sinn kommt? Und beleidigt er nicht mit seinen unkontrollierten Zornesausbrüchen das Ehrgefühl unbescholtener Stadtbewohner? Köln ist viel größer, reicher, an Volkszahl und Verteidigungskraft stärker als Worms; dort hat man den Bischof zum Tor hinausgejagt. Warum sollte man nicht das gleiche tun oder ihn einfach gleich umbringen? Je länger man darüber spricht, desto kühnere Worte fallen. „Die Vornehmen schmieden läppische Pläne; unbeherrscht und umsturzlüstern tobt das

Volk. Als wäre man vom Teufel besessen, ruft man in der ganzen Stadt nach den Waffen."

Zur gleichen Stunde predigt Anno in Sankt Georg, der von ihm selbst erbauten Kirche außerhalb der Stadtmauer (sie wurde 1106 ins Weichbild eingeschlossen). Auch er scheint von dem Zwischenfall am Hafen nicht unbeeindruckt; mit großem Ernst warnt er die Zuhörer vor dem drohenden Zorn Gottes, wenn sie keine Bußfertigkeit zeigen. (So berichtet es Lampert.) Dann begibt er sich mit dem Gastfreund aus Münster zum Bischofshof am Dom, wo sie sich im Freien zum gemeinsamen Abendessen niederlassen. Während sie ahnungslos speisen, nahen sich die Empörer. Ganz plötzlich erfolgt der Angriff; einige der erzbischöflichen Bediensteten werden erschlagen, die anderen fliehen. Nur mit Mühe können sich Anno und Friedrich von Münster gerade noch in den Dom retten. Hinter ihnen schließt sich das Tor; man sichert es durch Riegel und Querbalken.

Der Erzbischof ist damit fürs erste in Sicherheit. So enthemmt das aufgeputschte Volk ist – es schreckt davor zurück, die Heiligkeit des Gotteshauses zu verletzen. Statt dessen wird der Palast geplündert, „mit eifernder oder vielmehr: mit geifernder Gründlichkeit", vor allem Annos Privatkapelle, die gleichzeitig als Schatzkammer dient, und der Weinkeller, wo man die Fässer kurzerhand aufschlägt, um sich gütlich zu tun. Man entdeckt einen Mann, der sich zu verstecken sucht; jemand ruft, er sei der Erzbischof – also bringt man ihn um. Und nun beginnt der Alkohol seine Wirkung zu tun. Die letzten Hemmungen verflüchtigen sich. Jetzt kann auch die Scheu vor dem Zorn des heiligen Petrus Anno nicht mehr retten. Man umstellt die Kirche, droht Feuer zu legen, verlangt die unverzügliche Auslieferung.

So sitzt der Erzbischof in der Falle. Nur wenige Getreue sind bei ihm geblieben; die Aufständischen haben Friedrich von Münster als einen unbeteiligten Fremden unbehelligt entkommen lassen. Längst ist die Dunkelheit hereingebrochen. Man rät Anno, den Versuch zu unternehmen, sich auf Geheimwegen in Verkleidung ins Freie zu schleichen. Es gibt eine Möglichkeit: Vor kurzem erhielt ein Kanoniker von Anno die seltene Sondererlaubnis, von seinem direkt an der Stadtmauer gelegenen Haus ein 'Katzenpförtlein' zum Rheinufer durchbrechen zu lassen. Während es an die Tore der Kirche donnert, wird über den Schlafsaal des Domstiftes, die anschließende Vorhalle und die Behausung jenes Geistlichen die rettende Hintertür erreicht. (Übrigens haben die Archäologen den 'Anno-Stollen' 1948 bei Grabungen entdeckt.) Mit drei Begleitern gelangt der Erzbischof auf die Wiesen am Strom, wo Pferde besorgt werden. Dann reiten sie nach Norden. Der kleine Trupp vergrößert sich bald; auch der Bischof von Münster stößt zu der Schar; es ist eine nicht unansehnliche Zahl, die endlich in Neuß ankommt.

Anderntags müssen die revoltierenden Bürger feststellen, daß Anno entflohen ist. Nun wendet sich das Blatt; sie haben mit einer Belagerung zu rechnen und rüsten sich zur Verteidigung. Einige junge Männer werden zum König geschickt, er möge kommen und die 'herrenlose' Stadt in Besitz nehmen. Ein paar wirkliche oder angebliche Anhänger Annos werden gehängt, dem Erzbischof zum Tort. Man debattiert darüber, ob man die neumodischen Mönche, die er nach dem Vorbild des oberitalienischen Fruttuaria in die Kölner Abtei Sankt Pantaleon berief, vertreiben oder umbringen soll. Aber während dieser Diskussionen, wie es denn nun weitergehen kann, wird in der Stadt bekannt, daß Anno mit einem großen Heer heranzieht. Schon am vierten Tag nach seiner Flucht lagert er vor Köln. Die großen Töne verstummen, die trunkene Wut, das verhaßte Regiment hinwegzufegen, verflüchtigt sich. Man sucht nach Vermittlung, bietet Kapitulation an, falls der Erzbischof bereit ist, Gnade vor Recht ergehen zu lassen. Wieder feiert Anno das Hochamt in Sankt Georg, seiner Kirche gleich vor der Stadtmauer. Als die Messe zu Ende ist, ziehen die Bürger, wie der Brauch es fordert, barfuß im groben Büßergewand vor ihren Herrn und bitten demütig um Verzeihung.

Ist die Übermacht des Erzbischofs wirklich so groß, daß jede Gegenwehr aussichtslos wäre? Oder ist diese Bürgerschaft noch nicht fähig, den Wandel von der alten herrschaftlichen Ordnung zu neuen Verwaltungsformen und Lebensidealen mitzuvollziehen? Eine Anzahl der am Aufstand Beteiligten flieht, zumeist reiche Leute. Die andern bangen, betteln um Verzeihung. Viele suchen durch Schweigen ihre Rolle vergessen zu machen. Anno wartet. Er verbringt die nächste Nacht in Sankt Gereon, der uralten Stiftskirche im Nordwesten – auch sie damals noch vor den Mauern gelegen. Er kann es sich leisten, den größten Teil der Truppen bereits zu entlassen. Niemand bäumt sich mehr gegen ihn auf. Als er in die Stadt einzieht, plündern seine Soldaten. Selbst unser Gewährsmann, Lampert, der die Bürger so sehr verachtet, kann nicht umhin, Bedauern zu äußern, wie gründlich und unter welchen Übergriffen sie es tun.

Dann hält Anno Gericht. Selbstverständlich ist aller Schaden wiedergutzumachen. Hohe Vermögensbußen werden denjenigen auferlegt, die am Aufstand beteiligt waren. Das erzbischöfliche Stadtregiment wird in vollem Umfang hergestellt, ja verschärft. Belastete Bürger werden mit Stockschlägen bestraft. Andere werden gedemütigt, indem man sie der Haare beraubt. Die gesamte Einwohnerschaft wird neu vereidigt. Gegen diesen Schwur muckt niemand mehr auf! Die Haupträdelsführer verlieren das Augenlicht. Unter den Geblendeten ist NN der erste. –

Anno hat die Kölner Empörung nicht verwunden. Am 4. Dezember 1075 ist er nach schwerem, ekelerregendem Leiden gestorben. In einer Ausführlichkeit, die sonst nicht ihresgleichen findet, beschreibt die Vita seine Begräbnisfeierlichkeiten. Acht Tage lang dauerte die Prozession durch die Kölner Kirchen – zwölf werden namentlich genannt –, wo Anno jeweils aufgebahrt und der Verehrung durch die Gläubigen übergeben wurde. Dann brachte man den Sarg über den Rhein nach Sankt Heribert in Deutz, endlich zur Bestattung nach Siegburg. War es ein später, unvergessener Groll über die Aufständischen, daß Anno nicht am Pontifikatsort beerdigt werden wollte? Später hat man ihn als Heiligen verehrt, sein Andenken durch die Kunst verklärt, selbst in frühmittelhochdeutschen Versen sein Lob gesungen.

Von NN, dem Bürgersohn, der gegen den Erzbischof sein Recht verteidigte, schweigt die Überlieferung. Wir wissen nicht, ob er die furchtbare Verstümmelung lange überlebte. Sicherlich war das Familienvermögen beschlagnahmt worden. Ein blinder Bettler, der an den Türen um ein Almosen bat...?

DREI REICHSBISCHÖFE

Bischof Dionysius von Piacenza (1048/49–1082/85)

Wahrscheinlich lief alles folgendermaßen ab: Am Montag, dem 25. Januar 1076, verließ der Reiterzug gleich beim allerersten Morgengrauen die schützenden Mauern der Stadt Worms. Glücklicherweise lag nicht viel Schnee. So rasch es die Rosse vermochten, jagte man rheinaufwärts, schneller als jedes Gerücht! Nirgends gönnten sich die Beauftragten des Königs längere Rast: Graf Eberhard von Nellenburg, Bischof Guzmann von Speyer, sein Amtsbruder Burchard von Basel. Man hatte diese beiden ausgewählt, weil sie als zwei der Jüngsten im deutschen Episkopat als besonders reisetüchtig galten; zudem lagen ihre Diözesen auf dem Wege. Speyer, Straßburg, Basel wurden erreicht, dann die Jura-Berge und das westschweizerische Seen-Plateau überquert. Von Lausanne ging's weiter südöstlich ins Rhone-Tal. Bei dem ehrwürdigen Hospital von Sankt Bernhard passierte die Schar den Alpenkamm und folgte anschließend der Route nach Aosta, Vercelli, Pavia. Endlich kamen die Türme von Piacenza in Sicht: Die Stadt am Po-Übergang war das Ziel des eiligen Rittes.

Schon seit einigen Tagen warteten in Piacenza etliche Mitglieder des oberitalienischen Episkopats auf die Ankunft der Boten, harrten der Nachricht, was auf der Versammlung beschlossen worden war, zu welcher König Heinrich IV. die hohe deutsche Geistlichkeit kurzfristig nach Worms geladen hatte. „Alle lombardischen Bischöfe kamen zusammen." So berichtet eine Quelle; die Angabe dürfte weit übertrieben sein. Vermutlich waren anwesend: Cono von Brescia, Arnulf von Cremona, Odo von Novara, Kunibert von Turin, Wilhelm von Pavia, Siegfried von Bologna, Heribert von Modena, Eberhard von Parma und Gandulf von Reggio; mit völliger Sicherheit läßt sich indessen nur einer namhaft machen: der Ortsbischof Dionysius von Piacenza.

Die Botschaft aus Worms klang unerhört, kam jedoch nicht unerwartet: Unter Führung König Heinrichs IV. hatte sich die deutsche Kirche entschlossen, Papst Gregor VII. als einem „falschen Mönch" und „ungerechten Hirten" den Gehorsam aufzukündigen. Die in Piacenza Anwesenden waren sich in der Feindschaft gegenüber Gregor einig. Sie brauchten nicht lange zu beraten, stimmten dem Absage-Schreiben zu und verschärften noch die Anklagen. Am weitesten ging Bischof Dionysius. Er erklärte in der Öffentlichkeit, selbst wenn es wider Erwarten doch zu einem Friedensschluß käme, würde er trotzdem niemals mehr kirchliche Gemeinschaft mit dem abgesetzten Papst halten, koste es, was es wolle! Blanker Haß beherrschte die Versammlung. Der Domherr Roland aus Parma, Leiter der dortigen Kathedralschule und namhafter Gelehrter, übernahm die gefährliche Aufgabe, zusammen mit einem königlichen Ministerialen die Beschlüsse von Worms und Piacenza nach Rom zu bringen, pünktlich zur feierlichen Eröffnung der vorösterlichen Synode, auf welcher der Inhaber des Stuhles Petri die Vertreter der gesamten katholischen Christenheit (– faktisch vor allem den mittelitalienischen Episkopat –) alljährlich um sich scharte, seitdem die Reformkurie mit ihrem Leitungsanspruch „über Völker und Reiche" (Jer. 1, 10) Ernst zu machen begonnen hatte. Die Versammlung wurde wohl am 14. Februar eröffnet; die Boten riskierten ihr Leben, als Roland – Gregor VII. zum Tort – mit dröhnender Stimme den Text verlas! Ein Aufschrei der Wut war das Echo auf die Provokation; vor dem Zorn der Synodalen rettete den kühnen Domherrn nur die friedengebietende Hand des Papstes, den er so hart verklagte!

Was waren die Gründe für die maßlose Erbitterung, welche sich hier Ausdruck verschaffte? Nur mangelnde Reformgesinnung der Bischöfe, die aus Bequemlichkeit und Eigensucht die Übelstände nicht bessern wollten? So steht es in vielen Büchern, doch sehen wir näher zu! Zähneknirschend hatte man zur Kenntnis genommen, was die Kurie seit einiger Zeit den anderen Kirchen des Abendlandes an 'Bevormundung' zumutete. Längst ging es Rom nicht mehr vorrangig um sittliche Korrekturen. Seitdem der Archidiakon Hildebrand – seit 1073 unter dem Pontifikatsnamen Gregor VII. Nachfolger Alexanders II. – die Schlüsselstellung am Tiber einnahm, hatte sich das römische Selbstgefühl weiter verstärkt. Man bedeutete dem christlichen Episkopat, er sei „lediglich zu gehorsamer Mitarbeit, nicht aber zur Teilhaberschaft an der vollen Amtsgewalt berufen", die weltweit allein dem Apostolischen Stuhl zustehe. In die verschiedenen Reiche des Abendlandes kamen Legaten, oftmals von niederem Weihegrad und unedler Abstammung, die bar jeden Fingerspitzengefühls in die Verwaltung der Diözesen eingriffen und die örtlichen Amtsträger nicht selten brüskierten. Ohne auf den herkömmlichen Instanzenweg zu achten, nahm Rom von jedermann Anklagen gegen die lokale Hierarchie entgegen und zitierte die Beschuldigten vor das päpstliche Tribunal, als wären sie bereits überführt. Böse Nachrede und Querulantentum wurden dadurch gefördert, nach verbreiteter Meinung sogar bewußt! Waren die Bischöfe nicht alle in gleicher Weise Nachfolger der Apostel? Besaßen sie nicht ihre Verdienste um die Reform an der Kurie, welche so schändlich lange auf sich hatte warten lassen? Es gärte namentlich in Deutschland und Oberitalien. Den hochadligen Reichsepiskopat, der unter Kaiser Heinrich III. 1046 zu Sutri drei Päpste abgesetzt und 1064 auf der Synode von Mantua über das Schisma zwischen Alexander II. und Honorius II. entschieden hatte, brachten die römischen Befehle und Zensuren immer mehr auf. Erzbischof Liemar von Bremen faßte den allgemeinen Unwillen über Gregor VII. in die Worte zusammen: „Was immer dieser gefährliche Mensch will, das verlangt er von den Bischöfen, als wären sie seine Hausknechte!"

Ein Ultimatum Gregors an König Heinrich IV. – übrigens in der Sache durchaus nicht unbegründet! – verschärfte im Dezember 1075 die Situation ins Unerträgliche. Der Papst drohte dem Salier mit dem Kirchenbann! Das gab den Ausschlag. Herrscher und Bischöfe verständigten sich, den unbequemen, als unverschämt empfundenen Mahner zu beseitigen. Doch wie konnte dies geschehen? Gemeinhin hegte man die Überzeugung, daß kein irdisches Gericht über den Apostolischen Stuhl ein Urteil zu sprechen berechtigt sei. Aber wenn Gregor gar kein rechtmäßiger Papst war, weil er „nicht durch die Türe [einer kanonischen Wahl], sondern ganz anders, in der Weise eines Diebes und Mörders" (Joh. 10,1) auf die „Weide der Herde Christi" gekommen war? „Wegen vielfältiger Exzesse und auf Grund der Unregelmäßigkeiten seines Amtsantritts" kündigte man ihm zu Worms und Piacenza die Gefolgschaft auf. Man setzte Gregor nicht ab, sondern erklärte, „daß er niemals rechtens Papst gewesen sei".

Das Verfahren war nicht übel ausgedacht, doch die Hauptschwäche der antigregorianischen Argumentation lag in ihrer Verspätung. Fast drei Jahre lang hatte man diesen Pontifikat widerspruchslos hingenommen, und nun sollte alles von Anfang an illegal gewesen sein? Im Absetzungsdekret versuchte man den Einwand auszuräumen, aber die Gegenrede klang nicht eben überzeugend: „Wir hielten es zunächst für angebracht, über die Mängel deines Amtsantritts hinwegzusehen, weil wir hofften, Redlichkeit und eifriges Bemühen würden den verbrecherischen Beginn wettmachen und gewissermaßen auslöschen. Doch der beklagenswerte Zustand der ganzen Kirche zeigt es an: Deinen üblen Anfängen folgten noch weit bösere Taten."

Daß man bei dem Aufstand gegen Gregor nach einem klaren Plan vorging, wird aus der Termingestaltung deutlich: Wie bei einem Staffellauf gelangten die Beschlüsse von Worms und Piacenza an den Tiber, pünktlich zur Eröffnung der römischen Synode als dem breitesten Publikum, das man sich vorstellen konnte. Freilich bedeutete es einen beträchtlichen Unterschied, ob eine Bischofsversammlung zu Sutri – eine starke Tagereise vor Rom – über Anwesende urteilte oder ob man aus weiter Entfernung einen Papst für amtsunfähig erklärte, der sich inmitten seiner Anhängerschaft in voller Freiheit befand. Allerdings berichtet ein zumeist wohlinformierter Gewährsmann, daß einer der Haupthelfer Heinrichs IV. bereits Truppen in der Toskana zusammenzog, um die Beschlüsse mit Gewalt verwirklichen zu können: Gottfried der Bucklige, der königstreue Ehegatte von Gregors leidenschaftlicher Parteigängerin Mathilde von Canossa. Er wurde indessen kurz darauf das Opfer eines Mordanschlages. Erst damit wurde die militärische Durchsetzung der Dekrete von Worms und Piacenza unmöglich. Weil das salische Schwert plötzlich stumpf geworden war, konnte der Gegenschlag die volle Wirkung entfalten: Exkommunikation und Absetzung Heinrichs. Und so ging der erste Waffengang im Investiturstreit für den König verloren, zumal ihn die deutsche Kirche bald schimpflich im Stich ließ.

Nicht so der oberitalienische Episkopat! Bei den Lombarden fand Heinrich seine allertreuesten Helfer. „Halsstarrige Stiere" hat sie ein gregorianischer Publizist genannt; neben Wibert von Ravenna, dem Gegenpapst des Jahres 1080, dachte er dabei vor allem an den Bischof von Piacenza.

Dionysius, der 'Hausherr' jener Anfang Februar 1076 tagenden Aufstands-Synode, stammte aus gräflichem Adel, dem das Befehlen im Blut lag. Rudolf hieß der Vater, Gisla die Mutter, Nantelmus ein Bruder im Laienstand; bald nach Amtsantritt des Bischofs beschenkten sie zusammen ein Kloster; da die Güter im Piacentinischen lagen, ist anzunehmen, daß die Familie dort zu Hause war (– was nicht mit der Ortstradition im Widerspruch zu stehen braucht, sie wäre mailändischer Herkunft gewesen). Wir wissen nichts Näheres über Jugendzeit und Bildungsgang; sicher ist nur, daß ein Oheim von Mutters Seite, der Bischof Riprandus von Novara, darauf starken Einfluß nahm. (Dionysius gedachte seiner in einigen Dotationsurkunden mit besonderer Anhänglichkeit.) Riprandus verfügte über ausgezeichnete Beziehungen nach Deutschland und zum Kaiserhof; im Herzogtum Schwaben hatte er Freunde. Wiederholt diente der Oberhirte von Novara Heinrich III. als Ratgeber und Beisitzer im Königsgericht; er begleitete den Salier 1046 auf dem Krönungszug nach Rom und nahm bei dieser Gelegenheit auch an der Synode von Sutri teil, durch welche die Kirchenreform endlich, wenngleich verspätet, am Tiber Fuß faßte. Sein Wort hatte beim Herrscher Gewicht; er dürfte es gewesen sein, der den Kaiser auf Dionysius aufmerksam machte, als Piacenza 1048 frei wurde.

Gerade in Ober- und Mittelitalien beruhte das kaiserliche Regiment in allererster Linie auf der Kirchenherrschaft. Piacenza war nicht irgendeine unter den neununddreißig Diözesen der Poebene. Die Lage am Strom mit dem bei weitem am stärksten frequentierten Flußübergang und die rege Handels- und Gewerbetätigkeit gaben dem Platz eine herausragende Wichtigkeit. Guido, der Vorgänger des neuen Bischofs, war ein Verwandter der Kaiserin Agnes; nach den Maßstäben der Zeit erhöhte dies auch die Reputation des Nachfolgers. Zweifellos erfolgte die feierliche Amtseinweisung durch den Herrscher persönlich; Dionysius nannte Heinrich III. in einer Urkunde „seinen ihm ganz besonders gewogenen Herrn". Wie der Onkel engagierte sich der Bischof im Königsdienst, besuchte Hoftage, wirkte bei Gericht mit. Er hat sogar für das Seelenheil des Kaiserpaares zwei Klosterschenkungen getätigt und dabei die eigenen Eltern erst an nachgeordneter Stelle aufgeführt! Offensichtlich ein Vertreter der Reichskirche alter Prägung: Adlige Herkunft, bewährte Treue, unermüdliches Engagement zeichneten ihn aus. An weltlichen Tugenden mangelte es ihm nicht. Aber waren bei Dionysius von Piacenza auch religiöse Antriebe erkennbar? Und wie stand er zu den Anliegen der kirchlichen Reform?

Weit über ein Dutzend Urkunden (– eine Anzahl von ihnen blieb bis zum heutigen Tag ungedruckt und liegt fast ungelesen im Domarchiv zu Piacenza –) ermöglicht es, sich ein eigenes Bild zu verschaffen, welches im Gegensatz zu der zeitgenössischen Chronistik, die unausweichlich in den Sog der welthistorischen Auseinandersetzung geriet, und anders als die spätere Berichterstattung nicht dem Verdacht der Parteilichkeit unterliegt. Man gewahrt einen Bischof, der sich – neben der Tätigkeit für Herrscher und Reich – selber um die großen und kleinen Geschäfte seiner Diözese kümmerte, den Grundbesitz des Hochstiftes bestmöglich verwaltete, Kirchen errichtete oder umbaute, Klöster gründete und ausstattete, für Rechtssicherheit sorgte und auf ein blühendes geistliches Leben bedacht war – „mit allergrößter Freude", wie er einmal schrieb. Uneigennützig schlichtete er Streit, als es zu Auseinandersetzungen über das (finanziell einträgliche) Begräbnisrecht der Kirche S. Savino kam; er gab dem Kathedralkapitel ein neues Statut, welches dem Chordienst und dem gemeinsamen Leben der Domherren förderlich sein sollte. Er visitierte die Nonnenkonvente. Dionysius war bestimmt nicht durch Simonie in sein Amt gelangt; nach allgemeiner Überzeugung hatte sich Heinrich III. davon stets peinlichst freigehalten. Aber der Bischof wurde auch später nicht der Ämterkäuflichkeit geziehen (– abgesehen von manchen neuzeitlichen Historiographen, für die es als ausgemacht gilt, daß ein Antigregorianer sittlich verdorben und ein Simonist gewesen sein müßte). Wenn gute Ansätze zu fördern waren, erwies sich Dionysius vielmehr als ausgesprochen großzügig; er stiftete mit vollen Händen aus seinem Privatvermögen und verlangte nur, daß der lobenswerte Zweck auch in Zukunft beachtet werden sollte und die Empfänger für das Seelenheil der Familienangehörigen des Schenkers beteten. Wer aber in selbstsüchtiger Absicht der Verfügung zuwider handelte, den sollte der Zorn des Himmels treffen! „Mit seinem Ratgeber, dem Satan, möge er ewiglich im Feuer brennen und dem Kreis der Seligen ferngehalten werden; er habe Anteil mit den Unfrommen und vernehme mit ihnen die schreckliche Stimme des Herrn: Ihr Verfluchten, geht ein in das ewige Feuer, das dem Teufel und seinen bösen Engeln bereitet ist [Matth. 25,41]. Der Höllenwurm, der nimmermehr stirbt [Mark. 9,44], soll ihn immerfort peinigen; er sei allzeit ein Gefährte des Verräters Judas und des Zauberers Simon!"

Solche archaisch anmutende Fluch-Magie war im 11. Jahrhundert noch weit verbreitet, aber sicher dort am meisten, wo man den Glauben besonders ernst nahm. Der oberitalienische Episkopat bestand vor und während des Investiturstreites nicht aus einer Schar hoffnungslos verrotteter, hartnäckiger Sünder, sondern war mehrheitlich von frommem Eifer beseelt (– von einzelnen 'schwarzen Schafen' abgesehen, wie es sie zu allen Zeiten gibt). Einer aus diesem Kreis hat es sogar zur Ehre der Altäre gebracht; Guido von Acqui wird heute noch als Schutzpatron seines Städtchens im südlichen Piemont um Hilfe angefleht. Man möchte im Gegensatz zur gängigen Behauptung urteilen: Viele der lombardischen Bischöfe engagierten sich lebhaft für die Besserung der sittlichen Zustände in Klerus und Welt, einschließlich des Kampfes gegen Simonie und Priesterehe; darin waren sie durchaus reformerisch gesonnen. Aber sie verweigerten sich einer Veränderung der Kirchenverfassung im papalen Sinn! Als Vertreter einer stärker die Kollegialität des Episkopats betonenden Ordnung der 'ecclesia catholica' lehnten sie das Ziel ab, dem Apostolischen Stuhl eine unumschränkte monarchische Leitungsgewalt zuzubilligen. Einen Ehrenvorrang, gewiß! Solange deutsche Bischöfe, vom Kaiser bestellt, den Thron des Petrus innehatten (1046–1057), von Clemens II. bis zu Viktor II., war die Reform in freundschaftlichem Zusammenwirken erfolgt. Seither hatte sich der Umgangston erheblich verschärft; die lombardischen Oberhirten fühlten sich durch eine Revolution bedroht – von oben wie von unten!

Denn ein Zweites kam hinzu: Bei den unermüdlichen Versuchen, eine papale Ordnung der Gesamtkirche im neuen, gesteigerten Sinn zu verwirklichen, hatte sich die Kurie auch mit mancherlei Kräften verbündet, die den Umsturz bestehender Verhältnisse auf ihre Fahnen schrieben – wenn diese nur bereit waren, die Leitungsfunktion des Apostolischen Stuhles ohne Abstriche anzuerkennen. Das war namentlich bei den brodelnden Unterschichten in den wirtschaftlich fortgeschrittenen Städten Oberitaliens der Fall, vor allem in Mailand, Piacenza und Cremona. Das niedere Volk, welches man nach dem Mailänder Trödelmarkt verächtlich 'Pataria' nannte, nährte zunehmenden Haß gegen den selbstbewußten, reichen Hochadel. Traditionsgemäß kam aus diesem die gesamte höhere Hierarchie; Ausnahmen waren hier seltener als nördlich der Alpen. Selbstverständlich gab es nur Bischöfe aus großem Hause, unter ihnen zahlreiche Deutsche. Fast überall lag bei ihnen auch die Stadtherrschaft; durch sie regierte der König, weil anders als in den übrigen Reichsteilen in der Poebene die antike Vorstellung vom Land als einem Netz von 'Civitates' (= Städte mit abhängigem Umland) nicht untergegangen war. 'Bischof und Graf' durch die Gnade Gottes und des Kaisers, so nannte sich Dionysius in einigen Urkunden. Krone, Episkopat, die Spitzen der Geistlichkeit und die vornehmen Familien wollten natürlich die angestammten Lebensformen unverändert aufrechterhalten; die abhängigen, unterdrückten Schichten – die kaum entlohnten Pfarrvikare, die durch die Zunahme des Großgrundbesitzes entwurzelten und in ihrem Lebensstandard bedrohten Lehnsritter, die Kleinpächter, Tagelöhner, Hilfsarbeiter, das Heer der Bettler – suchten Verbündete, um die Verhältnisse umzugestalten. Im Mittelalter artikulierten sich gesellschaftliche Emotionen stets in religiösen Formen: Man rief nach Kirchenreform und meinte zugleich Sozialrevolution. Als sich Pataria und Kurie zusammenfanden, bedeutete dies weitgehend ein Zweckbündnis, nur wußte man es bei der Pataria nicht. (Und darum zerbrach die Allianz, als Rom diesen Helfer nicht mehr benötigte. 'Patarini' wurde die Bezeichnung für einige lombardische Gruppen von Häretikern.)

Seit dem Tod Heinrichs III. 1056 war die Besetzung des Apostolischen Stuhles dem salischen Königshof entglitten. Unter Nikolaus II. begann der Archidiakon Hildebrand, die Schlüsselstellung an der Kurie einzunehmen. Als geschickter Diplomat führte er das Bündnis des Papsttums mit den eroberungslüsternen Normannen in Unteritalien herbei, und er war beteiligt, als zwischen Rom und der Pataria die Brücke geschlagen wurde – auf Kosten des Reiches! Am Kaiserhof erkannte man die aufziehende Gefahr, beraten durch den neuen Kanzler für Italien, Wibert aus Parma. Schon wurde die Absetzung von Nikolaus diskutiert; man bereitete Gegenmaßnahmen an der Kurie vor. Da starb im Hochsommer 1061 der Papst in seiner alten Bischofsstadt Florenz. Alles kam darauf an, wer die Nachfolge antreten würde.

Die Gegner der Reformkurie aus dem römischen Stadtadel versuchten unverzüglich, das Gesetz des Handelns an sich zu reißen. Generationenlang hatten sie die Päpste aus den eigenen Reihen gestellt, bis das Eingreifen Heinrichs III. 1046 ihnen diese Möglichkeit verschloß. Nun hegten sie wieder Hoffnung, der fortschreitenden Verselbständigung des Apostolischen Stuhles entgegenwirken zu können. Waren sie drei Jahre zuvor damit schon einmal gescheitert, so verhielten sie sich diesmal klüger und suchten Gesinnungsgenossen. Im oberitalienischen Episkopat fanden sie diese. Beide Gruppen schickten eine gemeinsame Gesandtschaft über die Alpen, angeführt von zwei Römern – dem Grafen Girardus und dem Abt des Klosters am Clivus Scauri – und drei Bischöfen: Kadaloh von Parma, Gregor von Vercelli und Dionysius von Piacenza. Während der Reise stieß noch Kanzler Wibert zu ihnen. Sie trafen die Kaiserinwitwe Agnes in Basel; selbst während der Minderjährigkeit des Thronerben hielt man in Deutschland am System des Reisekönigtums fest. Der Vorschlag lautete, im Interesse von Kirche und Reich einen lombardischen Bischof von anerkanntem Reformeifer und erprobter Treue zum neuen Nachfolger Petri zu nominieren. Vermutlich war es Dionysius, der Kadaloh empfahl; auch Wibert verwendete sich für ihn. Der Bischof von Parma war reich, mächtig, von vornehmer Abstammung, als Freund des Möchtums bekannt und dem Kaiserhof in Verbundenheit zugetan. Agnes, ihre Berater, die anwesenden Mitglieder des deutschen Episkopats stimmten zu; daraufhin legte sich Kadaloh den Pontifikatsnamen Honorius II. bei.

Doch gleichzeitig handelten auch die römischen Reformer mit Hildebrand an der Spitze. Unter militärischem Schutz der herbeigerufenen Normannen erhoben sie in tumultuarischer, den Verfahrensnormen wenig entsprechender Weise ebenfalls einen gebürtigen Oberitaliener, freilich aus dem entgegengesetzten Lager. Es war der Bischof von Lucca, Anselm da Baggio, von mailändischem Adel, jedoch den Anfängen der Pataria nahestehend. Er nannte sich Alexander II. Die Wahl bedeutete einen geschickten Schachzug: Der toskanische Markgraf, mit den Saliern ohnehin in Unfrieden lebend, unterstützte freudig die Erhebung des Oberhirten seiner bevorzugten Residenzstadt; damit war für die Reformkurie neben den immer unzuverlässigen Normannen ein weiterer, militärisch nicht zu unterschätzender Helfer gewonnen.

Auf keiner Seite schreckte man davor zurück, die Entscheidung im Papst-Schisma mit der blutigen Waffe zu suchen. Anfänglich schien es, als trüge Kadaloh = Honorius II. den Sieg davon. Er drang bis Mittelitalien vor und konnte den gegnerischen Truppen eine empfindliche Niederlage beibringen, ja sogar die Peterskirche erobern. Doch der Lateran, die Bischofskathedrale Roms, wo die feierliche Inthronisation jedes Neuerwählten stattzufinden pflegte, blieb ihm verschlossen. Kadaloh mußte die Operation vorerst abbrechen; während er in Parma von neuem rüstete, wurde einer seiner lombardischen Amtsbrüder als Agitator für ihn am Tiber tätig. Im Schutz römischer Adelskreise machte Benzo von Alba (im südlichen Piemont) mitten in der 'Ewigen Stadt' zugunsten Kadalohs Propaganda, ohne daß es die Reformkurie hindern konnte. Doch Benzos Mission blieb letztlich erfolglos; er prunkte so sehr mit skurriler Gelehrsamkeit und rhetorischem Schwulst, daß er eher abstoßend wirkte. (Später wurde der Bischof von Alba wegen der Parteinahme für Kadaloh durch patarinische Umtriebe aus der eigenen Diözese vertrieben und lebte im Exil, wo er zeitkritische Pamphlete in Versform schrieb, die er um klingenden Lohn verschiedenen Gönnern widmete: Heinrich IV., der Markgräfin Adelheid von Turin, einigen lombardischen und burgundischen Bischöfen. Zu ihnen gehörte auch Dionysius; Benzo dedizierte ihm mindestens zwei seiner wunderlichen Gedichte.)

Und nun wandte sich das Blatt. Kadaloh fand bei seinen eigenen Wählern nur lässige Unterstützung, wenige ausgenommen, wie in erster Linie Dionysius von Piacenza, den Alexander II. deshalb mit dem Kirchenbann belegte. Durch den Staatsstreich von Kaiserswerth (heute Stadtkreis Düsseldorf) verlor Heinrichs III. Witwe die Regentschaft; das hatte unter anderem zur Folge, daß Kadalohs eifriger Fürsprecher, der italienische Kanzler Wibert, bei Hofe ausschied. Im deutschen Episkopat schwankte man; Erzbischof Anno von Köln regte an, eine Untersuchung durchzuführen, wie es mit der Rechtmäßigkeit beider Päpste stünde: Die Reichskirche möge sich einheitlich verhalten. Er schlug seinen Neffen Burchard von Halberstadt als unparteiischen Delegationsführer vor, der sich indessen als durchaus parteiisch erwies – zugunsten von Anselm = Alexander II. In diesem Sinn entschied sich die Reichskirche auf einer Synode zu Mantua im Mai 1064. Sie tagte im Machtbereich des Markgrafen von Toskana und Canossa; Kadaloh war darum gar nicht erst erschienen.

Nicht nur das Canossa-Jahr 1077 – schon 1064 bedeutete eine Zeitenwende. Zum ersten Mal scheiterte ein Papst, der vom deutschen Königshof erhoben worden war; in Zukunft sollte bei einem Schisma niemals wieder der kaiserliche Kandidat die Anerkennung der gesamten 'ecclesia catholica' finden. Kadaloh unternahm zwar noch einen verzweifelten Versuch, sich gegen Alexander II. durchzusetzen, doch das Unternehmen – ein Überfall auf Mantua – scheiterte an der Wachsamkeit der toskanisch-canusinischen Truppen, welche den Schutz der Synode übernommen hatten. Das gewaltsame Vorgehen diskreditierte Kadaloh vollends. Auch die Kaiserinwitwe ging zu dem Papst des Archidiakons Hildebrand über; Agnes wurde dazu von ihrem Seelenführer und Beichtvater Petrus Damiani bewogen. Nicht zuletzt in propagandistischer Absicht richtete der berühmte Eremiten-Kardinal ein Abmahnungsschreiben an Kadaloh: Er solle endlich den ungerechten Anspruch auf den Thron Petri aufgeben; während inzwischen die ganze Welt, von Gott selbst belehrt, Alexander als den wahren Papst anerkenne, stünden auf Kadalohs Seite doch nur noch „ein paar starrköpfige und sehr gewöhnliche Kerle"; Damiani erwähnte unter diesen Dionysius eigens mit Namen.

Denn der Bischof von Piacenza blieb bei seiner Entscheidung. Alexander erklärte ihn für abgesetzt; heftige Umtriebe der Patarener zwangen Dionysius zur Flucht. Doch er beharrte in seiner Treue zu Kadaloh. Dieser vermochte sich tatsächlich in Parma zu halten. Er gab den Anspruch auf den Apostolischen Stuhl nicht auf, auch wenn sich niemand darum kümmerte. Als Kadaloh um die Jahreswende 1071/1072 starb, bestattete man ihn in der gewaltigen Kathedrale, mit deren Neubau er begonnen hatte – und ging schleunigst zur Obödienz Alexanders über.

Damit endete dieser Versuch, der Reformkurie das Gesetz des Handelns zu entreißen. Der stadtrömische Widerstand zerbröckelte zu vereinzelten Terrorakten; in Deutschland hatte man wohl nie recht verstanden, worum es eigentlich den Erneuerern ging. Nur in Oberitalien war man sich über die prinzipielle Tiefe des Konfliktes zwischen einer Kirche bischöflicher Kollegialität (bei allem Ehrenvorrang Roms) und einer Kirche des extremen monarchischen Papalismus im klaren; die allgemeine Stimmung im lombardischen Episkopat gegenüber der Reformkurie, welche nach wie vor die Pataria favorisierte, blieb feindlich. Doch angesichts des Machtvakuums im Reich, verursacht durch die lange Minderjährigkeit und fortdauernde politische Abhängigkeit des jungen Königs Heinrich, der den Bischöfen keine Rückendeckung geben konnte, weil er selbst zu schwach war, lehnten sich nur wenige offen gegen die 'römischen Anmaßungen' auf. Zu diesen gehörte außer Kadaloh, dem vertriebenen Agitator Benzo von Alba und Dionysius von Piacenza vermutlich der ehemalige Kanzler für Italien Wibert. Als durch Kadalohs Tod der Bischofsthron seiner Heimatstadt Parma vakant wurde, rechnete Wibert damit, dessen Nachfolger zu werden. Doch statt dessen bestellte ihn der Salier zum Erzbischof von Ravenna, freilich mit der Auflage, umgehend sein gestörtes Verhältnis zu Alexander II. in Ordnung zu bringen. So machte sich Wibert auf den demütigenden Weg nach Rom. Dionysius begleitete ihn.

Was dort geschah, läßt sich nur in dürftigen Umrissen rekonstruieren. Alexander war bereits vom nahen Tode gezeichnet; dennoch fand er sich erst auf dringende Fürsprache Hildebrands hin zur Versöhnung bereit. Es heißt in einer Quelle, der Archidiakon hätte sich durch Wiberts bescheidenes Benehmen täuschen lassen. Mit Rücksicht auf den Königshof hob man alle Kirchenstrafen auf und akzeptierte Wiberts Erhebung auf den erzbischöflichen Stuhl von Ravenna; noch gab es kein Verbot der Investitur durch den Herrscher. Doch Wibert mußte ein feierliches Gehorsamsgelübde gegenüber dem Papst ablegen, was bis dahin kaum üblich war. Wie man Dionysius behandelte, bleibt unklar. Anscheinend wurde sein 'Fall' zurückgestellt. Mit einigen anderen lombardischen Bischöfen mußte er im Frühjahr 1074 an der vorösterlichen Synode in Rom teilnehmen. Inzwischen war der Pontifikatswechsel von Alexander II. zu Gregor VII. erfolgt; an Dionysius demonstrierte der neue Papst vor Zeugen aus allen Ländern der Christenheit seinen Regierungsstil und das kuriale Amtsverständnis. Für den Grafensohn war es zweifellos eine entsetzliche Demütigung. Gregor gestattete ihm bis zur endgültigen Klärung (– die also immer noch nicht erfolgte –) lediglich, die Firmung der Jugendlichen durchzuführen und besonders dringliche Geschäfte in seiner Diözese zu tätigen.

Kein Wunder, daß es innerhalb eines Jahres erneut zum Bruch kam; diesmal war er endgültig. Der Anlaß war ein zweifacher Eingriff des Papstes in die Verwaltung der Diözese Piacenza, einmal gegen den Willen des Dionysius, das andere Mal sogar auf dessen Veranlassung. Es ging dabei um das Verhältnis zwischen bischöflicher Autorität und klösterlicher Selbständigkeit – eine der großen Verfassungskontroversen im mittelalterlichen Kirchenrecht, in welche sich Gregor VII. wiederholt im papalen Sinn einschaltete, hier wie an anderen Orten. Er griff eine Klage des Konvents S. Sepolcro auf, die unmittelbar an ihn gerichtet war; er entsandte Legaten in die Stadt, ohne die geringste Rücksicht auf eine mögliche Zuständigkeit des örtlichen Oberhirten zu nehmen. Ein Streit verquickte sich damit, der schon seit langem zwischen Dionysius und einem seiner Untergebenen schwelte, dem Subdiakon Bonizo, welcher der Pataria nahestand, ja geradezu als Wortführer der kirchlichen wie sozialpolitischen Heißsporne in der städtischen Unterschicht galt – an sich schon Grund genug für den Bischof und Grafensohn, über die Einmischung des Papstes ungehalten zu sein. Doch dazu kam noch, daß S. Sepolcro zu Dionysius in besonderen Beziehungen stand, die Gregor keiner Beachtung würdigte, vielleicht auch gar nicht kannte. Zwei Bürger hatten 1055 das Kloster gestiftet. Dionysius wirkte an der Gründung persönlich mit, weihte die Kirche, legte in einer ungewöhnlich feierlichen Urkunde, die er zusammen mit dem gesamten Domkapitel eigenhändig unterzeichnete, die rechtliche und spirituelle Lebensform bis ins einzelne fest. Er hatte an alles gedacht und für vieles gesorgt, es war weithin 'seine' Schöpfung. Und nun sollte er völlig ausgeschaltet werden? Gewiß: der Bischof hatte dem Konvent ein ungewöhnliches Maß an Freiheit verliehen; aber als Alexander II. S. Sepolcro den Apostolischen Schutz zusicherte, war ausdrücklich vom Papst verbrieft worden: „unbeschadet aller Rechte dessen, der das Hirtenamt in Piacenza wahrnimmt.“ Galt das alles nicht mehr?

Und noch stärkeren Anlaß zur Unzufriedenheit glaubte Dionysius bezüglich der Abtei S. Savino hegen zu müssen. Das war eine der berühmtesten kirchlichen Institutionen der Stadt, schon in der Zeit der christlichen Römerkaiser gegründet (423 n. Chr.), während der Ungarn-Einfälle verbrannt, dann aber wieder neuerrichtet. Sämtliche Herrscher hatten seitdem für den Konvent Privilegien ausgestellt. Päpste und Könige, Bischöfe und Äbte, Fürsten und Gesandte pflegten in S. Savino abzusteigen, wenn sie auf der Durchreise in Piacenza Quartier nahmen. Zugunsten dieser Abtei hatte Dionysius gemeinsam mit den Eltern und dem Bruder reiche Schenkungen getätigt; diese Mönche hatte er dazu verpflichtet, für „seinen Herrn, den unbesiegbaren Kaiser Heinrich [III.] und seine edle Gemahlin, die Kaiserin Agnes“, für alle Anverwandten und für sich selbst regelmäßig das Fürbittengebet zu sprechen. Und nun mußte er feststellen, daß sich Abt Rigizo „mit dem abscheulichen Verbrechen der Simonie befleckt“ hatte! Offenbar fassungslos hatte der Bischof davon abgesehen, selbst das Urteil zu sprechen, sondern statt dessen diesen „falschen Mönch“ mit entsprechender Bewachung nach Rom geschickt: Hier sollte der Papst selbst ein Exempel statuieren!

Doch nun war Rigizo zurückgekehrt, mit einem päpstlichen Brief, in welchem Gregor zwar gegenüber Dionysius mancherlei freundliche Worte äußerte, sich aber im entscheidenden Punkt nach Meinung des Bischofs geradezu unglaublich verhielt: Es sei schon recht, Rigizo habe gestanden. Er könne sicher nicht auf Dauer Abt bleiben. Aber jetzt sei es besser, ihn vorerst bis zu einer Neuwahl die Dienstgeschäfte fortführen zu lassen, damit dem Kloster kein materieller Schaden entstünde...

Die Reaktion des Bischofs ist nicht näher überliefert. Man kann sie sich vorstellen. Wurde hier nicht ein Verfahren befürwortet, welches dem geschärften und ungeduldig gewordenen Rechtsempfinden der Zeit schroff zuwiderlief? Wie war denn sonst die Reaktion Gregors ausgefallen, wenn er – im Sinne Roms – Übelstände entdeckte oder auch nur zu entdecken glaubte? Dionysius von Piacenza hat mit Sicherheit nicht geschwiegen, sondern seine Meinung gewiß sehr lautstark kundgetan: als Vertreter eines ausschließlich sittlichen Reformgedankens und als Antigregorianer. Abermals ist nur die 'übernächste' Reaktion bekannt. Im amtlichen Kurzbericht über die römische Frühjahrssynode von 1075 heißt es: „Erzbischof Liemar von Bremen wurde wegen unbelehrbarem Ungehorsam vom Bischofsamt vorläufig suspendiert. Ihm wurde verboten, das Abendmahl zu sich zu nehmen. Werner von Straßburg wurde vom bischöflichen wie vom priesterlichen Amt vorläufig suspendiert. Heinrich von Speyer wurde vorläufig suspendiert, desgleichen Hermann von Bamberg, falls er sich nicht bis Ostern rechtfertigt. In Oberitalien wurden Wilhelm von Pavia und Kunibert von Turin vorläufig suspendiert. Aber Dionysius von Piacenza wurde abgesetzt."

Gregor hat den Piacentinern darüber selbst brieflich Mitteilung gemacht. Er beklagte die Verwirrung in der Diözese, um deretwegen man sich schon mehrfach an ihn gewandt habe. (Gemeint sind die Unruhen der Patarener.) Dionysius sei wiederholt vermahnt worden. „Aber weil Gott nicht wollte, daß die Sünden des Ungehorsams, durch welche jener uns schon oftmals verletzte, mit dem Schleier des Erbarmens verborgen und unbestraft bleiben sollten, hat Dionysius auch weiterhin Lügen ausgestreut und als Eidbrüchiger und vieler Verbrechen Überführter unsere Ermahnungen nicht beachtet. Deshalb setzten wir ihn auf Grund des unwiderruflichen Urteils der heiligen Synode und der nicht zurücknehmbaren Willensbekundung sämtlicher Teilnehmer ohne Hoffnung auf Begnadigung vom Bischofsamt ab und beschlossen, ihm niemals in aller Zukunft wieder Gehör zu schenken." Worum es genauer ging, blieb unausgesprochen. Die Emotion war nicht zu überhören; die Äußerungen des Bischofs von Piacenza müssen Gregor in seinem Amts- und Selbstverständnis tief getroffen und vor Dritten in ein zweifelhaftes Licht gestellt haben. Von Gregor VII. hat sich ein sehr umfänglicher Teil des gesamten Briefwechsels erhalten; darin wird nur von drei weiteren Personen mit ähnlicher Schärfe der Erregung gehandelt: von König Heinrich IV., vornehmlich nach 1080; von dem Kleriker Roland aus Parma, der 1076 die Gehorsamsaufkündigung nach Rom brachte und vom Herrscher als Lohn für diese Mutprobe mit dem Bistum Treviso ausgestattet wurde; endlich von dem Gegenpapst des Jahres 1080/84, Wibert von Ravenna, dem Gesinnungsgenossen des Dionysius. Kein deutscher Bischof wäre hier aufzuführen; in Oberitalien war die Opposition gegen das Reformpapsttum am härtesten und am langlebigsten.

Vor allem war sie auch am verbreitetsten. Nahezu der gesamte Episkopat stand gegen Gregor; darum der Beifall, welchen man den Wormser Beschlüssen zollte. Die Bannung Heinrichs zeigte südlich der Alpen wenig Wirkung. Als der König ein Jahr später den Canossa-Gang antrat, glaubten die lombardischen Bischöfe an die erwartete militärische Konfrontation und rüsteten gegen den Papst. Nie hätten sie für möglich gehalten, was dann wirklich geschah – die Demütigung des Herrschers vor dem Nachfolger Petri in nie dagewesenen Formen –, und sie sparten gegenüber dem Salier nicht mit ihren Vorwürfen. Nicht als Augenzeuge, aber sicher auf Grund der umlaufenden Berichte hat ein zeitgenössischer Chronist das Zusammentreffen der Oberitaliener mit dem Boten Heinrichs in der Stadt Reggio folgendermaßen geschildert: „Es erhob sich ein gewaltiger Zorn und Unwille. Alle begannen laut zu murren und mit Worten und Gebärden zu toben. Was der Papst ihnen melden ließ, das überschrien sie mit höhnischen Rufen, und wie es ihnen die Wut eingab, überschütteten sie den Boten mit Beleidigungen und Flüchen: Sie gäben nichts auf die Exkommunikation durch einen, den sie ja selbst aus gerechtem Anlaß längst mit dem Kirchenbann belegt hätten; durch Simonie habe er den Apostolischen Stuhl bestiegen und mit Blut befleckt... Der König habe nicht seiner Würde entsprechend gehandelt und der Ehre des Reiches einen Schandfleck aufgeprägt... Sie hätten, um ihn zu rächen, die Anfeindungen des Papstes auf sich genommen, und nun hätte er sie im Stich gelassen, so schimpflich dies auch zu sagen sei..."

In den Augen der Gregorianer „wie unbelehrbares Vieh", blieb die Mehrheit im oberitalienischen Episkopat auch nach Canossa bei dem „Nein" gegenüber diesem Papst. Trotz der Amtsenthebung befand sich der Bischof von Piacenza weiterhin im vollen Besitz seiner Diözese. Fast wäre es ihm gelungen, die äußere Versöhnung zwischen Kurie und Krone, welche glücklich erreicht schien, wieder zunichte zu machen. Im Auftrag Gregors durchzogen zwei hohe Geistliche, seine engsten Vertrauten, das Land, um überall Frieden zu stiften und für die Anliegen des Apostolischen Stuhles zu werben. Dionysius ließ sie überfallen – Canossa lag kaum zwei Wochen zurück! Der eine kam alsbald wieder frei; der andere – der Kardinal von Ostia – mußte in einem finsteren Burgverlies schmachten. Erwartungsgemäß gab man dem König die Schuld, bezweifelte die Ehrlichkeit der geäußerten Verhandlungsbereitschaft; Gregor verlangte entsprechend dem Vertragsdokument umgehende Entlassung aus der Haft. Doch damit eilte es Dionysius nicht; noch ein halbes Jahr später wird erwähnt, daß sich Kardinal Giraldus in Gefangenschaft befand. Dann wurde er freigegeben; er ist bald darauf gestorben, vielleicht an den erlittenen Strapazen.

Trotz dieses Vorfalls, der die gerade errungene, scheinbare Eintracht auf das äußerste gefährdete, bestand nach Canossa drei Jahre hindurch ein eigentümlicher Schwebezustand zwischen Krieg und Frieden. Heinrich war wieder anerkannter König, obwohl der Papst den Plan nicht aufgeben wollte, gemeinsam mit den deutschen Fürsten zu Augsburg über ihn Gericht zu halten. Dionysius war abgesetzt, ohne daß ihm daraus in seiner Diözese besondere Schwierigkeiten erwachsen wären oder daß er gar einen Nachfolger erhalten hätte. Auf der Fastensynode des Jahres 1078 wurden einige weitere lombardische Bischöfe von Gregor mit Kirchenstrafen belegt, doch das hatte keine Konsequenzen, schon gar nicht bezüglich des königlichen Verhaltens. Die Opposition gegen die Reformkurie blieb bestehen, aber man sprach nicht viel davon. Vor allem erbat man keine Urkunden in Rom. Es war, als sei der Kontakt zum Apostolischen Stuhl abgerissen. Gelegentlich meldete sich die Kurie, meistens mit Vorladungen oder Drohungen, auf die man – wenn die Überlieferung nicht täuscht – in der Regel ausweichend oder gar nicht antwortete.

Wie man wirklich dachte, wurde deutlich, als Gregor am 7. März 1080 auf der römischen Fastensynode von sich aus den Angriff eröffnete und König Heinrich abermals bannte wie absetzte. Diesmal zeitigte die Kirchenstrafe geringe Wirkung, der salische Gegenstoß dafür aber um so mehr! In Brixen, an der Grenze Italiens und im Aufbruch zum Krieg, versammelte der Herrscher den deutschen und den oberitalienischen Episkopat, um die Antwort zu geben: Erneute Gehorsamsaufkündigung, diesmal aber zugleich Wahl eines Gegenpapstes. Zwanzig lombardische Bischöfe hatten sich eingefunden, unter ihnen auch Dionysius von Piacenza. Das neue Oberhaupt der Kirche sollte Wibert von Ravenna werden, durch zwei volle Jahrzehnte der Streit- und Weggenosse des Dionysius! Die Quellen versichern, der Bischof von Piacenza habe die Parole des Tages formuliert: Kaiserkrönung Heinrichs in Rom! Wie in Brixen die Stimmung der allermeisten Teilnehmer aussah, lehrt die Unterschrift des einstigen Boten der Synodaldekrete von 1076, die er in Rom unter Lebensgefahr verkündet hatte: „Ich, Roland, von Gottes Gnaden Bischof von Treviso, habe mit dem allergrößten Vergnügen unterzeichnet!"

Nach diesem Datum erfährt man nicht mehr viel über Dionysius. Der Bischof ist zweimal als Königsbote und Beisitzer im Hofgericht nachweisbar. Dann verstummt die Überlieferung. Ein Nachfolger ist erst im Frühjahr 1086 bezeugt. Nach örtlicher Tradition hat Dionysius in Piacenza einen friedlichen Tod gefunden. Er wurde in einer heute verschwundenen oder nicht mehr identifizierbaren Johannes-Kirche bestattet, trotz päpstlichem Bannfluch und Absetzung vom Bischofsamt.

Wie war das möglich? Noch Jahrhunderte später fand fromme Gelehrsamkeit in Piacenza an den unvereinbar anmutenden Gegensätzen dieses Lebens reichen Stoff zum Nachdenken. War nun Dionysius ein vorbildlicher Hirte seiner Herde (was doch nur in Übereinstimmung mit Rom möglich schien) oder ein ich-bezogener, reformfeindlicher Aufrührer? Im hochmittelalterlichen Kathedral-Kalendarium liest man: „21. September. Der den Elenden Hilfe darbot, Bischof Dionysius, ist an diesem Tag gestorben. Er schenkte unserer Kirche das Dorf S. Prospero, die Wiesen und das Ackerland von Pittolo und alles, was wir in Veiola besitzen." Die Quelle schweigt völlig über den Kampf mit Gregor VII.! Die ältesten Chroniken zählen die Verdienste des Bischofs auf, teilweise vollständiger, als es hier geschehen konnte. Wohl gerade weil er aus dem Hochadel kam, fühlte er sich für die Armen mitverantwortlich. Die frühe Lokalgeschichtsschreibung erwähnt, daß Dionysius die Geistlichen sämtlicher Ortskirchen darauf verpflichtete, Religionsunterricht für die Jugend zu halten und sich am Taufgottesdienst im Dom-Baptisterium zu beteiligen. „... ein Brauch, den wir bis heute fortgesetzt finden", merkte in der Mitte des 17. Jahrhunderts Pietro Maria Campi dazu an, der bedeutendste Historiker Piacenzas. Er konnte nicht anders: Er mußte diesen Bischof tief verehren. Um so mehr bedrückte ihn dessen Verhältnis zu Gregor VII. Campi löste das Problem auf seine Weise. Er nahm an, Dionysius wäre schon 1077 gestorben, „... und zwar eines seligen Endes. Denn alle Anzeichen lassen mich zuversichtlich glauben, daß er doch noch büßend umkehrte, die Gnade des Papstes wiedergewann und die Versöhnung mit Gott erlangte. ... Und darum glauben wir auf das bestimmteste, daß er von dem gütigen Papst auch sein früheres Amt und die Bischofswürde zurückerhielt."

Man muß dem Lebenswerk des Geschichtsforschers Campi Achtung entgegenbringen. Daß er hier irrte, weil er irren wollte, liegt auf der Hand. Kritik ist am schwersten, wenn man sich selbst damit wehtut. Doch gewinnen nicht letztlich beide – der Papst wie der Bischof –, wenn wir sie in der unbequemen Unbedingtheit ihres Wollens, Kämpfens und Leidens sehen? Denn es ging Gregor VII. und Dionysius von Piacenza um die Sache und nicht um Ziele der eigenen Person.

Bischof Benno II. von Osnabrück
(1068–1088)

Unter allen vorgotischen Sakralbauten des deutschen Sprachraumes nimmt nächst dem Aachener Marienmünster unstreitig der Kaiserdom von Speyer historisch wie kunstgeschichtlich die erste Stelle ein. Nach den äußeren Dimensionen ist er die monumentalste Kirche Europas im romanischen Stil, die sich erhalten hat – nur Cluny, das während der Französischen Revolution zerstört wurde, übertraf ihn. Er wurde auf dem Grundriß aus der Zeit der Stiftung durch Konrad II. errichtet und ist in der Umgestaltung Heinrichs IV. der älteste vollständig eingewölbte Großbau nördlich der Alpen. In einem Nebenraum der riesigen

Hallenkrypta, die sich unter dem gesamten Querschiff, der Vierung und der Hauptapsis ausbreitet, haben acht Kaiser und Könige sowie drei Kaiserinnen die letzte Ruhe gefunden. Der gewaltige Bau ist eines der glanzvollsten Denkmäler deutscher Geschichte; aber dieser Dom existiert nur deshalb noch, weil in alter und jüngerer Zeit unermüdlich an seiner Erhaltung gearbeitet wurde, die immer wieder schwer gefährdet war. Schon während der Erbauung setzten die Konservierungs- und Restaurierungsmaßnahmen ein. In der Unterkirche sind an einigen Stellen der Nordwand die Stützmauern zu sehen, mit welchen man bereits im späten 11. Jahrhundert den Seitenschub abfangen mußte und zugleich den Fundamenten im abrutschgefährdeten Kieshügel dicht am Rheinufer nachträglich Festigkeit gab. Es sind unansehnliche, unregelmäßige Steinsetzungen, aber man hat sie mit staunenswertem technischen Können und hoher Einsicht in die Probleme der Statik aufgeführt. Wir kennen den Baumeister. Er hieß Benno und war neben seiner mehrjährigen Tätigkeit als Leiter der Dombauhütte von Speyer seit 1068 Bischof in Osnabrück.

Man weiß es: Zahlreiche Bischöfe sind als Mäzene und Bauherren in die Geschichte eingegangen. Aber Benno II. von Osnabrück war nicht nur Auftraggeber, sondern zugleich selbst Bauleiter und -sachverständiger. Das war selten, wenn auch kein völliger Einzelfall. Der nach Benno die Verantwortung für die kaiserlichen Baumaßnahmen in Speyer übernahm, wurde gleichfalls Bischof; man verehrte ihn später sogar als Heiligen: Otto von Bamberg. Der hochmittelalterliche Episkopat bildete im Zeichen des ottonisch-salischen Reichskirchensystems nicht nur eine staatstragende Führungselite von hoher Effizienz, sondern erwies sich zugleich in zahlreichen seiner Vertreter als eine kulturelle Leistungselite von erstaunlicher Vielseitigkeit und schöpferischer Kraft. Einen instruktiven Beleg dafür liefern Leben und Persönlichkeit Bennos.

In anderer Hinsicht war Benno freilich eher eine Ausnahme: Er stammte nicht aus dem Adel. Zwischen dem Bodensee und dem Rheinknie bei Basel liegen zwei Weiler namens Löhningen; in einer dieser Ortschaften wurde Benno als ältester Sohn einer Familie geringen Standes geboren, die sich jedoch durch Fleiß und Geschicklichkeit materiell emporgearbeitet hatte. Die Ehe der Eltern blieb jahrelang kinderlos; die Zeitanschauung sah darin einen Fluch oder eine Sündenstrafe.

Durch zusätzliche Bußübungen und fromme Werke versuchte man, das Erbarmen des Himmels zu erringen. Das Ehepaar beriet sich mit Freunden, fragte Mönche um Rat. Schließlich ließen die beiden das Abbild eines Kindes aus reinem Silber herstellen und unternahmen eine Wallfahrt nach Rom, um Gott und den Heiligen das wertvolle Kunstwerk darzubringen und ihnen durch diese Votiv-Figur sichtbar vor Augen zu führen, was ihr Herzenswunsch sei. Zusätzlich legten sie das Gelübde ab, den ersten Sohn Priester werden zu lassen, wenn die Unfruchtbarkeit von ihnen genommen würde. Ihr Gebet fand Erhörung. Bennos Biograph versichert auf Grund der eigenen Erzählungen des Bischofs, schon dem Kleinkind sei eine ungewöhnliche Würde und Heiterkeit zu eigen gewesen, wie sie dem Geistlichen gezieme; außerdem sei der Knabe als Muster an Klugheit und anstelligem Verhalten aufgefallen. Mag die erste Behauptung eher einer literarischen Konvention entspringen (– von zahlreichen Heiligen wurde im Mittelalter erzählt, daß sie schon in der Wiege zu erkennen gaben, was später aus ihnen wurde –), so dürfte doch die zweite Aussage der Wahrheit entsprechen: Bennos vielseitige Begabung, namentlich in praktischer und künstlerischer Hinsicht, könnte sich durchaus bereits in frühem Alter gezeigt haben.

Als Benno das entsprechende Alter erreicht hatte, brachten ihn die Eltern nach Straßburg, wo er den Elementarunterricht empfing und zum Kleriker ausgebildet wurde. Warum man ihn nicht nach Konstanz oder Basel schickte, in die nächstgelegenen Bischofsstädte, ist unbekannt; familiäre Gründe mochten den Ausschlag gegeben haben. Von rascher Auffassungsgabe, überflügelte der Knabe bald alle Mitschüler. Sein Lerneifer war unersättlich, der Ehrgeiz unverkennbar; die Wissenschaft bereitete ihm Freude; – nach einigen Jahren verließ er Straßburg, um fortan die Klosterschule auf der Bodensee-Insel Reichenau zu besuchen, die im zweiten Viertel des 11. Jahrhunderts einen glänzenden Ruf besaß. Dort unterrichtete einer der größten Gelehrten und besten Lehrer, die es damals im Reich gab: Hermann der Lahme. Der Sohn des schwäbischen Grafen Wolfrad von Altshausen-Saulgau war als Kleinkind dem Benediktinerkonvent übergeben worden, weil er von Geburt an mißgestaltet und schwerbehindert war. Hermann war lebenslang auf den Tragstuhl angewiesen und konnte sich nur mit Schwierigkeiten verständlich machen, da auch sein Sprachvermögen eingeschränkt war.

Und trotzdem leistete er auf verschiedenen Wissensgebieten Hervorragendes! Ob Dichtkunst, Musik, Himmelskunde, Mathematik, Geschichtsschreibung – Hermanns Werke gehören zu den wichtigsten Zeugnissen hochmittelalterlicher Wissenschaft. Außerdem wußte der Gelähmte seine Schüler zu begeistern. Besonders mochte Benno anziehen, daß Hermann nicht nur als Theoretiker glänzte, sondern zugleich praxisbezogen arbeitete und sich persönlich bei der Anfertigung astronomischer, mechanischer und selbst musikalischer Instrumente hervortat. Noch in höherem Alter hat der Bischof von Osnabrück gerne davon erzählt und den vielfältigen Nutzen hervorgehoben, den er durch den Unterricht und Umgang mit diesem Lehrmeister davontrug.

Für ein Benediktinerkloster, in dessen Tageslauf die Meditation eine gewichtige Rolle spielte, war dieser Schulbetrieb von erstaunlicher Weltzugewandtheit und -offenheit. Doch Benno wollte mehr lernen und erfahren. „Er begab sich nach Art der fahrenden Scholaren eine Zeitlang auf Wanderschaft und besuchte verschiedene Orte." Dann kehrte er nach Straßburg zurück. Wie konnte er Karriere machen, da er nicht aus einem großen Hause kam? Er bemühte sich um die Bekanntschaft hochstehender Persönlichkeiten und knüpfte besonders mit Bischof Wilhelm Beziehungen an; er begleitete diesen auf einer Pilgerfahrt nach Jerusalem. Aber die Möglichkeiten, welche sich Benno in Straßburg boten, befriedigten nicht seinen Ehrgeiz. Deshalb wechselte er den Tätigkeitsort und ging nach Speyer.

Unter der salischen Herrscherdynastie, die selber aus dem Speyergau stammte, nahm die Bischofsstadt damals einen gewaltigen Aufschwung. Die Ottonen hatten zahlreiche neue Diözesen gegründet; weil ihre Nachfolger auf dem Thron „keine Möglichkeit sahen, mit ihrem Privatbesitz ein weiteres Bistum zu stiften, hegten sie den löblichen Vorsatz, diesen Bischofsstuhl (Speyer), der so heruntergekommen war, daß er kaum mehr als solcher gelten konnte, aus eigenen Mitteln wiederherzustellen und zu einer Stätte ihres Andenkens zu machen." Um 1030 wurde der Grundstein für den Neubau des riesigen Domes gelegt; das bedeutete Arbeit und Brot für viele. Die Einwohnerzahl wuchs erheblich an. Nicht wenige kamen, die am Königshof Karriere machen wollten, unter ihnen auch Benno. Die Speyerer Domschule besaß kein besonderes Ansehen; jetzt gewann sie Profil und Rang. Benno erhielt eine Stelle als Magister. Offenbar hatte er überdurchschnittlichen Erfolg in der Lehre. Die Vita berichtet, daß er solchen Zuspruch fand, daß er bald von dem gezahlten Schulgeld ein erhebliches Vermögen anhäufen konnte. Weil er vielseitig, fleißig und kenntnisreich war – zudem wohl auch ein ungewöhnlich witziger und engagierter Lehrer –, besuchte man seinen Unterricht besonders gern. Es konnte nicht ausbleiben, daß Benno in engere Beziehung zu Heinrich III. trat. Als der Herrscher 1048 nach Sachsen reiste, begleitete ihn der Schwabe. Goslar wurde damals der bevorzugte Aufenthaltsort des Kaisers. In der aufstrebenden Stadt am Rammelsberg, dessen Silberreichtum gerade erschlossen wurde, erbaute der Salier eine geräumige Pfalz und gründete dabei das reichsunmittelbare Stift Sankt Simon und Juda, das mit einer Schule verbunden war, aus welcher die Krone zahlreiche der Jungkleriker nahm, die für den Hofdienst benötigt wurden. An dieser prominenten Anstalt wurde Benno Lehrer.

Bennos Vielseitigkeit und sein Talent erregten Aufsehen. Vor allem im nahen Hildesheim interessierte man sich für ihn. Die berühmte Domschule befand sich seit geraumer Zeit im Niedergang. Durch die Anstellung Bennos hoffte Bischof Hezilo, wieder eine Aufwärtsbewegung einzuleiten. Dem umworbenen Lehrer wurden Sonderbedingungen eingeräumt. Er hatte keine materiellen Sorgen mehr, zumal er großes Geschick bewies, sein Geld sinnvoll und sicher anzulegen. Über Bennos Unterrichtserfolge urteilte man, daß sich viele Geistliche, die er ausgebildet hatte, nach Kenntnisstand, Interesse für die Wissenschaften und geschliffenem Benehmen von der Masse vorteilhaft unterschieden.

Benno war ein Emporkömmling. Auch im Hochmittelalter gab es durchaus Fälle von 'sozialer Mobilität'; aber sie blieben vergleichsweise selten. Der talentierte Schwabe aus geringem Stand war ohne Zweifel besonders leistungsmotiviert; sonst hätte man ihm keine Stellungen eingeräumt, die im allgemeinen dem Adel vorbehalten waren. Sein gesellschaftlicher Aufstieg vollzog sich in einer Weise, für die es bis zum heutigen Tag zahllose Parallelen gibt: In der beruflichen und menschlichen Nachahmung der 'nächsten Leitgestalt', nämlich des verehrten Lehrers. Benno sah in Hermann dem Lahmen sein großes Vorbild. Darum wurde er selbst Magister. Aber er blieb es nicht fürs ganze Leben.

Benno war kein weltfremder Gelehrter, kein bloßer Theoretiker. Ihm lag vor allem an der praktischen Anwendung der Wissenschaften. In Straßburg, Speyer, Goslar und Hildesheim wurde damals viel gebaut.

Er muß zugesehen, gefragt, mithelfend gelernt haben; sonst wäre die erfolgreiche Tätigkeit als Architekt nicht möglich. Die rastlose Wißbegierde, welche ihm nachgerühmt wird, ließ aus dem neugierigen Zuschauer einen tüchtigen Dilettanten und endlich einen meisterlichen Fachmann werden. Aber genauso interessierten ihn andere Berufszweige und selbst Verwaltungsaufgaben. Bischof Hezilo bediente sich seiner auf zahlreichen Gebieten, bei Beratungen, Gesandtschaften, politischen Geschäften.

1051 mußte der Hildesheimer Bischof am Feldzug gegen die Ungarn teilnehmen, zu welchem Heinrich III. die Fürsten aufgeboten hatte. Hezilo ließ sich von Benno begleiten. Es war ein Krieg ohne Schlachten; die Feinde suchten durch eine Taktik der verbrannten Erde die Deutschen mittels des Hungers zu überwältigen. Im salischen Lager herrschte bald empfindlicher Mangel an Lebensmitteln und Pferdefutter. Nur dem Aufgebot aus Hildesheim ging es besser: Benno übernahm die Verpflegungsbeschaffung, und seine Findigkeit bewährte sich. Bald erzählte man sich wahre Wunderdinge darüber. Während die anderen längst kein Brot mehr hatten und selbst der Kaiser hungerte, trieb der kluge Schwabe doch noch irgendwo etwas Eßbares auf! Vor allem wußte er den schmalen Proviant besser einzuteilen. Hezilo und seine engste Umgebung brauchten nicht zu darben. So machte sich Benno unentbehrlich; der Bischof hat es ihm nicht vergessen. In die Heimat zurückgekehrt, zeichnete er ihn durch mancherlei Ehren öffentlich aus, ernannte ihn zum Dompropst und übertrug ihm die gesamte Wirtschaftsverwaltung des Bistums.

Mit dem Eintritt in den Hildesheimer Kirchendienst hatte Benno keineswegs die Brücken zum Kaiserhaus abgebrochen. Heinrich III. machte ihn zum Erzpriester von Goslar und zugleich zum Leiter des dortigen Königshofes. Benno besaß manche geistlichen Tugenden; man rühmte seinen Eifer als Lehrer und lobte ihn als Architekten. Aber mehr noch bewunderten die Zeitgenossen die geradezu einzigartige Fähigkeit, praktische Lösungen für schwierige Verwaltungsprobleme zu finden, und die Geschicklichkeit, ihre Verwirklichung auch gegen Widerstände eher geräuschlos durchzusetzen. Beharrlichkeit und List gehörten zu seinen Charakterzügen. Er hatte nicht viel Skrupel, ökonomischen Notwendigkeiten zu entsprechen, wenn es vielleicht christlicher gewesen wäre, anders zu handeln. Gelegentlich verprügelte er eigenhändig einen Bauern, der in der Ablieferung der Abgaben säumig war. Aber man konnte ihn dabei auch nicht leicht hinters Licht führen; er verfügte selbst über die notwendige Sachkompetenz und war nicht auf fremden Rat angewiesen. Sogar auf dem Gebiet der Landwirtschaft besaß Benno erhebliche Kenntnisse „bei der vernünftigen Anlage von Gehöften, in der Rinder- und der Kleinviehzucht, im Ackerbau und bei allen anderen Geschäften; – und doch steht fest, daß er sich das Wissen nicht durch eigene Praxis, sondern lediglich mittels eines theoretischen Studiums erworben hatte".

Erstaunlich, daß die Überlieferung dies alles berichtet! In der Biographie, welche Norbert verfaßte, der erste Abt des von Benno gegründeten Konvents zu Iburg (Teutoburger Wald), wird den Lesern nicht ein makelloser Heiliger vor Augen geführt, sondern ein fehlbarer Mensch, der neben vielem Rühmenswerten auch erhebliche Schwächen aufweist und deshalb auf die Fürbitte anderer angewiesen ist, um die Vergebung seiner Sünden zu erlangen. Die Vita wendet sich ihrer Zielsetzung nach nicht an ein Publikum außerhalb der Klostermauern, um dieses mit einem Muster christlicher Vollkommenheit bekannt zu machen, dem man nachstreben soll. Es sind ausschließlich die Mönche von Bennos eigener Stiftung Iburg, an welche Abt Norbert das Wort richtet, um sie aufzufordern, für den Verstorbenen zu beten, „damit er – falls er noch im Fegefeuer weilt – möglichst bald daraus befreit wird und – wenn er bislang das Wort des Heilands nicht vernehmen durfte: ‚Du getreuer Knecht, gehe ein in die Freude des Herrn' (Matth. 25,21) – sich zuletzt doch bei denen befindet, über die geschrieben steht: ‚Kommt, ihr Gesegneten meines Vaters; besitzt das Reich, welches für euch bereitet ist' (Matth. 25,34)." Der Autor ist auf Grund der mehrjährigen persönlichen Bekanntschaft durchaus der Meinung, daß Benno diese Fürbitte nötig hat: „Vielleicht wurde ihm durch uns bei dem gestrengen ewigen Richter bislang nicht so wirkungsvoll geholfen, wie er es bei Lebzeiten erhoffte und jetzt womöglich dringend braucht." Darum schildert Norbert den Bischof seinen monastischen Lesern, wie er wirklich war. Das Büchlein ist konventsinterne Literatur – und damit als Quelle doppelt wertvoll.

Daß der Abt von Iburg gerade auf das neutestamentliche Gleichnis vom getreuen Haushalter Bezug nimmt, ist natürlich kein Zufall. Benno war in erster Linie Administrator. Seine geistlich-weltliche Doppelaufgabe nahm ihn ganz in Beschlag. Für die Schule blieb jetzt keine Zeit mehr. Verwaltung und Gerichtsbarkeit – in der modernen öffentlichen Ordnung prinzipiell zwei getrennte Bereiche – lagen im Mittelalter in gleicher Hand. Man hört in der Überlieferung mancherlei über Benno als Richter, was den Zeitgenossen ungewöhnlich schien. Er führte die Verhandlungen mit großem Scharfsinn, aber nicht mit schreckenerregender Unerbittlichkeit. Es fiel auf, daß er oftmals die Strenge der Gesetze milderte und anstelle der üblichen harten Körperstrafen gern Geldbußen verhängte. Das bedeutet nicht, daß er leichthin Gnade vor Recht ergehen ließ, sondern daß er auch in der Rechtspflege ökonomisch dachte. Benno hielt nichts davon, Leibeigene und Hintersassen durch den Henker zu verstümmeln, wie es damals bei bestimmten Delikten üblich war; sollten sie doch statt dessen vermehrt arbeiten, um die Schuld zu sühnen! Bei allen Streitigkeiten, die zur Schlichtung vor ihn gebracht wurden, führte er möglichst einen fiskalisch einträglichen Vergleich herbei. Doch er hütete sich sorgsam vor dem leisesten Anschein, sich an den Strafgeldern bereichern zu wollen. Trotz Bennos Vorsicht war nicht jeder von seiner Uneigennützigkeit überzeugt – wohl nicht ohne guten Grund: Indirekt kam es dem klugen Schwaben durchaus zugute, daß er die Gerichtseinnahmen für mildtätige Zwecke verwendete; so brauchte er nicht auf seine Regeleinkünfte zurückzugreifen, um Bedürftige und unverschuldet in Not Geratene zu unterstützen, wie es Christenpflicht war. Auch als Bischof hat er sich nicht anders verhalten. Bat man ihn um Dispens von den kirchlichen Fasten- und Abstinenzgeboten – etwa im Fall einer Krankheit, wegen eines Familienfestes zu unpassender Zeit oder weil einmal der Appetit allzu groß war –, so genehmigte er fast regelmäßig die Ausnahme, wenn dafür eine entsprechende Sühnezahlung geleistet wurde. Benno war kein Simonist, aber bei der Geldbeschaffung überaus einfallsreich und vorurteilslos. Seine Sparsamkeit ist gut bezeugt. Zwar erwies er sich Fremden gegenüber bisweilen als sehr großzügig; hingegen klagte die nächste Umgebung – sicherlich mit guten Grund –, er wäre knauserig.

Krone und Episkopat suchten sich seiner seltenen Fähigkeiten zu versichern. Man warb um Benno, machte ihm großzügige Angebote, um ihn in den eigenen Dienst zu ziehen, stritt sich geradezu um seine Mitarbeit. Erzbischof Anno von Köln berief den Hildesheimer Dompropst und Goslarer Archidiakon an den Rhein und machte ihn zum Verweser der ganzen Erzdiözese; aber die Salier konnten ihn zurückgewinnen. Sie brauchten ihn für Verwaltungsaufgaben in Sachsen, namentlich für den Ausbau des Krongutes im Harzraum. Heinrich III., nach seinem frühen Tod die Minderjährigkeitsregierung für Heinrich IV., endlich vom Eintritt der Volljährigkeit an der junge König selber versuchten auf mancherlei Weise, die Reichsdomänen um Goslar und in Nordthüringen zu vermehren. Der Vizedominus Benno erwies sich dabei als trefflicher Helfer, so daß ihn der Herrscher ungeachtet der geringen Herkunft 1068 zum Bischof von Osnabrück machte.

Bennos Stärke lag nicht auf dem Gebiet der Seelsorge oder der Theologie; darüber war er sich selber völlig im klaren. „Weil stets mit weltlichen Aufgaben anstelle von geistlichen Fragen befaßt gewesen, erklärt er mit lauter Stimme seine Unwürdigkeit, zum Bischof erwählt zu werden, da er lange Jahre hindurch nur gelernt habe, mehr in den diesseitigen Angelegenheiten als in der Kirche Gottes Verantwortung zu tragen." Doch der König beharrte auf der Entscheidung; denn es war für die Krone wichtig, über einen bewährten und zuverlässigen Mitarbeiter im westlichen Sachsenland zu verfügen. Benno erfüllte die in ihn gesetzten Hoffnungen. Er bemühte sich erfolgreich um die öffentliche Ordnung und die materiellen Ressourcen der Diözese. Vielseitig war die Tätigkeit, welche er entfaltete. Vor allem bewunderten die Zeitgenossen, daß er in der Tiefebene nördlich des Teutoburger Waldes und des Wiehen-Gebirges versumpftes Gelände trockenlegen ließ und durch Erdanschüttungen und Grabenziehung neue Wege anlegte, „auf denen man sogar in der Winterszeit ohne Schwierigkeiten reisen konnte". Es war zugleich ein Arbeitsbeschaffungsprogramm für Hunderte von Menschen.

Doch nur mit Unterbrechungen konnte sich Benno dem Bistum Osnabrück widmen. Das Reich verlangte seine Dienste. Er besuchte Hoftage und Synoden, wie es der Brauch war, übernahm aber zusätzlich noch manche überörtlichen Verwaltungsaufgaben und vor allem die Leitung der königlichen Bauten. Dabei ging es nicht darum, lediglich Kirchen zu errichten – im Auftrag Heinrichs IV. arbeitete er in Sachsen an den Chorherrenstiften Sankt Simon und Juda in Goslar, Sankt Peter und Sankt Georg in der Umgebung der Stadt –, sondern vor allem auch Burgen, mit denen das Reichsland im Harzgebiet gesichert werden sollte. Mittels schwäbischer Dienstmannen richteten die Salier im sächsisch-thüringischen Grenzsaum ein hartes, landfremdes Regiment auf;

die Krongutpolitik erzeugte beim heimischen Adel wachsenden Groll, bei den Bauern zunehmend blanken Haß. Denn die süddeutschen Ritter zwangen die Landleute zur Fronarbeit; selbst während der Erntezeit mußten die Sachsen Gräben ausheben und Wälle aufwerfen; man holte ihnen die Rinder aus dem Stall, um Holz und Quadersteine zum Bau der Zwingburgen heranzuschaffen. Man verlangte Verpflegung ohne Entgelt, stellte Reitpferde ein, ohne erst zu fragen; Übergriffe kamen vor.

Sieben Burgen werden genannt, an deren Errichtung Benno persönlich beteiligt gewesen sein soll. Er konnte geradezu als Exponent der königlich-schwäbischen Fremdherrschaft in Sachsen gelten. Als dagegen der Aufstand losbrach, befand sich der Bischof gerade mit Heinrich IV. auf der Harzburg; bei Nacht und Nebel mußten sie gemeinsam durch die Wälder flüchten. Benno kehrte in seine Diözese zurück, aber auch dort wurde es unruhig. Er war zeitlebens ein vorsichtiger Mann; deshalb hatte er schon längst zum eigenen Schutz nahe Osnabrück die Bergfeste Iburg angelegt; die starken Mauern retteten ihn vor dem Feind. Doch der Hauptkriegsschauplatz lag weiter im Osten. Nach schwerem Ringen wurden die Rebellen endlich niedergeworfen; für kurze Zeit kehrte wieder Frieden ein. Als im Januar 1076 der Investiturstreit zwischen Heinrich IV. und Gregor VII. begann, erneuerte sich auch in Norddeutschland der Krieg. Diesmal konnte sich Benno nicht in seinem Bistum behaupten; er floh zum Herrscher und blieb viele Monate lang im Exil.

Benno war einer der fünfundzwanzig deutschen Bischöfe, die das verhängnisvolle Wormser Absageschreiben unterzeichneten, durch welches die Reichskirche den Bruch mit der Kurie vollzog. Aber während die meisten seiner Amtsbrüder unter der Wucht des päpstlichen Gegenschlages bald wieder wankend wurden und ihren königlichen Herrn auf der Versammlung von Tribur und Oppenheim (südlich von Mainz) im Stich ließen, wahrte Benno Heinrich die Treue. Er war gewiß kein Held; anzunehmen, daß ihn seine Überzeugung unter die Gegner Gregors geführt hätte, wäre gewiß ein Irrtum. Es ging Benno niemals um theoretische Prinzipien; scharfe Gegensätze waren ihm zuwider, Kriege ein Greuel. Vielleicht war es die Dankbarkeit des Emporkömmlings, die ihn an der Seite des Königs ausharren ließ, als anzunehmen war, daß es mit dessen Herrschaft zu Ende ginge. Benno bewies dem Salier Anhänglichkeit im Unglück – vielleicht weil es für ihn selber keine andere Chance gab? Man möchte es Bennos klugem Rat zuschreiben (– belegt ist es nicht –), daß der abgesetzte König den Bußgang nach Canossa antrat, der ihm die Krone rettete. Jedenfalls war der Osnabrücker persönlich anwesend, als sich zum ersten Mal in der Geschichte ein Nachfolger Konstantins, Karls und Ottos vor dem Oberhaupt der Kirche demütigte. Benno führte im Namen Heinrichs die diplomatischen Verhandlungen. Als die Vereinbarungen seitens des Königs – der nach mittelalterlichem Brauch nach dem Krönungstag keinen Eid mehr abzulegen pflegte – bekräftigt werden mußte, war es der Bischof von Osnabrück, der zusammen mit seinem Amtsbruder Gregor von Vercelli, dem Reichskanzler Italiens, 'im Namen und auf die Seele des Königs' alles beschwor.

Durch den Kniefall von Canossa behauptete Heinrich seine Krone. Er sprengte damit die übermächtige Allianz der beiden Hauptgegner: Papsttum und Opposition der Laienfürsten. Seither durfte er wieder hoffen, auch in Deutschland mit allen Widerständen fertig zu werden. Nachdem der Bann von ihm genommen war, stand die Reichskirche mit ihrem Machtpotential zum größten Teil wieder hinter ihm. Die in Feindschaft gegen ihn verharrten, warfen Gregor VII. Vertragsbrüchigkeit vor. Ein gemeinsames Handeln kam nicht mehr zustande. Sogleich nach Aufhebung der Exkommunikation nahm Heinrich erneut alle Reichsrechte in Oberitalien in Anspruch. Benno unterstützte ihn unermüdlich, mit jener meisterlichen Umsicht und Geschicklichkeit, wie sie ihm zu Gebote stand. Der Bischof vertrat den Salier im Vorsitz des Königsgerichts, diente ihm als Machtbote, erneuerte Herrscherurkunden, verhandelte in seinem Namen. Er war Heinrichs Hauptbevollmächtigter im Verkehr mit dem Papst. Ersichtlich fand er dabei den richtigen Ton; Gregor faßte zu ihm besonderes Vertrauen. Trotz der Absolution von Canossa hatte man nördlich der Alpen im März 1077 Herzog Rudolf von Rheinfelden zu Forchheim (zwischen Bamberg und Nürnberg) zum Gegenkönig erhoben. Jetzt beschwerten sich die Wähler beim Papst darüber, daß man an der Kurie den Bischof von Osnabrück bei hellichtem Tage in aller Form als Gesandten Heinrichs empfange, während die Legaten des 'wahren deutschen Herrschers' Rudolf nur in der Dunkelheit hastig und heimlich abgefertigt würden. Gregor mochte noch so sehr beteuern, daß er nicht endgültig Stellung bezogen habe; man glaubte ihm nicht. Unzweifelhaft hatten Heinrichs Canossa-

Gang und die überlegene diplomatische Geschicklichkeit Bennos den Papst in allergrößte Schwierigkeiten gebracht. Und dabei war sich Gregor nicht einmal sicher, ob es der Salier mit allen Versprechungen eigentlich ganz ehrlich meinte!

Zwischen dem salischen Königshof und der päpstlichen Kurie herrschte ein fauler Frieden. In Deutschland kämpfte man im Namen Gregors: Beide Parteien beriefen sich auf ihn! Doch allmählich verstärkte sich trotz Bennos begütigenden Vorstellungen die Überzeugung in Rom, daß die Absolution in Canossa vorschnell erfolgte. 1076 reagierte Rom auf die königliche Herausforderung. 1080 ist der Papst der Angreifer. Auf der Fastensynode erneuert er Bann und Absetzung Heinrichs.

Aber die Kirchenstrafen wirken nicht mehr, wie es nur vier Jahre zuvor der Fall war. So schnell stumpft menschliches Empfinden ab! Wer bereits in der Opposition zu dem Salier steht, begrüßt Gregors Handeln; aber er entnimmt ihm nicht den Rechtfertigungsgrund für die eigene Entscheidung. Und wer zu Heinrichs Anhängerschaft gehört, den ficht es diesmal nicht in seiner Treue an. Kraftvoll der königliche Gegenschlag: Der Herrscher zieht mit einem starken Heer über die Alpen, und die oberitalienischen Feinde des Reformpapsttums strömen ihm entgegen. In Brixen versammelt sich das Aufgebot. Hier wird die Antwort gegeben: Im Dom soll eine Bischofssynode Gregor erneut absetzen und diesmal gleich einen Nachfolger wählen. Der Kandidat steht fest: Wibert von Ravenna, der hochgeachtete Erzbischof, welcher bereits seit Jahren mit Gregor zerfallen ist.

Von den deutschen Bischöfen, die in Worms dabei waren, befinden sich nur zwei im königlichen Heer: Tiedo von Brandenburg und Benno von Osnabrück. In Brixen dominieren die Oberitaliener. Sie lassen keine Einwände und gegenteiligen Meinungen gelten. Im Gegenteil: Wer der Absetzung Gregors und der Erhebung Wiberts nicht zustimmt, muß mit persönlichen Konsequenzen rechnen. Auch Neutralität soll es nicht geben. Eingangs- und Ausgangskontrollen am Dom von Brixen werden Klarheit schaffen.

Benno hat Bedenken. Es scheint ihm grundfalsch zu sein, mit den gleichen Argumenten wie zuvor abermals eine Amtsenthebung vorzunehmen, zumal das Kirchenrecht lehrt, daß „der Apostolische Stuhl von niemandem gerichtet wird, aber jeden vor sein Tribunal ziehen kann".

Im Verlauf der wiederholten Legationen hat sich überdies ein Vertrauensverhältnis zwischen ihm und Gregor gebildet. Doch umgekehrt ist es für den Osnabrücker einfach undenkbar, sich gegen seinen gnädigen König zu erklären, dem er seit so vielen Jahren in Treue verbunden ist. Und zum Märtyrer ist er gleichfalls nicht geboren!

Was tun? Benno begibt sich als allererster in die Domkirche. Man registriert ihn am Eingang; es ist noch viel Zeit. Dieweil er betet, sucht er nach einem Ausweg – und er findet ihn: Unter dem Altartisch befindet sich eine Aushöhlung; man sieht sie kaum, weil die Altardecke tief herunterhängt. Ein schmächtiger Mensch kann sich zur Not darin verbergen. Dann wird er als anwesend geführt und braucht sich doch nicht an der Stimmabgabe zu beteiligen. Benno ist nicht groß; er quetscht sich in die Lücke und harrt darin aus – stundenlang! Man sucht den Osnabrükker, denn er betrat ja den Raum, aber man findet ihn nicht. Erst als alles vorbei ist, schleicht sich Benno aus dem Versteck und mischt sich unter die anderen. Man fragt, führt ihn zum König. Heinrich IV. ahnt wohl, wie alles zusammenhängt, denn er kennt ihn gut, aber er läßt es auf sich beruhen. „Er zog es vor, ihn mit sanften Worten zu ermahnen, in der altbewährten Treue zu verharren, als daß er ihn durch Strenge einem Zwang unterwarf. In der Folgezeit genoß Benno dank seines bekannten, ungewöhnlichen Glücks und seiner Geistesklugheit die Freundschaft beider Päpste, was in dieser stürmischen Zeit kaum jemandem möglich war, und niemals verscherzte er sich die Huld des Königs."

Auch weiterhin stellt sich Benno für Anliegen des Reiches zur Verfügung; aber seit Brixen besucht er nicht mehr so häufig den königlichen Hof. Statt dessen gilt sein Bemühen verstärkt der eigenen Diözese, in die er nach langer Abwesenheit zurückkehren kann. Vor allem in wirtschaftlicher Hinsicht wird vieles getan. Doch eines bereitet ihm große Sorgen: Er liegt mit den Reichsklöstern Corvey und Herford im Streit über die Kirchenzehnten einiger Pfarrgemeinden. Beide Abteien wehren sich gegen jegliche bischöfliche Visitation und beanspruchen Exemtion aus dem Diözesanverband, und zwar zugleich für alle abhängigen Orte. Das bedeutet eine ganz erhebliche finanzielle Einbuße, aber wie kann man den Zustand ändern? Der Abt von Corvey und die Äbtissin von Herford zählen zu den Reichsfürsten; persönlich gehören beide dem Hochadel an, im Gegensatz zu Benno, der zwar bei Hofe wohlgelitten ist, aber dennoch nicht hoffen kann, durch herrscherliche Verfügung oder Königsgericht eine Veränderung zugunsten von Osnabrück herbeizuführen.

Schon einmal war der Versuch gescheitert, den Klöstern die Zehnten zu entreißen – vor fast zweihundert Jahren! Gleich zu Beginn seines Pontifikats griff Benno darauf zurück und präsentierte sowohl dem jungen König Heinrich IV. wie auch dem neuerhobenen Gregor VII. die Klageschrift seines Amtsvorgängers Egilmar (890/891); doch mit beiden Prozessen hatte er keinen Erfolg. Man fragte ihn, warum das frühere Urteil anscheinend zuungunsten des Bistums lautete. Oder wurde die Klage gar zurückgezogen? Im Domarchiv war nichts darüber zu finden. Man bedeutete Benno: Wenn unbeschadet der Gegenrede Egilmars seit vielen Generationen die Zehnten bei Corvey und Herford verblieben, mag das wohl rechtens sein – es sei denn, Benno legte Beweismaterial vor, das bislang unberücksichtigt blieb.

Es wäre der einzige Weg, Osnabrück zum Sieg zu verhelfen. Für den Bischof ist ausgemacht, daß damit der wahren Gerechtigkeit entsprochen würde: Die Klöster müssen einfach unrecht haben; ihre Ansprüche stören die Ordnung in Kirche und Welt! Die Zehntpflichtigkeit dient nun einmal den Lebensbedürfnissen des Diözesanklerus, nicht der Ausstattung von Mönchen und Nonnen! Überdies standen beide Abteien im sächsischen Aufstand auf der Seite der Rebellen; als Hochverräter sind sie aller Rechte verlustig. Eine Begnadigung durch den Herrscher darf nicht zur Benachteiligung Dritter führen. Der Himmel kann nur wollen, daß Osnabrück die Kirchenzehnten zurückerhält. Wer dabei mitwirkt, erwirbt sich ein Verdienst bei Gott.

Und flugs setzt sich Benno hin und korrigiert die historische Entwicklung, indem er die Beweise selber herstellt, die 'eigentlich' vorhanden sein müßten: Er fälscht karolingische und ottonische Kaiserurkunden. Die Herrscher haben also zu der Zehnt-Usurpation gar nicht geschwiegen! Sie gaben Osnabrück in allem recht! Lediglich die Einweisung in einen wiederholt bestätigten Besitz stand noch aus. Nur darum werden König und Papst jetzt angegangen. Denn die Zehnten gehören ja schon längst dem Bistum!

Eine einzige Urkunde genügt da nicht. Benno macht keine halbe Sache. Die Osnabrücker Zehntbestätigungen umfassen ein ganzes Bündel von Falsifikaten. Sie zählen – wie es sich bei dem gewitzten Schwaben von selbst versteht – zu den raffiniertesten Fälschungen des Hochmittelalters. Damals war es schwierig, zwischen echt und erlogen zu unterscheiden. Erst durch die modernen Dokumentations- und Reproduktionstechniken, welche den Vergleich ermöglichen, ist das Geschäft der Urkundenkritik leichter geworden. Da kann man sehen, ob Diplome aus angeblich verschiedenen Zeiten dennoch dieselbe Handschrift aufweisen; – Benno war zu klug und zu vorsichtig, als daß ihm eine solche Unmöglichkeit unterlaufen wäre; er beschäftigte verschiedene Schreiber. Es gibt Fälle, in welchen der Fälscher für seinen Text ein Pergament verwendete, dessen Erstbeschriftung bis auf die echte Unterfertigung und das aufgedrückte Siegel abgekratzt wurden; meistens merkt man es auf einen Blick oder fühlt es mit den Fingerkuppen – aber die Rasuren Bennos sind ungewöhnlich geschickt vorgenommen. Man kann Kanzleigebräuche identifizieren und das Diktat untersuchen; – manche Osnabrücker Falsifikate sind wie Mosaikarbeiten kunstvoll aus Echtem zusammenkomponiert.

Im Hochmittelalter fälschte man Urkunden zu Hunderten. Jedes Archiv besitzt dafür Beispiele. Die meisten wurden in Klöstern oder Domstiften angefertigt. In der überwiegenden Zahl der Fälle sollten sie einen Beweisnotstand beheben und dienten 'nur' der (freilich subjektiv empfundenen) 'Wiederherstellung von Recht und Ordnung'. Auch Bennos Falsifikate verfolgten diesen Zweck. Wir wollen nicht über ihn richten, aber den Tatbestand keinesfalls verharmlosen; schließlich gibt es zahlreiche Fälschungen, mittels derer man sich skrupellos betrügerisch zu bereichern suchte. Der Bischof von Osnabrück wußte ganz genau, was er tat, und er kannte die Strafen, die dafür vorgesehen waren. Der Fälscher sühnte sein Verbrechen mit dem Verlust der Schreibhand; vielleicht hatte Benno sogar selbst einmal ein solches Urteil zu fällen. Er besaß genügend Verwaltungserfahrung, um sich vorstellen zu können, wohin man kommen würde, wenn sich jeder notfalls das Beweismaterial auf derartige Art verschaffte (– wozu freilich erhebliche Kenntnisse, besondere Fähigkeiten oder auch genügend Geld gehörten, denn es gab sogar klösterliche Skriptorien, die gegen Bezahlung für Dritte Falsifikate herstellten). Allgemeine Rechtsunsicherheit mußte die Folge sein. Dabei stand gerade die 'Justitia' nach vorherrschender Zeitauffassung am allerhöchsten in der Rangfolge der Werte.

Auch diese dunkle – oder wenn man will: schillernde Seite gehört zu Bennos Charakter und Schicksal. Immer hat es Menschen gegeben, vor allem unter den besonders Gewitzten, die sich – ohne deshalb in besonderem Maße bösartig oder egoistisch zu sein – durch ihr Leben eher hindurchzuwinden suchten. Gerade dem Emporkömmling wird man es leichter nachsehen. Der Bischof von Osnabrück war nicht zum Helden, Märtyrer oder Heiligen geboren.

Wenn der Vita zu glauben ist, lag eine eigentümlich resignative Stimmung über seinen späten Jahren. Benno verbrachte den Lebensabend vornehmlich in Iburg. Er hatte an dem festen Platz ein Kloster gegründet und es mit Mönchen aus Siegburg besiedelt. Einen Teil der Gebäulichkeiten behielt er sich selbst als Residenz vor. Nach Osnabrück reiste er nur, wenn es nicht zu umgehen war. Einmal kam er dabei in einen heftigen Gewitterregen. Er zog sich eine fiebrige Erkältung zu und starb nach kurzer Krankheit am 27. Juli 1088 in Iburg. Domkapitel und Mönchskonvent stritten um die Ehre, ihn zur letzten Ruhe betten zu dürfen. In Iburg fand er das Grab, über dem man eine Inschrift anbrachte, die in gereimten Distichen sein Andenken wachhalten sollte, aber der Inhalt ist völlig konventionell und spiegelt nichts von der Originalität dieses Mannes wider. Es sind Verse, in denen ein uralter christlicher Totenspruch abgewandelt wurde. Der Verstorbene spricht zu denen, die sich dem Sarkophag nähern:

„Wer ich bin, das lest ihr hier.
Was ich bin, das werdet ihr.
Sprechet: Bischof, dir sei Heil,
ewig, Benno, Himmelsteil.
Hoffnung hat den Ort erbaut,
der dann meinen Tod geschaut.
Juli war es, neunmal drei,
daß mein Leben ging vorbei."

Bischof Adalbero von Würzburg
(1045–1090)

Als am 6. Oktober 1090 die 'Säule der Kirche' Adalbero, aus seiner Diözese Würzburg vertrieben, im oberösterreichischen Exil verstarb, endete ein Pontifikat, der nahezu ein halbes Jahrhundert umspannt und alle Höhen wie Tiefen geistlicher und politischer Existenz in sich vereinigt hatte. Adalberos Amtszeit ist die längste, die bis zum heutigen Tag einem Erben des Frankenapostels Kilian und Nachfolger von Sankt Burkhard beschieden war. Sein Leben war zugleich eines der wechselvollsten und stürmischsten in der gesamten Reihe der Würzburger Bischöfe.

„Höchst ansehnlich wegen seiner Herkunft, verehrungswürdig nach Erscheinung und Handlungsweise" – so hat ihn ein hochmittelalterlicher Chronist gekennzeichnet. Adalbero entstammte der Ehe des österreichischen Grafen Arnold II. von Lambach und Wels mit der edlen Reginlint, die aus einem mainfränkischen oder lothringischen Hause kam. Er war während der Regierungszeit Kaiser Heinrichs II. (1002–1024) geboren und besaß mindestens zwei Brüder. Während diese im Laienstand verblieben und später im Dienst des Reiches Grafschaften im Ostalpenraum verwalteten, bestimmten die Eltern Adalbero schon als Kind zum Geistlichen. Er wurde in die Domschule nach Würzburg geschickt, vielleicht deshalb, weil die Familie dort über Grundbesitz verfügte, den der junge Kleriker verwalten und nutzen konnte.

Erst die dürftige Lebensbeschreibung, die ein Lambacher Mönch fast hundert Jahre nach Adalberos Tod aufzeichnete, behauptet, der zukünftige Bischof habe sich zu Studienzwecken nach Paris begeben und sei dabei von seinen späteren Amtskollegen Gebhard (von Salzburg) und Altmann (von Passau) begleitet worden. Die Nachricht ist unwahrscheinlich, ja zeitlich geradezu unmöglich. Dagegen ist anzunehmen, daß der Grafensohn schon frühzeitig in Beziehungen zum salischen Königshof kam. Er scheint in ein engeres persönliches Verhältnis zu Heinrich III. getreten zu sein. Als im Frühsommer 1045 die Diözese Würzburg durch den plötzlichen Tod Bischof Brunos frei wurde, bestellte der König Adalbero zu seinem Nachfolger.

Es war die ehrenvollste und verantwortungsreichste Stellung, die ein Kleriker überhaupt erringen konnte. Adalbero trat damit in den Kreis der höchsten geistlichen Würdenträger der Krone ein. Die Ausstattung mit Würzburg bedeutete zusätzlich einen Beweis herrscherlichen Vertrauens. Schon durch die Lage in der Mitte des Reiches kam dem Bistum besondere Bedeutsamkeit zu. Überdies war es unvergleichlich vermögend und mächtig. Ein wohlinformierter Zeitgenosse behauptete sogar, in ganz Deutschland stünden nur in diesem fränkischen Sprengel alle

Grafschaften dem Bischof unmittelbar zu Gebote: „Von dem Würzburger sagt man, daß er bezüglich seines Bistums nicht seinesgleichen habe."

Als Adalbero sein Amt antrat, glaubte man in Würzburg, trotzdem mancherlei Gründe zur Unzufriedenheit zu haben. Das ungemein große Engagement seines Vorgängers für die politischen Anliegen der Krone hatte sich nicht ausgezahlt. Die Finanzen waren in Unordnung, die kirchliche wie die weltliche Verwaltung stockte. Mit rühmenswertem Eifer hatte sich Bruno für den Neubau des Domes eingesetzt; aber als er starb, waren gerade erst die Wölbungen der Krypta geschlossen worden. Viele Aufgaben harrten des neuen Hirten. Vor allem versuchte Adalbero energisch, verlorene Rechte des Hochstiftes zurückzugewinnen. Er hatte damit nicht viel Glück. Eine Klage gegen Fulda vor Kaiser Heinrich III. und Papst Leo IX. wurde abgewiesen; statt der Gerichtsbarkeit in den Besitzungen der Abtei räumte man Adalbero nur bescheidene Ehren im Land des für exemt erklärten Klosters ein. Gegenüber Bamberg, durch dessen Erhebung zum Bistum Würzburg schwere Verluste erlitten hatte, die immer noch nicht verschmerzt waren, gingen wiederholt Prozesse verloren. Im Innern der Diözese kräftigte sich dagegen bald das Ansehen des neuen Bischofs, und dies zeitigte Rückwirkungen auf seine Amtskompetenzen. Adalbero wurde vor allem durch das Eintreten für den Landfrieden populär; mit strengen Strafen ging er erfolgreich gegen die Räubereien des Adels vor.

Überaus vielseitig war diese Aufbautätigkeit. Man spottete damals: „Den Würzburgern scheint es angeboren zu sein, abzureißen und wieder neu aufzumauern; was viereckig ist, dem geben sie alsbald runde Form." Der Dom wurde nach verändertem Plan fortgeführt. Doch nicht nur in architektonischer Hinsicht mochte der Satz gelten. Wo bisher Mönche lebten, zogen Kanoniker ein, und umgekehrt: Zusammen mit der Königin von Polen und den Grafen von Comburg-Rothenburg gründete der Bischof neben der Kathedrale das Neumünster; die Chorherren holte er aus Sankt Peter und Stephan in der Würzburger Sandervorstadt; den freigewordenen Platz gab er an Benediktiner aus Münsterschwarzach. In dieser traditionsreichen Abtei, die nur noch dahinvegetierte, sorgte er dafür, daß Reformmönche aus dem lothringischen Konvent Gorze einen neuen Aufschwung einleiteten. Ähnlich verhielt es sich auch anderswo. Dem Mönchtum erwies sich Adalbero besonders zugetan. Die eigene Stammburg wurde nach dem kinderlosen Tod der Brüder in ein Kloster verwandelt (– auch hier existierte zuvor schon ein Kanonikerstift –) und von Münsterschwarzach aus besiedelt. Der Bischof ließ sogar in Mainfranken Säulen aus rotem Spessartsandstein anfertigen und bis in den österreichischen Traungau nach Lambach transportieren. Adalbero knüpfte das Pfarr-Netz enger, weihte zahlreiche Kirchen, vermehrte den Besitz des Hochstiftes.

Obwohl das Vertrauen Heinrichs III. Adalbero auf den Würzburger Bischofsstuhl erhoben hatte, erschien er nur sehr selten bei Hofe. Er hatte wohl aus dem wenig glücklichen Schicksal seines Amtsvorgängers Bruno gelernt, der sich für die Sache des Reiches geradezu aufgeopfert und doch kaum Dank davongetragen hatte. Das mochte ihn veranlaßt haben, zurückhaltender zu sein. Aber diese Haltung änderte sich mit dem Tod des Kaisers. Der Thronerbe war ein unmündiges Kind von weniger als sechs Jahren. Nun drohte dem Reich Gefahr. Die schwache Vormundschaftsregierung der Herrscherwitwe konnte dem Machtverfall nicht Einhalt gebieten. Viele, die zuvor in der Hoffnung auf Lohn und Ehren die Königsnähe gesucht hatten, blieben fortan der 'curia regis' fern.

Nicht so Adalbero. Zu Lebzeiten Heinrichs III. war er gewiß nicht als 'Hofbischof' aufgetreten. Doch nun ist er zur Stelle, sooft es not tut. Bis zur Volljährigkeitserklärung Heinrichs IV. läßt sich der Bischof von Würzburg fast alljährlich ein- oder mehrmals auf Hoftagen, Reichssynoden und Fürstenversammlungen nachweisen. Offenbar empfindet er angesichts der schwierigen Umstände eine gesteigerte allgemeine Verantwortung. (Vielleicht ist aus diesem Sachverhalt die – sachlich vermutlich unzutreffende – Behauptung einer Quelle zu erklären, Adalbero sei der Taufpate des jungen Königs gewesen.) Er wird als Schlichter zwischen zerstrittenen Großen tätig; er gibt in außen- und innenpolitischen Fragen Rat, beispielsweise bezüglich Polens. Ersichtlich erwirbt er sich erhöhtes Ansehen bei seinesgleichen. 1059 läßt sich der neue Abt Siegfried von Fulda von dem Würzburger weihen, obwohl zwischen der Abtei und dem Hochstift territoriale Meinungsverschiedenheiten bestehen. Einige Zeit später ist es Adalbero, welcher den Erzbischof Gebhard von Salzburg, den die Überlieferung seinen Freund nennt, feierlich in das Amt einführt.

Die Ungunst der Überlieferung läßt die Persönlichkeit des Bischofs nicht eben sehr deutlich hervortreten. Mittelalterliche Chronistik fragt nicht nach individuellen Zügen, sondern nach 'Rolle' und (positivem oder abschreckendem) 'Exemplum'. Was man hundert Jahre später in Lambach niederschrieb, spiegelt die legendär überwucherte, längst ins Konventionelle abgeblaßte Erinnerung an den Klostergründer wider. Von dem Würzburger Bischof weiß sie wenig.

Um so willkommener ist eine Briefmitteilung zur politischen Situation aus dem Sommer 1063, die aus Bamberg stammt: „Der Würzburger Bischof verweigert strikt die Teilnahme an dem Feldzug [gegen die Ungarn], dem er doch zuvor zugestimmt hat, indem er jetzt laut äußert, er wolle nicht für fremdes Gewinnstreben und reine Habsucht kämpfen." Auf einem Hoftag zu Mainz hatten die Fürsten den Reichskrieg zugunsten eines vertriebenen Thronprätendenten beschworen. Als sich herausstellte, daß der Betreffende übel beleumundet war und das ganze Unternehmen nur seinen egoistischen Zielen dienen sollte, die aller Gerechtigkeit entgegenstanden, sagte Adalbero die Beteiligung ab. Es war eine Pflichtenkollision. Den Bischof banden das Gelübde und der Treueid, den er dem Herrscher geleistet hatte; sein Rechtsverständnis verbot ihm jedoch, der ungerechten Sache zu helfen. Und Adalbero entschied sich ohne Kompromisse so, wie es ihm das Gewissen vorschrieb.

Ein anderer hätte wohl nach der größeren Opportunität gefragt oder die übernommene Verpflichtung einfach schweigend 'vergessen' – an Beispielen dafür fehlt es auch im 11. Jahrhundert nicht. Doch Adalberos Charakter war dazu offenbar zu gerade, vielleicht sogar zu schroff. Der zitierte Brief erwähnt, daß er klar, eindeutig und vernehmlich Stellung bezog. Die Konflikt-Situation ging folgenlos vorüber. Aber sie gibt einen Hinweis, wie sich Adalbero verhielt, wenn die Maßstäbe des eigenen Handelns widersprüchlich wurden: Er trat vorbehaltlos auf diejenige Seite, der nach seiner Meinung das höhere Recht zukam. So geschah es dann auch dreizehn Jahre später, nur sollte es dieses Mal um erheblich mehr gehen!

Der junge König hat dem Bischof die Verweigerung der Heeresfolge gegen Ungarn nicht nachgetragen. Er konnte weiterhin der bewährten Treue Adalberos vertrauen. Als es zum Ausbruch des sächsischen Aufstandes kam, stand der Würzburger auf der Seite des Herrschers. Adalbero stellte Heinrich das Lehnsaufgebot des Hochstiftes für den Bürgerkrieg zur Verfügung. Im Herbst 1073 hielt sich der salische Hof wochenlang in Mainfranken auf. Als zwei Jahre später Heinrich siegreich nach Sachsen vordrang, befand sich der Bischof in seinem Gefolge. Doch vordringlich ging es Adalbero um den Frieden; jedermann wußte es. Darum wandten sich die Führer der Rebellen an ihn und Erzbischof Siegfried von Mainz mit der Bitte, als Vermittler tätig zu werden. (Erst ein jüngerer Chronist, der die Zuspitzung des Investiturstreites im Auge hatte, vermutete, der Würzburger habe es schon damals insgeheim mit den Feinden der Krone gehalten.) Die Bemühungen der beiden Prälaten hatten Erfolg; sie veranlaßten die Sachsen, den Kampf aufzugeben und sich zu unterwerfen. Nicht zuletzt Adalbero verdankte der König den glanzvollen Frieden von Spier (Thüringen). Damit aber glaubte Heinrich IV., die Hände frei zu haben, um sich mit ganzer Kraft gegen das Papsttum wenden zu können.

Seitdem durch Kaiser Heinrich III. der kirchliche Erneuerungsgedanke in Rom selbst zur Herrschaft gekommen war, ging die Reformkurie mit atemberaubender Geschwindigkeit daran, in der abendländischen Christenheit eine Ordnung aufzurichten, die an Rom gebunden und gemessen war, und dem gesamten Glaubensleben ihr Gesetz aufzuerlegen. Rücksichtslos erhielten die stolzen, hochadligen Bischöfe die Ladung, sich vor dem Nachfolger Petri zu demütigen und zu rechtfertigen. Sie mußten Zensuren und Weisungen entgegennehmen. Auch Adalbero wurde einmal nach Rom zitiert; er hatte sich gegen Anschuldigungen des Abtes von Fulda zu verteidigen. Doch er konnte beweisen, daß ihn kein Vorwurf rechtens traf. Von nun an brachte man ihm an der Kurie besonderes Vertrauen entgegen. Einige Zeit später wurde der Würzburger zusammen mit Siegfried von Mainz und Hermann von Metz als Zeuge im Prozeß gegen Hermann von Bamberg vernommen, dem man Simonie vorwarf. Auf Grund der übereinstimmenden Aussage, der Bamberger Bischof habe sein Amt durch hohe Geldgeschenke erschlichen, schritt Gregor VII. zur sofortigen Verurteilung. Der König wurde gar nicht erst gefragt. Hermann versuchte vergeblich, sich gegen das Verdikt zur Wehr zu setzen. Schließlich verzichtete er auf die Leitung der Diözese, löste sich durch eine Pilgerfahrt nach Rom vom Kirchenbann und trat ins Kloster Münsterschwarzach ein. Mit Adalbero stand er übrigens auch weiterhin in guten Beziehungen; der Bischof schenkte der Abtei auf Fürsprache des reuigen Sünders einen Weinberg.

In den Augen der Reformer war der römische Papst zugleich der Allbischof; der gesamte Episkopat – so ließen sie sich vernehmen – sei nur zur Teilnahme an dessen Fürsorge für die Gläubigen berufen, aber nicht der monarchischen Gewalt des Stellvertreters Christi auf Erden teilhaftig, die sich auf alles und alle erstrecke. Wer diese Meinung hegte, für den gab es kein eigenständiges Königsrecht innerhalb der Reichskirche, auch nicht bei der Besetzung der Bischofsstühle, wie es überkommener Brauch war. Es mußte darüber zum Streit kommen. Er brach am 24. Januar 1076 offen aus. Die Versammlung des deutschen Episkopats, in dessen Reihen Adalbero von Würzburg nicht fehlte, ließ sich in Worms dazu hinreißen, Gregor VII. in einem flammenden Anklageschreiben den Gehorsam aufzukündigen. Der König schloß sich dem Dekret in einem eigenen Brief an. Eine erweiterte Fassung, bestimmt für propagandistische Verbreitung, hob an: „Heinrich, nicht durch Anmaßung, sondern durch Gottes gerechte Anordnung König, an Hildebrand, nicht mehr den Papst, sondern den falschen Mönch", und endete wirkungsvoll: „Ich, Heinrich, durch die Gnade Gottes König, sage dir zusammen mit allen meinen Bischöfen: Steige herab, steige herab!"

Diese Schreiben – alle drei in einem geradezu dröhnenden Stil abgefaßt – enthielten eine Unwahrheit: Der Beschluß war nicht einstimmig gefallen. Einige wenige Bischöfe hatten Einwendungen erhoben: Adalbero von Würzburg, Hermann von Metz, möglicherweise auch Hezilo von Hildesheim. Ein zeitgenössischer Chronist überliefert ihre Argumente: Man könne einen Papst, welchem man drei Jahre lang Anerkennung gezollt hatte, nicht plötzlich für einen widerrechtlichen Eindringling erklären; zudem dürfe der Apostolische Stuhl nach uralter kirchlicher Satzung zwar jeden vor sein Tribunal ziehen, nicht aber selber gerichtet werden.

Trotzdem nahm man Adalberos Namen in die lange Liste jener auf, die Gregor für abgesetzt erklärten. War es – durch massiven Druck verursacht – ein Augenblick angstvoller Schwäche, daß er tatsächlich ebenfalls unterzeichnete, ein bloßer Irrtum der Schreiber oder gar (– am wahrscheinlichsten –) eine bewußte Falschmeldung durch die königliche Kanzlei? Der Würzburger Bischof fühlte sich verleumdet, hintergangen, vergewaltigt. Er beeilte sich, der Kurie mitzuteilen, daß er sich von dem Wormser Synodalbeschluß auf jede Weise distanziere. Gregors Antwort auf die salische Herausforderung – Kirchenbann über

Heinrich IV., Suspendierung der Herrscher-Rechte, Lösung der Vasallen vom Treueid – fand Adalberos volle Billigung. Er war tief beleidigt. Aus dem uneigennützigen, bewährten Helfer Heinrichs IV. wurde einer der entschiedensten Führer der deutschen Opposition. Selbst als es dem König gelang, durch den Bußgang nach Canossa die Handlungsfreiheit weitgehend zurückzugewinnen und einen faulen, nur äußeren Frieden mit Gregor zu schließen, blieb Adalbero unversöhnlich. Er war dabei, als wenige Wochen später die Häupter des Fürstenwiderstandes in Forchheim (südlich von Bamberg) den Herzog Rudolf von Rheinfelden zum neuen Herrscher erhoben. Anschließend führte er den Gegenkönig nach Bamberg, Würzburg und zur Krönung nach Mainz; in Rudolfs Gefolge reiste er mit nach Augsburg und dann nach Sachsen. Die meisten Prälaten der deutschen Reichskirche arrangierten sich nach Canossa mit der Krone (– wie auch Gregor selbst). Adalbero verhielt sich anders. Und er blieb bei der einmal eingenommenen Haltung bis zu seinem Ende.

Erst nach längerer Zeit kehrte Adalbero in die eigene Diözese zurück. Ihn erwartete eine herbe Enttäuschung. Der Ruf eines Vorkämpfers der antisalischen Kräfte war ihm vorausgeeilt. Als er in Würzburg einziehen wollte, verweigerten ihm die Stadtbewohner den Eintritt. Sie nahmen für Heinrich IV. Partei, weil dieser Herrscher frühzeitig Verständnis für die emporsteigenden Sozialschichten der Ministerialen und Bürger bewiesen hatte und daher bei ihnen entsprechend beliebt war. Fast einen Monat lang belagerte der Bischof, unterstützt von Gegenkönig Rudolf, die Stadt des heiligen Kilian. Er konnte sie nicht erobern. Statt dessen mußte er es hinnehmen, daß Heinrich einen Administrator in der mainfränkischen Diözese einsetzte. Es war Bischof Eppo von Naumburg, doch bildete diese Regelung nur ein kurzes und blamables Intermezzo: Eppo konsumierte einmal so viel Frankenwein, daß er nachts in einen kleinen Wasserlauf stürzte und darin ertrank. Man lachte darüber, aber auch dieser Vorfall verhalf Adalbero nicht zu seinem Recht.

Der Bischof verhängte daraufhin den Kirchenbann über alle, die mitschuldig daran waren, daß man ihn aus seinem Sitz vertrieben hatte. Ob auch der nicht namentlich erwähnte Heinrich IV. gemeint war? In dem Brief eines Zeitgenossen heißt es, in Würzburg sei „fast niemand nicht exkommuniziert" gewesen. Aber schon begann der Kirchenbann eine stumpfe Waffe zu werden. Die Rückkehr blieb Adalbero verwehrt.

Zeitweilig hielt er sich in Sachsen, dann in Schwaben auf, wo er gelegentlich einmal Kirchen weihte und bei der Gründung der Abtei Zwiefalten durch den Grafen von Achalm mitwirkte. Natürlich gab man Heinrich IV. die Schuld an Adalberos Exil. In Rom klagte man, der Salier „habe alles rings umher mit Schwert, Plünderung und Brand verwüstet und fromme Bischöfe aus ihren Diözesen in gottloser Grausamkeit hinausgestoßen". Jedermann war klar, worauf sich die Anschuldigung bezog. Auf der Fastensynode des Jahres 1080 erneuerte Gregor VII. den Bannfluch gegen den König.

Aber diesmal erwies sich die Exkommunikation als ein Fehlschlag. Die Mehrheit des deutschen Episkopats ließ sich nicht beeindrucken und blieb unbeirrt auf der Seite der Krone. Nur wenige Bischöfe verkündigten die Verurteilung Heinrichs in ihren Diözesen. Gegen sie ging der Herrscher energisch vor. „Es waren" – so heißt es in der Vita des Erzbischofs Gebhard von Salzburg, der mit Adalbero befreundet war – „harte und gefährliche Zeiten, als außer unserm Herrn Gebhard und Altmann von Passau, Adalbero von Würzburg, Hermann von Metz und Meginward von Freising – diesen fünf – im ganzen deutschen Reich kein katholischer Bischof mehr gefunden werden konnte." Sie alle sahen sich Angriffen der Heinricianer ausgesetzt und mußten – mindestens zeitweilig – ihre Sprengel räumen. Der Salzburger hielt sich längere Zeit in seiner schwäbischen Heimat auf; hier kam er wiederholt mit dem vertriebenen Bischof von Würzburg zusammen.

Der größte Teil von dessen alter Diözese war fest in salischer Hand. Heinrich IV. versuchte wiederholt, die Gegnerschaft des einstigen Mitarbeiters zu überwinden; er bot ihm Rückgabe des Amtsbezirks und Erneuerung der alten Freundschaft an, falls er die Partei zu wechseln bereit wäre. Aber für Adalberos geraden, konsequenten Charakter kam derartiges nicht in Frage. Noch einmal setzte ihm der Herrscher einen Termin; dann ernannte er einen neuen Bischof von Würzburg.

Doch kurz darauf fiel die Diözese durch eine Zangenoperation der aufständischen Sachsen und Schwaben in ihre Hände. Unter dem neuen Gegenkönig Hermann von Salm wurde Würzburg belagert, eine salische Entsatzarmee bei Pleichfeld vernichtend geschlagen. Tags darauf öffnete die Stadt ihrem alten Bischof nach neunjähriger Abwesenheit die Tore.

Aber der Kaiser kam bald wieder; nun mußte Adalbero kapitulieren, da er mit seinen unzureichenden Kräften keine Aussicht hatte, sich erfolgreich verteidigen zu können. Erneut bot ihm Heinrich IV. Versöhnung an. Einer seiner Anhänger überliefert uns Adalberos stolze Antwort: Man könne ihn töten, aber nicht beugen. Der greise, etwa siebzigjährige Bischof ging lieber abermals ins Exil, als daß er seine Prinzipien verriet. Der Salier gestattete ihm und seinen Leuten freien Abzug. Adalbero verließ die Stadt, diesmal für immer.

Hoffnung auf Rückkehr bestand nicht mehr. Nach Gregors VII. Tod (1085) hatten sich die Reihen seiner Anhänger stark gelichtet. Die meisten sächsischen Bischöfe suchten ihren Frieden mit dem siegreichen Kaiser; sogar Hermann von Metz söhnte sich mit ihm aus. Als Gebhard von Salzburg 1088 starb, standen lediglich noch drei Mitglieder des deutschen Episkopats unbeirrt gegen Heinrich IV.: Altmann von Passau, neuerdings auch Adalbert von Worms – und der vertriebene Bischof von Würzburg. Nur ihnen zeigte Gregors zweiter Nachfolger Urban II. die Erhebung zum Papst an; den Umschwung der Verhältnisse, welcher unter ihm einsetzte, haben sie alle nicht mehr erlebt.

Adalbero zog sich nach Lambach zurück, in das selbstgestiftete Kloster an der Stelle der väterlichen Burg. Bei der Weihe des Kirchenneubaues konnte er seinen Mitstreiter und Freund in guten und bösen Tagen, Altmann von Passau, begrüßen. Bald darauf – am 6. Oktober 1090 – ist Adalbero in der Familiengründung gestorben.

Man hat Adalbero später in Lambach als Heiligen verehrt; in der Würzburger Diözese ist sein Kult erst im Ausgang des 19. Jahrhunderts vereinzelt aufgekommen. Das Bild der Legende hat die Erinnerung an den aufrechten Mann, den treuen Hirten seiner Herde, den zunächst königlichen, dann päpstlichen Gefolgsmann, den großen Bischof verwischt; sie spricht statt dessen in sehr konventioneller Weise von dem Klostergründer und Wundertäter.

Adalbero lebte an einer Zeitenwende. War das Amt des Bischofs vor jener Zuspitzung, die wir 'Investiturstreit' nennen, in weltlicher und geistlicher Ordnung nach Krone und Tiara das Höchste, was man kannte, so wurde es in der Zerreißprobe dieses Konfliktes zu einer oft unerträglichen Last. Zwölf Jahre nach Adalberos Tod wurde der heilige Otto, der spätere Pommern-Apostel, zum Bischof von Bamberg ernannt. Davon berichtet sein Biograph Herbord: „Da dachte Otto die ganze Nacht und den folgenden Tag hindurch an die Ungunst der Zeiten, die Versuchungen und Gefahren der Seelenhirten, den Ungehorsam und die Unruhe der Untergebenen und was ihm in diesem Amte Widerwärtiges und Gefährliches zustoßen könnte. Und als er all dies sich vergegenwärtigt und erwogen hatte, beschloß er, allem zu entsagen und lieber ruhig als Privatmann zu leben."

Otto von Bamberg mag an Adalbero von Würzburg gedacht haben, als ihn diese Gedanken bestürmten. Dennoch hat er sich schließlich dazu durchgerungen, das ihm angetragene Amt zu übernehmen. Ob es die gleiche Erinnerung an jenen konsequenten und entschiedenen, kompromißlosen alten Bischof war, den auch das Exil nicht beugte, die dazu beitrug, daß Otto endlich seinen Kleinmut abschütteln konnte? Wir wissen es nicht. So verschieden sich ihr Schicksal gestaltete – Otto ist dann doch seinen Weg so unbeirrt wie Adalbero bis zum Ende gegangen. Der Würzburger Bischof aus den Anfängen des Investiturstreites und der Bamberger aus dessen Endphase sind die einzigen Mitglieder des mainfränkischen Episkopats während jener Umbruchszeit, welche die Nachwelt mit dem Attribut der Heiligkeit schmückte.

MARKGRÄFIN MATHILDE VON CANOSSA
(* 1046 † 1115)

In Sankt Peter im Vatikan, der Grabeskirche des Apostelfürsten, haben drei Frauen ihre letzte Ruhestätte gefunden, obwohl sie niemals zur Ehre der Altäre erhoben und als Heilige verehrt wurden: Königin Christine von Schweden († 1689), Maria Clementina Sobieski, die Gemahlin des englischen Thronprätendenten Jacob Edward Stuart († 1735), und Mathilde von Canossa († 1115). Die Tochter Gustav Adolfs und die polnische Gattin des Ururenkels von Maria Stuart starben in Rom und wurden sogleich dort beigesetzt. Dagegen überführte man die toskanische Großgräfin erst fünfhundert Jahre nach ihrem Tod auf Geheiß Urbans VIII. aus Polirone (San Benedetto al Po, bei Mantua) an den Tiber. Kein Geringerer als Bernini entwarf den Plan für das Grabmonument; ein Marmorrelief zeigt die Szene, wie sich König Heinrich IV. in Gegenwart Mathildes in ihrer Stammburg Canossa vor Gregor VII. demütigte, das Knie beugte und um Absolution vom Kirchenbann bat. Um der Vergegenwärtigung dieses Triumphs der Römischen Kirche willen ließ der gewaltige Barberini-Papst in schwerer Zeit – es tobte gerade der Dreißigjährige Krieg – die Gebeine der berühmten Fürstin herbeischaffen und sie als erste Frau in Sankt Peter bestatten: Mathilde sollte als historische Garantin für den bevorstehenden Endsieg der 'ecclesia militans' über alle Widersacher dienen.

War diese Berufung auf Canossa 1077 wirklich berechtigt? Durfte Mathilde dafür als rechte Zeugin gelten? Vielschichtig und nicht widerspruchsfrei ist das Bild der Quellen: Eine Frau von hohem Herrscherbewußtsein in einer Zeit, welche ihrem Geschlecht eine solche Rolle kaum einzuräumen gewohnt war, und dabei von auffallender, gelegentlich geradezu rührender Demut; eine Vorkämpferin der Kirchenreform, die trotzdem manchem Hauptanliegen dieser Bewegung eklatant zuwiderhandelte; bei allem äußeren Glanz und aller scheinbaren politischen Sicherheit ein erschreckend unglücklicher und der Leitung durch andere bedürftiger Mensch.

Selbstverständlich war es eine Idealgestalt, kein echtes Porträt, welches der Bildhauer Andrea Bolgi auf Grund von Berninis Entwurf für das Mathilden-Grab in Sankt Peter meißelte. Wir besitzen jedoch ein Bildnis der Fürstin aus ihrer Lebenszeit; freilich ist auch dieses kein Versuch, ihr Äußeres in realistisch-individueller Manier wiederzugeben: eine ganzseitige Buchillustration in dem Huldigungsepos, das zu Beginn des 12. Jahrhunderts der Hofkaplan Donizo von Canossa seiner Herrin und ihren Ahnen darbrachte. Dieses Geschichts-Gedicht in anderthalbtausend lateinischen Hexametern wurde während Mathildes letzten Lebensjahren verfaßt; die Originalhandschrift, die sich heute in der Vatikanischen Bibliothek befindet, sollte ihr selbst als Widmungsexemplar überreicht werden. Dazu kam es nicht mehr; Mathilde starb im Alter von neunundsechzig Jahren, worauf Donizo sein Poem noch um einige Gedächtniszeilen erweiterte, welche auf ihren Tod Bezug nehmen.

Ohne Zweifel spiegelt das Bild wider, wie Mathilde selbst gesehen werden wollte. Wie man es von Kaiser- und Königsdarstellungen kennt, thront die Markgräfin auf einem Prunksessel mit gedrechselten Stuhlbeinen und mit einem Baldachin in Form eines Zeltdaches. Unter ihr bauscht sich das Kissen; sie ist in ein fließendes, zartblaues Gewand gekleidet, über dem sie einen Mantel aus erlesener, rosa Atlas-Seide trägt, mit einem breiten Saum von edelsteinbesetztem Goldbrokat. Das Haupt mit dem streng frontal gerichteten Blick umhüllt ein weiches Tuch; darüber sitzt die modische Spitzhaube, gleichfalls mit einer reichverzierten Stulpe aus Goldbrokat. In der Rechten hält die Markgräfin mit höfisch-verfeinerter Geste ein sprießendes Reis. Es ist jenes lebendige Pflanzenszepter, das schon den Langobardenkönigen Oberitaliens (568–774) als Herrschaftszeichen diente, der Knotenhalm ('festuca nodata') oder – wie hier – der grünende Zweig ('ramus arboris'). Mit diesem vegetabilischen Rechtssymbol tätigten sie, ihre karolingischen und italienischen Nachfolger, endlich auch Mathilde – wie zahlreichen Urkunden zu entnehmen ist – Besitzeinweisung und Amtsübertragung, gewährten Schutz und bekräftigten das Recht: Ausfluß des uralten Bewußtseins, daß dort, wo ein wahrhafter, gottgesandter König handelt, selbst aus dürrem Holz neues Leben sprießt. Und dies ist das Bild einer Fürstin von königsgleichem Rang!

Zur Rechten des Thrones weist ein Mönch die aufgeschlagene Bibel vor; links zieht ein Ritter, mit einem Langschwert umgürtet, den Waffenmantel enger um den Leib. Die Extreme menschlicher Existenz widersprechen sich nicht, sondern ergänzen einander. Bei einem Autor, der die Großgräfin noch persönlich kannte, heißt es über sie: „Inwendig religiös und sehr fromm gesonnen, führte sie äußerlich ein diesseitiges und geradezu kriegerisches Leben; aber ihr geistliches und ihr weltliches Dasein verbanden sich dergestalt, daß sie das eine in Christus, das andere für Christus lebte."

Es ist eine Fürstin von starkem dynastischen Bewußtsein und dabei doch die Letzte ihres Geschlechtes! Zeitweilig führt sie die Gebeine des Vaters auf Reisen mit sich, als suche sie bei ihm Schutz und Hilfe. Noch in Mathildes allerletzter Urkunde, als sie bereits zu schwach ist, um die Unterschrift eigenhändig zu leisten, nennt sie sich „die Tochter des Markgrafen Bonifatius". Es hat einen guten Sinn, daß Donizo die Vorfahren seiner Herrin und Heldin in dem dichterischen Lobpreis, den er ihr widmet, gleichgewichtig mitbehandelt. Der Prolog zu dem Geschichtsepos steht auf der Nebenseite des Dedikationsbildes; die Anfangsbuchstaben der Zeilen ergeben das Akrostichon: „Mathilde, Kind des Bonifatius und der Beatrix, jetzt aber Magd Gottes und würdige Tochter des Petrus." Denn durch die Schenkung des gesamten Familienbesitzes an die Römische Kirche sollte nach ihrem Willen die Geschichte des Hauses Canossa in derjenigen der Erben Petri aufgehen. Man fühlt sich an den Ausspruch Leos X. erinnert, als er 1519 die Nachricht vom Tode seines letzten legitimen Neffen erhielt: „Von nun an gehören Wir nicht mehr zum Hause Medici, sondern nur noch zum Hause Gottes."

Die Ahnen kamen aus Lucca, dem Vorort der Toskana, bevor Florenz diese Rolle übernahm. Siegfried hieß der erste, von welchem die Familientradition eine blasse Erinnerung bewahrte. Seine Vorfahren mochten mit den Frankenkönigen über die Alpen gekommen sein, als Vertrauensleute der Karolinger, die in die militärisch und verwaltungsmäßig wichtigen Positionen Italiens einrückten, wo die Herrscher Mißtrauen gegenüber den bisherigen langobardischen Stelleninhabern hegten. Doch das lag weit zurück; unbeschadet seines Adels besaß jener Siegfried nicht mehr die Würde eines Grafen. Nicht in der Toskana, sondern nördlich des Apennins kam er zu Macht und Besitz. Schon der Sohn Adalbert (verkürzt Atto genannt) wurde Graf von Modena, Reggio und Mantua. Er erbaute in den Bergen südwestlich von Reggio auf schwer zugänglichem, steilem Fels die Burg Canossa. Bald nannte man das Geschlecht nach dieser Feste, welche – umgeben von einem Kranz kleinerer Nebenburgen – uneinnehmbar schien und ein Klösterlein als Familienstiftung mitbeherbergte. Die Canusiner waren kein kinderreiches Haus; anders als bei vielen Adelssippen ringsumher zersplitterten sie ihren Besitz nicht durch immer neue Erbteilungen. Vielmehr verdichtete sich im Lauf weniger Generationen das Netz der Städte, Dörfer, Bauernstellen, Eigenkirchen und Einzelrechte. Adalberts Sohn Tedald – Mathildes Großvater – gewann die Grafschaften Brescia und Ferrara hinzu. In Polirone (San Benedetto al Po) stiftete er ein zweites Hauskloster, das binnen weniger Jahrzehnte eine der vermögendsten Abteien der ganzen Poebene wurde. Das Haus Canossa war bereits zur stärksten Feudalmacht Oberitaliens emporgestiegen! Mit Tedalds Sohn Bonifaz erreichte es seinen Zenit: Kaiser Konrad II. arbeitete in nie getrübter Eintracht mit ihm politisch zusammen, und er dankte ihm die treuen Dienste: Als über die Toskana neu zu befinden war, machte der Salier Bonifaz zum Markgrafen. Damit erstreckte sich dessen Einfluß vom südlichen Alpenrand bis vor die Tore der 'Ewigen Stadt'.

Mit Richilda hatte er sich vermählt, der Tochter des Grafen von Bergamo. Die Gemahlin schenkte ihm ein Kind, doch es starb bereits in den Windeln. Und nun vergingen die Jahre ohne Erfüllung des sehnlichsten Wunsches, den alle jene Dynasten hegten. Kein Wunder, daß Bonifaz immer härter und finsterer wurde, ein Mann, den man allgemein fürchtete! Schwer lastete sein Regiment auf Hintersassen und Bürgern. Eine Rebellion der kleinen Vasallen, deren materielle Lage bedrückend war, schlug er blutig nieder. Bei der Besetzung kirchlicher Stellen pflegte er erhebliche Geldsummen zu verlangen, obwohl sich die Stimmen damals mehrten, welche Simonie die schlimmste aller Sünden nannten. Es scherte ihn nicht. Doch bezüglich der Reichstreue kannte Bonifaz kein Schwanken. Er war bereits um die Fünfzig, als Richilda starb (1036). Der Kaiser ließ es sich nicht nehmen, persönlich seinem verläßlichsten Parteigänger südlich der Alpen die neue Gemahlin zuzuführen: Beatrix, die Tochter des verstorbenen Herzogs Friedrich von Oberlothringen. Als Nichte Konrads II. war das Waisenkind am salischen Hof erzogen worden. Bonifaz trat durch die zweite Ehe in verwandtschaftliche Beziehungen zum höchsten Fürsten der Christenheit!

Die Braut war fast noch ein Kind; sie mochte knapp fünfzehn Jahre zählen. Sie brachte ein ansehnliches Heiratsgut in Lothringen mit in die Ehe. Doch vor allem erfüllte sie dem Alternden den Herzenswunsch: Sie gebar ihm drei Kinder, einen Sohn und zwei Töchter. Nach Friedrich und Klein-Beatrix kam wohl im Jahr 1046 – Bonifaz war bereits sechzig geworden – Mathilde zur Welt.

Die Namengebung fällt auf. Sie folgt ausschließlich der Tradition des Hauses Lothringen. Die drei Geschwister heißen nach der Mutter und deren längstverstorbenen Eltern. Das Namengut der Canusiner fehlt. Man richtet sich nach der größeren Vornehmheit; Beatrix ist immerhin Herzogstochter und Schwesterkind der Kaiserin. Doch wichtiger dürfte sein, daß es der jungen Frau gelungen ist, auf den an der Schwelle zum Greisenalter stehenden Gatten stärksten Einfluß zu gewinnen. Im politischen Verhalten und in der privaten Lebensführung des Markgrafen werden Veränderungen erkennbar, die schwerlich anders zu erklären sind. Sogar für die Anliegen der Kirchenreform weiß die fromme Gemahlin Bonifaz zu interessieren. Fortan vermeidet er simonistische Praktiken, verhält sich gegenüber den Klöstern ungemein großzügig, plant sogar, als Pilger ins Heilige Land zu ziehen. Unter dem Einfluß der Gattin beginnt sich Bonifaz um sein Seelenheil zu sorgen. Im Kloster Pomposa (unweit der Pomündung in die Adria) unterwirft er sich den härtesten Bußübungen bis hin zur Geißelung. Doch ringsumher ist man nicht bereit, alles Geschehene zu vergessen. Bei einem Jagdausflug in die Auenwälder bei Cremona trifft ihn am 6. Mai 1052 ein vergifteter Pfeil. Beatrix bestattet Bonifaz im Dom von Mantua; die Kinder sind noch minderjährig.

Das Ende des Markgrafen durch feigen Mord wird für alle, die unter dem Haus Canossa gelitten haben oder ihm den Besitz neiden, zum Signal für Aufstand und Angriff. Beatrix muß kämpfen, um die Rechte des Sohnes zu verteidigen. Da trifft es sich gut, daß ein Verwandter sie aufsucht, ein großer Kriegsmann, erfahrener Verwalter und energischer Fürst, der als Empörer gegen die Krone von Kaiser Heinrich III. abgesetzt und des Landes verwiesen wurde: Herzog Gottfried der Bärtige von Niederlothringen. Er hilft der Markgräfin, die Machtstellung der Canusiner ungeschmälert zu behaupten. Gottfried ist seit kurzem gleichfalls verwitwet; es dauert nicht lange, und sie heiraten.

In der Forschung wurde angenommen, die Hochzeit wäre lediglich aufgrund politischer Spekulationen erfolgt. Diese fehlten gewiß nicht, bildeten jedoch schwerlich den einzigen Grund. Ein unbeachtetes Zeugnis wirft ein Schlaglicht auf das persönliche Verhältnis zwischen beiden: Gottfried bestellte bei einem Goldschmied einen Siegelring, den er Beatrix als Geschenk überreichte: Es ist das älteste Frauensiegel aus dem Hochmittelalter, von dem wir wissen! Der Steinschnitt zeigt die Markgräfin, sitzend, mit einem Buch in der Hand. Die Umschrift enthält nicht Titel noch Würde, sondern den Vers:

„Du sollst immer glücklich sein,
von Gottfried geliebte Beatrix."

Wir kennen aus jener Zeit nichts Vergleichbares. Das einzigartige Stück zeugt offenbar von einer echten, tiefen Zuneigung zwischen den Gatten, denn Beatrix hat das Präsent auch über den Tod ihres zweiten Mannes hinaus stets in Ehren gehalten; entgegen aller italienischen Kanzleigewohnheit brachte sie den Siegelabdruck noch kurz vor dem eigenen Ende an einigen Urkunden an.

Aber trotz des schönen Siegelwunsches: Die neue Ehe beginnt unter schwierigsten Umständen, denn Kaiser Heinrich III. ist aufs äußerste brüskiert, weil sich Beatrix – die eigene, mit ihm zusammen erzogene Verwandte – mit einem seiner ärgsten Feinde verbunden hat. Er eröffnet einen Prozeß, mehr noch: er schreitet zu militärischen Operationen. In Florenz – also mitten in der Toskana – hält er gemeinsam mit Papst Viktor II. eine Reichs- und Reformsynode ab. Gottfried muß abermals fliehen, diesmal nach Norden. Als Beatrix für ihn Fürsprache einlegen will, wird sie inhaftiert und nach Deutschland gebracht. Ausgerechnet in diesen bitteren, turbulenten Wochen rafft eine Krankheit zwei ihrer Kinder hinweg, darunter den canusinischen Erben Friedrich. Nur die neunjährige Mathilde bleibt am Leben und teilt die Verbannung. Mit den Augen einer unfreiwillig Reisenden sieht sie zum ersten Mal die Heimat der Mutter. Für Beatrix mag die Fahrt trotz allem die Heimkehr in ein vertrautes Land sein; sie bringt zudem die Wiedervereinigung der Ehegatten. Für Mathilde, die Halbdeutsche, bedeutet das Exil eine feindselige Fremde. Sie wird sich stets ausschließlich Italien zugehörig fühlen.

Es gelingt nach einiger Zeit, Heinrich III. zur Versöhnung zu bewegen. Gottfried der Bärtige wird begnadigt und erhält Niederlothringen zurück; außerdem darf er die Kronlehen des Bonifaz von Canossa weiterhin verwalten. Aber wie kann man die Verbindung zwischen dem Herzogtum im äußersten Nordwesten des Reiches, den oberlothringischen Hausgütern der Beatrix, der Markgrafenschaft Toskana und den canusinischen Familienbesitzungen in der Poebene auf Dauer sichern? Gottfried hat einen gleichnamigen Sohn aus erster Ehe. Wenn dieser Mathilde heiratet, ist das Problem gelöst. Beide sind noch Kinder; sie werden verlobt. Eine Tragödie bahnt sich an, denn Mathilde verabscheut den Bräutigam, – vermutlich weil er bucklig ist, sicher aber auch aus anderen Gründen. Und niemals wird sich dieser Widerwille verflüchtigen.

Doch noch ist es nicht soweit; vorerst bleibt der Verlobte in Lothringen, während die inzwischen Elfjährige mit Mutter und Stiefvater nach Italien zurückkehrt. Kurz darauf stirbt Heinrich III.; der Thronerbe ist ein unmündiger Knabe. Damit fällt Gottfried von Niederlothringen und Toskana als dem mächtigsten unter allen Laienfürsten ein erhebliches Maß an politischer Verantwortung im ganzen Reich zu. Er ist es, der Papst Viktor II. gegen alle Widerstände nach Rom geleitet; er entscheidet nach dessen frühem Tod in Übereinstimmung mit der kirchlichen Reformpartei um Humbert von Silva Candida, Petrus Damiani und Hildebrand über die Ernennung des Nachfolgers. Man nennt die zweite Phase der kurialen Erneuerung, die damit anhebt, geradezu diejenige der lothringisch-tuszischen Päpste. Bei Gottfried laufen die Fäden des Geschehens zusammen. Südlich der Alpen bestimmt seine Gemahlin womöglich noch stärker als er die Ereignisse. Während der Herzog vor allem im Norden nach dem Rechten sieht, vertritt ihn hier Beatrix mit allen Befugnissen und Pflichten.

Etwas Derartiges hat es auf der Apenninenhalbinsel seit dem Tod der Kaiserin Angilberga, der Gemahlin des Karolingers Ludwig II. († 875), nicht mehr gegeben. Nach langobardischem Recht (das darin noch immer als verbindlich gilt) ist die Frau nur beschränkt rechtsfähig und bedarf bei allen Geschäften eines 'Muntwalts' – des Ehegatten, Vaters, Bruders, Sohnes oder eines beauftragten Vertrauten. Aber Beatrix hält selber Gericht, belehnt die Vasallen, ordnet die Verhältnisse. In einer reinen Männergesellschaft gehorcht man ihrem Wort. Gelegentlich urkundet sie im Namen Gottfrieds, doch zumeist nennt sie sich ohne Umstände Herzogin, Markgräfin oder auch „Frau Beatrix, von Gottes

Gnaden was ich bin". Das klingt wie eine Demutsformel und ist doch zugleich Ausdruck eines geradezu unerhörten Anspruchs (1. Kor. 15,10)! Neben dieser starken Persönlichkeit wächst Mathilde heran. In einer Luccheser Kaufurkunde wird die Tochter erstmals selbst als handelnd erwähnt; sie genehmigt ein Geschäft zwischen Dritten. An der Seite der Mutter reist sie durch das Land und ist bei politischen Verhandlungen, Gerichtssitzungen oder Kirchenweihen anwesend. Beatrix ist – es wurde darauf hingewiesen – eine tief religiöse Frau. Sie macht die Tochter mit den Führern der spirituellen Reform persönlich bekannt. Der Eindruck ist unauslöschlich. Weil Mathilde von den Menschen begeistert ist, welche die Sache der Kirche vertreten, wird diese auch für sie zum Hauptanliegen ihres Lebens.

Aber dann ruft bittere Pflicht die beiden Damen über die Alpen. Gottfried der Bärtige ist schwer erkrankt. In Bouillon (in den belgischen Ardennen), wo eine Tochter des Herzogs aus erster Ehe Hof hält, liegt er auf dem Sterbebett. Kann man ihm die letzte Bitte verweigern? Eltern und Kinder beschließen die Errichtung eines Sühneklosters für seine Sünden. Anschließend werden Gottfried der Bucklige und Mathilde vermählt, offenbar unmittelbar vor dem Tode des Fürsten. Wohl am Weihnachtstag 1069 bestattet Beatrix den zweiten Gatten im Dom zu Verdun. Dann kehrt sie allein nach Italien zurück; im Mai 1070 urkundet sie wieder in Florenz.

Im Mittelalter pflegte man frühzeitig zu heiraten. Die überlange Verlobung und das späte Hochzeitsdatum lassen Schlimmes erwarten. Mathilde, mit elf Jahren versprochen, ist inzwischen bereits dreiundzwanzig geworden. Es war ihr nicht eilig (wir wissen, daß sie der zögernde Teil war); nur auf den stiefväterlichen, in Todesnot erfolgten Druck hin hat sie sich vermählt. Es wird von Anfang an eine traurige Ehe. Zwar wird die junge Frau schwanger, aber das Kind – ein Knabe – stirbt nach wenigen Tagen. So viele fromme Schenkungen Mathilde in ihrem ganzen Leben auch tätigt (und es gibt keine Frau des Hochmittelalters, welche sie darin übertreffen wird): in keiner einzigen Urkunde gedenkt sie des eigenen Söhnleins! Es ist, als wollte sie alles verdrängen, was ihr widerfahren ist. Die Geburt war wohl sehr schwer; auf beunruhigende Nachrichten hin stiftet Beatrix im fernen Süden dem Konvent von Frassinoro (im emilianischen Apennin), den Mutter und Tochter zusammen gegründet hatten, nicht weniger als zwölf Dörfer „für die Gesundheit und das Leben meines Kindes Mathilde". Ende 1071 genesen, verläßt die junge Frau den Gatten und flieht nach Italien. Mit mütterlich geöffneten Armen nimmt die Markgräfin sie auf. Sie beteiligt Mathilde wie gleichberechtigt an Verwaltung und Rechtsprechung. Immer stärker tritt die Förderung der Kirchenreform in die Mitte des Lebens der beiden Fürstinnen.

Mit Gottfried will Mathilde nichts mehr zu tun haben. Aus der Entfernung versucht er, den Riß zu kitten; aber sie verweigert sich jeder Versöhnung. Lediglich eines erbittet sie von ihm: Vor der Verheiratung nach Lothringen hatte sie aus dem Grab ihres Vaters einige Gebeine entnommen, um in der Fremde ein heimatliches Unterpfand bei sich zu tragen. Diese Familienreliquien mußte sie zurücklassen, Gottfried soll sie ihr jetzt zurückgeben. Der bucklige Herzog hält das Ansinnen für ein Anzeichen des Einlenkens, kommt nach Italien, bringt den Behälter mit den Gebeinen mit – und wird bitter enttäuscht. Mathilde denkt nicht daran, ihn auch nur einmal zu sehen! Die Mutter kann mit Mühe gerade noch einen Skandal verhindern. Während sie zusammen mit dem Schwiegersohn öffentlich Gerichtssitzung abhält, urkundet Mathilde anderwärts in eigener Sache. Unternimmt Gottfried eine Reise, um diplomatischen Geschäften nachzugehen, besucht sie flugs die Mutter. Der Herzog ist ein Mann von treuem, verläßlichem Charakter, ein redlicher Freund Heinrichs IV.; aber auch Hildebrand, der Allgewaltige an der Römischen Kurie, verschmäht es nicht, mit ihm einen politischen Meinungsaustausch zu pflegen. Doch zwischen den Ehegatten erhebt sich die unübersteigbare Mauer der Abneigung Mathildes: über ein halbes Jahr lang keine gemeinsame Urkunde, kein einziges Mal ein gemeinsamer Aufenthalt! Man witzelt über den 'Buckel-Herzog'. Endlich gibt er den Versuch auf. Ein Chronist notiert: „Ohne die eheliche Gemeinschaft je wiedergefunden zu haben, zog er sich ergebnislos nach Lothringen zurück."

Der Eintrag bezieht sich auf den Hochsommer 1073. Damals hat sich die politische Situation in Kirche und Reich tiefgreifend verändert. Im April ist Papst Alexander II. verstorben; noch während der Begräbnisfeierlichkeiten hat man in tumultuarischem Verfahren den Archidiakon Hildebrand unter dem Pontifikatsnamen Gregor VII. zu seinem Nachfolger erhoben. Unter den ersten Persönlichkeiten, die nach Ausweis des kurialen Korrespondenzregisters eine Wahlmitteilung erhalten, befindet sich Beatrix von Canossa-Toskana. Zwar empfängt auch Gottfried auf seinen Gratulationsbrief hin umgehend freundliche Antwort, aber an der feierlichen Amtseinführung Ende Juni nehmen zwar Mutter und Tochter als Ehrengäste teil, doch nicht der Niederlothringer. Zu diesem Zeitpunkt ist das Verhältnis zu Heinrich IV. bereits erheblich belastet; bei dem Versuch einer Bereinigung bittet Gregor nicht etwa den Herzog um Mithilfe, weil er um dessen Freundschaft zum König weiß und ihm nicht traut, wohl aber Beatrix und Mathilde. Er kennt ihren Eifer für die Kirchenreform; vor allem bringen die beiden fürstlichen Damen dem so oft Angefeindeten ein hohes Maß an Sympathie entgegen, die er von Herzen erwidert. Der kleine, häßliche Mann hat in der unbequemen Unbedingtheit seines Willens und der Kompromißlosigkeit, mit welcher er die Sache des Glaubens betreibt, schon so viel Ablehnung erfahren, daß es ihm besonders viel bedeutet, hier Verständnis zu finden. Da darf er auch einmal von enttäuschten Hoffnungen oder überkühnen Zukunftsplänen reden, ganz undiplomatisch, ohne damit Schaden anzurichten.

Einsamkeit beschert das päpstliche Amt seinen Trägern. Weiß Gregor das nicht? Sicher tut es ihm wohl, der Markgräfin, mehr noch ihrer begeisterungsfähigeren Tochter Vertrauen entgegenzubringen und gleiches von ihnen zu erfahren. Aber ist dem Nachfolger Petri ein solches Gefühl erlaubt? Die Welt merkt auf und beginnt zu tuscheln. Wenn wir die Quellen recht deuten: Wenige Wochen nach der festlichen Inthronisation übermittelt bereits Erlembald, der Führer der Mailänder Pataria, einer der bewährtesten Kampfgefährten Gregors, diesem eine versteckte Warnung, als Frage getarnt. Die Antwort des welterfahrenen Diplomaten auf dem päpstlichen Stuhl zeugt von seiner Naivität in solchen Dingen: „Bezüglich der Gräfin Beatrix glauben Wir keinerlei Zweifel hegen zu müssen, da sie und ihre Tochter Mathilde sich in jeglichen Dingen, was Gott und den Glauben angeht, Uns gegenüber völlig treu verhalten." In aller Öffentlichkeit bezeichnet er die beiden Fürstinnen als „die liebsten Töchter des heiligen Petrus" und bemerkt nicht, daß er damit Befremden erregt.

Vertrauen, – es kann gar nicht ausbleiben, daß sich Mathilde, ganz seltsam angezogen durch die Berge versetzende Sendungs-Sicherheit dieses Großen, dazu entschließt, die Not ihres Herzens vor ihn zu bringen. Ende 1073 schreibt sie ihm zweimal in kurzem Abstand. Wir besitzen die Briefe nicht im Wortlaut; sie müssen aus Gregors Antworten rekonstruiert werden, was nur mit erheblicher Unsicherheit möglich ist. Gegenüber dem Apostolischen Stuhl legt Mathilde ein glühendes Treueversprechen ab: Sie sei bereit, dem heiligen Petrus mit derselben Unverbrüchlichkeit zu dienen, wie sie Sankt Paulus seinem Herrn Christus bis zum Tode bewies. (Sie wird das Gelübde ohne Abstriche halten.) Und wie es scheint, ist auch eine verhüllte Andeutung über die bedrückende, sie belastende Wirrnis ihres Lebens in dem ersten Schreiben enthalten.

Postwendend bedankt sich Gregor. Er nimmt die Selbstverpflichtung gegenüber dem Apostelfürsten an. Wenn die Mutter wieder nach Rom reist, möge Mathilde sie begleiten; dann könne man über alles Weitere reden. Mehr sagt er nicht, aber es ist wohl beziehungsvoll, daß er mit einer Wendung schließt, die nicht auf Grund der Kanzlei-Konventionen formuliert ist, sondern auf den Papst selber zurückgeführt werden muß: Die Barmherzigkeit des allvermögenden Gottes, der die Seinen immer umgibt und beschützt – gerade auch in Krisensituationen –, möge Mathilde behüten.

Umgehend erhält Gregor ihre Entgegnung. Offenbar spricht Mathilde es diesmal unverhüllt aus: Sie sehnt sich nach Befreiung, möchte geschieden werden von dem ihr aufgezwungenen, zutiefst verabscheuten Gatten. Es mag wie ein Aufschrei gewesen sein; über Gregors Antwort stehen in dem amtlichen Briefbuch, das den Text aufbewahrt hat, erstmals die Worte: „Eigenes Diktat des Papstes." Es ist ein umfänglicher, väterlich-seelsorgerischer Zuspruch; aber deutlich für den, der Bescheid weiß, schlägt der Priester das Ansinnen der jungen Frau rundweg ab. Das katholische Eheverständnis setzt hier eine unverrückbare Schranke. Doch gerade auf das, was Mathilde so schmerzhaft gefesselt hält, wird sie verwiesen: Die Kirche verbietet, aber sie hält auch ein Angebot bereit. Der häufige Empfang des Abendmahles – damals unter Laien völlig ungebräuchlich – und die besondere Zuwendung zur Madonna im Gebet werden Mathilde helfen. Hart in der Sache, doch in einem beseelt-milden Ton schließt der Brief: „Setze deinem Wunsch, Sünde zu tun, jetzt ein Ende! Wirf dich vor Maria hin und weine dich mit zerknirschtem Herzen bei ihr aus. Du wirst sie – das verspreche ich dir – in der Liebe zu dir noch bereitwilliger und versöhnlicher finden als deine leibliche Mutter."

Ausnahmsweise läßt der Brief den Leser einen Blick von innen auf eine menschliche Beziehung tun, die von außen anders gedeutet wurde. Gregor hat es seinen Kritikern leicht gemacht. Doch Mathilde versteht das Schreiben offenbar richtig. In der erhaltenen Korrespondenz ist fortan nicht mehr von ihren Eheproblemen die Rede. Es geht um die Reform der Kirche, um Klerus und Laienschaft, um Tiara, Krone und Christenheit. Die Markgräfinnen sollen namens des Papstes eine Streitsache in der Toskana entscheiden, einem Bischof bei der Reise behilflich sein. Unter dem Eindruck einer großen Niederlage der Glaubensbrüder im Osten werden Kreuzzugspläne erörtert; Gregor möchte persönlich an der Spitze der abendländischen Ritterschaft in den Kampf gegen den Islam ziehen, begleitet von Mathilde, ihrer Mutter Beatrix und der Kaiserinwitwe Agnes („mit solchen Schwestern geschmückt", welch' weltfremde Unbefangenheit!), während ausgerechnet Heinrich IV. für das Wohl der römisch-abendländischen Kirche Sorge tragen soll.

Die Briefe des Papstes an und über die beiden Markgräfinnen sind von entwaffnender Spontaneität. Es geht, wie es gehen muß; das Geschwätz wird immer lauter. Da fragt man sich, wieso eigentlich die junge Fürstin der Toskana auf der römischen Fastensynode 1075 anwesend ist, als Gast in der Kurie wohnt und wodurch es ausgerechnet ihr möglich wird, einen verurteilten Verbrecher von der Todesstrafe loszubitten. Und die Welt weiß gleich eine Antwort darauf. Abermals warnt man Gregor; aber er erwidert: Unter allen Großen vertraue er keinem so fest wie Mutter und Tochter; er kenne ihre Worte und Taten, den frommen Eifer, die Treue und Standhaftigkeit.

Er wird Mathildes Hilfe brauchen; das dramatische Jahr 1076 bricht an. Als sich im Januar der deutsche Episkopat mit Heinrich IV. an der Spitze offen gegen Gregor VII. empört und sich anschließend auch die oberitalienischen Bischöfe dem Wormser Absageschreiben anschließen, gehört zu den Anklagen, welche man dem Papst entgegenschleudert, an letzter – untergeordneter – Stelle, daß er „die ganze Christenheit mit einem Weibersenat regieren wolle" und „die Kirche mit dem Gestank bösen Ärgernisses erfülle, weil er mit einer fremden Frau Tischgemeinschaft halte und sie beherberge, vertrauter als notwendig". Jedermann weiß, wer damit gemeint ist, – und Gottfried der Bucklige, persönlich auf der Reichssynode anwesend, läßt zu, daß man in dieser Weise von seiner Gemahlin spricht. (Nicht immer hat die Geschichtsschreibung beachtet, daß der Vorwurf nicht weiter ging, obwohl man sich bei der Polemik 1076 keineswegs zurückhielt. Übrigens hat man bei der zweiten Absetzung 1080, als jede Rücksicht auf den Herzog von Niederlothringen entfiel, diesen Punkt gar nicht mehr erwähnt.)

Das gegenseitige Vertrauen zwischen dem Papst und der Markgräfin hat unter den Anfeindungen, welche in Worms laut wurden, nicht gelitten; doch ersichtlich bemühen sich beide, fortan keinen Anstoß mehr zu geben. Ihr Briefwechsel wird spärlicher, der Ton nähert sich dabei der üblichen Kanzlei-Diktion. Aber die Zusammenarbeit intensiviert sich durch den Gang der Ereignisse.

Nur einen Monat nach der Wormser Reichssynode wird Gottfried der Bucklige in der Nähe von Utrecht (Niederlande) ermordet, vermutlich von einem Diener, den die feindlichen Friesen bestochen hatten. Keine ernstzunehmende Quelle hat Mathilde als Anstifterin des Verbrechens bezeichnet. Als die Nachricht, die an sich wie eine Befreiung auf sie gewirkt haben muß, bei ihr eingeht, erwägt sie den Eintritt in ein Kloster, doch Gregor verbietet es: Zum gegenwärtigen Zeitpunkt ist eine Fürstin, die sich der Kirchenreform verpflichtet weiß, für die Christenheit viel wichtiger als eine zusätzliche fromme Nonne. Denn Mathilde ist schlechthin unersetzlich: Gerade in jenen Tagen stirbt auch Markgräfin Beatrix und wird von der Tochter im Dom von Pisa beigesetzt (erst später überführt man sie in den dortigen Camposanto). Mit der Selbstverständlichkeit einer geborenen Fürstin übernimmt Mathilde die Herrschaft über das Erbe, in den canusinischen und lothringischen Hausgütern zweifellos zu Recht, bezüglich der Toskana gegen alle geltenden Lehnsgewohnheiten, aber niemand macht ihr den Anspruch streitig. Sie setzt so den ungewöhnlichen Regierungsstil der Mutter fort und kopiert sie auch in Hinblick auf die Formel, mit welcher sie fortan die Urkunden unterzeichnet: Wie ein Analphabet malt sie eigenhändig ein Kreuz unter den Text und schreibt dann mit ungeschickten Buchstaben, die im Lauf der Jahre nicht flüssiger werden, in die vier Winkel der Kreuzesarme: „Mathilde von Gottes Gnaden, wenn sie überhaupt etwas ist."

Beatrix hatte unterzeichnet: „... von Gottes Gnaden was ich bin" – Herzogin, Markgräfin, Herrin. Der Unterschied bedeutet sicherlich mehr als nur eine stilistische Variation. Die Selbstsicherheit der mütterlichen Aussage (bei aller selbstverständlichen Einbettung in den hochmittelalterlichen Demutstopos) erscheint bei Mathilde durch die Verwendung der dritten Person und namentlich die Umformung in einen bedingenden, indirekten Fragesatz eigentümlich gebrochen. Die Tochter des gewaltigen Bonifaz von Canossa-Toskana verfügte wohl nicht über die ungespaltene, innere Kraft ihrer Eltern; sie zeigte lebenslang ein gewisses Anlehnungsbedürfnis, obwohl sie selbstbewußt auftrat und es liebte, hoch zu Roß mit stattlichem Gefolge und in prächtiger Kleidung durch das Land zu ziehen. Als „Witwe des Herzogs Gottfried“ hat sie sich bald nach dem Ende des Gatten mehrfach bezeichnet, später nicht mehr. In keiner der zahlreichen Schenkungsurkunden äußerte sie den Wunsch, man sollte für den Ermordeten beten. Sogar dort, wo Mathilde sich ausdrücklich auf den toten Gemahl berief und für entferntere Seitenverwandte Fürbitten anordnete, findet sich nicht ein einziges Wort pietätvollen Gedenkens. Erbe und Witwengut hat sie nicht ausgeschlagen; ansonsten ist es, als hätten Mann und Kind niemals gelebt.

Aber Persönliches hat im Jahr 1076 überhaupt zurückzutreten. Unter der Wucht des päpstlichen Gegenschlages bricht die Königsmacht zusammen; die Reichskirche läßt Heinrich IV. im Stich. Als man in Tribur und Oppenheim (südlich von Mainz) zu einer neuen Herrschererhebung schreiten will, kann es der Salier nur um hohen Preis verhindern: Er muß die bisherige Politik aufgeben und Frieden mit der Kurie suchen; bleibt er über ein Jahr lang im Bann, werden die aufständischen Fürsten einen neuen König wählen. Die innerdeutsche Opposition verständigt sich mit Gregor. Gemeinsam wollen die Gegner der Krone in Augsburg über Heinrich das Urteil sprechen.

Wie es lauten wird, steht bereits fest. Unrettbar scheint der Salier verloren, aber er windet sich aus der Klemme. Während sich der Papst auf den langen Weg in den Norden macht, zu Lucca von Mathilde feierlich begrüßt und über den Apennin geleitet wird, kommt plötzlich die Nachricht, daß der Gebannte in umgekehrter Richtung die Alpen überwunden hat – mitten im bitteren, schneereichen Winter! – und sich bereits in der Nähe befindet. Man weiß nichts Genaueres, fürchtet einen Überfall. Gregor steht schon am Ufer des Po, er flieht zurück, verschanzt sich in Mathildes Stammburg Canossa.

Dort erscheint nun der König, doch ganz anders als man es geglaubt, waffenlos, als reuiger Büßer und deshalb nicht abzuweisen. Gregor will an dem vereinbarten Gerichtstag zu Augsburg festhalten und verweist Heinrich auf den dortigen Termin. Aber der Salier erfüllt alle demütigenden Pflichten, die einem Sünder auferlegt werden können, welcher die Absolution begehrt. Hat er damit nicht einen Anspruch auf Gnade, Zulassung zum Sakrament, Lösung von den Kirchenstrafen? Gregor bleibt hart; doch die Anwesenden – es sind nicht wenige; zu ihnen gehört selbst der Abt von Cluny, für nicht wenige Zeitgenossen moralisches Orakel des Abendlandes – vereinigen sich in der Bitte, Heinrich zu erhören. Der Papst weigert sich, sucht einen Ausweg; sogar Mathilde – versichern die Quellen – ist nahe daran, um seiner unchristlichen Unversöhnlichkeit willen an ihm irre zu werden. So gibt Gregor endlich nach; der Priester siegt über den Politiker. Er nimmt den Sünder wieder in die Gemeinschaft der Kirche auf. Heinrich rettet damit die Krone für sich, doch das sakrale Königtum in seiner autochthonen Heilsmächtigkeit und Gottesunmittelbarkeit hat eine Wunde davongetragen, die sich nicht mehr schließen läßt.

So ist nun Heinrich wieder König – oder ist er es nicht? Jedenfalls nimmt er die Herrscherrechte wahr, sammelt seine Anhänger um sich und versucht, die Machtstellung der Krone in Oberitalien neu zu fundieren. Er hat dabei beachtliche Erfolge; mehrfach trifft er sich mit Markgräfin Mathilde. Währenddessen bleibt Gregor in merkwürdiger Lethargie monatelang auf ihren Burgen, in Canossa, Carpineti, Bianello. Längst hat ihn die Fürstin alleingelassen, um den Regierungspflichten in der Toskana nachzukommen. Aber der Papst wartet immer noch auf das Geleit, welches ihn sicher zum Gerichtstag nach Augsburg bringen soll. Doch die deutsche Fürstenopposition fühlt sich von ihm verraten; sie vermag sich von einer solchen Veranstaltung nichts mehr zu versprechen. Endlich kehrt Gregor um. Im Herbst ist er wieder in Rom, nicht ganz sicher, was eigentlich geschehen ist, und unschlüssig, was nun zu geschehen hat. In Deutschland herrscht Bürgerkrieg; man hat trotz Canossa Rudolf von Schwaben zum Gegenkönig erhoben. Einmal versucht Mathilde, durch einen ihrer Verwandten, den Herzog von Oberlothringen, zwischen den Fronten zu vermitteln. Aber sie hat damit keinen Erfolg.

Es ist eine Zeit der Unklarheit, für Gregor ebensosehr wie für Mathilde. Irgendwann in diesen Jahren hat sie in Rom ihren gesamten Besitz dem Apostolischen Stuhl vermacht, aber dann doch weiterhin darüber verfügt, als wäre er nach wie vor ihr unumschränkt zu eigen. Die Öffentlichkeit weiß nichts davon; um die Hand der reichen Witwe bemüht sich mancher vornehme Freier, aber sie weist alle ab. Anselm II. von Lucca, Bischof der vornehmsten markgräflichen Stadt in der Toskana, ist ihr engster Vertrauter; sie zieht ihn an den Hof, beteiligt sich an seinen Frömmigkeitsübungen. Nach monastischem Brauch pflegt Anselm jeden Morgen noch vor Tagesanbruch das Offizium zu singen; die Fürstin läßt sich nicht davon abbringen, sich auch während der anstrengendsten Regierungszeiten daran zu beteiligen. Sie mutet sich zuviel zu, überfordert sich geistig wie körperlich; – „sooft Anselm sie müde und in Tränen aufgelöst sieht, weil sie sich allzusehr abquält, richtet er sie durch sein Beispiel und heilsame Gespräche wieder auf". So berichtet es ein Augenzeuge.

Der 'faule Friede' endet nach drei Jahren. 1080 ist es Gregor, der auf das Drängen der deutschen Opposition hin durch erneuten Bann und abermalige Absetzung Heinrichs die zweite Phase des Investiturstreites eröffnet. Aber die Exkommunikation zeitigt diesmal nur geringe Wirkung: So rasch gewöhnen sich die Menschen an das bislang Unerhörte! Am stärksten formiert sich die Opposition gegen das Reformpapsttum in Oberitalien. Im Mailändischen kämpft man schon seit längerer Zeit; nun entbrennt allenthalben der offene Krieg zwischen Heinricianern und Gregorianern. Damit wird auch die Machtstellung Mathildes auf eine schwere Probe gestellt. Unbeirrt verharrt sie auf der kurialen Seite, bestärkt und beraten durch Bischof Anselm von Lucca, den eifrigsten Sachwalter des Apostolischen Stuhles in der Toskana. Die Großgräfin bietet an ihrem Hof jedem eine Bleibe, der in dem sich verschärfenden Konflikt um seiner antiköniglichen Überzeugung willen ins Exil gehen muß. Die Umgebung Mathildes wird zugleich zum Sammelpunkt der Gegner des neuerhobenen, schismatischen Papstes Wibert von Ravenna. Die Exponenten der Pataria, der aufständischen Unterschicht in den lombardischen Städten, gehen bei der hochadligen Fürstin ein und aus. Aber damit entfremdet sie sich die eigenen Standesgenossen und die Mehrzahl ihrer Vasallen!

Im Oktober 1080 erleidet die Partei Gregors nördlich der Alpen durch den Tod des Gegenkönigs Rudolf von Rheinfelden nach gewonnener Schlacht einen schweren Rückschlag. Nur wenige Tage später kommt es bei Volta (südlich des Gardasees) zum Kampf zwischen den salischlombardischen Streitkräften und einem Heer Mathildes. Verrat schwächt ihre Truppen; die Ritter der Großgräfin werden völlig auseinandergesprengt; bis auf die Burgen im Bergland liegen die canusinischen Lande offen vor den Feinden! Bei diesem Anlaß hört man, daß die Tochter des gewaltigen Bonifaz sogar in ihrem engeren Herrschaftsbereich gar nicht sehr beliebt ist. Das Bündnis Gregors mit den Patarenern irritiert alle, die auf ihren edlen Stand stolz sind. Das autoritäre Regiment der Markgräfin nährt Unzufriedenheit. Mancher nimmt Anstoß daran, „dem Joch einer Frau unterworfen zu sein". Man hat das 'Weiberregiment' bislang hingenommen, weil Gegenwehr sinnlos schien. Nun, da Mathilde in Schwierigkeiten gerät, artikuliert sich der seit langem aufgestaute Groll. Vor allem einige toskanische Grafenhäuser erklären sich gegen sie. Zugleich bricht in zahlreichen Städten der Aufstand wider sie los. Auch Bischof Anselm muß aus Lucca fliehen; er ist nicht der einzige Oberhirte, den die Bürger in zunehmendem Selbstbewußtsein aus seinem Bistum vertreiben. Antigregorianische Gegenbischöfe werden aufgestellt, mitten in Mathildes Erblanden. Die Pisaner und Lucchesen laden den Salier ein, in ihre Mauern zu kommen. Nur wenige Orte bleiben der Fürstin treu, in der Toskana vor allem Florenz, das freilich nicht aus kirchlicher Gesinnung oder weltlicher Anhänglichkeit an die angestammte Herrin handelt, sondern weil es die politische Chance sieht, die Führungsrolle Luccas im Kreis der toskanischen Städte selber zu übernehmen.

Für Mathilde und die gregorianische Partei ist die Lage schier zum Verzweifeln. Mit beschwörenden Worten wendet sich der Papst an alle, die noch zu ihm halten, um sie zur Unterstützung der Markgräfin zu veranlassen. Selbst nach Deutschland, wo man doch wahrlich selbst seine Not mit den Heinricianern hat, schreibt er einmal: „Wenn Unsere Tochter Mathilde von euch keine Hilfe erhält, bleibt ihr nichts anderes übrig, als um Frieden zu bitten oder alles zu verlieren, was sie besitzt. Denn ihr kennt ja die Stimmung ihrer Vasallen, die sich möglicherweise weigern, fortan noch Widerstand zu leisten, weil sie die Gräfin in dieser Hinsicht für wahnsinnig halten." Die Aufforderung, so dringlich sie auch vorgebracht ist, bleibt ohne jede Resonanz; einzig sich selbst wird Mathilde es zu danken haben, daß sie diese Krise übersteht.

Seit April 1081 befindet sich König Heinrich selber an der Spitze eines starken Heeres im Land. Nur inselhaft regt sich noch Widerstand; mit den Mathilde verbliebenen Bergfestungen hält sich der Salier allerdings vorerst nicht weiter auf. Er zieht ungehindert mitten durch das canusinische Gebiet nördlich der Abflachungen des emilianischen Apennins, von Mailand und Pavia nach Ravenna, dann nach Vallombrosa, das gründlich ausgeplündert wird, südwärts nach Rom, endlich nach Lucca. Die alte markgräfliche Hauptresidenz erhält ein großes Freiheitsprivileg und einen neuen Bischof; doch Mathilde wird in feierlicher Gerichtssitzung aller Lehen für verlustig erklärt und mit der Reichsacht belegt. Dann beginnt ein Kleinkrieg im Gebirge, bei welchem beide Seiten empfindliche Verluste erleiden, denn die Fürstin wehrt sich mit aller Zähigkeit. Sie läßt in Canossa sogar die Kirchenschätze einschmelzen, um ihre Truppen bezahlen zu können. Alles gilt der mühsamen Behauptung gegenüber einem übermächtigen Feind. Die Toskana ist verloren; ein einziger der großen Feudalherren führt dort noch für sie die Waffen, Graf Guido, ein entschiedener Förderer der kämpferischen Mönche von Vallombrosa, der trotz der eigenen schwierigen Situation diese Abtei nach Kräften für den erlittenen Schaden entschädigt. In der Poebene bleibt namentlich Mantua vorerst noch treu, die nördliche Bastion von Mathildes weitgestreuter Herrschaft; dorthin ergeht die einzige Urkunde der Großgräfin, welche sich aus vollen sechs Jahren erhalten hat, ungemein pathetisch stilisiert, – aber die Zeugenreihe umfaßt nur drei Namen von auswärtigen Gästen der Fürstin; kein Vasall unterzeichnet!

Von Monat zu Monat werden die Nachrichten aus Mittelitalien beunruhigender. Heinrich IV. rückt jetzt unmittelbar gegen Rom vor und nimmt zunächst den Stadtteil westlich des Tibers ein. Als Verhandlungen scheitern, weil Gregor 'halsstarrig' jegliches Zugeständnis verweigert, fällt der größte Teil des Kardinalskollegiums von ihm ab. Wenig später, und die 'Ewige Stadt' wird eingenommen. Der Papst hat sich in der Engelsburg verschanzt; auf Sichtweite muß er miterleben, wie sich der Salier von Wibert-Clemens III. zum Kaiser krönen läßt. Die Heinricianer haben den Bullenstempel Gregors erbeutet; um Mißbrauch zu verhüten, teilt es Mathilde allen Parteigängern der Reformkurie in ganz Europa mit. Auf Grund eines päpstlichen Hilferufs greifen die Normannen ein. Die Truppen Heinrichs vermeiden den Kampf und ziehen sich zurück; aber die 'Befreier des Apostolischen Stuhles' plündern so entsetzlich, daß Gregor mit ihnen die gemarterte Stadt verlassen muß, verfolgt von den Verwünschungen der Bewohner. In Salerno (südlich von Neapel) nimmt er seinen Aufenthalt; in Rom würde man ihn erschlagen!

Im Hochsommer des Unglücksjahres 1084 erringen die zahlenschwachen Getreuen Mathildes bei Sorbara (nördlich von Modena) einen Sieg gegen den überlegenen Feind. Es ist an sich kein großes Gefecht, aber der Erfolg schafft etwas Luft, denn unter den Gefangenen befindet sich Eberhard von Parma, ein deutsches, aus Köln stammendes Mitglied des oberitalienischen Episkopats. Da kann man einige Bedingungen stellen! Und das Schicksal kommt der Großgräfin weiter zu Hilfe: Ein paar prominente Gegner Mathildes unter den lombardischen Bischöfen sterben in rascher Folge. Das erschreckt viele: Sind die Todesfälle ein Zeichen des Himmels? Mathilde kann verschiedentlich Männer ihres Vertrauens als neue Oberhirten einsetzen. Mancherorts kommt der hochadligen Fürstin die patarenisch bestimmte Volksmeinung zugute; ein literarischer Gegner Mathildes verrät es uns: „Mönche und Weiber zwangen die [kaiserlichen] Prälaten zur Flucht." Darf man Hoffnung schöpfen? Während Mathilde einige feste Plätze im Umkreis von Modena und Mantua belagert, erreicht sie die Nachricht, daß Gregor VII. am 25. Mai 1085 im normannischen Exil zu Salerno gestorben ist, äußerlich unterlegen, aber innerlich ungebeugt. Wie soll, wie kann die Sache der Reform weitergehen? Die Kardinäle sind großenteils zum Feind übergegangen, der treu gebliebene Rest ist zerstreut. Abt Desiderius von Montecassino ergreift die Initiative: Die Markgräfin soll zuverlässige Bischöfe zur Papstwahl nach Rom senden. Sie tut's, fordert ihrerseits (sie, die Frau!) zusammen mit Anselm von Lucca eine Anzahl von Mitgliedern des französischen Episkopats auf, sich an der Erhebung von Gregors Nachfolger zu beteiligen. Daß sie jetzt zum Gegenpapst Wibert überginge, wie man ihr vorschlägt, kommt für sie nicht in Frage, und mit ihrer klaren Haltung wird sie zum Vorbild für alle Gregorianer, die schon schwankend geworden sind.

Aber noch ist der neue Papst nicht gefunden. Zeitweilig diskutiert man die Wahl des Bischofs Hermann von Metz, den Heinrich IV. aus seiner lothringischen Diözese vertrieben hat und dem die Großgräfin vier Jahre lang Asyl bietet. Da trifft die Fürstin ein neuer Schlag: Anselm von Lucca, seit langem ihr besonderer Vertrauter und Beichtvater, stirbt nach längerem Leiden. Wochenlang hat Mathilde Tag für Tag an seinem Krankenbett in Mantua geweilt; nun bestattet sie ihn neben dem leiblichen Vater. Aber dann – doppelt vereinsamt durch den Tod des Papstes und des Bischofs – rafft sie sich auf, führt in eigener Person ihre Truppen gegen eine nahe Burg und auf besorgniserregende Nachricht hin quer durch Mittelitalien bis nach Rom. Denn man hat zwar inzwischen jenen Abt von Montecassino selbst zum Papst erhoben, doch angesichts der ungünstigen Machtverhältnisse in der 'Ewigen Stadt' verzweifelt er an der Durchsetzbarkeit seines Anspruchs und ist ins Kloster zurückgekehrt. Nun will ihn die Tochter des Bonifaz mit des Schwertes Schärfe auf dem Apostolischen Stuhl inthronisieren. Sie gewinnt den Vatikan; dann geht die Peterskirche wieder an die Wibertisten verloren: Mathildes Truppen sind zu schwach. Und ehe sie den Versuch wiederholen kann, stirbt Papst Viktor-Desiderius von Montecassino.

Abermals wird die Frage laut, ob das ein Gottesurteil sei. Doch die Fürstin läßt sich von solchem Kleinmut nicht anstecken. Das Kardinalskollegium hat sich rekonstituiert. Es tritt in Terracina zusammen, hundert Kilometer südlich von Rom. Man schreitet jedoch erst zur Wahl, nachdem durch Gesandte die Meinung Mathildes bekanntgeworden ist. Ihre Boten beteiligen sich an der Erhebung des Franzosen Urban II.

Das neue Oberhaupt der Christenheit weiß sich den Zielen Gregors verpflichtet, ohne alle Abstriche, aber es vertritt diese in einer anderen, leiseren und politisch biegsameren Weise. Urban vermag die Situation unvoreingenommen einzuschätzen, und es ist ihm klar: Nur bei einer baldigen, grundlegenden Veränderung der Machtkonstellation läßt sich die Kirchenreform im Sinn der Vorgänger fortführen. In seinem kühlen diplomatisch-militärischen Kalkül wird dabei Mathildes Person zu jener Figur, mit welcher er dem Salier Schach zu bieten gedenkt. Eine Episode beginnt, die der Großgräfin eine unerhörte Demütigung zumutet und sie sogar der allgemeinen Lächerlichkeit preisgibt, aber Urbans Rechnung geht auf!

Bald nach der Inthronisation des Franzosen setzt ein Briefwechsel ein, der ein Eheprojekt zum Inhalt hat: Mathilde, zweiundvierzig Jahre alt, seit 1076 verwitwet, ihren Besitztiteln nach die reichste Fürstin ihrer Zeit, soll abermals heiraten, um als lebendiger Köder einen mächtigen Großen von der Heinricianischen Seite auf jene des Reformpapsttums herüberzuziehen. Man findet in dem siebzehnjährigen, ehrgeizigen Sohn des Herzogs von Bayern den geeigneten Bräutigam. (Ein betrogener Spekulant: Noch weiß niemand, daß Mathilde bereits über ihren Besitz zugunsten des Apostolischen Stuhles verfügt hat!) Der junge Welf ist Halbitaliener, wie die Großgräfin selbst; er stammt aus dem Hause der Markgrafen von Este (übrigens im Mannesstamm; die seit der Karolingerzeit bedeutende Adelsfamilie der Welfen ist kurz zuvor bis auf eine Erbtochter ausgestorben, die Azzo II. von Este heiratete; dennoch behielt der deutsche Zweig ihrer Nachkommenschaft den traditionsreichen Namen der Welfen bei). Vor der Hochzeit wird ein Geheimvertrag abgeschlossen: Mathilde wird nur eine Scheinehe führen. Aber weil das der Öffentlichkeit verborgen bleibt, macht man vielenorts seine schmutzigen Witze über die alternde Frau, die einen Jüngling gefreit hat.

Wie ein wohlinformierter Zeitgenosse, der über glänzende Verbindungen zum canusinischen Hof verfügt, einmal schreibt, ist Mathilde die neue Verbindung „lediglich aus Gehorsam gegenüber dem Römischen Bischof" eingegangen. Was sie selber von dieser Ehe hält, wird aus einer juristischen Besonderheit deutlich: Damals herrscht weithin 'Personalität des Rechts'; man lebt nach den Volks- und Stammesgewohnheiten, in welche man hineingeboren ist. Bei der Heirat nimmt die Frau das Recht des Gatten an. Daher handelt Mathilde – unbeschadet aller Abneigung – seit der Hochzeit mit Gottfried dem Buckligen nach salfränkischem Gesetz. Dabei bleibt sie jetzt; das alemannische Recht des Welfen nimmt sie gar nicht erst an, entgegen allem Brauch.

Es ist eben nur ein Zweckbündnis, die Ehe eine äußerliche Formsache. (Welf hat es später selbst öffentlich bezeugt.) Innerlich verbindet Mathilde nichts mit dem Scheingatten, der dem Alter nach ihr Sohn sein könnte. Und anfänglich nützt die unnatürliche Allianz nicht einmal das geringste. Heinrich IV. greift weiter an, erobert einige Burgen im Zentrum der Poebene; selbst Mantua geht jetzt verloren. Zwar wäre die Stadt nicht auszuhungern, aber die Bürger öffnen dem Kaiser die Tore. An größeren Orten bleibt nur Reggio der Markgräfin treu, und auch dort regt sich das Mißbehagen über den demonstrativ zur Schau getragenen Adelsstolz der Fürstin und ihre 'Unversöhnlichkeit'. Oder hat es damit nun ein Ende? Zerbricht Mathildes feste Haltung? Herzog Welf von Bayern, der Vater ihres Gemahls, verhandelt in Verona mit dem Kaiser und stellt ihm Unterwerfung in Aussicht, falls er nur den Gegenpapst Wibert fallenzulassen bereit ist. Doch Heinrich geht darauf nicht ein; im Bewußtsein der errungenen Siege verstärkt er statt dessen die

Anstrengungen, der alten Feindin und ihrem jungen Mann die letzten Burgen zu entreißen.

Dadurch hat der Salier den Bogen überspannt. Jedes Wild, dem kein Ausweg gelassen wird, setzt sich in Todesverzweiflung zur Wehr. Ein Überfall auf Canossa schlägt fehl. Zwar flüchtet Mathilde, aber Welf fügt den Belagerern eine empfindliche Niederlage zu. Er reißt die Initiative an sich, drängt die Kaiserlichen zurück, erobert zahlreiche zuvor verlorene Plätze zurück. Eine Einbuße an persönlichem Ansehen Heinrichs kommt hinzu; ausgerechnet zu Mathilde flieht des Kaisers zweite Gemahlin, die Russin Eupraxia, und berichtet jedem, der es hören will, wie schändlich sich der eigene Mann ihr gegenüber verhielt. Ob sie dabei die Wahrheit sagt, grotesk übertreibt oder (wofür nicht wenig spricht) aus tiefen psychischen Nöten entstandene Lügen auftischt, – hatte man eben noch an Mathildes seltsamer Ehe derben Spott ausgelassen, so speit man nun vor dem wüsten Kaiser aus. Gegen Heinrich IV. empört sich sogar der eigene Sohn Konrad. Er beansprucht die lombardische Königskrone; viele Anhänger der Salier erklären sich für ihn. Konrad residiert vornehmlich in Borgo San Donnino (heute Fidenza, zwischen Parma und Piacenza), dicht vor den Grenzburgen des sich neu konstituierenden Machtbereichs der Canusiner. Heinrich IV. kann nicht einmal nach Deutschland zurück; die Welfen sperren die Alpenpässe. Untätig bleibt der Kaiser fast dreieinhalb Jahre im Winkel zwischen Verona und dem Gardasee; es ist, als hätte man ihn vergessen.

Die Folgen des Umschwunges gehen über die Wiederherstellung von Mathildes Herrschaft hinaus. Mehrere Bistümer, die bisher von Anhängern des Gegenpapstes regiert wurden, empfangen neue Vorsteher. Damit beginnt nicht nur die Wibertinische Observanz zu zerbrechen, sondern ganz generell gerät die alte feindselige Haltung des lombardischen Episkopats gegenüber dem monarchischen Kirchenkonzept des Reformpapsttums ins Schwanken. Die Kommunikationsmöglichkeit zwischen den Oppositionszentren Mailand und Ravenna wird abgeschnitten oder doch wesentlich erschwert. Wo man zuvor am entschiedensten wider Rom eingestellt war, sitzen dank Mathilde jetzt die Befürworter einer päpstlichen Allzuständigkeit im Regiment der Christenheit. Deshalb kommt Urban II. selber ins Land; in Piacenza – absichtlich am Ort des lombardischen Aufstandes gegen Gregor VII. 1076 – versammelt er den Klerus des westlichen Oberitaliens um sich; Mathilde ist anwesend. Die Synode gleicht einer Heerschau nach glücklich gewonnener Schlacht. Dann zieht Urban weiter nach Südfrankreich, wo er zu Clermont (Auvergne) vor einer gewaltigen Zuhörerschaft zum Krieg gegen die Feinde des Glaubens auffordert. Ein tausendstimmiges „Gott will es“ antwortet auf seine Predigt; der erste Kreuzzug hebt an.

Alles ist anders geworden, – die Scheinehe Mathildes damit unnötig. Es kommt zum Zerwürfnis; Welf mag zudem erfahren haben, wie es sich mit dem erhofften Erbe verhält. Daraufhin verläßt er die Fürstin und nähert sich statt dessen dem Kaiser; Heinrich soll ihm die canusinischen Lande von Reichs wegen zusprechen. Und kommt es auch nicht mehr dazu, so hat die Aufnahme der Beziehungen immerhin zur Folge, daß es dem Salier ermöglicht wird, wieder nach Deutschland zurückzukehren. Dort hat sich die kaiserliche Herrschaft nochmals in gewissem Umfang konsolidiert, aber für italienische Empfänger hat Heinrich keine Diplome mehr ausgestellt.

Die Quellen überliefern nicht, wie Mathilde auf Welfs Abreise reagiert haben mag. Dem Buchstaben nach ist sie verheiratet, in der Realität dagegen wieder allein. Von Welf ist in ihren Urkunden nicht mehr die Rede. Vielleicht, daß das Scheitern der Beziehung für sie eine Erleichterung bedeutet? Doch obwohl Mathilde in ihrer Herrschaft nicht mehr angefochten ist und auch die Toskana ohne weiteres zurückgewinnt, fühlt sich die mächtige Fürstin ohne männlichen Rückhalt schwach und unsicher. Unter den Laien steht ihr damals Guido ‘Guerra’ (‘Krieg’) am nächsten, der Sohn jenes gleichnamigen Grafen, der auch zur Zeit des großen Abfalls ihr Panier im nordöstlichen Tuszien weiterhin hochhielt. Guido Guerra – Teilnehmer am Kreuzzug und damals bereits selbst verheiratet – findet sich wiederholt an Mathildes Hof ein. Was beide verbindet, läßt sich leicht erraten: die Begeisterung für die Sache der Kirchenreform. Bei den Grafen Guidi ist die Begünstigung der kämpferischen Mönche des Johannes Gualberti bereits Haustradition; auch Mathilde beschenkt Vallombrosa. Noch ehe das Jahrhundert endet, adoptiert sie Guido Guerra. Doch was heißt hier ‘Annahme an Sohnes Statt’? Der junge Graf muß die Geschäfte seiner eigenen Familie besorgen; weit östlich von Canossa ist er im Bergland des romagnolischen Apennin daheim. Und zu vererben hat Mathilde nichts mehr; sie ist zudem durchaus keine Dame, mit der ein gesellschaftlicher Umgang sehr bequem wäre. Die Beziehung lockert sich nach einiger Zeit; in Donizos

Huldigungsepos, von dem die Rede war, wird der Adoptivkindschaft mit keinem Wort gedacht.

Es sind vor allem Geistliche, an welche sich Mathilde damals anlehnt. Wie zuvor zu Gregor VII., so besitzt sie auch zu Urban II. ein enges Vertrauensverhältnis. Wiederholt beherbergt sie ihn, oder sie besucht ihn in Rom und nimmt dort abermals gelegentlich an Synoden teil. Der Papst weiß, was er Mathilde zu verdanken hat und behandelt sie mit besonderer Zuvorkommenheit. Offenbar ist es die Gemeinsamkeit der kirchenpolitischen Zielsetzungen, welche beide verbindet. Erheblich kühler gestaltet sich das Verhältnis zu Urbans Nachfolger Paschalis. Wiederholt empfängt ihn die Großgräfin in ihrem Machtbereich, es kommt auch zu gelegentlicher Zusammenarbeit, aber im allgemeinen bleiben beide sich fremd.

Geraume Zeit nach dem Tod Anselms von Lucca sind es schließlich zwei hohe Prälaten, an welche sich Mathilde je länger, desto enger anschließt. Die Kardinäle Bonussenior und Bernhard werden von der Kurie mit diplomatischen Aufträgen an die Fürstin geschickt. Auf dringende Bitte Mathildes übernehmen beide kirchliche Daueraufgaben in Oberitalien. Anders als sonst üblich werden die zwei Kardinäle zur Leitung der Bischofskirchen von Reggio und Parma berufen; gemeinhin ist es umgekehrt: Besonders qualifizierte Mitglieder des Episkopats steigen in den Senat der Römischen Kirche auf. Aber man kann es Mathilde nicht abschlagen; zudem scheint es wichtig, im Kampf gegen die lombardischen Reformfeinde gerade diese beiden Bistümer fest in den Händen von bewährten Gesinnungsfreunden zu wissen. Bonussenior wird bald zu einem bevorzugten Seelsorger und Beichtvater Mathildes; er weilt bei ihr in der Todesstunde, reicht ihr das Sakrament und liest an der Bahre die Exequien. Noch vertrauter gestaltet sich das Verhältnis zu Bernhard, dem Abkömmling einer vornehmen Florentiner Familie, vallombrosanischem Mönch, dann leitendem Abt der gesamten Kongregation des Johannes Gualberti, schließlich Kardinal der römischen Titelkirche des hl. Chrysogonus. Er ist Mathildes letzter, enger Mitarbeiter geworden, hat sie politisch beraten und geistlich geführt.

Aber was bedeutet hier noch ‘politisch’? Die Verhältnisse haben sich völlig gewandelt. Fast wie von selbst macht die Reform weitere Fortschritte. Die Zeit der militärischen Auseinandersetzungen scheint vorüber. Als Konrad stirbt, der Sohn Heinrichs IV., bestattet ihn Mathilde in Florenz. Fortan steht ihre Macht unangefochten da. Sie ist nun eine alte Frau, doch unablässig reist sie durch das Land, hoch zu Roß und mit prächtigem Gefolge, sorgt für Ordnung und leitet das Gericht. Bisweilen führt sie Fehde: gegen unbotmäßige Städte, ungehorsame Vasallen, Störer des Landfriedens. Vor allem kümmert sie sich treu um das Wohlergehen der Kirchen und Klöster. Als der Metropolitanstuhl von Mailand frei wird, betreibt sie die Neubesetzung, durchaus im patarenischen, mit Rom abgesprochenen Sinne, jedoch in jenen Formen, die seit geraumer Zeit jedem Laien aufs schärfste verboten sind: Sie bekleidet den Erzbischof Anselm de Buis mit den geistlichen Amtssymbolen Ring und Stab! Dabei müßte sie Bescheid wissen, denn ihr verstorbener Berater Anselm von Lucca hatte ihr einst einen ganzen Lehrtext gewidmet, welcher mit propagandistischer Absicht die Frage der Amtsinvestitur ausführlich diskutiert! Aber als ob es gar keinen Streit darüber gäbe, setzt Mathilde Bischöfe ein; sie bestimmt in geistlicher und weltlicher Hinsicht, was sie für richtig hält. Wer um der Reform willen Verfolgung leidet, weiß, wo er ein großzügiges Asyl findet. Man achtet die Fürstin, kennt ihre Verdienste; so blickt die Kurie über manches hinweg, was anderswo getadelt würde. Und Vasallen, Bürger und Bauern? Viele lieben sie nicht, weil sie das Herrenrecht stets betont und den neuen Autonomiebestrebungen keinen Raum zubilligt.

Noch ist der Konflikt der Universalgewalten nicht beendigt, aber dank Mathildes beharrlich-energischem Wirken zeichnet sich südlich der Alpen bereits deutlich ab, wer den Sieg davontragen wird. Ende 1110 zieht König Heinrich V. südwärts zur Kaiserkrönung. Im Kampf mit dem eigenen Vater, im Bündnis mit der Kirche hat er die Krone gewonnen; doch er gibt die Verfügungsgewalt über den Reichsepiskopat nicht auf, weil zuviel auf dem Spiele steht. Ist es ein Freund oder Feind, der Mathilde aufsucht? Sie verhält sich diesmal neutral, zumal der letzte Salier ihrem fürstlichen Selbstverständnis schmeichelt und sie zur Reichsverweserin in Ligurien und Tuszien ernennt – leere Worte, die kein einziges Recht begründen! Und so greift Mathilde auch nicht zum Schwert zur Verteidigung des Papsttums, als der skrupellose Sohn Heinrichs IV. in Rom Paschalis gefangensetzt, um durch schnöde Erpressung zu erlangen, was ihm in den Verhandlungen mißlang. Auch Bonussenior und Bernhard sind in Kerkerhaft genommen; nur für die beiden Vertrauten bittet die Großgräfin, und Heinrich läßt sie umgehend frei. So verpflichtet er sich die mächtige Fürstin. Der Geschicklichkeit des eiskalten Politikers ist die würdige Dame nicht gewachsen; der Salier weiß die „liebe Verwandte", die er als seine „zweite Mutter" anredet, so zu umgarnen, daß sie ihm die erbliche Nachfolge in ihren Hausgütern zuspricht.

Es ist schwer begreiflich, wie Mathilde hier handelt. Sicher spielen Alter und krisenhafter Gesundheitszustand dabei eine Rolle. Hat die Großgräfin jegliche Übersicht bezüglich des eigenen Tuns verloren? Einst vermachte sie die Besitzungen doch Gregor VII.; später rechnete Welf darauf, wohl nicht minder auch Guido Guerra. In Anwesenheit des vertrauten Beraters und Seelenführers Bernhard von Parma wiederholte die „Tochter des großen Bonifaz, jetzt Kind der Römischen Kirche" am 17. November 1102 nochmals das Schenkungsversprechen an den Apostolischen Stuhl. Und nun soll Heinrich V. alles erhalten? Das wird Streit geben, Hader für mehr als ein volles Jahrhundert!

Als der Kaiser abgezogen ist, setzt Mathilde ihre Regierungstätigkeit nördlich wie südlich des Apennins in gewohnter Weise fort. Zahlreich sind die Urkunden, welche davon Zeugnis ablegen. Die Großgräfin verschenkt mit vollen Händen Güter, Einzelrechte, Einkünfte an geistliche Institutionen, vor allem an das Kloster Polirone, wo sie bestattet zu werden wünscht. Es ist, als wollte sie bei Lebzeiten alles verteilen, um eine Auseinandersetzung über das Erbe unnötig zu machen. Die Kräfte lassen nach. In Mantua wird bereits die falsche Nachricht von ihrem Ableben ausgestreut, worauf sich die Bürgerschaft gegen das markgräfliche Regiment erhebt; Freiheit ist die Parole! Mathilde will die Empörung mit aller Härte niederschlagen, aber ihr fehlt die frühere Energie. So gewährt sie ohne Bedingungen Verzeihung und Frieden.

Mitten in der Poebene, in einigem Abstand südlich des Stromes, liegt zwischen Mantua und Modena der kleine Ort Bondeno. Mathilde besitzt dort eine Burg. Sie erkrankt, kann den Platz nicht mehr verlassen. Manche Besucher melden sich an, darunter der Abt von Cluny und der Adoptivsohn Guido Guerra. Endlich ruft man eilends Kardinal Bonussenior, den Bischof von Reggio, an das Lager der Großgräfin. Er nimmt der Neunundsechzigjährigen die letzte Beichte ab. In seiner Anwesenheit stirbt Mathilde am 24. Juni 1115.

In weiten Teilen Europas haben die Chronisten ihren Tod vermerkt. Überall rühmt man Mathildes Frömmigkeit und ihren standhaften Heldenmut im Kampf für die Kirche. Doch es kommt nicht zu einem einheitlichen Urteil über die Fürstin; vielmehr widersprechen sich die Meinungen geradezu diametral. Das Spektrum reicht vom lüsternen Mannweib bis zur heiligmäßigen, lebenslang züchtigen Jungfrau. Mathilde geht in die Sage ein; in der Emilia hat sie das Volk bis heute nicht ganz vergessen.

In einer der schönsten, zugleich rätselhaft verschlüsselten Szenen der ›Divina Commedia‹ hat Dante zweihundert Jahre nach dem Tod der Großgräfin ihr Andenken beschworen, völlig verfremdet und gar nicht mehr porträthaft, aber in der Zartheit eines Frühlingsbildes in lichtesten Farben. Kurz vor dem Eintritt in das Reich der Erlösten erscheint dem Wanderer durch Hölle, Läuterungsberg und Paradies eine junge Frau, leise singend, anmutig wie eine Blume, wandelnd auf einer bunten Wiese: „Matelda". Es ist das Urbild eines stets tätigen, nicht nur in anbetender Beschaulichkeit verharrenden Lebens im Dienste Gottes. Wir werden in Dantes „Matelda" nicht viel von der historischen Mathilde von Canossa wiederfinden. Dennoch hat es einen tiefen Sinn, daß der Dichter von der kämpferischen Großgräfin den Namen entlehnt, mit welchem er diese Personifizierung menschlich-frommer „vita activa" bezeichnet.

C. FRÜHE STAUFERZEIT
(1125–1197)

Der Lebensrahmen:

Trotz glanzvoller Selbstdarstellung des Kaiser- und Königtums (staufischer Reichsgedanke) und erstaunlicher Erfolge (Königslandpolitik und Ausbau der Reichsministerialität in Deutschland, Regalienpolitik in Nord- und Mittelitalien, dem vorläufigen Sieg der Krone im staufisch-welfischen Gegensatz) sind die im Investiturstreit erlittenen Einbußen der Zentralgewalt nicht mehr auszugleichen. Das Verhältnis zwischen geistlicher und weltlicher Gewalt bleibt labil und führt wiederholt zu schweren Krisen. Während sich im übrigen Abendland das Erbkönigtum durchsetzt – was gegen Ende des Zeitraumes zum Anfall des unteritalienischen Normannenreiches an die Staufer führt –, scheitert dies in Deutschland am Widerstand von Reichsfürsten und Kurie.

Erheblicher Bevölkerungszuwachs, besonders zwischen Seine und Niederrhein. Gesteigerte Rodungstätigkeit (Binnenkolonisation) fördert die Neubildung von Herrschaft, sei es der Krone, sei es der Fürsten und Dynasten. Neueinsetzen der deutschen Ostbewegung, jetzt zugleich als Siedlungsvorgang. Die Verstädterung schreitet voran; einzelne Plangründungen 'aus wilder Wurzel' dienen den Interessen von Fernhandel und Fürstentum. Das Prinzip 'Stadtluft macht frei' vermehrt die soziale Anziehungskraft der Städte. Der Kampf des Königtums mit den oberitalienischen Städten und Städtebünden bleibt äußerlich unentschieden. Weiteres Anwachsen des Handels und der Gewerbetätigkeit.

Aufschwung der Frühscholastik und des kanonischen Rechtes. Während sich die Kirche zunehmend als Rechtsinstitution ausformt, artikulieren sich verinnerlichende Frömmigkeitstendenzen in neuen Orden. Anfänge der Mystik; gleichzeitig Ausbreitung von Häresien. Französische Vorbilder aufgreifend, auch in Deutschland Aufgang der ritterlich-höfischen Kultur. Es kommt zur Verbindung zwischen Königtum und Kreuzzugsgedanken, doch werden Rückschläge in Palästina nicht mehr ausgeglichen.

KÖNIG KONRAD III.
(*1093? †1152)

Viel Bewunderung und Herrscherlob sind ihm nicht zuteil geworden, weder von seinen Zeitgenossen noch seitens der Nachwelt. Wer war König Konrad III.? Die Antwort, welche man auf diese Frage in zahlreichen Geschichtsbüchern erhält, ist symptomatisch: der Oheim und Vorgänger Friedrich Barbarossas. Nicht an seinen eigenen Leistungen wird der erste staufische Herrscher gemessen, nicht für sich allein in den Blick genommen, sondern man sieht ihn im Vergleich mit dem berühmteren Neffen, dem romantisch verklärten Heldenkaiser deutscher Einheitshoffnung im 19. Jahrhundert, dem immer noch populärsten aller hochmittelalterlichen Fürsten im geschichtsfremd gewordenen und plötzlich wieder so rätselhaft 'nostalgisch' geschichtssüchtig werdenden 20. Jahrhundert.

Die Einseitigkeit des allgemeinen Interesses, welches Konrad III. weitgehend ausspart, entspringt nicht nur blindem Zufall und ist gewiß nicht unbegründet zu nennen. Nach neun deutschen Herrschern, die seit Ottos I. Krönung 962 in ununterbrochener Folge zu Rom die Kaiserkrone erlangten, war er der erste, dem dies nicht mehr glückte, ein König ohne hinreichende Hausmacht und breitere Anhängerschaft, so daß er in den vierzehn Jahren seiner Regierungszeit (1138–1152) dem Verfall des Reiches nicht Einhalt zu gebieten vermochte. Das ganze Leben hindurch kämpfte er gleichsam mit dem Rücken zur Wand und verteidigte dabei gewiß nicht selten Positionen, die tatsächlich nicht mehr zu halten waren. So unbestreitbar sein guter Wille war – glanzvolle Siege blieben aus. Aber erschöpft sich darin das Leben eines Fürsten?

Zehn Jahre nach Konrads Tod hat im fernen Frankreich, weitab vom Schuß, ein geschichtsschreibender Zeitgenosse des Königs über ihn am verständnislosesten, aber wegen der Griffigkeit der Formulierung zugleich am suggestivsten den Stab gebrochen: „Vor Regierungsantritt ein umtriebiger Mann, nach Übernahme der Herrschaft jedoch untätig wie ein bereits Begrabener.“ Was mochte der Mönch in Cluny, der diese

Zeile an den Rand einer Chronik schrieb, überhaupt von den großen Projekten und der täglichen Kleinarbeit des Königs in Erfahrung gebracht haben? Die Urkunden widerlegen seine Behauptung. Da sieht man vielmehr Konrad III. in rastloser Geschäftigkeit, immer unterwegs, um vom Sattel aus das 'Reich ohne Hauptstadt' (Deutschland) zu richten und zu regieren, wie es alter Königsbrauch war. Sommers wie winters auf der Straße – und was waren das damals für Straßen! Die Annalen berichten zum Jahr 1143: „Ungewöhnlich harter und langer Winter." Konrad aber reitet zwischen dem 30. Dezember und dem 2. Februar von Regensburg über Kelsterbach (am Main unterhalb von Frankfurt), Goslar, Hildesheim und Braunschweig bis nach Quedlinburg. Das ist kein Einzelfall, sondern eher die Regel. Immer in Eile: am 12. Juli 1146 in Regensburg, am 21. in Ulm, am 2. August in Fulda. Nur ganze zwei, drei Mal sind Aufenthalte festzustellen, die etwa drei Wochen dauern; besondere Regierungspflichten sind jeweils der Anlaß dafür. Doch einmal ist's anders: Fast ein halbes Jahr lang versiegen die Quellen, von August bis Dezember 1149. Warum diese Lücke, wieso nun doch „Untätigkeit wie bei einem bereits Begrabenen", um nochmals jenen französischen Mönch zu zitieren? Ein Brief an den Papst verrät es: Weil Konrad irgendwo in Mainfranken zwischen Frankfurt und Bamberg mit dem Tode ringt. In der Kemenate einer Pfalz, dem engen Gelaß einer Burg, der Besucherzelle eines Klosters – wer will's wissen? „Denn schwere Krankheit, von Gott zu Unserer Seele Besserung geschickt, hielt Uns fest. Sie quälte Uns fast sechs Monate lang so sehr, daß Wir nahezu unnütz waren für alle notwendigen Geschäfte." In einer überwiegend auf zwischenmenschlichen Beziehungen, weniger auf institutionellen Verklammerungen beruhenden Staatsordnung bedeutet das ein großes Unglück; was ist die Folge? „Die günstige Gelegenheit nährte den Frevelmut etlicher Leute und leistete Umtrieben Vorschub, die auszulöschen und zu bezähmen Wir mit aller Wachsamkeit bestrebt waren, als Uns des Himmels Gnade noch mit Gesundheit beschenkte." Nun muß sie neu beginnen, die Königsarbeit, die eben nicht allein aus äußeren Kriegen und spektakulären Staatsaktionen besteht! So sah die Lebenswirklichkeit des ersten Staufers aus.

Und dabei waren es besonders schlimme Jahre. Hätte ein anderer dem Unheil wehren können? 1152 zieht ein Kölner Chronist im Anschluß an die Nachricht vom Tode Konrads Bilanz: „Die Zeiten dieses

Königs waren über die Maßen traurig. Böse Witterung, Hunger und andauernder Mangel, auch vielfältige Kriegswirren waren an der Tagesordnung. Er selbst zeichnete sich durch kriegerische Tüchtigkeit aus und bewies Eifer, wie es sich für einen König gebührt. Aber durch ein gewisses Verhängnis begann unter ihm das Staatswesen zu verfallen."

Wirklich erst unter Konrad? Oder wurde jetzt nur voll spürbar, was sich längst angebahnt hatte? Der Staufer war wohl 1093 geboren, mitten im Investiturstreit, jener folgenreichsten Wandlungszeit des Hochmittelalters. Ein Vertrag, in welchem beide Seiten zurücksteckten – die Kurie ebenso wie der Königshof – und der manche Unklarheiten enthielt, die sich später als neuer Konfliktstoff erwiesen, sollte 1122 die Wirren beenden: das Wormser Konkordat. Die Fürsten hatten den Abschluß vermittelt; sie waren es, die vom Kampf der Universalgewalten am meisten profitierten. Nur noch als 'primus inter pares' akzeptierten sie fortan den Herrscher. Man kann den Wandel in vielen Bereichen aufzeigen; er dokumentierte sich beispielsweise in Veränderungen der Königsurkunde. Diese besaß bislang allein durch Unterfertigung und Siegel unanfechtbare Rechtskraft. Nun bürgerte es sich ein, daß auch die Herrscherdiplome eine Zeugenreihe als zusätzliche Vollzugsgarantie erhielten, nicht anders als die Verfügungen von Fürsten oder irgendwelchen Privatpersonen. Nicht mehr der König allein repräsentierte das Reich. Aus den letzten Jahren Heinrichs V. stammen die ersten Belege für die Formel 'Kaiser und Reich' – damals gleichbedeutend mit 'Kaiser und Fürsten' –, die später immer wieder als Gesamtbezeichnung für die politisch Entscheidungsberechtigten im Reich verwendet wurde.

Die Staufer konnten das Rad der Geschichte trotz aller Anstrengungen nicht zurückdrehen. Sie waren als Mitarbeiter der salischen Könige emporgestiegen und versuchten, als deren Erben und Nachfolger ihre Politik fortzuführen. Graf Friedrich von Staufen erhielt 1079 die schwäbische Herzogswürde, zehn Jahre später überdies die Hand der Kaisertochter Agnes. Auf das salische Blut in den Adern der Staufer haben Geschichtsschreiber und Publizisten der Folgezeit immer wieder hingewiesen; für sie bildeten beide Familien nur ein einziges Geschlecht. Konrad III. führte einen 'salischen Leitnamen'; er hieß wohl nach dem mütterlichen Ururgroßvater Kaiser Konrad II.

Über Konrads Jugend ist wenig bekannt. Sein Vater – der erste Herzog Schwabens aus staufischem Blut – starb bereits 1105 und wurde im neugegründeten Hauskloster Lorch (nördlich von Göppingen) beigesetzt. Der ältere Bruder Friedrich (II.) hatte gerade das fünfzehnte Lebensjahr überschritten. Er war somit nach damaligem Recht volljährig und konnte daher ohne Schwierigkeiten das verwaiste Herzogsamt übernehmen – wenigstens der äußeren Form nach. Konrad zählte elf Jahre; das Schwesterlein Gertrud stand noch in allerzartestem Alter. Die Mutter vermählte sich rasch wieder; binnen Jahresfrist folgte sie dem Markgrafen Leopold an den Hof der Babenberger nach Österreich. (Damit verfestigte sich eine politische Bündniskonstellation, die folgenreich werden sollte.) Wohin man die Kinder aus erster Ehe steckte, wissen wir nicht. Die Quellen erwähnen Konrad erst wieder als Zwanzigjährigen bei Kämpfen im Kölnischen. Er befand sich mit seinem Bruder zusammen im Heer Kaiser Heinrichs V., ihres leiblichen Onkels.

Konrad war damals kein armer Junker mehr. Nach dem Aussterben des mainfränkischen Grafenhauses von Comburg-Rothenburg hatte der Staufer einen beträchtlichen Teil des ansehnlichen Erbes zwischen dem großen Neckarbogen und der Frankenhöhe erhalten; das Zentrum lag im oberen Taubertal. Etwa gleichzeitig fiel ihm die Kirchenvogtei über das Chorherrenstift Sankt Gumbert in Ansbach zu. Das waren keine unwichtigen Erwerbungen, vor allem in Hinblick auf die Verkehrsbedeutung. Bei Rothenburg kreuzte eine Ost-West-Verbindung von Nürnberg ins Elsaß die alte Fernhandelsstraße von der Ostseeküste über Fulda und Würzburg nach Donauwörth, Augsburg und weiter bis Italien; es war jener Nord-Süd-Weg, dem in Früh- und Hochmittelalter nächst der Rheinlinie im Reich eine herausragende Wirtschaftsfunktion zukam. Und die Vogtei über Ansbach konnte gleichsam als Pfeiler für den Brückenschlag vom Nordschwäbischen nach der Oberpfalz dienen. Grundlinien staufischer Territorialpolitik wurden damit vorgezeichnet, die über die Regierungszeit Konrads III. hinaus Bedeutsamkeit besitzen sollten.

So gelang es Konrad, einen nicht unansehnlichen Herrschaftsraum zu erwerben. Hier hat er seine ersten Verwaltungserfahrungen gewonnen; zeitlebens blieb er Franken besonders verbunden. Doch war damit der Ehrgeiz eines Kaiserenkels gestillt? In Schwaben war für Konrad nichts zu holen; dort besaß der Bruder nur gleichsam einen Drittel-Dukat neben den ausgedehnten reichsunmittelbaren Besitzungen der Welfen und der Zähringer. Friedrich engagierte sich vor allem im Oberrheintal;

im Elsaß „schleifte sein Roß stets eine Burg am Schweif hinter sich her". Die Aktivität des Schwabenherzogs drängte letztlich gegen Mainz. Konrad aber sah sich durch Würzburg eingeschnürt. Über das mächtige Hochstift hatte vierzig Jahre zuvor ein Gewährsmann geschrieben: „Nur vom Bischof von Würzburg sagt man, er habe in seiner Diözese nicht seinesgleichen, weil er über alle Grafschaften in seinem Sprengel verfügt und als Bischof zugleich noch das Herzogsamt verwaltet."

Und da ereignete sich Unerwartetes. Im Krieg zwischen Kaiser und Papst lastete der Kirchenbann auf Heinrich V. und seinen Anhängern. Trotz kurialem Druck und antisalischer Propaganda stand der Bischof von Würzburg auf ihrer Seite. Aber 1116 ging er dann doch zur Gegenpartei über, Anlaß für den Herrscher, ihm den ostfränkischen Dukat zu entziehen und ihn Konrad zu übertragen. Damit war der Herzogsbruder selber Herzog geworden: Titularherzog von Franken! Die Verwirklichung des Anspruchs bedeutete Bürgerkrieg. Aus der Perspektive der Leidenden hat ein Chronist die Situation geschildert: „Jeder tat nicht, was recht war, sondern was ihm gefiel. Jeder scharte sich zu seinen Genossen und begann, die Felder der anderen zu verwüsten und die Bauern zu berauben. Vor allem im Bistum Würzburg nahm durch Konrad, den Bruder des Herzogs Friedrich, diese Pest überhand. An allen Orten vermehrte sich die Zahl der Räuber."

Schließlich wurde ein Kompromiß gefunden, so daß wieder Frieden einkehrte. Aber ein Titelverzicht war Konrad nicht zuzumuten. Sowohl der Staufer wie der Bischof führten fortan die herzoglichen Insignien. Damals entstand der politische Dualismus zwischen der 'Pfaffengasse' am Main und den weltlichen Territorien südlich davon, welcher bis zu den Napoleonischen Umwälzungen das Gesicht Frankens bestimmte.

Drei Jahre nach Abschluß des Wormser Konkordats, welches dem langwierigen Streit zwischen Kaisertum und Papsttum ein vorläufiges Ende setzte, starb Heinrich V. am 23. Mai 1125, ohne Kinder zu hinterlassen. Mit der Selbstverständlichkeit germanischer Vorstellungen vom Recht des Geblütes erhoben die Staufer Friedrich und Konrad als nächste Verwandte des letzten Saliers Anspruch auf das ungeschiedene Haus- und Amtsgut sowie auf die Königskrone. Aber sie wurden übergangen. Der Erzbischof von Mainz – durch die oberrheinische Territorialpolitik des Schwabenherzogs in die Opposition gedrängt – überspielte als Wahlleiter mit einem Verfahrenstrick das Brüderpaar. Der

Sachse Lothar von Süpplingenburg wurde neuer König. Die Neffen des toten Kaisers verharrten in trotziger, aber letztlich hoffnungsloser Opposition. Sie wollten das Erbe nicht ausliefern. So kam es abermals zum Krieg, der im Kampf um Nürnberg kulminierte. Lothar konnte den Platz nicht nehmen; umgekehrt rannten sich die Staufer vor Bamberg fest.

Die Schlappe des Königs erregte Aufsehen; zudem erlitt er im äußersten Westen und Südwesten des Reiches einige Rückschläge. Überdies wurde sein Schwiegersohn und in Aussicht genommener Nachfolger Heinrich von Bayern – Lothar besaß nur eine Tochter – bei dem Versuch, in Schwaben einzufallen, zu einem schimpflichen Rückzug genötigt. Daraufhin schritt die staufische Partei zur Wahl eines Gegenkönigs. Weil Friedrich verzichtete – wohl wegen seiner Einäugigkeit, da nach alter Auffassung der Herrscher körperlich unversehrt sein sollte –, erhob man Konrad, den jüngeren der Brüder, am 18. Dezember 1127 auf den Thron, höchstwahrscheinlich zu Nürnberg.

Konrads Gegenkönigtum blieb freilich eine glücklose Episode, ein zeitweiliger Ausgriff nach Oberitalien ein erfolgloses Abenteuer. Man weiß nicht einmal, wann er über die Alpen zurückkehrte. Allmählich fiel die Opposition gegen Lothar in sich zusammen; der sächsisch-bayerische Block war übermächtig. Doch man baute den Staufern goldene Brücken: Wenn sie sich unterwürfen, sollten sie Reichslehen und Eigenbesitz – darunter manches usurpierte Krongut – ungeschmälert behalten. Daraufhin beugte Herzog Friedrich im Frühjahr 1135 zu Bamberg das Knie vor Lothar; im Herbst huldigte auch Konrad. So mußten sich die Staufer damit abfinden, ins zweite Glied gestellt zu sein. Drei Hochzeiten machen es deutlich: Der verwitwete Friedrich von Schwaben, in erster Ehe standesgemäß mit einer Herzogstochter aus dem Hause der Welfen vermählt, heiratete jetzt eine Gräfin von Saarbrükken. Konrad nahm Gertrud zur Frau, die Tochter des Grafen von Sulzbach im bayerischen Nordgau, also des nächsten Dynasten jenseits von Nürnberg. Und die Schwester wurde Hermann von Höchstadt (Aisch) angetraut, einem kleinen, geradezu unbedeutenden Grafen im fränkischen Rangau – wahrlich keine passende Partie für eine Kaiserenkelin! Zwar besaß dieser Hermann einige Erbansprüche am Mittelrhein, namentlich auf die Burg Stahleck oberhalb von Bacharach. (Sie sollte den Ausgangspunkt für die Neuerrichtung der Rheinpfalz bilden, als

Konrad – zum König erhoben – seinen Schwager zum lothringischen Pfalzgrafen machte.) Doch im Augenblick war das alles sehr bescheiden.

Es hatte den Anschein, als wurzelte Konrad völlig in Franken ein, als Dynast unter Dynasten, bestrebt, seinen Besitz zu arrondieren und etwas Rechtes daraus zu machen. Was man über ihn erfährt, bleibt im üblichen Rahmen: Er war fromm nach Art des Laienadels; zwar hatte er wiederholt den Kirchenbann aus politischem Anlaß und Parteitreue auf sich genommen, aber eine Mondfinsternis erschreckte ihn so tief, daß er deshalb bis ins Heilige Land pilgerte. Sonst war er offenbar kein Kopfhänger, sondern eher fröhlich und stets für einen Scherz zu haben. Über viel Bildung verfügte er nicht, doch bewies er durchaus Interesse an den geistlichen Erneuerungstendenzen der Zeit. Vor allem für den Zisterzienserorden setzte er sich ein. Sein Familiensinn war über alle Zweifel erhaben. Obwohl als Elfjähriger von der Mutter getrennt, hielt er die Verbindung mit ihr lebenslang aufrecht. Mit dem Bruder stand er in einem ungewöhnlich engen Vertrauensverhältnis; als Friedrich in Alzey (Rheinland-Pfalz) schwer erkrankte, besuchte ihn Konrad. Wenn Rückschlüsse aus späterer Zeit zulässig sind, war er seiner Gemahlin Gertrud besonders herzlich zugetan, und er hörte auf sie, steht doch zweimal in den Urkunden, daß er nicht „auf Fürsprache“ – wie es kanzleiüblich wäre –, sondern „auf Ermahnung“ seiner Frau die Gnadenbriefe ausstellte. Einmal nennt er Gertrud gar in aller Öffentlichkeit seine „allersüßeste Hausgefährtin“. 1137 wurde ihm ein Sohn geboren, der in Erinnerung an den kaiserlichen Großvater Heinrich getauft wurde, um die Wende 1144/1145 ein zweiter, der den staufischen Traditionsnamen Friedrich erhielt.

Konrads Stunde schlug, als Lothar von Süpplingenburg auf der Rückreise von seinem zweiten Italienzug erkrankte und im Dezember 1137 in einer elenden Bauernhütte in Breitenwang bei Reutte (Tirol) verschied. Es wiederholte sich, was zwölf Jahre zuvor geschehen war: Die Großen wollten keinen übermächtigen Herrscher. Sie waren nicht bereit, den Stärksten aus ihrem Kreise zum neuen König zu erheben: Heinrich den Stolzen, den Schwiegersohn des verstorbenen Kaisers, Herzog von Bayern und von Sachsen, Markgrafen der Toskana, Herrn der Mathildischen Güter, Inhaber des welfischen Dominats in Schwaben. Der Welfe war ein hochfahrender, skrupelloser Gewaltmensch, den viele verabscheuten. Man erzählte sich Geschichten von seiner Grausamkeit; alle fürchteten ihn. In einem überrumpelungsartigen, vorverlegten Verfahren schritt deshalb eine kleine Gruppe zumeist geistlicher Fürsten auf Betreiben des Erzbischofs von Trier (– Mainz und Köln waren gerade vakant –) und eines zufällig anwesenden päpstlichen Legaten im März 1138 an ungewohntem Ort – nämlich in Koblenz – zur Wahl. Man war nicht bereit, einem die Krone zu geben, der den anderen gefährlich werden konnte. Aber Adel des Blutes und guten Ruf verlangte man schon. So kam es zur Erhebung Konrads III.

Der Staufer begann als Schatten- und Pfaffenkönig von bezweifelbarer Legitimation. Trotzdem fand sich Heinrich der Stolze nach kurzem Zögern bereit, Konrad als Nachfolger Lothars anzuerkennen. Aber was bedeutete das in der Realität angesichts der welfischen Überlegenheit? Konrad III. ließ auf seinem ersten Hoftag ein Reichsweistum beschließen: Kein Herzog dürfe mehr als einen einzigen Sprengel besitzen. Angeblich handelte es sich um die Erneuerung eines alten Rechtssatzes; in Wirklichkeit stellte die Bestimmung ein Kampfgesetz gegen Heinrich dar. Der dachte natürlich nicht im Traum daran, durch den Verzicht auf ein Herzogtum seine Macht zu schwächen. So kam es zum Bürgerkrieg, der anfänglich nicht eben glücklich für die Krone verlief, bis im Oktober 1139 Heinrich der Stolze überraschend den Tod fand. Trotzdem endeten die Auseinandersetzungen 'Hie Welf – da Waibling' (= Staufer) nicht; man kämpfte in Sachsen, Bayern und Schwaben. Die Kaiserinwitwe Richenza verteidigte namens ihres minderjährigen Enkels Heinrich (– den man bald 'den Löwen' nennen sollte –) die welfischen Hausinteressen. Als sie gleichfalls starb, übernahm Welf VI., der Oheim des Knaben, die Führung der antistaufischen Partei.

Der Kampf gegen die Welfen beschäftigte den König durch Jahre. Die Folge war, daß sich auch außerhalb der Gebiete, in denen das militärische Ringen kulminierte, eine Konsolidierung der Krongewalt als überaus schwierig erwies. Vor allem mußte der Beschluß des Hofgerichts, Heinrich den Stolzen als Rebellen und Friedensbrecher zu verurteilen und ihm alle Reichslehen abzuerkennen, erst einmal in die Tat umgesetzt werden. Konrad übertrug Sachsen dem Askanier Albrecht 'dem Bären'. Bayern gab er nacheinander an seine Halbbrüder Leopold und – nach dessen frühzeitigem Tod – Heinrich 'Jasomirgott' (wie man diesen wegen seiner beständig geführten Bekräftigungsfloskel nannte). Die beiden gehörten zur Familie der österreichischen Babenberger. Doch gegenüber den neuen Herzögen erwiesen sich viele Mitglieder des landsässigen Adels als unbotmäßig und hielten an den Welfen fest. Albrecht der Bär zog daraus die Konsequenzen und verzichtete von sich aus auf Sachsen, welches Heinrich dem Löwen zurückerstattet wurde. Statt dessen beteiligte sich der Askanier energisch und mit dauerhaftem Erfolg an der neu in Gang kommenden Ostbewegung und erwarb einen eigenen Herrschaftsraum im Slawenland. Der Krieg um Bayern dauerte länger an, allerdings zeitweilig durch langfristige Waffenstillstände unterbrochen. Erst Friedrich Barbarossa konnte hier eine dauerhafte Einigung herbeiführen. So war die antiwelfische Politik Konrads III. nicht gerade glücksgesegnet; zudem wirkte sie lähmend auf andere Aktivitäten der Krone.

Im Vergleich zu Heinrich dem Stolzen und dessen Sohn war der erste Stauferkönig gewiß kein 'großer Realpolitiker' im Sinne einer macht- und erfolgsorientierten Geschichtsschreibung. Die Verhältnisse standen ihm entgegen; aber auch Anstand und Ritterlichkeit zügelten sein Handeln, manchmal sogar in einem Ausmaß, welches man 'unklug' nennen könnte. Doch hat nicht unsere eigene Zeit genugsam erlebt, wohin es führt, wenn Staatsleitung und Kriegshandwerk ihre sittliche Verantwortung vergessen? Gerade im Kampf mit den Welfen bewies Konrad III. Großherzigkeit und Adel der Empfindung; uns scheint der bekannteste und prägnanteste Quellenbeleg dafür nicht lediglich eine Wanderanekdote zu sein, die eher zufällig mit seiner Person verbunden wurde – mag auch ähnliches schon aus früheren Zeiten überliefert sein: Als der Staufer 1140 die Burg Weinsberg (nahe Heilbronn) nach langer Belagerung zu bedingungsloser Kapitulation zwang und man fest damit rechnete, er würde an der Besatzung ein Exempel statuieren, um so ein Zeichen zu setzen und durch blutigen Terror andere von weiterem Widerstand abzuschrecken, gewährte er – „mit königlichem Edelsinn", wie ein Zeitgenosse vermerkte – den Frauen freien Abzug mit allem, was sie mit sich tragen könnten. „Die wackeren Weiber von Weinsberg" schleppten daraufhin ihre Männer auf dem Rücken durchs Tor hinaus; man wollte es ihnen wehren, doch Konrad entschied: „Es ziemt sich nicht, ein Königswort zurückzunehmen."

Von Heinrich V., dem salischen Oheim, dessen Erbe Konrad III. antrat, ist der zynische Ausspruch überliefert: „Das Recht besitzt eine Nase von Wachs, aber der Kaiser hat einen eisernen Arm." Wie anders schildern die Quellen den ritterlichen Neffen! Seine Politik zeigte einen Zuschnitt, der von älteren Mustern abwich – freilich nicht allein als Ausfluß persönlicher Mentalität, sondern auch infolge der veränderten Umstände und erzwungen durch die allgemeinen Rahmengegebenheiten. Was sich bei einzelnen früheren Herrschern angedeutet hatte – namentlich an Heinrich IV. wäre dabei zu erinnern –, wurde nun geradezu Hauptinhalt der Regierungstätigkeit: eine Königslandpolitik, die selbst kleinste Gewinne nicht verschmähte, um das Reichsgut zu vermehren und zu arrondieren. Die Krone konkurrierte mit den Dynasten, verwendete weithin die gleichen Mittel, verfolgte identische Ziele. Wie es Konrad III. in seinen bescheidenen Anfängen als fränkischer Territorialherr gelernt hatte, so handelte er auch als König. Es war keine spektakuläre, weit ausgreifende Politik, sondern alles eher bescheiden, kleinteilig und manchmal geradezu kleinlich anmutend. Der Herrscher als Landesfürst: das wurde zu einer Zielsetzung, welche in die Zukunft wies.

Was oft als besondere Leistung Barbarossas gerühmt wird, daran hat bereits Konrad III. gearbeitet. Unter diesem König wurde die staufische Landbrücke von Elsaß und Schwaben quer durch Mainfranken über Nürnberg bis in den Raum um Hof, Eger, Altenburg (Thüringen) und Chemnitz in den Hauptlinien abgesteckt. Kaiser Lothar hatte vom Harz aus, also von Nordwesten her, die Erschließung der riesigen Waldgebiete nördlich des Erzgebirges in die Wege geleitet; Konrad setzte – vom Südwesten kommend – das Werk des Vorgängers fort. Die rege Rodungstätigkeit verlief nicht völlig unkoordiniert; an etlichen Stellen bediente sich die Krone dabei einer neuen Organisationsform älteren Namens: der Burggrafschaft, wie man den Sprengel eines edelfreien Verwalters von Reichsgut im Umkreis einer königlichen Feste nannte. Die bedeutendste unter ihnen war Nürnberg. Zumindest ansatzweise wurde damit die Administration gestrafft; fiskalischen Fragen schenkte man dabei besondere Beachtung.

Unzweifelhaft war es Konrads persönliches Engagement, das hier Früchte brachte. Ausgehend vom fränkischen Herrschaftsraum des Staufers, weitete sich das Königsland vor allem in nordöstlicher Richtung. Als der Oberpfälzer Markgraf Diepold von Vohburg 1146 starb, nahm der Herrscher aus seinem Nachlaß die 'terra Egrana' ans Reich, das Gebiet an der oberen Eger und der vogtländischen Regnitz. Schutzprivilegien für Klöster – wie Waldsassen und Bürgel – verstärkten in der

Rodungszone Präsenz und Einfluß der Krone. Vor allem wurden Burgen gebaut, zum Teil auf Konrads eigenes Betreiben, zumeist jedoch durch den Landadel und die Reichsdienstmannen, welche er in einem bis dahin unbekannten Ausmaß für seine Zwecke heranzog. Etwa neunzig Ministeriale im Königsdienst sind namentlich bekannt; einige unter ihnen – wie beispielsweise der Truchseß Arnold von Rothenburg – besaßen das besondere Vertrauen des Herrschers und konnten dadurch zu höherem sozialen Rang emporsteigen.

Die Königspflicht zur Fürsorge gegenüber Benachteiligten und Schutzbedürftigen verband sich unter dem Staufer mit der bestmöglichen Wahrung der Reichsinteressen, vor allem freilich in einer alltäglichen, wenig Aufsehen erregenden Weise. Man hört von Schutzbestimmungen zugunsten der Fernkaufleute, von Privilegien für einzelne Bürgergemeinden. Konrad förderte namentlich die Stadtentwicklung von Ulm, Schwäbisch Hall und Rothenburg, vermutlich auch von Nürnberg. Unter ihm setzte die dortige Münzprägung ein; den aus den rheinischen Bischofsstädten vertriebenen Juden bot er an der Pegnitz eine neue Heimstatt. Der erste Staufer war es, der in Frankfurt unweit der verfallenen karolingischen Pfalz einen Königshof am Mainufer anlegte, der in Ulm und Nürnberg den Pfalzenneubau begann und in Rothenburg die Reichsburg errichten ließ. Gerade diesem Platz war er besonders zugetan; sein Sohn und später andere staufische Prinzen führten den Titel: Herzog von Rothenburg.

Der König als Landesherr – diese Formel läßt sich auch umkehren: der Landesherr als König. Von der staufischen 'orientalis Francia' aus ist Konrads gesamte Reichspolitik zu interpretieren. In seiner Umgebung dominierten (– nächst den engsten Blutsverwandten: dem Bruder und dem Neffen, der sein Nachfolger wurde –) die Franken, an der Spitze unter den Fürsten der Schwager Hermann von Höchstadt, den Konrad zum Rheinpfalzgrafen machte, unter den Edelfreien Markward von Grumbach, unter den Geistlichen Embricho von Würzburg. Aus der Kanzlei dieses Bischofs übernahm er den Magister Heinrich von Wiesenbach, der als erster 'Protonotarius' im Beurkundungsgeschäft tätig wurde, vor allem jedoch als Gesandter an den Papst, den griechischen Kaiser, den französischen König geschickt wurde und geradezu die Gesamtverantwortung im Reich trug, als sich Konrad auf dem Kreuzzug befand.

Immer wieder kehrte der Staufer in den Raum zurück, in welchem er so früh heimisch geworden war. „Kein mittelalterlicher Herrscher hat häufiger in Franken geweilt, weder in bezug auf die Dauer der Regierungszeit noch in absoluten Zahlen.“ 1146 starb Königin Gertrud im hessischen Hersfeld; Konrad ließ sie im fränkischen Zisterzienserkloster Ebrach bestatten, bei dessen Gründung er mitgewirkt hatte. In die Mainlande wurde der Königssohn und projektierte Thronfolger Heinrich geschickt, als sich Konrad auf den Kreuzzug begab. Vier Jahre später bettete er ihn an Gertruds Seite. Ebrach im Steigerwald ist eine der staufischen Grablegen.

Fränkische Kreise waren die Anreger für ein aufsehenerregendes Geschehen, das für das Selbstverständnis des ‘Heiligen Reiches’ Wichtigkeit besaß: Am 13. Juli 1147 wurde Kaiser Heinrich II., der Stifter des Bistums Bamberg, feierlich zum Kirchenheiligen erhoben. Konrad hatte sich brieflich beim Papst für die Kanonisierung verwendet. Aber er war bei der Zeremonie nicht persönlich anwesend: Der Staufer befand sich auf dem Weg nach Palästina.

Darf der König eines Landes, welches von Fehden zerrissen, in seiner politischen Willensbildung gelähmt, im Anspruch auf hegemoniale Stellung zurückgeworfen ist, den Platz verlassen, auf den ihn nach allgemeiner Zeitauffassung und eigenem Amtsverständnis Gott selbst mit der Wahl durch die Fürsten berufen hat? Wie findet man die rechte Entscheidung im Konflikt zwischen der besonderen Aufgabe, die der Herrscher im Krönungseid nach bestem Können zu bewältigen geschworen hat, und den Gesamtzielen der Christenheit (– wie man sie im Hochmittelalter definieren zu können glaubte –)? Es war zu Rückschlägen in der Levante gekommen. Die Moslems hatten das Fürstentum Edessa überwältigt, einen der Kreuzfahrerstaaten. Im Abendland verbreitete sich die Überzeugung, ein neues militärisches Unternehmen gegen den Islam sei notwendig und entspreche dem Willen des Himmels. Der Zisterziensermönch Bernhard von Clairvaux, ‘Orakel und Chimäre des Jahrhunderts’, setzte sich mit einzigartiger Glaubensglut und der zündenden Kraft seines Wortes dafür ein. Er verkündigte: Das Reich Gottes sei nahe herbeigekommen; jeder christliche Rittersmann solle das Kreuz auf sich nehmen und aufbrechen, um dem Heiland nachzufolgen. Der Enthusiasmus des Mönchs wirkte ansteckend. Als Bernhard einmal in Gegenwart des Königs predigte, drohte man den Heiligen vor lauter Begeisterung schier zu erdrücken; Konrad trug ihn auf den eigenen Armen zur Kirche hinaus. Aber sich persönlich am Kreuzzug zu beteiligen, hegte der Staufer starke Bedenken. War es nicht seine erste Pflicht, Frieden und Recht im Reich zu wahren? Nur durch die eindringliche, beschwörende Aufforderung des Zisterziensers wurde er zu tränenreichem Gehorsam bewogen.

Volle zwei Jahre lang – von Mai 1147 bis Mai 1149 – hielt der Kreuzzug Konrad vom Reiche fern. Aber aller Einsatz war fruchtlos; das Unternehmen scheiterte völlig. Es lag nicht an dem Staufer; wie jeder andere Ritter hatte er alle Strapazen auf sich genommen; wiederholt zeichnete er sich bei Gefechten besonders aus. Manche Heldentaten, die man später von Konrad erzählte, mögen rhetorisch ausgeschmückt sein; ganz aus der Luft gegriffen sind sie nicht. Ein französischer Teilnehmer berichtet, daß der König durch zwei Pfeilschüsse verletzt wurde. Am griechischen Kaiserhof erholte er sich von den Verwundungen. Er war mit Manuel Komnenos verschwägert; der Basileus hatte sich mit Bertha von Sulzbach vermählt, der Schwester von Königin Gertrud. Es war eine politische Heirat; ein Bündnis der beiden Kaisermächte des Ostens und Westens war ihr Ziel.

Im Vertrag von Saloniki verdichteten sich diese Beziehungen zu einem Bündniskonzept, in welchem ganz Europa in den Blick genommen wurde. Dem Verhältnis zu den Normannen in Unteritalien war besondere Aufmerksamkeit gewidmet. Aber auch hier gilt, was von vielen Aktionen Konrads zu berichten ist: Die Pläne reiften nicht zu politischen Taten. Die gemeinsamen Aktionen auf der Apenninenhalbinsel, der Romzug zur Kaiserkrönung, – Krankheit, Unglücksfälle, Fehden, endlich der Tod verhinderten alles. So sehr sich Konrad III. abmühte, – nicht wenig von dem, was in seiner Zeit Wichtigkeit besaß, vollzog sich ohne oder gar gegen ihn.

Um den König, der so gern fröhlich war und die Familien- wie die Freundschaftsbindungen pflegte, wurde es einsamer. Nach der geliebten Frau starb 1150 auch der ältere seiner beiden Söhne. Es mag in jene Zeit gehören, daß er sich in einem ganz persönlich gehaltenen Brief an die Mystikerin Hildegard von Bingen wandte, die als Nonne im Kloster Rupertsberg lebte, und seiner Traurigkeit und Seelennot Ausdruck verlieh.

In dem vertrauten Mainfranken, zu Bamberg, ist Konrad am

15. Februar 1152 gestorben. Sein friedvoller, tapferer Tod fand Bewunderung. Noch auf dem Sterbebett hat dieser Herrscher – der Zeitsituation bewußt und des Bibelwortes eingedenk: „Wehe dem Reich, dessen König ein Kind ist“ (Eccl. 10, 16) – den Fürsten empfohlen, anstelle des eigenen, noch minderjährigen zweiten Sohnes den kraftvollen Neffen Friedrich zum Nachfolger zu erheben. Der gleiche Mann, welcher 1125 für sein Erbrecht zu Felde gezogen war, hatte gelernt, das Wohl des Staatswesens über den Anspruch einer Einzelperson zu stellen, auch wenn es sich um das eigene Kind handelte. So vollzog sich der Übergang zu Barbarossa erstaunlich glatt.

Der erste Stauferkönig war nur ein Wegbereiter, kein Vollender. Nichts war fertig gestaltet, als er starb. Doch Entscheidendes hatte er bewahrt; es gab für Krone und Reich offene Wege und neue Möglichkeiten. Die Konrad kannten, lobten seinen Mut, den edlen Sinn, sein frommes und gutes Herz. Der königliche Ritter, der ritterliche König – das war das Zeitideal der staufischen Periode. Barbarossa hat es weitgehend verwirklicht; Konrad III. ist ihm nahegekommen. Obgleich man ihn nicht unterschätzen sollte, wird man ihn nicht für einen ‘großen’ Herrscher halten. Dagegen war er – zusammen mit dem Großneffen Philipp von Schwaben, den man 1208 in Bamberg ermordete – wohl einer der liebenswürdigsten Staufer.

Im Urteil der Geschichte hat Friedrich Barbarossa seinen Vorgänger in den Schatten gestellt. Im Tode hat der heiliggesprochene Kaiser Heinrich II. das Andenken Konrads III. verdunkelt. Man wollte die Leiche des Staufers ins schwäbische Hauskloster Lorch bringen. Bischof Eberhard und der Hochstiftsklerus gaben sie nicht frei. So bestattete man Konrad in der Ostkrypta. Nur wenige Besucher wissen heute, daß der gleiche Dom zu Bamberg noch dieses zweite Herrschergrab birgt.

OTTO VON FREISING

Geschichtsschreiber (†1158)

Aachen, im März 1152. Man feiert die Thronbesteigung Friedrichs I. Noch klingt die festliche Liturgie in den Teilnehmern nach. „Machet die Tore weit und die Türen in der Welt hoch, daß der König der Ehren einziehe“ (Psalm 23,7*). Während des Krönungsmahles entsteht eine Diskussion über das Bibelwort. Worauf bezieht sich der Vers? Verschiedene Alternativen werden erörtert. Abt Wibald von Stablo und Corvey, der altgediente Diplomat Konrads III., der gern bei dem neuen Herrscher die gleiche Vertrauensstellung einnehmen möchte, übernimmt es, die Frage brieflich zu klären. Man hat am staufischen Hof dafür seinen Sachverständigen: den hochverehrten Oheim Barbarossas, Bischof Otto von Freising. Er ist ein studierter Mann; er muß es wissen. Für viele Kleriker – namentlich aus besserem Stand – bedeutet damals ein Aufenthalt an der hohen Schule in Frankreich, was vier- bis sechshundert Jahre später einer weltlicher gesonnenen Zeit die große Kavalierstour nach Italien sein wird. Man gewinnt Weltläufigkeit und Sprachkenntnisse, hört sich in Paris und Chartres einmal die dortigen Koryphäen an und versucht sich darin, amüsante, biegsame lateinische Verse zu schmieden. Dann kehrt man nach Hause zurück und bemüht sich um eine Stelle. Mancher trauert der goldenen Jugend- und Studienzeit in der Fremde nach und schreibt im Pfarrhof oder in der Klosterzelle säuberlich auf, was er von diesen entzückenden Poesien sammeln konnte oder gar selber schuf, um sich und seine Freunde zu ergötzen, wie jene ungenannten Mönche in Benediktbeuren, denen man die Handschrift der ›Carmina Burana‹ verdankt. Doch das meiste gerät bald wieder in Vergessenheit.

Nur in seltenen Fällen verhält es sich anders. Nach allgemeiner Einschätzung blieb Otto von Freising auch als Abt, Bischof und Reichsfürst ein wirklicher Gelehrter. Die erbetene Antwort geht nach kurzer

* Vulgata-Zählung, in der Luther-Bibel: Psalm 24,7.

Frist bei Wibald ein, knapp, ohne Weitschweifigkeit, aber mit Anmerkungen und Verweisen nach Art der Wissenschaft: Der Vers hat eine dreifache Bedeutung. Erstens bezieht er sich auf Christi Himmelfahrt, zweitens auf seine Höllenfahrt und schließlich in moralischem Sinn auf die Herzen aller Gläubigen. Alles ist kurz und prägnant formuliert, zugleich von einer geschliffenen Höflichkeit: Der Autor möchte nicht aufdringlich und unangemessen belehren (– wobei nach Art der Professoren die Interpretationsthese trotzdem nochmals wiederholt wird –); er bedauert Widrigkeiten, die Wibald in Corvey erfuhr; er versichert dem Abt, den Fehlschlag eines eigenen Ansinnens bei Hofe, bei dem er Wibald um Fürsprache gebeten hatte, nicht übelzunehmen. Wahrlich der Brief eines vornehmen Mannes, der als Gelehrter anerkannt ist und zugleich eine hohe kirchliche Würde bekleidet!

Otto war ein Halbbruder König Konrads III. aus der zweiten Ehe von dessen Mutter, der Kaisertochter Agnes, mit dem Markgrafen Leopold III. von Österreich (wie man damals die alte bayerische Ostmark zu bezeichnen begann). Selbst für mittelalterliche Verhältnisse mußte die Verbindung zwischen dem Babenberger und der salischen Prinzessin als ungewöhnlich kinderreich gelten; Otto wurde als dritter, vierter oder fünfter Sohn von elf namentlich bekannten Geschwistern, die das Säuglingsalter überlebten, zwischen 1109 und 1114 geboren. Man bestimmte ihn schon in frühen Jahren für die geistliche Laufbahn. Leopold III. hielt vorzugsweise in der 'neuen Burg' nördlich von Wien Residenz; gleich neben der ausgedehnten Pfalz, die er auf dem Hügelrücken über der Donau errichtete, erbaute er ein Chorherrenstift: Klosterneuburg. Noch als Knabe wurde Otto zum Propst dieser Gründung erhoben. Er verfügte daher selbst über beträchtliche Einkünfte – bei den stürmischen, oft wenig friedvollen Familienverhältnissen der Babenberger ein großer Vorteil! Die reiche Pfründe ermöglichte es dem jungen Kleriker, auf eigene Kosten nach Frankreich zu reisen und einige Jahre lang in Paris zu studieren, standesgemäß mit entsprechender Begleitung. Aber es war ihm mit den Wissenschaften Ernst; der Aufenthalt diente nicht nur der Erweiterung des Horizontes und dem Lebensgenuß. Leider wissen wir nicht, wer Ottos akademische Lehrer waren. Doch spricht vieles dafür, daß er namentlich den Unterricht des deutschen Grafensohnes Hugo von Sankt Viktor besuchte. Ob er auch in Chartres, Reims und Laon weilte, ist unsicher.

Otto lernte in Frankreich die Frühscholastik kennen. Die Benennung ist nicht zufällig; sie weist auf ein wichtiges Charakteristikum dieses Wissenschaftsbetriebes hin: Es war keine Gelehrsamkeit einsamer Studierstuben oder stiller Klosterzellen; pädagogische Intention und Diskussion prägten ihr Wesen. Schulgerecht wurden die Erkenntnisse erarbeitet und weitergegeben, unter dem Postulat kritisch nachvollziehbarer Objektivität – wozu vor allem Begriffserklärung und logisch zwingende Argumentation gehörten –, nicht lediglich in autoritätsgläubiger Übernahme vorformulierter Lehrmeinungen. Trotzdem stand die Frühscholastik vorrangig im Dienst des christlichen Glaubens. Die berühmten Schulen in und um Paris waren nach Herkunft und Rechtsgestalt kirchliche Institutionen. Doch Weite und Energie des Denkens, das man dort einübte und fortentwickelte, wurden dadurch in der Regel nicht beeinträchtigt. Es gab nur selten einmal einen Rechtgläubigkeitsprozeß, welcher von den verordneten Hütern des katholischen Dogmas gegen allzu kühne Theologen angestrengt wurde; der Babenberger Otto schilderte später die Verfahren gegen Abälard und Gilbert de la Porrée, die er zum Teil miterlebte; unverkennbar lagen seine Sympathien dabei auf der Seite der Angeklagten, so sehr er sich auch um einen sachlich-unparteiischen Bericht bemühte. Aber im ganzen war das geistige Klima freier, als man es gemeinhin vom 'finsteren Mittelalter' erwarten möchte.

Die 'ars dialectica' wurde besonders gepflegt. Mit ihren methodischen, methodologischen und philosophischen Fragestellungen diente sie nicht in erster Linie fachspezifischer Unterweisung, sondern verfolgte allgemeinere Bildungsziele. Eine Kostprobe von der Lebendigkeit der Disputationen in den französischen Schulen jener Zeit erhält man durch den Anglonormannen Johann von Salisbury, der – wenn nicht gleichzeitig mit Otto, so doch nur wenige Jahre später – wohl teilweise bei den gleichen Lehrern wie dieser studierte. Er besuchte die Kollegs der Magister Alberich von Reims und Robert von Melun, die auch Abt Wibald von Stablo und Corvey, Erzbischof Adalbert von Mainz und vielleicht sogar Barbarossas Kanzler Rainald von Dassel hörten, und schilderte die beiden Gelehrten folgendermaßen: „Bei allen Themen voller methodischer Zweifel, fand der eine überall Anlaß zu kritischer Untersuchung. Mochte eine Ebene noch so glatt erscheinen, nie fehlte ihm ein Stein des Anstoßes, und – wie man zu sagen pflegt –

nirgends schien ihm ein Grashalm ohne Knoten; denn er wies stets darauf hin, was noch entknotet werden müsse. Dagegen war der andere höchst schlagfertig im Antworten. Er wich keiner Frage aus, ergriff Partei, wenn sich die Standpunkte schroff widersprachen, oder bewies aus der Mehrdeutigkeit der Rede, daß es keine allgemeingültige Lösung geben könne." Nicht nur die unterschiedliche Individualität der zwei genannten Hochschullehrer wird damit beschrieben, sondern zugleich die Arbeitsweise der Frühscholastik. Man suchte gegensätzliche Positionen auf gemeinsame Grundthesen zurückzuführen, aus den Einzelerkenntnissen zu generellen Einsichten zu gelangen, das Unverbundene zu geistigen Systemen zu verbinden.

Ein Wissensgebiet gab es, welches dabei an sich nur eine geringe Rolle spielte, aber dennoch besondere Schwierigkeiten bereitete: die Geschichte. Wie konnte man in der unendlichen Mannigfaltigkeit der Zeiten und Ereignisse übergeordnete Prinzipien, einen einheitlichen Sinn oder gar ein Ziel erkennen? Die Historie gehörte nicht als eigenständige Disziplin zu den 'sieben freien Künsten', welche das Lehrprogramm der Schulen bildeten (– 'septem artes liberales'; das Wort 'Kunst' bedeutete hier soviel wie 'Wissenschaft' –). Geschichtsschreibung galt als Unterabteilung der Poesie; nicht Theologie und Philosophie hatten primär mit ihr zu tun, sondern eher Rhetorik und Moralerziehung. Doch einer der einflußreichen Frühscholastiker dachte anders: der aus einem mitteldeutschen Grafenhaus stammende Hugo, den es nach Frankreich in den Augustinerchorherren-Konvent Sankt Viktor vor den Toren von Paris verschlagen hatte. In seinem ›Didascalicon‹, einem umfassenden Lehrbuch aller damaligen Wissenschaften, erkannte er der Geschichte einen spezifischen Bildungswert zu und interpretierte sie vom theologisch-philosophischen Standpunkt aus. In Hugos Unterricht mag der junge Propst Otto von Klosterneuburg erste Hinweise empfangen haben, daß sich in der bunten Ereignisfülle der Vergangenheit der Finger Gottes erkennen lasse und ihr ein vernunftgemäßes Konzept zugrunde liege: ein durch die Zeiten wirkender und sich in ihnen verwirklichender Heilsplan des Schöpfers.

Diese Auffassung der Geschichte war durchaus nicht neu. Schon in der Spätantike hatten einzelne Kirchenväter intensiv über das Verhältnis zwischen Welthistorie und göttlichem Handeln nachgedacht. Durch Bischof Eusebius von Caesarea († 339), den Hoftheologen und Biographen des ersten christlichen Kaisers Konstantin d. Gr., war die Heilsbedeutung des Römischen Reiches dargelegt worden: Die Einigung des Erdkreises durch Augustus bildete eine Voraussetzung für Jesu Erlösungstat und für die Ausbreitung der Kirche. Darum trage auch der Herrscher Verantwortung für die Erfüllung des göttlichen Willens in der Geschichte. Der Bibelübersetzer und -kommentator Hieronymus (†419) hatte in seiner – für Jahrhunderte maßgeblichen – Deutung der alttestamentlichen Prophetien Daniels gelehrt, daß die Welthistorie zeitlich und inhaltlich begrenzt sei: Sie umfasse die Abfolge von vier Universalmonarchien, nicht weniger und nicht mehr. Die letzte sei das Imperium Romanum; sein bevorstehender Untergang bringe das Ende der Zeitlichkeit. Augustinus (†430) hatte in seinem berühmten Werk ›Über den Gottesstaat‹ die Kirchen- und Profangeschichte dualistisch interpretiert als unablässigen Kampf zwischen Gut und Böse, zwischen jenen, die dem Himmel angehörten, und denen, welche sich nur selbst verwirklichen und damit den satanischen Mächten dienen. Endlich Isidor von Sevilla († 636): Er erklärte die Welthistorie durch eine Parallelisierung zur biblischen Schöpfungswoche als heilsgeschichtliche Abfolge von sechs Zeitaltern bis zum Eintritt in den ewigen Sabbat des Gottesfriedens. Das Schicksal von Erde und Menschheit vollziehe sich nicht – wie in der heidnischen Antike öfters angenommen – in immerwährendem Kreislauf, sondern in einer linearen Bewegung auf ein Endziel hin, vor welchem allerdings noch eine letzte Zwischenphase apokalyptischer Schrecken zu durchleiden sei.

Solche geschichtstheologischen Bilder und Konzepte waren es, die Hugo von Sankt Viktor der altchristlichen Tradition entnahm und seinen Schülern weitervermittelte. Er folgerte daraus (– wie viele vor und nach ihm –), der Universalhistoriker könne aus dem Rückblick in die Vergangenheit erkennen, an welcher Stelle des Geschichtsweges die Gegenwart angekommen sei. Vor allem sollte dadurch die Historie transparent werden, um das Handeln Gottes mit den Menschen erfahrbar zu machen. Die Frühscholastik suchte Gottesglauben und wissenschaftliche Ratio in eine Harmonie zu bringen, bei welcher sich beide gegenseitig stützen und ergänzen konnten. Was die Kirche lehrte, sollte durch Naturerklärung und philosophische Anthropologie (– mit besonderer Betonung einer formallogischen Argumentation –) eine Bestätigung erhalten. Nun wurde als weiteres Arbeitsgebiet die Geschichte in Vorschlag gebracht.

Ob dem jungen Stiftspropst von Klosterneuburg diese Anregung Hugos auf direktem Wege oder indirekt durch Dritte zugekommen sein mag – sie fand bei ihm starke Resonanz. Den hochbegabten, fleißigen, in gleicher Weise philosophisch, theologisch und historisch interessierten Babenberger mußte ein solches Programm faszinieren: in einer ausführlichen Geschichtserzählung die Kategorien herauszuarbeiten, die den Weltenlauf bestimmten und gliederten. Es gab zwar nicht wenige Universalchroniken, aber die allermeisten stellten den überlieferten Stoff lediglich in Listen- und Tabellenform zusammen oder häuften Informationsmassen auf, ohne den ernsthaften Versuch zu unternehmen, das Wesentliche vom Unwesentlichen zu scheiden. Kaum ein Autor hatte es unternommen, den verborgenen Plan Gottes aufzuzeigen, welcher der verwirrenden Vielfältigkeit des Geschehens zugrunde liegen mochte. Frechulph von Lisieux, ein Bischof der Karolingerzeit, war damit gescheitert und hatte das Unterfangen vorzeitig abgebrochen. Auch der Versuch des deutschen Mönchs Frutolf von Michelsberg aus dem Anfang des 12. Jahrhunderts konnte Otto nicht befriedigen. Es mangelte dem Kaiserenkel nicht an literarischem Ehrgeiz. Hier ließ sich etwas Neues schaffen!

Aber die Zeit war dafür noch nicht gekommen. 1133 beendete Otto seinen Studienaufenthalt in Paris. Er war nun um die Zwanzig; mannigfaltige Anregungen und Eindrücke hatte er empfangen, keineswegs lediglich solche wissenschaftlicher Natur. Der tiefe Kontrast zwischen dem quirlenden, bisweilen geradezu lärmenden scholastischen Lehrbetrieb, der wahrlich nicht immer von menschlicher Eitelkeit frei war, und einer neuen, vertieften Frömmigkeit, die in veränderten Formen Verwirklichung suchte, hatte ihn nachdenklich gemacht. Auf der Rückfahrt nach Deutschland kehrte der Babenberger in Kloster Morimond ein. Er reiste nicht weiter; zusammen mit fünfzehn Begleitern trat er vielmehr selber in den Zisterzienserkonvent ein.

Morimond war 1115 als drittes Tochterkloster von Citeaux auf französischem Boden, aber nahe der Reichsgrenze gegründet worden. Von Anfang an gab es zahlreiche Deutsche in dem Konvent, welcher den Ausgangspunkt für die zisterziensische Ausbreitung in die Gebiete rechts des Rheines bildete. Otto lebte fünf Jahre lang in dem Konvent;

man wählte ihn 1137/1138 sogar zum Abt. (Die Ordensprofeß bedingte seinen Verzicht auf Klosterneuburg, das damals den Status als weltliches Chorherrenstift verlor und den Augustinern übergeben wurde.) In den geradezu begeisterten Worten, welche der Babenberger in der Chronik an wichtiger Stelle den 'Heiligen Gottes' widmete – den Mönchen –, spiegeln sich ohne Zweifel persönliche Ergriffenheit und der tiefe Eindruck, den er in Morimond empfing. Dennoch weiß man fast nichts über die Zeitspanne, die er dort verbrachte. Die Urkunden Morimonds sind bislang nur zum Teil ediert; was gedruckt vorliegt, übergeht den Ordensbruder und zeitweiligen Abt aus markgräflichem Hause mit Schweigen. Es ist nicht bezeugt, ob Otto an der Gründung der ersten österreichischen Zisterze Heiligenkreuz 1133 durch seinen Vater Leopold III. beteiligt war, aber wohl anzunehmen, da die Mönche ausgerechnet aus Morimond kamen. Doch später – als Bischof von Freising – hat sich Otto seinem eignen Orden gegenüber merkwürdig zurückhaltend gezeigt. In seiner Diözese wurde kein einziges Kloster der 'weißen Mönche' errichtet. Statt dessen förderte der Bischof die Benediktiner alter Prägung, die Prämonstratenser, die Augustinerchorherren. Auch andere Indizien sprechen für eine gewisse innere Distanz. Andererseits trug dieser Kirchen- und Reichsfürst nach zeitgenössischer Aussage stets die Ordenstracht und starb 1158 im gleichen Morimond auf der Reise zum zisterziensischen Generalkapitel!

So bleibt vieles im unklaren. So gut wie alles, was wir über Otto wissen, erfahren wir von Dritten. Das ist für einen Geschichtsschreiber des Mittelalters ungewöhnlich. Historiographen verhalten sich in der Regel anders; sie plaudern aus, bei welchen Ereignissen sie anwesend oder gar beteiligt waren. Otto spricht dagegen von seinen engsten Verwandten wie von Fremden. Über persönliche Erlebnisse verliert er kaum ein Wort. Vor allem im Hinblick auf seine Tätigkeit im Reichsdienst ist er von einer nicht zu überbietenden Diskretion. In seinem ersten historischen Werk, der Weltchronik, erwähnt er sich im Rahmen der Zeitgeschichte nicht ein einziges Mal, im zweiten, den ›Taten Friedrichs I.‹, viermal so beiläufig, daß ein Leser ohne Vorinformation gar nicht auf den Gedanken käme, es handle sich um den Autor selber.

So tappen wir vor allem für die Zeit vor der Bischofserhebung auf weite Strecken im dunkeln. Im Abstand eines vollen Jahrhunderts behauptete der Zisterziensermönch Alberich von Trois-Fontaines, Otto wäre am Tage nach seiner feierlichen Einführung als Abt von Morimond zum Bischof von Freising erwählt worden. Das klingt allzu romanhaft. Doch es steht fest, daß er dem Konvent nur sehr kurz vorstand und rasch – kaum daß sein Halbbruder Konrad von Staufen König geworden war – nach Deutschland zurückberufen wurde. Er habe sich gegen die Ehre gesträubt, die eigene Unwürdigkeit hervorgehoben – konventionelle Demutsbezeugungen, wie sie das Mittelalter geradezu forderte, wenn eine kirchliche Leitungsfunktion zu vergeben war. Doch bei einem Mann, der an den Wissenschaften ein so großes Interesse fand, wird man vielleicht vermuten dürfen, daß er eher kontemplativ veranlagt war und tatsächlich nur pflichtmäßig die äußeren Amtsgeschäfte übernahm. Die Aufgabe war nicht leicht: Freising, ein traditionsreiches Bistum, in welchem gerade in letzter Zeit allzu viel in Unordnung geraten war! Zudem wurde Bayern damals Kriegsschauplatz zwischen den Welfen, welche die angestammte, ihnen jetzt aberkannte Herzogswürde gegen den neuen Herrscher verteidigten, und den Babenbergern – Ottos nächsten Verwandten –, die Konrad III. damit belehnte.

Nahezu vierzig Jahre umfaßte der Pontifikat von Ottos Vorgänger Heinrich. In dieser langen Zeitspanne hatten Investiturstreit, bischöfliche Mißwirtschaft, innere Wirren die Diözese Freising stark in Mitleidenschaft gezogen. In geistlicher wie in weltlicher Hinsicht war sie verwüstet; das kulturelle Leben lag völlig danieder. „Ihre Besitzungen waren geraubt, das Vermögen verschleudert, die Höfe verfallen, das Gesinde verelendet; kaum daß man sich noch an klösterliche Zucht erinnert hätte!"

So wird von dritter, wohlinformierter Seite die Lage des Bistums vor Ottos Amtsantritt geschildert. Hier Ordnung und Erneuerung zu bewirken, mußte eine überaus schwierige Aufgabe sein, die nur mit gereifter Verwaltungserfahrung, einer auch vor unpopulären Maßnahmen nicht zurückschreckenden Energie und politischem Geschick bewältigt werden konnte. Doch jetzt bestieg ausgerechnet ein verwöhnt und sorgenfrei aufgewachsener junger Mann den Stuhl des heiligen Corbinian, ein ehemaliger Pariser Student, der mehr von Aristoteles als von Agronomie wußte, ein introvertierter Mönch, ohne Erprobung als Menschenführer, ein Stubengelehrter, der noch niemals ernsthaft seine Fähigkeiten in der 'vita activa' unter Beweis gestellt hatte. Konnte das gutgehen? Mußte diese Personenauswahl die Zerrüttung nicht eher noch steigern?

Es ist erstaunlich: Otto schaffte es! Mit viel Glück hielt er das Bistum Freising weithin aus den welfisch-babenbergischen Wirren heraus und „führte binnen weniger Jahre mit Gottes Hilfe die Kirche wieder in konsolidierte Verhältnisse, veranlaßte den Klerus zu frommem Lebenswandel, verhalf den Eigenleuten zu ihrem Recht, brachte den Besitz auf den alten Stand und gab den hochstiftigen Gebäuden ein ansehnliches Äußeres zurück". Der Chronist betont Ottos persönliche „Fürsorglichkeit, Mühewaltung und Verdienste" bei der Veränderung; die zahlreichen Urkunden, welche aus dem Pontifikat des Babenbergers erhalten sind, beweisen, daß dieses Urteil nicht lediglich eine höfische Schmeichelei oder einen konventionell beschönigenden Nachruf darstellt. Sie bieten Belege für eine schier unermüdliche Tätigkeit auf den unterschiedlichsten Gebieten, wobei Otto durchaus geistliche Prioritäten setzte. Der Bischof visitierte Klöster und Gemeinden, weihte Kirchen, übergab die alten, inzwischen in Auflösung begriffenen Abteien Schäftlarn, Schlehdorf und Schliersee Regularkanonikern, gründete in Domnähe, unterstützt durch seine Familie, das prämonstratensische Neustift Sankt Peter. Durch Gnadenbriefe, welche er bei Papst und Königen für das Bistum erbat, sorgte er für Rechtssicherung und ließ zugleich Burgen erbauen, die im Fall militärischer Aggression der Verteidigung der Diözese dienen sollten. Den häufigen Übergriffen adliger Kirchenvögte wurde entgegengewirkt. Tauschaktionen und Interessenabklärungen dienten dem inneren Frieden. „Nicht nur als einen Wiederhersteller, sondern geradezu als einen zweiten Gründer" verehrte man Otto später in seinem Sprengel. Diese Bezeichnung war sicher sehr hoch gegriffen, aber nicht einfach unbegründet.

Doch der Gesichtskreis des Babenbergers reichte über die Grenzen des Bistums hinaus. Otto trug das Seinige dazu bei, daß sich der innere Zusammenhalt in der Salzburger Erzdiözese – ohnehin der geschlossensten Kirchenprovinz im ganzen Reich – weiter verstärkte. Auf Anregung des Freisingers versammelten sich die Amtsbrüder mehrfach zu bayerischen Regionalsynoden; mannigfacher Geschäfte wegen besuchte er immer wieder die Mitbischöfe in Regensburg, Passau und Salzburg. Besonders bei kirchenpolitischen Zuspitzungen – und solche Krisen waren nicht selten – hielten die südostdeutschen Oberhirten auf gegenseitige Information. Nicht zuletzt dank der engen verwandtschaftlichen Beziehungen zum staufischen Königshof erhielt Otto von manchem wichtigen Dokument Kenntnis, das nicht für jedermann bestimmt war; er sorgte für die Unterrichtung der Kollegen. (Durch den geradezu planmäßigen Austausch solcher Mitteilungen sind etliche hochwichtige Schreiben auch in Ottos ›Gesta Friderici‹ gelangt; eine derartige Briefsammlung hat sich sogar im Original erhalten.)

Es war eine gewaltige Arbeitslast: die eigene Diözese, die Mitwirkung in den Angelegenheiten der gesamtbayerischen Kirche. Und dazu kam noch der Reichsdienst! Immer wieder wurde der Babenberger von Halbbruder und Neffe dafür herangezogen. Er hatte an Fürstentagen und Sitzungen des Hofgerichts teilzunehmen; oftmals wird er in den Zeugenreihen genannt, vornehmlich bei Urkundenausstellung in Süddeutschland, gelegentlich auch anderswo. Es ist zwar unverkennbar, daß Otto kein 'politischer Bischof' im engeren Sinn des Wortes war. Aber er schob nicht von sich, was er für seine Pflicht hielt. Und noch immer war die Mitwirkung des Episkopats an der Verwaltung des Reiches unentbehrlich, trotz Investiturstreit und Wormser Konkordat.

Wer einmal die geistlichen und weltlichen Amtshandlungen des Bischofs von Freising und Reichsfürsten in Tabellenform zusammenstellt – und sie sind nur fragmentarisch-unvollständig in den Quellen bezeugt –, wird sich fragen: Wie fand dieser vielbeschäftigte Mann überhaupt noch Zeit für die wissenschaftliche Produktion? Denn seine beiden Hauptwerke – die ›Geschichte von den zwei Staatswesen‹ (›historia de duabus civitatibus‹, auch kurz als ›Weltchronik‹ bezeichnet) und die ›Taten Kaiser Friedrichs‹ (›gesta Friderici imperatoris‹) – sind keine rasch verfaßten Gelegenheitsschriften, sondern ungewöhnlich gründlich und kritisch vorbereitet. Otto trieb dazu eine ausgedehnte Lektüre; er muß – außer über ein gutes Gedächtnis – über eine umfängliche Sammlung von Exzerpten verfügt haben. Allein in der Weltchronik ist die Kenntnis von mehr als einem halben Hundert Werken Dritter nachzuweisen. Auch wo der Bischof einer fremden Vorlage folgt, wird ersichtlich, wie sorgfältig er die übernommenen Passagen kontrollierte. Manche Stunden sparte er wohl dadurch, daß er zumeist nicht selbst die Feder führte, sondern dem Sekretär Rahewin diktierte. Doch viel Zeit ließ sich damit nicht gewinnen.

Nicht nur die Arbeitskraft ist bewunderungswürdig, sondern vor allem das Niveau. Als Theologe besaß der Babenberger über Süddeutschland hinaus einen guten Namen, ohne doch besonders originelle Ansätze zu verfolgen. In der Philosophie rühmt man ihm nach, als erster rechts des Rheines alle logischen Schriften des Aristoteles studiert und die Kenntnis weitervermittelt zu haben. Für einige Jahre gewann die Freisinger Domschule erhebliche Attraktivität. In seinem eigenen Denken knüpfte Otto vor allem an den spätrömischen Eklektiker Boethius an. Er liebte es, in die Historie philosophische Exkurse einzustreuen, wo sie freilich für unseren wissenschaftlichen Geschmack bisweilen wie ein künstlich aufgesetzter Schmuck anmuten. Doch zweifellos liegt die literarische Hauptleistung des Bischofs in der Historiographie. Kenntnisreich schilderte er die Ereignisse und reflektierte zugleich theologisch wie philosophisch über Wesen, Bedeutung und Zusammenhang.

Ein Jahrfünft nach dem Amtsantritt in Freising, im Jahr 1143, begann er mit der Niederschrift der ›historia de duabus civitatibus‹; er arbeitete vier Jahre lang daran. Titel und gedanklicher Ansatz sind durch Augustin bestimmt; aber das Werk ist nicht lediglich eine späte empirische Illustration und Konkretisierung des berühmten Konzepts vom Kampf zweier entgegengesetzter Prinzipien. Andere Geschichtsdeutungen der Patristik sind mitaufgenommen, und alles wird zu einem großangelegten Gesamtbild verarbeitet, das von der Erschaffung des Menschen und seinem Sündenfall in sieben Büchern bis zum Jüngsten Tag und dem Anbruch des ewigen Gottesreiches führt – dem Inhalt des achten Buches. Otto von Freising schlägt von der fernsten Vergangenheit einen Bogen bis zu den Ereignissen der eigenen Zeit und weiter bis zu dem hin, was erst noch kommen soll: Weltgericht und neue Schöpfung gemäß der Vision des Sehers Johannes im letzten Buch der Bibel. Ist auch die Zukunft eine Kategorie der Geschichte? Hat es der Historiker als 'rückwärts gerichteter Prophet' nicht allein mit dem Gewesenen zu tun? Der Glaube an den göttlichen Ordnungsplan, an die Unbeirrbarkeit des Weltenlaufs, an die Unwiderruflichkeit der alt- und neutestamentlichen Offenbarung ist so groß, daß die Chronik mit dem Bericht über das Noch-nicht-Geschehene schließt. (Hüten wir uns, jede Zukunftsperspektive der Geschichte vorschnell für abstrus zu erklären – im Hinblick auf Kants Schrift vom ewigen Frieden, Hegels Philosophie, die Produktions- und Sozialstufenlehre von Karl Marx oder die apokalyptischen Erwartungen von „Friedensforschung“ und Ökologie!)

Daß die Chronik der Vergangenheit in eine Schilderung der Zukunft ausläuft, hat es vor der ›Historia de duabus civitatibus‹ in einem erzählenden Geschichtswerk von einiger Ausführlichkeit nicht gegeben. Die Spekulation ist nicht Sache der Historiographen. Trotzdem ist der Philosoph und Theologe Otto von Freising in erster Linie empirisch registrierender Historiker. Doch gerade der Geschichtsverlauf scheint ihm in die gleiche Richtung zu deuten, wie es die Bibel tut. In einem geographischen Verlagerungsvorgang sind im Laufe der Zeiten politisch-militärische Vormacht, Glaube und Kultur (– Otto schreibt: Wissenschaft, an anderer Stelle: Schulweisheit –) vom Osten des Erdkreises bis zum äußersten Westen gewandert. (– Es sind Jacob Burckhardts „drei große Potenzen", die er 1868/1869 in den Mittelpunkt seiner ›Weltgeschichtlichen Betrachtungen‹ stellte. –) Der staufische Bischof glaubt, daß damit die Möglichkeiten der Geschichte erschöpft sind, Neues hervorzubringen.

Ottos Zeitgebundenheit wird hier besonders deutlich. Er stellt sich die Erde als Scheibe vor, die drei Kontinente Europa, Asien und Afrika zentriert um das Mittelmeer. Vom fernen Osten und Süden weiß er nichts; maximal reicht seine Weltkarte von Indien bis zum Atlantik, von der Sahara bis Skandinavien. Das Geschichtsbild enthält eine Reihe stark formaler Züge; das ist gar nicht zu leugnen. Chronologische Rechenkunststücke, wie sie schon manche Autoren der christlichen Spätantike liebten, sollen zusätzlich die Planhaftigkeit des Geschehens verdeutlichen; so wurde Abraham im zweiundvierzigsten Jahr des ersten assyrischen Königs Ninus geboren, Jesus im zweiundvierzigsten Jahr des ersten Römerkaisers Augustus. Kann diese Entsprechung blindem Zufall entsprungen sein? Oder determinieren dergleichen Zahlenbeziehungen die Historie? Auf jeden Fall läßt sich ein allgemeines Fazit ziehen: Die Welt steht im Greisenalter; der Jüngste Tag ist nicht mehr fern.

So fremdartig uns solche Spekulationen anmuten – trotz bestimmter modern-wissenschaftlicher Kulturzyklentheorien, welche in säkularisierter Sprache etwas Ähnliches behaupten –, so verwandt scheint das zugrundeliegende Lebensgefühl dem der Gegenwart. Im krisengeschüttelten zwanzigsten Jahrhundert kann man nachvollziehen, was vor achthundertfünfzig Jahren der Bischof von Freising meinte, als er vom „Sturmwind der Zeiten" sprach, „der soviel Unheil, soviel Uneinigkeit, so viele Gefahren für Leib und Seele mit sich bringt". Geschichte ist kein Schauspiel, an dem man sich aus sicherer Distanz als Unbeteiligter Unterhaltung verschafft: „Wir aber, die wir am Ende der Zeiten angelangt sind, lesen nicht nur in den Historienbüchern von der angstvollen Not des Menschengeschlechts; vielmehr finden wir diese ja in unseren eigenen Herzen wieder.“ Auf manchen Seiten durchzittert ein tiefes Mit-Leiden die sachlich-distanzierte, im allgemeinen sehr unrhetorische Erzählweise des Babenbergers.

Trotz einer ungewöhnlich breiten Behandlung der Religions- und Kulturgeschichte, wie sie in der mittelalterlichen Weltchronistik ohne Parallele ist, stehen die Geschicke der Völker und Reiche im Vordergrund. Als später Schüler Augustins sieht Otto hinter der politischen Vielfältigkeit ein einheitliches Grundphänomen: die staatliche Zwangsgewalt, die – in welche Formen sie auch gekleidet und zersplittert sein mag – ihren Ursprung in der menschlichen Sündhaftigkeit und der egoistischen Machtgier besitzt, über andere herrschen zu wollen. Den Inhalt der Geschichte bilden die Schuld der Erdenbewohner und Gottes strafende wie erbarmungsvolle Antwort darauf. Es war die Ursünde Adams, sich nicht mit dem zu bescheiden, was ihm als Aufgabe und als Auszeichnung zugewiesen wurde, und es war das Verbrechen Kains, die Hand gegen den eigenen Bruder zu erheben. In der Gottesferne wächst die Schuld; das bestimmt die ganze Welthistorie. Durch die Gründung expansiver Großreiche entstanden Krieg und Versklavung. „In wilder Herrschsucht besaß als allererster der König der Assyrer Ninus keine Scheu, die Menschheit mit Blut zu beflecken, Kampfeswirren über die Erde zu bringen und nahezu den gesamten Osten seiner Gewalt zu unterwerfen.“ Er errichtete eine Weltmonarchie – nicht in dem Sinn, daß sie den Kreis aller Länder und Völker umfaßt hätte, sondern daß sie eine Ordnung wider Gott repräsentierte, die – wie die Geschichte lehrt – von Natur aus böse war: Augustins Teufelsstaat. Gott wollte, daß die Wahl dieser hegemonialen Großgebilde auf vier beschränkt ist, wie es der Prophet Daniel in seinen Visionen beschreibt. Es sind die Reiche der Assyrer und Meder, der Perser, der Makedonen und endlich der Römer. Mit dem Untergang des Imperium Romanum wird die Geschichte enden; die Schrecken der Endzeit und das Gericht Gottes werden über die Menschheit hereinbrechen. Aber solange das Römische Reich besteht, bleibt noch eine Frist; es ist „das Aufhaltende“, wie der Apostel Paulus in einem seiner Lehrbriefe schreibt (2. Thess. 2,6).

Doppelgesichtig ist also dieses vierte Weltreich: Es gehört der widergöttlichen Ordnung an und gewährt doch durch seine Fortexistenz der Menschheit noch einen Aufschub vor dem Ende. Aber dies gilt ja immer und zu allen Zeiten: Der Himmel nützt auch dasjenige für die Zwecke des Heils, was von Natur aus gegen seine Gebote gerichtet ist. Und im Fall des Imperium Romanum besteht ein besonderer Segensgrund: Christus sollte als Bürger dieses Staatswesens geboren werden. „Warum wohl wollte der Fürst und Stifter des Gottesstaates ein Mitglied dieses Reiches werden, das doch – noch im Unglauben verharrend – unzweifelhaft die widergöttliche Gemeinschaft repräsentiert? Doch um zu zeigen, daß er kam, um auf eine wunderbare Weise aus dem Staatswesen der Weltlichkeit sein eigenes Staatswesen zu machen."

Wird hier das Augustinische Mißtrauen gegenüber der Sphäre des Politischen aufgegeben? Es handelt sich um eine entscheidende Gelenkstelle im Geschichtsbild des Bischofs von Freising. Man nennt das Reich der Salier und nun – seit 1138 – ihrer staufischen Nachfolger: „Imperium Romanum". Otto zeigt den Grund auf: Wie die erste Weltmonarchie beim Wechsel von den Assyrern zu den Medern wesensmäßig erhalten blieb – es kann gar nicht anders sein, denn sonst hätte der Prophet Daniel nicht die Wahrheit verkündigt! –, so war auch die vierte bei fortdauernder Identität Veränderungen unterworfen: Durch Kaiser Konstantin kam das Imperium zu den Byzantinern ('Griechen'), später durch Karl den Großen zu den Franken und schließlich durch Otto I. „immer noch unter römischem Namen" zu den Deutschen. Seither sind sie das Reichsvolk. Die Staufer stehen also in der direkten Tradition der Caesaren, und weil das Imperium Romanum ungeachtet aller Wandlungen und Wanderungen durch seine Existenz das Ende der Zeiten „aufhält", sind sie die Garanten für den Fortbestand der Welt! Deshalb ist dieses Staatswesen in besonderer Weise heilsbezogen: In den späten Jahren des Freisingers kommt der Brauch auf, vom 'Heiligen Römischen Reich' der Deutschen zu reden. (Größe und Fragwürdigkeit des hochmittelalterlichen Reichsgedankens sind wie zwei Seiten derselben Sache; das hieran anknüpfende Bewußtsein, von der Vorsehung zum Dienst an der ganzen Menschheit berufen zu sein, wird schlimme Folgen zeitigen, die durch Jahrhunderte reichen. Es ist nicht gut, wenn sich ein Volk eine metaphysische Einzigartigkeit zuschreibt. War es nicht Adams Sünde, mehr sein zu wollen, als ihm zukam?)

Das Reich des Mittelalters steht im Dienst des Glaubens. Man spricht ihm eine besondere Verantwortung für die Sache der Christenheit zu. Darum kann es nicht wesensgleich mit den antigöttlichen Weltmonarchien sein! Nannte nicht schon der Augustinus-Schüler Orosius den christlich gewordenen Römerstaat der Spätantike „eine gute Schöpfungstat Gottes“? Kämpften nicht Karl und Otto, Heinrich II. und Heinrich III. für die Ausbreitung der wahren Religion gegen die Heiden? Der Bischof von Freising ist Halbbruder des Königs und Fürst dieses Reiches; undenkbar, daß er im Dienst des Teufels stünde! Die traditionelle Symbiose von Krone und Episkopat besteht auch nach dem Wormser Konkordat in vielem ungeschmälert fort. ‘Von Gottes Gnaden’ heißt es in den Urkunden! Das Reich gehört längst zur ‘Civitas Dei’!

Die widergöttliche Civitas, das sind immer nur die anderen, vor allem die Heiden. So lautet die allgemeine Überzeugung, jedenfalls im deutschen Adel. (Was wissen wir schon von den politischen Anschauungen der schriftunkundigen ‘kleinen Leute’ jener Zeit?) Otto von Freising faßt nur in Worte, was eine weitverbreitete Ansicht darstellt. Und da überfällt es ihn: Standen nicht unlängst die beiden Häupter der Christenheit, Kaiser und Papst, in unversöhnlichem Kampf einander gegenüber? Setzten sie nicht im Investiturstreit ohne Bedenken alle geistlichen und weltlichen Waffen ein? Der römische ‘Nachfolger des Apostels Petrus’ schlug den salischen ‘Stellvertreter Gottes auf Erden’ (– ein oft gebrauchter Ausdruck für den König im publizistischen Vokabular des vorstaufischen Hochmittelalters –) mit dem Bann, verschloß ihm den Himmel, löste die Vasallen vom Treueid! „Ich lese es und muß es immer wieder nachlesen...“ So unbegreiflich ist es für den Chronisten, was zur Zeit von Heinrich IV. (– Ottos eigenem Großvater! –) geschehen ist. Was waren dabei Gottes Ziele? „Ich lese es und muß es immer wieder nachlesen...“ Der Bischof läßt den Leser an seinem Grübeln teilnehmen: Ist jener Stein, von dem es beim Propheten Daniel heißt, daß er ohne menschliches Zutun vom Himmel fiel (– ein verschlüsseltes Bild für die Geburt Jesu durch die Jungfrau Maria? –), das Standbild irdischer Macht zermalmte und zum Berg anwuchs, der die ganze Welt erfüllte, vielleicht die Kirche? Geht es mit dem Reich zu Ende? Dann ist der Jüngste Tag nicht mehr fern. Vieles deutet darauf hin. Unheil liegt in der Luft.

Während sich Otto mit solchen Fragen quält und aus der Geschichte herauszulesen sucht, wo die Zeit angekommen ist und worauf Gottes Wille abzielt, verschlechtert sich die Situation in den Kreuzfahrerstaaten in der Levante. So predigt man wieder 'die Fahrt übers Meer um Christi willen'. Konrad III. beteiligt sich; der Halbbruder Otto begleitet ihn. Das Unternehmen führt zu einem katastrophalen Fehlschlag. Ist auch dies ein Zeichen? Der Bischof von Freising befehligt die zweite deutsche Heeresabteilung, die aus dem Troß, den Kranken und zahlreichen Pilgern besteht. Der Zug wird überfallen. In panischem Schrecken flüchtet man zurück. Die Feinde machen reiche Beute. Otto verliert das Gepäck, seine Begleitung, selbst die Schuhe. Barfuß kann er sich gerade noch retten – um zu erfahren, daß auch die Hauptstreitmacht unter Konrad III. nahezu aufgerieben wurde.

Bis auf den konventionellen Seufzer „Es geschah um unserer Sünden willen" erfahren wir nichts über die Gedanken des Freisinger Bischofs angesichts solcher Glücklosigkeit im Glaubenskampf. Otto hatte die Weltchronik unmittelbar vor dem Aufbruch zum Kreuzzug abgeschlossen. Heimgekehrt, widmete er sich verstärkt der eigenen Diözese. Glanzlos ging die Regierung Konrads III. zu Ende; innere Zwietracht lähmte das Reich. Bei der Neuwahl 1152 sollte ein Herrscher bestellt werden, dem man es zutraute, die schier tödliche Schwäche der Zentralgewalt zu überwinden und den Hader zu schlichten. Ottos Neffe Herzog Friedrich II. von Schwaben wurde erhoben; die Italiener gaben ihm den Beinamen 'Barbarossa'. Kraftvoll ging er daran, nach innen und außen der Krone wieder Ansehen zu verschaffen. Zu der neuen Politik, die unter der Parole 'Ehre des Reiches' ('Honor imperii') stand, gehörten auch neue Formen königlicher Repräsentation: im Stil der Herrschaft, in der Hofkunst, in einer panegyrischen Literatur. Schon bald bestellte sich Friedrich bei seinem Oheim Otto, der ihm die zweite Ausgabe der Weltchronik dedizierte, ein Geschichtswerk, das von seinen Taten kündete. Der Universalhistoriker sollte Zeitgeschichte schreiben. Die ›Gesta Friderici‹ gehören unstreitig zu den qualitätsvollsten hochmittelalterlichen Werken dieser Art. Doch sie blieben Fragment; der Bischof behandelte nur die Jahre bis 1156 selbst. Nach seinem Tod setzte der Freisinger Kaplan Rahewin, Ottos Sekretär, die 'gesta' noch ein Stück weit fort; dann brechen sie ab.

Jede zeitgeschichtliche Darstellung reiht Ereignisse. Es ist schwer, aus nahem Abstand zu werten und zu sichten. Wie vermittelt man in Kürze einen Eindruck von der historiographischen Physiognomie der 'gesta'? Einige Zeilen aus dem Ende der Schrift mögen wenigstens einen Hinweis geben. Otto berichtet über Friedrichs Bemühungen, den langjährigen Streit zwischen Welfen und Babenbergern um das Herzogtum Bayern durch einen Kompromiß zu beenden (– bei dem freilich die Krone die Zeche bezahlte). Österreich wurde von Bayern lehnsmäßig abgetrennt und Heinrich 'Jasomirgott' (– dem Bruder des Bischofs von Freising, der jedoch die Verwandtschaft ebenso verschweigt wie die eigene persönliche Anwesenheit –) als neues Reichsfürstentum unter dem Zugeständnis wertvoller Sonderrechte übertragen. Eine vieldiskutierte Urkunde wurde darüber ausgestellt, deren Inhalt kurz referiert ist. Zuvor schreibt der Chronist:

„Mitte September kamen die Fürsten in Regensburg zusammen und warteten einige Tage auf die Ankunft des Kaisers. Endlich ging dann der Kaiser seinem Oheim [Heinrich Jasomirgott] auf freiem Feld entgegen; jener blieb nämlich zwei deutsche Meilen entfernt in seinem Zeltlager. Alle Vornehmen und Großen kamen hinzu; die Kompromißformel, welche bislang geheimgehalten worden war, wurde bekanntgegeben."

Knappheit ist eine literarische Tugend, auf welche sich Otto von Freising trefflich verstand. Warum führte er hier – innerhalb eines an sich stark komprimierten Berichts – Banalitäten an, die historisch völlig unwesentlich scheinen? Wir müssen versuchen, die Szene mit den Augen des 12. Jahrhunderts zu sehen. Bei offiziellen Anlässen wurde der Herrscher von den Kronvasallen aufgesucht, niemals umgekehrt. (Die Einholung des herumreisenden Königs in eine Stadt oder Burg war ein anderer Fall; sie vollzog sich bis zum Interregnum [1254–1273] in den Formen einer feierlichen Besitzergreifung.) Barbarossa handelte also gegen die höfische Etikette. Zwar erinnert der Chronist mit Bedacht daran, daß Heinrich von Österreich Friedrichs Onkel war; Höflichkeit gegenüber älteren Verwandten bedeutete für das Hochmittelalter eine Selbstverständlichkeit. Aber diese Erklärung reicht für das ganz ungewöhnliche Verhalten Barbarossas nicht aus. Dem Herzog wurde ein schwerer Verzicht zugemutet; gewiß gehörte es zu dem ausgehandelten Wertausgleich, daß der Kaiser ihm entgegenkam, um ihm eine protokollarische Ehrung zu bereiten, wie sie noch kein anderer Fürst empfangen hatte. (Deshalb lag der österreichische Zeltplatz außerhalb der

Stadt, nicht weil Heinrich immer noch grollte. Dann wäre er nämlich – wie mehrfach zuvor – gar nicht zu der Zeremonie erschienen. Die Distanz war zweifellos genau abgesprochen.) Otto von Freising zeigt auf, wieviel es sich der Staufer kosten ließ, um die Einigung zwischen Welfen und Babenbergern zu ermöglichen. Das ist der Grundtenor der 'gesta': Friedrich, der den Frieden schafft, und sei es auch um den Preis einer Einbuße an äußerlicher Ehre. Also doch ein unkaiserlicher Kaiser? Zuvor mußten die Fürsten warten! Ehe Barbarossa jenes Entgegenkommen zeigte (– im wörtlichen wie im übertragenen Sinn –), demonstrierte er herrscherliche Majestät. Man harrte seiner durch mehrere Tage. Alles ist ausgewogen, im protokollarisch festgelegten Handeln und in Ottos Bericht darüber.

Man könnte andere Szenen aus den 'gesta' danebenstellen. Dieser Geschichtsschreiber beweist im Detail wie in der Gesamtdisposition, in der Art des Schilderns und in der Kunst des Weglassens immer wieder Sinn für Nuancen und Proportionen, ein lauteres Streben nach Gerechtigkeit und Harmonie, Diskretion gegenüber den handelnden Personen, Zurückhaltung bezüglich des eigenen Urteils. Noch während er am zweiten Buch der 'gesta' arbeitet, kommt es zu einem scharfen Zusammenstoß mit Heinrich dem Löwen, dem gewalttätigen Herzog von Sachsen und Bayern. Der hat gegen alles Recht die Isar-Brücke bei Föhring, wo das Hochstift Freising seit unvordenklichen Zeiten Brückenzoll erhebt, kurzerhand abreißen lassen und die Salzstraße eigenmächtig verlegt; bei der neuen welfischen Burg München sollen die Händler fortan den Fluß überqueren und ihre Abgaben entrichten. Der Bischof erfährt die zusätzliche Bitterkeit, beim kaiserlichen Neffen keinen Rückhalt gegenüber dem 'Löwen' zu finden, weil Barbarossa den Doppelherzog aus politischen Erwägungen nicht zur Rechenschaft zieht. Wäre das nicht ein Anlaß, in den 'gesta' mit dem skrupellosen Machtmenschen Heinrich in aller Deutlichkeit abzurechnen? Es gibt für ein entsprechendes literarisches Porträt des Welfen längst genügend Stoff!

Es ist eine ewige Versuchung für den Zeithistoriker, durch einen Bericht über seine Feinde, der die erforderlichen Akzente setzt, dafür zu sorgen, daß die Nachwelt über sie das Urteil fällt. Otto hat ihr widerstanden. Nicht daß er von dem 'Löwen' schweigt! Auch das ist eine Reaktionsweise des Geschichtsschreibers auf erlittene Kränkung: den Widersacher in die Vergessenheit zu stoßen; 'Ächtung des Gedächtnisses' nannten sie die Römer und verhängten sie sogar als Kriminalstrafe. Doch Otto erwähnt den Welfen vielmehr an nicht weniger als einundzwanzig Stellen. Nirgends wird die leiseste Andeutung einer Kritik vorgebracht. Überall ist der Ton sachlich, die Beurteilung wohlwollend und gerecht. Der Bischof von Freising war nicht nur ein kenntnisreicher Theologe, ein begabter Philosoph, ein hochbedeutender Historiograph, ein frommer und engagierter Kirchenmann und verantwortungsbewußter Reichsfürst; er war vor allem ein Mensch von vornehmer Gesinnung.

Im Sommer 1158 sollte der Babenberger den kaiserlichen Neffen auf dem Italienzug begleiten. Barbarossa erließ ihm die sauere Pflicht; wenn wir die Quellen recht deuten, geschah es mit Rücksicht auf die chronische Überarbeitung des Bischofs, der sich keine Muße gönnte. Seine unablässige Tätigkeit hatte Otto früh altern lassen. Er war noch nicht fünfzig Jahre alt und stand schon am Ende. Auf der Reise zum zisterziensischen Generalkapitel ist er überraschend und doch nicht unerwartet im September verstorben, in Morimond, seiner einstigen Abtei.

Ein Jahr später erneuerte sich der Kampf zwischen Papsttum und Kaisertum, als im Schisma des Apostolischen Stuhles Barbarossa auf die Seite des Gegenpapstes trat. Wieder stellte man die Frage nach der Wesenheit des 'Heiligen Römischen Reiches'. „... Ich lese es und muß es immer wieder nachlesen..." Der Tod ersparte es Otto von Freising, zum zweiten Mal darüber in beklemmendes Grübeln verfallen zu müssen – und jetzt nicht in der historischen Rückschau auf die Vergangenheit, sondern inmitten der politischen Aktualität seiner Gegenwart.

BRUDER HERMANNUS JUDAEUS
(†1181?)

Man nennt die erste Hälfte des 12. Jahrhunderts eine der großen Zeiten des abendländischen Mönchtums. Unübersehbar ist die Zahl der Konvente und Zellen, die damals in Mitteleuropa entstanden. Der Zisterzienser Bernhard von Clairvaux war die beherrschende Gestalt der ganzen Epoche. Päpste und Könige, Fürsten und Ritter, Bürger und Bauern hörten auf sein Wort. Er entschied über das Schisma des Apostolischen Stuhles und die theologischen Lehren im Widerstreit von Orthodoxie und Irrglauben; er schrieb den Templern ihre Regel und führte die christliche Ritterschaft auf den Kreuzzug. Doch neben ihm standen noch andere Mönche von seltener Strahlkraft der Persönlichkeit. In allen Teilen Europas kannte man den französischen Abt Petrus Venerabilis von Cluny; mindestens den Gebildeten war der deutsche Benediktiner Rupert von (Köln-)Deutz als Ordenstheologe ein Begriff. Scharenweise verließen Laien die Welt, um sich dem monastischen Leben zu weihen.

Der Mann, der hier besprochen werden soll, war im strengen Wortsinn gar kein Mönch, sondern ein Weltgeistlicher, der in einem Kreis Gleichgesinnter lebte, nach einer verpflichtenden Regel und innerhalb eines Konventes, der vieles mit den Klöstern gemeinsam hatte. Hermannus Judaeus war 'regulierter Kanoniker', ein Prämonstratenser, der nach dem Vorbild des Norbert von Gennep zugleich monastisch-zurückgezogene Askese und weltzugewandte Seelsorge trieb, nach Vorschriften, die man auf den Kirchenvater Augustin zurückführte und die der deutsche Grafensohn Norbert nach einem wechselhaften Leben in den Wäldern um Laon (Nordfrankreich) seinen Bedürfnissen entsprechend abgewandelt hatte. In weiten Teilen des Abendlandes, namentlich aber in Deutschland, fand man Niederlassungen nach dem Muster von Prémontré. Hermannus Judaeus war Stiftsinsasse von Cappenberg (Kreis Lüdinghausen/Westfalen), Scheda (Kreis Unna/Westfalen) und vielleicht auch von St. Cassius in Bonn.

Hermannus Judaeus soll zu Wort kommen – im buchstäblichen Sinne, denn er hat selbst sein Leben beschrieben. Obwohl nur die Jugendjahre umfassend, muß dieses Büchlein als die einzige echte Autobiographie des deutschen Hochmittelalters gelten. Zwar stand der Prämonstratenser damit nicht ganz allein in seiner Zeit; während des 12. Jahrhunderts entstanden in Westeuropa weitere drei Werke, die sich seinem ›Opusculum‹ darin vergleichen lassen. Der Anglonormanne Wibert von Nogent, der Franzose Petrus Abälard und der Walliser Giraldus de Barri sind ihre Verfasser. Aber Hermanns schlichter Bericht bildet auch neben den geistreich-affektgeladenen Selbstspiegelungen dieser drei Autoren eine Besonderheit, denn während sie alle innerhalb des Bildungs- und Traditionszusammenhangs des christlichen Mittelalters heranwuchsen, war er von Geburt Glaubensjude. Hermann erzählt seine Konversion zum Katholizismus. Sie erfolgte nicht – wie in den allermeisten Fällen, von denen die Quellen Mitteilung machen – aus Angst vor Verfolgung oder wirtschaftlichem Opportunismus, sondern im Verlauf einer echten Bekehrungsgeschichte, bei welcher er es sich nicht leichtmachte.

Das Datum ist wichtig. Der Vorgang, welcher Thema und Mittelpunkt der Darstellung bildet, fällt in die späten zwanziger Jahre. Die religiöse Erregung, welche der erste Kreuzzug (1096–1099) ausgelöst hatte, war abgeklungen; gegenüber den Juden herrschte im allgemeinen Toleranz. Erst wieder der zweite Kreuzzug (1147–1149) brachte dann in Deutschland zahlreiche Pogrome und Zwangsübertritte. Die Zwischenzeit war dagegen vergleichsweise friedlich. Nicht äußere Umstände haben also zur Taufe des Kölner Israeliten Juda aus dem Stamm Levi geführt – des Sohnes von David und Sephora –, sondern ausschließlich eine innere Entwicklung, von welcher er Zeugnis ablegt. Das war eine große Seltenheit; um so mehr redete man darüber. Immer wieder wurde der Konvertit danach gefragt – nach eigener Aussage der Anlaß, eine „historische Beschreibung" (– so wörtlich im ›Opusculum‹ –) darüber zu verfassen. Gewidmet ist das Büchlein einem unbekannten Freund Heinrich; die Abfassungszeit mag nach der Jahrhundertmitte liegen, denn es könnte eine Anspielung auf die Angstkonversionen während des zweiten Kreuzzugs sein, wenn Hermann vermerkt: „Ich bin nicht mit jener Leichtfertigkeit übergetreten, die wir heute oftmals sehen, wenn Irrgläubige, Juden und Heiden plötzlich und unerwartet ihren Glauben ändern."

Auch in anderer Hinsicht bedeutete die Lebenszeit Hermanns (– wie er hier schon für die Jahre vor seiner Taufe genannt werden mag –) eine Phase des Übergangs. Tendenzen, die später für das Verhältnis der christlichen Bevölkerungsmehrheit zur mosaischen Minderheit bestimmend wurden, waren in Ansätzen bereits längst vorhanden, befanden sich damals in lebhafter Weiterentwicklung, waren aber noch nicht zu unverbrüchlichen Verhaltensnormen oder festgeschriebenen Kirchengesetzen erstarrt. Israelitische Händler und Gewerbetreibende kannte das Abendland seit vielen Jahrhunderten; für Hermanns Heimatstadt Köln stammt der älteste Quellenbeleg bereits aus der Spätantike. Jetzt aber, in einer Epoche, die sich zunehmend geldwirtschaftlich orientierte, trat das Kreditgeschäft immer mehr in den Vordergrund. Vor allem nördlich der Alpen geriet es sehr rasch überwiegend in die Hände der Juden; aber anfänglich waren es keinesfalls nur sie, welche Kapital gegen Zinsen verliehen. Erst auf dem dritten und vierten Laterankonzil (1179/1181 und 1215) wurde ihnen die Rolle als ausschließliche Kreditgeber zugewiesen; damit stempelte man sie zugleich als 'Wucherer' ab. Auch dies war kein neuer Vorwurf; Bernhard von Clairvaux spricht einmal von den 'jüdelnden' christlichen Kaufleuten, welche die Kreditbedürftigkeit anderer schändlich ausnützten. Doch jene beiden Kirchenversammlungen vollzogen eine prinzipielle Abgrenzung, die zudem gesellschaftlich relevant wurde: durch Kleidungsvorschriften zur Kenntlichmachung von Israeliten und das Verbot für Christen, mit ihnen Tischgemeinschaft zu halten. Beides war zur Zeit Hermanns noch nicht der Fall. Die Siedlungsweise in eigenen Judenvierteln bahnte sich an – besonders aus Speyer besitzen wir instruktive Quellen dafür –, aber man war noch weit von der rigiden Zwangsregelung geschlossener Ghetto-Bildung entfernt. Als fremdartige Minorität waren die Israeliten stets gefährdet; der Mainzer Reichslandfrieden von 1103 hatte sie deshalb unter jene Personengruppen aufgenommen, denen insgesamt erhöhte Schutzbedürftigkeit zuerkannt wurde. Doch gewaltsame Übergriffe ihnen gegenüber waren noch selten geblieben. Man ließ den Juden nicht nur ihren Kult, sondern auch ein erhebliches Ausmaß bürgerlicher Autonomie und eigener Rechtspflege, bei allem Mißtrauen, das in weiten Kreisen gegen sie bestand.

Hermanns Eltern gehörten zu den reichsten und geachtetsten Israeliten Kölns. Natürlich waren sie Kaufleute und Geldverleiher; „alle Juden befassen sich mit Handel", heißt es im ›Opusculum‹. Das Kind genoß eine sorgfältige Erziehung im Glauben der Väter, wie es der Tradition entsprach. Schon mit dreizehn Jahren hegte Hermann das Gefühl, zu etwas Besonderem berufen zu sein; ein Traumgesicht kündigte es ihm an. Er sprach mit einem Verwandten darüber; dieser verhieß ihm äußere Ehren. Später glaubte Hermann, ihm wäre damit seine Konversion angekündigt worden.

Der Zwanzigjährige besuchte eines Tages mit mancherlei Waren die Stadt Mainz, damals noch der bedeutendste Handelsplatz im Reich. Die Fürsten waren die besten Kunden der Juden; Hermann kam zu dem Zeitpunkt, als dort Hoftag abgehalten werden sollte (– vermutlich im Herbst 1127). Man versammelte sich in Erwartung König Lothars von Süpplingenburg. Der Reichsdienst bedeutete für die Großen oft eine schwere materielle Belastung, vor allem, wenn die Termine nicht eingehalten wurden und man wochenlang des Herrschers harrte. Unter den Anwesenden befand sich auch der neuerhobene Bischof Ekbert von Münster. Als sich die Ankunft des Königs immer weiter verzögerte, ging ihm das Geld aus; aber er wagte nicht abzureisen, weil die Belehnung mit den weltlichen Rechten der Diözese noch ausstand. Da mußte man eben borgen, um die täglichen Unkosten bestreiten zu können. Ekbert entlieh sich bei dem jungen Kölner Kaufmann eine beträchtliche Summe. Dieser versäumte es, sich dafür zur Sicherheit ein Faustpfand aushändigen zu lassen, wie es gemeinhin üblich war; im allgemeinen verlangten die jüdischen Geldverleiher einen Wertgegenstand in doppelter Höhe. Warum Hermann es unterließ? Wir wissen es nicht. Vielleicht kannte er den Bischof aus seiner Heimatstadt Köln, denn Ekbert hatte zuvor in Köln das Amt eines Domdechanten bekleidet. Oder gab es einen anderen, irrationalen Grund?

Als Hermann heimkam, mußte er sich von Eltern und Freunden bittere Vorwürfe anhören. Die Zahlungsmoral der hohen Herren war oftmals reichlich schlecht. Wie konnte man den Bischof an seine Verpflichtung erinnern? Nach dem Beschluß der Familie reiste der Gläubiger dem Schuldner nach. Hermann sollte so lange in Münster warten, bis er auf Heller und Pfennig zu seinem Geld gekommen wäre. Die Eltern bedeuteten ihm, ohne den Mammon ihnen nicht wieder unter die

Augen zu treten. Immerhin gab man ihm den bejahrten Erzieher mit, damit er nicht ganz allein in der Fremde christlichen Einflüssen allzu sehr ausgeliefert wäre. Vergebliche Vorsicht!

Die Reise dauerte annähernd ein halbes Jahr. In der westfälischen Bischofsstadt gab es damals noch keine Israeliten, bei denen Hermann und sein Begleiter Baruch hätten Unterkunft finden können. Anscheinend sorgten Ekberts Leute für Herberge, denn man nahm die beiden freundlich auf. Doch schneller zahlen konnte man nicht. Offenbar litt der junge Jude bald unter Langeweile; außerdem konnte er die Neugierde nicht zähmen. Bislang hatte er zwar schon mit Christen geschäftlich verkehrt, war aber niemals mit ihnen in ein näheres Gespräch geraten. In Münster kam es dazu. Wiederholt hörte sich Hermann Predigten des Bischofs an. Ob es sich zufällig so ergab oder Ekbert bewußt auf seine Anwesenheit Bezug nahm – jedenfalls war von der Erfüllung des Alten Bundes in der Botschaft des Neuen Testaments die Rede. Das interessierte Hermann; die allegorischen Deutungen der bislang stets nur äußerlich-wörtlich verstandenen jüdischen Ritualvorschriften sprachen ihn an; der Bischof redete „in wunderschöner Vernünftigkeit". Der Kaufmannssohn lauschte um so lieber „mit Eifer und Wohlgefallen", weil er die angeführten Bibelstellen selbst auf Hebräisch gelesen hatte und manche auswendig wußte. Halblaut rezitierte er die Verse aus dem Gedächtnis – „im Bewußtsein, daß das stumme Getier nach dem Mosaischen Gesetz als unrein gilt". (– Ein wenig eitel war unser Hermann schon, wie dem Bericht an so manchen Stellen zu entnehmen ist. –) Mit Staunen hörten es die Christen rings um ihn. Daraufhin begann er erst recht, seine Fähigkeiten zu entfalten und sein Wissen zu demonstrieren.

Entwickelt sich ein Glaubensgespräch über die Grenzen der Bekenntnisse hinweg? Ein echter Dialog ist selten, gerade in religiösen Fragen; zumeist legt nur jeder den eigenen Standpunkt klar. Der einsame junge Mann wird angestaunt und bedauert, weil er kein Christ ist. Ein Grundkonsens ist vorhanden: An der Existenz Gottes zweifeln sie alle nicht, der Jude ebensowenig wie die Kirchgänger. Man bittet ihn, zur Predigt Stellung zu nehmen: Auf einmal steht er im Mittelpunkt.

Man muß sich diese Situation vorstellen: Der verachtete israelitische Geldverleiher – Außenseiter der abendländischen Gesellschaft des Hochmittelalters – erlebt das stolze Gefühl, wegen seiner Vertrautheit mit dem Alten Testament und der Kenntnis des Hebräischen bewundert zu werden! Er empfindet sich den Christen geistig gewachsen. Und ihn treibt die Wißbegierde, seinerseits mehr über sie zu erfahren. Die Kirche schreibt, singt und betet in lateinischer Sprache. So geht Hermann in die Domschule, um es zu lernen. Er leiht sich Bücher aus, studiert die Elemente der Grammatik, paukt Vokabeln. Es mag nicht allzu viel gewesen sein, aber der Kaufmannssohn besitzt ein helles Köpfchen: „Sehr rasch begann ich, zum großen Staunen aller Zuhörer, die Buchstaben zu Wörtern, die Wörter zu Sätzen zu verbinden, alles ohne einen Lehrer!" Man fragt ihn; er antwortet und fragt seinerseits zurück.

Über manche Auskünfte muß Hermann lächeln. Seine Gesprächspartner scheinen ihm unkritisch und abergläubisch. Über den katholischen Sakramentenbegriff kann er nur den Kopf schütteln. Aber in die Domkirche geht er gern und mit besonderem Interesse – „nicht als ein Beter, sondern wie ein neugieriger Tourist". Man hat ihn davor gewarnt; der alte Lehrer Baruch sucht ihn abzuhalten; doch er betrachtet alles ganz genau: „die kunstreichen Treibarbeiten, Schnitzereien, Bilder – und dazwischen das christliche 'Götzenidol'": die Darstellung des gekreuzigten Jesus.

Nicht die Bekanntschaft mit der kirchlichen Glaubenslehre führt zur Konversion. Im Gegenteil! Auf dogmatischem Gebiet fühlt sich Hermann dem Christentum weit überlegen. Er ist sich selber und seiner eigenen Religion so sicher, daß er einer öffentlichen Disputation nicht ausweicht, als ein berühmter Theologe nach Münster kommt, der ein ganzes Buch über den Widerstreit zwischen Juden und Christen geschrieben hat: Abt Rupert von Deutz. Es ist ein kühnes Unterfangen, zumal in einer rein katholischen Umwelt: der kecke junge Mann gegen den gereiften, hochverehrten, gedankenreichen Gelehrten, der über dreißig Werke verfaßt hat, die allermeisten von erheblichem Umfang. Zum überwiegenden Teil sind es exegetische Schriften, darunter allein zehn, in denen das Alte Testament in einer tiefgründigen, stark symbolistisch-allegorischen Weise kommentiert und ausgedeutet wird. „Scharfsinnig, beredt, aller geistlichen und weltlichen Wissenschaften kundig" – so charakterisiert Hermann im ›Opusculum‹ den Benediktiner. Rupert steht bereits im Abend seines Lebens; er ist wenige Jahre nach dem Münsterischen Streitgespräch gestorben.

Was wir darüber wissen, erfahren wir ausschließlich durch Hermanns eigenen Bericht; es gibt keine Parallelquellen; man muß dies kritisch in

Rechnung stellen. Anklänge an Ruperts kontroverstheologische Arbeit ›Der Siegelring oder: Zwiegespräch zwischen einem Christen und einem Juden‹ fehlen völlig (– was eher für als gegen die Schilderung des Konvertiten spricht; er hat sie nicht aus der Literatur abgeschrieben). Wie es der Kölner Kaufmannssohn in der späten Rückschau darstellt, ist er selber der Angreifer. Drei Argumente bringt er gegen die Anhänger Jesu vor: Sie verhalten sich Gott gegenüber widersprüchlich, anmaßend und lästerlich. Erscheint es nicht unlogisch, jene Menschen in schmählichster Weise zu verachten und zu beleidigen, welche Gott zu seinem eigenen Volk auserwählte und die als erste von seiner Gerechtigkeit erfuhren? Bedeutet es nicht Hochmut, wenn die Christen zwar einen kleinen Teil des Mosaischen Gesetzes akzeptieren – gemeint sind die zehn Gebote –, bei den meisten Vorschriften aber selber entscheiden wollen, ob diese verbindlich sind oder allegorisch umgedeutet werden können? Und ist es nicht blanker Götzendienst, die Kirchen mit Bildern zu schmücken, denen die Gemeinde kultische Verehrung zollt, nicht anders wie die Heiden es mit ihren Idolen halten? Der Christenheit wird vorgeworfen, am jahrhundertealten Juden-Leid schuldig zu sein; ihr wird die kunstvoll ausgebildete, sich damit aber der klaren Verbindlichkeit des Gotteswortes entziehende Interpretationstechnik der mittelalterlichen Bibelauslegung angelastet – und zwar in direkter Konfrontation mit einem ihrer Hauptvertreter! Und die Tendenz zu massiv-sinnlicher Vergröberung der Gottes-Beziehung im Bilderkult wird getadelt – ein Vorwurf, der im Lauf der Geschichte auch innerhalb der Kirche wiederholt erhoben wurde. Aus dem Mund eines Juden hat er einen besonderen Klang: War nicht gerade die Anbetung des unsichtbaren Gottes „im Geist und in der Wahrheit" (Joh. 4,24), die Bildlosigkeit im Gottesdienst, eines der Urprinzipien, durch welche sich das Volk Israel einstmals aus einer Welt heidnischer Kulte als Gottesvolk aussonderte?

Wie Hermannus Judaeus es darstellt, geht Abt Rupert von Deutz in seiner Erwiderung nur auf diesen dritten Punkt näher ein. Dabei ist die These des Benediktiners im Grunde mit derjenigen des Angreifers identisch; nur gleichsam didaktisch wird der die Sinne ansprechende Kirchenschmuck gerechtfertigt: „Um der Einfältigen und Ungebildeten willen hat man die Bilder geschaffen, damit diejenigen, welche über das Leiden des Erlösers nicht selbst in den Büchern nachlesen können, wenigstens im Bild erkennen, wie teuer der Preis ihrer Errettung war; das

Kreuz soll es ihnen vor Augen führen." Im übrigen ist es ein Erinnerungszeichen, wofür es sogar in der alttestamentlichen Geschichte des jüdischen Volkes Parallelen gibt. „Wir erweisen keineswegs dem Bild des Gekreuzigten göttliche Verehrung, wie du verleumderisch behauptest, sondern... lassen uns durch die Gestalt des Kreuzes nur an die Passion Christi gemahnen."

Keiner hat den andern überzeugt. „Schöne äußerliche Vernunftgründe" sind es, die Abt Rupert dem Juden entgegenhält, außerdem zahlreiche Bibelstellen, wie sie Hermann gleichfalls zu Gebote stehen. Aber die Konfrontation nimmt auch nicht den Charakter der Feindseligkeit an. Trotz einiger herrischer Worte liegt eine irenische Stimmung über der Szene; die Art und Weise, wie der Prälat – immerhin Vorsteher eines Klosters, bedeutender Theologe, im Alter von Hermanns Vater stehend – auf den viel Jüngeren eingeht, kann nur anziehend wirken. Gerade dies wird folgenreich: Nicht die Lehre der Christen, sondern der Lebens- und Umgangsstil einiger Vertreter der Kirche imponiert dem jungen Kaufmann.

Man ist ausgesprochen freundlich zu ihm. Ein Reichsbischof, das ist ein Fürst! Doch Ekbert gestattet dem verachteten Juden einen Platz am Ende seiner Tafel. Der Diözesankämmerer Richmar nimmt sich Hermanns besonders an. Als der Bischof eines Tages gemäß den Hofsitten der Zeit seinem Mitarbeiter einen Ehrenbissen bringen läßt, um ihm den Dank für die geleistete Arbeit auszudrücken – eine halbe Semmel aus feinem Mehl und ein Stück gebratenen Hecht –, verzichtet Richmar zugunsten Hermanns! Mehr noch als der Fisch mundet diesem der Erweis solcher Höflichkeit – ihm, einem „Recht- und Gottlosen" gegenüber. Freilich hat der Kämmerer Hermanns Bekehrung im Sinn, und als es damit nicht recht vorwärtsgeht, will Richmar die Richtigkeit des christlichen Glaubens gar durch ein Gottesurteil beweisen, was der Bischof indessen unterbindet. Statt dessen nimmt Ekbert den Juden auf eine Visitationsreise ins Prämonstratenserstift Cappenberg mit – wahrscheinlich nicht einmal ganz freiwillig; denn Hermann läßt seinen Schuldner nicht aus den Augen: „Weil ich mich immer noch in Erwartung der Rückzahlung der Schulden an den ehrwürdigen Oberhirten heftete, besuchte ich mit ihm zusammen die verschiedenen Plätze seiner Diözese."

Wie dicht liegen hier allzu Profanes und Spirituelles nebeneinander! Als ein zur Zahlung mahnender Gläubiger ist Hermann in Ekberts

Gefolge dabei und erhält den ersten Einblick in jene Lebensform, zu welcher er sich bald selber verpflichten wird. Es bleibt ein zwiespältiges Erlebnis. Cappenberg ist eine Neugründung, die erste nach den Intentionen des Norbert von Gennep und Xanten im rechtsrheinischen Deutschland. Aus Reue über begangene Schuld und Sorge um das eigene Seelenheil haben die gräflichen Brüder Gottfried und Otto beschlossen, der Welt zu entsagen und ihre Stammburg in eine geistliche Anstalt umzuwandeln. Sie wollen den „Armen Christi" eine Heimstatt bieten: Männern und Frauen aus allen Ständen, welche dem Zeitideal der „Nachahmung des Erdenwallens Jesu" entsprechend in der Art von Mönchen und Nonnen, aber nach der Kanonikerregel des Kirchenvaters Augustin, ihr Leben führen wollen. Der israelitische Kaufmann aus vermögendem Hause staunt: Die beiden Stifter waren reich; aus Liebe zu Gott haben sie zugunsten der sozial Benachteiligten auf alles verzichtet. Ihm kommt vieles lächerlich vor: die elende Kleidung, Tonsur, Askese, Fasten, Beten, Nachtwachen – und doch imponiert es ihm. In einer Welt sich verschärfender Gegensätze findet er Eintracht, in einer ständisch zerrissenen Gesellschaft brüderliche Gemeinschaft. Ein Prophetenwort aus dem Alten Testament kommt ihm in den Sinn und läßt ihn nicht mehr los: „Kalb, Löwe und Lamm werden zusammen weiden, und ein Knabe wird sie hüten." (Jes. 11,6) Wird der Vers hier nicht erfüllt, „wo ohne Unterschied die Klugen und die Ungebildeten, die Starken und die Hinfälligen, die Adligen und die aus niederem Stand in gleicher Weise die Nahrung des göttlichen Wortes empfangen?" Nicht das christliche Dogma, sondern die prämonstratensische Lebensform wird Hermann zum Erlebnis und löst die Frage aus, „ob nicht die Juden auf dem Irrweg sind und die Christen auf dem Pfad der Gebote Gottes wandeln".

Zu einer Entscheidung kommt es noch nicht. Bald nach dem Besuch Cappenbergs endet die Zeit in Münster. Ostern naht; da werden die Abgaben der Landleute an den Bischof fällig. Ekbert bezahlt die Schulden. So kehrt der junge Kaufmann nach Köln zurück, zerrissenen Herzens. Das Wiedersehn mit den Eltern verläuft äußerst unangenehm: Baruch, auf dessen warnende Vorstellungen Hermann in Münster nicht hörte, beschuldigt ihn allzu großer Vertrautheit mit den Christen; er äußert gar die Vermutung, sein ungehorsamer Schützling sei bereits zum Katholizismus übergetreten; er heuchle nur noch Zugehörigkeit zum mosaischen Glauben. Die Reaktion der Verwandten ist dramatisch. Erregt verteidigt sich Hermann; es bereitet ihm Genugtuung, daß der alte Erzieher plötzlich an einem Fieber erkrankt und binnen weniger Tage stirbt. Es hat den Anschein, als wäre der Tod ein Gottesurteil. Noch im ›Opusculum‹ wird die Erbitterung über den „Verleumder" spürbar.

Doch war es wirklich eine Verleumdung? Ein starkes Gefühl treibt Hermann zum Christentum; nicht nur Tradition und Herkunft, sondern auch der kritische Verstand halten ihn beim Judentum fest. Eine Klärung mit Vernunftargumenten scheint unmöglich. Er weiß nicht, wie er sich entscheiden soll. Der junge Kaufmann verfügt über einen scharf analysierenden Geist – der hier nicht ausreichen kann. Aber es gäbe eine Möglichkeit, den rechten Weg zu finden: Wenn Gott zu ihm spräche, ihm selbst die Wahrheit zeigte! Gegen die rabbinische Schulung, alle Probleme gedanklich zu zergliedern und hypothetisch zu erörtern, wartet Hermann auf einen Wink des Himmels, ein mystisches Erlebnis, wie es einst Saulus vor Damaskus in Paulus verwandelte. Das würde alle Nebel verscheuchen! Doch Gott schweigt.

Es gibt Praktiken, welche mystische Erfahrungen erleichtern. Eine ist bekanntermaßen das Fasten. Sowohl Juden wie Christen kennen diese Form der Enthaltsamkeit, aber sie praktizieren sie unterschiedlich. Wie kann Hermann eine 'unparteiische' Weisung des Himmels erlangen? Vielleicht präjudiziert er durch die Art des Fastens bereits die Antwort! Also fastet er drei Tage lang sowohl in der einen wie in der andern Art. Doch kein Traumgesicht, keine Offenbarung stellt sich ein. Die israelitische Umgebung bemerkt das absonderliche Verhalten. Abermals argwöhnt man, er sei bereits Christ geworden.

Die Verwandten irren. Hermann befindet sich noch auf der Suche. Er diskutiert mit mehreren Theologen, vornehmlich Kennern des Alten Testaments. Alles scheint so verworren und nutzlos. Er möchte sich herzlich gern durch Vernunftgründe überwinden lassen, aber seine Gesprächspartner können nicht rational widerlegen, was er ihnen entgegenhält. Aussage steht wider Aussage; eine Autorität entkräftet die andere Autorität. Es ist ergreifend, wie sich Hermann in seiner geistigen Not abmüht. Ihn zerreibt die uralte Spannung zwischen Glauben und Wissen. Man rät ihm zu demütiger Hinnahme, wo er doch gerade auf Grund von Verstandesargumenten eine Überzeugung über den richtigen Weg gewinnen möchte. Der junge Jude weiß nicht, daß er damit genau die Gegenposition zu dem um eine Generation älteren Anselm von Canterbury vertritt. Der 'Vater der scholastischen Philosophie' hatte geschrieben: „Ich will nicht erst wissen, um dann auch glauben zu können, sondern ich möchte glauben, um dadurch besser erkennen zu können.“ Nein! Hermann will zunächst erkennen, um in die Lage zu kommen, anschließend die richtige Glaubensentscheidung zu treffen.

Die Familie greift ein. Vermutlich fürchten David und Sephora, am Ende den Sohn dadurch zu verlieren, daß er über seinem religiösen Grübeln den Verstand einbüßt. Dagegen gibt es ein uraltes Mittel, das sogar oftmals hilft: Eine Heirat soll Hermann auf andere Gedanken bringen. Bei den mittelalterlichen Juden sind Kinderverlöbnisse die Regel; auch Hermann besitzt seit langem eine Braut. Jetzt erscheint deren Vater: Ist es nicht Zeit, die Ehe zu vollziehen? Hermann sucht Ausflüchte; so möchte er noch ein Talmudstudium in Frankreich hinter sich bringen... Doch man läßt nicht locker, mahnt und schmeichelt, sucht zu überreden und droht schließlich: Heirat oder Ausschluß aus der Synagoge! Hermann erschrickt. Es geht um das kleine Stücklein geistiger Heimat, welches ihm bislang verblieb. So wird die Hochzeit angesetzt, in den uralten Riten die Trauung durchgeführt. Nicht nur die Juden – auch viele Christen gratulieren ihm. Und siehe da: die liebende Umarmung der Frau bringt Hermanns Seelennot zum Verstummen – für ganze drei Monate. „Sobald ich die Verderbnis des Fleisches an mir erfahren hatte, verblendeten mich die flüchtige Lust und die Zuneigung der mir angetrauten Gattin, daß ich... die furchtbare Schwäche der Seele nicht mehr spürte.“ „Doch als ein Vierteljahr vergangen war, begann ich aus dieser lethargischen Seelenkrankheit wieder zu erwachen.“ Abermals sucht Hermann Hilfe bei gelehrten Theologen und wissenschaftlich gebildeten Priestern. Sie verfügen über keinen Trost. Die Entscheidung für das Christentum wird anders herbeigeführt: durch das Erlebnis menschlicher Solidarität in Form der monastischen Fürbitte.

„Ich überlegte mir: Ein Mensch aus dienendem Stand kann nach Verlust der Huld seines Herrn wohl nur dann Verzeihung erlangen, wenn die Freunde des Herrn ein gutes Wort für ihn einlegen. ... Und als ich nachdachte, durch wessen Gebete ich mich am wirkungsvollsten Gott empfehlen lassen könnte, fielen mir zwei Einsiedlerinnen ein, Berta und

Glismut mit Namen, die in der Stadt Köln nahe dem [– heute verschwundenen –] Kloster St. Mauritius ein gottgeweihtes Leben führten und deren frommer Wandel im ganzen Stadtviertel Wohlgefallen erregte... Voll Frömmigkeit und Mitleid vergossen sie reichlich Tränen über mein großes Elend und versprachen mir, unablässig Gott anzuflehen, bis der Herr mich würdigte, den ersehnten Trost des Himmels zu erlangen."

Unter allen monastischen Frömmigkeitsübungen war die Fürbitte den Menschen des Mittelalters am wichtigsten. Sie bildete den Anlaß für manchen wilden, trotzigen Großen, neue Abteien zu gründen und den allerstrengsten Mönchen zu übergeben, weil es sich dann am meisten lohnen mochte; sie trieb manchen unbedenklich-geschickten Geschäftsmann dazu, entgegen allen weltlichen Rechenkünsten Schenkungen zum Seelenheil zu tätigen. Das Gebet für die Lebenden und die Toten stellte die starke Klammer zwischen klösterlicher Abgeschiedenheit und diesseitigem Treiben dar. Mönchtum bedeutete wesentlich mehr als eine freiwillig eingenommene Existenz am Rand der Gesellschaft; es besaß zentrale Funktion – durch die institutionalisierte Fürbitte. Das Leben des Juden Hermann demonstriert es: Durch den Eindruck, welchen er im Prämonstratenserstift Cappenberg empfing, wurde die religiöse Unruhe in ihm ausgelöst; die Fürbitte der beiden Nonnen schenkte ihm nun Glaubenssicherheit. Wie das geschah, sagte er nicht und brauchte es seinen Zeitgenossen auch nicht näher auszuführen. Wir erfahren nur das Resultat: „Wenig später erfüllte helle Klarheit über den Christenglauben mein Herz, dank der Verdienste und Fürbittengebete jener gottergebenen und frommen Frauen." Der Entschluß reift, zur katholischen Kirche zu konvertieren und sich taufen zu lassen, wie es Jesus in dem ersten israelitisch-christlichen Religionsgespräch, von dem das Neue Testament kündet (Joh. 3), dem Pharisäer Nikodemus zur Bedingung machte, der „des Nachts zu ihm kam" – wie Hermann bei seinen Theologenbesuchen – und – nicht anders als der vermögende Kölner Kaufmannssohn aus dem Stamme Levi – „ein vornehmer Mann unter den Juden war".

Man tritt nicht in den Schutz eines großen Herrn, ohne ein passendes Geschenk mitzubringen. Hermann besitzt einen Halbbruder von sieben Jahren, der in Mainz erzogen wird. Abermals begibt sich der in Konversion Befindliche „aus geschäftlichen Gründen" in die wichtige

Handelsstadt; wenn er bei dieser Gelegenheit den Knaben entführte und in christliche Umgebung brächte?

Wegen der vielen Zollstätten am Rhein ist der Landweg der (an sich bequemeren) Schiffahrt vorzuziehen. Hermann reist südwärts über die Berge in Gesellschaft eines christlichen Geistlichen, des Hofkaplans der Königin von Polen. Die Kölner Juden haben diesem – nicht Hermann – ein hebräisch abgefaßtes Schreiben an die israelitische Kultgemeinde in Mainz mitgegeben. Seitdem Hermann nicht mehr in die Synagoge geht, ist man mit ihm zerfallen. Er ist beunruhigt: Was mag in dem Brief stehen? Kaplan Wolkwin hat Skrupel; ein fremdes Schreiben liest man doch nicht! Erst nach langer Debatte, in welcher ihm Hermann seine persönlichen Probleme darlegt, gibt er die Mitteilung heraus. Hermann öffnet und übersetzt: Er sei ein treuloser Apostat; man möge in Mainz gemäß der Strenge des Mosaischen Gesetzes mit ihm verfahren: Todesstrafe! In der fremden Stadt mag das Ende eines Auswärtigen nicht weiter auffallen; in Köln würden die Christen Nachforschungen anstellen. Hermann hat Glück gehabt; zusammen mit Wolkwin verbrennt er den Brief.

Die Reise führt Hermann zunächst nach Worms. Hier lebt ein anderer seiner Brüder; weiß dieser noch nichts über die Familienschande? Oder will er sich selbst überzeugen? Beide besuchen gemeinsam die Synagoge. Man fordert Hermann auf, die Lesung der Thora zu erläutern. Er ist unvorsichtig; christliche Gedankengänge fließen ein. Erregt beschuldigt man ihn der Apostasie. Doch er wird nicht zum Märtyrer, sondern schwindelt sich gerade noch heraus: Damit sich die Juden gegen alle Proselytenmacherei besser zur Wehr setzen können, habe er einige kirchliche Hauptargumente angeführt, denn man müsse den Feind kennen, um ihm standhalten zu können. Ob man Hermann glaubt? Er versichert im ›Opusculum‹, die Besucher der Synagoge hätten seine Antwort „dankbar" entgegengenommen.

Von Worms aus reist Hermann ins nahe Mainz. Alles ist vorbereitet; ein zuverlässiger Fuhrmann wartet mit dem Wagen außerhalb der Mauern an vereinbartem Ort. Dennoch wäre alles um ein Haar gescheitert. Hermann holt das Brüderchen zu einem „Spaziergang" ab, um es zu entführen. Doch in der Aufregung verfehlt er den Ausgang aus dem Gewirr der Gassen. Er irrt umher; das Knäblein wird müde, beginnt zu weinen, muß getragen werden. Es ist, als führte der Teufel Hermann im

Kreis herum. Erst als sich dieser bekreuzigt, findet er das Tor und gelangt glücklich ins Freie – gerade noch früh genug, denn alsbald erhält die israelitische Kultgemeinde durch ein einlaufendes Rheinschiff Nachricht von der Kölner Judenschaft. Hermann ist mit dem Kind verschwunden; umgehend erstattet die Mutter Anzeige beim Stadtvogt. Zu später Abendstunde kommen die Flüchtlinge in das Augustinerchorherrenstift Flonheim (südwestlich von Mainz). Man findet ihre Spur; als Hermann mit dem Bruder auf Schleichwegen Ravengiersburg im Hunsrück erreicht, sind sie endlich in Sicherheit.

Auch dieses ist ein Konvent, welcher eine spirituelle Prägung aufweist, die jener von Cappenberg eng verwandt ist. Man wird darin keinen Zufall sehen. Hermann hält sich an jene monastischen Gruppen, von denen er den ersten, unauslöschlichen Eindruck christlichen Gemeinschaftslebens empfing. Sowohl er wie der entführte Bruder sind später in den Prämonstratenserorden eingetreten. Hätte es nicht nahegelegen, sich zu den Benediktinern von Deutz zu begeben, denen Hermanns münsterischer Disputationsgegner Rupert als Abt vorstand? Aber nicht das Dogma, nicht die christliche Kontroverstheologie, sondern die fromme Praxis Cappenbergs begeisterte den Juden für die Sache der Kirche.

Fragwürdig scheinen uns die sittlichen Maßstäbe. Hermann kennt keine Bedenken, einer Mutter ihr Kind zu entreißen. Er weiß genau, daß es Unrecht und gegen das Gesetz ist, was er sich vorgenommen hat. Die Mainzer Stadtobrigkeit hätte ihn gnadenlos verurteilt, wenn man ihn gefangen hätte. Dennoch hält er um des frommen Zieles willen die Entführung für gerechtfertigt. Naiv-offen spricht er es aus: Als er sich bei der Flucht verirrte, muß ihn der Satan persönlich verblendet haben, „denn an sich kannte ich den Weg durch die Stadt ganz genau. ... Es war jener erbitterte Feind des Heils der Menschen, welcher mit böser Kunst einen Raub zu vereiteln suchte, der eben nicht auf Grund einer teuflischen Anstiftung, sondern vielmehr auf Betreiben des Himmels verübt wurde und darum nicht als Höllentat, sondern als Gotteswerk zu verstehen ist." Der Zweck heiligt die Mittel: verbreitetes Zeitempfinden, nicht nur individueller Ausdruck seelischer Überreizung. Wer fragt schon nach der verlassenen Frau, den zum Gespött gewordenen Eltern, den enttäuschten Geschwistern oder gar nach dem eigenen Willen eines Siebenjährigen, wenn es um das Reich Gottes geht? Vor der Abreise aus

Köln hatte Hermann seine Bücher und sämtliches Geld „klug“ zu befreundeten Christen geschafft; gehörte es nicht eigentlich dem Vater?

In der relativ toleranten Zeit zwischen dem ersten und dem zweiten Kreuzzug zählt eine Judentaufe zu den großen Seltenheiten. Endlich findet sie mit Entfaltung allen kirchlichen Gepränges im Dom zu Köln statt. Das spätkarolingische Münster ist dicht gefüllt; der Klerus der ganzen Stadt hat sich eingefunden. Zuerst wird das Taufwasser im tonnenförmigen Steinbrunnen geweiht; dann legt Hermann das Glaubensbekenntnis ab. Doch anschließend kommt es zu einem Zwischenfall. Alles Notwendige hat man dem Katechumenen beigebracht, lediglich eines vergessen: daß er nicht nur einmal, sondern dreimal in dem Becken untertauchen müsse. Das Wasser ist eiskalt; kein Wunder, daß Hermann so schnell wie möglich wieder herausklettern möchte. Der amtierende Priester erschrickt: Wird der Israelit rückfällig? Nur mit kräftigem Nachdruck kann die Zeremonie ordnungsgemäß zu Ende geführt werden. Gelächter mischt sich in den Gesang: Wieder hat der Teufel Hermann ein Bein gestellt! So kommentiert er selber die blamable Szene.

Aber was macht das aus? Aus dem Israeliten Juda ist der Christ Hermann geworden (– ein merkwürdiger Taufname; warum wählte man keinen prominenten kirchlichen Heiligen?). Die Glaubensänderung bedingt auch einen Wechsel des Berufs; als Christ kann Hermann nicht mehr Geld gegen Wucherzinsen verleihen. So gibt er diese Tätigkeit auf und tritt bald in das Prämonstratenserstift Cappenberg ein. Was er zuvor gleichsam spielend ausprobierte, während er als Gast in Münster weilte, muß nun ernsthaft betrieben werden. Fünf Jahre lang lernt er Latein, studiert Theologie, bereitet sich auf die kirchliche Arbeit vor. Anschließend empfängt er die Priesterweihe.

Vielleicht wechselte Hermannus Judaeus später nach Bonn und brachte dort einige Zeit zu; dann wurde er Propst des Prämonstratenserstiftes Scheda. Wenig ist darüber bekannt; fast alle Archivalien Schedas gingen verloren. 1170 nennt ihn eine Urkunde; vier Jahre danach erscheint ein anderer Name als Propst von Scheda. Der Greis mag auf das Amt verzichtet haben, das ihm zu mühsam wurde. Er kehrte wohl nach Köln zurück. 1172, dann noch einmal 1181 unterfertigte Hermannus Judaeus, Kanoniker des Stifts Mariengraden (Köln), als Zeuge je eine Urkunde. Bald darauf muß er gestorben sein. Vielleicht bestattete man

Hermann in Scheda. Dort grub man vierhundertfünfzig Jahre später ein Grab aus; auf der Steinplatte war ein betender Priester abgebildet, in den Gewändern, wie sie bei den Prämonstratensern üblich waren, zu den Füßen den Judenhut. Ob es Hermann war? Greifbar ist er uns nur in seinem ›Opusculum‹ über die Bekehrung, diesem erstaunlichsten autobiographischen Zeugnis des deutschen Hochmittelalters.

ÄBTISSIN SOPHIA VON PRATOVECCHIO
(† 1209/10)

Man zählt das Jahr 1203. Das geistliche Gericht tagt in Rosano am Arno, etwa fünfzehn Kilometer oberhalb von Florenz, gegenüber von Pontassieve. Viele Stunden dauern die Vernehmungen. (Man sieht der Schrift des kaiserlichen Notars Gerardus an, wie ihn die Führung des Protokolls im Lauf der Zeit immer mehr ermüdet.) Die Prozeßbevollmächtigten des Grafen Guido Guerra III. haben nicht weniger als 104 Zeugen aufgeboten, um den Beweis zu liefern, daß der Nonnenkonvent von Rosano unter seinem Patronat steht; die Vorfahren des toskanischen Feudalherrn erbauten Kirche und Kloster, statteten sie reich aus, nahmen aber auch seit alters alle Herrenrechte dort wahr; Wahl und Weihe der neuen Äbtissin Agatha sind daher nichtig, weil die Zustimmung des Grafen nicht eingeholt wurde und sein Protest unbeachtet blieb! Ritter, Bauern, Nonnen, die Pfarrer der umliegenden Dörfer machen ihre Aussagen. Vor allem die Alten sind vorgeladen. Immer wieder stellen die drei Richter – der Prior Johannes von San Frediano in Lucca, der Erzpriester Donus aus Florenz, der Domkanoniker Hildebrand von Pisa – die gleichen Fragen: Wie lange reicht dein Erinnerungsvermögen zurück? Was hast du selbst gesehen, was nur von anderen gehört? Welche Funktionen übten die Grafen Guidi bislang in Rosano aus? Worin erwiesen sie sich den Nonnen gnädig, und was beanspruchten sie dafür von ihnen? Weißt du, was 'Patron der Kirche' bedeutet? Du sprichst von 'öffentlicher Meinung'; was verstehst du unter 'publica fama'?

Aus den vielen Einzelaussagen entsteht allmählich ein Gesamtbild von der Herrschaft der Großen über ein Kloster, lange nach Investiturverbot und Investiturstreit, anscheinend ganz ungeschwächt durch die Zielsetzungen und Forderungen der kirchlichen Reformbewegung. Die Nonnen haben für die gräfliche Familie zu beten; sie beherbergen die Guidi samt Gefolge, wenn diese nach Rosano kommen; sie verköstigen sie und ihre durchreisenden Boten – Aussage des Ricio di Montecroce: „mit Brot, Wein, gepökeltem Schweinefleisch und anderen Lebensmitteln". Mehrfach haben die Grafen die Flitterwochen in Rosano zugebracht. Dann erhielt ihr Kämmerer stets „ohne alle Widerrede und ohne alles Murren" die Schlüssel für Vorratskeller und Scheuern ausgehändigt. Es ist so üblich. Und kommt die Frau Gräfin zu Besuch, haben die Nonnen zusammen mit den Hintersassen vom Flußufer bis zur Klosterpforte Spalier zu bilden; auf der Arnofähre wird ein hölzerner Aufbau angebracht und darauf für sie ein Lehnstuhl gestellt. Wie oftmals in früheren Jahren, ist auch gegenwärtig eine Tochter der erlauchten Herrschaft im Haus der Äbtissin wochenlang zu Gast, die Junggräfin Guerriera; ihre Begleiter vertreiben sich im Kreuzgang mit Würfeln und Brettspielen die Zeit, und niemand tadelt es. Man weiß, daß der Burghauptmann von Montecroce immer schon im Auftrag der Guidi die Abgaben in Rosano eingesammelt hat. Aber als die kaiserlichen Machtboten eine Steuer auf den Platz legten, erwirkte die Fürsprache des Grafen davon Befreiung, und als die Florentiner Geld erpressen wollten, hat er gleichfalls dafür gesorgt, daß Nonnen und Konventsbauern verschont blieben. Beim Bau der Burgmauer von Montecroce stellte Rosano sechs Joch Ochsen für den Steintransport; dem Hauptmann schickte man gleich das jährlich geschuldete Hemd, die Hosen, einen Mantel und die Getreideabgabe mit. Und die Äbtissinnen? Seit alters werden sie von der Herrschaft eingesetzt: nach dem Tod von Berta, der Schwester von Guido Guerra I., zuerst Matilda, dann Zabulina, endlich die kürzlich verstorbene Thedora.

An Thedoras Erhebung vor dreiundzwanzig Jahren erinnern sich etliche Zeugen noch genau. Damals hatte – altem Brauch entsprechend – die Nonne Frassia (– oder hieß sie vielleicht Benedicta? Einige sind sich nicht mehr ganz sicher –) im Namen des Konvents feierlich vor vielen Anwesenden in der Kirche erklärt: „Hiermit erwähle ich Thedora zur Äbtissin von Rosano im Namen Gottes, der seligen Jungfrau Maria, aller anderen Heiligen, des Grafen Guido und der Äbtissin Sophia." Das ist die alte Tante des edlen Herrn, die im weißen Gewand der Nonnen von Camaldoli eigens über die Berge aus dem Casentino kam, wo sie seit vielen Jahren das Kloster Pratovecchio leitet! Die Richter rufen sie auf, ihre Aussage zu machen.

Sophia von Pratovecchio wird vereidigt und nach ihrem Alter gefragt. Über achtzig ist sie, eher ein Beträchtliches mehr, denn sie kann sich daran erinnern, wie die Florentiner auszogen, um Fiesole zu zerstören, die in allzu enger Nachbarschaft gelegene Stadt auf drohender Bergeshöhe. Das geschah 1125; von noch früheren Zeiten hat ihr die Mutter erzählt.

Der Vater der Greisin war Guido, Teilnehmer am ersten Kreuzzug, der Adoptivsohn der Großgräfin Mathilde von Canossa und 'Pfalzgraf Tusziens', wie er deshalb genannt wurde. Wegen der unbezähmbaren Kampfeslust gab man ihm den Beinamen 'Guerra' ('Krieg'), der seither im Hause erblich ist. Noch drastischer wurde Guidos Großvater Tegrimo 'Bibensanguinem' genannt ('Blutsäufer'); es war ein wildes Geschlecht. Aber Sophia besitzt kaum Erinnerungen an den Vater; er fand bereits 1124 den Tod. Der Erbe – ihr einziger, älterer Bruder Guido Guerra II. – war noch nicht mündig. Für jedes große Haus bedeutete damals die Zeit einer Minderjährigkeitsregierung eine Existenzkrise. Gleich zweimal widerfuhr der Grafenfamilie dieses Schicksal innerhalb des 12. Jahrhunderts!

Sophia kennt das Kloster Rosano seit frühesten Tagen. Ihre Tante Berta leitete den Konvent; das Mädchen wurde der Äbtissin zur Erziehung übergeben. Rosano bestand anfänglich nur aus ein paar elenden Häusern; die Kirche ähnelte eher einem Schuppen. Doch Berta und Sophias Mutter Imillia sorgten für Abhilfe. Auf Kosten der Guidi entstand ein großzügiger Neubau, und obwohl die Gräfin selbst die Vormundschaft über den Sohn übernahm und vieles zu regeln und zu bedenken hatte, schaute sie immer wieder nach Sophia, der die Leitung Rosanos nach dem Tod der Tante zugedacht war. Aus politischen Motiven rieten die Verwandten dringend zu einer Kinderverlobung; es wäre von Vorteil, die Tochter günstig zu verheiraten. Aber Imillia lehnte ab, mochten auch skrupellose Nachbarn die Gelegenheit nutzen, um sich während des Machtvakuums bis zur Schwertleite Guido Guerras II. auf Kosten des Grafenhauses zu bereichern. Schlimm war, daß Äbtissin Berta früh verstarb. Es wäre Wahnsinn gewesen, ein halbes Kind, das noch nicht einmal seine Profeß als Nonne abgelegt hatte, zu ihrer Nachfolgerin zu machen. So entschloß sich Imillia, unter Wahrung aller Rechte die Leitung des Klosters der Nonne Matilda zu übertragen, der bewährten Lehrerin Sophias, die ihre Erziehung überwachte. Die Gräfin hoffte auf Ergebenheit und täuschte sich nicht; die neue Äbtissin stand in allen Stürmen treu auf ihrer Seite. –

Für Guido Guerra II. geht die Zeit der Vormundschaft zu Ende. Die

Bauarbeiten in Rosano werden mit der Errichtung des Campanile abgeschlossen. Man kann Kirchweih feiern. Gleichzeitig soll Sophia den Schleier erhalten und die ewigen Gelübde ablegen.

Es wird ein Fest, von dem man sich noch nach siebzig Jahren erzählt. Der neunzigjährige Hospitalbruder Ugolino aus Girone berichtet, daß dem jungen Grafen und seiner Mutter nichts dafür zu teuer war. Keiner sollte hungern; die Herrschaft ließ eigens Getreide aus der Romagna anfahren; Ugolino hat selbst von dem Brot gegessen, das damit gebacken wurde. Der alte Brunetto von Muriano weiß alles noch ganz genau, weil ihn seine Mutter mitnahm, um ihm die Firmung erteilen zu lassen. Denn die Gelegenheit schien günstig: Nicht weniger als vier Bischöfe waren gekommen, um die Weihe der Kirche vorzunehmen und der jungen Nonne den Schleier zu reichen. Endlich Ciampolo aus Sandetole im Sieve-Tal: Fast hundert Jahre liegen auf seinen Schultern; er hat miterlebt – und andere bestätigen es –, daß Gräfin Imillia das Goldgeschmeide, mit dem sie geschmückt war, für einen Abendmahlskelch spendete und ihr Sohn Guido Guerra II. seinen silbernen Sattel hergab, um einen kostbaren Einband für das Evangelienbuch daraus zu schmieden. Man zählt auf, welche Schenkungen an das Kloster ergingen: Felder, Wiesen, Weinberge.

Und Sophia? Sie schildert als alte Frau im Verhör, wie sie damals im Chor der neuen Kirche kniet und man das Evangelium singt. Doch als sich die Bischöfe erheben, um den heiligen Schleier vom Altar zu nehmen, steht sie rasch auf, greift nach dem zarten Gespinst und verhüllt sich selbst damit: „Ich will nicht, meine Herren Bischöfe, daß ihr es mir umlegt, denn ich bin es ja, die sich heute ihrem Herrn Jesus Christus übergibt." Worauf den hochwürdigen Priestern nichts anderes übrigbleibt, als den feierlichen Hymnus nach den Worten aus dem Hohenlied anzustimmen: „Komm, meine Auserwählte." Übrigens erhält die junge Braut Christi von der Mutter eine reiche Mitgift für das Kloster: Grundbesitz in zwei Dörfern bei Florenz.

Aber die heiteren Tage des Kirchweih-Festes sind bald wieder verflogen. Ernste Zeiten brechen an: Gräfin Imillia fürchtet um ihr Kind. Es droht ein Handstreich; man will Sophia gewaltsam entführen. Den Florentinern ist jedes Mittel recht, um den eigenen Machtbereich zu erweitern, den sie durch die Burgen der Feudalherren rings umher eingeschnürt sehen. Die Guidi zählen zu den reichsten Adelsgeschlechtern im Umkreis der Stadt. In der nördlichen Toskana und dem romagnolischen Apennin verfügen sie in zweihundert Orten über Land und Leute. Montecroce, die Höhenburg gegenüber von Rosano, ist mit seinen starken Mauern für die Bürger wie ein Pfahl im Fleisch. Gesetzt, man würde sich der Schwester des Grafen bemächtigen – wäre dann nicht ein Faustpfand gewonnen, mit dem man die Guidi zu lohnendem Tausch zwingen könnte, auch wenn sich die Frömmler über den Raub einer Nonne noch so sehr entrüsteten?

Diese Angst ist kein Hirngespinst der Gräfin. Man redet längst offen darüber. Der Familiensinn der Guidi ist zu bekannt, als daß man nicht auf den Gedanken verfiele, daraus Kapital schlagen zu wollen. Und Imillia hat selber einen solchen Gewaltakt erfahren: Über eine Erbauseinandersetzung war ihr Sohn mit dem Bischof von Florenz in Streit geraten. Ein paar Leute aus dem Gefolge des Kirchenfürsten wurden gefangengesetzt. Die Stadt verlangte die Freilassung ihrer Bürger, der Graf lehnte ab. Kurz darauf ritt Imillia durch Florenz, um einen Besuch zu machen. Sie wurde inhaftiert, ein paar Tage lang festgehalten, „wenn auch höflich behandelt“ (wie der Richter Sanzanome beschwichtigend schreibt, der zeitgenössische, älteste Historiograph der Arnostadt). Diese Krämerseelen scheuen keine Schande, wenn es ihnen nur nützt, und führen selbst gegen Frauen und Kinder Krieg! Also besser die Tochter gleich in Sicherheit bringen!

Zum letzten Mal ist Sophia lediglich Objekt. Die Mutter entscheidet, ohne lange zu fragen. Das Casentino ist der engste, innerste Machtbereich der Guidi. Hohe Gebirge säumen das Land um den oberen Arno. Überall stehen Burgen. Aber wo will man die Nonne unterbringen? Es gibt kein geeignetes Frauenkloster. Doch nahe dem großen Kastell von Romena, wo die Guidi häufig Hof halten, befindet sich in der Gemarkung Poppiena auf der anderen Arno-Seite ein kleiner Konvent der Camaldulenser-Mönche, der seit einiger Zeit leersteht. Imillia und Guido verhandeln mit dem Prior der Eremiten-Kongregation. Man ist gern bereit, ihrem Anliegen zu entsprechen. Schon oft hat Camaldoli die Großzügigkeit der Grafen erfahren; außerdem kennt man ihre Macht und möchte es nicht mit ihnen verderben. Natürlich weiß jeder: Es soll in erster Linie eine Versorgungsanstalt für unverheiratete, weibliche Familienmitglieder sein. Darum wird eine doppelte Bedingung gestellt: In Zukunft redet bei der Wahl einer Äbtissin der Camaldulenser-Prior ein entscheidendes Wörtlein mit; ferner muß Sophia das dunkle Gewand der Benediktinerinnen mit dem weißen der Jünger Romualds vertauschen. Sie ist einverstanden. Damit steht der Verwirklichung nichts mehr im Wege. 1134 urkunden Mutter und Sohn für das neue Kloster. In dem Pergament wird Sophia bereits als Äbtissin bezeichnet. Sie zählt zu diesem Zeitpunkt kaum achtzehn Jahre.

Aber die Ortswahl erweist sich als ungünstig. Man diskutiert einen anderen Platz. Schon vor Jahren kauften die Guidi in Grecciano einen größeren Gutskomplex: „Häuser, Höfe und Eigenleute, Felder und Weideland, Weinberge, Gärten und Olivenhaine, Hoch- und Buschwald, Wasser-, Mühlen- und Fischerei-Rechte." Grecciano wurde zum Erbteil Sophias bestimmt. Darum unterschreibt sie diesmal auch selber, als die Mutter mit dem Prior von Camaldoli den neuen Vertrag abschließt. Doch wiederum unterbleibt die Verwirklichung. Statt dessen wird der Nonnenkonvent innerhalb der Mauern von Pratovecchio errichtet, einem kleinen Städtchen der Guidi dicht bei Romena.

Ein solches Schwanken in der Standortfrage ist im Mittelalter gar nicht selten. Viele Klöster sind zuerst 'ins Unreine' gegründet und dann verlegt worden. Aus ganz verschiedenen Motiven: In Poppiena betonte der Prior wohl allzu nachdrücklich, daß der Platz alter Besitz von Camaldoli sei und er Papstbriefe vorweisen könne, die jede Veräußerung verbieten; Sophia fürchtete die Beschränkung ihrer Selbständigkeit. In Grecciano fehlte der bequeme Zugang zu einem ganzjährig fließenden Wasser. Zudem erweckte die offene Lage Bedenken. Denn im stillen Casentino kommt es gerade damals zu kriegerischen Umtrieben. Man muß auf Sicherheit Wert legen. Am ehesten findet man diese im befestigten Pratovecchio. Neben dem sprudelnden, jungen Arno, dicht bei der Brücke nach Romena, entsteht der Konvent der Camaldulenserinnen. Die Außenwand des Klosters ist zugleich die Stadtmauer.

Als endlich alles geregelt ist, zieht sich Gräfin Imillia aus dem weltlichen Getriebe zurück. Vieles ist auf die Witwe von Guido Guerra I. eingestürmt; nun ist sie müde und alt, wohl auch krank. Die treue Mutter hat den Kindern das Erbe bewahrt; jetzt können sie selber für sich sorgen. Imillia tritt in denselben Konvent ein, den ihre Tochter Sophia leitet. Sie erlebt noch, wie der Neubau der Kirche geweiht wird. Die ungewöhnlich zahlreichen Reliquien, die man in den Altar einschließt, hat wohl sie zusammengebracht. (Es sind Partikel von einundzwanzig Heiligen, und dazu „noch einige weitere, deren Namen man nicht mehr lesen kann“, wie eine Liste aus der Barockzeit versichert.) Im gleichen Jahr 1143 ist Imillia gestorben.

Ihre lange Zeit dominierende Rolle übernimmt Sophia. Die Schwägerin eignet sich nicht dafür; ihre Aufgabe ist es, Kinder zu gebären. In den Urkunden des Grafen wird der Name seiner Gemahlin Adelaide kaum einmal genannt. Die Äbtissin ist die Helferin und Beraterin von Guido Guerra II. Im Namen ihres Bruders führt sie Verhandlungen, vertritt ihn daheim und nach außen, handelt in vielerlei Angelegenheiten des Grafenhauses mit Vollmacht und Verantwortung. Es gibt Zeugnisse dafür, daß sie auf Blüte und Wohlergehen des Klosters Pratovecchio bedacht ist; aber viel wichtiger ist ihr die Familie! Sicher besitzt die Äbtissin einen eigenen Kaplan – wir kennen ihn nicht. Von ihrem Schildträger (dem Führer der persönlichen Eskorte zu ihrer Sicherheit) während jener Jahre wissen wir dagegen den Namen; er hieß Tignosus von Montecroce.

Die große Politik berührt das Land. Kaiser Lothar kommt nach Italien. Es ist für die Guidi nicht leicht, sich darauf einzustellen. Die Erhebung eines neuen toskanischen Markgrafen beeinträchtigt ihr Ansehen. Vielleicht könnte man durch persönliche Unterredung einiges erreichen? Während Lothar in den Süden der Apenninen-Halbinsel zieht, laden die Guidi Kaiserin Richenza auf eine ihrer Burgen ein. In Modigliana (südlich von Faenza im romagnolischen Apennin) hält sie Hof. Die junge Äbtissin eilt dorthin, um dem erlauchten Gast Gesellschaft zu leisten – und die Interessen der Guidi zu vertreten.

Just in diesem Augenblick stirbt Matilda von Rosano. Boten kommen zu Sophia: Sie soll die Leitung des Konvents übernehmen, in welchem sie vor wenigen Jahren die Gelübde ablegte. Doch sie lehnt ab. Hat sie in Pratovecchio schon zu tief Wurzeln geschlagen? Auf jeden Fall kann Sophia jetzt die Kaiserin nicht verlassen, denn zwischen dem Bruder und dem neueingesetzten Markgrafen Engelbert hat sich ein offener Zusammenstoß ereignet, der für die Guidi nicht gut ausging, weil hinter dem – für sich genommen: unbedeutenden – Gegner die Macht des Reiches steht. (Die Sache wird eingerenkt, hat weiter keine Folgen, vielleicht wegen Sophias Fürsprache bei der 'Imperatrix Augusta' Richenza. Als die Deutschen abziehen, erlischt das Amt dieses Markgrafen von Tuszien bald sang- und klanglos. Aber Guido Guerra hat daraus gelernt. In Zukunft wird man ihn stets auf der Seite des Kaisers finden.)

War es für Sophia der einzige Grund? Abermals wenden sich die Nonnen von Rosano an die Grafentochter und -schwester. Wenn sie nicht zu bewegen ist, selber dort Äbtissin zu werden, soll sie eine Person ihres Vertrauens benennen. „Wählt doch, wen ihr wollt“, ist die – barsche oder verlegene? – Antwort. Doch der Konvent fragt noch ein drittes Mal an. Erst jetzt nimmt Sophia das alte Herrenrecht der Guidi über Rosano für sich in Anspruch und bestimmt anstelle des Bruders und im eigenen Namen Zabulina, die Tochter des Catinaccio von Figline, zur neuen Äbtissin von Rosano.

Merkwürdig, dieses uninteressiert wirkende, zweimalige Zurückweichen! Wie ist es zu erklären? Und warum nützt der Konvent den absonderlichen Vorgang nicht aus, um sich das freie Wahlrecht zuzueignen? Zwischen den Guidi und Florenz herrscht Krieg, ein nicht abreißendes, erbarmungsloses Ringen um die Macht im Arnotal. Vor allem die Zone, in welcher Rosano liegt, wird immer wieder betroffen von den größeren Zügen und den kleinen Scharmützeln, den Raubaktionen und den Plünderungen. Jetzt eine Gräfin Guidi an die Spitze des Konvents zu stellen, käme einer vorsätzlichen Provokation gleich, und das Kloster hätte den Schaden! Es ist ohnehin durch das Patronat der Adelsfamilie auf das äußerste gefährdet. (Aussage des Johannes von Miransù: „Sooft sich die Florentiner mit dem Grafen im Kriegszustand befanden, plünderten sie die Abtei Rosano, um ihm damit eine Beleidigung zuzufügen, und wenn sie mit dem Grafen gut standen, fügten sie ihr kein Leid zu, dem Grafen zuliebe.“)

Zabulina ist mit den Guidi weitläufig verwandt, aber sie lebt als Nonne im Florentiner Konvent von Santa Felicità. Sie hat also Beziehungen zu beiden Parteien und könnte vielleicht erreichen – man hofft es jedenfalls –, daß Rosano aus dem Streit zwischen dem Feudalgeschlecht und der freien Kommune herausgehalten wird. Dem Vater liegt offenbar mehr noch als der Tochter an der hohen Ehre; er holt sie nach Figline in sein Haus, denn in Florenz kann sie ja schlecht eine Botschaft des Gegners empfangen. Eine Gesandtschaft, zusammengesetzt aus Leuten des Grafen und des Klosters, erscheint vor ihr; sie nimmt die Wahl an und verfügt sich umgehend erst einmal ins Casentino, um Sophia, welche den Bruder vertritt, ein Treueversprechen zu leisten und sich von ihr im neuen Amt bestätigen zu lassen. Die Nonne kniet vor der Nonne; die Äbtissin von Rosano gelobt der Äbtissin von Pratovecchio Gehorsam und Ergebenheit. Und diese wird stets darauf achten, daß ihr Herrenrecht nicht verkürzt wird!

Die Erwartungen, nun Frieden für Rosano zu erlangen, erfüllen sich nicht. Guido Guerra II. schlägt wiederholt Angriffe der Florentiner auf seine Burgen zurück, aber den Überfall auf den Konvent kann er nicht verhindern. Das Kloster wird ausgeraubt; die Nonnen fliehen. Zabulina hält sich jahrelang im Casentino auf und urkundet in Sachen von Rosano in Pratovecchio. Aber die Herrschaft stellt den verlassenen Konvent wieder her und entschädigt ihn für die Verluste. Normalerweise beerbt der Graf die Hintersassen, wenn sie kinderlos sterben; Guido Guerra verzichtet zugunsten von Rosano darauf, und er fordert seine Leute auf, eine Beisteuer zu leisten. Sophia überweist Bargeld an die zurückkehrenden, verarmten Benediktinerinnen. Als sie einmal einen Boten an Zabulina sendet, erklärt diese wörtlich (wie ein Zeuge im Prozeß versichert): „Ich bitte, dem Grafen und der Äbtissin von Pratovecchio meinen Dank zu übermitteln, denn beide sind die Wohltäter und Patrone dieses Hauses. Von ihnen habe ich viel Gutes und niemals etwas Böses erfahren."

Jahrelang dauert der Krieg. Sommer für Sommer versuchen die Bürger, Montecroce einzunehmen – durch nächtliche Überrumpelung, Angriff bei hellichtem Tage, wochenlange Belagerung. Immer wieder holen sie sich blutige Köpfe. Doch auch die Verluste der Guidi sind hoch. Als ein Parteigänger des Grafen ihm zu einem Sieg gratuliert, entgegnet dieser, „er habe nur gewonnen, indem er allzu viel verlor". Er muß zudem gleichzeitig in der Romagna und im Pisanischen kämpfen. Während er mit den Truppen unterwegs ist, lastet die gesamte Verwaltung der Besitzungen auf Sophia, der treuen Schwester.

Und da ertönt plötzlich ein ganz anderer Kriegsruf. Die Ritterschaft des Abendlandes zieht aus, um den in Bedrängnis geratenen Brüdern im Heiligen Land Hilfe zu bringen. Wie der Vater ein halbes Jahrhundert zuvor, nimmt auch Guido Guerra II. das Kreuz. Wagt er zuviel? Die Kirche verspricht, daß während der Abwesenheit eines Kreuzfahrers sein Besitz im Gottesfrieden steht. Niemand darf ihn an Hab und Gut schädigen, niemand Fehde gegen die Seinigen führen. Der Graf verläßt sich darauf. Ansonsten vertritt ihn Sophia.

Doch die Florentiner scheren sich nicht um die geistlichen Satzungen. Die Chance erscheint ihnen viel zu günstig, als daß man sie nicht ausnutzen sollte! Überraschend angegriffen, fällt Montecroce. Freilich nicht bedingungslos: Es wird eine glimpfliche Vereinbarung getroffen. Der Ort bleibt erhalten; man legt nur einen Teil der Mauer nieder. Aber schon im nächsten Jahr brechen die Bürger das gegebene Wort und zerstören den Platz. Endlich gibt es das feindliche Bollwerk über der Arno-Uferstraße nicht mehr! Daß die Kirche daraufhin die Sakramentensperre über Florenz verhängt, kann die Sieger nicht anfechten. Fünf Jahre lang lastet das Interdikt auf der Stadt.

Als Guido Guerra vom Kreuzzug zurückkehrt, vermag er dennoch die Florentiner zurückzudrängen und Montecroce wiederaufzubauen. Der Krieg geht weiter; man ist in der 'Stadt der Lilie' gar nicht sehr zukunftssicher. Denn man hat es ja wieder mit dem Grafen selbst zu tun, „der für sich allein soviel wie eine ganze Stadt und Provinz bedeutet und der wahrlich den Beinamen 'Sieg' (statt 'Krieg') verdient". Sanzanome schreibt dieses Urteil nieder, kein Lobredner der Guidi, sondern ein Richter in der feindlichen Stadt Florenz. Sophias Bruder ist zu einem Politiker mit ungewöhnlich weitem Gesichtskreis herangereift. Ihm wird klar, daß der toskanische Krieg nicht lediglich aus Habsucht und Machtgier einiger Fernkaufleute und Volksaufwiegler erwächst, sondern aus dem grundsätzlichen Antagonismus zwischen feudaler und kommunaler Welt. Diese Auseinandersetzung findet gleichzeitig in verschiedenen Regionen Italiens statt und verändert das soziale Gefüge des Landes.(Auch der deutsche Bischof Otto von Freising stellt es damals mit Betroffenheit fest.) Weil der Graf nach Herkunft und Erziehung die alte Ordnung repräsentiert, sucht er das Bündnis mit dem Kaisertum. Er reist über die Alpen an den staufischen Hof. Dort wird er Barbarossas Freund. In seinem Namen geht er als Gesandter nach Rom und Sizilien. An Friedrichs erstem Italienzug ist er persönlich beteiligt. Als Exponent einer politischen Ordnungsvorstellung, die sich mit dem Streben nach städtischer Freiheit nicht verträgt, wird er auf der Rückkehr von der Kaiserkrönung von den Bewohnern Spoletos gefangengenommen. Friedrich I. kämpft ihn frei; der umbrische Ort geht dabei in Flammen auf. „Den ersten der Fürsten des ganzen Reiches, einen Ehrenspiegel des italienischen Adels, die Leuchte der guten Sitten", – so nennt der Chronist von Faenza Sophias Bruder. Doch er erleidet einen unverhofften Tod. Bei einer lokalen Auseinandersetzung in Montevarchi (im oberen Arnotal) findet Guido Guerra II. 1157 sein Ende.

Er hat sich spät vermählt; die Erben sind minderjährig. Adelaide schenkte dem Gatten zwei Knaben und zwei Mädchen; sie starb noch vor ihm. Von einer zweiten Frau des Grafen kennt man nur den Namen. Für die Vollwaisen übernimmt die Äbtissin von Pratovecchio Vormundschaft und Regiment. Für das eigene Kloster bleibt jetzt wenig Zeit; Sophia hat zu überlegen, zu entscheiden, an zweihundert Orten nach dem Rechten zu sehen. Sie weiß: Als erstes muß der Krieg mit Florenz beendet werden. Die Vorverhandlungen finden in Rosano statt, die Ratifizierung erfolgt dann in der Stadt. Es ist kein schimpflicher Verzichtfriede; als die Bürger Appetit auf den Konvent äußern, weil er nahe ihren Mauern liegt, erklärt Sophia ihnen: „Ich muß dieses Kloster verteidigen, weil hier der Graf Kirchenpatron ist." Es ist für sie ein Ehrenpunkt – und sie setzt sich damit durch.

Jahrelang regiert eine Nonne die riesige Feudalherrschaft der Guidi. Ihr Wort ist Befehl. Selbst der Bischof von Fiesole seufzt einmal in Gegenwart des Abtes von Candeli (bei Florenz) auf: „Ich möchte keinen Krieg mit der Äbtissin Sophia haben!" Auch in friedlichen Zeiten reitet sie mit einem Gefolge von zehn Bewaffneten durch das Land. Sie wahrt die Rechte des Hauses, eine strenge Gebieterin! Was wissen wir von ihren weicheren Stimmungen, der 'privaten' Tante Sophia im Kreis der Familie? Ein einziges Mal wird in der Überlieferung der Vorhang beiseite geschoben, nur für wenige Worte. Im Verhör von 1203 berichtet Brunetto Fierletti: „Als der Graf gestorben war, sah der Zeuge mit eigenen Augen, daß die Äbtissin Sophia im Kloster [Rosano] in dem Haus weilte, das am Kreuzgang liegt und wo nun die Grafentochter wohnt. Einmal ließ sie ihre Nichte Imillia, jetzt die Gemahlin des Grafen Alberto, und ihre andere Nichte Adelaide zu sich kommen, und sie waren zusammen, drei Tage lang oder mehr, und sie hatte mit ihnen ihre Freude. Der Zeuge aber trug dabei Lieder vor."

Wie selten mögen solche Stunden gewesen sein! Die Tante hat viel zu tun, sie hält das Erbe zusammen, sorgt für Recht und Ordnung. In ihrer Abwesenheit kommt es in Rosano zu einem schlimmen Zwischenfall, anscheinend einem Mord innerhalb der Kirche, an dem Zabulina nicht unbeteiligt ist, die von Sophia eingesetzte Äbtissin. Die Sache ist doppelt ärgerlich, weil man in Florenz glaubt, die Untat richte sich gegen

Bürger der Stadt. Nun müssen dort die Obrigkeiten besänftigt werden, was nicht billig ist! – Der Reiterzug aus Pratovecchio ist angekündigt; besonders feierlich empfängt Zabulina die Schwester des verstorbenen Herrn. Es nützt ihr nichts. Sophia greift durch, sichtlich erregt. Sie richtet in Gegenwart zahlreicher Zeugen bittere Worte an die Äbtissin von Rosano und setzt sie kurzerhand ab. Kein Bischof und kein Papst wird gefragt. Zabulina hat ihr ins Casentino zu folgen; als sie Einwände erhebt und sich verteidigen will, erhält sie die Antwort: „Kümmere dich nicht darum und sei still!" So herrisch hat man Sophia wohl kaum sonst erlebt; die Aussagen im Verhör von 1203 spiegeln es noch wider.

Doch es ist keine Strafe auf Dauer. Einflußreiche Verwandte bitten für Zabulina; so wird sie begnadigt. Aber es stellt sich kein rechtes Vertrauen mehr ein. Immer wieder entscheidet Sophia über Angelegenheiten von Rosano. Sie entsendet ihre eigenen Nonnen dorthin und zitiert umgekehrt diejenigen Zabulinas nach Pratovecchio, obwohl doch beide Klöster verschiedenen Kongregationen angehören. Der Tante des Grafen gilt es gleich, ob die Schwestern das helle oder das dunkle Gewand tragen; die Hauptsache ist, daß sie parieren! Langsam keimt Unwillen über das harte, als selbstherrlich empfundene Regiment auf, das auch nicht endet, als Guido Guerra III. mündig wird. Sophia hat an ihm Mutterstelle vertreten; wie dem Italiener zu eigen, ist der Graf ihr auch als Erwachsener herzlich zugetan; er hängt an ihr und verläßt sich 'in politicis et humanis' auf Sophias gereiftes Urteil.

Seine Heirat entspricht der politischen Haltung, welche der Vater einnahm. Es wird die glänzendste Hochzeit, die sich jemals im Hause der Guidi ereignet. In Empoli feiert der Graf das Beilager mit Agnes von Monferrat, einer Verwandten der Staufer, der französischen Kapetinger, des Kaisers von Byzanz, der Könige von Jerusalem. Das junge Paar zieht über Rosano weiter ins Casentino. Aber die Ehe ist nicht glücklich. Und je stärker sich Guido Guerra III. von seiner Gemahlin entfremdet, desto mehr Zweifel kommen ihm bezüglich der bedingungslosen Allianz mit Friedrich Barbarossa. Der neuaufbrechende Zwist mit Florenz verschlingt seine besten Kräfte. Gleichzeitig wird er zur Heeresfolge beim Kaiser aufgeboten. Der Staufer kämpft gegen die lombardischen Städte und den Papst. Ist das nicht ein übermächtiges Bündnis, gegen welches der Adler des Reiches schwerlich den Sieg davontragen wird? Zudem steht Barbarossa im Kirchenbann. Guido Guerra beginnt, sich mit dem nahen Florenz zu arrangieren, ohne mit der Krone zu brechen. Es ist ein diplomatisches Meisterstück, bei dem ihm Tante Sophia hilft.

Sie ist es, die namens der Guidi die Verhandlungen führt. Man trifft sich in Rosano. Aus Florenz kommt der höchste Wahlbeamte der Stadt im Jahr 1176, der Konsul Filocario, höchstpersönlich zusammen mit zwei vornehmen Bürgern ins Kloster, um gemeinsam mit der Äbtissin als der Bevollmächtigten der Guidi Mittel und Wege zu finden, einen allgemeinen Frieden in der Toskana herbeizuführen, der unter den Kommunen und dem Feudaladel vermittelt, und zugleich zwischen den verfeindeten Orten Florenz und Siena. Es scheint, als erhalte die Übereinkunft geradezu die Bedeutung eines Signals: Schon im Folgejahr wird in Venedig die Einigung zwischen Kaiser und Papst ratifiziert, die man lange für unmöglich hielt. Die oberitalienischen Städte und die unteritalienischen Normannen sind darin eingeschlossen.

Der Friede in Tuszien ist jedenfalls nicht zuletzt der beharrlichen Geschicklichkeit Sophias zu verdanken. Jedermann weiß es; als die Äbtissin von Pratovecchio einmal durchs obere Arno-Tal reist, suchen sie in Rignano Boten der Stadtrepublik Arezzo auf: Es sei dort zu Spannungen gekommen; ob die Tante des Grafen Guido bereit sei, einen Schlichtungsversuch zu unternehmen?

Aber auch andere haben sich um das Ende des Krieges verdient gemacht. Einer von ihnen ist Bellincione Berti, ein prominenter Stadtadliger in Florenz. Er wird nach dem Scheitern der ersten Ehe Guido Guerras sein neuer Schwiegervater. Ausgerechnet beim alten Gegner holt sich der Graf die neue Frau! Die zweite Gemahlin ist 'la buona Gualdrada'; noch Dante wird sie wegen ihrer sprichwörtlichen Schönheit, Lebensklugheit und guten Sitten preisen. Diesmal ist es ersichtlich eine glückliche Wahl. Der Festzug führt von Florenz nach Rosano und von dort nach Romena und Pratovecchio; die Beziehungen zur gestrengen Tante gestalten sich bald ausgesprochen herzlich. Ist es wie ein Symbol für eine dauerhafte Harmonie, oder wird die Allianz trügen und bald wieder zerreißen?

Kurz darauf erkrankt Zabulina von Rosano. Man muß mit dem Ärgsten rechnen. Im Konvent macht man sich seine Gedanken; man wüßte gern, was die Guidi im Schilde führen. Heimlich wendet man sich an eine Gönnerin: „Wir glauben, daß die Äbtissin Sophia fest entschlossen ist, zu verhindern, daß eine Nonne Nachfolgerin wird, die ihr nicht paßt; deshalb bitten wir dich, deinen Gemahl nach Pratovecchio zu senden, um ihren Willen ausfindig zu machen." Die verspricht's; als ihr Mann endlich nach Rosano zurückkehrt, ist er in Begleitung einer Camaldulenserin: der Beauftragten Sophias. Im Kloster verbreitet sich Erregung: Wird die benediktinische Observanz beseitigt? In ihrer Schwäche erklärt sich Zabulina bereit, zugunsten der fremden Nonne auf die Leitung des Konvents zu verzichten; doch jene wehrt ab: „Ich bin nicht als neue Äbtissin hierher gekommen, sondern um eurer Mutter, solange sie lebt, Unterstützung zu gewähren und euch dann, wenn es Zeit dafür ist, zu einer einträchtigen Neuwahl zu verhelfen."

Das erweist sich als schwierig genug. Nach Zabulinas Tod gehen die Meinungen weit auseinander. Schließlich wird durch Sophias Vertraute ein Kompromiß herbeigeführt, mit dem niemand zufrieden ist, auch nicht das Grafenhaus. Die Erwählte stammt aus der altadligen Familie der Firidolfi-Ricasoli, die mit den Guidi in Spannungen leben. Thedora hat in Pratovecchio Profeß geleistet: Grund für die Konventsangehörigen in Rosano, ihr zu mißtrauen. Doch als Sophia sie dorthin entsandte, legte sie das weiße Gewand ab und das dunkle an (umgekehrt wie die Äbtissin), was nun allseits Bedenken erregt: War es Opportunismus oder Verräterei? Sichtlich verfügt Thedora über ein hohes Amts- und Selbstgefühl; sie will nicht nur ein Werkzeug in der Hand des Patrons sein. Das nimmt dessen Fraktion gegen sie ein. Intrigen werden mit Gegenintrigen beantwortet. Aber schließlich erhält sie die Leitung des Konvents. Das bedeutet, daß es faktisch zwei Äbtissinnen von Rosano gibt: Thedora – und Sophia von Pratovecchio!

Langsam, aber stetig versucht die Neue, die Abhängigkeit von den Guidi zu lockern. Anweisungen aus dem Casentino finden lässigen Gehorsam; es gibt manchen Ärger, ohne daß es deshalb zum Bruch käme. Einmal ist Sophia der Meinung, daß ein klares Wort angezeigt wäre (leider kennen wir nicht den Grund). Sie kommt mit drei Begleitern nach Rosano; schon beim Empfang fallen erbitterte Worte: „Ich begrüße euch nicht, weil ihr schlechte Frauen von üblem Ruf seid und meinem Haus keine Ehre macht!" Der Tadel stößt ins Leere, denn in scheinbarer Unterwürfigkeit gibt Thedora zur Antwort: „Wenn wir gefehlt haben, werden wir uns nach deiner Anweisung zu bessern suchen." Jeder weiß:

Die Demut ist nur Fassade. Die Tochter des stolzen Rinaldo Malaprese wird die Bloßstellung vor Zeugen nicht vergessen.

Jahre vergehen. Eines Tages erscheint Gräfin Gualdrada mit großem Gefolge, um in Rosano Quartier zu nehmen. Es ist Winterszeit; in Montecroce hat die Gemahlin des Patrons gerade die Weihnachtstage zugebracht. Bei ihr ist die junge Frau ihres ältesten Sohnes, eine Tochter Markwards von Annweiler, des allgewaltigen Vertrauten Kaiser Heinrichs VI. Da soll es sicher besonders feierlich zugehen. Doch bereits während des zeremoniösen Empfangs am Arno-Ufer erklärt Thedora der 'patrona et domina' ins Gesicht – und alle hören es, auch die Deutsche: „Ich will nicht, daß deine Knechte das Kloster betreten, sondern bestimme einen einzigen, der mir bekannt ist; der soll kommen und das Notwendige in Empfang nehmen.' Gualdrada, die allzu Gute, benennt Acerbo di Montecroce; man händigt ihm die geforderten Lebensmittel aus. Aber noch niemals ist eine Gräfin Guidi in der Öffentlichkeit so behandelt worden. Im Casentino beschwert sie sich (in Gegenwart eines Zeugen im Verhör von 1203) bei der Tante, „weil die Äbtissin von Rosano ihr nicht die geschuldete Ehre in Anwesenheit der Schwiegertochter erwies". Doch bevor es zu Weiterungen kommt, schickt Thedora eine Entschuldigung mit einem Silberkrug, und die stets dem Frieden zuneigende Gualdrada läßt es damit genug sein.

Thedora macht sich wahrlich keine Freunde. Als sie im Frühjahr 1201 auf dem Sterbebett liegt, kommt es zu einer unwürdigen Szene: Um keinem Druck von außen ausgesetzt zu werden, wählen die Nonnen in Rosano noch zu Lebzeiten Thedoras die Nachfolgerin. Niemand im ganzen Konvent teilt die Einsamkeit der todkranken Äbtissin; es geht um die Zukunft, um die Freiheit des Klosters. Die Parolen der großen Kirchenreform erklingen plötzlich auch in Rosano. Man einigt sich auf Agatha. Während die soeben Verstorbene noch vor dem Hochaltar im offenen Sarg liegt, verkündigt die Sprecherin des Konvents vor einer kleinen Schar von Zeugen – vor allem den Pfarrern der umliegenden Dörfer – den Namen der Erwählten „zu Ehren des Grafen Guido". Es ist eine Lüge, niemand hat ihn gefragt. Aber gleichzeitig wird die Botschaft von dem unerhörten Affront schon von treuen Vasallen auf jagendem Roß zur Herrschaft gebracht: zum Grafen, der sich in Arezzo befindet, zu Gualdrada in der Burg Corella, zur Äbtissin von Pratovecchio. Mit Protesterklärungen kehren sie zurück; man nimmt sie schweigend entgegen. Nur auf die Rechtsverwahrung, welche der Pfarrer von Vado im Namen der Herrschaft vorbringt, antwortet Ottaviano di Quona, der Beistand der aufsässigen Nonnen: „Wir bestreiten nicht, daß der Graf Patron und Herr dieses Klosters ist; aber daß die Äbtissin von Rosano der Äbtissin von Pratovecchio gegenüber zum Gehorsam verpflichtet ist, dem stimmen wir niemals zu!"

Auf einmal zeigt sich: Die Benediktinerinnen von Rosano handeln gar nicht allein. Sie haben Sympathisanten und Parteigänger, wie diesen Edelherrn, der von den Guidi manche Lehen trägt und ihnen dabei lange schon immer wieder entgegenhandelt. Und hinter ihm und der halsstarrigen Konventsmehrheit steht eine andere Macht: Florenz. Der Streit um die Einsetzung der neuen Äbtissin ist identisch mit dem Kampf um die Vorherrschaft im mittleren Arnotal. Mit Gewalt das Problem der Nachfolge Thedoras lösen zu wollen, bedeutet Krieg. Darum wählen die Guidi einen andern Weg: Sie strengen einen Prozeß vor dem geistlichen Gericht an. Sophia von Pratovecchio hat damit bereits Erfahrungen; offensichtlich gibt sie den Rat. Selbst der Papst wird darum angegangen. Innocenz III. beauftragt mit der Verhandlung die eingangs genannten drei Kleriker. Es sind rechtserfahrene Männer; sie laden die Zeugen, überprüfen die Aussagen, klären die Gegebenheiten. Im Staatsarchiv Pisa liegt noch ein langer Pergamentstreifen, auf welchem der Domkleriker Hildebrand das umfängliche Material übersichtlich in Thesenform zusammengefaßt hat. Keine Mühe wird gescheut: Der Prozeßausgang könnte über den Frieden in der gesamten Toskana entscheiden.

Endlich wird das Urteil gesprochen. Es besteht kein Zweifel: Rosano hat Guido Guerra III. zum erblichen Patron. Agatha maßt sich gegen das Recht die Würde der Äbtissin an. Wenn sie nicht doch noch die Billigung des Grafen findet, hat sie zu weichen. Andernfalls droht ihr und allen, die sie unterstützen, der Kirchenbann. Jeder weiß nun, was rechtens ist.

Am 13. August 1204 trifft eine kleine Reiterschar in Rosano ein, die Gräfin Gualdrada mit ihrem Gefolge. Schon während des Rechtsstreites war sie einmal gekommen und in den üblichen Formen empfangen worden, als wäre nichts gewesen. Doch diesmal bringt sie eine Nonne mit, Agnese, die anstelle von Agatha die Leitung des Klosters übernehmen soll. Niemand empfängt sie am Flußufer. Im Konvent sind Türen und

Fenster verrammelt. Die Kirche ist geschlossen. Kein Mensch läßt sich sehen. Die Gräfin wartet.

Erst nach geraumer Zeit erscheint, an der Spitze von Bewaffneten, Ottaviano di Quona. Gualdrada spricht ihn an: Sie ist gekommen, um entsprechend dem Gerichtsurteil ihr Recht wahrzunehmen und Agnese als neue Äbtissin einzusetzen. Mit dürren Worten, aber unter unmißverständlichen Gesten wird sie abgewiesen: „Der genannte Ottaviano antwortete ihr, daß besagte Agnese und ihre Begleiter nicht im Kloster bleiben dürfen und daß er nicht wolle, daß sie sich dort aufhalten."

Gualdrada weiß genau, daß sich dieser Mensch nur deshalb so unerhört zu gebärden wagt, weil hinter ihm Florenz steht, ihre Heimatstadt. Was soll geschehen? Droht Krieg? Beharren die Guidi auf ihrem Recht, wird Rosano bald zerstört sein. Es kann sein, daß ihr Gemahl den nächsten Waffengang noch gewinnt. Dann ist ein Trümmerhaufen der Kampfpreis. Niemand wird dort weiterhin für die Lebenden und die Toten aus dem Grafenhaus das Fürbittengebet sprechen. Und wie wird die Auseinandersetzung in fernerer Zukunft ausgehen? Der Feudaladel befindet sich auf der Straße der Verlierer. Wer klug ist, sieht es damals schon.

Guido Guerra III., Gualdrada und Sophia sind klug. Sie haben alles bedacht. In der Begleitung der Gräfin befindet sich ein Notar. Im verlassen wirkenden Klosterhof schreibt er nieder, was Gualdrada diktiert: Von Stund an verzichten die Guidi auf jegliches Herrenrecht über den Konvent. Die Gräfin unterzeichnet. Dann verläßt sie Rosano, um niemals dorthin zurückzukehren.

Sicher ist die bittere Entscheidung nicht leichtgefallen. Aber so ist der Gang der Zeit. Sophia hat es längst erfahren. Schon seit geraumer Frist bestreitet Arezzo ihrem Konvent das wohlerworbene Recht auf eine Kirche, ein Hospital, die zugehörigen Bauernstellen in Stadtnähe. Die Erweiterung des kommunalen Machtbereichs spart die Außenbesitzungen des kleinen Camaldulenserinnen-Klosters nicht aus. Das geschieht nicht aus purer Bösartigkeit; das Interesse der Bürger richtet sich naturgemäß am stärksten auf die Objekte dicht vor den eigenen Mauern. Im Gegensatz zur weitgestreuten Erwerbungspolitik des Landadels, bei welcher lange eine gewisse Wahllosigkeit vorherrschte, streben die Städte grundsätzlich nach Geschlossenheit ihres Territorialbesitzes.

Und dabei stört es eben, wenn die Pfarrei S. Ellero und das Hospital des heiligen Benedikt den Nonnen von Pratovecchio gehören!

Was kann die Äbtissin tun? Sie wendet sich an den Papst, ein volles Jahrzehnt vor dem Prozeß um Rosano. Coelestin III. greift den Fall auf und läßt ihn durch den Aretiner Domkanoniker Berardo untersuchen. Er entscheidet zugunsten der Nonnen, doch es nützt ihnen nichts, weil das Urteil nicht vollstreckt wird. Aus der Sicht der Stadt ist die Rechtslage etwas verworren; deshalb wird man noch jahrzehntelang – weit über Sophias Lebenszeit hinaus – Zeugen vorladen und verhören, Schlichtungen diskutieren und Rechtserwägungen niederschreiben, aber am Ende wird doch einzig den Ausschlag geben, daß die landhungrige Stadt die umstrittenen Objekte eben haben will, ob mit oder gegen das Recht!

Die Erfahrungen Sophias im Rechtsstreit mit Arezzo haben sichtlich die Haltung der Guidi im Fall von Rosano mitbestimmt. Sinnlos, sich länger dagegen zu stemmen! So wird wenigstens die geistliche 'Rentabilität' erhalten bleiben, denn der Konvent spricht weiterhin das Fürbittengebet für die Erbauer von Kloster und Kirche. Sophia ist 1209 oder 1210 im Alter von über neunzig Jahren gestorben. Um sie trauerten Guido Guerra III. und seine Gemahlin Gualdrada, die beiden Schwestern des Grafen, fünf Großneffen, zwei Großnichten. Eines der Mädchen hatte man auf ihren Namen getauft und für das klösterliche Leben bestimmt. Sophia II. wurde später gleichfalls Äbtissin von Pratovecchio.

Sophias Lebenserfahrungen wurden geprägt durch den Widerstreit zwischen den emporsteigenden Kommunen und dem sich zäh verteidigenden Landadel. Schon ihre früheste Erinnerung heftete sich an die erste expansive Tat der Florentiner; damals war die kleine Nachbarstadt Fiesole das beklagenswerte Opfer. In immer neuen Aggressionen demonstrierten seither die Bürger, daß fortan das uralte Herrenrecht der großen Geschlechter nicht unangefochten blieb. Im Kampf um die Macht in der Toskana hielten sich anfangs Erfolg und Mißerfolg die Waage. Auf Dauer erwies sich die Stadt als stärker. Sophias Bruder hatte noch Siege davongetragen; der Neffe war froh, wenn durch die geschickte und erfahrene Tante verhütet wurde, daß er allzu sehr Federn lassen mußte.

Wir besitzen über Sophia ein besonders reiches Quellenmaterial.

Dennoch klaffen schmerzhafte Lücken. Nach jenem kecken Mädchen-Wort bei der Einkleidung als Nonne fehlen jegliche Zeugnisse einer persönlichen Spiritualität. Der Konvent von Pratovecchio – ein typisches dynastisches Versorgungskloster – spielte niemals eine bedeutende Rolle als Ort weiblicher Frömmigkeitsübung und Kulturtätigkeit, obwohl sie nicht ganz ausgeblieben sein mögen. Sophias eigentlicher Lebensinhalt bestand jedoch nicht in ihrem monastischen Dasein, sondern in der Sorge für das Wohl der Adelsfamilie, der sie angehörte. Sie war Verwalterin, Erzieherin und mütterliche Bezugsperson, Beraterin und Diplomatin der Guidi.

Als Kaiser Heinrich VI. im Herbst 1197 starb und die staufische Machtstellung südlich der Alpen ins Schwanken geriet, schrieb Guido Guerra III. einen Brief an Markward von Annweiler, den Sachwalter der Reichsinteressen in Italien. Es ging um den neu aufgeflammten Krieg, die schwierigen politischen Probleme, aber auch um Persönliches. Markward war der Pate eines der Guidi-Söhne; ein zweiter hatte seine Tochter geheiratet. Und nun lasteten schwere Sorgen auf dem italienischen Briefschreiber und dem deutschen Adressaten. Da riet Guido Guerra: „Über alle Fragen solltet ihr euch einmal mit der Frau Äbtissin und der Frau Gräfin [Gualdrada] unterhalten." In den Geschäften weltweiter hoher Politik eines Reichsseneschalls, Herzogs von Ravenna und Romagna, Markgrafen von Ancona, Grafen von Molise und Abruzzen kennt der dankbare Neffe keinen besseren Gesprächspartner als die greise Tante: Sophia von Pratovecchio.

HERR BERNHARD II. VON LIPPE
(* um 1140 † 1224)

Es geschieht sehr selten, daß sich die verschiedenen Leitbilder einer ganzen Epoche im Leben eines einzigen Menschen miteinander verbinden und er sie in nahezu vollkommener Weise verwirklicht. Eine der wenigen Gestalten, von denen man das sagen kann, ist diejenige des Edelherrn Bernhard II. von Lippe. Er war zugleich Ritter und Mönch, Fürst und Bischof. Bernhard steht in der Ahnenreihe des bekannten westfälischen Adelsgeschlechts, das sich erfolgreich eine reichsunmittelbare Landesherrschaft aufbaute, die bis 1918 Bestand hatte, und er nahm zugleich als erster den bischöflichen Stuhl von Selonien im fernen Baltikum ein. Auf ihn geht die früheste westfälische Neugründung einer Stadt 'aus wilder Wurzel' zurück – Lippstadt –, aber auch die Stiftung des Zisterzienserklosters Marienfeld (bei Gütersloh), in das er selber eintrat. Eine Quelle aus dem Abend seines langen Lebens nannte den einstigen Kriegshelden, dessen Taten unvergessen waren, den „Missionsprediger Livlands". Noch vierzig Jahre nach seinem Tod widmete ihm der Lippstädter Schulmeister Justinus ein kleines Epos in lateinischen Distichen, das ›Lippiflorium‹. Wie Bernhard in schier verzweifelter Situation auf dem Schlachtfeld handelte oder auf schwere Krankheit reagierte, wie er einen wachen Sinn für die neuen Sozialformen und Wirtschaftsbedürfnisse erkennen ließ und sich gleichzeitig den religiösen Anliegen seiner Zeit öffnete, wie ihn endlich sein Lebensweg vom eng werdenden westdeutschen Altsiedelland in die weiten Ebenen der östlichen Ausbaugebiete führte – all dies gibt Bernhards Erscheinung eine über das Individuelle hinausreichende, allgemeinere Signifikanz.

Als nachgeborener Sohn für die geistliche Laufbahn bestimmt, trat Bernhard in jungen Jahren in die Domschule von Hildesheim ein und wurde schon frühzeitig Mitglied des dortigen Hochstiftskapitels, ohne doch die Priesterweihe zu empfangen. Er lernte also Schreiben und Lesen, erhielt Unterricht in Latein; – als er nach dem frühen Tod des älteren Bruders auf eine kirchliche Karriere verzichtete und ins weltliche

Leben zurückkehrte, weil die Familie sonst zu erlöschen drohte, gehörte er zu jenen 'gelehrten Rittern', denen die hochmittelalterliche Kultur vieles zu verdanken hat. Bernhard ist allerdings nicht als Dichter hervorgetreten, wie dies eine Generation später geradezu Mode wurde. Womöglich vergaß er alle literarische Bildung bald wieder, denn nun galt es, statt der 'sieben freien Künste' (den Wissenschaften) das Waffenhandwerk mit allem Eifer zu studieren. Es ist anzunehmen, daß Bernhard bei keinem Geringeren als Heinrich dem Löwen Knappendienste leistete: Seit 1154 werden Mitglieder des Hauses Lippe am Hof des Doppelherzogs von Sachsen und Bayern erwähnt; der Welfe übertrug Bernhard frühzeitig wichtige militärische Kommando-Aufgaben, und man kann sich nur schwer vorstellen, daß er sich dazu bereitgefunden hätte, wenn er diesen nicht bereits als fähigen Kriegsmann und zuverlässigen Parteigänger kannte.

Die Schwertleite wurde mit ungewöhnlichem Glanz gefeiert, vielleicht gerade deshalb besonders prunkvoll, weil der neue Ritter, der Lippische Erbe, das übliche Alter schon überschritten hatte. Man hört von üppigen Gelagen, Tanz und Gesang, Liebeslied und Heldenpreis, von den Darbietungen der Gaukler und Schausteller, namentlich aber von einem Schauturnier, wobei Bernhard im Lanzenstechen hohe Geschicklichkeit bewies. Bald sollte er auch in ernsthaftem Kampf seine Ritterschaft bewähren.

Die Herren von Lippe verfügten nur über einen mäßig ausgedehnten Eigenbesitz; wichtiger waren die umfänglichen Kirchengüter, welche sie von Paderborn, Münster und Osnabrück zu Lehen trugen, ferner von Köln. Im Aufgebot Rainalds von Dassel, des staufischen Reichskanzlers und Erzbischofs von Köln, nahm Bernhards Vater an Barbarossas viertem Italienzug teil. Er kämpfte in der siegreichen Schlacht bei Tusculum mit, und er gehörte zu den Opfern der Seuchenkatastrophe, die wenige Tage später das triumphierende Heer vernichtete. Kardinal Boso, der Biograph Papst Alexanders III., notierte, unter den Vasallen des Kaisers, die 1167 ein klägliches Ende fanden, sei der „Graf" von Lippe „einer der berühmtesten" gewesen. Gemeint ist damit offenbar: „wegen seiner Kriegstüchtigkeit einer der bedeutendsten".

Bernhard II. erwies sich als rechter Sohn des Vaters. Weil die Familie auszusterben drohte, war er in Deutschland zurückgelassen, dort aber in gefährliche Händel verstrickt worden. Während der Abwesenheit Barbarossas im fernen Süden formierte sich namentlich in Sachsen Widerstand gegen die gewalttätige Politik Heinrichs des Löwen. Erzbischof Wichmann von Magdeburg fühlte sich besonders durch die Burg Haldensleben bedroht, welche der Welfe unweit der Domstadt als wegesperrendes Bollwerk ausgebaut hatte. Der Versuch, sich mittels eines Handstreichs dem herzoglichen Würgegriff zu entziehen, führte zum Krieg. Heinrich eilte persönlich mit Truppen herbei – unter ihnen auch Bernhard –, um die erzbischöflichen Ritter an der Belagerung zu hindern. Freilich nahm er gern die Vermittlung durch einige geistliche Würdenträger in Anspruch; ihm lag an einem Waffenstillstand, weil er noch andernorts in Streitigkeiten verwickelt war. Doch kaum hatte Wichmann arglos seine Vasallen entlassen, als der tückische 'Löwe' den Frieden brach. Er lieferte Haldensleben nicht aus, wie man übereingekommen war, sondern machte den Jungritter Bernhard von Lippe zum Burghauptmann mit dem Auftrag, einen Rachefeldzug ins Magdeburgische zu führen. Man kann sich die Grausamkeit eines solchen Kleinkrieges nicht scheußlich genug vorstellen: Er bestand vor allem aus Brandstiftungen und Plünderungen; Unschuldige waren die Opfer: Bauern, Frauen und Kinder. Die Überlieferung berichtet, Bernhard sei wegen der Übergriffe noch nach Jahren von Gewissensbissen gequält worden. Nur mit äußerster Anstrengung – in den Quellen wird eine ungewöhnlich konstruierte, besonders große Sturmmaschine eigens erwähnt – konnte Wichmann die Feste brechen, von der die Zerstörungskommandos ausschwärmten; anscheinend billigte er Bernhard den freien Abzug der Verteidiger zu.

Der Hader wurde nach Barbarossas Rückkehr nach Deutschland im Sommer 1168 auf dem glanzvollen Reichstag von Würzburg geschlichtet. Auch der Verteidiger von Haldensleben stellte sich ein. Im ›Lippiflorium‹ wird geschildert, wie Bernhard mit prächtig gekleidetem Gefolge auf dem Festplatz an den Mainwiesen einritt und die farbenfrohe Schar Aufsehen erregte. (Manche Details mögen freilich eher der Erzählfreude und Phantasie des Schulmeisters Justinus entsprungen sein, als daß sie wirklich echte Tradition darstellen, doch ist an der Glaubwürdigkeit des Gesamtvorgangs schwerlich zu zweifeln.) Es heißt, die Herolde des Reiches hätten dem Edelherrn nur einen Stehplatz zugewiesen – vielleicht um den welfischen Parteigänger wegen des Friedensbruchs gegenüber dem Erzbischof von Magdeburg zu rügen? –, worauf

Bernhard seinen Leuten befahl, ihre Obergewänder auf den Erdboden zu breiten und sich darauf niederzulassen. Als sich abends die Menge zerstreute, blieben die Mäntel liegen. Vom Kaiser persönlich auf die 'Vergeßlichkeit' aufmerksam gemacht, entgegnete Bernhard: „In meiner Heimat pflegt ein Mann von Adel seinen Sitz nicht mit sich herumzutragen." Mit Lächeln nahm Barbarossa die stolze Lektion hin; da der Kaiser in jenen Jahren den 'Löwen' aus politischen Gründen gegen alle Anschuldigungen in Schutz nahm, war auch Bernhard wohlgelitten. Mehr noch: als der Herr von Lippe den Staufer um einen besonderen Gnadenerweis bat, wurde ihm dieser in herrscherlicher Großmut bewilligt: Er erhielt die Erlaubnis, auf eigenem Grund eine Stadt zu erbauen.

So entstand die „stad tor lyppe" nahe der Stammburg des Geschlechts, gegen Norden geschützt durch die Lage an einer Flußschleife und dabei doch verkehrsgünstig gelegen, weil sich hier Wege von Münster und Osnabrück, Soest, Paderborn und dem sauerländischen Meschede kreuzten. Die Lippe ließ sich mittels einer bequemen Furt überqueren, die man bald durch eine Brücke ersetzte. Es war die erste planmäßige Neugründung einer Stadt in Westfalen, die sich nicht an einen älteren Siedlungskern anschloß. Bis dahin hatte die urbane Bewegung den Raum zwischen Niederrhein und Weser noch nicht erfaßt; nun änderte sich dies durch Bernhards Weitblick.

Städtebau war teuer! Was erwartete sich der Gründer davon? Im Vordergrund stand wohl – wie bei den meisten welfischen und staufischen Neustädten – die Hoffnung auf Konsolidierung und militärische Sicherung des weitgestreuten Grundbesitzes. Städte waren in erster Linie Großburgen, ihre Bewohner zur Verteidigung verpflichtet; man nannte sie ja deshalb geradezu 'Bürger'. (Die heutige Wortbedeutung ist das Ergebnis einer frühneuzeitlichen Veränderung: Der absolutistische Fürstenstaat entwaffnete den Bürger und machte ihn zum Zivilisten.) Bei der Gründung Lippstadts bildeten die Armierungsarbeiten den Anfang: Ein mächtiger Wall wurde aufgeworfen, den man mit Holzpalisaden bewehrte und dann Stück um Stück durch eine Steinmauer ersetzte. Man beeilte sich damit, denn die fürstlichen Nachbarn waren wenig erfreut. Mit Ingrimm sahen sie, wie die Attraktivität des urbanen Lebens ihre eigenen Hintersassen veranlaßte, nach Lippstadt auszuwandern, um nicht länger zu harten Frondiensten und schweren

Abgaben herangezogen zu werden. Justinus versichert im ›Lippiflorium‹:

„Leute strömten herbei, gelockt von der Fülle der Freiheit."

Obwohl Bernhard sein Herrenrecht über den Platz keineswegs aufgab und für die planmäßig vermessenen und nach strengen Kriterien zugeteilten Hofstätten – jeweils etwa zehn mal zweiunddreißig Meter – einen beträchtlichen Bodenzins verlangte, – im Vergleich zu den Lebensbedingungen auf dem platten Land ging es den Stadtbewohnern geradezu glänzend! Handwerkliche Arbeitsteilung und weitdimensionierter Fernhandel ermöglichten es, besser und bequemer das Dasein zu gestalten. Mancher kam schnell zu stattlichem Reichtum. Wer über Jahr und Tag unangefochten innerhalb der Mauern wohnte, erhielt die persönliche Freiheit. Fehdeverbot und Marktgericht sorgten für Frieden und Ordnung. Zwar ernannte der Stadtherr weiterhin die Mitglieder der Ratsversammlung, aber er gestand den Bürgern eine Teilautonomie auf vielen Gebieten zur Regelung ihrer Belange zu. So blühte der Ort rasch auf. Als man zum Zeitpunkt der Gründung die Grundstücksparzellierung nach gitterförmigem Plan vornahm, mag man mit hundertfünfzig Anwesen gerechnet haben. Der andauernde Zuzug von außen erzwang eine Erweiterung auf das Vierfache!

'Abwerbung' von Leibeigenen wurde für die umliegenden Landesfürsten zum Anlaß, die Lippischen Territorien mit Krieg zu überziehen. Die neue Stadt sollte vernichtet werden, weil sie die angestammten Herrschaftsverhältnisse störte, ja vielleicht sogar zu unterhöhlen drohte. Mit Mühe leisteten die Bürger Widerstand, bis Bernhard zur Stelle war. Dem kühnen Kriegshelden waren die Nachbarn nicht gewachsen; sein Aufgebot, in dem die städtische Miliz mitkämpfte, trieb die Feinde zu Paaren. Ein Rachefeldzug, mit grausamer Härte geführt, erzwang den Frieden: Der Fortbestand Lippstadts war gesichert und wurde garantiert. Freilich um hohen Preis! Unseren frommen Gewährsmann Justinus schauderte es. Obwohl er seinem Heimatort und dessen Gründer herzlich zugetan war, beklagte er Bernhards Maßlosigkeit beim Gegenschlag, sein Sengen und Rauben in den Landen der Widersacher:

„Kirchen selbst plünderte er und brandschatzte heilige Stätten.
Gottvergessen verschont' sogar die Witwen er nicht."

Wenngleich der Krieg für Bernhard günstig ausgegangen war, mußte er doch bezüglich der Zukunft weiterhin Sorge tragen. Konnte der Konflikt nicht jederzeit von neuem ausbrechen? Wie sollte man Lippstadt besser und auf Dauer schützen? Wohl auf Grund solcher Erwägungen entschloß er sich schließlich, den Platz dem „Heiligen Petrus von Köln“ zu schenken, um ihn sich anschließend von Erzbischof Philipp lehnsweise zurückgeben zu lassen. Aus Eigengut wurde so Feudalbesitz, ein (normalerweise freilich nicht entziehbares) Nutzungsrecht unter Kölner Obereigentum. Das bedingte allerdings eine Verlagerung des Schwergewichts von Bernhards Aktivitäten. Fortan war der Mittelpunkt seiner landesherrschaftlichen Politik nicht mehr der Raum an der oberen Lippe, sondern das Gebiet östlich des Teutoburger Waldes. Hier gründete der Edelherr wenige Jahre später eine zweite Stadt, die gleichfalls gut gedieh: Lemgo, das sein altertümliches Aussehen bis heute weitgehend bewahren konnte.

Mit der 'Lehnsauftragung' Lippstadts an Köln, die also keinesfalls einen vollen Besitzverzicht bedeutete, war die Neuordnung der inneren Verhältnisse verbunden. Die Gründungsstadt erhielt eine Urkunde, in welcher Bernhard das Leben der Bürger genauer regelte. Dabei orientierte er sich an den Verhältnissen und Gewohnheiten im benachbarten Soest – der damals politisch wie wirtschaftlich führenden Stadtgemeinde Westfalens –; sein Gnadenbrief entwickelte die dortigen Rechtsnormen in kluger Weise fort. Bernhards Lippstädter Recht erwies sich als außerordentlich praktikabel. Es wurde in der Folge auch den Lippischen Neugründungen Lemgo, Horn, Detmold und Blomberg verliehen. Benachbarte Fürsten und Herren statteten damit ihre Orte aus; so lebten die Neustädte Hamm, Büren, Rietberg, Rinteln und Stadthagen nach Lippstädter Recht – deutlicher Hinweis auf Bernhards ungewöhnliches Verständnis für die innere Situation im jungen nordwestdeutschen Städtewesen.

Zum Zeitpunkt der Gründung Lippstadts dürfte der Ritter bereits verheiratet gewesen sein. Vielleicht hatte er bei Bischof Friedrich von Münster, einem seiner Lehnsherren, die Bekanntschaft mit dessen Nichte Heilwig gemacht, der Tochter des Grafen Ulrich von Altenahr und Nürburg (Eifel). Die Ehe entsprach wohl nicht ganz den gesellschaftlichen Gepflogenheiten, wie man sie in jener Zeit im allgemeinen beachtete, und paßte nicht zu den wirtschaftlichen Überlegungen, die man damals bei Hochzeiten anstellte. Für die Grafentochter bedeutete es eine gewisse Einbuße an Ansehen, daß sie einen simplen Edelherrn zum Mann nahm, obwohl sich dieser bereits einen Namen gemacht hatte. Und Bernhard konnte nicht auf eine günstig gelegene territoriale Mitgift rechnen, die seine schmalen Besitzungen in erwünschtem Umfang abgerundet hätte. Politische Motive spielten bei der Verbindung zwischen dem Ostwestfalen und der Rheinländerin keine ersichtliche Rolle. Doch es soll sich eben um eine Liebesheirat gehandelt haben:

„Ihm gefiel seine Braut und gleichfalls ihr der Verlobte,
denn an Liebe und Treu' waren einander sie wert."

Manche wortreiche Tirade des Lippstädter Schulmeisters Justinus stellt nur konventionelles Fürstenlob dar, doch diese Verse könnten glaubwürdige Überlieferung sein. Man hört von keiner Trübung; Heilwig gebar ihrem Gatten nicht weniger als elf überlebende Kinder: fünf Söhne und sechs Töchter.

Vier der Knaben wurden für die kirchliche Laufbahn bestimmt, obgleich sie den heißen Kampfesmut geerbt hatten: Wiewohl zu hohen geistlichen Ehren emporgestiegen, fielen zwei von ihnen in der Schlacht! Drei Mädchen steckte man ins Kloster; noch zu Lebzeiten der Eltern wurde Ethelind Äbtissin des Kanonissenstiftes Bassum (Niedersachsen); Kunigunde und Gertrud übernahmen die Leitung der Abteien Freckenhorst (Westfalen) und Herford. Nach früher Verwitwung entschloß sich auch Adelheid, Nonne zu werden; sie wurde Äbtissin von Elten (Niederrhein). Beatrix heiratete den Grafen von Lauterberg (Harz), die jüngere Heilwig den Grafen von Ziegenhain (Hessen). Nur ein Sohn setzte das Geschlecht fort: Hermann II.

Man fragt nach den Gründen für dieses Überwiegen von Zölibatären, die geradezu mutwillig anmutende Gefährdung des Geschlechts, das wiederum nur noch auf zwei Augen stand. Allzu leicht konnte der Erstgeborene einen frühen Tod finden! Hatte Bernhard vergessen, wie es seinem eigenen Bruder ergangen war? Man brauchte nur umherzublikken: Viele Adelshäuser starben damals aus, weil der Anteil derjenigen allzu groß war, welche in kirchlichem Dienst die Ehelosigkeit auf sich nahmen.

Die Entscheidung, für die meisten Kinder eine geistliche Karriere anzustreben, erfolgte nicht auf Grund von Bigotterie, wiewohl der Herr von Lippe ein frommes Gemüt besaß und sich – je länger, desto mehr – wegen der Exzesse im Krieg um sein Seelenheil ängstigte. Offenbar band das Paar auch kein Gelübde, wie es damals nicht selten war. Bernhard und Heilwig fürchteten vielmehr um das Auskommen der Familie. Der Besitz war für die zahlreichen Kinder zu gering. Wie sollten künftige Generationen eine hinreichende Existenzgrundlage finden, wenn das Erbe unter fünf Söhne verteilt, sechs Töchtern ihr Anteil als Mitgift ausgezahlt werden mußte?

Notgedrungen spielten materielle Erwägungen für den Edelherrn eine erhebliche Rolle. Selbst die Lehnsauftragung von Lippstadt an Köln besaß ihre finanzielle Seite: Dreihundert Mark Silber zahlte der Erzbischof dafür! Während der zweiten Hälfte des 12. Jahrhunderts wurde das Lehnswesen zunehmend zum Geldgeschäft. Die großen Herren vergaben nicht allein Land; für vasallitischen Dienst gab es nunmehr auch Feudalrenten. Man mußte sich darum bemühen; so nimmt es nicht wunder, daß Bernhard wiederholt am Hof Philipps von Köln nachweisbar ist, in Münster, Osnabrück, Paderborn, aber auch beim welfischen Herzog von Sachsen. Energisch ringt er um die Verbreiterung der Ressourcen seines Hauses: durch Verfechtung fremder Interessen, durch Fehde in eigener Sache. Sein Beruf ist der Krieg, sein Geschäftskapital das scharfe Schwert und der Ruhm bewährter Treue.

Seit der Hilfeverweigerung Heinrichs des Löwen im Kampf Barbarossas mit den lombardischen Städten hat sich das Verhältnis zwischen Kaiser und Herzog verändert: Der Staufer schützt den Welfen nicht länger gegen die – ach, so sehr begründeten – Anfeindungen der Fürsten. Es kommt zum Prozeß. Das Hofgericht erkennt dem 'Löwen' die Lehen ab; er verfällt der Reichsacht. Doch kampflos gibt er nicht auf; er bietet seine Getreuen zum Widerstand auf. Viele lassen ihn im Stich. Aber Bernhard von Lippe ist einer der ersten, die sich um Heinrich scharen, koste es, was es wolle!

Es kostet viel. Die entschiedensten Feinde des Welfen sind die Erzbischöfe von Köln und Magdeburg; deshalb kulminieren die Auseinandersetzungen in Ostsachsen und in Westfalen. Bernhard führt in seiner Heimat die herzogliche Partei – mit wechselndem Glück; man entzieht ihm die Kirchenlehen; zweimal muß er die eigene Familie verlassen und das Land räumen. Solange der Erzbischof beim Kaiser weilt und der Graf von Altena seine Truppen befehligt, bleibt der Edelherr von Lippe

Sieger. Doch als Philipp von Köln selber die Operationen leitet, kommt es zum Umschwung. Bernhard schlägt sich nach Braunschweig durch, in die Welfen-Residenz, wo ihn Heinrich gemeinsam mit den Grafen von Schwerin und Schaumburg an die Spitze eines neuen Heeres stellt. Auf dem Halerfeld bei Osnabrück kommt es zur Schlacht, in welcher das kölnische Lehnsaufgebot – diesmal unter der Führung der Grafen von Tecklenburg, Ravensberg, Arnsberg und Schwalenberg – vernichtend geschlagen wird. Die Lösegelder für die Gefangenen klingen in der Lippischen Kasse. Um den Sieg auszunutzen, zieht Bernhard gemeinsam mit seinem Vetter und Kriegsgefährten Widukind von Rheda bis vor Soest, aber der feste Platz kann nicht genommen werden. Nur das kleine erzbischöfliche Städtchen Medebach im östlichen Sauerland wird eingeäschert und die ganze Gegend erbarmungslos ausgeplündert. „Ein grausamer Räuber" – so lautet das Urteil über Bernhard in der Chronik des weit entfernten Klosters Pegau (bei Leipzig). Die Verheerungen veranlassen Erzbischof Philipp dazu, schleunigst aus Innersachsen, wo er gegen den 'Löwen' kämpfte, nach Westfalen zurückzukehren, und seiner überlegenen Macht ist der Lipper nicht gewachsen. Abermals muß er außer Landes fliehen, wiederum zu Herzog Heinrich.

Der ist inzwischen selbst in eine kritische Lage geraten. Bayern ist verloren; von allen Seiten dringen die Feinde in Sachsen ein. Doch ist vielleicht der Angriff des Erzbischofs von Magdeburg noch aufzuhalten? Alles kommt darauf an, daß die alte, wieder neu erbaute Sperrfestung Haldensleben nicht fällt und hier einer das Kommando führt, auf dessen erprobte Treue und militärische Tüchtigkeit sich der Welfe verlassen kann. Er stellt Bernhard von Lippe an die Spitze der Burgmannschaft von Haldensleben – zum zweiten Mal! Der hält den Platz. Der Krieg beißt sich fest, pervertiert auf beiden Seiten zu sinnlosen Zerstörungsaktionen.

Es ist der alte Gegner, mit welchem es Bernhard von neuem zu tun hat: Erzbischof Wichmann. Dieser läßt sich abermals etwas Besonderes einfallen. Wenn man eine Wasserburg nicht erstürmen und nicht verbrennen kann, muß man sie ersäufen! Haldensleben liegt, wo der Beber in die Ohre einmündet. Die Magdeburgischen deichen die Ufer ein und ziehen anschließend einen Damm mitten durch den Fluß. Immer höher steigt die Flut. Bernhard setzt Holzaufbauten auf die Mauerkrone und befiehlt, die Vorräte auf rasch gezimmerte Flöße zu bringen, die man im

Innern der Burg verankert. Ein Dammbruch läßt die Eingeschlossenen aufatmen und auf Befreiung hoffen. Doch Wichmann gibt nicht auf. Er weiß: er hat Zeit. Neue Deiche werden aufgeführt. Schon kann man Haldensleben zu Schiff angreifen. Die Vorräte schimmeln, werden immer knapper. Und die Toten setzt man unter den Dächern bei.

Die Lage ist unhaltbar, kein Entsatz in Sicht. Aber Bernhard fühlt sich durch sein Wort gebunden. Wichmann gestattet ihm, Boten zum Herzog zu senden. Sie finden den Welfen im Begriff, alle Gegenwehr aufzugeben und sich selbst der Gnade des Kaisers auszuliefern. Auf Haldensleben kommt es nicht mehr an. Mit Genehmigung des 'Löwen', dessen Krallen stumpf geworden sind, kapituliert die Burg. Wichmann gewährt den Verteidigern, die volle drei Monate zwischen den Wasserfluten ausgehalten haben, ehrenhaften Abzug.

Sieglos, aber ruhmvoll zieht Bernhard wieder in die Heimat. Überall erzählt man von seinem Heldenstück; die Chroniken belegen es. Man trägt ihm nicht nach, daß er auf der falschen Seite stand. Er erhält von neuem die Kirchenlehen, ist wiederholt am Hof des Erzbischofs von Köln nachzuweisen, erscheint als Zeuge in den Urkunden. Nun gilt es aufzubauen, was der Krieg zerstörte. Justinus berichtet:

„Als nun der Friede verbürgt, kehrt auch der edele Ritter
samt seinem treuen Gefolge wieder zur Heimat zurück,
sammelt entfremdetes Gut und überläßt es den Bauern,
das verödete Land neu zu bepflanzen gewillt.“

Doch das Gewissen quält ihn; er kann die begangenen Gewalttaten nicht vergessen. Und hat er nicht dem Himmel seinen Dank sichtbar zu bezeugen, daß er aus dem welfischen Krieg heil zurückgekommen ist? Ähnliche Gefühle hegt der Vetter und Waffengefährte Widukind von Rheda. Beide entschließen sich zu gemeinsamer Sühne. Durch Kauf und Tausch erwerben sie ein Grundstück, geeignet und groß genug, um ein Kloster darauf zu stiften. Der Bischof von Münster unterstützt den Plan. So kommt es 1185 zur Gründung des Zisterzienserkonvents Marienfeld.

Bernhard von Lippe ist – wie die allermeisten Zeitgenossen – in seiner Weise ein frommer Mensch. In Lippstadt errichtet er – wohl erst in den Jahren nach dem Sturz des 'Löwen' – nahe der alten Familienburg ein Augustinerinnen-Kloster und sorgt für eine stattliche Dotierung. Persönlich ernennt er den Propst, der zugleich für die Hauptkirche Sankt

Marien zuständig ist. Die geistliche Versorgung seiner Bürger liegt ihm am Herzen. Doch in Marienfeld geht es noch ausdrücklicher um das eigene Seelenheil. Widukind von Rheda beruhigt sich freilich nicht bei dem Gedanken, daß nun Mönche für ihn beten. Der Mitstifter entschließt sich zu mehr: Er nimmt das Kreuz. Noch einmal besucht er – zusammen mit Bernhard – den entmachteten Welfen in Braunschweig. Dann zieht er mit Barbarossa in den Heidenkampf. Manches Heldenstück erzählte man sich später von ihm. Widukind ist im Heiligen Land umgekommen; man brachte die Leiche zurück nach Marienfeld. Bernhard hat ihn dort bestattet – und beerbt.

Denn das Streben nach irdischem Gut ist dem kinderreichen Edelherrn keinesfalls verleidet. Die Rhedaer Besitzungen stellen – soweit sie nicht an Marienfeld kommen – einen wichtigen Gewinn für sein Haus dar. Und Bernhard bemüht sich weiterhin um die Übertragung von Kirchenlehen in Köln, Münster, Paderborn, der Abtei Corvey. Über die Klöster Liesborn und Freckenhorst übernimmt er die Vogtei, in Marienfeld eine unabgegrenzte Schutzfunktion. Überall im Reich hört man in staufischer Zeit Klagen über den Mißbrauch der vogteilichen Gewalt. Auch Bernhard ist nicht kleinlich in der Ausübung und Ausweitung seiner Rechte. Die Äbtissin von Freckenhorst beschwert sich: „In unerlaubter, unerhörter Weise, nicht nach bewährter Gewohnheit, sondern mit erschreckender Gewalttätigkeit verpflichtet der Vogt die Stiftsministerialen zu jenen Diensten, welche sie allein der Äbtissin lehnsweise schulden. Er bezieht ihre Treupflicht auf sich und entfremdet sie dem Kloster."

Es ist die typische, auf Landesherrschaft gerichtete Politik der Großen, nach welcher Bernhard verfährt. Um die Jahrhundertwende taucht die Prägung „dominus terrae" in den Quellen auf. Allenthalben eignet sich der Hochadel Kirchengut und Kirchenlehen an – oft unter höchst zweifelhaftem Rechtstitel – und erbaut auf dem usurpierten Land feste Burgen. Artikuliert sich der Widerstand zu heftig, so gibt man 'gnadenhalber' nach und läßt sich deshalb als Wohltäter preisen (und einen Teil des Streitobjektes als freundlichen Dank aushändigen). Ansonsten behält man, was nur zu erraffen ist. So treibt es auch Bernhard, namentlich gegenüber dem Bistum Paderborn.

Doch plötzlich ist in seinem Verhalten eine sonderbare Veränderung zu erkennen. Als Heinrich der Löwe entgegen dem Versprechen, während Barbarossas Kreuzzug außer Landes zu bleiben, aus dem englischen Exil nach Deutschland zurückkehrt und seine Getreuen um sich sammelt, eilt Bernhard nicht zu ihm! Statt dessen vergleicht sich der alte Haudegen mit der Äbtissin von Freckenhorst, verzichtet uneigennützig zugunsten des Klosters Langenhorst auf ein Geldlehen des Bischofs von Münster, erklärt reumütig strittige Ansprüche gegenüber dem Hochstift Minden für angemaßt und nichtig. Die Vogteien über Liesborn und Freckenhorst überläßt er seinem Sohn. Fortan begegnet Hermann II. in den Urkunden, in welchen es um die Interessen des Hauses Lippe geht. Nur in den Marienfelder Dokumenten erscheint weiterhin der Name des Vaters.

Bernhard ist krank. Ihn quält ein schmerzhaftes Leiden. Die Beine wollen ihn nicht mehr tragen; sie scheinen gelähmt. Der Edelherr muß sich in einer Sänfte schleppen lassen. Die Kämpfe seiner letzten Fehden leitet er vom Faltstuhl aus! Lastet der Zorn des Himmels auf ihm? Die Zeit pflegt solches Siechtum als Sündenstrafe zu deuten. In einem Annalenwerk heißt es: „Weil Bernhard einst viele Kriegshandlungen, Brandstiftungen und Räubereien beging, wurde er von Gott mit Fußschwäche gezüchtigt."

Die Krankheit wird zum Anlaß, eine Gesamtbilanz zu ziehen: Bei so großer Schuld wäre es angemessen, fortan im Kloster ein Leben der Buße zu führen. Die Schmerzen sind der Beweggrund, das Gelübde abzulegen: Wenn Gott die harte Strafe zurücknimmt, wird Bernhard wie der tote Freund Widukind an einem Kreuzzug teilnehmen, bevor er die Mönchskutte anlegt. Das bedeutet Trennung von Heilwig, der treuen Gattin. In langen Gesprächen, von denen die Überlieferung eine Erinnerung bewahrt, wird ihr die bittere Zustimmung abgerungen. Aber Bernhard will nicht im Heiligen Land kämpfen, wo der Vetter aus Rheda sein Ende fand, sondern in jenem Raum, in welchem seit einiger Zeit gerade etliche westfälische Ritter ihr Leben im Dienst des Glaubens aufs Spiel setzen: im Baltikum, wo noch immer Heidentum herrscht. Zurückgekehrt, wird er als Zisterzienser in die eigene Gründung Marienfeld eintreten.

Der Entschluß ist gefaßt – und Bernhard gesundet, für ihn und die Zeitgenossen ein offenkundiges, vielberedetes Wunder, ein Zeichen der verzeihenden Gnade Gottes, uns Heutigen verlegener Anlaß zu der Frage: Wie konnte es zu dieser Heilung kommen? Nur vage schildern die Quellen das Siechtum; eine genaue Diagnose ist unmöglich. Verschiedene Hypothesen lassen sich aufstellen. Sollte Bernhard vielleicht auf Grund einseitiger Ernährungsgewohnheiten von Gicht und Podagra befallen gewesen sein, den Standeskrankheiten des Adels? Die nasse Kälte in Haldensleben während des Frühjahrs mochte dem Ausbruch Vorschub geleistet haben. Könnte die Linderung eingetreten sein, weil der Edelherr im Vorgriff auf das Klosterleben verschärftes Fasten beachtete und sich vor allem – wie bei den Zisterziensern vorgeschrieben – des übermäßigen Fleischgenusses enthielt? Sicher mochte auch die seelische Entkrampfung zu der Wunderheilung beigetragen haben, als endlich alle Zweifel verflogen und die Entscheidung über die Zukunft gefallen war.

Bernhard bestellte sein Haus; die Dokumente bezeugen es. Von seinem Kreuzzug ist wenig bekannt; der Edelherr dürfte bald nach Westfalen zurückgekehrt sein. Vielleicht war sein Gesundheitszustand noch zu schwach. Doch nun umfing ihn der Klosterfrieden. Er war nicht müßig, lebte streng nach der Regel. Natürlich schien er besonders befähigt, die äußeren Geschäfte des Konvents zu übernehmen: Verhandlungen, Rechtsangelegenheiten, die Vertretung vor Gericht. 'Bruder Bernhard von Lippe' fungierte als Schiedsmann und als Zeuge; die Urkunden belegen es. Das war allerdings in jener Zeit nicht singulär. Nicht wenige Adlige lassen sich namhaft machen, die im Verlauf des 12. Jahrhunderts allen weltlichen Ehren abschworen und die Tonsur empfingen, ins selbstgestiftete Kloster gingen und dafür tätig wurden, manche sogar als Äbte. Beispielsweise waren die Grafen Gottfried von Kappenberg und Ludwig von Arnstein in den Prämonstratenserorden eingetreten, Pfalzgraf Hermann von Stahleck und der Edelherr Guntram von Salem wie Bernhard Zisterziensermönche geworden.

Es ist ein ergreifendes, jedoch quellenmäßig gesichertes Bild: Der gealterte Herr von Lippe knüpfte wieder an, wo ein halbes Jahrhundert zuvor der Faden abgerissen war, als man ihn nach dem Tod des Bruders nach Hause holte: Voll Eifer übte er wie ein Schüler Schreiben und Lesen, repetierte die halbverschütteten Kenntnisse des Kirchenlateins und die Elemente der christlichen Glaubenslehre,

„liest die Schriften aufs neu und betreibt, was lang er vergessen,
wieder mit eifrigem Sinn, holt es mit Emsigkeit nach“.

Nicht nur Bernhards Lobredner Justinus versichert es, sondern auch ein livländischer Chronist und sogar ein Zisterziensermönch im rheinischen Kloster Heisterbach, dem es der Greis mitsamt seiner Heilungsgeschichte selber erzählte, als er dort zu Besuch weilte!

Das Studium war kein Selbstzweck. Bernhard plante, nochmals in die baltischen Lande zu ziehen, diesmal freilich, um mit Wort und Sakrament für die Sache Gottes unter den Heiden zu wirken. Vom Papst erbat und erhielt er die Vollmacht. Als Bischof Albert von Riga 1211 dazu einlud, aus seinem Sprengel die 'Feinde Christi' zu vertreiben, reiste Bernhard im Gefolge der Bischöfe von Paderborn, Ratzeburg und Verden mit. Als Standquartier für seine Missionspredigten wählte er Dünaburg, wo bereits ein Zisterzienserkonvent bestand. Bald nach seiner Ankunft wurde der dortige Abt zum Bischof von Estland erhoben; die Brüder wählten Bernhard zu seinem Nachfolger; durch Albert von Riga empfing er die Weihe zum Priester und zum Abt.

Die baltischen Lande bildeten damals eine Welt im Übergang. An ethnischen und religiösen Sprengkräften mangelte es nicht. Ein großer Teil der Livländer und Letten war bereits oberflächlich christianisiert; die Esten verharrten in der Mehrzahl noch beim angestammten heidnischen Glauben. Immer wieder kam es zwischen den verschiedenen Bevölkerungsgruppen zu blutigen Kriegen, in die auch Deutsche, Dänen, Litauer und Russen eingriffen. Albert von Riga gilt zwar als der 'letzte große deutsche Missionsbischof', aber oftmals verfolgte er eher politische denn geistliche Ziele. Er suchte Unterstützung beim Reich, sorgte jedoch gleichzeitig für die Wahrung einer möglichst unabhängigen Stellung. Ob seine Diözese unter dem Metropoliten von Bremen oder unmittelbar unter Rom stünde, darüber herrschte Meinungsverschiedenheit. Die Zahl deutscher Siedler war gering; man fand sie vor allem in den wenigen Städten. Ein geistlicher Ritterorden war 1202 entstanden, der den Heidenkampf auf seine Fahnen geschrieben hatte, die 'Ritterschaft Christi in Livland'. Doch dieser 'Schwertbrüderorden', der sich vor allem aus Niederdeutschland rekrutierte, strebte nach Selbständigkeit, wodurch er wiederholt mit der im Aufbau befindlichen kirchlichen Hierarchie in Streit geriet. Es war nicht viel anders als im Heiligen Land, wo der andauernde Konflikt zwischen den Tempelherren (dem organisatorischen Vorbild der Schwertbrüder) und der Krone oftmals dem Glaubensfeind in verhängnisvoller Weise Vorschub leistete.

Bernhard wollte mit der Predigt Seelen für Christus gewinnen, doch wiederholt mußte er in diesen wirren Verhältnissen auch das Schwert für die Sache des Glaubens ziehen. Er hatte es nicht verlernt, und es bereitete ihm sicherlich auch keine Bedenken. An der Berechtigung, Mission mit Gewalt zu betreiben, zweifelte der Abt von Dünaburg gewiß ebensowenig wie seine früheren Standes- und Kriegsgefährten. Der Kreuzzugsgedanke fand nur selten Kritik. Als Bernhard einmal eine Pilgerschar durchs Land führte, begegnete er einer Abteilung heidnischer Esten, die mit reicher Beute von einem Raubzug dem offenen Meer zustrebte; er sperrte ihnen den Weg und rieb sie auf. Nach mancherlei Mißgeschick ein militärischer Erfolg; – der zeitgenössische Chronist jubelte auf: „Die livländische Kirche erkannte, daß Gott wieder für sie stritt!"

Seinem Bischof erwies sich Bernhard in unwandelbarer Treue verbunden, so wie er zuvor als Vasall Heinrichs des Löwen in guten und bösen Tagen zu dem Welfen gehalten hatte. Er war Alberts besonderer Vertrauter, bei Abwesenheit sein Vertreter, begleitete ihn an den dänischen Königshof und verteidigte ihn beim Streit mit dem Schwertbrüderorden sogar gegenüber dem Papst. Als Innocenz III. im Verlauf dieser Auseinandersetzungen ausgerechnet dem Abt von Dünaburg den Auftrag gab, den Bischof von Riga seines Amtes zu entheben und notfalls über ihn den Kirchenbann zu verhängen, weigerte er sich zu gehorchen! Albert hielt es indessen für klüger, sich eine Zeitlang aus den baltischen Landen zu entfernen und über Deutschland nach Rom zu reisen, um selbst an der Kurie seine Sache zu betreiben; er hatte damit Erfolg.

Auch der Abt von Dünaburg ist wiederholt ins Reich zurückgekehrt, um dort den Kreuzzug gegen die Esten zu predigen. So war er 1216 in Westfalen und am Rhein; damals erzählte er dem Prediger und Geschichtenschreiber Caesarius von Heisterbach von seinen Wundererfahrungen und Abenteuern. Es war eine große Ritterschar, die er im folgenden Jahr nach Livland führte. Unter dem Befehl des Grafen von Holstein errangen die Kreuzfahrer den Sieg an der Pala, welcher über die Mission in Estland entschied; Bernhard war selbst beteiligt. Wenig später eröffnete ihm Bischof Albert, daß zur Intensivierung der Mission eine neue Diözese Selonien geschaffen werden sollte. Als ersten Oberhirten schlug er Bernhard vor! Er sandte ihn deshalb selbst nach Rom.

Wir wissen nichts über Reiseweg, Erlebnisse und den Eindruck, den die 'Ewige Stadt' auf den fast Achtzigjährigen machte. Nur das Resultat ist bekannt: Der neue Papst Honorius III. stimmte zu und ließ überdies auf Bernhards Bitte eine Bulle ausfertigen, die allen Kreuzfahrern in Livland vollen Sündennachlaß verhieß. Um den Heidenkrieg zu predigen, zog Bernhard aus Italien zunächst in die Heimat. Auch die Sehnsucht führte ihn: Er traf sich mit seinen Söhnen. Bernhard, der Zweitgeborene, war Propst in Emmerich am Niederrhein, Dietrich Propst in Deventer; Otto hatte drei Jahre zuvor den Bischofsstuhl von Utrecht bestiegen. Nun weihte der eigene Sohn zu Oldenzaal den Vater zum Bischof von Selonien!

Man kennt nur die äußeren Fakten; alles weitere muß man erraten. Der jüngste der Brüder, Gebhard, ist Propst in Paderborn. Während der Vater unterwegs ist, erhält er die Nachricht, daß man seinen Sohn zum Erzbischof von Bremen erwählt hat. In Stade treffen sie sich; Bernhard ist in Begleitung Ottos von Utrecht. Unter einem Vertrag mit dem welfischen Pfalzgrafen Heinrich, dem Sohn des 'Löwen', stehen ihre Namen. Erstmals urkundet der Herr von Lippe als „Bernardus Dei gratia episcopus Seloniae". Dann ziehen sie zur Feier von Gebhards Amtsantritt zusammen weiter nach Bremen; Vater und Bruder sind die Konsekratoren des neuen Metropoliten!

Ob sich Bernhard gleich anschließend nach Livland eingeschifft hat, um nun den eigenen Bischofsstuhl zu besteigen? Selonien bedarf geistlicher wie materieller Festigung; die Überlieferung rühmt Bernhard nach, daß er sowohl Kirchen als auch Burgen baute. Eine versprengte Nachricht lobt ihn als eindrucksvollen Prediger. Er verbessert die Pfarrversorgung und zieht dem Christenheer voraus, wenn es zum Kampf kommt – nun freilich ohne scharfe Wehr. Aber nur kurz bleibt er im Land. Bald findet man ihn wieder in der Heimat, diesmal sogar länger als zwei Jahre. In Herford besucht er Gertrud, die Äbtissin des traditionsreichen Nonnenkonvents, jene seiner Töchter, die in ihrem Wirken am meisten mit dem Vater gemeinsam hat: auf sie gehen der Neubau der Stiftskirche und die Anlage der Herforder Neustadt zurück. Beide urkunden gemeinsam für Kloster Marienfeld. In der Diözese Minden weiht der Greis eine Kapelle. Dann besucht er Lippstadt: *seine* Stadt. Die große Marienkirche ist gerade fertiggestellt, Bernhard vollzieht die feierliche Einweihung. Anschließend geht es nach Marienfeld, dem nochmals der gesamte Besitz bestätigt und die Verpflichtung eingeschärft wird, zugunsten von Widukund von Rheda, Bernhard selbst, seiner Gemahlin Heilwig – sie ist noch am Leben, begegnet ihrem Gatten – und der Kinder jetzt und in aller Zukunft fürbittend vor Gott zu gedenken. Auch hier ist Kirchweih: Am 22. Juli 1222 wird der Neubau konsekriert. Vier Bischöfe nehmen daran teil. Über den drei Hauptaltären sprechen die Oberhirten von Münster, Minden und Osnabrück die uralten, heiligen Formeln. Das Langhaus weiht Bernhard von Selonien, „ein alter Herr, voll des apostolischen Geistes".

Dann wird Abschied genommen. Im Frühjahr 1223 kehrt Bernhard nach Livland zurück. Dort sind die Probleme noch ungelöst; militante deutsche Glaubens- und Kulturmission, dänischer Herrschaftsanspruch, Selbstbehauptung der Landesbewohner und der Eigensinn des Schwertbrüderordens stoßen sich im Raum. Man braucht den Bischof von Selonien: als Führer der Kreuzfahrer, als politischen Berater und Vermittler, als Seelsorger. Es kommt zu erneutem Kampf mit den Esten; Bernhards Boten durchziehen das Land, um die christlichen Gegenkräfte zusammenzurufen. Aber am Krieg beteiligt er sich nicht mehr. Ein sanfter Tod nimmt dem Hochbetagten am 30. April 1224 in seiner Bischofsresidenz zu Selburg den Hirtenstab aus der Hand.

Der alte Kriegsheld stirbt im Ruf der Heiligkeit. Die Mönche aus Dünaburg beanspruchen den Leichnam; man will es ihnen nicht wehren. Bernhards Nachfolger im Zisterzienserkloster, Abt Robert, möchte den Verstorbenen persönlich dorthin überführen. Aber das Schiff verunglückt. Die Körper beider werden ans Land geschwemmt, beide nebeneinander in Dünaburg zur letzten Ruhe gebettet.

D. SPÄTE STAUFERZEIT
(1198–1254)

Der Lebensrahmen:

Nach dem Tod Heinrichs VI. Zusammenbruch der staufischen Vormacht; deutscher Thronstreit. Zwar können sich die Staufer mit Friedrich II. schließlich durchsetzen, aber die bald latente, bald offene Spannung zwischen ihnen und dem Papsttum, das die Umklammerung durch die Verbindung zwischen dem Römischen Reich in Deutschland und Oberitalien und der sizilischen Krone zu sprengen sucht, führt nach langem Kampf zum Ende des hochmittelalterlichen Kaisertums. Interregnum 1254–1273.

Entstehung des Kurfürstenkollegs; Ausbildung der Landesherrschaft. Vor allem die Laien-Fürsten ziehen weitere Prärogativen der Krone an sich, die ihnen nicht mehr streitig gemacht werden können. Die großräumig strukturierten Fürstentümer im östlichen Deutschland und in Ostmitteleuropa schicken sich an, die politische Führung zu übernehmen.

Blüte des Fernhandels, der übernational organisiert und geldwirtschaftlich ausgerichtet ist. Auch nördlich der Alpen führen Autonomiebestrebungen der Städte vielenorts zum Ziel. Bildung von Ständebünden. Die Verstädterung greift verstärkt auf den Osten über, dessen planmäßige Besiedlung fortschreitet. Das ober- und mittelitalienische Stadtbürgertum behauptet sich gegenüber dem Kaisertum, schwächt sich indessen selbst durch inneren Streit, nachbarliche Konkurrenz und das Aufkommen der ersten Signorien.

Das Bildungsprivileg des Klerus ist durch Laienadel und Bürgertum durchbrochen; doch verflacht die ritterlich-höfische Kulturblüte gegen Ende des Zeitraumes. Die Volksfrömmigkeit schafft sich neue Ausdrucksformen. Die Kirche nimmt die Herausforderung durch den zunehmenden Irrglauben an: Entstehung der Bettelorden und der Inquisition. Hochblüte der Scholastik. Auslaufen der Kreuzzugsbewegung.

WOLFGER, BISCHOF VON PASSAU, PATRIARCH VON AQUILEIA
(† 23. 1. 1218)

„Als Bischof Diepold von Passau seligen Angedenkens auf der Kreuzfahrt gestorben war, da machte man den Herrn Propst Wolfger zu seinem Nachfolger. Einmütig wurde er von dem Domkapitel und der gesamten Geistlichkeit, den Rittern und dem Volk am 11. März (1191) gewählt. Umgehend eilte er – noch während der Fastenzeit – zum König, um sich mit allen weltlichen Rechten belehnen zu lassen. [...] Und als er vom Herrscher zurückgekehrt war, empfing er während der Pfingst-Feierlichkeiten in Salzburg von Erzbischof Adalbero auch die geistliche Amtsfülle. Samstags wurde er zum Priester geweiht, am Sonntag darauf zur größten Freude aller mit den bischöflichen Ehren und Würden ausgestattet. Gemeinsam konsekrierten ihn der Erzbischof und seine Mitbischöfe von Regensburg und von Gurk. Drei Tage später zog er unter einhelligem Jubel von groß und klein feierlich in Passau ein und bestieg den Bischofsthron."

So berichtet der Chronist. Nicht immer war die Stimmung festlich und froh, wenn ein neuer Bischof sein Amt antrat. Wer war dieser Kirchenfürst, dessen Einsetzung anscheinend in ungewohntem Maße allgemeine Zustimmung fand und Freude erregte? Ein Mann ohne große politische Verbindungen und weder durch Beweise besonderer Frömmigkeit noch durch seltene Gelehrsamkeit irgendwie auffallend. Anders als seine beiden Vorgänger, die aus hochadligem Hause kamen, stammte Wolfger zwar aus guter, doch keinesfalls sehr vornehmer Familie. Sein Bruder Eberhard war sogar mit einer Unfreien verheiratet; des Adels wegen hatte man den Propst von Zell am See (Salzburger Land) bestimmt nicht auf den Passauer Bischofsstuhl erhoben. Die Stammburg des Geschlechts lag in Erla (unterhalb von Linz an der Donau). Wohl bereits ein Endvierzigjähriger, besaß Wolfger ungeachtet des fortgeschrittenen Lebensalters und des beachtlichen geistlichen Ranges, den er zum Zeitpunkt der Wahl bekleidete, nur die niederen Weihen (zum

Ostiarius, Lektoren, Exorzisten und Akoluthen; 1972 mitsamt der Weihe zum Subdiakon durch Papst Paul VI. abgeschafft).

Das war damals nichts Ungewöhnliches, wollte sich doch mancher Herr aus edlem oder weniger edlem Blute möglichst lange die Entscheidung offenhalten, entweder in einer kirchlichen Karriere oder durch eine einträgliche Hochzeit sein ehrenvolles Glück zu machen. Erst mit der Salbung zum Priester wurde der Zölibat verpflichtend. Wolfger lag ein solcher Grund freilich fern. Er war nämlich bereits verheiratet gewesen und hatte sich nach dem Tod der Gemahlin entschlossen, Geistlicher zu werden; ein Sohn aus dieser Ehe trat später gleichfalls ins Passauer Domkapitel ein. Der Aufstieg in der Hierarchie war rasch vonstatten gegangen; offenbar sehr bald nach dem Übergang in den Kirchendienst wurde Wolfger Propst von Pfaffmünster (bei Straubing/Niederbayern; die Zuweisung ist nicht ganz gesichert). Dazu war dann die Leitung des traditionsreichen Kollegiatsstifts Zell am See hinzugekommen, schließlich der Domherrnsitz in Passau. Und nun war Wolfger Bischof, zugleich Oberhirte und Reichsfürst, begrüßt vom einhelligen Jubel der gesamten Diözese!

Man schätzte ihn, weil er einen klaren Blick für das praktisch Realisierbare besaß, sehr gut zuzuhören und zu vermitteln verstand, zugleich friedliebend und energisch war, von großzügiger Fürsorglichkeit und dabei doch ein sparsamer Haushalter. Er war leutselig; überall lobte man seine Redegabe. Einen solchen Bischof konnte Passau sehr wohl brauchen. Die Diözese – der geistliche Sprengel – war ungemein ausgedehnt; das Aufgabengebiet Wolfgers erstreckte sich von der unteren Isar donauabwärts bis an die ungarische Grenze. Das reichsunmittelbare Stiftsland – die weltliche Herrschaft – war dagegen stark zerrissen und dementsprechend lokalen Entfremdungstendenzen ausgesetzt; überdies war der Umfang bescheiden. Zu Passau gehörten ferner fünfzehn bistumseigene Klöster, die natürlich ihre besonderen Interessen zu verfolgen suchten und der Herrschaft damit Probleme aufgaben. Überhaupt gab es in diesem großen Gebiet, das nach Landesausbau und Rodungsstand erhebliche Unterschiede aufwies, interne Spannungen zuhauf. Zwar hatte das Ansehen des Bischofs seit dem großen Pilgrim (971–991) erheblich zugenommen. Einen Kulminationspunkt bildete dabei der Pontifikat Konrads von Babenberg (1147–1164), des Halbbruders von König Konrad III., Oheims von Barbarossa und Bruders von Bischof Otto von Freising sowie den österreichischen Markgrafen Leopold und Heinrich Jasomirgott. Aber als Konrad auf den Thron des Salzburger Metropoliten überwechselte, begann eine Schwächeperiode. Der erste seiner Nachfolger, Rupert, starb bereits nach einem Jahr; der nächste, Albert, wurde während der Alexandrinischen Wirren abgesetzt. Es folgte Heinrich I. aus dem Hause der Edelherren (gelegentlich in der Überlieferung auch: Grafen) von Perg (im 'Machland' zwischen Linz und Pöchlarn nördlich der Donau): Er trat nach einem unbedeutenden Pontifikat freiwillig zurück und machte für den eigenen Bruder Platz; doch Diepold kümmerte sich stärker um die Interessen seiner Familie als um die der Diözese. Es mußte etwas geschehen! So kam es zu der Wahl des Außenseiters Wolfger von Erla.

Damit trat ein geborener Diplomat an die Spitze der Donau-Diözese. Wer kümmerte sich damals noch groß um die Festlegungen des Wormser Konkordats (1122) bezüglich der Bischofserhebungen? Wolfger achtete peinlich darauf: Zuerst verschaffte er sich die königliche Zustimmung zur Wahl und die Belehnung mit den Regalien, dann erst die kirchliche Konsekration. Dadurch schuf er ein Vertrauensverhältnis zu dem Barbarossa-Sohn Heinrich VI., das sich auszahlen sollte. Doch zum Papst trat er gleichfalls in enge Beziehung, und nicht minder zum Herzog von Österreich, dessen Land den Hauptteil des Passauer Sprengels bildete. Der neue Bischof suchte die apostolische Kurie, den Kaiserhof und die Wiener Fürstenpfalz immer wieder persönlich auf, stets sein eigener Gesandter! Kein Wunder, daß er von den zahlreichen Reisen oftmals mit größeren oder kleineren Gewinnen für sich und seine Diözese zurückkehrte! Da war vor allem das kostbare päpstliche Jurisdiktionsprivileg. Schon Coelestin III. erteilte dem Bischof im heimischen Sendgericht Sondervollmachten; doch Innocenz III. räumte ihm eine einzigartige Befugnis ein, als er ihn (– auf Bitten Wolfgers, versteht sich –) zum alleinigen Oberrichter in der Diözese bestellte und zugleich die seit alters übliche Mitwirkung der Domherren, Archidiakone und vor allem der hochstiftischen Vasallen an der Urteilsfindung mit einem Federstrich aufhob. Die herkömmliche Ordnung des geistlichen Prozesses wurde damit durchbrochen, wenngleich (– wie der Papst eigens betonte –) im Interesse einer höheren Verfahrens-Rationalität. Und über die Gerichtshoheit ging ein wichtiger Weg zur Landeshoheit, gerade im deutschen Südosten! Wolfgers Rechtspflege – nunmehr so stark an seine Person gebunden, daß man tatsächlich Mißbrauch hätte befürchten können – erwies sich als besser denn jene, die man gewohnt war. Und das galt nicht lediglich für den kanonischen Prozeß, auf den sich die Papstbulle bezog. Auch als weltlicher Richter besaß Wolfger einen ungewöhnlich guten Ruf. Das hatte für die lockere Form der Staatlichkeit, wie sie damals weithin bestand, erhebliche Konsequenzen. Mit der stärkeren Inanspruchnahme der bischöflichen Gerichtsbarkeit – und es ist auffällig, wie sehr die Zahl der Prozesse zunahm, die vor Wolfgers 'curia' entschieden wurden – erweiterte sich die Verwaltungszuständigkeit. Beides war in der öffentlichen Ordnung ja ungeschieden. Daher blieb die Veränderung nicht ohne finanzielle Auswirkungen. Besonders häufig wurden die Verfahren, bei denen es um die Rechtsstellung von Ministerialen ging. Wolfgers Entscheidungen lassen eine bemerkenswerte Ausgewogenheit erkennen: Die Herrenrechte der Großen über ihre Dienstmannen, welche ja nach Herkunft zumeist unfreien Schichten entstammten, wurden beachtet; aber zugleich bewies der Bischof Verständnis für die Anliegen dieser empordrängenden Personengruppe, die längst die Mehrheit im Ritterstand bildete. Immer wieder bewährte sich Wolfgers Fähigkeit, zuerst einmal alle Gravamina geduldig anzuhören und dann einen akzeptablen Kompromiß vorzuschlagen. Auch in eigener Sache handelte er nicht anders; er suchte zu überzeugen, nicht durch Drohungen zu erpressen oder durch Gewalt zu erzwingen. Nur einmal gelang es nicht, eine Übereinkunft herbeizuführen: In eine erbitterte Fehde im ostbayerischen Raum waren auch die Grafen von Ortenburg (westlich von Passau) verwickelt. Sie verweigerten sich jeder gütlichen Schlichtung. Plünderungen und Gewalttaten waren an der Tagesordnung. Schließlich erschöpfte sich die Langmut des friedliebenden Bischofs; er zog selber das Schwert. Was wohl keiner geglaubt hätte: Er schlug mit solcher Härte zu, daß mancher Zeitgenosse an ihm irre wurde! Mit der Zerstörung der Burg Graben am Inn wurde die Ortenburger Fehde endlich in Blut erstickt: „Etliche wurden erschlagen, andere verbrannt, einige im Inn-Fluß ertränkt, wieder andere gefangen hinweggeführt. Um die hundert Menschen beiderlei Geschlechts [– nach anderer Quelle: über dreihundert –] kamen dabei um."

Aber das war ein Einzelfall, der freilich eine Warnung bedeutete. Im allgemeinen sorgte der Bischof für einen ungewohnten Frieden. Er sicherte ihn durch landesherrliche Burgen, die er ausbauen oder neu errichten ließ. Sie dienten zugleich als Verwaltungsmittelpunkte. Wolfger widmete der Administration stets besonderes Augenmerk. Er hielt auf saubere Aktenführung und Rechnungslegung. Bald herrschte Ordnung in der Diözesan-Kasse. Gerade in dieser Hinsicht standen die Dynasten ringsum, aber auch viele kirchliche Institutionen weit hinter der bischöflichen Kammer zurück. Bei ihnen kam es bisweilen durch Unbekümmertheit oder mangelnde Übersicht zur Verschuldung. Das gab Wolfger die Möglichkeit, gegen Bargeld oder andere Leistungen in beträchtlichem Umfang Grundbesitz für das Hochstift zu erwerben. Er häufte keinen großen Schatz an, gleichsam als Selbstzweck. Doch unterschied er sich vom hochmittelalterlichen 'Normalverhalten' dadurch, daß er das Kapital nicht für Klostergründungen verwendete und nur selten fromme Stiftungen unterstützte. Der Bischof war nicht kleinlich, setzte jedoch andere Schwerpunkte.

Aber was wissen wir darüber? Über den Umgang mit dem Geld sprechen die historiographischen Quellen nur selten. Chronisten oder gar Hagiographen verfolgten andere Ziele, als über die banale Alltäglichkeit der Finanzverwaltung zu informieren. Wenn in einer Kanzlei oder Kammer eine Haushaltsunterlage die aktuelle Bedeutung verlor, beachtete man sie nicht weiter. Sie ging in der Regel verloren. Anders als bei Urkunden, die ein beständiges Recht verbrieften, ging man sehr sorglos damit um. Mancher Zettel, mit Notizen beschrieben, welche für den Forscher einen unschätzbaren Wert besitzen, überdauerte nur deshalb, weil man ihn bei der Reparatur eines Buchdeckels zur Verstärkung einklebte. Pergament, das nicht durch Ablaugen oder Abkratzen der Schrift für eine Zweitverwendung hergerichtet werden konnte, wurde oftmals zu Lederleim verkocht. Was der Wissenschaft an Quellen zur staufischen Finanzverwaltung zur Verfügung steht, ist nur durch Zufall erhalten.

Bezüglich Wolfgers kommt uns ein solcher Zufall zu Hilfe. Bei Archivarbeiten, die ein österreichischer Gymnasialprofessor in seinen kurzen Osterferien 1874 in Cividale (Friaul) durchführte, fand er einige Pergamentblätter, die sich als die Original-Rechnungsführung Wolfgers bei vier seiner Reisen herausstellten. Es sind mühsam zu entziffernde, nicht überall recht zu deutende Notizen, aber sie führen dem Leser ein Stück mittelalterlicher Alltagswirklichkeit vor Augen, ungefiltert durch politische Stimmungsmache oder literarische Stilisierung.

Es handelt sich um zwei Reisen durch Österreich, eine in die weitere Umgebung Passaus und eine nach Rom, ausgeführt in den Jahren 1203 und 1204, über welche Buch geführt wird. Wolfger unternimmt sie mit nicht geringem Gefolge. Es ist so seine Art; Papst Innocenz III. hat ihn deswegen getadelt. Doch der Bischof besitzt nun einmal ein hohes Kommunikationsbedürfnis; auch unterwegs braucht er Gesellschaft. Beim Ritt durch die eigene Diözese muß er sich um Verpflegung und Unterkunft wenig kümmern; er findet beides in Burgen, Klöstern und Pfarreien. Anders ist's bei der Italienreise; da muß man auch dafür zahlen. Nicht immer ist genug Raum in der Herberge; dann teilt sich die Schar. Bei einem so stattlichen Reiterzug kann es nicht ausbleiben, daß Pferde zu beschlagen sind, ein Sattel beschädigt wird und das Zaumzeug ausgebessert werden muß. Gelegentlich braucht man eine neue Satteldecke; die Reparatur einer Beinschiene beweist, daß sich auch Ritter in der Umgebung des Kirchenfürsten befinden. Fast nirgends reicht das gestellte Heu aus, also muß hinzugekauft werden. Und wenn man unterwegs ein anständiges Reit- oder Lastpferd findet, erwirbt man es zusätzlich.

Es sind keine Privatreisen. Immer wieder muß der bischöfliche Rechnungsführer Pergament bezahlen, das in erheblichen Mengen für Urkunden und vor allem für Briefe benötigt wird. Alle paar Tage kommen oder gehen Boten. Sie haben einen Anspruch auf Lohn und Wegzehrung; auch der Knappe in fremden Diensten, der beispielsweise von König Philipp, dem Herzog von Bayern, dem Markgrafen von Mähren oder Wolfgers besonderem Freund Hadmar von Kuenring Nachricht bringt, empfängt sein Scherflein und – wenn es gute Nachricht war – noch gesondert den Freudenpfennig. (– Die fahrenden Sänger kennen den Brauch; darum bezeichnen sie sich immer wieder als Boten und heischen den entsprechenden Lohn.) Erstaunlich dicht ist das Informationsnetz; offenbar weiß man jederzeit, wo der Bischof zu finden ist. Bisweilen sollen die Boten auch Geschenke überreichen. Für die Königin von Polen ist ein Prunksattel mit angehefteter Pferdedecke bestimmt (– man kennt dergleichen aus Siegelbildern). Der Stoff wird in Tulln (nordwestlich von Wien) gekauft, die Näh- und Lederarbeit dagegen in Neuburg bei Passau in Auftrag gegeben.

Wie man sich anzieht, so wird man beurteilt; Kleider machen Leute. Die Aufwendungen für Tuch, Schneiderlohn, Ausbesserungen und

Reinigung sind beträchtlich; in den Reiserechnungen werden selbst die Wäscherinnen eigens erwähnt. Das Bedürfnis des Bischofs nach Luxus wird deutlich: Man kauft Stoffe aus Kamelhaarwolle, Seide, feine Leinwand, braunen italienischen Brokat, indischen Taft und – als die kalte Jahreszeit naht – mancherlei Pelzwaren. Auf entsprechendes Schuhwerk wird Wert gelegt, von den sommerlichen Sandalen bis zu Winterstiefeln. Im Reisegepäck befinden sich sogar leinene Tischtücher.

Sehr geistlich-asketisch mutet das alles nicht an. Indem Wolfger in den Klerus eintrat, gab er den weltlichen Lebensstil deshalb nicht ganz auf. So oft es ihm möglich ist, huldigt er unterwegs der Jagd, vor allem der Falkenbeize. Mehrfach sind Aufwendungen für Jagdhelfer, Falkner, den Ankauf der edlen Vögel in die Listen eingetragen. Und der Würfel aus Elfenbein, den sich der Bischof in Zöbing (nördlich von Krems/Donau) bringen läßt, fesselt ihn gewiß nicht nur als Werk erlesener Schnitzkunst! Nicht selten wird Wein eingekauft, ein ganz besonders guter einmal in Zeiselmauer (westlich von Wien). Der hohe Herr trinkt ihn nicht allein. Allwöchentlich beschafft man Kerzen und Unschlitt-Lichter, nach dem Kaufpreis in großer Menge. Offensichtlich bleibt die Gesellschaft abends gerne zusammen, auch wenn es inzwischen dunkel geworden ist. Doch die hohen Beleuchtungskosten kann man natürlich nicht dem Gastfreund oder Herbergsvater zumuten. Und wenn man fröhlich beim Glase sitzt, möchte man sein Unterhaltungsbedürfnis befriedigen. Gaukler, Sänger, Taschenspieler, Rezitatoren, Geiger, sogar Messerwerfer finden ihr Publikum. Aber man lauscht auch in Rom dem Kunstgesang der päpstlichen Kapelle und zweimal unterwegs den geistlichen Weisen eines Mädchenchores. Weniger fromm wird die Darbietung einer Sängerin gewesen sein, die in Siena zusammen mit zwei Jongleuren die Gesellschaft erheitert. Vom Possenreißer und 'Lotterpfaffen' bis zum großen Dichter reicht das Spektrum der Abendunterhaltungen, die in die Liste Aufnahme finden, weil dafür Geld ausgegeben wurde. Im November 1203 trägt der Rechnungsführer den Sänger Walther von der Vogelweide ein, als man ihm auf besondere Anweisung des Bischofs einen Pelzmantel kaufte.

Man wird fragen, welche dieser Darbietungen Wolfger selber besonders schätzte und welche er vor allem seinen Begleitern zuliebe veranstalten ließ. Die Liste der Reiseausgaben gibt dafür Hinweise: Im Normalfall erhielt das 'fahrende Volk' der Akrobaten, Komödianten,

Musikanten und Sänger kein höheres Honorar, als man es Pilgern und ernsthaften Bittstellern als milde Gabe reichte. Wo davon erheblich abgewichen wurde, ist an persönliche Einflußnahme des Bischofs zu denken. Er setzte Walther von der Vogelweide eben nicht dem Stimmen-Imitator gleich, dessen Kunststücke man in Ferrara anhörte. Die derben Späße, an denen sich sein Gefolge erfreute, mögen durchaus auch ihn belustigt haben. Doch er besaß Sinn für künstlerische Qualität. Mit den entsprechenden Abstufungen übte er 'milte', die Herrschertugend der Freigebigkeit. So wurde er im Kreise der geistlichen Reichsfürsten seiner Zeit zum bedeutendsten Mäzen.

Einer der Dichter, welche seinen Hof zierten, hatte es indessen nicht nötig, daß der Bischof ihn finanziell aushielt: der Stiftsministeriale Albrecht von Johansdorf (heute Jahrdorf nordöstlich von Passau). Zwischen 1185 und 1209 wird er in den Urkunden erwähnt, mithin über Wolfgers Pontifikat hinaus; es scheint, daß er den Bischof auf den Kreuzzug ins Heilige Land begleitete. Aber in seinen seelenvollen, gefühlswarmen Minneliedern nannte er den 'senior' nicht. Es wäre auch schwer vorstellbar: Die angeredete Dame ist seine 'Herrin'; was soll daneben ein fürstlicher Herr? In 'des Minnesangs Frühling' war Albrecht von Johansdorf der Sänger 'staeter triuwe', der unwandelbaren Zuneigung zu der einen geliebten Frau, welcher sein ganzes Leben gehört. Er wohnte in gesicherten Verhältnissen auf der Burg, die er vom Bischof nach Dienstrecht zu Lehen besaß; Albrecht benötigte daher keine zusätzliche Unterstützung, so sehr ihn eine gelegentliche Ehrengabe gefreut haben mag.

Auch Walther weilte wohl für einige Zeit in Passau; das großzügige Mantel-Geschenk, welches die Reiserechnungen erwähnen, wird nicht nur der anerkennende Dank für ein einmaliges Kunsterlebnis am Wiener Hof der Babenberger gewesen sein, bei dem Wolfger zufällig anwesend war. Doch ist nichts Näheres bezeugt. Dagegen wissen wir, daß der gelehrte Eilbert von Bremen zeitweilig bei Wolfger lebte. Dieser norddeutsche Kleriker und Kenner des Kirchenrechts widmete dem bayerischen Bischof ein didaktisches Gedicht in lateinischen Hexametern über den kanonischen Prozeß. Für uns ein merkwürdiger Gedanke, ein derartig trockenes, schon seinem Wesen nach durch und durch prosaisches Thema in poetischer Form abzuhandeln, und doch im Hochmittelalter keineswegs ein Einzelfall! Wie die pathetische Widmung an Wolfger verkündet, entstand der ›Ordo iudiciarius‹ als Auftragswerk; die praktischen Erwartungen, welche der Bischof hegen mochte, als er Eilbert das Thema gab, haben sich indessen nicht erfüllt.

Was die Nachwelt dem Passauer Mäzen am meisten zu danken hat, ist die ermunternde Förderung, welche er einem unbekannten Dichter zuteil werden ließ, als dieser daranging, die uralten Sagen von Siegfrieds Tod und dem blutigen Ende des Wormser Burgunderreiches (5. Jahrhundert) zusammenzufassen und in einem Heldenepos neuzugestalten. Das Nibelungen-Lied entstand um 1200 in der Diözese Passau; daran besteht kein Zweifel. Die erst von dem Anonymus ersonnene und in den Erzählungsgang eingefügte Gestalt des 'guten Bischofs Pilgrim' bedeutet eine kaum versteckte Huldigung an Wolfger. Der populärste Oberhirte der Passauer Bistums-Tradition wird zur Maske des gegenwärtigen Bischofs. An vier Stellen kommt der Dichter auf Pilgrim = Wolfger zu sprechen; er rühmt seine Gastfreundschaft, die Großzügigkeit gegenüber den Sängern und das Unterscheidungsvermögen: „kunder" – Spukgestalten und höllische Ungetüme – nimmt man an seinem Hof nicht auf. (Verbirgt sich dahinter die Genugtuung des Autors, daß ein Konkurrent abgewiesen wurde?) Es sei dahingestellt, ob unter dem unbekannten Dichter wirklich der bischöflich-passauische Notar und Schreiber Konrad zu verstehen ist. Doch über den Auftraggeber heißt es in der ›Klage‹ – jenem um einige Jahre jüngeren Nachgesang zum Heldenepos, der die psychische Versteinerung des tragischen Ausgangs in die Tränen-Ströme höfischer Trauer-Solidarität aufzulösen sucht –: „Bischof Pilgrim von Passau befahl, diese Geschichte niederzuschreiben." Wenn hier eine echte Tradition vorliegt und die Gleichsetzung des einstigen und des jetzigen Bischofs auch an dieser Stelle gilt – und nichts spricht dagegen –, wäre Wolfger von Erla der Veranlasser der grandiosen Dichtung.

Doch viel Zeit bleibt ihm nicht, sie auch zu genießen. Die hohe Politik verlangt nach ihm, weil man um sein Verantwortungsgefühl und die seltene Vermittlergabe weiß. Es sind großenteils sehr unangenehme Geschäfte, mit denen man ihn betraut, doch er versagt sich nicht.

Ausgerechnet in Wolfgers Diözese ereignet sich Ende 1192 ein Eklat, der im ganzen Abendland Widerhall findet. Auf der Rückkehr vom Heiligen Land erreicht der anglonormannische König Richard Löwenherz verkleidet Wien; man erkennt ihn, sperrt ihn ein. Herzog Leopold V. – über den Herrscher erzürnt, weil dieser ihn vor Akkon zutiefst beleidigte – verlangt für die Freilassung ein gewaltiges Lösegeld, obwohl doch der Kreuzfahrer unter dem Schutz der Kirche steht und für die Gesamtdauer seiner Reise Unversehrtheit an Leib und Leben, Freiheit und Habe genießt. Die Konsequenz heißt: Bannung des Herzogs, Interdikt über Österreich! Wir hören jedoch nicht, daß der Bischof von Passau die Strafen verhängt oder – als sie durch die Kurie ausgesprochen werden – auch nur verkündet. Statt dessen laufen die Freilassungsverhandlungen großenteils über ihn, und in persönlichen Unterredungen mit Papst Coelestin III. kann er 1195 (Richard ist längst wieder daheim) die Aufhebung des Interdikts ohne besondere Gegenleistungen erreichen.

Es ist nicht der einzige Auftrag der Babenberger, den er an der Kurie verfolgt. Damals hegt der Herzog eine Absicht, die zugleich Wolfgers eigene Stellung betrifft. Es geht um die Gründung eines neuen Bistums Wien. Natürlich würde sie den Passauer Sprengel empfindlich verkleinern; als Gegenleistung diskutiert man die Erhebung zum Erzbistum, die wiederum auf Kosten Salzburgs ginge. Es ist ein Plan, den bereits im Ausgang des 10. Jahrhunderts Wolfgers Amtsvorgänger Pilgrim verfolgte und mittels einiger Urkundenfälschungen auch verwirklichen wollte. (Ob diese Übereinstimmung der Absichten dem Dichter des Nibelungen-Liedes gegenwärtig war, als er seinem Bischof unter Pilgrims Namen jene maskierte Huldigung darbrachte? Sicherlich hat man in der Umgebung Wolfgers viel darüber gesprochen.) Die Sache zerschlägt sich, vermutlich auf Grund der Salzburger Einwände, vielleicht aber auch, weil Wolfger selber wohl nicht ganz glücklich darüber ist. Das Projekt ist nach seinem Weggang von Passau neu aufgenommen, doch erst im 15. Jahrhundert realisiert worden.

Das Scheitern dieser Verhandlungen hat die guten Beziehungen Wolfgers zum Wiener Hof nicht beeinträchtigt. Im Frühsommer 1197 begleitet der Bischof von Passau Herzog Friedrich und dessen Oheim (Titular-)Herzog Heinrich von Mödling auf den Kreuzzug ins Heilige Land. Später als die meisten deutschen Teilnehmer machen sich die Österreicher auf den Weg; bis Unteritalien erfolgt die Reise zu Land. In Rom bleibt Wolfger einige Zeit zurück, um wieder einmal im Namen des Reiches und der Babenberger Verhandlungen zu führen, denn die Beziehungen zur Kurie lassen zu wünschen übrig. Ein Chronist nennt den Bischof bei dieser Gelegenheit „einen ehrwürdigen, besonders scharfsinnigen Mann, der als redlicher Makler zwischen den zerstrittenen Häuptern des Erdkreises vermittelt und sich abmüht, die Eintracht wiederherzustellen". Es gelingt nur halb; Wolfger sputet sich, die anderen einzuholen. Er trifft sie auf Sizilien, wo sie sich von Kaiser Heinrich VI. verabschieden. Es sind die Hundstage; der Staufer sucht in den Wäldern am Nordhang der Monti Nebrodi nahe der Bischofsstadt Patti (westlich von Messina) Erquickung von der Gluthitze. In drei Urkunden fungieren die Besucher als Zeugen. In den ersten Augusttagen treten sie die Überfahrt nach Palästina an.

Es wird eine traurige Reise. Bald nach ihrer Ankunft verbreitet sich die Schreckensnachricht vom Tod des Herrschers. Er muß den tödlichen Keim schon in sich getragen haben, als die Österreicher bei ihm weilten. Dem Auftakt entspricht der Fortgang des Kreuzzuges; Meinungsverschiedenheiten lähmen die Operationen; was ausgeführt wird, erweist sich als wenig sinnvoll. Es heißt, Wolfger habe wieder einmal sein Vermittlertalent bewiesen. Er ist an der Gründung des Deutschritterordens beteiligt, ja man bittet gerade ihn, die Genehmigung durch Rom herbeizuführen. Aber Wolfger wird zugleich als mutiger Kämpfer erwähnt: bei der Einnahme von Beirut, Byblos und Laodicea soll er sich ausgezeichnet haben. Das Passauer Aufgebot kämpft unter einer Fahne, die – seinen Namen ausdeutend – einen roten Wolf auf weißem Feld zeigt; das Feldzeichen wird später zum heraldischen Emblem der Bischofsstadt! Als man erfährt, daß auch Papst Coelestin das Zeitliche gesegnet hat, drängen die Kreuzfahrer heim. Doch Wolfger muß noch bleiben: Herzog Friedrich ist schwer erkrankt. Der Bischof nimmt ihm die Beichte ab und drückt ihm die Augen zu. Anschließend geleitet er die sterblichen Reste in die Heimat und bestattet sie gemäß Friedrichs letztem Willen im Zisterzienserkloster Heiligenkreuz (südwestlich von Wien). Ende Juni 1198 befindet sich Wolfger nach einjähriger Abwesenheit wieder in Deutschland; es herrscht Bürgerkrieg.

Nach Heinrichs VI. Tod ist es zum Thronstreit zwischen Staufern und Welfen gekommen. Der Bischof von Passau hält sich heraus; er hat genug Mühe, die Ortenburger Fehde zum blutigen Ende zu bringen. Ein erster Besuch bei dem neuen Papst hat nichts mit der Doppelwahl im Reich zu tun: Wolfger erbittet die Genehmigung des Deutschritterordens. Im apostolischen Wohlwollen und mit zwei kostbaren Privilegien kehrt er nach Hause zurück. Aber der Barbarossa-Sohn Philipp ist ihm schon lieber als Otto IV.! Als die Stauferpartei gegen die Maßnahmen protestiert, welche Innocenz III. derweilen in Mittelitalien ergreift, ist Wolfger unbeteiligt, wird aber in der Liste derer aufgeführt, welche mit dem Einspruchs-Schreiben vollinhaltlich einverstanden sind. Im Mai 1200 findet sich der Bischof von Passau erstmals auf einem Hoftag König Philipps ein; es geschieht zu einem Zeitpunkt, an dem der Papst noch nicht eindeutig für den Welfen eingetreten ist. Doch dann sind es wieder ganz andere Angelegenheiten, die Wolfger in Anspruch nehmen, vor allem die glanzvolle Schwertleite Leopolds V. von Österreich, an welcher er als zuständiger Diözesanbischof teilnimmt, gemeinsam mit Kardinal Konrad von Mainz, dem hochbetagten Primas der deutschen Kirche, mit dem er zusammen im Heiligen Land war. Wenige Wochen nach den frohen Wiener Tagen führt Wolfger die Leiche des Erzbischofs nach Mainz, um dort die Trauerfeierlichkeiten zu leiten. Auch Philipp wohnt der Beerdigung bei, und jetzt intensiviert sich ihre politische Zusammenarbeit.

Nicht daß Wolfger von nun an ein erklärter Parteigänger Philipps wäre! (Gelehrte Vermutungen, Walther von der Vogelweide habe die „ideologische Festlegung auf den staufischen Standpunkt" im Umkreis des Bischofs von Passau erhalten, sind unbeweisbar und nicht einmal wahrscheinlich.) Wie der verstorbene Konrad von Mainz in sehr selbständiger Weise für den Frieden wirkte, so jetzt Wolfger; der Beifall des Papstes ist damit nicht zu gewinnen. Bei einer dieser Initiativen erwekken gefälschte Papstbriefe den Anschein, als stünde Innocenz selbst hinter den Bemühungen. Man weiß nicht, ob Wolfger der Urheber war; er hat es lebhaft abgestritten. Aber das Verhältnis zur Kurie wandelt sich; offenbar glaubt der Papst dem großen Diplomaten nicht mehr recht. Er lädt ihn vor sein Gericht. Der Termin verstreicht; aber dann macht sich Wolfger doch auf den Weg nach Rom. Ein neues Projekt ist aufgetaucht, bei welchem beide ihren Vorteil erhoffen, aber auch beide einander benötigen, der Papst ebenso wie der Bischof. Es geht um das Patriarchat Aquileia.

Drei Kirchenprovinzen gibt es in Oberitalien: Mailand, Ravenna und Aquileia. Mailand: das ist die Stadt des Kirchenvaters Ambrosius († 397), spätantike Kaiserresidenz, gewerbereichster Platz in der ganzen Poebene. Ravenna war gleichfalls Sitz römischer Weltherrscher (– auch wenn diese Welt damals immer mehr zu schrumpfen begann –); als Vorort des neuen Kaisertums der Ottonen und Salier verfügt es noch in staufischer Zeit über einen besonderen Nimbus; Sankt Apollinaris ist der Stadtpatron. Doch Aquileia, bis zum Hunnen-Einfall zweitgrößte Civitas südlich der Alpen, führt seine geistliche Tradition auf Hermagoras zurück, einen Schüler des Apostelfürsten Petrus. Ungefähr seit 600 n. Chr. nennt sich der dortige Metropolit 'Patriarch' – im Titel vergleichbar den altchristlichen Oberhirten von Alexandria, Antiochia, Jerusalem und Konstantinopel! Und wenn sich auch durch den Langobardeneinfall und die griechische Selbstbehauptung die Bistümer auf den Inseln des adriatischen Küstensaumes verselbständigt haben (– sie bilden einen eigenen Verband unter dem Patriarchen von Grado, später Venedig –), so ist es dennoch eine Kirchenprovinz von gewaltiger Größe, die Aquileia untersteht, obwohl der Patriarch seit geraumer Zeit nicht mehr in diesem exzentrisch gelegenen und zum Dorf herabgesunkenen Platz residiert, sondern in Udine, Cividale oder Cormons. Italiener, Deutsche und Slawen gehören zum Kirchenvolk; die Grenzen des Patriarchats reichen von der Drau bis zum unteren Po und zur Adria, vom Gardasee bis vor die Tore von Zagreb. Um 1200 unterstehen dem Oberhirten siebzehn Bischöfe. Nach geistlichem Rang und politischer Bedeutung hat der Patriarch von Aquileia kaum seinesgleichen. Seit dem 11. Jahrhundert ist es stets ein Deutscher, welcher den Thron des heiligen Hermagoras innehat. Er kontrolliert die Ostalpenpässe und die Straßen ins Slawen-Land. Für Kirche und Reich wahrlich ein Platz von höchster Bedeutsamkeit! Und Patriarch Peregrin liegt nun auf dem Sterbebett.

Da ist es ratsam, sich beizeiten Gedanken zu machen. Im Metropolitan-Kapitel gibt es einen selbsternannten Kandidaten mit entsprechender Stellung in der Hierarchie und ausgezeichneten Verwandtschaftsbeziehungen, den Dompropst Poppo; aber die anderen Kapitelherren mögen ihn nicht, denn er ist ihnen viel zu herrsch- und streitsüchtig, so daß er sogar Fehde gegen sie führt! Sowohl Poppo wie die Gegenseite wenden sich vorsorglich an den Papst. Innocenz stellt rasch fest: Dieser Hader darf sich nicht weiter verschärfen! Aber nur wenn man Poppo anderweitig mit einem Bistum versorgt, ließe sich eine Befriedung erreichen, vorausgesetzt der neue Patriarch bewiese Geschick, die verworrenen Verhältnisse eher geräuschlos zu bereinigen. Und anscheinend wie von selbst kommt man in Rom und in Aquileia auf den Gedanken, den verhandlungserfahrenen Wolfger auf den Stuhl des hl. Hermagoras zu setzen und Poppo dafür Passau zu übertragen. Man müßte einmal darüber sprechen...

Das ist es, was Wolfger 1203 nach Italien führt! Er hat durchaus seinen Ehrgeiz, und ihn lockt wohl auch die schwierige Aufgabe. Natürlich stellt Innocenz Bedingungen bezüglich des Thronstreites. Wolfger verhält sich dabei nicht unehrlich. Er ist nicht bereit, nun plötzlich Otto gegen Philipp zu unterstützen. Doch er erklärt, aus dem deutschen Parteienkampf ausscheiden zu wollen. Und der Papst ist damit zufrieden.

Auf der Rückreise sucht der Bischof umgehend König Philipp auf, der sich im Fränkischen befindet. Die Reiserechnungen lassen erkennen, daß Wolfger in Pappenheim (Altmühl), Ansbach und Nürnberg der Gast des Staufers ist. Auch hier erfolgt kein Eklat; Wolfger besitzt weiterhin Philipps Vertrauen. Und inzwischen führt das lange Siechtum des Patriarchen Peregrin erwartungsgemäß zu seinem Tod. Man schreitet in Aquileia zur Neuwahl, die einstimmig auf den Bischof von Passau fällt, so wie man sich dort anschließend ohne Schwierigkeiten auf Dompropst Poppo von Aquileia einigt. Umgehend gibt der Papst offiziell die Genehmigung und übersendet Wolfger das Pallium. Der Gehorsamseid, den jeder Metropolit bei dieser Gelegenheit schwören muß, wird um eine Festlegung bezüglich des Thronstreites erweitert: Bei Strafe der Absetzung wird sich Wolfger entsprechend dem Willen des Papstes verhalten. Im August 1204 verläßt der neue Patriarch Passau und reist in sein zukünftiges oberitalienisches Arbeitsgebiet.

Nicht der Mangel an Quellen, sondern die Fülle eines kaum aufgearbeiteten, völlig diffusen und unübersichtlichen Materials macht es schwer, Wolfgers Weg dort zu verfolgen und seine Leistung zu erkennen. Wie in Passau, so steht auch in Aquileia nicht die kirchlich-religiöse Tätigkeit im Vordergrund, sondern die landesherrliche. Das bedeutet nicht, daß der Patriarch ein unfrommer Mensch gewesen wäre. Trotz Wolfgers weltlichen Liebhabereien und dem weitgehenden Schweigen der Überlieferung – wer das Risiko eines Kreuzzuges auf sich nimmt, bei welchem für ihn selbst nicht das allergeringste zu gewinnen ist, scheint über solchen Zweifel erhaben! Schließlich führten ganz bestimmte Erwartungen zu seiner Berufung nach Friaul; ihnen muß er vordringlich zu entsprechen suchen. Dieser Raum ist wegen der Verkehrssituation und der Lage zwischen Italienern, Deutschen und Slawen von höchster, brisanter Wichtigkeit. Darum haben die Herrscher seit Kaiser Konrad II. (1124–1139) stets darauf geachtet, daß nur solche Kleriker zu Patriarchen erhoben wurden, denen sie in politischer Hinsicht vertrauten. Viele Privilegien ergingen an Aquileia. Es sollte eine mächtige Vorburg der Kaiserherrschaft sein. Aber die Wirklichkeit sieht um 1200 anders aus. Die weltliche Macht des Patriarchen ist nicht allzu groß, überdies noch zersplittert und angefochten.

Das beginnt damit, daß dieser Sprengel kein rechtes Zentrum besitzt. Er heißt nach einer Stadt, die längst nicht mehr existiert. Aquileia ist ein winziges, offenes Dorf mit einem riesigen Dom, den Poppo von Treffen (bei Villach/Kärnten) in der ersten Hälfte des 11. Jahrhunderts über den umfänglichen Resten älterer Sakralbauten neuerrichtete. Cormons ist längst nicht mehr, Udine noch nicht regelmäßiger Residenzort des Patriarchen. Er hält zumeist in Cividale Hof, dem 'Forum Julii' der Römer, woraus der Landschaftsname Friaul ('Friuli') sich ableitet. Das Städtewesen ist wenig entwickelt, im Unterschied zum übrigen Oberitalien. Das Land wird von Burgen aus verwaltet; Friaul ist in erster Linie ein Raum des Adels.

Die meisten Burgen gehören den Grafen von Görz (ital. 'Gorizia'), welche – südlich der Alpen ganz ungewöhnlich, eher nördlicher Rechtsgewohnheit entsprechend – die Hochstiftsvogtei beanspruchen. Sie versuchen, den weithin germanisierten Adel zu ducken und ihre Befugnisse auf Kosten des Patriarchen auszudehnen. Das führt seit 1195 zu einer Gegenbewegung, einer Allianz zwischen den landsässigen Geschlechtern des Friaul und dem Metropoliten gegen das Haus Görz, das sich mit der Stadt Treviso verbündet, die ihren Einflußbereich ausweiten möchte. Peregrin erleidet am Tagliamento eine vernichtende Niederlage. Trotz diplomatischer Unterstützung des Herzogs von Österreich und Steiermark sowie der Grafen von Eppan (bei Bozen) und von Tirol (bei Meran) gleicht der Friedensvertrag, den er abschließen muß, einer Kapitulation. So dürfen die Grafen von Görz alles behalten, „was sie derzeit zu Recht oder gegen das Recht in Besitz haben" – und das ist nicht wenig! Überdies ist das Patriarchat völlig verschuldet. Kein Wunder, daß man im Metropolitankapitel geradezu verzweifelt nach einem Nachfolger Peregrins Ausschau hält, von dem man sich eine Linderung dieser drückenden Verhältnisse verspricht.

Wolfger wird nicht verschweigen, in welcher Lage man sich befindet. In groben Umrissen weiß er Bescheid. Aber das ist ihm nicht genug. In einer großen Landaufnahme – sicherlich der frühesten, die im Patriarchat durchgeführt wird – läßt er auf das genaueste zusammenstellen, mit welchen Rechten und Einkünften, aber auch mit welchen Einbußen und Belastungen er rechnen kann. Und es wird Hand angelegt – nicht im Alleingang; das wäre hoffnungslos. Erstmals beraten Patriarch und Landadel gemeinsam auf einem 'parlamentum', was zu tun ist. Es eröffnet sich der Weg zum Ständestaat. Eine Verwaltungsreform wird durchgeführt; Wolfger setzt – dem Wort nach auf eine langobardische Einrichtung zurückgreifend, der Sache nach das Beispiel der modernsten Landesherrschaften seiner Zeit nachahmend – Gastalden ein, absetzbare 'Beamte' in klar umgrenzten Bezirken, die er indessen aus den friulanischen Geschlechtern nimmt, so daß niemand verärgert ist. Und er geht an eine Umschuldung, die wirtschaftlich beträchtliche Erleichterungen schafft. Persönlich sucht er dafür in Venedig Kreditgeber; einen kennen wir, den wahrhaft 'königlichen Kaufmann' Bernardus Teutonicus.

Mit Meinhard II. und Engelbert III., den beiden Grafen von Görz, weiß sich der neue Patriarch leidlich zu arrangieren. Es hilft ja nichts; er kann sich als Peregrins Rechtsnachfolger nicht aus dessen Vertrag zurückziehen. Da ist es besser, mit einer Politik kleiner Schritte auf eine Milderung der harten Klauseln hinzuarbeiten. Wolfger verkehrt mit den zwei Vögten seines Patriarchats ausnehmend höflich. Er spart nicht mit Aufmerksamkeiten und zeichnet sie wiederholt in der Öffentlichkeit aus. Selbstverständlich sind sie es, denen er den Oberbefehl über das Friulaner Aufgebot anvertraut, als es 1205 zu einem Kriegsunternehmen gegen Istrien kommt. (Daß die beiden keinen Erfolg erringen, sondern recht beschämt zurückkehren müssen, kann dabei dem klugen Politiker nur lieb sein.) Aber bei aller Liebenswürdigkeit achtet der Patriarch peinlichst darauf, daß die Grafen von Görz die Schranken ihrer Befugnisse nicht überschreiten. Wenn sie sich Übergriffe leisten – was immer wieder geschieht –, müssen sie den angerichteten Schaden in einer Weise ersetzen, die langfristige Vorteile bringt. Notfalls wird ein Schiedsgericht angerufen oder der Papst darum angegangen, das Urteil zu sprechen. Einmal verhängt Wolfger über Meinhard den Kirchenbann, um ihn alsbald wieder aufzuheben – aber es hat sich gelohnt! Und für das, was er neu erwirbt, wird prinzipiell Vogtfreiheit festgelegt. Es ist eine kleindimensionierte Politik, aber die Gewinne summieren sich.

Eine wichtige Rolle spielt dabei, daß der Patriarch seinem Hof eine zuvor unbekannte gesellschaftliche Anziehungskraft zu geben weiß. Im ›Frauendienst‹ des Ulrich von Lichtenstein heißt es über Meinhard von Görz – freilich erst auf das Jahr 1224 bezogen, doch derartige Charaktereigenschaften pflegen sich frühzeitig auszuprägen –, „daß er sich sein Ansehen gern etwas kosten ließ“. Wolfger handelt entsprechend; indem er den Ruhm der Grafen erhöht, kann er diesen so mancherlei abgewinnen. Einmal ist es eine Schwertleite, welche die beiden Vögte mit großem Prunk durchführen. Der Patriarch ist bereit, daran mitzuwirken. Es macht auf die Zeitgenossen einen tiefen Eindruck, wie er – von zwei Suffraganbischöfen begleitet – angetan mit den Pontifikalgewändern persönlich den Waffensegen spricht und dabei nicht nur für die neuen Ritter betet, sondern auch für Meinhard und Engelbert, „diese besonderen Vorkämpfer Christi“. Höchst ungewöhnlich ist der Vorgang; der wohl selber anwesende Chronist interpretiert ihn: „Und man glaubte, daß diese Ehrung an feierlicher Stätte im Angesicht des ganzen Landes den mit dem Vorgänger des Patriarchen geschlossenen Frieden festigen und die Grafen zur Verteidigung der Kirche anspornen sollte.“

Hier trat wohl die Absicht, welche mit der Zeremonie verbunden war, fast allzu deutlich hervor. Auch Wolfgers Mäzenatentum, das er in Passau übte und nun in Aquileia fortsetzte, diente politischen Zielen, sollte Außenstehende für ihn einnehmen und bedeutete einen Beitrag zu seiner Selbstdarstellung, obwohl an der echten Kunstliebe des Patriarchen gar nicht zu zweifeln war. Genährt aus herrscherlicher ‘milte’, entsprach das eigentümliche kulturelle Klima an der ‘curia’ zu Cividale der historischen Mittlerfunktion von Fürst und Landschaft: Sowohl aus dem deutschen Norden wie aus dem italienischen Süden stammten die Dichter und Literaten, welche ihre Schöpfungen dort zu Gehör brachten. Wohl auf Einladung Wolfgers sang Walther von der Vogelweide auch in Friaul seine Lieder (– das ist wahrscheinlicher als die Annahme, er wäre erst unter dem Nachfolger Berthold von Andechs-Meranien dorthin gekommen –); ausdrücklich nannte er Cividale als einen der drei Höfe, an denen man ihm großzügig Gastfreundschaft gewährte:

„Wo mein Wein gelesen ist und die Bratpfanne für mich brutzelt.“

Aber vor Walthers „edlem Patriarchen ohne Tadel“ verlas auch der Florentiner Magister Boncompagni, ein großer Stilkünstler und gelehrter Rhetoriker, seine fingierten Briefe und Reden. Wie es scheint, hat ihm Wolfger dabei eine Ehrung bereitet, die einer Dichterkrönung entsprach, denn Boncompagni nannte den Patriarchen „den huldreichsten Vater und vorzüglichsten Wohltäter, der mich mit heiligem Kuß an seine Brust zog, mir in der Fülle des Wohlwollens Kleidung gab und mich in Anwesenheit der Domschüler mit dem Purpur schmückte, indem er der Verdienste um die Wissenschaft gedachte, nicht“ – wie es mit einem höfischen Bescheidenheitstopos dann weiter heißt – „meiner Person“.

Einer dieser Literaten kam sogar selber aus Friaul. Thomasin von Zirclaria entstammte dem Stadtpatriziat von Cividale. Nach langen Irrfahrten durch weite Teile Europas kehrte er nach Aquileia zurück und wurde zuletzt dort Domherr. Thomasin mag Wolfger auf mancher Reise begleitet haben; seine Lebenserfahrungen faßte er im ›Welschen Gast‹ zusammen, einem umfangreichen didaktischen Gedicht. Es ist die in Deutsch geschriebene Tugendlehre eines Romanen; die friulanische Oberschicht lebte zu Wolfgers Zeit noch zweisprachig; dies hing natürlich nicht zuletzt mit der Herkunft der Patriarchen zusammen, die auch in der Fremde am liebsten das heimatliche Deutsch redeten. Man ahmte den Sprachgebrauch bei Hofe nach; überdies waren die Adelsgeschlechter des Landes mit denen des Ostalpenraumes ohnehin vielfältig versippt und verschwägert. Und das Italienische? Wer aus Rom, Florenz oder Mailand kam, für den war der friulanische Dialekt weitgehend unverständlich; erst lange nach dem Endkampf der Staufer (– mit dem die Reihe der deutschblütigen Patriarchen aufhörte –) und vollends im Verlauf von Venedigs Eroberung der ‘terra ferma’ haben sich italienische Sprache und Kultur in Friaul stärker durchgesetzt. Als Fremdherrschaft wurde Wolfgers Regiment niemals empfunden.

Im Gegenteil! Durch den früheren Bischof von Paussau erlangte das Patriarchat als eigenständiger (– nicht gleichsam vom Kaisertum abgeleiteter –) politischer Machtfaktor eine gesteigerte überörtliche Bedeutsamkeit. Dies aber hing wiederum mit der allseits bekannten diplomatischen Geschicklichkeit Wolfgers unmittelbar zusammen. Lange hatte er sich aus den Wirren des deutschen Thronstreites herausgehalten. Aber nun zog man ihn um so stärker in die Auseinandersetzungen hinein.

Ganz anders als es Innocenz III. angenommen und erhofft hatte, entwickelten sich die Verhältnisse nördlich der Alpen. Schien es zeitweilig, als stünde das Ende der staufischen Sache unmittelbar bevor, so gewann nun Philipp von Schwaben langsam, aber sicher die Oberhand. Immer schlimmer wurden die Nachrichten aus Deutschland. Die Anhänger Ottos IV. ließen den Welfen im Stich. Selbst sein 'Königsmacher', der Erzbischof von Köln, ging zur Gegenseite über. Hilfsmaßnahmen des Papstes schlugen fehl. Endlich mußte sich Innocenz zu dem bitteren Entschluß durchringen, die Konsequenzen zu ziehen, sein antistaufisches 'unwiderrufliches Nein' zu widerrufen und, um nicht alles zu verlieren, die Verständigung mit dem Gegner zu suchen. Es war peinlich, aber unumgänglich. Wer außer Wolfger von Aquileia hätte die notwendige Geschicklichkeit, den erforderlichen Kredit bei Philipp und die erwünschte, unbedingte Diskretion besessen, die Verhandlungen zu führen? Alles mußte ganz geheim geschehen; selbst die bei der Kurie geführten Unterlagen schweigen über die Details. Dennoch besteht über Wolfgers diplomatisches Meisterwerk in den wesentlichen Fragen kein Zweifel.

Im päpstlichen Auftrag erscheint er im Juni 1206 bei König Philipp, doch in der Öffentlichkeit heißt es, der Anlaß sei die ausstehende Belehnung mit Aquileia (– die indessen reichsrechtlich gar nicht nördlich der Alpen vorzunehmen ist, wie sich der Patriarch eigens verbriefen läßt, um keinen Präzedenzfall für die Zukunft zu schaffen). Die Geheimverhandlungen gehen so erfreulich voran, daß sich Innocenz dafür bei seinem Unterhändler besonders bedankt. Im nächsten Sommer reist Wolfger abermals nach Deutschland, zusammen mit zwei Kardinälen, aber er ist der Generalbevollmächtigte. Damals verleiht ihm Philipp „wegen des Tatendranges, in Geschäften des Reiches zu Ergebnissen zu gelangen", „um der beständig gezeigten Ergebenheit willen" und „als Ersatz für die hohen Auslagen" die Reichsburg Monselice (südlich von Padua) mit dem dazugehörigen Gebiet – ein wahrhaft fürstliches Geschenk, das wohl bei vielen, die auf dem Hoftag anwesend sind, die Frage aufkommen läßt, um welche Dienste es sich dabei eigentlich handeln mag.

Der Teufel sitzt immer im Detail. Daran droht alles zu scheitern. So kann es sich Innocenz nicht leisten, Philipp als König anzuerkennen, wenn nicht zugleich sein bisheriger Schützling Otto IV. scheinbar von sich aus auf die Krone verzichtet. Die Wolfger eigene, unermüdliche Geduld und Zielstrebigkeit vermag endlich alle Klippen zu umschiffen.

Jeder steckt ein Stück weit zurück: Otto, Philipp, Innocenz, der mitbetroffene Erzbischof Lupold von Mainz. Der Welfe erhält die Anwartschaft auf den Thron, den er räumen muß; glücklicherweise besitzt sein Gegner keinen Sohn! Zwischen den beiden Königen sowie zwischen der Familie des Papstes und den Staufern soll die Aufnahme von Verwandtschaftsbeziehungen Brücken schlagen; Wolfger verabredet die entsprechenden Ehen. (– Erinnert sich niemand mehr daran, daß Innocenz über Philipp schrieb, er „stamme aus einer verfluchten Sippschaft von Kirchenverfolgern"? –) Der Unterhändler leistet ganze Arbeit; in einer Chronik heißt es dazu: „Der Patriarch von Aquileia, ein Mann von einzigartiger Tüchtigkeit und Redegewandtheit, stellte sich wie eine Mauer vor das Haus Gottes... und drang bei dem Herrn Papst und beiden Königen unermüdlich darauf, Frieden und Eintracht herbeizuführen." Wie er im Auftrag von Innocenz den allerersten Verhandlungsversuch unternahm, so kommt er nun – im März 1208 – als Bevollmächtiger Philipps zur abschließenden Vertragsredaktion nach Rom. Philipp hat ihm eigens dazu den Titel eines Reichslegaten verliehen; der Herr von Erla, Schwager einer Unfreien, ist zum Stellvertreter des Königs südlich der Alpen emporgestiegen!

Nach glücklich getaner Arbeit reist Wolfger über Viterbo, Siena, Lucca, Piacenza nach Norden. In Mailand vernimmt er die Nachricht von der Ermordung König Philipps. Der Patriarch kann es nicht glauben; um verläßliche Kunde zu erhalten, reitet er selber nach Mantua und von dort nach Verona, weil alle Nachrichten von jenseits der Berge über die Brennerstraße am schnellsten nach Italien gelangen. Es stimmt: Pfalzgraf Otto von Bayern hat den Staufer in Bamberg erschlagen; der Grund ist, daß seine Verlobte, eine der vier Töchter Philipps, im Rahmen der von Wolfger ausgehandelten Bedingungen dem Neffen des Papstes angetraut werden sollte und der Wittelsbacher deshalb beleidigt war.

Blitzartig hat sich die politische Situation verändert. Widerspruchslos erkennen die Fürsten Otto als König an. Während der Papst erleichtert seinen Gesinnungswandel zu verschleiern sucht, verlängert der Welfe unverzüglich dem Patriarchen das Amt; Wolfger bleibt Reichslegat in Italien. Doch zuvor erhält er den verdienten Lohn. Wertvolle Privilegien bestätigen Aquileias Besitzungen in Friaul, verheißen dauernden Schutz der Krone und begrenzen die Vogteirechte der Grafen von

Görz. Doch damit nicht genug! Der Mörder Philipps wird mitsamt seinem Anhang geächtet; darunter befindet sich Heinrich von Andechs-Meranien, der Markgraf von Istrien und Krain. Wolfger kann es erreichen, daß diese beiden Territorien, welche Friaul benachbart sind, ihm als Reichslehen übertragen werden! Damit verdreifacht sich seine Landesherrschaft. Ein Fürstenspruch bestätigt die Verleihung.

Es folgt der Romzug, umsichtig vorbereitet durch den Reichslegaten, obwohl er damals schwer erkrankt und nur langsam gesundet. In Ober- und Mittelitalien sind die Kronrechte in Unordnung geraten; der Patriarch bemüht sich mit nicht geringem Erfolg, sie gegen mancherlei Widerstand neu zu aktivieren. Aber gleichzeitig keimen Mißhelligkeiten zwischen Innocenz und dem Welfen auf, die auch das Verhältnis des Papstes zu Wolfger nicht unbeeinträchtigt lassen. Immer eigenwilliger wird Ottos Politik, vor allem seitdem er am 4. Oktober 1209 die Kaiserwürde in Sankt Peter zu Rom empfangen hat und nun um nichts mehr bitten zu müssen glaubt. Er achtet die getroffenen Vereinbarungen nicht, bricht unter zynischem Vorwand sein Wort, steckt die Ziele weiter und weiter, ohne nach Recht und Unrecht zu fragen. Wolfger sieht es mit Sorgen. Er kann diese Politik nicht mittragen. Am 2. Juli 1210 erscheint sein Name letztmalig in der Zeugenreihe einer Kaiserurkunde. Er zieht sich nach Aquileia zurück. Vier Monate später verhängt Innocenz III. über seinen ehemaligen Schützling Otto den Kirchenbann.

Der Kampf zwischen Otto IV. und Friedrich II., den der Papst dem exkommunizierten Kaiser entgegenstellt, vollzieht sich ohne Wolfgers Mitwirkung. 1214 kommt der Patriarch noch einmal nach Deutschland und nimmt an einem staufischen Hoftag teil. Der junge Herrscher bestätigt ihm in besonderer Freundlichkeit die Privilegien; Wolfgers Name gilt viel im Reich. Aber der stark gealterte Kirchenfürst bleibt nicht lange; es zieht ihn ins Friaul. Nur durch Drohbefehle kann ihn der Papst ein Jahr später dazu veranlassen, am großen ökumenischen Konzil in Rom teilzunehmen. Wolfger mag nicht mehr reisen. Er bestellt sein Haus.

Aus diesen letzten Lebensjahren besitzen wir eine Urkunde Wolfgers, vielleicht die einzige Schenkung zum eigenen Seelenheil, die er tätigte. Sie zeigt seinen praktischen Sinn und verrät wohl auch etwas über seine individuelle Frömmigkeit. Der Patriarch stiftet ein neues Hospital an der Straße nach Aquileia. Der Ort ist genau bedacht: Handel und Pilgerverkehr werden aus der Gründung Nutzen ziehen! An der Stelle pflegten bislang Räuber die Durchreisenden zu überfallen: Die geplante Einrichtung wird zugleich die Straßensicherheit wesentlich verbessern. Das Stiftungsgut ist reichlich bemessen; von den Einkünften soll ein Teil für Ausbesserungen der Trasse verwendet werden. Überschüsse sind ins Heilige Land zu überweisen; der Patriarch hat mit der muslimischen Obrigkeit in vier Städten – darunter Jerusalem und Damaskus – bereits die Abmachung getroffen, daß die übersandten Mittel als Almosen für christliche Gefangene dienen sollen. Die Gründung ist vogtfrei und darf niemals von einem späteren Patriarchen veräußert werden.

Es ist ein Dokument, welches bei aller spröden Formelhaftigkeit der Urkundensprache dennoch einiges von der Persönlichkeit des Stifters widerspiegelt: präzise in den rechtlichen Bestimmungen, umsichtig im Gesamtkonzept, durchdacht in jeder Einzelheit, von einer klaren Sachlichkeit und zugleich von einer merkwürdigen individuellen Wärme – eine 'vernünftige' fromme Gründung, gerade auch nach den Maßstäben unserer Gegenwart.

Wolfger von Aquileia starb am 23. Januar 1218. Einen Tag bevor es mit ihm zu Ende ging, bezahlte er alles auf Heller und Pfennig, was er seinen Dienern zu geben noch schuldig war. Das Grab ist verschollen, die darauf angebrachte Inschrift jedoch überliefert. Sie nimmt – höchst unvollständig und auf einen allerdings gewichtigen Einzelfall aus dem Jahr 1216 beschränkt – auf den politischen Unterhändler und Friedensvermittler Bezug, der er das ganze Leben hindurch gewesen ist:

„Wolfger, der Ansehen und Macht des Patriarchats wiederherstellte. Unter all dem vielen, was er klug betrieb, hat er die Menschen aus Padua und Treviso wieder mit der Stadt Venedig versöhnt."

Anscheinend fehlte eine religiöse Formel, die bei allem Sündenbewußtsein eine ewige Hoffnung aussprach. Doch konnte es einen passenderen Nachruf geben? Schon Innocenz III. nannte Wolfger einmal „einen Träger von Worten des Friedens und der Eintracht". Und dieses Urteil war gewiß berechtigt.

FRANZISKUS VON ASSISI
(* 1181/82 † 1226)

Als Otto IV. im September 1209 zur Kaiserkrönung südwärts durch Umbrien zog, nahmen seine stolzen Ritter kaum Notiz von einer frommen Büßerschar, die unterhalb der Bergstadt Assisi in Feldscheuern und bei ruinösen Landkapellen ihr bescheidenes Wesen trieb. Aber auch die Bettelgemeinschaft ließ sich nicht durch den glanzvollen Zug beeindrucken. Ihr Anführer Franziskus kam nicht einmal aus seiner versteckten Bleibe heraus – einem überdachten Pferch bei einem gewundenen, ausgetrockneten Bachbett (Rivotorto) – und überließ es einem Gefährten, den zukünftigen 'Imperator Augustus' an die Kurzlebigkeit irdischen Ruhmes zu erinnern.

Ein schärferer Kontrast scheint kaum denkbar, als er zwischen beiden bestand: einerseits dem 'Vogt der Christenheit', 'Verteidiger der Kirche' und 'Kaiser des Heiligen Römischen Reiches' Otto und andererseits dem 'kleinen und geringen Bruder Franz', wie sich dieser selbst zu bezeichnen pflegte. Sie waren annähernd im gleichen Alter: der hochadlige Welfe, Sohn des königsgleichen Herzogs Heinrich des Löwen, der unerhört selbstbewußt, aber letztlich erfolglos daran ging, die Welt zu erobern, und das Kaufmannskind, das in demütiger Bereitschaft zu radikalem Verzicht die Welt verließ und gerade damit gegen seinen Willen einer der erfolgreichsten Heiligen der Geschichte wurde. Im selben Jahr 1209 beugten sie vor dem gleichen Papst das Knie: Otto bei der Kaiserkrönung, als er den Auftrag beschwor, den christlichen Glauben zu schützen (was er niemals tat); Franziskus schon einige Monate zuvor, anläßlich der Bitte um Genehmigung seiner selbstgefundenen Lebensform, was ihm der Legende zufolge Innocenz III. auf Grund des Traumgesichts bewilligte, dieser unscheinbare Mann sei von Gott dazu berufen, den ins Schwanken geratenen Bau der Kirche zu stützen.

Ungeachtet des immensen Standesunterschiedes zwischen dem deutsch-anglonormannischen Fürstensproß und dem umbrischen Kaufmannssohn klafften die Jugendideale beider anfänglich gar nicht so weit auseinander. Franziskus, eines von mindestens drei Kindern des vermögenden Tuchhändlers Pietro Bernardone, der verschiedene Häuser in Assisi besaß und vor allem im Frankreich-Geschäft engagiert war, bewunderte vornehmen Lebensstil und adlige Gesittung. Er hoffte, einmal den Ritterschlag zu empfangen, mochte dies auch für einen Stadtbewohner ungewöhnlich sein (– in Deutschland mehr als in den italienischen Kommunen). Daß seine Mutter Pica edlen Blutes und französischer Herkunft gewesen sei, ist nur eine späte, unhaltbare Legende. Die Familie gehörte dem Bürgerstand an. Franz kämpfte selbstverständlich im städtischen Aufgebot gegen das benachbarte Perugia mit, was ihm infolge des unglücklichen Gefechtes bei Collestrada im November 1202 einjährige Kriegsgefangenschaft und schwere Krankheit einbrachte; möglicherweise hat ihn der Vater gegen teures Geld freigekauft. Als Dreiundzwanzigjähriger erwog er, als Knappe nach Apulien zu ziehen. Zeitlebens liebte er das Französische (Provenzalische?), die Sprache der höfischen Standespoesie, die man auch in Italien in den vornehmeren Kreisen verstand. Franziskus dichtete, wie es sich für einen Ritter schickte, und er träumte sich in den ritterlichen Minnedienst hinein, bis er erfuhr, daß seine Dame Frau Armut sein sollte. Bereits vor der Bekehrung war er über den angestammten Lebenskreis hinausgewachsen.

Bei aller Unvergleichlichkeit darf das Franziskus-Leben nicht isoliert in den Blick genommen werden. So individuell sich seine Entwicklung gestaltete, so sehr entsprach sie doch den sozialen Gegebenheiten und vor allem der religiösen Zeitstimmung; sonst wäre der unerhörte Anklang, den Franziskus fand, schlechterdings unbegreiflich. Da war die Geburtsstadt, eine antike Gründung am Hang eines Vorberges des Monte Subasio. 1167 kam Barbarossa nach Assisi, um die politischen Verhältnisse in Mittelitalien in seinem Sinn zu ordnen. Der Platz wurde Verwaltungszentrum und Militärstützpunkt. Als es nach dem frühen Tod Heinrichs VI. (1197) zur Krise der Krongewalt kam, revoltierte auch Assisi. Die Bürger belagerten und zerstörten die Burg. Franziskus mag als Sechzehnjähriger daran beteiligt gewesen sein; daß der Reichsgedanke jemals eine prägende Kraft für ihn besessen habe, läßt sich bestimmt nicht behaupten.

Bis zum heutigen Tag ist Assisi Vorort eines wesentlich agrarischen Gebiets. Pietro Bernardone gehörte zu den bessergestellten Einwohnern. Während einer Geschäftsreise nach Frankreich wurde ihm 1181 oder 1182 der Sohn Giovanni geboren, den er nach der Rückkehr in 'Franziskus' umbenannte. (Der Name war damals selten, läßt sich aber schon eher belegen.) In dem Städtchen tat sich Franz als Anführer einer Schar Gleichaltriger bei Spiel und Tanz hervor; Leitungsqualitäten hat er früh bewiesen. Der heimische Adel war zerstritten. Was Bürgerkrieg bedeutet, erfuhr Franz schon in Jugendjahren. Die Friedenspredigten in Arezzo und andernorts entsprangen eigenem Erleben. Die Legende hat sie bildhaft als Teufelsaustreibungen beschrieben.

Für zahlreiche Mittelitaliener ist die starke Heimatverbundenheit geradezu typisch. Franziskus hat sie niemals abgeschüttelt. Die Geschichte kennt nicht eben viele Heilige, welche nach ihrer Konversion in der altvertrauten Umgebung blieben, denn „der Prophet gilt nirgends weniger als in seinem Vaterland" (Matth. 13,57). Franziskus gehört zu diesen Ausnahmen. Seine Pläne, Distanz zur Heimat zu gewinnen, scheiterten. Begonnene Reisen nach Apulien, Frankreich, Marokko und Dalmatien gab er umgehend wieder auf. Der Aufenthalt beim Kreuzfahrerheer in Ägypten (1219) bildete einen besonders motivierten Ausnahmefall; übrigens ist Franz sehr rasch zurückgekehrt. Sein Dasein vollzog sich in Umbrien und den Nachbarlandschaften; hier machte Franz alle wichtigen Lebenserfahrungen. Vor allem wollte er in der Heimat sterben, nackt auf dem bloßen Erdboden liegend.

Neben der Ortsbeständigkeit steht die Zeitgebundenheit. Seit der Mitte des 11. Jahrhunderts begann sich die Frömmigkeit zu verändern. Zuvor bildete die Gestalt des erhabenen Weltenrichters Christus die Mitte des Glaubens. Mit banger Angst harrte man seiner Wiederkehr am Ende der Zeiten. Man fürchtete die Rache des beleidigten Gottes. Nun besann man sich immer stärker auf die Verheißung gnädigen Erbarmens, die Niedrigkeit des Heilands, sein demütiges Erdenleben, die Verächtlichkeit und Grausamkeit des Kreuzestodes zur Errettung der Sünder. Der 'arme Jesus' blieb nicht lediglich Meditationsgegenstand, sondern wurde zum Vorbild für die eigene Lebensgestaltung. Der Armutsgedanke, selbst die Armutsmystik waren keine Neuerungen, die erst der 'poverello' von Assisi 'entdeckte'. Nicht wenige waren auf dem gleichen Weg, freilich kaum einer in der demütigen Radikalität des Franziskus. Neue Orden kamen auf, deren spiritueller Ansatz nicht zuletzt der Vergegenwärtigung der leiblichen Erscheinung des Mariensohnes und seiner heiligen Mutter galt: Zisterzienser, Prämonstratenser, Karthäuser. Und liebte Jesus nicht gerade die Geringsten am meisten? Die zunehmende soziale Differenzierung mit ihren bislang unbekannten Existenznöten der gesellschaftlich Benachteiligten lehrte neue Fragen zu stellen. Da war Waldes, der reiche Kaufmann aus Lyon, der – durch eines Straßensängers frommes Lied vom heiligen Alexius zu Tränen gerührt – alles hingab, um „die eine köstliche Perle zu erwerben", von welcher das Evangelium berichtet (Matth. 13), auch wenn es ihn mit der Hierarchie in Konflikt führte. Da war Bernardus Primus mit seinen 'lombardisch Armen'. Und da waren die Katharer, Mitglieder einer unheimlich um sich greifenden Sekte im Untergrund, die mit dem Armutsideal warb und dazu aufforderte, mit der saturierten, allzu reich gewordenen Kirche zu brechen, weil sie gar nicht das wahre Heil der Seelen verwalte.

Kein Wunder, daß die offiziellen Vertreter der katholischen Lehre Mißtrauen hegten. Drohte hier nicht Umsturz der Gesellschaftsordnung, ja eine Kirchenkritik, welche der subjektiven Selbstheiligung das Wort redete und die objektive Gnadenvermittlung durch Priestertum und Sakramente für überflüssig hielt? Mit steigender Verhärtung reagierte man auf die neuen Töne. Schließlich war jeder Lobpreis freiwilliger Armut dem Verdacht der Ketzerei ausgesetzt, soweit er nicht in den Aufruf einmündete, sich um des frommen Ideals willen einem der approbierten Mönchsorden anzuschließen.

Auch Franziskus hat solchen Argwohn schmerzhaft erfahren. Aber es war sein großes, geradezu unerhörtes Glück, daß er das ganze Leben hindurch beim Bischof von Assisi Verständnis, Vertrauen und Unterstützung fand. Guido II. bestieg den Stuhl des hl. Rufinus, bevor der Kaufmannssohn seinem Dasein den neuen Inhalt gab. Er hüllte ihn schützend in den eigenen Mantel, als sich Franz vom Elternhaus trennte und die Kleider in aller Öffentlichkeit dem Vater zurückgab. Nur auf Guidos persönliche Empfehlung hin genehmigte Innocenz III. dem Büßer und seinen Gefährten die selbstgefundene Regel. Der Bischof beherbergte den Schwerkranken; er las dem Verstorbenen die Exequien, und er war noch dabei – vierzehn Tage vor seinem eigenen Tod –, als man Franz zur Ehre der Altäre erhob.

Guido von Assisi hatte sich nicht getäuscht. Der rigoroseste Heilige, den es wohl jemals bezüglich der eigenen Lebensgestaltung gab, war kein Revolutionär. Sein Sonderweg bedeutete persönliche Buße, nicht Protest gegen die beklagenswerten Zustände in Welt und Hierarchie. Davor bewahrte Franziskus die unvergleichliche Demut, und nicht minder das unerschütterliche, kindhafte Vertrauen zur 'Mutter Kirche' und zu allen ihren Dienern. Bei der Entkleidungsszene vor dem Bischofspalast von Santa Maria Maggiore war die Flucht vor dem rauhen Zugriff des leiblichen Vaters in die offenen Arme des Priesters über die aktuelle, konkrete Notsituation hinaus ein eindrucksvoller Beleg für diese ganz ursprüngliche Glaubensbindung. Wenn Franz einzelne ruinöse Landkapellen restaurierte, so bedeutete das immer zugleich Dienst an der ganzen 'ecclesia catholica'; daran lassen schon die frühesten Biographen keinen Zweifel, wie Bruder Thomas von Celano, der den Heiligen noch persönlich kannte. Zeitlebens hing Franz mit vollem Herzen an seiner Kirche, auch wenn er manchmal die Handlungs- und Entscheidungsweise der Verantwortlichen nicht verstand oder gar unter ihr litt. Er hat sich selbst im Testament dazu geäußert: „Gott gab und gibt mir solchen Glauben an alle Priester, die nach der Ordnung der Heiligen Römischen Kirche leben, daß ich meine Zuflucht auch dann zu ihnen nehmen wollte, wenn sie mich verfolgten. Und wenn ich soviel Weisheit wie Salomon besäße und zu armseligen Priestern ohne jede Gelehrsamkeit käme, so würde ich mir niemals herausnehmen, gegen ihren Willen in ihren Kirchen zu predigen. Alle Zeit will ich die Priester als meine Herren fürchten, lieben und ehren."

Denn dies stand von Anfang an fest und wurde niemals in Zweifel gezogen: Der neue Weg des Franziskus verlief innerhalb der Kirche, nicht – wie bei vielen religiösen Enthusiasten jener Zeit – aus ihr heraus. Die 'conversio' erfolgte nicht plötzlich, sondern in einer Kette von Einzelschritten und zog sich über fast fünf Jahre hin. Sie begann, als Franz zweiundzwanzig war. Im Mittelalter wurden die Menschen frühzeitig erwachsen; Franz war kein unerfahrener Jüngling mehr. Geachtet und anstellig, arbeitete er als 'Junior-Chef' im väterlichen Tuchgeschäft. Anscheinend ein 'normales' Bild – nur in seinem Lebensstandard und bei Geschenken erwies sich Franz gelegentlich als sehr großzügig, was Pietro Bernardone wohl manche Sorgen und einigen Verdruß bereitete. Doch seit der Entlassung aus der Kriegsgefangenschaft und der langwierigen Genesung war der Sohn in einer unbefriedigten, zwiespältiggrüblerischen Seelenverfassung. Mehrfach wurden Pläne verworfen, begonnene Aktionen abgebrochen.

Schrittweise tritt – unbegreiflich und unerklärbar – eine andere Wirklichkeit in das Leben dieses Menschen. Man findet dafür in den Büchern verschiedene Wörter: exogene oder endogene Geisteskrankheit, neurotische Exaltiertheit, altruistisches Sozialengagement, Künstlertum, spirituelle Genialität, Begegnung mit dem Numinosen, persönliche Anrufung Gottes. Es bleiben Chiffren; scheinbar stützende Belege lassen sich für alle aus der Überlieferung beibringen. Aber sämtliche Quellen schildern den Vorgang aus erheblichem zeitlichen Abstand im Nachhinein von festgelegten Positionen aus; bestenfalls geben sie einen äußerlichen Ereignisrahmen, den man durch psychologische, soziale oder religiöse Konstrukte zu füllen versuchen kann. Sogar das Selbstzeugnis im Testament – zwanzig Jahre später niedergeschrieben – macht davon keine Ausnahme. Bekennen wir lieber ehrlich, daß dem kritischen Historiker hier nur ein 'ignoramus' und wohl auch ein 'ignorabimus' zu sagen erlaubt ist.

Kann man den Vorgang nicht wissenschaftlich deuten, so doch beschreiben. Der neue Weg beginnt als Dienst am Hause Gottes und als Dienst am Mitmenschen. Die Leprosenfürsorge wird das erste fromme Betätigungsfeld des Kaufmannssohnes; sie erfordert ein besonders hohes Maß an Selbstüberwindung. Der Aussatz war im Mittelalter eine furchtbare Geißel, der man hilflos gegenüberstand. Wen die Krankheit befiel, der wurde ausgestoßen und mußte außerhalb der Ortschaften an verfemten Plätzen elendiglich dahinvegetieren. Er ermangelte der notwendigen Kleidung, Ernährung und Pflege. Sein Anblick verbreitete Schrecken. Franziskus schrieb später selbst darüber: „Diese Kranken auch nur anzusehen, schien mir hart und allzu bitter. Aber Gott führte mich unter sie, so daß ich Barmherzigkeit an ihnen übte. Und plötzlich wurde mir zur Süßigkeit, was zuvor Ekel verursacht hatte. Kurze Zeit verstrich, und ich verließ die Welt."

Im Einklang mit solchen ganz ungewöhnlichen Beweisen der Mitmenschlichkeit entsteht eine neue Bereitschaft zum Dienst an der Kirche. Als Franziskus im Spätherbst 1205 einsam in San Damiano betet, einer ruinösen und verwahrlosten Kapelle außerhalb der Stadtmauer im Süden von Assisi, glaubt er, vom Kruzifix über dem Altar her den Anruf zu vernehmen: „Siehst du nicht, daß mein Haus zerstört wird? Geh und stelle es wieder her!" Schon in den ältesten Legendensammlungen wird der Befehl im übertragenen Sinn als Auftrag zur Unterstützung der gesamten 'ecclesia catholica' aufgefaßt, doch Franz versteht ihn wörtlich: Es geht eben um jenes Kirchlein San Damiano. Er entnimmt der Ladenkasse im häuslichen Geschäft einen größeren Betrag und bringt ihn dem zuständigen Pfarrer (– der gleich Bedenken hegt und die Summe vorsichtshalber nur in Verwahrung nimmt. So kann Franz das Geld später vollständig zurückerstatten, als es darüber zum Konflikt mit dem Vater kommt). Aber bedeuten nicht bereits Arbeitslohn und Materialkauf um Geldeswert eine Distanzierung, wo vielmehr persönlich-unmittelbarer Einsatz gefordert wird? Franz konkretisiert das Gotteswort noch stärker, legt selber Hand an, erbettelt Steine und vermauert die klaffenden Risse.

Dieser buchstäbliche Gehorsam ist lebenslang eine seiner typischen Verhaltensweisen. Die mittelalterliche Exegese kennt – als Erbe der patristischen Theologie aus der Spätantike – die Lehre vom vierfachen Schriftsinn. Jeder Bibelvers läßt sich wörtlich, moralisch, allegorisch und analogisch interpretieren. So kann man geistreiche Querverbindungen ziehen, unerwartete Nutzanwendungen ableiten und gewaltige Gedankengebäude von eindrucksvollem Tiefsinn auftürmen. Franz aber ist nach dem Sprachgebrauch seiner Zeit ein 'idiota', trotz der für den Kaufmannsberuf damals bereits notwendigen Schriftkundigkeit und einiger Lateinkenntnisse nicht schulmäßig gebildet, und er zeigt sich bis zu seinem Ende mißtrauisch gegenüber den dialektischen Künsten der studierten Theologen und Juristen. Hat nicht der Herr gesagt: „Eure Rede sei ja ja, nein nein?" (Matth. 3, 37) Franz fragt ausschließlich nach dem Litteralsinn; ihn sucht er wörtlich zu erfüllen.

Heilige Einfalt! Doch die 'hohe, hehre Frau Simplicitas' ist eine der Herrinnen, denen der ritterlich gesonnene Bürgersohn den allertreuesten Dienst anträgt. Weil er dem fordernden Anruf Gottes in San Damiano nicht durch ein interpretatorisches Alibi ausweicht, gerät sein ganzes Leben in neue Bahnen. Das bedeutet schmerzliche Konflikte, unter denen der warmempfindende Mann tief leidet. Aber er kann nicht zurück. Der Bruch mit dem Vater wird unvermeidlich. Franziskus nimmt den Haß der Familie und den Hohn der ganzen Stadt auf sich. Man lacht ihn aus, wirft mit Steinen nach dem einsam Gewordenen, der das graue Gewand der Eremiten angelegt hat. Er lebt für die Leprosen, diese Ärmsten der Armen, und repariert weiterhin baufällige Kirchen. Dennoch: der zukünftige Weg bleibt unklar.

Am 24. Februar 1208, dem Matthias-Tag, besucht Franz die kleine Portiuncula-Kapelle in der Ebene unterhalb der Stadt. Er hat sie selbst ausgebessert und hört nun darin die Messe, auf ein Zeichen des Himmels wartend. Da trifft ihn die Evangelien-Lesung wie ein Schlag: „Geht und predigt: Das Himmelreich ist nahe herbeigekommen. Heilt die Kranken, weckt die Toten auf, reinigt die Aussätzigen, treibt die Teufel aus. Umsonst habt ihr's empfangen, umsonst sollt ihr es weitergeben. Ihr sollt weder Gold noch Silber noch Geld im Gürtel tragen. Nehmt keinen Ranzen mit auf den Weg, nicht zwei Röcke, keine Schuhe und keinen Stab.... Wenn ihr ein Haus betretet, so grüßt es mit dem Segen: Friede diesem Hause.... Und wenn euch keiner aufnehmen und eure Predigt hören will, so geht hinaus aus Haus und Stadt und schüttelt den Staub von euren Füßen." (Matt. 10,7–14).

Thomas von Celano berichtet, Franziskus habe darauf mit dem Satz geantwortet: „Das ist's, was ich will; das ist's, was ich suche; das verlange ich aus Herzensgrund zu tun." Die Verse werden in jener wörtlichen Befolgung, die ihm zu eigen ist, die Richtschnur seines Lebens. Er trägt fortan eine dunkle Kutte aus grobem Tuch und geht barfuß der Wege, nur mit einem Strick gegürtet. Erst jetzt wird der Armutsgedanke, tiefer und radikaler gefaßt als im bisherigen Mönchtum, zur Mitte franziskanischen Fühlens, Wollens und Tuns. Darum kann Franz nicht in einen bestehenden Orden eintreten; es kommt zu einem monastischen Neubeginn eigenster Prägung.

Denn gerade in der unüberbietbaren Konsequenz entspricht das Konzept apostolischer Armut, wie es Franziskus tatsächlich verwirklicht, dem zeitgenössischen Frömmigkeitsanliegen in einzigartiger Weise. Es ist ein Dasein am Rande der menschlichen Existenzmöglichkeit, und eben deshalb findet es in steigendem Maße Bewunderung und bald auch Nachfolge – zuerst von ganz wenigen, dann einer steigenden Zahl, zuletzt gar allzu vielen. Die Jünger des Franziskus nennen sich 'Büßer von Assisi', 'die Geringen', 'Minderbrüder'. Keineswegs sind es nur Angehörige einer bestimmten sozialen Klasse. Schon unter den ersten Minoriten finden sich ehrbare Kaufleute und Handwerker, Mitglieder der verachteten Unterschicht, Stadtkinder, welche der Überdruß an der Hetze des bürgerlichen Erwerbsstrebens überfällt, Bauern, die über der sinnlos anmutenden tagtäglichen Plackerei verzweifeln, aber auch einzelne Adlige, Gelehrte und selbst Geistliche.

Franziskus hatte sicher nicht beabsichtigt, einen neuen Orden zu gründen. Die Bruderschaft wächst, indem sich Menschen um ihn scharen, die er nicht abweist. Die alte Lebensform genügt ihnen nicht, und sie hoffen auf Frieden mit Gott, indem sie sich Jesu armes Leben zum Vorbild nehmen. Doch wie kann diese Gemeinschaft ihre Normen finden? Das Beispiel des Franziskus genügt dafür nicht; anfänglich ist ersichtlich auch er immer noch ein Werdender.

Die Legende hat die Szene festgehalten, wie die ersten drei Brüder, in Zweifel über die Gestaltung ihres Büßerdaseins, auf den Vorschlag des Franziskus hin übereinkommen, das Neue Testament gleichsam wie ein Orakel zu befragen. Die Schriftworte, auf welche der Blick zuerst fällt, sollen verbindlich sein. Vor dem Altar der Marktkirche kniend, öffnet Franz das Buch und findet: „Willst du vollkommen sein, so gehe hin, verkaufe alles, was du hast, und gib es den Armen, und du wirst einen Schatz im Himmel erwerben." (Matt. 19,21) Beim zweiten Mal liest er: „Ihr sollt nichts mit euch auf den Weg nehmen. ..." (Luk. 9,3) Noch ein drittes Mal schlägt er die Bibel auf: „Wer mir nachfolgen will, der verleugne sich selbst..." (Matth. 16,24) Franz mahnt die neugefundenen Gefährten zu umgehendem, wörtlichem Gehorsam. „So beeilte sich nun Herr Bernhard, der sehr reich war, und verkaufte seine ganze Habe. Als er das Geld beisammen hatte, verteilte er alles an die Armen der Stadt. Auch Petrus erfüllte nach bestem Können Gottes Rat. Nachdem beide alles weggegeben hatten, nahmen sie die Kutte, und zwar in derselben Weise wie zuvor der Heilige."

Völlige Besitzlosigkeit, demütiger Gehorsam und bedingungslose Nächstenliebe bleiben nicht die einzigen Intentionen. Nahegelegt durch die Portiuncula-Perikope, treten das lobpreisende Gotteszeugnis und die Ermahnung der Gemeinde hinzu. Die Minoriten drängen sich, den missionarischen Dienst gegenüber Heiden und lauen Christen zu übernehmen. Freilich sind außerhalb der Diözese Assisi, wo sie die Förderung durch Bischof Guido erfahren, die Anfänge alles andere als ermutigend. Als Franz die ersten Jünger aussendet – jeweils zu zweit, darin das Vorbild Christi nachahmend (Luk. 10,1) –, stellt sich keinerlei Erfolg ein. „Aus manchen Gegenden vertrieb man die Brüder, weil man annahm, sie wären Ketzer. ... Deshalb mußten die Brüder von Geistlichen und Laien viel Ungemach erleiden. ... Verängstigt und hart mitgenommen, auch von Räubern ausgeplündert und verprügelt, kehrten sie in tiefer Traurigkeit zu Franziskus zurück." Laienpredigt gilt eben als deutliches Kennzeichen für Irrglauben und Ungehorsam gegenüber der katholischen Hierarchie! Und selbst wo man von der Rechtgläubigkeit überzeugt ist, möchte man im Klerus auf die unerbetene Konkurrenz lieber verzichten; Franz selbst hat es in Imola erfahren.

Nicht zuletzt aus solchem Grund muß man Wert darauf legen, daß die höchste kirchliche Autorität die Gemeinschaft und ihre Anliegen bestätigt. Im Frühsommer 1209 pilgern die Brüder – inzwischen zwölf an der Zahl – nach Rom und empfangen von Papst Innocenz III. die mündliche Genehmigung ihrer Lebensform. Franz hat sie aus einer Anzahl von Bibelstellen selbst zusammengestellt; mit einer Mönchsregel im herkömmlichen Sinn besitzt dieser Text wenig Ähnlichkeit; er erweist sich denn auch als unbrauchbar und ungenügend, als sich immer mehr Menschen entschließen, Jünger des 'poverello' zu werden. Vor allem bedeutet es auf den Predigtreisen ein Hindernis, daß man die päpstliche Approbation nicht vorweisen kann. Erst die schriftliche Bestätigung einer neuen, praktikableren Regel durch Honorius III. führt eine veränderte Situation herbei.

Es ist das harte Jahrzehnt nach dem Portiuncula-Erlebnis 1208, über welches in den Quellen jener zarte, beglückende Zauber gebreitet ist, der jeden empfindsamen Leser in seinen Bann zieht. Wie es der Art der Legende entspricht, werden Traditionssplitter in fromm-verehrender Erzählfreude immer weiter ausgesponnen, aber unverkennbar sind es echte Erinnerungen, die vielen der kleinen Geschichten zugrunde liegen. Das ganze nördliche Mittelitalien ist der Schauplatz. Im Jubel über die neugefundene Gotteskindschaft zieht Franziskus mit einem Begleiter übers Land, „und wie sie ihres Weges dahinschritten, frohlockten sie laut im Herrn, und der Heilige sang mit heller Stimme in französischer Sprache Lieder zum Preise des Allerhöchsten". „Manchmal nahm er ein Holzstück von der Erde auf, legte es über den linken Arm, faßte mit der Rechten einen Stock, der ihm als Bogen diente, und strich über das Scheit, als ob er auf einer Geige spielte. Dazu bewegte er sich in entsprechendem Rhythmus und sang ein französisches Lied vom Herrn Jesus Christus. Zuletzt pflegten sich alle diese Lieder und Tänze in Tränen der Rührung aufzulösen." „Trunken vor Liebe und Mitleid gegenüber dem

Heiland, konnte der selige Franz bisweilen die süße Melodie, welche in seinem Herzen erklang, nicht bei sich behalten." Der arme Büßer Franziskus wird damit zum Dichter. Der 'Sonnengesang' steht am Anfang der volkssprachigen italienischen Poesie. Alle Kreatur wird aufgefordert, den Schöpfer zu rühmen: Sonne, Mond und Gestirn, Wind und Wetter, Feuer und Wasser, Erde und Tod.

Nicht pantheistisch ist dieses Lebensgefühl (wie in der Literatur gelegentlich behauptet wurde), sondern pankreatürlich. Im Aufblick zu Gott erlebt Franziskus sich und die Natur als Geschöpfe des gleichen Vaters (was übrigens einen grundsätzlichen Unterschied zum Dualismus der zeitgenössischen Katharer darstellt). Darum sind die Tiere seine lieben Brüder und Schwestern: Schwalbe und Lerche, Falke und Fasan, Hase und Lämmlein, selbst Grille und Biene. Als Gotteswerk liebt er die Blumen, die Saaten, den Wald. Hier tut sich eine folgenreiche Veränderung kund: Wo in der älteren Hagiographie überhaupt der Natur gedacht wurde, war sie meistens ein Schauplatz dämonischer Gefährdung. In den Franziskus-Legenden erscheint sie entzaubert und liebenswert. Es gibt zwar einige Geschichten, die in übertriebenem Märchenton erzählt sind (– 'Der Wolf von Gubbio' ist wohl die bekannteste –); aber sie gehören einer jüngeren, sich vom wirklichen Franz bereits entfernenden Überlieferungsschicht an.

Der Zuneigung zur Natur entspricht die Fürsorglichkeit im Umgang mit den Menschen. Es gibt dafür viele Belege; sie berichten ebenso von äußerer Hilfeleistung wie von verinnerlichtem, rücksichtsvollem Zartgefühl. Bei aller asketischen Strenge der franziskanischen Lebensform bleibt die Liebe stets das erste Gebot. „Eines Nachts, als die andern ruhten, schrie einer der Jünger auf: 'Ich sterbe, Brüder, seht doch, ich sterbe vor Hunger!' Sogleich stand der gute Hirte auf und beeilte sich, seinem armen Schäflein mit allem Notwendigen zu Hilfe zu kommen. Er deckte den Tisch mit mancherlei Eßbarem, wobei Wasser, wie so oft, den Wein ersetzen mußte. Dann begann er selbst als erster zu essen und lud auch die Brüder dazu ein, damit jener Hungernde nicht vor Scham vergehen sollte." Das ist kein Einzelfall. Die Klugheit der Liebe entscheidet, ob einmal die Härte der Buße zu durchbrechen ist.

Franz will nicht, daß man ihn für vollkommen hält, denn das ist Gott allein. Als er sich von einem Krankheitsanfall erholt hat, bei dem ihn die Brüder auf das sorgfältigste pflegen, tritt er vor das Volk von Assisi:

„Ihr alle meint, ich sei ein heiliger Mann. Ich muß aber vor Gott und euch gestehen, daß ich während meiner Bettlägerigkeit Hühnerfleisch und Fleischbrühe zu mir genommen habe." Die Demut weiß, daß sie allezeit die Vergebung nötig hat, die nur Christus schenken kann.

Was die Quellen über die franziskanische Fröhlichkeit erzählen, entspringt keinem flachen Optimismus. Sie erwächst zwischen Tränen. Sowohl die Freude wie die Leidensfähigkeit des Franziskus wurzeln in der Nachahmung des armen Jesus-Lebens und der Vergegenwärtigung seiner Passion. Eine späte Legende, die jedoch einen echten Kern bewahrt haben dürfte, berichtet von einer Winterreise zusammen mit Bruder Leo. Bei Frost und Regen belehrt der Heilige seinen Begleiter, „daß nur im Kreuz die vollkommene Freude zu finden ist"; „schreibe es auf, Bruder Leo, schreibe es auf!"

Man besitzt eine ausführliche Beschreibung des Franziskus aus der Feder eines Augenzeugen – im Hochmittelalter eine exzeptionelle Seltenheit. Thomas von Celano schildert ihn folgendermaßen: „Er war ein Mann von lebendiger Beredsamkeit, mit fröhlichem und gütigem Gesichtsausdruck, frei von jeglicher Feigheit oder Überheblichkeit. Von mittelgroßer, eher kleiner Gestalt, hatte er einen nicht sonderlich großen, runden Kopf, ein ovales Gesicht, eine ebene, niedrige Stirn. Die Augen waren mittelgroß, dunkel und freundlich, die Haare dunkel, die Augenbrauen gerade, die Nase ebenmäßig und klein, die Ohren eng anliegend und zierlich, die Schläfen flach. Seine Sprache war einnehmend, voll Feuer und Geist, die Stimme kräftig, angenehm, klar und wohlklingend. Die Zähne waren dichtgeschlossen, etwa gleichmäßig groß und weiß, die Lippen zart und leicht geschwellt. Der Bart war dunkel und etwas dünn. Der schmale Hals ruhte auf geraden Schultern. Er besaß kurze Arme mit zarten Händen und feinen Fingern, die Nägel etwas länglich geformt. Seinen mageren, schmächtigen Körper mit den dünnen Beinen und kleinen Füßen bedeckte ein rauhes Gewand."

So sah der Kaufmannssohn aus, der zum Bettler und Bußprediger geworden war und um den sich von Jahr zu Jahr mehr Menschen scharten. Selbst Frauen ahmten sein Beispiel nach, seitdem Chiara, die Tochter des edlen Favarone di Offreduccio, sich für ein Leben in der vollkommenen Armut entschieden hatte. Ein weiterer Kreis von Anhängern bildete sich, die im bürgerlichen Leben blieben, aber von den Franziskanern geistliche Weisung erbaten und sie unterstützten: Es waren die Anfänge des dritten Ordens. In Assisi bildete der Ausgestoßene inzwischen eine städtische Zelebrität, aber er ließ sich nur selten sehen und blieb lieber in stillen Einsiedeleien oder bei der geliebten Portiuncula-Kapelle, wo er eine armselige Steinhütte bewohnte. Die Leitung der Brüder legte er schon frühzeitig in andere Hände.

Im Herbst 1216 kam der berühmte niederlothringische Kanzelprediger Jakob von Vitry, der es später bis zum Kardinal brachte, durch Italien. Was er dort sah, hat er beschrieben: Weltliche Geschäftigkeit an der Kurie, Irrglauben, Unglauben, Eitelkeit der Eitelkeiten. „Nur einen Trost fand ich: Menschen aus beiden Geschlechtern, die alles um Christi willen verlassen haben und aus der Welt geflohen sind. Man nennt sie Minderbrüder. Sie leben nach dem Vorbild der Alten Kirche. Tagsüber kommen sie in die Städte und Dörfer, um mit ihrer Hände Arbeit anderen Gutes zu tun, nachts kehren sie in ihre Einsiedeleien oder einsame Bleiben zurück und widmen sich frommer Betrachtung. Es stört sie, daß ihnen von Geistlichen und Laien mehr Ehre zuteil wird, als sie es wollen. Einmal im Jahr kommen diese Frommen mit großer Freude an einem bestimmten Ort zusammen, um im Herrn fröhlich zu sein und gemeinsam zu speisen, ihre Sachen nach dem Urteil erprobter Männer zu ordnen und ihre Satzungen zu verkündigen, die ihnen der Herr Papst bestätigt. Dann gehen sie wieder für ein ganzes Jahr auseinander. Der Herr will durch diese einfältigen und armen Leute viele Seelen vor dem Gericht retten."

Jakob von Vitry spricht nicht von Franziskus selbst. Der 'poverello' verschwindet hinter seinem Werk, seitdem das Minoritentum zur Massenbewegung wird. Er muß seine Rolle im entstehenden Orden an die Manager abgeben. Er ist den neuen Aufgaben nicht gewachsen. Und die Kurie nimmt die Bußbrüder in ihren Dienst. Sie werden Mönche. Es ist ein Vorgang, der notwendig scheint: Die große Zahl kann nicht länger in den Formen und mit dem Enthusiasmus der 'ersten Stunde' leben. Der Kardinalprotektor, den Franz selbst vom Papst erbeten hat und der ihm ein ehrlicher Freund sein will, Ugolino von Ostia, strafft die Organisation, vereinheitlicht, schneidet manchen Wildwuchs zurück. Die Gemeinschaft, die sich in ihrem frommen Heroismus ganz in der Gegenwart verwirklicht, muß für die Möglichkeiten und Bedürfnisse von morgen umgestaltet werden. Selbst im Orden arbeiten viele darauf hin.

Voll Vertrauen, aber auch voll bitterer Enttäuschung, daß vieles anders wird, als er es wollte, willigt Franziskus ein.

Er ist krank, schwerkrank. Manchmal hat er in den letzten Jahren mit mildem Selbstvorwurf geäußert, er habe den 'Bruder Esel', seinen Leib, allzu sehr kasteit. Und er ist von einer Predigtreise – der weitesten, die er jemals unternahm – mit einem unheilbaren Augenleiden zurückgekehrt. Die Fahrt hat ihn bis nach Ägypten geführt, ins Lager der Kreuzritter, denen er – erschrocken über ihre Zuchtlosigkeit – die verdiente Niederlage voraussagt, und ins Lager der Moslems, wo er – das sichere Martyrium vor Augen – furchtlos vor dem Sultan predigt (– in welcher Sprache, ist unbekannt). Im Land des Islam werden Wahnsinnige nicht eingesperrt oder bestraft; man hält Franziskus für verrückt und überstellt ihn den christlichen Vorposten. So kehrt er heim, enttäuscht und von Schmerzen gequält: Magen, Leber und Milz, jetzt zudem die Augen...

Die Lage im Orden bereitet ihm Sorgen. Bleibt man den 'hohen Herrinnen' unverrückt treu, Frau Armut und Frau Einfalt? Franz will nicht, daß man sich Privilegien verschafft; auch Rechte sind ein Besitz! Er bemerkt mit Bekümmerung, daß starke Gruppen unter den Minoriten einer Annäherung an Gelehrsamkeit und Wissenschaft das Wort reden und das Postulat absoluter Besitzlosigkeit abschwächen wollen. Noch einmal stemmt er sich dagegen, in seinem Testament, diesem einzigartigen Dokument franziskanischen Wollens und Werdens: „Die Brüder sollen darauf achten, daß sie Kirchen, ärmliche Wohnungen und was man sonst für sie einrichtet, nicht annehmen, es sei denn der heiligen Armut entsprechend, die wir in unserer Regel gelobt haben." Er fürchtet die Entwicklung der Minderbrüder zu weltabgewandten Theoretikern und Theologen oder zu unverschämten, faulen Bettelmönchen, wie sie dann später immer wieder in der Volkserzählung zum grimmigen Hohn und feindseligen Spott der Leser begegnen werden: „Ich habe stets mit meinen Händen gearbeitet und will arbeiten. Ich wünsche, daß auch meine Brüder arbeiten, wie es sich ziemt. Die es nicht können, sollen es lernen – nicht der Bezahlung wegen, sondern um des guten Beispiels willen und um dem Müßiggang zu wehren. Doch wenn uns der Lohn der Arbeit nicht gewährt wird, wollen wir unsere Zuflucht zum Tisch des Herrn nehmen und an den Türen Almosen erbetteln." Und er weiß, daß man auch diese Worte dialektisch umdeuten kann. „Ich befehle im Namen des Gehorsams, daß man der Regel oder diesem Testament keine Auslegung beifügt, indem man sagt: So oder so ist das zu verstehen. Der Herr gab es mir, diese Worte reinen Herzens und einfältig zu diktieren, und so sollt auch ihr sie einfältig und lauter ohne alle Erläuterungen verstehen und allzeit befolgen."

Doch er sieht nicht mehr alles, was um ihn geschieht. Franziskus erblindet zunehmend. Die barbarischen Kuren der Ärzte, die ihn zur Ader lassen oder mit dem glühenden Eisen bei vollem Bewußtsein versengen, schlagen nicht an. Es ist ihm unmöglich, noch einmal – wie er es sich wünscht – die Fürsorge an den Leprosen wiederaufzunehmen. So widmet er sich der Kontemplation und versenkt sich immer tiefer in Betrachtungen über das arme Jesus-Leben. Es sind nicht Spekulationen über den fernen Gott, sondern Franz tastet sich an den ganz Nahen heran. Am Christfest 1223 spielt er in Greccio im Sabinerland mit einem Kleinkind, einem lebendigen Öchslein und einem Esel leibhaftig Weihnachten. In solcher Christus-Bezogenheit wird er vollends bei Lebzeiten zur Legende. Man sieht ihn selten; er lebt ganz zurückgezogen, bei der Portiuncula-Kapelle, auf einer der umbrischen Einsiedeleien oder in der felsigen Waldeseinsamkeit von La Verna unweit der Tiberquelle. Und dort kommt es im Spätsommer 1224 zu dem geheimnisvollen Geschehen der Stigmatisation. An seiner Seite öffnet sich eine blutende Wunde; Hände und Füße tragen schwärzliche Nagel-Male.

Was kann die Wissenschaft dazu erhellend beitragen? Ich fürchte: sehr wenig. Bis zum heutigen Tag gibt es gelegentlich Stigmatisierte; Franziskus ist der erste, von dem Derartiges berichtet wird. In seiner einzigartigen Christus-Bezogenheit war er sicherlich diejenige Persönlichkeit, bei der eine solche Leidenserfahrung – sei sie nun psychischer, medizinischer oder religiöser Natur – am sinnhaftesten erscheint. Der Tatbestand der Stigmatisation ist schwerlich zu bezweifeln, aber er entzieht sich einer schlüssigen, kritischen Erklärung.

Franziskus hat geheimzuhalten versucht, was ihm widerfahren war. Seit dem Tag von La Verna siecht er immer mehr dahin. Im Frühjahr 1226 wird der Zustand kritisch. Man bringt Franz umgehend nach Assisi, dann von dort wiederholt der besseren Luft wegen in eine stillere Umgebung. Doch die Bürger legen großen Wert darauf, daß er umgehend zurückgeholt wird; denn sie warten ja nur, einen so heiligen Mann als eine dauernde Glücksgarantie in ihren Mauern beizusetzen. So sind die letzten Monate des Franziskus ein Herumziehen – fast möchte man sagen: Herumzerren –, bis ihn am 3. Oktober der Tod heimholt, in geliehener Kutte auf dem nackten Boden liegend, bettelarm noch im Sterben.

Man setzt den Leichnam in San Giorgio bei, doch für jedermann steht fest: Das soll nur ein provisorisches Begräbnis sein. Unerhört rasch, schon nach zwei Jahren, hat der Apostolische Stuhl Franziskus in die Schar der Heiligen aufgenommen. Eigens zu diesem Zweck ist Papst Gregor IX., der einstige Kardinalprotektor Ugolino von Ostia, persönlich nach Assisi gekommen. In aller Feierlichkeit legt man den Grundstein für die gewaltige Grabeskirche. Wie es sich der 'poverello' gewünscht hatte, ruht er an verachteter Stelle: auf dem Schindanger und Richtplatz der Stadt. Aber über seinem Grab erhebt sich ein riesenhafter, kunstreicher Dom. Ein Heiliger – das ist ein kostbarer Besitz. Eine Wallfahrt – dafür braucht man natürlich den entsprechenden Raum. Da sind andere, wichtigere Interessen zu bedenken als der eigene Wille des Verstorbenen: Schließlich lebt Assisi heute noch großenteils von ihm!

Man mag darüber grübeln. Aber entspricht es nicht der beispiellosen Konsequenz dieses Lebens? Auch im Tod gehört der arme Franz sich nicht selbst.

HERR WALTHER VON DER VOGELWEIDE
(† um 1230)

„Herr Walther von der Vogelweid',
wer den vergäße, tät' mir leid.
Er war nicht reich an Geld und Gut,
doch an Verstand und hohem Mut."

So reimte ums Jahr 1300 ein fränkischer Schulmeister, der in Bamberg tätig war und ein vielgelesenes Erziehungsbuch verfaßte, den ›Renner‹. Hugo von Trimberg besaß offenbar keine näheren Kenntnisse über Walthers Leben; was er wußte, entnahm er lediglich seinen Gedichten. Es ging ihm nicht viel anders als uns heute: Nur im Widerspiegel der Poesie werden halbverwischte Umrisse eines Menschenlebens in bewegter Zeit erkennbar, kaum scharfe Konturen. Obwohl man die verschiedensten süddeutschen Landschaften dafür namhaft machen wollte – Österreich, Tirol, die Schweiz, Bayern, Franken, selbst Böhmen –, ist unbekannt, woher Walther kam, welchem Stand seine Eltern angehörten, wann und unter welchen Umständen sein Leben endete. Sogar am Namen hat man gezweifelt (– wenn auch kaum zu Recht): Ist 'Vogelweide' eine echte Herkunftsbezeichnung oder ein dichterisches Pseudonym, ein Übername, den sich Walther zulegte, um seine materielle Bedürftigkeit und geistig-freie Bindungslosigkeit zu kennzeichnen?

Eine versprengte, doch keinesfalls unglaubwürdige Tradition erklärt das 'Lusamgärtlein', den Neumünsterkreuzgang zu Würzburg, für den Ort seines Begräbnisses. Später schmückte die Sage diese Überlieferung weiter aus: Walther habe in seinem Testament bestimmt, den Vögeln auf seinem Grabstein Futter zu spenden; darum wurden vier Eintiefungen darin angebracht, Körner und Wasser aufzunehmen. Doch die Eigensucht der Kapitelherren habe die letztwillige Verfügung in eine Semmelspende für die Kleriker der Neumünsterkirche verwandelt. Ein liebliches Märchen, nicht mehr; – schwerlich besaß der Dichter so viel, daß daraus eine – wenngleich bescheidene – Gabe alljährlich hätte gereicht werden können.

Der bekannteste Lyriker und Spruchdichter des deutschen Mittelalters gehörte nicht zu den Glücklichen, die – in gesicherten oder gar vermögenden Verhältnissen lebend – der Poeterei nur als modischem Gesellschaftsspiel und Zeitvertreib huldigten, wie das, westeuropäische Vorbilder nachahmend, unter Barbarossa auch an den Fürstenhöfen im Reich üblich zu werden begann. Walther betrieb dagegen sein Metier berufsmäßig; er war angewiesen auf die Freigebigkeit derjenigen, denen sein Singen und Sagen gefiel.

Wie es auch um seine Herkunft gestanden haben mag, ungeachtet des eigenen stolzen Wertgefühls – dieser Tatbestand schuf eine letztlich unüberwindliche Distanz zwischen ihm und den fürstlichen Gönnern, denen er die Früchte seiner Muse darbot. Anders als mancher adlige Dichter aus des 'Minnesangs Frühling' begegnet Walther nicht in den Zeugenreihen der Urkunden. Wofür hätte der Besitzlose auch bürgen können, in welcher Weise der wandernde Sänger die dauernde Gültigkeit einer Verfügung gewährleisten sollen? Zeugen müssen seßhaft sein; man will doch wissen, wo man die aufgeführten Garanten eines Rechtsaktes oder politischen Vertrages im Fall gerichtlicher Anzweiflung finden kann! Doch Walther war heimatlos; eine Zufallsnotiz, bei der Durchquerung Österreichs niedergeschrieben, ist der einzige dokumentarische Beleg für seine Existenz: In dem Verzeichnis der Reisekosten, welches Bischof Wolfger von Erla anlegen ließ, als er in Sachen des Reiches und eigenen Geschäften zwischen Deutschland und Italien hin- und herritt, ist vermerkt: „Am folgenden Tag [12. November 1203] in Zeiselmauer [westlich von Wien] fünf 'lange' Schillinge dem Sänger Walther von der Vogelweide für einen Pelzmantel.“ Wintersnot drohte; keiner von beiden war in dem Dorf zu Hause. Auf der Durchreise reichte der Kirchenfürst dem fahrenden Sänger die Gabe – übrigens nach damaliger Kaufkraft und im Vergleich zu den übrigen Eintragungen ein wertvolles, großherziges Geschenk, das Hochschätzung und Kunstliebe verrät.

Abhängigkeit von der Gnade eines Gönners: Wiederholt ist es Walther widerfahren, daß er einen Hof plötzlich verlassen mußte; – vielleicht weil ein Wort als zu kühn, eine Geste beim Vortrag als zu frech empfunden wurde? Der bitteren, scharfen Verse über die Ungesichertheit der eigenen Existenz sind nicht wenige. Walther sehnte sich nach Geborgenheit, einem auskömmlichen Dasein, um nicht länger auf die Gnade anderer angewiesen zu sein und keine Sorge mehr um den Lebensunterhalt am nächsten Tag haben zu müssen. Darum der fassungslose Jubel, als er dank der Großzügigkeit des Barbarossa-Enkels Friedrich II. (– immerhin hatte er sich zeitweilig als Propagandist von dessen welfischem Gegner betätigt –) ein kleines Feudalgut erhielt, vermutlich nur einen einzigen Bauernhof, wahrscheinlich in Mainfranken (vielleicht in der Würzburger Sander-Vorstadt):

> „Ich hab' mein Lehen, lieber Gott, ich hab' mein Lehen!
> Der Winter ängstigt mich nicht mehr an meinen Zehen.
> Ich brauch' bei bösen Herr'n nicht mehr zu flehen!"

Es muß ums Jahr 1220 gewesen sein, kurz vor Friedrichs Aufbruch zum Romzug; – 'König' nennt das Gedicht den Staufer, und auf Titel und Würden zu achten, hatte der langjährige Hofdichter jedenfalls gelernt. Besitz, wie gering er auch war – so hoffte Walther –, bedeutete gesteigerte Freiheit, sich nicht länger ducken und nach Beifall und Wohlwollen schielen zu müssen. Aber entgegen der Ankündigung, sein „Leben und Singen" habe der Herrscher damit wieder „gesund gemacht", wurden die Lieder in der Folgezeit nicht freudiger und zuversichtlicher. War es politische Sorge, die Walther verdüsterte, Unfähigkeit, mit den sicher nur schmalen Lehnseinkünften haushalten zu können (– in einem Spruch hat er unumwunden zugegeben, es sei ihm nicht gegeben, sein Kapital wie ein Kaufmann gewinnbringend einzusetzen –), die Flüchtigkeit der Liebe, die Mühsal des Alters? Vermutlich dies alles zugleich, gewiß aber auch die Unmöglichkeit für das Genie, friedliche Behaglichkeit selbstgenügsam zu genießen.

> „Ich bin einer, der niemals nur einen halben Tag
> in ganzer Freude zu verbringen wußte,"

so hat er sich selber charakterisiert. Die Lieder wurden weniger, der unnachahmliche Wohlklang wich einer trockeneren Diktion. Um 1230 verstummte Walther endgültig. Schwer vorstellbar, daß er verbauert wäre; er dürfte im Alter von etwa sechzig Jahren gestorben sein.

„In Österreich lernte ich singen und dichten." Das ist Walthers früheste autobiographische Aussage. Es ist müßig, über Älteres Hypothesen aufstellen zu wollen. Nur negativ lassen sich einige Feststellungen treffen: Obwohl viele seiner schönsten, am unmittelbarsten empfindenden Gedichte in ländlichem Milieu spielen, kann er nicht aus dem Bauernstand stammen. Dagegen spricht die zweimalige, ausdrückliche Selbstbezeichnung als „Herr Walther"; gleichlautend sind die nicht wenigen Erwähnungen bei anderen Dichtern der Zeit. Doch auch ein Bürgersohn (– wozu die Anrede „Herr" durchaus passen könnte, wenn es sich um einen Angehörigen der städtischen Oberschicht handelte –) war er sicherlich nicht. Zwar behauptete jüngst ein Forscher, Walther sei in Frankfurt am Main geboren worden. Aber ganz abgesehen von der Brüchigkeit der dafür beigebrachten Argumentation: Nirgendwo spielt in seiner Poesie der dichtgedrängte Ort im Schutz von Mauern und Toren, überragt von Kirchenschiff und Münsterturm, die geringste Rolle. Das läßt sich schwerlich nur mit der Rücksichtnahme auf ein hochadliges Publikum erklären, „welches den Gestank der Städte verabscheut", wie es einmal bei einem Zeitgenossen heißt. Auch als Gegenbild oder dunkle Folie zu dem lichten Leben in Natur und höfischer Gesellschaft fehlt jeder Hinweis auf die bürgerliche Existenzform. Obwohl Walther die Fürstenhöfe in Wien und Eisenach, die Reichstage von Magdeburg (Weihnachten 1199) und Nürnberg (1225) aus eigener Kenntnis erwähnte, vermied er die kleinste Anspielung auf den urbanen Charakter dieser Plätze. Walther war in mancher Hinsicht eher altmodisch: Nicht die neuen Sozialformen, sondern ausschließlich ein adlig-bäuerlich bestimmtes Landleben bildete den Hintergrund seiner Dichtung.

Die Frage nach seinem Bildungsstand hilft gleichfalls nicht weiter. Man hat gelegentlich vermutet, daß er zum Geistlichen bestimmt war und seinen Weg als vagierender Jungkleriker begann, wie die Verfasser der ›Carmina Burana‹ oder der ›Cambridger Lieder‹. Manche Argumente könnten dafür sprechen. Es ist sicher, daß Walther lesen und schreiben konnte; zudem verfügte er über ein nicht unbeträchtliches theologisches Wissen, wie namentlich aus den apokalyptischen Bildern des letzten Spruches im 'Wiener Hofton' und den dogmatischen Aussagen des ›Leich‹ hervorgeht. Ein unbeachtet gebliebener Bibelvers, den Walther aus der Vulgata übersetzt zu haben scheint, legt die Annahme nahe, daß er sogar Lateinkenntnisse besaß. Aber seinem Minne-Begriff fehlt der Zynismus des genußsüchtigen, gescheiterten Zölibatärs. Vor allem betonte er wiederholt ausdrücklich, daß er nicht dem Klerus angehörte: „Wir Laien wundern uns über die Lehre der Priester." Nicht die verderbten Pfaffen, sondern den ungelehrten, doch herzensfrommen Klausner – also den Einsiedler – sollten die Zeitgenossen in den politischen Wirrnissen des deutschen Thronstreites und dem Niedergang von Zucht und Ordnung nach dem rechten Weg fragen. Übrigens waren auch die Ritter Hartmann von Aue und Wolfram von Eschenbach schriftkundig und theologisch informiert; seit einiger Zeit hatte das Bildungsmonopol des Klerus die frühere Exklusivität verloren.

Wie es sich für einen fahrenden Sänger von selbst versteht, war Walther viel gereist. In einem der Sprüche behauptete er, ganz Mitteleuropa westwärts bis zur Seine zu kennen. Wer an den Priesterschüler Walther glaubt, könnte vermuten, hier würde auf einen frühen Besuch der berühmten Bildungseinrichtungen von Paris, Chartres oder Laon angespielt. Aber nichts deutet darauf hin. Ein einziges Mal erwähnt Walther die „Welschen"; doch es sind die Italiener gemeint. Überaus rein ist seine Sprache; es fehlen französische Lehnwörter, wie sie beispielsweise Wolfram geradezu im Überfluß verwendet. Es finden sich aber auch keine entsprechenden Vergleiche; der wiederholte Lobpreis deutscher Art und deutscher Frauen wird nirgends durch detaillierte Konfrontation mit fremdem Wesen konkretisiert. „Viele Länder habe ich gesehen." Ist das die Wahrheit, oder übertreibt Walther? Die Zeile enthält eine topische, geradezu abgegriffene Wendung, typisch für ein Boten-Gedicht, in welchem die Erwartung klingenden Lohnes unverhüllt ausgesprochen wird. Natürlich muß es um Selbsterlebtes gehen! (Was zahlt man schon für Erfahrungen aus zweiter Hand?) Mittelalterliche Dichtung tendiert zum Lehrhaften. Der Dichter hatte sich daher als Sachverständiger auszugeben; es gehörte zu seiner 'Rolle'. Jeder, der am höfischen Leben Anteil nahm, wußte genau, daß der verfeinerte Stil dieser esoterischen Gesellschaftskultur aus Frankreich importiert war. Durfte ein Sänger vor diesem Publikum überhaupt eingestehen, daß er darüber keine eigenen Kenntnisse besaß?

So bleibt alles im unklaren. Sicher ist allein die Aussage: „In Österreich lernte ich singen und dichten", gemeint wohl nicht nur bezüglich der künstlerischen Form, sondern wohl auch in mancher Hinsicht betreffs der Gedichtinhalte. Doch auch hier stößt man auf Rätsel.

Jedermann kennt das Bild Walthers in der Großen Heidelberger Liederhandschrift, die um das Jahr 1300 von dem Züricher Ritter Rüdeger

Manesse in Auftrag gegeben wurde. Der Dichter sitzt im Festtagsgewand auf einem bemoosten Stein, so wie er sich in einem seiner populärsten Sprüche selber geschildert hat: mit übergeschlagenen Beinen, aufgestütztem Unterarm, das nachdenkliche Antlitz in die offene Hand geschmiegt. Am Felsen lehnt das gewaltige Schwert in schwarzer Scheide mit hellem Wehrgehänge. Wie bei vielen Dichterportraits in dem Codex ist ins obere Blattfeld sein Wappen eingezeichnet – ein Vogelbauer im roten Schild –, daneben ein goldener Topfhelm, der als Helmzier ebenfalls diesen Käfig trägt, freilich in einer technisch kaum praktikablen Weise.

Ein köstliches Bild, geschaffen von einem hervorragenden Meister der Buchmalerei – aber erst zwei volle Generationen nach Walthers Verstummen! Das 'sprechende' Wappen deutet den Namen aus und ist zweifellos frei erfunden: Die 'Vogel-Weide' ist deren Fangplatz. Helm und Schild 'nennen' also den Dichter; man darf sie nicht ohne weiteres als Standessymbole interpretieren. Ohne das überlange Schwert würde man wohl kaum an einen Ritter denken. Doch auch in Walthers Dichtung ist merkwürdig wenig von dem die Rede, was für das ritterliche Dasein kennzeichnend scheint. Dabei besitzen wir von ihm über siebzig mehrstrophige Lieder, fast hundertzwanzig Sprüche (– sangbare Einzelstrophen vornehmlich lehrhaften Charakters, teilweise von nicht geringem Umfang –) und den nahezu hundertdreißig Zeilen zählenden, geistlichen ›Leich‹. In diesem reichen Material werden Waffenspiel und Turnier, Helden-Aventiure und Fehde, Rittertreiben und Falkenjagd (– bei dem Kürenberger, Dietmar von Aist und Walthers Wiener Rivalen Reinmar von Hagenau immerhin ein feinsinniges Symbol innerhalb der Minne-Poesie –) nicht ein einziges Mal erwähnt. Das Wort 'Ritter' fällt nur selten; es ist nirgends auf Walther selbst bezogen. Ein Vers spielt auf den gerichtlichen Zweikampf an, in metaphorischer, durchaus nicht standesspezifischer Weise. Eine singuläre Stelle erwähnt das Richtschwert, welches jedoch der Henker führte. Vom Speer des Kaisers Konstantin wird noch zu sprechen sein. Sonst werden die ritterlichen Waffen nicht genannt – mit einer einzigen Ausnahme: in der dritten Strophe der ›Elegie‹, die Jacob Grimm als „Walthers schönstes, echtestes Lied" bezeichnet hat. In einer heillosen Welt, die sich im Niedergang befindet, blickt der alternde Dichter wie traumverloren auf sein verrinnendes Leben und die vergangenen Zeiten zurück, um endlich zu einem neuen Kreuzzug als einer Tat rettender Buße aufzufordern. Hier werden „die Ritter“ nun eigens genannt und als abgegrenzter Stand insgesamt angeredet:

> „Es ist euere Aufgabe. Ihr tragt die glänzenden Helme
> und das harte Kettenhemd, die festen Schilde und die
> [im Waffensegen der Schwertleite] geweihten Schwerter.“

Diesmal – so scheint es – schließt sich Walther mit ein. Oder ist es wieder ein Irrealis, durch den er sich vom ritterlichen Mit-Handeln im Heiligen Krieg distanziert? „Wenn Gott mich dieses Segenserweises würdig machte, dann wollte ich trotz Armut und Bedürftigkeit mir reichen Lohn erwerben: die Krone der ewigen Seligkeit.“ Walther wünscht sich, an der „lieben Reise übers Meer“ teilnehmen zu können. Aber in welcher Rolle, als Krieger oder Pilger? ‘Kreuzzug’ meint beides! Walther verweist auf den „speertragenden Söldner“ auf Golgatha, den die Legende Longinus nannte und zum Heiligen erhob. Doch Longinus kämpfte nicht mit seiner Waffe für den Glauben, sondern er war nur dabei und legte davon Zeugnis ab.

Was auch Walthers Geburtsstand gewesen sein mag – er war kein Mann der Tat, sondern des Wortes, kein dichtender Ritter, sondern ein höfischer Sänger. Immer wieder nahm er in Liedern und Sprüchen die Rolle des „Boten“ ein; es ist seine häufigste Selbstbezeichnung. Er brachte – besser als andere, das war sein Stolz – „Kunde“, „Märe“ und „Lehre“. Und wie im Großen – bei den Fragen der gesellschaftlichen Entwicklung, der Reichs- und Rechtsordnung, den Gebrechen der Kirche, den notvollen Anliegen der ganzen Christenheit –, so handelte er auch im Kleinen und Privaten. In Eisenach erschoß ein gewisser Gerhard Atze (– Walther nennt ihn „Herr“, Atze war ein landgräflich thüringischer Ministerialer –) das Pferd des Dichters, weil es ihn gebissen hatte. Ritterart wäre es gewesen, darauf mit dem scharfen Stahl zu antworten. Walther klagte statt dessen vor Gericht, hatte aber anscheinend keinen Erfolg, zumal er den Kaufpreis des Rosses viel zu hoch angegeben hatte. Daraufhin rächte er sich mit Schmähversen, die Atze lächerlich machen sollten. Er war wehrlos, das Wort seine einzige Waffe.

Böse Nachrede und hämischer, situationsgebundener Spott veralten schnell, denn sie werden unverständlich. Es ist damit zu rechnen, daß eine nicht geringe Zahl derartiger Gedichte Walthers verlorenging. Man braucht es nicht zu bedauern. Mancher Spruch klingt zänkisch und nachtragend. Die Diskrepanz zwischen den lobes- und erwartungsvollen Bittversen an Könige und Fürsten einerseits und den Schmähgedichten andererseits, wenn sie Walthers Hoffnungen nicht erfüllten, ist schwer erträglich, auch wenn die Enttäuschung so geistreich formuliert wurde wie beispielsweise in den beiden Otto-Sprüchen im 'König-Friedrich-Ton'. Aber „Bettler und Höflinge können sich keinen Charakter leisten", heißt es in einer mittelalterlichen Tugendlehre. Ein fahrender Sänger war beides zugleich. Daß Walther unter diesen Umständen doch sein empfindliches, hohes Ehrgefühl im ganzen zu bewahren vermochte, ist erstaunlich und bewundernswert, angesichts der Demütigungen, denen er durch launische Große und rüpelhafte, aber bärenstarke Ritter beständig ausgesetzt war. Man muß dies bei der oftmals wiederkehrenden Klage über „unfuoge" und „dörperheit" (unschickliches, rohes Benehmen) in Rechnung stellen. Nur mit dem geschliffenen, kunstvoll geformten Wort konnte sich der Dichter wehren.

Natürlich schadete sich Walther wiederholt mit seiner spitzen Zunge. In einem der funkelndsten, aber zugleich in der Seelen-Stimmung zerrissensten Minnelieder beichtete er (– freilich in anderem Zusammenhang –): „Noch immer nimmt man mir ein Wort heimlich übel, das ich einstens sprach." Bisweilen war er selber unversöhnlich; als der Wiener Dichter-Rivale Reinmar starb, hat Walther in zwei Klagesprüchen der Trauer um das Verstummen von dessen großer Kunst Ausdruck verliehen; doch mitten in der achtungsvollen Würdigung der „Hagenauischen Nachtigall" heißt es ganz plötzlich und scharf ablehnend:

„Ich will es offen und ehrlich sagen:
Um dich als Menschen mag ich nicht klagen!"

Schweigende Selbstbeherrschung war dem Herrn von der Vogelweide nicht gegeben. Richtete er die Mahnung in dem oft zitierten Erziehungsspruch im 'Bognerton' auch an sich selbst?

„Wer schlägt den Löwen? Wer schlägt den Riesen?
Wer überwindet jenen oder diesen?
Das kann nur, wer sich selbst bezwingt!"

Wozu hier aufgefordert wird, das vermochte der Dichter sein ganzes Leben lang selber nicht zu leisten. Darum klingt es wie eine persönliche

Rechtfertigung, wenn im zweiten Teil des Spruches auf einmal noch ein anderes Anliegen vorgebracht wird. Es ist die Warnung:

„Geheuchelte Zucht, gespielte Bescheidenheit,
das hält vor den Fremden doch nur kurze Zeit.“

In Leben und Kunst ging es Walther sicher nicht immer, aber dennoch immer wieder um die Wahrheit. Im Spannungsfeld zwischen poetischer Fiktion und dichterisch gestalteter Wirklichkeitserfahrung entstanden seine Lieder und Sprüche. Er war Auftragskünstler und mußte manche Weise singen, wo er lieber geschwiegen hätte. Und er erlebte wachen Sinnes die Probleme seiner Zeit, so daß es ihn dazu trieb, Sorgen und Einsichten in warnende Verse zu kleiden, die mancher wohl am liebsten gar nicht hören mochte.

Walthers einzigartige Stellung in der hochmittelalterlichen Literatur hängt nicht zuletzt damit zusammen, daß er – anders als seine Zeitgenossen Heinrich von Veldeke, Hartmann von Aue und Wolfram von Eschenbach, die neben Liedern vor allem höfische Romane verfaßten – ausschließlich Lyriker war; aber im Unterschied zu den Dichtern von 'Minnesangs Frühling' trat er zugleich als Verfasser zahlreicher zeitkritischer 'Sprüche' hervor. Diese Verbindung von Liebespoesie und politischem Wächteramt war singulär; sie findet sich in Deutschland bei keinem andern landessprachlichen Autor an der Wende vom 12. zum 13. Jahrhundert.

Die Werturteile Walthers waren dabei rückwärtsgerichtet, ganz an der Vergangenheit orientiert, nicht anders als später bei Dante Alighieri. Dabei mochte die allgemein-menschliche Verklärung der 'guten alten Zeit' mit fortschreitenden eigenen Jahren eine gewisse Rolle spielen; ausschlaggebend war sie nicht. Im Mittelalter besaß die Orientierung an der Tradition größeres Gewicht als in unseren Tagen; jede wichtige Neuerung kleidete sich möglichst in das (fiktive) Gewand einer Wiederherstellung früherer Verhältnisse, gab sich also als Re-Formation aus: in der Rechtsordnung, dem Glaubensleben, den kulturellen Bestrebungen, sogar der Entwicklung der Staatlichkeit. Was gut war, mußte alt sein.

Diese Denkstruktur ist auch bei Walther von der Vogelweide zu gewahren; durch eigenes Erleben wurde sie noch verstärkt. Ringsumher sah er nur politischen und gesellschaftlichen Niedergang. Für viele seiner Alters- und Standesgenossen bedeutete die Mainzer Schwertleite der Barbarossa-Söhne 1184, bei der provenzalische und deutsche Sänger vor einem erlesenen Publikum wetteiferten (– Walther war noch zu jung dafür –) und selbst der Herrscher nicht zögerte, sich am Turnier zu beteiligen, die glanzvollste „hôchgezît“ höfischer Geselligkeit und ritterlicher Kultur, auf welche ein trauriger Abstieg folgte. Gleichzeitig ging die Weltgeltung verloren, die das Reich unter dem greisen Friedrich I. besaß, den selbst englische Chronisten „unseren Kaiser“ nannten. Schon während der Regierung seines Nachfolgers Heinrich VI. verfiel die innere Einheit. Walther muß wohl aus der Nähe miterlebt haben, wie der anglonormannische König Richard Löwenherz – vom Kreuzzug heimkehrend und deshalb nach kirchlichem Recht unantastbar – in Österreich gefangengenommen und dem Staufer ausgeliefert wurde, der mit dem gezahlten Lösegeld die Opposition überwinden konnte. Aber dann brach 1198 der deutsche Thronstreit aus. König und Gegenkönig zerschlissen die Macht des Reiches im Kampf um die Krone, während Kurie und Fürsten die Gunst der Stunde nützten, um die eigenen Ziele zu verfolgen oder sich ihre Parteinahme teuer bezahlen zu lassen. Walther mahnte eindringlich zur Einheit: Sogar das unvernünftige Getier weiß, daß es ohne Ordnung unter einem eigenen Herrscher verloren ist; selbst die Bienen haben ihre Königin! Aber der Appell war umsonst; statt dessen notierte ein thüringischer Chronist: „Von dieser Zeit an sank der Ruf der Deutschen bei den Welschen.“ Auch nachdem sich schließlich Friedrich II. durchgesetzt hatte, blieb die Gegenwart verworren. Wer überhaupt noch – wie Walther – nach dem Reich als europäischem und deutschem Ordnungsfaktor fragte, bezog sich mit Notwendigkeit auf die Vergangenheit. Weithin war für die ersten vier Jahrzehnte des 13. Jahrhunderts in Deutschland diese 'restaurative' Stimmung kennzeichnend. Als der Gerichtsschöffe Eike von Repgow seinen ›Spiegel des sächsischen Land- und Lehnrechts‹ schrieb, orientierte er sich bezüglich der Verfassungsnormen nicht an der eigenen Zeit, sondern an Zuständen, die ein halbes Jahrhundert zurücklagen. In dem, was über Kaiser und Reich gesagt wird, dokumentiert das berühmte Buch eher die Vergangenheit als die Gegenwart, mehr ein Sollen als ein Sein. Um den gleichen Gegensatz kreisen auch die Reichssprüche Walthers.

Die bedeutendsten dieser Gedichte entstanden zu jener Zeit, als sich Walther ganz mit der staufischen Sache identifizierte und für Philipp von Schwaben die Stimme erhob. Man verkürzt freilich ihren Gehalt, wenn man in ihnen lediglich Propagandaerzeugnisse für eine der Parteien im deutschen Thronstreit sehen will. Dafür sind namentlich die drei Sprüche im 'Reichston' viel zu pessimistisch. Sie stehen zueinander in strophischem und inhaltlichem Bezug: „Ich saß" und wußte in der allgemeinen Fried- und Rechtlosigkeit keinen Rat; „ich hörte" von der Uneinigkeit im Reich; „ich sah" die furchtbare Zwietracht in der ganzen Christenheit mit ihren von Gott gegebenen Ordnungen des Klerus und der Laienschaft. Das tagespolitische Anliegen wird ins Allgemeingültige gewendet. Philipps Name fällt nur in der letzten Zeile des mittleren Textes: Setzt ihm die Krone mit dem „Weisen" auf, jenem einzigartigen Jaspis- oder Karfunkelstein, der die Einheit und Unvergleichlichkeit des Reiches symbolisiert! Aber klingt dieser Ruf durch die Rahmung mit den andern beiden Sprüchen nicht eher wie ein Aufschrei der Verzweiflung?

In zwei Gedichten im 'Philippston' glaubt man eine Hoffnung zu vernehmen. Ist es nicht ein beglückendes Wunder, wie die alte Krone (– das Wort bedeutet damals in Publizistik und Staatstheorie immer zugleich das Reich –) und ihr jugendlicher Träger zueinander passen? Der Versbau – ein vierfaches AAB – zeigt auf, worauf es Walther ankommt, denn die vier B-Zeilen bestimmen den Fortgang der Gedankenführung: Die Krone scheint für Philipp eigens geschmiedet; zugleich ist Philipp ersichtlich für die Krone geboren; diese Übereinstimmung geht die Fürsten an; sie haben sich entsprechend zu verhalten. Der uralte Gedanke des königlichen Gottesgnadentums wird in erlesene Bilder gekleidet und in seiner verpflichtenden Bedeutung für alle Reichsstände neu konkretisiert.

Die echt staufische Vorstellung vom Charisma des Königsamtes bildet auch das Thema des Spruches über den Magdeburger Fürstentag (1199). Philipp und seiner Gemahlin Irene von Byzanz werden hier trinitarische und mariologische Attribute beigelegt, entsprechend dem traditionellen Herrscherverständnis, nach welchem der Kaiser als 'Stellvertreter Gottes auf Erden' und 'Gesalbter des Herrn' galt. (– Das 'römische Königtum' bildete dazu gleichsam eine Vorstufe; es gewährte einen Anspruch auf die päpstliche Krönung. Deshalb sprach man ganz unbefangen von 'Kaiserwahlen' durch die deutschen Fürsten, obwohl man sich darüber einig war, daß der volle Titel erst durch einen Romzug erlangt werden konnte.) Bei Walther erscheint das Herrscherpaar zugleich als Muster feinsten gesellschaftlichen Benehmens. Der Dichter sah darin kein äußerlich-zufälliges Zusammentreffen: Nur bei dem rechten König verbindet sich, was sonst in dieser heillosen Welt so beklagenswert auseinanderfällt: Gottes Gnade, höfische Ehre und weltlicher Reichtum, der 'milte' ermöglicht, die hohe Fürstentugend der Freigebigkeit. Bei Philipp – so endet der Spruch – kommen selbst kriegerische Macht und geistige Urteilsfähigkeit in Harmonie: „Es huldigten dort Thüringer und Sachsen unter dem Beifall aller, die Einsicht besitzen."

Doch Walthers politische und persönliche Hoffnungen erfüllten sich nicht. Nicht zuletzt durch die Gegnerschaft der Kurie war Philipps Lage viel zu eingeengt, als daß er in jenem Umfang 'milte' üben konnte, den die höfische Gesellschaft erwartete und der fahrende Sänger geradezu forderte; er hielt dem Staufer den Glaubensfeind als rühmliches Vorbild zur Nachahmung vor Augen: „Denke an den großzügigen Saladin, der zu sagen pflegte, Königshände müßten Löcher haben; dann würden sie zugleich gefürchtet und geliebt." Die Mahnung nützte ihm nichts; Philipps materielle Schwierigkeiten waren zu groß. So verließ ihn der Dichter, weilte einige Zeit an verschiedenen Höfen und ging endlich zu Otto IV. über – um bald abermals bitter enttäuscht zu werden und sich nach einem neuen Gönner umzusehen. Er fand ihn in Friedrich II.

Trotz allem Wechsel änderte sich damit nichts an den grundsätzlichen Anschauungen Walthers. Er blieb 'staufisch' gesonnen (– wie übrigens auch der welfische Gegenkönig, sobald er glaubte, es sich politisch leisten zu können!). Im Kreise kurialer Parteigänger begann man damals den Papst als 'vicarius Christi' zu bezeichnen, in dessen Auftrag der Kaiser das weltliche Schwert führe. 'Speer, Kreuz und Krone' – die Symbole der irdischen Macht, des kirchlichen Auftrags und des höchsten Richteramtes – wären doch schon längst an den Apostolischen Stuhl gelangt. Eine gewisse (– übrigens nicht allzu gewichtige –) Rolle spielte bei dieser Argumentation die Berufung auf die angebliche Schenkung Konstantins I. an Papst Silvester. Aber gerade hierin sah Walther den großen Sündenfall; er erwiderte mit dem Hinweis auf die Anti-Legende: Als der erste christliche Römerkaiser dem Priester diesseitige Gewalt, reichen Besitz und Herrschaft über Länder übereignete, hätte man den dreimaligen Aufschrei eines Engels vernommen, damit wäre die Kirche vergiftet, die göttliche Weltordnung gestört und ins Gegenteil verkehrt worden. Zahlreich sind die Sprüche, mit denen sich der Dichter in den vielstimmigen Chor hochmittelalterlicher Kirchenkritiker einreihte. Lug und Trug, Habsucht und Sittenlosigkeit, Feindseligkeit und Verachtung gegenüber den Deutschen, Mißbrauch des Bannes und selbst Begünstigung der Häresie warf er dem Klerus vor, namentlich der Kurie selbst – eine Zeitklage, die auch nach dem Ende des Thronstreites nicht verstummte. In der Gestalt des 'alten Klausners' (– einer der eindrucksvollsten poetischen Erfindungen Walthers, die Wandlungen der Volksfrömmigkeit voraussetzt und widerspiegelt –), eines armen, ungelehrten Eremiten, der es sich nicht in einem reichen Konvent wohl sein läßt, sondern in der Waldeinsamkeit dem Gebet und der Buße lebt, weinte Walther selber über den Niedergang. In einem Spruch griff er auf die biblische Unheilsprophetie Daniels zurück: den Traum Nebukadnezars vom Verfall der Weltreiche; in einem andern blickte er vorwärts in die Schreckensbilder der Apokalypse. Das war nicht mehr tagespolitische Propaganda-Lyrik, sondern wurde zur dichterischen Aussage über die Todesverfallenheit menschlicher Existenz.

Walthers Kirchenkritik und Altersresignation entwuchsen nicht dem Mangel an Frömmigkeit, im Gegenteil! Religiöse Lieder und Sprüche bilden einen nicht unerheblichen Teil seines Werkes. Wann hat er sie gedichtet, bei welchen Gelegenheiten vorgetragen? Einige besitzen ausgesprochen dogmatisch-lehrhaften Charakter. Da ist das Pilgerlied, aus dem man – schwerlich zu Recht – die Teilnahme Walthers am Kreuzzug abzulesen glaubte; es vergegenwärtigt eindrucksvoll das Jesus-Leben im Heiligen Land. Namentlich der ›Leich‹ entfaltet in kunstvollstem Aufbau, zugleich aber in der Sprache der Anbetung, die Geheimnisse von Trinität und Inkarnation Jesu. Im 12. Jahrhundert erblühten vor allem im zisterziensischen Umkreis des Bernhard von Clairvaux marianische Frömmigkeit und Mystik in einer zuvor ungewohnten Fülle und Innigkeit; auch Walthers ›Leich‹ ist davon geprägt.

Der Dichter spricht darin für eine Gemeinschaft; sang er im Namen der ganzen Christenheit oder im Auftrag einer bestimmten Kommunität? Vielleicht entstand der ›Leich‹ für eine vornehme Laienbruderschaft, wie sie an manchem Hof bestand. Die Volkssprachlichkeit und ein Ausfall gegen die verbreitete Simonie im Klerus lassen sich so am einfachsten erklären; an einen Konvent oder ein Stiftskapitel ist schwerlich zu denken. Doch wir wissen es nicht. Die Zahl der 'Wir'-Gedichte Walthers ist nicht allzu groß, obwohl sich einige seiner schönsten Schöpfungen darunter befinden. An sich paßt zu der Unmittelbarkeit und Empfindungskraft von Walthers Lyrik vor allem das dichterische 'ich' – mag es sich im Einzelfall um die reale Persönlichkeit des Sängers oder um ein fiktives, gleichsam stellvertretend eine bestimmte Rolle tragendes 'ich' handeln. Das gilt natürlich vor allem für die Minne-Lieder.

Was wüßte man über das Verhältnis des Hochmittelalters zur menschlichen Geschlechtlichkeit, wenn nicht die Dichter darüber sängen? Mancherlei berichten die historiographischen Quellen, aber sie schweigen von dem, was ihnen selbstverständlich schien. Wir kennen die Theorie besser als die Lebenswirklichkeit. Die Bewertung der Frau klafft im Schrifttum diametral auseinander. Der theologischen Reflexion ist hier nicht nachzugehen. Sie wurde vom biblisch verankerten Ideal der Virginität beherrscht. Neben Märtyrern und Bekennern bilden die seligen Jungfrauen eine eigene Ordnung der Heiligen. Aber um die Auserwählten Gottes zu Fall zu bringen, nimmt der Teufel vorzugsweise weibliche Gestalt an. Die lateinische Vagantenpoesie kennt die Frau entweder in marianischer Reinheit oder – in der Schlüpfrigkeit der Zote – als Objekt sexuellen Begehrens. Es fehlt zwischen den Geschlechtern die ganzheitliche Zuwendung, Liebe im umfassenden Sinn. Ohne daß damit eine Aussage über das Leben selbst gemacht wäre, – Wertvorstellungen, Handlungsnormen und Erziehungsmaximen waren von einer krassen Einseitigkeit.

Die tatsächlichen Verhaltensweisen zeigten große, zum Teil schichtenspezifische Unterschiede. In der Regel bestimmte der soziale Ort der Frau, was man ihr zumutete. Der Knecht, welcher eine Freie zwang, ihm zu Willen zu sein, wurde mit grauenvoller Marter hingerichtet; der Adlige, der einer Magd Gewalt antat, ging in manchen Gegenden – immerhin nicht überall – straflos aus. Die höfische Minne war ein Phänomen eng umgrenzter, gehobener Gesellschaftskreise, keine allgemeine Erscheinung. An sich bedeutete sie einen Fortschritt: Einerseits wurde die Frau als Geschlechtswesen ausdrücklich anerkannt, andererseits davor geschützt, nur willenloses Objekt männlichen Begehrens sein zu müssen. Die Liebeswerbung wurde ritualisiert und kultiviert; sie erhielt zugleich einen erzieherischen Eigenwert: Es kam nicht mehr ausschließlich auf das natürliche Endziel an, die körperliche Liebeserfüllung. Höfische Minne gestand der Frau beides zu: das Sichverschenken und das Sichversagen. Doch sie nahm die Entscheidung zugleich wieder zurück, denn sie war in das allgemeine Zeitempfinden eingebunden, welches durch die kirchlichen Wertsetzungen und Normen gekennzeichnet war, aber noch weit stärker – vor allem beim Adel – durch die Sorge um das 'echte Blut', für das in erster Linie die Frau zu sorgen hatte, und den männlichen Anspruch auf eheliche Ausschließlichkeit. Man verstand unter 'hoher Minne' den werbenden Dienst ohne Aussicht auf vollen Liebeslohn bei einer 'edelen vrouwen', die in der Regel verheiratet war. Es war ein streng stilisiertes Spiel, aber ein Spiel mit dem Feuer, von dem bekanntlich das Sprichwort weiß, daß sich schon mancher daran verbrannte. Dieses gesellschaftliche Spiel verfügte über mannigfaltige Ausdrucksformen; zu ihnen gehörte an erster Stelle das Minne-Lied – zunächst des werbenden Ritters selber, bald aber auch – gleichsam an seiner Stelle – des berufsmäßigen Dichters und Sängers.

Unter den deutschen Fürstenhöfen, welche sich diesem neuen, aus Frankreich stammenden Minne-Dienst als einer stilisierten Lebensform besonders bereitwillig öffneten, stand derjenige der Babenberger in Wien und Klosterneuburg mit an erster Stelle. Der große Künstler, der dort seit etwa 1185 das Werben und Schmachten nach unerreichbarem Liebeslohn in elegante Verse kleidete, die allgemeine Bewunderung erregten, war Reinmar von Hagenau. Er wurde zum Lehrmeister des deutschen Minnesangs; auch Walther von der Vogelweide, wohl weniger als ein Jahrzehnt jünger, hat reiche Anregungen von Reinmar empfangen. Zwar nennt ihn keine Urkunde, doch wir möchten uns Reinmar als geachteten und festbepfründeten Angehörigen des Babenberger Herzogshofes vorstellen; ein Bettelgedicht um materielle Unterstützung hat sich nicht von ihm erhalten.

In Reinmars Nähe, wohl erst nach dem Tod Herzog Leopolds V. († 1194), den er nicht erwähnt, taucht Walther in Wien auf. Natürliche Begabung, welche fühlt, daß sie der Schulung bedarf, mag ihn dorthin getrieben haben. Er lernt, tastet sich in manchem frühen Lied der Hohen Minne so dicht an Reinmars Stil heran, daß man kaum hört, wer von beiden singt. Aber auf Dauer kann Reinmars Neigung zu einer Reflexionslyrik, die auf weite Strecken unanschaulich ist und kaum konkret wird, den Jüngeren nicht befriedigen. Reinmars besondere

Kunst ist es, zyklische Zusammenhänge zu bilden; Walthers Spontaneität reiht nicht, sondern sucht den bildhaften, lebendigen Eindruck.

Es ist ein Glück für ihn, daß er frühzeitig mit den Liedern eines anderen Sängers bekannt wird. Der Thüringer Heinrich von Morungen ist nicht nur ein Meister vielfältig-lebendiger, rhythmisch überaus reicher Formen; seine visuelle und akustische Phantasie ist zugleich derjenigen Reinmars weit überlegen. Vor allem ist sein Minne-Begriff ganz anders geartet: ein überwältigendes, glutvolles Gefühl, Leidenschaft, Schicksal – keine Erziehungsmacht. Formal und inhaltlich bringt damit die Begegnung Walthers mit Morungens Dichtung – persönlich haben sie sich schwerlich je kennengelernt – eine Erweiterung, Vertiefung und Befreiung, die jedoch zu Spannungen mit Reinmar führen muß.

Reinmar, als anerkannter Hofdichter, blickt auf die Gesellschaft. Sie soll sein Minneschmachten 'schön' finden; er zieht sie in das unablässige Nachdenken über Liebe, Leid und Schicksal hinein. Auch wo er seine „edle Herrin“ anredet, spricht er eigentlich mit seinen Hörern. Gerade darin kann ihm Walther nicht folgen. Die gegenseitige Empfindlichkeit steigert sich; endlich kommt es zum offenen Bruch. Er ist künstlerisch, gesellschaftlich und persönlich begründet. Walther ist der Angreifer. Er widerspricht Reinmars Lied im Gegenlied, er persifliert sogar. Der Sängerkrieg schlägt in den Affront um, als er den Älteren fragt, wieviel Jahre denn die Dame zähle, der er nun so lange sein unerfülltes Sehnen weiht.

Debatten über Minneprobleme gehören zu den beliebtesten Zerstreuungen der ritterlichen Gesellschaft. Es ist ein reizvolles Geplänkel, dem jeder gern zuhört. Aber die zunehmende Schärfe, mit welcher sich Reinmar und Walther aneinander reiben, verletzt die Regeln und kann nicht die Zustimmung des Hofes finden, zumal sie schließlich zum beleidigenden Spott führt. Was denkt sich nur der junge Herr von der Vogelweide? Doch für Walther ist diese Auseinandersetzung kein Spiel. Mögen Übermut und vielleicht auch Eifersucht auf den berühmten (und besser entlohnten) Dichter-Kollegen nicht unbeteiligt sein, es geht ihm tatsächlich um die Frage nach dem Wesen der Minne. Seine Gegenposition zu Reinmar ist nicht artistisch-rhetorisch, sondern existenziell! Walthers Protest gegen Reinmars Minne-Konzept erwächst nicht aus einer sexuellen Lüsternheit, der schmachtendes Werben und kokettes Sichverweigern eben nicht genügt, sondern aus seinem Willen zur

Wahrheit und der Forderung nach Ganzheit menschlicher Zuwendung. Er gibt keineswegs die Werte auf, die in der Hohen Minne enthalten sind: Achtung vor der Frau, auch als Geschlechtswesen, Erziehung zur Zucht. Aber er stößt sich an der Unvollständigkeit, welche die höfische Konvention dem gesellschaftlich akzeptierten Minne-Verhältnis auferlegt. Die Möglichkeit zur echten und damit auch vollen Begegnung zwischen Mann und Frau wird offengehalten. Darum muß die Künstlichkeit der erotischen Scheinbeziehung zwischen dem Ritter und der unerreichbaren, längst verheirateten Dame aufgegeben werden; denn sie ist unwahr.

Statt dessen spricht der Dichter – und nun ist er zum Meister herangereift – in unvergeßlichen Versen voll Glut und Zartheit, kecker Unbefangenheit und verhaltener Zucht von der Liebe, die Ganzheit ist und will. An die Stelle von Reinmars stilisierter Minnetrauer tritt das volle Spektrum menschlicher Empfindungen, und nicht zuletzt die Liebesfreude, die im Hochmittelalter wohl niemals beseelter besungen wurde. ›Unter der Linde‹ ist eben nicht ein Liedchen über ein erotisches Abenteuer; in der erinnernden Vergegenwärtigung wird weibliches Liebeserleben in die Zeitlosigkeit erhoben und geadelt. Die Werte der Hohen Minne sind einbezogen, vor allem die Achtung vor der geliebten Frau – gerade im Augenblick letzten Sichbegegnens: „Da ward ich mit den Worten empfangen: Meine Herrin." Und zugleich wird mit einer innigen Schalkhaftigkeit – wie öfters bei Walther – jede sentimentale Übertreibung gleichsam spielerisch ausgeschaltet: „Was er mit mir trieb, niemand soll es jemals wissen außer ihm und mir – und einem kleinen Vögelein, tandaradei; das wird gewiß verschwiegen sein."

Nicht die reife Dame der Gesellschaft, an die sich Reinmar schmachtend wandte, wird zum Thema der Gedichte, wenngleich Walther auch später noch manches Lied zum Lob der Hohen Minne sang, sondern das heranwachsende, noch unverheiratete Mädchen. Der Schauplatz ist nicht nur die festliche Atmosphäre des Hofes oder das Innere einer Burg, sondern vor allem die freie Natur und die unverbildet-frische Welt bäuerlichen Lebens. Der ganze Jahreskreis wird eingefangen, von den ersten Frühlingsblüten bis zu dem herbstlichen welkenden Laub und dem winterlichen Schnee. Es herrscht bukolischer Zauber – aber kann das noch Frauenpreis sein, wie ihn die höfische Gesellschaft vom Dichter fordert? Walther muß sich den Vorwurf machen lassen, er habe 'ausgelobt'. Seine Antwort lautet: „Noch nie war ich an Lob so reich." Allerdings ist es nicht mehr lediglich eine vornehme Herrin, der er seine Lieder darbringt, sondern jedes edle Frauentum ungeachtet aller sozialer Schranken. 'Frouwe' und 'wîp' stellt er gegeneinander, die Dame von Stand und die Frau schlechthin; 'wîp' greift aber nicht nur weiter, sondern vor allem auch tiefer; nicht äußerliche Vornehmheit, sondern der innere Wert wird damit angesprochen. „Manche große Dame ist gar keine echte Frau!" Walther durchbricht die ständisch gebundenen Denkformen des Mittelalters. Reinmar hält dagegen an dem gesellschaftlich verengten Begriff der 'frouwe' fest, bleibt bei seiner zum höfischen Spiel gewordenen Minne; – Versöhnung wird es hier nicht mehr geben.

Man fragt sich: Wie konnte Walther so weit gehen, daß er den ganzen Wiener Hof brüskierte und Reinmar gegenüber mehrfach das Dekorum grob verletzte? Er hatte einen mächtigen Beschützer: Herzog Friedrich selbst. Der Dichter schildert nicht ohne Selbstironie, wie er „mit stolzem Kranichschritt" erhobenen Hauptes einherging, der Gunst des Fürsten gewiß, der in gleichem Alter stand. Es war einer der schlimmsten Schläge seines Lebens, als der Babenberger 1198 auf der Kreuzfahrt starb.

„Da schlich ich nun wie ein Pfau herum, wohin ich auch ging,
und ließ den Kopf ganz tief wie bis zu den Knien herabhängen."

Friedrichs Nachfolger, sein Bruder Leopold VI. von Steier, war nicht für Walther eingenommen; er hatte ganz andere Interessen. Dieser bedeutende Fürst drängte den Adel zurück, förderte die Städte; er galt als 'Ketzersieder'. Sein Wort sollte herrschen; die geistige Freiheit des Dichters mußte ihm verdächtig sein. Da stand er eher auf seiten des höflich-höfischen Reinmar. Walther mußte Wien verlassen. Auch als der Rivale ums Jahr 1205 starb, ist es ihm nicht mehr gelungen, am babenbergischen Hofe Fuß zu fassen. Er kehrte noch mehrfach nach Wien zurück, aber er hatte trotz aller Huldigungen, mit denen er dem Herzog schmeicheln wollte, dort keinen Erfolg.

So begann ein Wanderleben quer durch Deutschland, niemals langfristig an einem Ort, immer auf der Suche nach einem freigebigen Herrn und einem kultivierten Hof, der den Sänger zu schätzen wußte. Staufer, Welfen, abermals Staufer; vermutlich einmal im Gefolge des Patriarchen Wolfger von Aquileia nach Oberitalien, wohl mit dem Reichsverweser Erzbischof Engelbert von Köln bis nach Lübeck. In Thüringen besuchte er die Wartburg – zu keiner guten Zeit; man war bei den Vorbereitungen eines Kriegszuges und konnte sich dem Sänger nicht widmen. Denn inzwischen war Walther ein bekannter Mann und stellte Ansprüche. Beim Königshof spottete er über die kleinen Fleischportionen; in der reichen Abtei Tegernsee setzten ihm die Mönche gar einmal pures Wasser vor! Das Zisterzienserkloster Dobrilugk in der Lausitz erschien ihm fast so schlimm wie eisige Wintersnot. „Von der Elbe bis an den Rhein" – dem Markgrafen von Meißen widmete er ebenso Gedichte wie dem mittelrheinfränkischen Grafen von Katzenelnbogen. Er weilte in Kärnten, dann wieder in Franken.

So vergehen die Jahre. Walther wird müde; immer dringlicher bittet er um ein eigenes Haus, eine Existenzgrundlage, die ihm Ruhe und Sicherheit gewährt. Selbst der Ruhm tröstet ihn nicht mehr. Bisweilen tönen ihm die eigenen Lieder aus glücklicheren Zeiten entgegen; aber die Stimme des Dichters der Freude klingt inzwischen immer mürrischer und trauriger:

„Mehr als vierzig Jahre lang sang ich von der Liebe
und lehrte, wie man recht leben sollte.
Damals wurde ich mit meinen Hörern über dem Singen froh,
heute nicht mehr: Mein eigenes Lied gehört nur noch euch."

Kommt das königliche Lehen zu spät? Reichen seine Erträge überhaupt als Existenzgrundlage aus? Walther wird nicht ganz seßhaft; zu Zeiten reist er immer noch über das Land. Vieles hat sich verändert – aber nicht zum Guten. Einmal kommt er nach Wien, an den Ort seiner Anfänge, und erschrickt: Wohin sind sie verschwunden: die festliche Freude, die ritterliche Geselligkeit im Schmuck der Damen, Anstand und feiner Ton? Es kommt ihm vor, als sei der glanzvolle Palast zur verwahrlosten Ruine geworden. Ist das reale Erfahrung eines Kulturverfalls oder persönlich begründete Altersresignation? Ist Walther schon bei Lebzeiten unzeitgemäß geworden?

„Von Kindheit an habe ich mehr als andere das Träumen gelernt." Jetzt richtet es sich in die Zukunft, gibt die alte, ihm untreu gewordene Liebe auf, um sich einer neuen zuzuwenden, die auch den Tod überdauert. Walthers Dichtung reicht vom jugendlich-kecken Übermut bis zur tiefsten Leiderfahrung, vom Zerbrechen gesellschaftlicher Konventionen bis zum Zurücksehnen in die alten Ordnungen, von jubelnder Freude und rauschhaftem Tanz bis zu innigem Gebet. Ein Lebensbogen rundet sich.

MARKGRAF OTTO III. VON BRANDENBURG
(† 1267)

Was darf ein nachgeborener Fürstensohn für sich erhoffen, wenn er keine geistliche Laufbahn anstrebt, sondern im weltlichen Stande bleibt? Otto (III.) war der zweite Sohn des Markgrafen Albrecht II. Zwar gab es zu seiner Zeit in Brandenburg noch kein Hausgesetz, welches die Primogenitur vorschrieb, aber das Reichsrecht bestimmte, daß Fürstentümer, die von der Krone zu Lehen gingen, nicht geteilt werden durften. Aus der Ehe mit Mechthild von der Lausitz besaß Albrecht vier Kinder, zwei Töchter und zwei Söhne. Zwischen Johann und Otto bestand ein Altersunterschied von einem einzigen Jahr. Doch nur der Ältere war berufen, nach dem Tod des Vaters dessen Fürstentum als Thronvasall zu übernehmen. Und Otto?

Von Albrecht dem Bären stammten sie ab, dem zeitweiligen antiwelfischen Gegen-Herzog von Sachsen und ersten Markgrafen der Nordmark. Als im zweiten Viertel des 12. Jahrhunderts die deutsche Ost-Bewegung neu einsetzte, öffnete der Askanier den Zuwanderern aus den übervölkerten Niederlanden, West- und Ostfalen, aber auch aus seinen eigenen Landen in Nordthüringen einen weiten Siedlungsraum – gar nicht so sehr mit dem Schwert (– obwohl es leider nicht ganz daran fehlte –), sondern vor allem durch Übereinkunft mit einigen Fürsten der slawischen Kleinstämme, die in dem nur inselhaft genutzten Waldland lebten. Der Heveller Heinrich Pribislaw war Albrechts Freund; er hob seinen Sohn Otto (I.) aus der Taufe und übereignete ihm als Patengeschenk die Landschaft Zauche; als Heinrich Pribislaw kinderlos starb, setzte er Otto als Erben ein. Allmählich verschmolzen Alteingesessene und Neuankömmlinge; ein Neustamm bildete sich (– wie in Pommern und Schlesien –), zu dessen besonderem Charakter auch das Slawentum einen wichtigen Beitrag leistete. Ohne daß sich ein Epochenjahr angeben ließe, wurde Brandenburg als Reichsfürstentum angesehen. Unter Albrecht II. weiteten sich die Grenzen des askanischen Herrschaftsgebietes und intensivierte sich die Bodennutzung durch die

Förderung des Zuzuges von Siedlungswilligen, die unter der Führung berufsmäßiger 'Lokatoren' mit markgräflicher Genehmigung neue Dörfer anlegten.

Am 25. Februar 1220 starb Albrecht II. und wurde neben dem Vater und dem älteren Bruder in dem ersten Mönchskonvent der Mark, dem Zisterzienserkloster Lehnin (südwestlich von Potsdam), zur letzten Ruhe gebettet. Seine Söhne Johann und Otto waren erst sieben und sechs Jahre alt. Bei Reichsfürstentümern fiel die Feudalvormundschaft jeweils an den Herrscher als obersten Lehnsherrn, also an König Friedrich II. Aber der Staufer war gerade im Begriff, zur Kaiserkrönung und Wahrnehmung seiner Rechte in Unteritalien in den Süden aufzubrechen. Er beauftragte den Erzbischof von Magdeburg mit der Vertretung. Es war ein lukratives Geschäft; dem Lehnsverweser fielen sämtliche Feudalsteuern und Nutzungsabgaben zu ('anevelle'). Für das schmale Eigengut der beiden Knaben war Graf Heinrich I. von Anhalt als nächster männlicher Verwandter und 'Schwertmage' Vormund.

Also eine Minderjährigkeitsregierung! Das bedeutete im Regelfall schwerwiegende Einbußen und Machtverlust. Doch Albrechts Witwe war eine bedeutende Frau. Die Markgräfin Mechthild sah voraus, daß die Wahrnehmung der landesherrschaftlichen Befugnisse durch Magdeburg zu einer dauernden Beeinträchtigung der askanischen Stellung führen mußte. Deshalb kaufte sie umgehend dem Erzbischof die Lehnsvormundschaft gegen klingende Münze ab. Es kostete sie 1900 Mark Silber, die nur in Raten gezahlt werden konnten. Auch Graf Heinrich wurde lediglich vorübergehend als 'Schützer der Mark Brandenburg' tätig; die energische Fürstin wußte ihn gleichfalls abzufinden. Statt dessen regierte sie selbst, natürlich im Namen Johanns, aber erstaunlicherweise von Anfang an unter gleichrangiger Nennung Ottos. Es entsprach slawischer Gewohnheit, Fürstentümer als Familienbesitz anzusehen, auf welche im Erbfall alle Nachkommen einen Anspruch erheben konnten. Reichsrechtlich war allein der Ältere künftiger neuer Markgraf. Doch Mechthild machte keinen Unterschied. Sie erzog die Brüder zu herzlicher Eintracht, „wie es eine echte Mutter wahrlich tun soll". So die Markgrafen-Chronik, unsere wichtigste erzählende Quelle – und sie fährt fort: „Zwar litt Mechthild viele Gefahren durch die Adelsherren und den Herzog von Sachsen; jedoch nachdem sie die Vormundschaft über die Söhne selber übernommen hatte, verwaltete sie die Mark in kluger Besonnenheit." Die Fürstin überlebte den Gatten um volle fünfunddreißig Jahre. Auch als Johann und Otto längst die Volljährigkeit erlangt hatten, bedienten sich beide weiterhin gern des Rates der Mutter. Später zog sich Mechthild an die nordwestliche Peripherie des askanischen Machtbereichs zurück und hielt in Salzwedel Hof, oftmals besucht von Kindern und Kindeskindern. „Und da sie in das Greisinnenalter kam, übernahm sie die Erziehung von Enkeln und Enkelinnen, den Nachkommen ihrer Tochter Mechthild, der Herzogin von Braunschweig, und ihrer Söhne Johann und Otto. Endlich starb sie im Jahr des Herrn 1255. Ihr Sohn Markgraf Otto von Brandenburg nahm mit seiner Gemahlin Beatrix an den Exequien teil und geleitete den Leichnam persönlich nach Lehnin, wo er sie bei seinem Vater Albrecht mit allen Ehren bestattete."

Die Volljährigkeit trat im Hochmittelalter mit zwölf Jahren ein. Seit dem Jahr 1225 urkundete Johann ohne Nennung der Mutter, aber stets zugleich im Namen des Bruders, und hängte sein eigenes Siegel an die Gnadenbriefe. Es ist wohl klar: Hier handelt es sich noch nicht um eigene Entscheidungen; Mechthild war die Veranlasserin. Aber sie trat der Form nach ganz in den Hintergrund und vermied es, das aufkeimende Selbstbewußtsein der Söhne einzuengen. Diese entwickelten sich prächtig und erlernten vor allem frühzeitig das Kriegshandwerk. Bald hatten die Brüder Gelegenheit, ihre Waffenfähigkeit unter Beweis zu stellen. Ihre Schwester Mechthild d. J. war seit 1219 an den Welfenhof verheiratet. In der Auseinandersetzung mit Dänemark, die damals ganz Norddeutschland in den Bann zog, stand allein Herzog Otto von Braunschweig-Lüneburg auf der Seite König Waldemars; gegen ihn richtete sich der Angriff einer Fürstenkoalition. Den Schwager nicht im Stich zu lassen, war für Johann und Otto eine Selbstverständlichkeit. So jung sie waren – nur vierzehn und dreizehn Jahre –, kämpften sie bei einer Straßenschlacht in Braunschweig mit, erfolgreich, doch war der Sieg ohne größere Bedeutung. Zwei Jahre später wurde es ernster. Bei einer erbitterten Fehde gegen die beiden Hochstifter Magdeburg und Halberstadt zog der Welfe den kürzeren. Gleichzeitig kam es westlich von Brandenburg zum Kampf gegen seine askanischen Verbündeten. Die Brüder wurden vernichtend geschlagen. Ihre Truppen waren gerade dabei, in langgezogener Formation über einen Dammweg am Plauer See vorzurücken, als überraschend der Angriff erfolgte. Die Feinde waren taktisch gut beraten; die markgräflichen Troßwagen behinderten die Verteidigung. Rasch kam es zu panischer Flucht. Johann und Otto versuchten, sich hinter die Mauern der Neustadt Brandenburg zu retten, aber wegen der anbrechenden Dunkelheit waren die Tore bereits geschlossen. So ging die Jagd weiter, in die Nacht hinein, bis das schützende Spandau erreicht war. Der Erzbischof verzichtete indessen darauf, den Sieg auszunützen: „Sie sind doch nur Knaben, und wir wollen nicht ihren Untergang, zumal sie vielleicht einmal in der Zukunft unserer Kirche helfen können. Wenn sie etwas zerstört haben, sollen sie es bezahlen." Diese großzügige Haltung des Magdeburgers machte den Weg zu einem Verständigungsfrieden frei; so war alles noch glimpflich ausgegangen.

Im Jahr darauf, am Pfingstfest, erhielten beide Brüder zugleich in Brandenburg den Ritterschlag. Anschließend ging es gemeinsam auf eine weite Reise: In Ravenna empfing Johann von Kaiser Friedrich II. die feierliche Belehnung. Reichsrechtlich konnte nur er mit der Fürstenwürde ausgestattet werden; doch für den Fall seines Todes erhielt damals Otto die formelle Anwartschaft auf Brandenburg, so daß gar keine erneute Belehnung notwendig sein sollte, wenn die Bedingung eintreten würde. Demgemäß sprach die staufische Kanzlei auch weiterhin nur von „Markgraf Johann und seinem erlauchten Bruder", während in den eigenen Urkunden dieser Titel gleichermaßen für beide Brüder verwendet wurde.

Von nun an führten sie gemeinsam das Regiment, in einer Einmütigkeit, die anscheinend niemals ernsthaft getrübt wurde. „Durch diese Eintracht überwanden sie die Feinde, stärkten sie die Freunde, vermehrten sie Land und Einkünfte, so daß sie an Ansehen, Ruhm und Macht immer reicher wurden." Die brüderliche Zuneigung war so groß, daß sie sogar nach ihrer Verheiratung noch zusammen Hof hielten. Der Bündniskonstellation entsprechend, in welche die Askanier durch den welfischen Schwager einbezogen waren, vermählte sich Johann mit der Tochter Waldemars II. von Dänemark; die Mitgift lag in Pommern. Otto heiratete Beatrix, die Tochter des ersten Böhmenkönigs Wenzel. Sie brachte ein besonders wertvolles Hochzeitsgut in die Ehe mit: die (später Oberlausitz genannten) Länder um Görlitz und Bautzen. Otto erhielt diese Gebiete zunächst nur als Pfandbesitz, alsbald jedoch zu vollem Eigentum. Es handelt sich also um die Mitgift seiner Frau; dennoch wurde auch dieses Territorium von den beiden Brüdern gemeinsam verwaltet. Ihr Herrschafts- und Interessenbereich grenzte seither im Norden an die Ostsee, im Süden an die Abflachungen der Sudeten.

Unter dem Geschwisterpaar vollzog sich der Aufstieg Brandenburgs zu einem der bedeutendsten Machtfaktoren in Nordostdeutschland. Die Landesteile – erheblich ausgeweitet – gewannen Zusammenhang, ihre Bewohner ein dynastisch vorbereitetes Gemeinschaftsgefühl, wenngleich Adelsherrschaften und geistliche Enklaven dem Ausbau der Markgrafschaft im Innern vielenorts Schranken setzten. Auf gütlichem Wege, aber auch mit Gewalt suchten Johann und Otto den Zustand in ihrem Sinn zu verändern. Alle Möglichkeiten wurden dabei in Betracht gezogen: hier eine Lehnsauftragung, dort Kauf oder Pacht, Übernahme des Kirchenpatronats, Verwaltungsteilung, Gesamtbesitz, aber auch Abtretung unter finanziellem, politischem oder militärischem Druck, und selbst offener Krieg. Da war – um ein einziges Beispiel anzuführen – Alvensleben, eine Burg des Bischofs von Halberstadt. Die Markgrafen beanspruchten den Platz mit fraglichem Rechtstitel. Sieben Jahre lang wurde darum gerungen, mehrfach unterbrochen durch Waffenstillstand oder faulen Frieden. Beim ersten Zusammenstoß befehligte Otto persönlich die brandenburgischen Truppen. Doch er hatte kein Glück und fiel in die Hände der Gegner, die ihn auf die Burg Langenstein am Harz brachten. Einen Fürsten steckte man nicht ins Verlies; es ging ihm unvergleichlich besser als jedem gewöhnlichen Gefangenen. Aber die enge, verriegelte Stube in einem Turm, der eingeschränkte Lebenskomfort, Einsamkeit, Ungewißheit durch Wochen und Monate mußten die seelische Widerstandskraft auch des Allerstärksten auf eine harte Probe stellen. Endlich verzichtete Otto – zugleich im Namen des Bruders – auf Alvensleben und bezahlte für die Freilassung überdies 1600 Mark Silber. So geschah es 1238; der Markgraf war vierundzwanzig Jahre alt.

Zwei Jahre später brach eine neue Fehde aus. Gegen Brandenburg bildete sich eine Koalition, bestehend aus Meißen, Magdeburg und abermals Halberstadt. Die Streitkräfte der Verbündeten waren weit überlegen. In der Bedrängnis scheuten die askanischen Brüder nicht davor zurück, mit einem berüchtigten Raubritter zu paktieren, der die Wege zwischen den zwei Bischofsstädten unsicher machte. Obwohl sie Verstärkungen schickten, wurde seine Burg Hadmersleben (Bodetal) gebrochen und an der Besatzung ein Exempel statuiert. Weil sich die

Markgrafen mit einem notorischen Landfriedensbrecher zusammengetan hatten, sprach man ihnen die Kirchenlehen ab. Dann eröffneten Wilbrand von Magdeburg und Ludolf von Halberstadt den Angriff auf die Altmark (wie man den brandenburgischen Landesteil westlich der Elbe, die 'Nordmark' Albrechts des Bären, zu nennen begann). Die moralische Entrüstung über die 'Gesellen von Straßenräubern' stand den Prälaten nicht gut zu Gesicht: Gnadenlos plünderten ihre Truppen die Dörfer aus; die Stadt Gardelegen wurde verbrannt; an Gewalttaten fehlte es nicht. Die Gelegenheit war günstig: Johann und Otto befanden sich weit im Osten; sie waren in schwere Abwehrkämpfe gegen Heinrich von Meißen verwickelt, der schon bis Köpenick (– heute südöstliches Stadtgebiet von Berlin –) vorgedrungen war. Als die askanischen Brüder die Nachricht über den Einfall der Bischöfe erhielten, teilten sie ihr Aufgebot ungeachtet der geringen Stärke. Otto leistete dem Wettiner weiter hinhaltenden Widerstand; Johann zog in Eilmärschen dem Heer der geistlichen Fürsten entgegen. Niemand rechnete so schnell mit seiner Ankunft; nördlich von Stendal überraschte er die Feinde. Das unvermutete Auftauchen entschied. Er konnte ihnen trotz der Unterlegenheit eine vernichtende Niederlage beibringen. Erzbischof Wilbrand wurde verwundet, konnte aber fliehen; Bischof Ludolf wurde, aus mehreren Wunden blutend, mit mehr als sechzig Rittern gefangengenommen. Über ein halbes Jahr blieb er in brandenburgischer Haft; man hielt ihn nicht besser als Otto zuvor. Schließlich kaufte der Bischof sich und seine Gefolgsleute los, auf Heller und Pfennig um die gleiche Summe, welche der Markgraf zuvor gezahlt hatte. Auch Alvensleben mußte wieder den Askaniern ausgeliefert werden.

Aber damit endete der Kampf um diese Burg immer noch nicht. Ludolf von Halberstadt starb bald nach der Freilassung, vermutlich an den Folgen seiner Verwundungen oder den Entbehrungen der Gefangenschaft. Der Nachfolger Meinhard fühlte sich nicht an die Abmachung gebunden. Unmittelbar nach Wahl und Amtseinführung setzte er die Fehde fort und belagerte natürlich zuerst einmal Alvensleben. Der Bischof glaubte sich siegessicher, denn gleichzeitig kämpfte Heinrich von Meißen ungeschlagen im Herzen der Markgrafschaft. Der Wettiner stand jetzt im Teltow, der Landschaft südlich von Berlin, die erst kürzlich askanisch geworden war. Gleichzeitig fielen die Magdeburgischen Truppen ins Havelland ein. Wieder kam es zu wüsten Ausschreitungen, unter denen die wendischen 'Kietze' (– slawische Dienstsiedlungen bei einer Herrenburg, speziell mit Fischereirechten ausgestattet –) und die deutschen Bauerndörfer in gleicher Weise zu leiden hatten. In dieser Not richtete das gequälte Volk die ganze Hoffnung auf die Landesherren; Alteingesessene und Neuankömmlinge fanden durch die gemeinsame Gefahr bewußtseinsmäßig zusammen. Abermals teilten die Brüder das Heer. Jetzt übernahm Johann vor Ort die Verteidigung gegen Meißen; Otto führte das Aufgebot gegen den Erzbischof. Er bewies, daß er aus den frühen, bitteren Erfahrungen gelernt hatte. Heimlich näherten sich die Brandenburgischen dem Feind im Schutz des dichten Waldes und brachen dann plötzlich und völlig unerwartet hervor. Otto drängte die Gegner unter Ausnutzung des schwierigen Geländes an die Havel. Nur eine einzige Brücke gab es für den Rückzug; unter der Masse der Fliehenden brach sie zusammen. Viele ertranken. Wohl noch höher war die Zahl der Gefangenen. So errang Otto einen vollkommenen Sieg.

Unter dem Eindruck der glänzenden Waffentat erklärte sich der Bischof von Halberstadt zum Einlenken bereit. Er gab die Belagerung von Alvensleben auf, zumal die askanischen Brüder Verbündete fanden. Der Braunschweiger Schwager trat jetzt offen auf die Seite der Verwandten und rüstete; das Hochstift lag seinen Streitkräften offen. So begannen Verhandlungen; am 22. Mai 1245 wurde Frieden geschlossen. Vor Zeugen und unter Beachtung der herkömmlichen Formen belehnte Bischof Meinhard die beiden Markgrafen mit der umkämpften Burg 'zu gesamter Hand': Beide faßten zugleich das Lehnssymbol, welches der Prälat ihnen reichte – wohl eine bewimpelte Lanze –, und gelobten ihm Hilfe und Rat in guten und bösen Tagen. Sie schworen, daß Alvensleben dem Bischof ein 'Offenhaus' sein sollte, wo man ihn jederzeit – in Krieg und Frieden – aufnehmen würde. Niemals würde – auch im Fall der Fehde – von dieser Burg aus eine Feindseligkeit gegen das Hochstift ausgehen. Und sie versprachen, daß keine neuen Befestigungen an dieser Stelle errichtet werden sollten. Nach Ablegung der Gelübde befreite Bischof Meinhard die Brüder von allen geistlichen und weltlichen Strafen. Lehnsnahme und Friedensschluß waren im Mittelalter Akte öffentlicher Präsentation mit vielen Zuschauern; symbolische Handlungen und Gebärden sollten jedermann verdeutlichen, was von nun an gültig und rechtens sei: Vor den Augen eines großen Publikums empfingen Johann und Otto den Friedenskuß des Oberhirten von Halberstadt.

Jahrelang hatte die Allianz von Meißen, Magdeburg und Halberstadt eine ernsthafte Bedrohung für Brandenburg bedeutet. Jetzt war sie endlich gesprengt. Nachdem Bischof Meinhard aus dem Angriffsbündnis ausgeschieden war, dauerte es nur noch wenige Wochen, bis man mit den anderen Feinden handelseinig wurde. Den Frieden mit dem Markgrafen von Meißen vermittelte anscheinend König Wenzel von Böhmen, der Schwiegervater sowohl des Wettiners Heinrich wie des Askaniers Otto. Der Meißner verzichtete auf gewisse Ansprüche an Havel und Spree; bald sah man die lange verfeindeten Schwäger bei manchem politischen oder gesellschaftlichen Anlaß in freundschaftlicher Gemeinsamkeit zusammenkommen. Doch am schwierigsten erwies es sich, eine Übereinkunft mit dem Erzbischof von Magdeburg herbeizuführen. Die Schlappe an der Havel kränkte ihn tief; Wilbrand wollte anfangs den Krieg deshalb ganz allein fortsetzen. Aber durch zwei befreundete Ministeriale, von denen der eine in brandenburgischen, der andere in magdeburgischen Diensten stand, wurde dann gleichfalls ein Friedensvertrag ausgehandelt. Seit Sommer 1245 schwiegen die Waffen in Nordostdeutschland.

Brandenburg hatte eine schwere Bewährungsprobe durchgestanden und überdies seine Grenzen beträchtlich ausgedehnt. Schon vor diesem Waffengang traten einige slawische Fürsten die Länder Barnim und Teltow an Johann und Otto ab. (Die Vorgänge bleiben leider in den Quellen weitgehend im dunkeln.) 1236 erkannten die Pommern-Herzöge die Lehnshoheit Brandenburgs an; die kaiserliche Majestät bestätigte es mittels eines feierlichen Privilegs. Durch Kauf erwarben die askanischen Brüder im Norden Stargard und Ukermark; nur die Anrechte auf Wollin, durch die Ehe Johanns begründet und der Zeit der Dänen-Herrschaft entstammend, konnten nicht realisiert werden. Da war Otto im Südosten glücklicher, wenn auch die Länder Bautzen und Görlitz (– die Oberlausitz –) durch die (Nieder-)Lausitz von der Mark getrennt waren. Und im Osten erweiterten die Brüder ihre Macht bis über die Oder hinaus, indem sie einen Erbzwist unter den schlesischen Piasten ausnützten. So gewannen sie das Land Lebus (dessen Gebietsteile jenseits des Stromes später Sternberg und Neumark genannt wurden). Bei diesem Unternehmen waren sie – in Umkehrung der früheren Konstellation – mit dem Erzbischof von Magdeburg verbündet; anfänglich bestand eine gemeinschaftliche Herrschaft über Lebus. Im ganzen konnten Johann und Otto das Erbe, welches sie von Albrecht II. übernommen hatten, der Fläche nach mehr als verdoppeln.

Aber die Brüder waren nicht nur kühne Kriegsleute und erfolgreiche Eroberer. Sie intensivierten die Nutzung des Landes und bemühten sich um Hebung der Kultur. Die Anwerbung von Neusiedlern, welche die früheren Markgrafen erfolgreich betrieben hatten, wurde fortgesetzt; vor allem machte die Urbanisierung erhebliche Fortschritte. Johann darf als der bedeutendste Städtegründer unter den Askaniern gelten; auch Otto beteiligte sich aktiv an dem Vorgang. Mehr als dreißig Stadtgründungen schreibt man den Brüdern zu; zehn sind ausdrücklich überliefert. Vermutlich ist auch Berlin durch sie zur Stadt erhoben worden; jedenfalls behauptet es die Markgrafenchronik. Auf Grund von Grabungen, die seit dem Zweiten Weltkrieg erfolgten, ist anzunehmen, daß sich zu beiden Seiten der günstig gelegenen Furt über die Spree schon zuvor zwei kleine Siedlungen befanden, die indessen wohl erst jetzt mit Stadtrecht, Bürgerfreiheit und kommunaler Autonomie ausgestattet wurden – nach Magdeburger Vorbild, doch mit den Abwandlungen, wie sie in der Stadt Brandenburg üblich waren: Berlin und Cölln (nach dem Namen zu schließen ein Rodungsort westdeutscher Siedler). Die Doppelstadt gewann sehr schnell eine gewisse Mittelpunktsbedeutung. Da gab es eine 'Aula' der Markgrafen, wohl einen repräsentativen, landesherrschaftlichen Hof; in der Kirchenorganisation wurde der Platz Sitz eines Propstes; Fernkaufleute siedelten sich an; Zollfreiheit ist bereits für 1251 bezeugt. In der Nähe von Berlin-Cölln bestand seit einiger Zeit eine Kommende des Tempelritterordens – heute noch erinnert der Namen 'Tempelhof' daran –; das mußte sich vorteilhaft für das Gedeihen des jungen städtischen Gemeinwesens auswirken, denn die Templer nahmen neben ihrer kriegerisch-religiösen Aufgabe, für welche in christianisierter Umgebung indessen kaum mehr Bedarf bestand, eine notwendige, doch unbeliebte wirtschaftliche Funktion wahr: Sie verliehen Geld gegen Zins. Handel braucht Kredit; in Berlin hatte man die notwendige 'Bank' in bequemer Nachbarschaft zur Verfügung. So nahm der Ort rasch einen vielversprechenden Aufschwung.

Zur Zeit des Regierungsantritts der markgräflichen Brüder gab es in ihrem Herrschaftsbereich westlich der Elbe (Altmark) fünf Städte im Rechtssinn, alle nur klein und ohne hervorstechende wirtschaftliche Aktivitäten. Östlich des Stromes lagen lediglich die zwei Bistumszentren Havelberg und Brandenburg(-Altstadt), neben dem vor 1190 eine Neustadt planmäßig angelegt worden war. Einige wenige Plätze – wie Rathenow, Nauen und namentlich Spandau, wo sich der Hof oftmals aufhielt – zeigten eine nicht unbeachtliche Siedlungsverdichtung. Dazu kamen jetzt die zahlreichen Neugründungen oder Stadtrechtsbewidmungen älterer Dörfer. Überall in Deutschland war das 13. Jahrhundert eine Zeit steigender Urbanisierung. Aber in vielen Fällen konnten diese Neustädte die Gründungserwartungen niemals erfüllen, blieben auf einer Kümmerstufe stehen oder sanken in dörfliche Lebensformen zurück. Dagegen läßt sich unter den dreißig Neugründungen Johanns und Ottos in der Mark Brandenburg nur ein einziger Platz namhaft machen, der sich als Fehlschlag erwies. Das spricht wohl für eine ungewöhnliche Einsichtsfähigkeit der beiden Landesherren in die Bedingungen und Grenzen urbaner Existenz.

Doch hier werden Unterschiede zwischen den Brüdern deutlich. So herzlich sie in ihrer brüderlichen Zuneigung verbunden waren, so verschiedenartig erwiesen sich die Temperamente. Johann interessierte sich offenbar besonders für die ökonomisch-administrativen Möglichkeiten, welche Stadtgründungen dem Landesherrn eröffneten, Otto vorrangig für die kirchlich-kulturellen. Der jüngere Markgraf war von einer tiefen, selbst für einen mittelalterlichen Laien bestimmt nicht alltäglichen Religiosität geprägt, die zudem sein Verhalten – je älter er wurde – immer stärker bestimmte. Es war eine düstere, ganz von Sündenangst geprägte Frömmigkeit. In unvergleichlich größerem Ausmaß als der gewiß nicht unfromme Bruder förderte er das Mönchtum. Viele Urkunden geben davon Zeugnis. Über zehn Klöster wurden neu gegründet, darunter drei für Nonnen. Den Bettelorden – also Kommunitätsformen, wie man sie zuvor gar nicht gekannt hatte – gehörte seine besondere Zuneigung. Schon mit zwanzig Jahren stiftete Otto einen Franziskanerkonvent in Görlitz, aber am meisten liebte er die Dominikaner. Selbst in den schwierigsten Jahren, während die Existenz der Markgrafschaft auf dem Spiel stand und man kaum mehr wußte, womit man die Truppen entlohnen sollte (– denn es war längst nicht mehr ausschließlich ein Lehnsaufgebot, mit dem Krieg geführt wurde –), beschenkte Otto die Klöster. „Er war ein Mann" – berichtet die nahezu zeitgenössische Markgrafenchronik – „der sich völlig Gott ergeben hatte, und er zwang seinen Körper durch Fasten, Nachtwachen, Gebete,

Kniebeugen, Geißelungen und andere Bußübungen, der Seele willig zu dienen. Schließlich entstanden an seinen Beinen vom stundenlangen Knien nahezu faustdicke Auswüchse. An jedem Freitag zerkratzte er sich zur Erinnerung an das Leiden Christi die Haut mit den Fingernägeln oder mit Nadeln, bis das Blut floß." Es ist ein schreckliches Bild, das die Überlieferung von der selbstkasteienden Werkgerechtigkeit dieses Fürsten zeichnet, und sie berichtet weiter, daß gerade diese lebensfeindlichen Praktiken Bewunderung und sogar Nachahmung fanden. Drei Hofbeamte Ottos traten ins Kloster ein; viele Ritter und Reisige waren beeindruckt. Freilich wußten es schon die Zeitgenossen: Mancher heuchelte auch nur Bußgesinnung durch demonstratives Fasten bei Wasser und Brot, Kniebeugen und andere Gesten der Buße, „um dem Fürsten damit zu gefallen; denn er liebte nun einmal diejenigen am meisten, die so handelten". „Und nichts bereitete ihm größere Freude, als wenn er über seine Gemahlin sagen hörte, daß sie sich auszeichne in Werken der Mildtätigkeit, Fasten, Enthaltsamkeit und Gebet, aber allem weltlichen Treiben willig entsage."

Merkwürdig verbanden sich die Gegensätze im Leben dieses Mannes: Ein großer Kriegsmann und bedeutender Friedensfürst, ein selbstquälerischer Büßer und kampfgeübter, höfischer Ritter, der manches Mal auf 'Aventiure' auszog, um im Namen Gottes Taten zu vollbringen, die uns heute nur widergöttlich erscheinen. Otto III. von Brandenburg war einer der ersten Adligen des christlichen Abendlandes, die sich an dem neuen grausigen Gesellschaftsspiel beteiligten, dem man den harmlos klingenden, geradezu an moderne Touristik gemahnenden Namen der winterlichen Preußenfahrt gegeben hat.

Man brauchte im 13. Jahrhundert nicht bis Südspanien, in den Orient oder nach Afrika zu reisen, um zu Andersgläubigen zu gelangen. In den baltischen Ländern gab es noch manche preußische und litauische Völkerschaften, Stämme und Kleingruppen, die sich im Schutz der dichten Urwälder und unpassierbaren Moore bislang der politischen Annexion und Missionierung durch die christlichen Deutschen und Polen entzogen hatten. Schon der Mückenplage wegen war es in den Sommermonaten lästig, wenn nicht fast unmöglich, bis zu ihnen vorzudringen. Um diese Heidenvölker ging es; Tod oder Bekehrung war die Devise. Durch die Verpflanzung des Deutschritterordens in den Raum an der unteren Weichsel 1225/1226 und dank der kriegerischen Ausbreitung seines eigentümlichen, straff organisierten Staatswesens verfügte man über eine hervorragende Ausgangsbasis, wo sich die glaubensbegeisterte Ritterschaft sammeln konnte, um zur Winterzeit, wenn die Sümpfe und Seen gefroren waren, wie zu einer Treibjagd gegen die unglücklichen Heiden aufzubrechen, denen bei ihrer militärischen Rückständigkeit kaum eine Chance zu erfolgreicher Gegenwehr verblieb. Unter dem Zeichen des Kreuzes genoß der christliche Adel das fröhlich-ausgelassene Lagerleben, erschlug zur Ehre Gottes die Ungläubigen oder unterwarf sie einer oberflächlichen, rein äußerlichen Zwangstaufe. Überdies machte man Beute, und wenn sie nur aus einigen wertvollen Pelzen oder einer Anzahl von Sklaven beiderlei Geschlechts bestand. Die ältesten preußischen Chroniken geben Einblicke in dieses schändliche Treiben, bei dem sich eine irregeleitete Frömmigkeit mit allen üblen Instinkten der Menschennatur verband.

Eine Niederlage des Deutschritterordens – nicht zuletzt durch Uneinigkeit im eigenen Lager hervorgerufen – veranlaßte den Markgrafen von Brandenburg im Winter 1248 auf 1249 erstmals zu einem derartigen Unternehmen; er vermittelte damals zwischen den zerstrittenen Führern der Christen. Sein Beispiel machte Schule; schon im Folgejahr erschien eine Gruppe von thüringischen Rittern, „und sie verbrannten das Land und schlugen viele tot – Männer wie Frauen – und verwüsteten alles so lange, bis die Heiden keine Zuflucht mehr fanden. In dieser Zwangslage gaben jene, die in der Heimat bleiben wollten, ihre Irrtümer und Gebräuche auf und unterwarfen sich völlig dem Joch des christlichen Glaubens“.

Im ganzen begab sich Otto von Brandenburg nicht weniger als viermal auf Preußenfahrt, sein Bruder Johann einmal, obwohl doch für die Askanier überhaupt kein unmittelbarer Gewinn zu erlangen war. Aber man hoffte auf weltliche Ehre und Himmelslohn. Eine besonders glanzvolle Gesellschaft beteiligte sich 1254/1255 an dem Unternehmen. Prominentester Teilnehmer war Ottos Schwager, König Ottokar von Böhmen; die militärische Führung lag in den Händen des Markgrafen. Man traf sich zum Weihnachtsfest in Breslau; einige Fürsten und Bischöfe zogen mit, „dazu mancher edle Mann aus Sachsen, vom Rhein, aus Thüringen und der Mark Meißen“. Mit der Disziplin der großen Schar war es indessen nicht weit her. „In Elbing versammelte man sich zur Winterzeit. Das war für den Teufel betrüblich; so sah er zu, daß er zwischen einem Österreicher und einem Niedersachsen einen Streit darüber verursachte, wer zuerst sein Korn in einer Mühle schroten dürfte [um Fladenbrot zu backen]. Schließlich wurde die Zwietracht so groß, daß der König und die anderen Fürsten die Rüstung anlegten und sich zum Kampf bereiteten. Aber der ehrwürdige Herr Bischof von Olmütz versöhnte alle mit Gottes Hilfe. Daraufhin zog der König mit dem ganzen Heer zum Frischen Haff und fuhr über das Eis bis nach Samland. Er verbrannte und tötete viele Preußen. Anderntags eroberte er die Fliehburg Rudau. So fügte er den Samländern viel Leid zu, bis sie Geiseln stellten, damit er nicht das ganze Volk umbrachte. Er zog weiter, und die Landesbewohner brachten ihre Kinder und gelobten, den Christenglauben anzunehmen und den Brüdern vom Deutschritterorden fortan untertänig zu sein. Endlich kam er an die Anhöhe, wo heute Königsberg liegt, und gab den Deutschordensbrüdern den Rat, dort eine christliche Trutzburg zu errichten. Dafür spendete er noch eine große Geldsumme und zog dann wieder heim."

So berichtet die Chronik. Bei der Gründung der Stadt Königsberg dürfte auch Otto III. mit seinem militärischen Weitblick nicht unbeteiligt gewesen sein. Durch die Namensgebung blieb Ottokars Zug unvergessen. Dagegen war die Preußenfahrt Johanns von Brandenburg im Folgejahr ein Mißerfolg: „Weil der Winter allzu mild war, konnte er an die Glaubensfeinde gar nicht erst herankommen. Sümpfe und andere Hindernisse liegen nämlich dazwischen, so daß nur bei scharfem Frost ein Zugang besteht. So mußte er heimkehren, ohne Tatenruhm, doch mit dem Verdienst, guten Willen bewiesen zu haben."

Die Urteilskategorien der Deutschordenschronisten können nicht mehr die unsrigen sein. Der zweite Preußenzug Ottokars von Böhmen verlief gleichfalls ergebnislos, weil die Wasserläufe nicht zufroren. Ein Geschichtsschreiber bemerkt dazu durchaus ernsthaft und ohne jede bittere Ironie: „Die Zeit war noch nicht gekommen, daß sich Gott über sein Volk erbarmte, sondern er wollte es züchtigen. Darüber wurde der König sehr betrübt, und er zog heim." Auch Otto III. erging es einmal nicht anders. Um nicht umsonst angereist zu sein, errichtete er in Absprache mit dem Deutschritterorden eine Festung an strategisch wichtiger Stelle nahe dem Frischen Haff, „die nannte er nach der eigenen Hauptstadt Brandenburg". Diese Zwingfeste wurde zwar von den Preußen bald wieder zerstört – die gesamte Besatzung war zu einer schrecklichen Gewaltmission aufgebrochen, so daß die verzweifelten Landesbewohner, von einer alten Frau informiert (– „des Teufels Tochter" nennt sie die Chronik –), keinen Widerstand fanden und den Platz verbrannten. Aber Otto stellte sie im Folgejahr wieder her, stärker denn zuvor.

Der Markgraf genoß als frommer Glaubensstreiter bei seinen Zeitgenossen ein erhebliches Ansehen. Selbst der Papst setzte Hoffnungen auf ihn und stellte den Christen im Heiligen Land die Befreiung vom islamischen Joch in Aussicht, weil Otto von Brandenburg demnächst zu einem Kreuzzug aufbrechen werde. Dazu kam es nicht; aber die Nachricht wirft ein Schlaglicht auf die Reputation des Askaniers. So mag es zu erklären sein, daß nach dem Tod des antistaufischen Königs Wilhelm von Holland 1256 eine Gruppe norddeutscher Fürsten auf den Gedanken verfiel, Otto die Krone des 'Heiligen Römischen Reiches' anzubieten. Der Markgraf hat sich in einem Schreiben an den großen Rheinischen Städtebund selber zu dem Plan geäußert, der dann doch nicht zu realisieren war, weil sich ausländische Mächte in die Wahlverhandlungen einmischten und die Initiative an sich rissen. Schließlich kam es zu einer Doppelwahl: Ein Teil der Stimmen fiel auf den spanischen König Alfons von Kastilien, der andere auf Richard von Cornwall, den Bruder des englischen Herrschers. Vielleicht hing das Scheitern der Thronkandidatur Ottos damit zusammen, daß er bei dem eigenen Schwager Ottokar von Böhmen trotz bester persönlicher Beziehungen keine Unterstützung fand; der Przemyslide mochte wohl selbst Ambitionen auf die Krone hegen. 'Die kaiserlose, schreckliche Zeit', wie schon die Zeitgenossen das Interregnum zwischen Friedrich II. und Rudolf von Habsburg nannten, führte zu verstärkter Zerrüttung der Reichsverfassung und kaum wieder einzubringenden Verlusten an Krongut und Königsrechten. Vielleicht hätte die Wahl Ottos anstelle zweier Ausländer doch einiges vom Schlimmsten verhindern können.

Jedenfalls signalisiert die Thronkandidatur des Markgrafen von Brandenburg eine tiefgreifende historische Veränderung. Die Territorien im östlichen Ausbauland melden einen Führungsanspruch an; fortan wird ein großer, ja entscheidender Teil der allgemeinen Reichsgeschichte von ihnen getragen. Otto III. stellt sich zur Wahl: Erstmals wird im ›Sachsenspiegel‹ des Eike von Repgow – entstanden in der askanischen Herkunftslandschaft Anhalt während der frühen Regierungsjahre Johanns und seines Bruders – die These vertreten, daß die Erhebung des Königs allein den Kurfürsten obliegt; zu ihnen gehört auch der Markgraf von Brandenburg. Durch den fortschreitenden Landesausbau und die umfangreichen Neuerwerbungen der Söhne Albrechts II. steigt die Markgrafschaft – wie gleichzeitig Böhmen und Österreich – in den Kreis jener Mächte empor, die erhöhte politische Bedeutung besitzen. Man kennt die beiden Fürsten in weiten Teilen Europas; man weiß um ihre Erfolge. Vor allem Otto ist allgemein bekannt.

Dennoch waren es die gleichen askanischen Brüder, durch welche Brandenburg rasch wieder eine schwere Einbuße an politischem Gewicht erlitt. Nach über dreißigjährigem erfolgreichen, gemeinsamen Regiment teilten sie um die Jahreswende 1257/1258 ihr Land. Kein Zwist veranlaßte sie dazu; das Band geschwisterlicher Zuneigung war ungeschwächt. Noch bis 1260 gab es nur eine Hofhaltung. Aber es war vorauszusehen, daß sich die Eintracht zwischen den Brüdern nicht für die nächste Generation festschreiben ließ. Da schien es besser, beizeiten alles zu ordnen. Johann besaß aus zwei Ehen elf überlebende Kinder, darunter drei Töchter. Beatrix von Böhmen gebar Otto III. vier Knaben und zwei Mädchen. Wie sollte die Erbfolge geregelt werden? Die Hochzeit von Johanns Ältestem mit der mecklenburgischen Fürstentochter Hedwig von Werle stand bevor; vielleicht wurde sie zum Anlaß für die Landesteilung.

Man teilte nicht nach territorialen Gesichtspunkten, sondern ausschließlich nach fiskalischen und lehnrechtlichen. Die neuen Binnengrenzen durchschnitten die historischen Landschaften der Markgrafschaft. Den fernen König fragte keiner; Brandenburg wurde als Familienbesitz behandelt. Man erstellte zwei Listen, jeweils mit etwa gleichgroßen Einkünften und ebensovielen Vasallen. Einiges blieb ungeteilt, um nachträglich noch einen Ausgleich vornehmen zu können. Dann wurde gewählt, im Rahmen eines Gottesdienstes und in aller Öffentlichkeit. „Während der Messe legte man in Gegenwart des Herrn Bischofs Heidenreich von Kulm und anderer frommer, schriftkundiger Männer die Urkunden verdeckt auf dem Altar nieder. Und Johann trat mit überkreuzten Armen heran; was er mit der Rechten faßte, das erhielt er, den andern Teil aber sein Bruder Otto.“ Anschließend wurde nach dem Urteil einmütig ausgewählter Schiedsmänner ein Ausgleich vorgenommen, denn es erwies sich, daß der jüngere Bruder etwas zu kurz gekommen war. Alles geschah in völliger Eintracht. Was noch weiterhin gemeinsam verwaltet wurde – namentlich das Land jenseits der Oder –, teilte man 1266 auf, als Johann schwer erkrankte und mit dem Ableben zu rechnen war. Er starb im Spätsommer und wurde in Mariensee bestattet, dem neugegründeten Hauskloster seiner Linie. (Später verlegte man den Konvent nach Chorin.) Etwa dreizehn Monate danach überraschte der Tod Otto III. in Brandenburg. Er hatte morgens noch an der Messe im Dom teilgenommen; man zählte den 9. Oktober 1267. Die Brüder lebten in gleichem Takt; wie sie im Abstand eines Jahres geboren waren, so starben sie auch. Man begrub Otto im Dominikanerkloster Strausberg (östlich von Berlin), das er selbst gestiftet hatte.

Ein Fürstenleben endete, das weit über Brandenburg hinaus Beachtung gefunden hatte. Otto III. war ein bedeutender Feldherr; als es 1260 zwischen Böhmen und Ungarn zum Krieg um das Land Steier kam, leistete er dem Schwager Zuzug; seinem Rat verdankte der Przemyslide den entscheidenden Sieg bei Croisenbrunn; so ist es nicht zuletzt ein Verdienst des Askaniers, daß die Steiermark deutsch blieb. Der Markgraf galt zugleich als Muster ritterlicher Tugenden; von ihm ließ sich Ottokar von Böhmen zum Ritter schlagen, und die Chronisten äußerten die Überzeugung, keinen Besseren hätte man für diese feierliche Ehrung finden können. Otto kümmerte sich aber auch – wie sein Bruder Johann – um die Fragen der Verwaltung, die wirtschaftlichen und die kirchlichen Belange, die mannigfaltigen Sorgen seiner Untertanen; die vielen Urkunden beweisen es, und sie lehren, daß er sich immer wieder ganz persönlich damit befaßte und nicht nur seinen Räten die Entscheidung überließ. Der Markgraf ist uns fremd in seiner Religiosität, doch seine Zeit hat ihn auch darin bewundert. Als man den Plan diskutierte, Otto III. von Brandenburg zum König zu wählen, da schrieben einige Parteigänger einen Brief, in welchem sie das allgemeine Urteil folgendermaßen zusammenfaßten: „Ein ganzer Mann, für die Krone geeignet und zugleich wahrhaft fromm.“ Der Askanier war gewiß nicht genial. Doch sein Leben hindurch mühte er sich redlich, bestmöglich das Amt wahrzunehmen, das ihm das Schicksal und die brüderliche Liebe zugewiesen hatten.

HERZOGIN SOPHIA VON BRABANT
(* 1224 † 1275)

Abertausende von Menschen strömten im Frühjahr 1236 in Marburg an der Lahn zusammen, um einer neuen Heiligen ihre Devotion zu bezeugen und zugleich der Neugierde zu frönen, denn derartiges hatte keiner von ihnen je erlebt: Auf päpstliches Geheiß wurden die Gebeine der Landgräfin Elisabeth von Thüringen feierlich zur Ehre der Altäre erhoben. Ungewöhnlich rasch hatte sich Rom dazu bereitgefunden: Die fromme Fürstin war erst vor fünf Jahren gestorben! Viele Zeitgenossen kannten sie noch persönlich. So eilte man von nah und fern herbei: vier Erzbischöfe, Bischöfe, Kleriker und Mönche, Ritter, Bürger und Bauern, Männer und Frauen, groß und klein. Sogar Kaiser Friedrich II. stellte sich ein, der Herrscher des Heiligen Römischen Reiches, König von Sizilien und von Jerusalem; sein majestätisches, fremdartiges Auftreten faszinierte die Deutschen. Doch als man am 1. Mai Elisabeths Leichnam in einen Blei-Sarkophag umbettete – ein vergoldeter Schrein war bereits in Auftrag gegeben, aber noch nicht fertiggestellt –, trug der Kaiser nicht die schimmernden Brokat-Gewänder, sondern eine schlichte graue Kutte. Friedrich legte eine Krone in den Sarg; vor der Erhabenheit dieser Frau, die auf allen irdischen Glanz verzichtet hatte, um mit den Armen arm zu sein, beugte selbst der höchste Repräsentant weltlicher Ordnung das Knie.

Es ist nicht bezeugt, aber doch wohl anzunehmen, daß sich unter den Anwesenden auch ein Knabe von dreizehn und zwei Mädchen von zwölf und neun Jahren befanden, denen mancher scheue Blick galt: Hermann, Sophia und Gertrud, die Kinder der Heiligen. Die Jüngste unter den Geschwistern trug bereits Nonnenkleidung; noch ungeboren, war sie von den Eltern schon dem Himmel versprochen worden, als Landgraf Ludwig zu der Kreuzfahrt aufbrach, von welcher er nicht mehr zurückkehrte. Manches, was nun zum Lobe Elisabeths angeführt wurde, klang in den Ohren der drei seltsam anders, hatte doch die so hoch Gefeierte – wie es der Kaiser formulierte – „es verlernt, zeitlicher Kinder Mutter zu sein", um sich aller weltlichen Freuden zu entäußern.

Die Geschwister kannten sie kaum. Es gibt nichts, worin uns die lichte Heiligengestalt Elisabeths fremdartiger und fragwürdiger erschiene: Diese edle Frau, welche in sich selbst verleugnender Zuwendung zu den Kranken und Verachteten alle Schranken fürstlicher Standesgebundenheit durchbrach, „war um Gottes willen mehr auf das Wohl bedürftiger fremder Kinder bedacht als auf das ihrer eigenen, und sie wandte sich deshalb von ihren leiblichen Kindern ab und gab anderen Speise, weil sie bettelarm waren". Die Liebe ihrer Mutter hatten Hermann, Sophia und Gertrud nicht genossen – übrigens genausowenig wie Elisabeth selber!

Die Kinder der Heiligen hießen nach den Großeltern. Landgraf Hermann I. war ein bedeutender Fürst, aber skrupellos auf die Förderung der thüringischen Territorialinteressen bedacht; seine Schaukelpolitik im deutschen Thronstreit zwischen Welfen und Staufern hatte nicht ihresgleichen. Er gehörte zu den Gründern des Deutschritterordens, förderte die höfische Kultur und baute die Wartburg aus. Im Alter verfiel er in Wahnsinn. Erst sechs Jahre nach seinem Tod wurde der einzige Enkel im Mannesstamm geboren und nach ihm benannt. Gertrud, die Jüngste, erhielt den Namen von Elisabeths Mutter, der deutschblütigen Gemahlin des Königs Andreas von Ungarn. Diese Fürstin stammte aus dem Hause der Herzöge von Andechs-Meranien; sie erregte bei den Magyaren durch ihre Verschwendungssucht, die Neigung zu Intrigen und die völkische Überheblichkeit solchen Haß, daß man sie 1213 ermordete. Das Töchterlein Elisabeth war damals gerade fünf Jahre alt, befand sich aber gar nicht mehr im Umkreis der Mutter, sondern wurde schon seit zwei Jahren in Thüringen für eine spätere Ehe mit dem Erben der Landgrafschaft erzogen; das Hochzeits-Projekt war zu einer Zeit ausgehandelt worden, als Elisabeth noch kaum geboren war.

So haben die Kinder der Heiligen von den vier Großeltern nur die Großmutter von väterlicher Seite leibhaftig kennengelernt: Sophia d. Ä., die Tochter des bayerischen Herzogs Otto I. Sie überwachte Elisabeths Jugend; das kleine Mädchen, das ihre Schwiegertochter werden sollte, dankte es ihr mit Vertrauen und Zuneigung. Als sich Elisabeth ausschließlich ihrer karitativen und religiösen Tätigkeit widmete, wußte sie, daß die drei Kinder, welche sie geboren hatte, nicht ins Leere fallen mußten; die Schwiegermutter, die schon an ihr Mutterstelle vertreten hatte, würde für Hermann, Sophia d. J. und – aus der Entfernung – für Gertrud, die kleine Nonne, in aller Liebe sorgen. So geschah es auch – vielleicht nach einer ganz kurzen Zwischenzeit, in welcher sie die Verlassenheit Elisabeths teilten; doch spricht eigentlich alles dafür, daß es sich bei der Tradition, die solches berichtet, eher um eine zwar rührende, aber falsche Ausschmückung der frühzeitig wuchernden Legende handelt. Die 'Nestwärme' empfingen die zwei älteren Geschwister jedenfalls von der treusorgenden Großmutter, die jüngere Schwester in ihrem Konvent. Zwei Jahre nach der Heiligsprechung Elisabeths starb Sophia d. Ä. mit sechsundsechzig Jahren. Ihr Tod bedeutete für die Kinder einen schmerzlicheren Verlust als derjenige ihrer leiblichen Mutter. Man muß diese problembeladenen Verwandtschaftsbeziehungen mitbedenken, wenn man die mütterliche Unbedingtheit, welche Sophia d. J. in späterer Zeit bewies, richtig einschätzen will.

Hermanns Geburtsort war Creuzburg an der Werra (nördlich von Eisenach), eine Nebenresidenz der Ludowinger (– wie man das Landgrafengeschlecht nach seinem 'Leitnamen' Ludwig zu bezeichnen pflegt). Die beiden Mädchen kamen dagegen auf der Wartburg zur Welt. Nach deutschem Lehnsrecht war der Sohn unter Ausschluß sämtlicher Seitenverwandten einziger Feudalerbe; nach Ludwigs IV. frühem Ende übernahmen die zwei Onkel Heinrich Raspe und Konrad die Vormundschaft bis zum Eintritt der Volljährigkeit, wobei der Erstgenannte das ganze Land nach außen vertrat und den thüringischen Ostteil verwaltete, der jüngere Oheim den hessischen Westen. Denn die Landgrafschaft der Ludowinger reichte damals – freilich durch fremde Herrschaftsgebiete durchbrochen – vom Rothaargebirge und Dilltal bis zur Saale. Zu diesem Fürstentum gehörten neben reichem Eigengut und dem Feudalbesitz, der von der Krone zu Lehen ging, zahlreiche Kirchenlehen, vor allem im Hessischen. Diese häuften sich namentlich entlang der oberen Lahn und der mittleren Fulda; die Lehnshoheit lag beim Kurfürsten von Mainz. Da es sich großenteils um Feudalobjekte handelte, welche dem Hochstift einstens durch politisch-militärischen Druck entrissen worden waren, bestand zwischen den Erzbischöfen und ihren landgräflichen Vasallen eine latente Spannung, die sich bisweilen in Fehden entlud. Man wartete in Mainz darauf, einen Grund zu erhalten, die Lehen für verfallen erklären zu können.

Die territorialen Hauptinteressen der Nachfolger des heiligen Bonifatius lagen ohnehin im hessischen Raum. Die weltliche Herrschaft der Erzbischöfe war völlig zerrissen. Gern hätte man entsprechend den landesfürstlichen Arrondierungsbestrebungen der Zeit die Besitzfetzen in der Wetterau, um Amöneburg und Fritzlar, das Eichsfeld, vielleicht sogar das allseitig von Thüringen umschlossene Erfurt zu einem politischen Großgebilde zusammengeschlossen. Am ludowingischen Hofe war man sich darüber klar, daß auf Hessen besonders achtgegeben werden mußte. Darum wurden die westlichen Gebiete der Landgrafschaft entsprechend einem schon mehrfach geübten Brauch durch Hermanns zweiten Onkel Konrad verwaltet, nicht durch einen befreundeten Großen oder gar durch einen besoldeten Amtmann oder Landvogt. Als die Regentschaft endete und der junge Fürst selbst Thüringen übernahm, überließ er die Sorge für Hessen nunmehr dem älteren Oheim Heinrich Raspe; denn Konrad verzichtete von sich aus und trat in den Deutschritterorden ein. 1239 wurde er sogar Hochmeister, doch starb er bereits zwei Jahre später.

Der Vorort des landgräflichen Besitzes in Hessen war Marburg. Die Lahnstadt bildete Elisabeths Witwengut; hier hatte sie ein Hospital gegründet und die letzten Lebensjahre zugebracht. Trotz der selbstgewählten Armut und Einsamkeit war sie nicht ganz ohne Freunde. Besonders enge Beziehungen pflegte sie zu dem Prämonstratenserinnen-Kloster Altenberg, das sie mehrfach aufgesucht haben soll. Es lag von Marburg eine Tagereise entfernt dicht vor den Toren der Reichsstadt Wetzlar. In diesen Konvent gab Elisabeth die jüngere Tochter Gertrud, kaum daß sie der Muttermilch entwöhnt war. Die einstige Landesfürstin empfing von Altenberg Unterstützung; allerdings wollte sie keine Almosen annehmen, nachdem sie sich freiwillig des Besitzes entäußert hatte. „Sie gönnte sich keinen Müßiggang, sondern arbeitete. Durch Spinnen verdiente sie sich Geld, und was sie bekam, gab sie den Armen und Elenden. Doch weil sie es nicht gelernt hatte, Flachs zu verspinnen [– das brachte man einer Adligen nicht bei; es ziemte sich nur für Bauerntöchter! –], spann sie Wolle, und zwar für die Nonnen von Altenberg. Sie verlangte dafür weniger als andere, und so bestritt sie selbst ihren Lebensunterhalt." In diesem Konvent wuchs also Gertrud heran. Man zeigte dort bis in die Mitte des 17. Jahrhunderts das Kleidchen, welches die Landgrafentochter angeblich trug, als man sie ins Kloster brachte, und ein 'Mohrenpüppchen', mit welchem das Kind gespielt haben soll, keine zwei Finger lang und aus Holz geschnitzt, das vielleicht im Verlauf der Jahrhunderte nachgedunkelt war. Leider gingen beide Gegenstände im Ausgang des Dreißigjährigen Krieges verloren; so läßt sich über die Echtheit gar nichts mehr sagen; Zweifel scheinen nicht unangebracht. Als Gertrud einundzwanzig wurde, wählten die Nonnen sie zur 'Meisterin' (= Oberin, Äbtissin). Fast ein halbes Jahrhundert lang stand sie Altenberg vor, das unter ihrer Leitung seinen spirituellen und materiellen Höhepunkt erreichte. 1297 ist sie gestorben, sechsundsechzig Jahre nach der Mutter, sechsundfünfzig nach dem Bruder, zweiundzwanzig nach der Schwester Sophia.

Über deren Jugendzeit ist wenig bekannt. Sophia lebte zusammen mit der Großmutter am thüringischen Hofe, meist wohl auf der Wartburg oder in der Stadt Eisenach. Vielleicht, daß sie gelegentlich eine der vier Schwestern ihres Vaters besuchte, welche in die ringsum gelegenen Fürstentümer Meißen, Orlamünde, Anhalt und Sachsen-Wittenberg eingeheiratet hatten. Als sich ihr Bruder Hermann anschickte, selber die Herrschaft zu übernehmen, kam ein kleines Mädchen in Sophias Umgebung: Helene, eine Tochter des Herzogs Otto von Braunschweig, die dem jungen Landgrafen als Gemahlin zugedacht war. Sie zählte ganze acht Jahre, als man die Hochzeit mit großem Gepränge feierte! Ob sich das Kind an die inzwischen Fünfzehnjährige näher anschloß und diese sie ein wenig bemutterte? Nichts ist darüber bezeugt, aber man darf es annehmen. Denn später hat Sophia ihre beiden einzigen Kinder mit Geschwistern Helenes vermählt, und ersichtlich war die Allianz mit den Braunschweiger Welfen – die engste und dauerhafteste politische Bindung, welche sie einging – nicht lediglich ein äußerlich motiviertes Zweckbündnis. Hermanns Ehe hatte freilich nicht lange Bestand; die neue Landgräfin war noch keine zehn Jahre alt, da lag ihr angetrauter Gemahl bereits auf dem Sterbebett.

Es geschah am 2. oder 3. Januar 1241. Man ließ Sophia nicht lange Zeit, um den Bruder zu weinen. Nur neun Wochen nach dem Begräbnis veranstaltete man eine Doppelhochzeit. Heinrich Raspe, durch den erbenlosen Tod seines Neffen wider alles Erwarten plötzlich selber Landgraf von Thüringen geworden, heiratete Beatrix, die um dreiundzwanzig Jahre jüngere Tochter des Herzogs Heinrich II. von Brabant (Belgien). (Auch diese dritte Ehe des Letzten aus dem ludowingischen

Mannesstamm war nicht mit Kindern gesegnet.) Gleichzeitig vermählte man Sophia – ungefähr im gleichen Alter wie Beatrix stehend – mit deren verwitwetem Vater. So wurde sie die Stiefmutter ihrer eigenen Tante!

Fast unbegreiflich scheinen uns diese verwirrenden dynastischen Kreuz- und Querverbindungen und die zahlreichen Kinderehen, Mittel ehrgeiziger politischer oder gar nur materieller Spekulation. Gelegentlich fällt in der hierzu ungemein wortkargen Überlieferung ein grelles Streiflicht auf maßloses individuelles Unglück, welches damit angerichtet wurde. Doch man war's gewohnt; nicht selten scheint es, als wäre alles für die Betroffenen noch einmal gut ausgegangen. (Wir sehen immer nur ein Bild von außen!) Es ist anzunehmen, daß die Verbindung der siebzehnjährigen Sophia von Thüringen mit dem vierunddreißigjährigen, mithin zum Zeitpunkt der Trauung genau doppelt so alten Herzog von Brabant ein solcher Glücksfall war. Immerhin mutete man der Landgräfin nicht zu, ihre Ehe noch als unreifes Kind zu beginnen. Heinrich seinerseits war genau dies widerfahren: Als Knaben von acht Jahren hatte man ihn mit einer Tochter des ermordeten staufischen Königs Philipp von Schwaben verheiratet, die sieben Jahre älter als er war. Aber man mußte sich eben in sein Los schicken! Heinrichs II. Vater war als eigensinniger und ungeduldiger Politiker bekannt; er starb 1235, im gleichen Jahr wie die erste Gemahlin seines Sohnes. Der neue Herzog errang sehr rasch die Achtung der Nachbarn und die Liebe seiner Untertanen. Er war ein gereifter Mann, der Vertrauen einflößte. Das ist natürlich das Bild, welches die Quellen von dem Politiker und Fürsten entwerfen. Es hat aber den Anschein, als lautete das Urteil im Kreis der Familienangehörigen, Freunde und Räte nicht viel anders. Aus erster Ehe besaß Heinrich vier Töchter und einen Sohn; ein zweiter Knabe war schon als Kleinkind gestorben.

Wir wissen nicht, mit welchen Gefühlen Sophia diesem Mann nach Brabant folgte, in den entfernten Westen des Reiches, wo die Mehrzahl der Bevölkerung französisch sprach. Alles war anders, als sie es gewohnt war. Aus dem waldreichen Mittelgebirge kam sie nun in die viel stärker gerodete Tiefebene. Das hohe Maß an Bevölkerungsverdichtung, die arbeitsteilige Exportwirtschaft, der weitgespannte Handel mit seinen gewaltigen Profiten, aber auch mit der eminenten Krisenanfälligkeit, endlich die glanzvolle, vom Westen beeinflußte und doch ganz eigene Züge aufweisende Kultur müssen auf sie zugleich beeindruckend und verwirrend gewirkt haben. Eisenach und Marburg ließen sich mit Brüssel, Antwerpen oder Löwen (Louvain), wo das Paar bevorzugt residierte, nicht vergleichen.

Sophia hatte gewiß eine Anzahl thüringischer Kammerfrauen bei sich. Vor allem begleitete sie ihr Kaplan und Beichtvater Walther. Bis zu ihrer letzten, nicht lange vor dem Tod ausgestellten Urkunde begegnet man seinem Namen immer wieder in den Zeugenreihen, auch wenn es um höchst profane Dinge ging. Ersichtlich vertraute ihm Sophia, jetzt in Brabant wie später in Hessen und Thüringen. Doch am wichtigsten war, wie sie von den Verwandten ihres Mannes aufgenommen wurde. Wir wissen nur wenig darüber. Der Herzog suchte es ihr leicht zu machen. Großzügig war das Witwengut bemessen, welches Heinrich für den Fall seines vorzeitigen Todes aussetzte. Gemeinsam erwiesen die beiden den Städten und Kirchen des Landes fürstliche Huld, am meisten der Abtei Villers, die zur Familiengrablege bestimmt wurde. Der Erbe Brabants, ihr Stiefsohn Heinrich, der Sophia im Alter nur wenig nachstand, kam ihr mit besonderer Freundlichkeit entgegen. Das war keine Selbstverständlichkeit; daß er es ehrlich meinte, hat er später bewiesen.

1243 brachte Sophia ein Mädchen zur Welt. Man taufte es selbstverständlich auf den Namen der thüringischen Großmutter Elisabeth; daß sich Heinrich II. mit der Tochter einer 'amtlichen' Heiligen vermählt hatte, bildete ja durchaus ein landesfürstliches Politikum. Ein Jahr später gebar die Herzogin einen Sohn, den man nach dem Vater benannte: Beide Halbbrüder hießen gleichermaßen Heinrich. Was die Quellen berichten – es ist leider nicht viel –, deutet auf Harmonie. Und doch gab es keinen Zweifel: Für Sophias Kinder würde sich zwar jederzeit in Brabant ein warmer Herd finden, aber niemals eine eigene Herrschaft.

Offenbar bereitete diese Situation der Herzogin Sorgen, zumal Heinrich von Brabant – wenn wir die Quellen recht verstehen – zu kränkeln begann. Denn wie kann man es anders deuten, daß er um die Jahreswende 1244/1245 an Papst Innocenz mit der Bitte herantrat, er möge kraft apostolischer Vollmacht Sophia alle Güter und Einkünfte bestätigen, welche sie als Morgengabe, Wittum oder auf Grund anderer Rechtstitel als Privateigentum besaß? Zweifellos wollte der Fürst seine Gemahlin über die eigene Lebenszeit hinaus sicherstellen. Das Oberhaupt der katholischen Kirche ging darauf ein und nutzte gern die Gelegenheit, sich den mächtigen, allseits angesehenen Herzog zu verpflichten.

Aber genügte diese Vorsicht für den Ernstfall? Wenige Wochen nach der erwähnten Bulle dispensierte der Papst das Paar vom Ehehindernis allzu naher Verwandtschaft. Der Tatbestand mutet grotesk an: Lebte die Tochter der heiligen Elisabeth in ungesetzlicher, außerehelicher Verbindung? Tatsächlich bestand zwischen Heinrich und Sophia eine Verwandtschaft im vierten Grade; das Netz der hochadligen Heiraten war viel zu dicht geknüpft, als daß man nicht immer wieder mit dem kirchlichen Verbot der Vermählung unter engen Blutsverwandten in Konflikt geraten wäre. Es wurde also tatsächlich ein Dispens benötigt; nur der Apostolische Stuhl konnte ihn erteilen. Doch es hatte sich längst bei den Fürstenhäusern im ganzen Abendland eingebürgert, mit der Beantragung solange zu warten, bis sich herausstellte, daß die Ehe nicht unfruchtbar blieb. Das Ziel der Hochzeiten im Hochadel bildete nun einmal an erster Stelle die Erhaltung der Dynastie; stellten sich keine Kinder ein, konnte man leichter zu einer neuen Verbindung schreiten, wenn die päpstliche Ausnahmegenehmigung noch nicht eingeholt und die Ehe somit gar nicht vollgültig war. Und wurde ein Erbprinz geboren, ließ sich das ungesetzliche Verhältnis ohne alle Nachteile geräuschlos legitimieren. Es gab gelegentlich Beispiele für Praktiken, die geradezu ärgerniserregend waren, so etwa wenn man sich einen solchen Dispens 'auf Vorrat' beschaffte, übertragbar auf die verschiedensten Bräute. Doch war eine solche Genehmigung eigentlich nur durch Betrug oder Bestechung eines Bullenschreibers bei der Kurie zu erlangen. Der Fall des Herzogs von Brabant lag anders: Er wollte Sophia und die Kinder davor bewahren, um einer 'Formsache' willen (– anders beurteilte man das Verbot der Verwandtenehe nicht –) Nachteile nach seinem Tod zu erleiden.

Innocenz IV. verfolgte dagegen andere Ziele. Kein Papst des Hochmittelalters nahm in größerem Umfang als er die Ausstellung derartiger Dispense vor. Er sah dieses Vorrecht des Apostolischen Stuhles ganz in politischem Zusammenhang. Das Privileg für Heinrich und Sophia von Brabant, mit welchem alle Irregularitäten ihrer Ehe als beseitigt galten, trägt das Datum des 31. März 1245. Als das Dokument in der Kanzlei der Kurie niedergeschrieben und besiegelt wurde, hatte Innocenz schon längst die Vertreter der gesamten Christenheit zu einem Konzil nach Lyon eingeladen; es sollte über den Kaiser ein Urteil fällen, der sich seit 1239 im Kirchenbann befand. Im Hochsommer verkündigte der Papst in der feierlichsten und bindendsten Form, die das kanonische Strafrecht kannte, die Absetzungs- und Verdammungssentenz in Gegenwart der schweigenden Versammlung. Der Staufer kommentierte die Nachricht von dem Richterspruch mit dem Ausruf: „Lange war ich Amboß, nun will ich Hammer sein!" Mit härtester Gegenwehr war zu rechnen. Wie konnte man das Urteil an Friedrich vollstrecken? Innocenz hatte einen erheblichen Teil der notwendigen Maßnahmen nördlich der Alpen den verschwägerten Fürstenhäusern Thüringen und Brabant zugedacht und sich im voraus ihrer Dankbarkeit versichert.

Zeitweilig waren die Beziehungen der Staufer zu diesen beiden Familien durchaus freundschaftlich gewesen, aber seit einigen Jahren hatten sie sich abgekühlt. Sophias Oheim, der Deutschordensmeister Konrad, hatte kurz vor seinem Tod als Wortführer einer Fürstengruppe den letzten, vergeblichen Versuch unternommen, zwischen dem Herrscher und der Kurie zu vermitteln. Vielleicht durch diese Aktivität für Thüringen eingenommen, bestellte der im fernen Süden weilende Kaiser nach dem Abfall des Mainzer Erzbischofs von seiner Sache den neuen Landgrafen Heinrich Raspe zum Regenten namens des unmündigen Konrad IV. Doch Friedrich baute vergebens auf die Treue von Sophias älterem Onkel. Heinrich Raspe ging zur päpstlichen Partei über; auch hier spielte dabei ein Ehedispens eine wichtige Rolle! Nach dem Konzil von Lyon kam es zum offenen Abfall. Am 22. Mai 1246 wählte eine kleine Anzahl von Bischöfen und Dynasten zu Veitshöchheim vor den Toren von Würzburg den Landgrafen von Thüringen zum Römischen König. Kein Laienfürst beteiligte sich an der Erhebung, obwohl im Wahlprotokoll zwei genannt wurden: Heinrich von Brabant und Albrecht von Sachsen-Wittenberg, der Schwiegervater und der Schwager des neuen Herrschers.

Es wurde ein kurzfristiges, wenig ruhmvolles Königtum. Versuche, die Staufer zurückzudrängen, endeten mit geteiltem Erfolg. Krank von einem Feldzug aus Süddeutschland heimgekehrt, starb Heinrich Raspe schon am 16. Februar des Folgejahres auf der Wartburg. Das bedeutete rasche Neuwahl. Anfang Oktober versammelten sich die zur Kur Berechtigten in Worringen (bei Köln, heute eingemeindet). Einige Reichsfürsten schlugen den Herzog von Brabant als Kandidaten vor, doch Heinrich lehnte ab. Er wies statt dessen auf seinen Neffen hin, den Grafen Wilhelm von Holland. Warum Sophias Gemahl nicht selbst für den

Thron zu gewinnen war? Er fühlte sich leidend. Und jetzt galt es vor allem die eigenen Interessen zu verfolgen. Mit Heinrich Raspe waren die Ludowinger im Mannesstamm erloschen. Die Landgrafschaft Thüringen wurde damit vakant.

Wir wissen nicht, wie sich das Verhältnis zwischen Heinrich Raspe und seiner Nichte Sophia gestaltet hatte. Sie besaß mancherlei Gründe, ihm zu grollen. Aber nun war er tot; jetzt ging es um das Fürstentum. Beatrix, seine Witwe und zugleich Sophias gleichaltrige Stieftochter, verließ umgehend Mitteldeutschland. Man spielte ihr übel mit: Geldforderungen an den Erzbischof von Mainz, die zu ihrem Witwengut gehörten, wurden vom Papst niedergeschlagen. Es handelte sich um Zahlungen in erheblicher Höhe, doch nun – da der Landgraf verstorben war – gab es für Innocenz IV. keine Gründe mehr, auf die ungekrönte Königin politische Rücksicht zu nehmen. Beatrix kehrte nach Brabant zurück; noch im gleichen Jahr vermählte sie sich mit dem Grafen von Flandern. Auch diese zweite Ehe blieb kinderlos und dauerte nicht lange; doch Beatrix wurde nicht einsam. Sie sammelte um sich einen Freundeskreis; Sophias Sohn Heinrich schrieb ihr bisweilen und bat sie einmal darum, ihr geschmackvoll gestaltetes Siegel zur Bekräftigung an eine auf Brabant bezügliche Urkunde zu hängen. –

Von drei Seiten wurden Erbansprüche auf die Landgrafschaft Thüringen erhoben. Da war der Wettiner Heinrich 'der Erlauchte' von Meißen, ein Sohn von Heinrich Raspes ältester Schwester Jutta. Zwar kannte das deutsche Lehnswesen kein durch Frauen vermitteltes Erbrecht (– es sei denn durch besonderes Privileg, wie es für Österreich galt –), aber der Markgraf besaß eine Anwartschaft, welche ihm Kaiser Friedrich II. unlängst für den Fall verbrieft hatte, daß Thüringen mit dem Aussterben der Ludowinger an die Krone zurückfallen würde. Allerdings wandte man dagegen ein, der Staufer hätte diese Urkunde gar nicht ausstellen dürfen, da er sich im Kirchenbann befand und deshalb die Regierungsgewalt rechtens nicht ausüben konnte.

Der zweite Kandidat war Siegfried von Anhalt, der Sohn einer jüngeren Schwester Heinrich Raspes. Er wäre mit einem Teil des Erbes zufrieden gewesen, denn er hatte keinen zusätzlichen Rechtstitel aufzuweisen. Am meisten lag ihm an der sächsischen Pfalzgrafschaft, die mit Thüringen verbunden war. Aber er sah ein, daß auch dies nicht zu erreichen war, und verzichtete angesichts seiner militärischen Schwäche gegen eine finanzielle Entschädigung auf alle Ansprüche zugunsten der Wettiner.

Und da waren Heinrich und Sophia von Brabant, die namens ihres Sohnes Thüringen verlangten. Sie machten geltend, daß die Herzogin Tochter, Schwester und Nichte der letzten drei Landgrafen wäre und niemand sie in bezug auf die verwandtschaftliche Nähe übertreffe. Nur war dies eine Rechtsvorstellung, die zwar westlich des Rheines bestand, aber nicht den mitteldeutschen Feudalgewohnheiten entsprach. Was sollte geschehen? Es gab keinen König, der von allen respektiert wurde; für die Gegner der Staufer galt der Thron als vakant. Was würde die Entscheidung bringen: ein Vertrag, Fehde, Krieg? –

Eine völlig undurchsichtige Rechtslage! Als erster handelt ein vierter: der Erzbischof von Mainz. Endlich ist der Fall eingetreten, daß man die Kirchenlehen im Hessischen rechtlich einwandfrei zurückfordern kann! Schon elf Tage nach Heinrich Raspes Tod trifft Kurfürst Siegfried III. die ersten Maßnahmen. Durch Geschenke, Versprechungen und Soldverträge vermehrt er die Zahl seiner Anhänger. Er will vollendete Tatsachen schaffen, bevor Meißen und Brabant tätig werden.

Man kann sich Sophias Seelenverfassung vorstellen, als der Tod des Onkels am Herzogshof in Löwen bekannt wird. Die Trauernachricht bedeutet die einmalige Chance, für den Sohn ein Fürstentum erwerben zu können, und zwar überdies in ihrer Heimat. Wenn jetzt versäumt wird, die Ansprüche des Kindes durchzusetzen, wird er sein Leben bestenfalls als Truppenführer oder Landeshauptmann in fremden Diensten fristen. (Herrschaftsteilungen wie in anderen Teilen Deutschlands oder gar wie im Slawen-Land gibt es im Niederlothringischen nicht.) Heinrich II. ist der gleichen Meinung wie seine Gemahlin. Er wird selber die Sache des noch nicht Dreijährigen vertreten. Bereits im April bricht er auf, während Sophia in Brabant bleibt. Zunächst in Hessen angekommen, tätigt der Fürst einzelne Lehnsgeschäfte und bekräftigt Verfügungen der früheren Landgrafen, um zu dokumentieren, daß er und sein Sohn die altbewährten Traditionen fortzuführen gewillt sind. Einige Städte und Kirchen erhalten neue Privilegien. Heinrich vermeidet jegliche Titelanmaßung; er betont, nur für das Kind zu handeln. Trotzdem nennt ihn der Graf von Berg in einem Lehnsrevers bereits den „Landgrafen von Thüringen und Herzog von Brabant". Er gelangt bis zur Wartburg. Doch dann reist er zurück, nach Worringen zur Königswahl und anschließend heim nach Löwen. Denn es geht ihm gesundheitlich immer schlechter.

Natürlich ist es in Hessen zu empfindlichen Konfrontationen mit Kurmainz gekommen. Der Herzog vermeidet indessen jede militärische Auseinandersetzung. Als erfahrener Politiker legt er Rechtsverwahrung ein und läßt seine Verbindungen zur Kurie spielen. Im Spätherbst gibt Innocenz IV. einem Kardinallegaten den Auftrag, zwischen den Parteien zu vermitteln. Notfalls soll der inzwischen erhobene König Wilhelm eingeschaltet werden (– was angesichts der engen verwandtschaftlichen und politischen Beziehungen zu Brabant eine Parteinahme für dieses bedeutet). Es komme zum gegenwärtigen Zeitpunkt besonders viel darauf an, unter den Reichsfürsten Frieden und Eintracht zu stiften. (Schließlich vollzieht sich ja alles während eines Thronstreites und angesichts der Fortdauer der 'staufischen Gefahr'!) In einem Schreiben an den Erzbischof persönlich wird der Papst noch deutlicher: Siegfried habe zu befolgen, was der apostolische Sonderbeauftragte „über ein gewisses Gebiet" anordnen werde!

Noch ist nichts geklärt – weder gegenüber Kurmainz noch bezüglich des Markgrafen von Meißen, der auf die kaiserliche Anwartschaft pocht –, da stirbt am 1. Februar 1248 Heinrich II. von Brabant. Umgehend wird er in der Abteikirche von Villers beigesetzt; sein Sohn aus erster Ehe übernimmt die Herrschaft. Sophia aber reist in höchster Eile in das beanspruchte Gebiet, vermutlich noch am Bestattungstag. Sie muß schon während der letzten Krankheit ihres Mannes alles vorbereitet haben, sonst wäre die Geschwindigkeit unmöglich, mit welcher sie handelt. Es ist ein gefährliches Wagnis. In Niederlothringen hat sie Freunde, auf deren Hilfe sie bauen kann; so verbürgt sich bei einem Kreditgeschäft, mit welchem sie sich das notwendige Bargeld verschafft, der Graf von Geldern für die Witwe. Aber wen kennt sie in der alten Heimat? Es ist nicht so, daß sie gleichsam fliehen würde, in umgekehrter Richtung wie zuvor ihre Stieftochter und -tante Beatrix; Sophia hat Brabant später wiederholt aufgesucht und namentlich mit ihrem Stiefsohn, dem neuen Herzog Heinrich III., gute Beziehungen aufrechterhalten. Doch nach ihrer Meinung drängt die Zeit. Jetzt muß sie für sich selber und vor allem für ihr Kind einstehen. Wer kann, wer wird ihr helfen? Es ist die längst verstorbene, nie recht gekannte Mutter, auf die sich Sophia beruft.

Wie alle vornehmen Damen ihrer Zeit besitzt sie ein Siegel. Es zeigt die Herzogin auf trabendem Zelter während der Falkenjagd. Die Umschrift lautet: „Siegel Sophiens, der Tochter der heiligen Elisabeth, der Herzogin von Brabant.“ Es ist ein ungewöhnlicher Text, doch wer hat schon eine solche Mutter? Jetzt läßt sie sich – wohl noch in Löwen – ein ‘Gegensiegel’ schneiden. Im 13. Jahrhundert kommt der Brauch auf, zur Erschwerung von Fälschungen in das Wachs auch auf der Rückseite einen Stempel einzudrücken. Rasch bestellt und geliefert, wird in Sophias Rücksiegel der neue Territorialanspruch dargetan: Über dem thüringischen Löwen im Siegelfeld stehen – als Fortsetzung der Umschrift des Hauptsiegels – die Worte: „und Herrin Hessens“. Das Bild richtet sich gegen Meißen, der Text gegen Mainz. Bereits am 11. Februar stellt Sophia damit in Marburg die erste Urkunde für ein Nonnenkloster aus der weiteren Umgebung aus, Privilegien ihres Oheims und des gerade verstorbenen Gatten erneuernd.

Marburg bleibt auch in Zukunft ihr bevorzugter Aufenthaltsort. Es ist eine landgräfliche Stadt; doch unter der Obhut des reichsunmittelbaren Deutschritterordens, zu dessen Mitgründern ihr Großvater gehörte und dem ihr Oheim Konrad zwei Jahre lang als Ordensmeister vorstand, wächst über dem Grab der Mutter die erste gotische Kirche rechts des Rheines empor. Die aufblühende Wallfahrt besitzt für Sophia natürlich zugleich politische Relevanz. Weithin erzählt man sich von dieser tapferen, verwitweten Mutter, die für das Recht ihres Sohnes eintritt. Schon die zweite Urkunde, welche sich von Sophia aus jener Zeit erhalten hat, ergeht zugunsten der Deutschherren, und weitere werden folgen „auf Grund der Verehrung, die jene achtbaren Brüder des Deutschen Hauses unserer Mutter, der heiligen Elisabeth, stets erwiesen und weiterhin beweisen“. Ein Wechselverhältnis besteht: Sophia fördert mit allen Mitteln die Marburger Komturei, die während ihrer Lebenszeit zum Rang einer Ballei aufsteigt, und umgekehrt bedeutet die Anwesenheit dieser Ritter-Mönche für sie einen gesellschaftlichen Rückhalt und wohl auch bisweilen einen militärischen Schutz. Manches Zeugnis illustriert diese Vertrautheit: Ist Sophia abwesend, dürfen die Brüder ihre Fischerei-Rechte wahrnehmen. Da nicht wenige Ordensbrüder aus hessischen Geschlechtern stammen, verdichten sich die Beziehungen zu diesen Familien. Einzelne vornehme Herren besuchen bald die junge Witwe: die Grafen von Wittgenstein und von Ziegenhain, der Burggraf von Aremberg (Eifel). (Es fällt auf, daß der Ziegenhainer wenig später im Lager ihrer Feinde zu finden ist. Der Grund bleibt unausgesprochen.) Nicht wenige kriegstüchtige Haudegen sind bereit, in ihre Dienste zu treten, manche für viele Jahre, wie die Ritter Konrad von Elben, Johannes Gülden aus Grünberg, Milchling von Nordeck und sein Bruder Widerold. Doch was sie auch nach Marburg geführt haben mag – Sophias Sinnen und Trachten kreist offenbar ausschließlich um das Wohl ihrer Kinder. Als sie Brabant verläßt, ist sie vierundzwanzig Jahre alt. Man findet unter den frühverwitweten Fürstinnen jener Zeit nur ganz wenige, die nicht binnen Jahresfrist wieder heiraten. Aber Sophia bleibt allein – um der Aufgabe willen, vor die sie sich gestellt sieht? „Da kam nun die Herzogin von Brabant, Frau Sophia, und brachte ihren Buben mit sich, der war zu jener Zeit drei Jahre alt. Und sie wurden beide auf allen Burgen und in allen Städten Hessens sehr herzlich mit Kerzen und mit Fahnen empfangen. Und in dieser Weise nahm Frau Sophia für ihren Sohn das Land in Besitz. Und man nannte den Prinzen aus Brabant allgemein nur ‚das Kind von Hessen'." So lautet der Bericht in der Chronik des Wigand Gerstenberg, aufgezeichnet freilich erst aus dem Abstand mehrerer Generationen.

In Wirklichkeit ist Sophias Lage völlig ungesichert. Nur im Umkreis von Marburg und Kassel besitzt sie verläßlichere Macht. Der Römische König, ihr angeheirateter Neffe Wilhelm von Holland, verschafft der Witwe kein Recht; als Frau wäre sie ohnehin nicht selber lehnsfähig, sondern müßte einen 'Lehnsträger' benennen, der für sie die Vasallendienste übernimmt. Der Gegendruck von Mainz ist zwar nach dem Tod Erzbischof Siegfrieds III. (1249) schwächer geworden, aber keinesfalls beseitigt; vor allem kann er jederzeit wiederaufleben. Sophia wendet sich an den Papst; Innocenz IV. beauftragt den Kölner Erzbischof, ihr notfalls gegen den eigenen Amtsbruder behilflich zu sein. Gleichzeitig schreibt er an sie selbst und verheißt ihr den Apostolischen Schutz – was in der Realität nicht viel zu bedeuten braucht. Immerhin bezeugt er der „Landgräfin von Thüringen, Nichte des verstorbenen Königs Heinrich und Witwe des Herzogs von Brabant" (– unterstützt er damit ihren Anspruch? Sophias Räte werden nicht versäumen, in diesem Sinn auf die Adresse des Papstbriefes zu verweisen! –) seinen besonderen Dank, „weil du stets die kirchliche Freiheit nach Kräften löblich zu fördern bemüht bist".

In Fürstentitel und Siegelbild erhebt sie Anspruch auf Thüringen, doch es ist ihr nicht gelungen, dort Fuß zu fassen. Sie hat es auch noch nicht ernsthaft versucht. In Mitteldeutschland herrscht Bürgerkrieg. Ihr Konkurrent Heinrich der Erlauchte will seine Ansprüche realisieren, der Adel – auf Reichsunmittelbarkeit bedacht – möchte es ihm wehren. Der Wettiner erweist sich als siegreich. Er drängt die Dynasten zurück, bis sie den Widerstand aufgeben. Endlich wird in Mittelhausen bei Erfurt, an uralter Thing-Stätte, ein Landfrieden beschworen: Der Markgraf von Meißen hat sich durchgesetzt. Es bleiben zwar gewisse Schwierigkeiten mit Kurmainz. Aber das ist zweitrangig. Nun muß das Verhältnis zwischen Vetter und Base geregelt werden. Es kommt zu Verhandlungen – unerquicklich wie immer, wenn sie der Machtlose mit dem Starken führt – und anschließend zu einem Treffen in Eisenach, das mit einer befristeten Übereinkunft endet.

Im Februar 1250 steht die Landgrafentochter zum ersten Mal wieder am Ort ihrer Geburt. Auf der Wartburg stellt sie mit besonderer Feierlichkeit für Sankt Elisabeth in Marburg eine Urkunde aus „zur Ehre Gottes, zum Seelentrost unseres Gatten, des Herrn Herzogs von Brabant, und zum Heil aller unserer Vorgänger“ aus ludowingischem Hause. Es ist wie eine Demonstration ihres guten Rechtes. Wenige Tage später begegnet sie dem Vetter. Vor dem Sieger gibt es keine Gegenwehr; es bleibt nur der Appell an die Großmut. Sophia überträgt dem Markgrafen die Vormundschaft über ihren Sohn, das „Kind von Hessen“. Bis zum Eintritt der Volljährigkeit mag der Streit ruhen; solange verzichtet sie auch auf den Titel „Landgräfin von Thüringen“. Bis dahin soll Heinrich der Erlauchte das ludowingische Erbe einschließlich des hessischen Besitzes verwalten. Dann aber wird man weitersehen.

Wir besitzen die ›Eisenacher Richtung‹ nicht im Wortlaut. Wie hat man sie zu verstehen? Soll der Wettiner einem moralischen Druck unterworfen werden, als Beschützer eines Halbwaisen doch nicht sein eigenes Mündel berauben zu können? Ist Sophia ihrer Sache so sicher, daß sie es für unmöglich hält, daß der Markgraf die Rechte ihres Kindes verkürzen wird? Hängt die Übereinkunft mit der gemeinsamen Frontstellung gegen Kurmainz zusammen? Es ist ein kühnes Wagnis, auf die Uneigennützigkeit eines Feindes zu rechnen, indem man sich ihm ausliefert – und es ist doch zugleich die einzig mögliche Spekulation, denn Macht und Truppen sind so ungleich, daß jeder Gedanke an Fehde ein militärischer Wahnsinn wäre, der an politischen Selbstmord grenzen würde.

So wird der Vertrag abgeschlossen und feierlich beschworen. Anschließend kehrt Sophia nach Brabant zurück. Will sie nicht mitansehen, wie Fremde das Erbe ihres Kindes verwalten? Heinrich der Erlauchte hält sich in Hessen stark zurück. Die Vertrauten Sophias bleiben im Amt. In Thüringen ist's anders. Das wird sich der Markgraf nicht mehr entreißen lassen. Sophia bleibt über ein Jahr in ihrem einstigen Herzogtum. Sie schaut nach dem Grab ihres Gatten, ordnet ihren Witwenbesitz, kümmert sich um das Elisabethen-Hospital, welches sie vor Jahren in Löwen stiftete, urkundet aber auch einmal für Deutschhaus und Ordensspital in Marburg. Es dürfte in jene Zeit gehören, daß sie einem kunstfertigen Goldschmied des Maas-Landes den Auftrag erteilt, auf ihre Kosten die letzten Schmuckleisten für den herrlichen Reliquienschrein anzufertigen, welcher die Gebeine ihrer Mutter birgt. (So nehmen jedenfalls einige gelehrte Spezialisten an.) Doch spätestens im August 1252 rufen sie schlimme Nachrichten in die alte Heimat zurück. Mainz rüstet, um sich die Kirchenlehen in Hessen notfalls mit Gewalt anzueignen. Erzbischof Gerhard schließt mit mehreren Grafen und edlen Herren Soldverträge ab, die sich in gleicher Weise gegen Heinrich den Erlauchten und Sophia richten. Aus weltlichem Grund verhängt der vornehmste geistliche Kurfürst des Reiches über sie den Kirchenbann, ungeachtet der früheren päpstlichen Abmahnungen. Zwar wird die Exkommunikation durch einen apostolischen Legaten umgehend aufgehoben. Aber die kriegerische Bedrohung bleibt. Da sich der Wettiner bezüglich Hessens ersichtlich zurückhält, muß Sophia durch ihren persönlichen Einsatz die Rechte des Sohnes verteidigen. Die Passivität Heinrichs des Erlauchten gegenüber Mainz ist erschreckend, ja verdächtig. Nimmt der „Beschützer des Kindes von Hessen" seine Pflichten nicht wahr? Er verfolgt die eigenen Ziele!

Der neue Römische König, Sophias Verwandter Wilhelm von Holland, baut nach dem Abzug des staufischen Konkurrenten Konrad IV. nach Italien seine Stellung in Deutschland weiter aus. Diesem Ziel dienen die glanzvolle Nachwahl durch zahlreiche Fürsten, die Hochzeit mit der Tochter Herzog Ottos von Braunschweig (– der wenige Monate später stirbt –), Bündnisverträge und Lehnserneuerungen. Mitte April 1252 hält der Herrscher einen Hoftag zu Merseburg. Vor ihm erscheinen der Erzbischof von Magdeburg und der Markgraf von Meißen, um die Feudalbande neu zu knüpfen. Die lediglich chronikalisch überlieferte Nachricht bleibt bezüglich des Umfanges unklar, aber bald darauf bezeichnet sich Heinrich der Erlauchte in seinen Urkunden als „Landgraf von Thüringen". Damit wären – ungeachtet der ›Eisenacher Richtung‹ und der vormundschaftlichen Anstandspflichten – die Rechte Sophias und ihres Sohnes einfach beiseite geschoben! Abermals verhandelt Sophia, trifft den Vetter auf der Wartburg. Es scheint, als sei ein Konflikt vermieden. Doch das Mißtrauen ist nicht mehr auszuräumen.

Es erhält neue Nahrung, als zwei Jahre später die Meinungsverschiedenheiten zwischen dem Markgrafen von Meißen und dem Kurfürsten von Mainz im Vertrag von Ottstedt (Bezirk Weimar) geschlichtet werden. Heinrich der Erlauchte erringt auch hier einen vollen Sieg: Erzbischof Gerhard verleiht dem Wettiner sämtliche thüringischen Kirchenlehen, wie sie vordem Heinrich Raspe besaß. Doch die Rechte des inzwischen zehnjährigen Mündels bleiben unberücksichtigt; in zwei Jahren wird nach fränkischem Brauch die Vormundschaft enden; für diesen Zeitpunkt wird lediglich mit mehrdeutigen Worten bezüglich des Feudalbesitzes im Hessischen, woran der Markgraf uninteressiert ist, eine Nachverhandlung vage ins Auge gefaßt. Thüringen stellt dagegen für Heinrich den Erlauchten keinen Diskussionsgegenstand mehr dar. Sophia hat allen Grund, sich betrogen zu fühlen. Es ist keine Überempfindlichkeitsreaktion, daß sie sich seit dem 14. Juli 1254 plötzlich wieder „Landgräfin von Thüringen und Herrin Hessens" in den Urkunden nennt. Jetzt wird sie kämpfen!

Das Datum ihrer ersten Urkunde mit dem wiederaufgenommenen 'Anspruchstitel' ist aufschlußreich. Einen Tag zuvor hat sie die elfjährige Tochter Elisabeth mit Herzog Albrecht von Braunschweig vermählt, möglicherweise auch schon die Ehe ihres Sohnes mit der Schwester des Bräutigams in Erwägung gezogen. Bei der bevorstehenden Auseinandersetzung (zunächst mit Kurmainz) stellt sich ihr die Blüte des hessischen Adels, aber auch mancher Ritter aus Brabant zur Verfügung. Der Schwiegersohn übernimmt den Oberbefehl. Sophia verpfändet ihm Biedenkopf (nordwestlich von Marburg) und überweist ihm stattliche Einkünfte; das Opfer muß ihr bitter schwergefallen sein. Doch es zahlt sich aus: Hauptkriegsschauplatz ist das nördliche Thüringen. Albrecht von Braunschweig stößt unweit von Bollstädt (bei Mühlhausen am

Harz) auf das vom Mainzischen Eichsfeld aus operierende gegnerische Heer, welches vom Grafen von Eberstein geführt wird und bei dem sich Erzbischof Gerhard befindet. Er zersprengt es völlig. Beide Führer werden gefangengenommen. Den Grafen hängt man in maßloser Erbitterung an den nächsten Galgen; den Kurfürsten bringt man nach Braunschweig. Erst nach Entrichtung eines gewaltigen Lösegeldes und Abtretung einer strategisch wichtigen Burg kommt er auf Betreiben des inzwischen neuerhobenen Römischen Königs Richard von Cornwall im Januar 1257 wieder frei. Was bedeuten hier noch Krone, Reich und Reichsrecht? In der Sächsischen Weltchronik reimte man:

„Mehr als ein Jahr war vergangen,
seit der Bischof ward gefangen;
daß die Freiheit er erhält,
zahlt der König Richard Geld.
Darauf gibt ihn frei sogleich
der edle Fürst so tugendreich
für wohl zehentausend Mark
und für eine Festung stark."

Die Verse werfen auf die allgemeine politische Situation ein Schlaglicht: Im Verlauf des 13. Jahrhunderts verlieren – aufs Ganze gesehen – die geistlichen Reichsfürsten erheblich an Macht; das Schwergewicht liegt hinfort bei einigen weltlichen Großen. Und das Königtum bezahlt die Zeche. Hier ist es – im großen deutschen Interregnum (1254–1273) – der Ausländer, welcher damit die Stimme des gefangenen Kurfürsten für seine Wahl erkauft. Geld regiert die Welt –, in viel stärkerer Weise als in der wirtschaftlich rückständigen Vergangenheit von Früh- und Hochmittelalter. Übrigens sind es in Wirklichkeit 'nur' achttausend Mark, nach damaliger Kaufkraft eine Millionen-Summe. Zu der Burg – es ist Gieselwerder im heutigen Landkreis Hofgeismar (Hessen) – gehört auch das umliegende Gebiet; Mainz hat den Komplex erst vor zwei Jahrzehnten käuflich erworben, so daß keine Rechtsansprüche Sophias und ihres Sohnes verletzt werden.

Der Knabe ist im Vorjahr nach dem Brauch der Zeit mit zwölf volljährig geworden; aber das bedeutet natürlich noch keine eigene Geschäftsfähigkeit. Sophia handelt für ihn. Jetzt soll ja das Gespräch über die Zukunft Thüringens mit Heinrich dem Erlauchten neu aufgenommen werden. In Eisenach wird es geführt. Was der Chronist Wigand Gerstenberg darüber berichtet – aus dem Abstand von zweihundert Jahren, doch nach älteren Quellen –, wird leider in seiner Glaubwürdigkeit durch die Erzählfreude dieses Autors gemindert; wir besitzen keine Möglichkeit einer Gegenkontrolle. Immerhin entspricht es den charakterlichen und rechtlichen Gegebenheiten sehr genau.

Ein Erfolg der Herzogswitwe steht am Anfang: Sie gewinnt die thüringische Residenzstadt: „Dann zog Frau Sophia mit ihrem Sohn bis vor Eisenach und befahl, ihr die Stadt zu öffnen. Aber als ihr nicht aufgeschlossen wurde, da ging sie ans Tor, stieß und trat dagegen. Und sie nahm eine Axt und hieb selber in das Georgstor, so daß man die Spuren der Schläge noch nach über zweihundert Jahren in dem Eichenholz sieht." Das ist nicht nur aggressiver Ausdruck einer leidenschaftlichen Persönlichkeit, sondern besitzt zugleich rechtliche Relevanz: Die Besitzergreifung einer Stadt vollzieht sich damals „mit Aushauen eines Spans am Tor und mit dem Befehl, die Glocken zu läuten". Doch hören wir weiter auf Wigand Gerstenberg: „Und sie erhob so großen Jammer, daß die Bürger in ihrem Gerechtigkeitsgefühl ergriffen wurden, denn sie wußten genau, daß ihr Sohn der nächstberechtigte Erbe war, und sie ließen sie ein und leisteten ihr die Huldigung." Aber damit stockt bereits die Eroberung Thüringens. „Frau Sophia wäre gern weiter gezogen, bis vor die anderen Städte, doch sie hatte dazu nicht genug Kriegsvolk. Denn sie legte eine Besatzung in die Stadt Eisenach, und dadurch wurde die Schar ihrer Reisigen zu klein. Deshalb ging sie nach Hessen zurück und holte sich beim Bischof von Mainz Hilfe und verpfändete ihm dafür die Stadt Wildungen [heute: Bad Wildungen/Waldeck] um siebenhundert Mark." Wie sich die Fronten plötzlich verkehren! Hofft Kurfürst Gerhard, seine beiden Gegner würden sich gegenseitig schwächen? Er hat das Ziel noch nicht aufgegeben, die Kirchenlehen sowohl in Hessen wie in Thüringen zugunsten des Hochstiftes einzuziehen. Übrigens läßt sich der Chronist hier kontrollieren: Wildungen geriet tatsächlich in der Jahrhundertmitte in erzbischöflichen Pfandbesitz, aus welchem es Sophias Nachkommen mehrfach zurückforderten, aber nicht wiedergewinnen konnten.

Mit dem durch Mainzische Truppen vergrößerten Aufgebot, angeblich verstärkt durch einige Ritter aus Brabant unter persönlicher Führung des Stiefsohnes Herzog Heinrichs III., nimmt Sophia den Kriegszug gegen Thüringen wieder auf. Doch auch Heinrich der Erlauchte hat inzwischen gerüstet. Beide Seiten scheinen gleich stark. So beginnt man Verhandlungen und diskutiert die Möglichkeiten einer friedlichen Übereinkunft: „Falls der Markgraf in Thüringen zwanzig edle und fromme Rittersleute findet, die mit ihm zusammen einen feierlichen Eid auf Gott und die Heiligen schwören, daß er dieses Land mit größerem Recht als der junge Herzog von Brabant [– das ‚Kind von Hessen' –] erbt, so soll dieser fortan nur noch Herr in Hessen sein und sich als Landgraf zu Hessen bezeichnen." In Eisenach – nach Gerstenberg in der Katharinenkirche, nach einer älteren, Erfurter Quelle in der Dominikanerkirche – veranstaltet man diesen merkwürdig archaischen, religiösen Entscheidungsakt über eine territorialpolitische und erbrechtliche Alternative, der in seiner geschichtlichen Verspätung damals nicht mehr 'funktionieren' kann: „Nun hegte Frau Sophia die starke Zuversicht, daß der Markgraf keine zwanzig Herren finden könnte, die mit ihm zusammen einen so schändlichen Meineid schwören würden. ... Und als der vereinbarte Termin herannahte, zog die Herzogin Frau Sophia mit ihrem Sohn wieder nach Eisenach und brachte eine Rippe ihrer Mutter mit, der heiligen Elisabeth; auf diese sollte der Markgraf den Schwur ablegen." Die Wahl der Reliquie ist wohlbedacht: Nicht eine 'neutrale' Person aus dem Kreis der Seligen Gottes soll das Verfahren überwachen und mit ihrem Zorn etwaigen Meineid verfolgen, sondern diejenige Heilige, von welcher zu erwarten ist, daß sie in ganz besonderer Weise für Sophia Sorge trägt! „Da sprach der Markgraf lachend zu seinen Herren: ‚Die Herzogin, meine Base, glaubt nicht, daß ich sie aus Thüringen vertreiben kann, solange sie eine Rippe ihrer Mutter besitzt.' Und er ging hin, legte seine Finger auf die Rippe, die in ein reines weißes Tuch gehüllt war, und schwur zu Gott und seinen Heiligen. Anschließend gingen die anderen zwanzig Rittersleute hin und taten das gleiche. Als Frau Sophia das sah, schlug sie entsetzt die Hände zusammen und zerriß laut jammernd ihre Handschuhe in vier Stücke, und solange sie lebte, klagte sie vor Gott und aller Welt über die Treulosigkeit und Falschheit des Markgrafen von Meißen. Und sie widersprach den Eiden und wollte sich nicht an die Abmachung halten."

Das Zerreißen der Handschuhe bedeutet zugleich Eidesschelte und Fehdeansage. Die temperamentvolle Frau wirft die Fetzen Heinrich dem Erlauchten vor die Füße; der Krieg in Thüringen erneuert sich.

Abermals greift der Schwiegersohn Albrecht von Braunschweig auf seiten Sophias in den Kampf ein. Aber gleichzeitig wendet sich der neue Erzbischof von Mainz Wernher von Eppstein gegen die Herzogswitwe. Er belegt sie mit dem Kirchenbann und verhängt über die Gebiete Hessens, wo man ihr anhängt, das Interdikt, die örtliche Sakramentensperre. Doch keine Seite erringt einen größeren Erfolg. So einigen sich Sophia und Wernher schließlich im Vertrag von Langsdorf (Kreis Gießen). Unter Vorzugsbedingungen wird das 'Kind von Hessen' für die umstrittenen Kirchenlehen Vasall des Erzbischofs von Mainz. Es ist dem Kurfürsten nicht gelungen, die unmittelbare Verwaltung durch das Hochstift herbeizuführen. Sophia und ihr Sohn Heinrich haben sich durchgesetzt. Die feudale Abhängigkeit lockert sich rasch; auf der Karte erscheint ein neues Territorium mit altem Namen: die Landgrafschaft Hessen. Diese Rangbezeichnung wird von Thüringen entlehnt. Siebzehn Jahre nach dem Tode der streitbaren Fürstin, die ihrem Kinde Hessen erkämpfte, erfolgt die endgültige Anerkennung durch König Adolf und die Reichsstände: 1292 wird Hessen zum Reichsfürstentum erhoben. Bis zum Ende des Ersten Weltkrieges wird hier das Haus Brabant regieren.

Anders in Thüringen! Anfänglich sind die Aussichten für Sophias Partei nicht übel. Sie wird weiterhin von Herzog Albrecht von Braunschweig geführt, obwohl soeben dessen Gemahlin Elisabeth kinderlos gestorben ist; es spricht wohl für alle Beteiligten, daß der Welfe trotzdem im Namen der Schwiegermutter noch das Schwert zieht. Doch er weiß seine Chancen nicht voll zu nutzen, soweit er auch ins gegnerische Land vorstößt. Und nur sechs Wochen nach dem Vertrag von Langsdorf, mit welchem der Krieg im Hessischen endet, gerät er bei Beesenstedt (nordwestlich von Halle an der Saale) in einen Hinterhalt. Sein Heer wird völlig vernichtet, er selbst gefangengenommen. Der Schlachtort liegt dicht bei der Burg Wettin, nach welcher sich das Geschlecht Heinrichs des Erlauchten nennt. Die Niederlage bedeutet die Entscheidung. Thüringen verbleibt dem Markgrafen. Nur gegen dieses Zugeständnis, eine hohe Geldzahlung und die Abtretung einiger Ortschaften kommt der Braunschweiger wieder frei. Man nimmt es als Gottesurteil hin. Für Sophias Rechte auf das väterliche Erbe kämpft hier niemand mehr. So einigen sich im Dezember 1264 alle am Krieg Beteiligten auf einen Frieden, der die bestehenden Verhältnise festschreibt. Der hessisch-thüringische Erbfolgekrieg ist damit zu Ende gegangen.

Eine Witwe ohne eigene Hausmacht hat ihn geführt, streitend für den einzigen Sohn in der festen Überzeugung, daß das Recht auf ihrer Seite stehe. Jetzt ist Sophia vierzig, nach den Maßstäben der Zeit eine alte Frau. Ihr bleiben nur noch die Schwester in Kloster Altenberg, zu der sich die Verbindungen deutlich intensivieren, und der Sohn, für den sie alles getan. Und er lohnt es ihr! Die spröden Urkunden lassen erkennen, mit welcher Zuneigung Heinrich 'das Kind' – denn so hat die Nachwelt noch den gereiften Mann benannt – immer wieder der Mutter begegnet. Auch Adelheid von Braunschweig, die Schwester von Sophias Schwägerin Helene und ihrem Schwiegersohn Albrecht, die sie dem Sohn als Gattin zugeführt hat, umhegt sie mit liebendem Dank. Das erste von sieben Kindern des Paares ist eine Tochter. So naheliegend es aus politischen wie religiösen Gründen wäre, diese auf den Namen Elisabeth zu taufen – die Eltern entscheiden sich für Sophia. Die Großmutter, nach welcher das Mädchen benannt wird, lebt in Marburg, das ihr mit allen Rechten und Einkünften als Alterssitz zugewiesen ist. Sie behält ihren eigenen, kleinen Hof. Bisweilen übernimmt sie Schlichtungen oder Besitzabgleichungen, die dem Frieden dienen. Ihr Beichtvater ist immer noch jener Kaplan Walther. Sie urkundet für die Herren des Deutschritterordens sowie für mancherlei Klöster und Kirchen der näheren und weiteren Umgebung. Manchmal besucht sie die Schwester in Kloster Altenberg. Und wie der Sohn ihre Schenkungen bestätigt, so hängt sie wiederholt ihr Siegel an seine Verfügungen.

Es ist ein neues Siegel. Die Herzogswitwe hat sich einen andern Stempel schneiden lassen, denn der alte würde mit seinem Anspruch auf das thüringische Erbe nur schmerzliche Erinnerungen wecken oder als friedenstörende Provokation mißverstanden. Das zweite Siegel enthält keine politische Aussage. „Tochter der heiligen Elisabeth, einstmals Herzogin von Brabant" nennt sie die Umschrift. Das Stempelbild enthält eine Lebensdeutung: Sophia und ihr einziger Sohn knien zu Füßen der nie recht gekannten Mutter und bitten um ihren Segen.

In Sankt Elisabeth zu Marburg, bei der Stammutter des Geschlechts, haben die Landgrafen von Hessen bis zur Reformation die letzte Ruhe gefunden. Doch Sophia ist nicht in dieser Kirche bestattet. Als sie am 29. Mai 1275 starb, wurde die Leiche nach Brabant gebracht. Sophia hatte die Verbindung nach Löwen nie aufgegeben und nach dem frühen Tod ihres Stiefsohnes sogar Heinrich das Kind bewogen, zeitweilig als „Schützer und Protektor“ die Obhut über die unmündigen Neffen zu übernehmen. Sie hatte die Einkünfte von ihrem Witwengut eingezogen und auch in Brabant Kirchen, Hospitäler und Klöster beschenkt. Nun wurde sie in der Abtei Villers an der Seite Heinrichs II. feierlich bestattet, siebenundzwanzig Jahre nach dem Tode des Gatten.

Wir kennen Sophias Sterbetag aus dem Gebetsbüchlein ihrer Schwester Gertrud, der Meisterin von Kloster Altenberg, das sich heute in der Schloßbibliothek von Aschaffenburg befindet. Es ist ein köstliches Bändchen in Kleinformat, herrlich geschrieben und von einem trefflichen Miniaturenmaler ausgeziert mit Initialen und Rankenwerk. Vor einem Psalter mit ergänzenden Bibelstellen, die sich auf Tod und Errettung beziehen, enthält das nur handgroße Buch ein Kalendarium, in welches die Besitzerin eigenhändig die Todes-Daten der engsten Verwandten eingetragen hat, um ihrer im Gebet zu gedenken. Lediglich die Mutter fehlt; als kanonisierte Heilige bedarf sie nicht mehr der Fürbitte. Alle Personen werden durch ihre politische Rolle erläutert: „Heinrich, Landgraf und Römischer König“, „Konrad, Landgraf und Deutschordensmeister“, „Gertrud, Königin von Ungarn“ ... Nur die Schwester wird ohne eigenen Titel aufgeführt: „Sophia, Tochter der heiligen Elisabeth.“

Sogar hier scheint die Erinnerung zu verwehen an das, was Sophia selber war. In Marburg fehlte ihr Grab. Nicht auf sie, sondern auf ihre Mutter bezogen sich generationenlang die Landgrafen, wenn sie auf ihre Siegel schreiben ließen: „.. Enkel, .. Urenkel, .. Ururenkel der heiligen Elisabeth ...“ Erst im 17. Jahrhundert gab wieder einmal ein Herrscher Hessens seiner Tochter den Namen Sophia – es war übrigens bereits das siebte Mädchen, welches ihm die Gemahlin schenkte! Landgraf Moritz wußte indessen mehr als andere über die eigene Geschichte; mit gutem Grund nannte man ihn ‘den Gelehrten’.

Sonst blieb Sophia vergessen. Und doch war sie als Fürstin und Fürstenmutter die bedeutendste Frau ihres Hauses und vielleicht ihrer ganzen Zeit. Ihr Werk überdauerte; es ist das Land Hessen.

HINWEISE UND LITERATURANGABEN

A. Ottonenzeit (919–1024)

König Heinrich I.

Alle historiographischen Quellen MGH SS, teilweise neubearbeitet Scr. rer. Germ. Wie bei den allermeisten mittelalterlichen Laienherrschern fehlt eine zeitgenössische Vita. Einen gewissen Ersatz bietet aus dem Abstand von etwa einem halben Jahrhundert der Mönch Widukind von Corvey in seiner Sachsengeschichte, Buch 1 (zweisprachige Edition: FSGA Bd. 8; zusammen mit Adalberts Fortsetzung der Chronik des Regino von Prüm und den Werken Liudprands von Cremona; ²Darmstadt 1977). Einige Details zur Person, tradiert durch Orts- und Familientradition, bei Thietmar von Merseburg (zweisprachig: FSGA Bd. 9; ⁵Darmstadt 1974). Während Heinrichs Regierungszeit entstanden keine größeren Geschichtswerke. Eine formal äußerst dürftige, inhaltlich gewichtige Ausnahme: Annales Iuvavenses maximi, SS 30. Zu den 40 echten Urkunden Heinrichs I., DD 1 – D H I 17 ist moderne Fälschung – kommt für Aldeneyck noch ein Stück: NA 23 (1898). Der Bonner Vertrag: MGH Const. 1 Nr. 1. Das Material verzeichnet: Boehmer-Ottenthal, Regesta Imperii II, 1 (mit Ergänzungen von H. Kaminsky: Neudruck Hildesheim 1967). Die Quellen betreffs Bayern: K. Reindel, Die bayerischen Luitpoldinger (München 1953).

Immer noch grundlegend: G. Waitz, Jahrbücher des Deutschen Reiches unter König Heinrich I. (³Leipzig 1885). Daneben seien genannt: R. Holtzmann, Geschichte der sächsischen Kaiserzeit (²München 1943); G. Tellenbach, Die Entstehung des Deutschen Reiches (³München 1947); Sammelband: Wege der Forschung 1: Die Entstehung des Deutschen Reiches, hrsg. v. H. Kämpf (Darmstadt 1956); M. Lintzel, Ausgewählte Schriften 2 (sehr wichtig! – Berlin 1961); H. Büttner, Heinrichs I. Südwest- und Westpolitik (Konstanz–Stuttgart 1964); K. Schmid, Die Thronfolge Ottos des Großen, ZRG germ. Abt. 81 (1964).

Im Gegensatz zur herrschenden Meinung bin ich überzeugt, daß die Angliederung Bayerns erst 922 stattfand. Daß auch Herzog Burchard von Schwaben Sonderrechte bezüglich der Kirche überlassen wurden (so Büttner), halte ich für einen klar widerlegbaren Irrtum.

Bischof Ulrich von Augsburg

Hauptquelle ist die anonyme Vita sancti Oudalrici, als deren Verfasser die Forschung indessen den mehrfach darin erwähnten „clericus", „presbyter" und „praepositus" Gerhard mit Eindeutigkeit namhaft zu machen wußte. Trotz gelegentlicher, mir unverständlicher Kritik: Es handelt sich um eine der ansprechendsten und inhaltsreichsten Bischofsviten des 10. Jahrhunderts. Edition MGH SS 4 und – mit informativer Einleitung und guter deutscher Übersetzung – FSGA Bd. 22 (Darmstadt 1973). Knapp, aber hilfreich: W. Volkert – F. Zoepfl, Regesten der Bischöfe und des Domkapitels von Augsburg I, 1–2 (Augsburg 1955–1964).

Instruktiv ist der Vorgang der Veränderung „Von der Ulrichsvita zur Ulrichslegende", welchen W. Wolf (phil. Diss. München 1967, eine literaturwissenschaftliche, nicht historische Studie!) freilich nur in Form eines Katalogs illustriert, der sicher weiterer Forschung eine gute Hilfe sein wird. Ich gehe in meinem Essay nicht näher darauf ein.

Aus der Literatur, die angesichts der Popularität des hl. Ulrich auch hagiographisch-erbauliche und populärwissenschaftliche Titel umfaßt, nenne ich nur: F. Zoepfl, Udalrich, Bischof von Augsburg, in: Lebensbilder aus dem Bayerischen Schwaben 1 (München 1952); ders., Das Bistum Augsburg und seine Bischöfe im Mittelalter (Augsburg 1955); J. Bernhart, Bischof Ulrich von Augsburg, in: Augusta 955–1955, hrsg. v. H. Rinn (Augsburg 1955, dem ich nicht überall folgen kann); L. Sprandel, Untersuchungen zur Geschichte Bischof Ulrichs von Augsburg (masch. phil. Diss. Freiburg 1962; hier werden gewisse moderne Fragestellungen historischer Forschung mit Erfolg auf das Thema angewendet.)

Die Würdigung Ulrichs durch F. Prinz, Gestalten und Wege bayerischer Geschichte (München 1982), wurde mir erst nach Abschluß des Manuskripts bekannt. Ich habe in meinem Essay kein Wort verändert, freue mich aber, weitreichende Übereinstimmung im Urteil feststellen zu können.

Graf Wichmann der Jüngere

Eine monographische Behandlung hat Wichmann meines Wissens bislang noch nicht erfahren. Die historischen Zusammenhänge und die Lebensumstände schildert in größerem Zusammenhang R. Holtzmann, Geschichte der sächsischen Kaiserzeit ([2]München 1943). Das Material stellen am genauesten zusammen: E. Dümmler, Kaiser Otto der Große, Jahrbücher der deutschen Geschichte (Leipzig 1876); Boehmer-Ottenthal, Regesta Imperii II, 1 (mit Ergänzungen von H. Kaminsky, Hildesheim 1967).

Unter den Quellen bei weitem am wichtigsten: Widukind von Corvey (vgl. o. unter 'König Heinrich I.'). Zur Beurteilung dieses Autors sind namentlich heranzuziehen: H. Beumann, Widukind von Korvei (Weimar 1950); K. Hauck in: Die deutsche Literatur des Mittelalters, Verfasserlexikon IV (Berlin 1953), dem ich allerdings nicht in allem folgen kann; M. Lintzel, Ausgewählte Schriften 2 (Berlin 1961), der mich ebenfalls nicht in allem überzeugt hat; die einschlägigen Aufsätze in: Wege der Forschung 21: Geschichtsdenken und Geschichtsbild im Mittelalter, hrsg. v. W. Lammers (Darmstadt 1961).

Bezüglich der Chronologie der Ereignisse in den Jahren 954 und 955 weiche ich von Dümmler und Boehmer-Ottenthal in einigen Punkten ab. Die These von K. Hauck, Wichmann d. J. sei von Otto I. in aller Form adoptiert worden, vermag ich mir nicht zu eigen zu machen; ich glaube, daß die einzige Quellenstelle, auf die sich Hauck dabei stützt (Widukind III, 50), eine so weitgehende Interpretation nicht gestattet.

Abt Johannes von Gorze

Vita: MGH SS 4, eine der umfänglichsten, leider nur als Bruchstück überlieferten Viten des Hochmittelalters: Teile übersetzt bei W. Gundlach, Heldenlieder der deutschen Kaiserzeit 1 (Innsbruck 1894). A. d'Herbomez, Cartulaire de l'abbaye de Gorze (Paris 1898).

Über den monastischen Gesamtzusammenhang ist seit K. Hallinger, Gorze – Kluny (Rom 1950/1951) sehr viel geforscht und gestritten worden. Als pointierte Zusammenfassung sei hingewiesen auf J. Wollasch, Mönchtum des Mittelalters zwischen Kirche und Welt (München 1973), obwohl Gorze darin selbst nicht ausführlich behandelt ist. Überhaupt fehlt eine moderne, eindringliche Monographie. Am informativsten noch immer: E. Sackur, Die Cluniazenser in ihrer kirchlichen und allgemeingeschichtlichen Wirksamkeit bis zur Mitte des 11. Jahrhunderts, 2 Bde. (Halle 1892/1894). Zu Johannes in Spanien vgl. A. Borst, Lebensformen im Mittelalter (Frankfurt-Berlin 1973) S. 625 ff.

Thietmar von Merseburg, Geschichtsschreiber

MGH Scr. rer. Germ. NS 9; FSGA Bd. 9 (Darmstadt 1957). P. Kehr, Urkundenbuch des Hochstifts Merseburg (Halle 1899).

W. Wattenbach – R. Holtzmann, Deutschlands Geschichtsquellen im Mittelalter, Deutsche Kaiserzeit I, 1 (Berlin 1938); G. Misch, Geschichte der Autobiographie 2/1 (Frankfurt 1955); A. Schneider, Thietmar von Merseburg über kirchliche, politische und ständische Fragen seiner Zeit, in: Arch. f. Kulturgesch. 44

(1962); W. Schlesinger, Kirchengeschichte Sachsens im Mittelalter 1 (Köln-Graz 1962); H. Lippelt, Thietmar von Merseburg, Reichsbischof und Chronist (Köln-Wien 1973).

B. Salierzeit (1024–1125)

Johannes Gualberti, Abt von Vallombrosa

Drei hochmittelalterliche Viten von Andreas von Strumi, einem anonymen Autor und Atto von Vallombrosa: MGH SS 30. Vor allem die anonyme Biographie ist durch glänzende Unterrichtung über manche Einzelheiten und lebhafte Stilisierung anziehend; aus ihr stammen die meisten wörtlichen Zitate. Eine etwas spätere, noch ungedruckte Vita bereite ich für die Edition vor.

Eine kritische Gesamtedition der Urkunden Vallombrosas existiert leider noch nicht; das handschriftliche Material: Florenz, Staatsarchiv. Der eingangs und am Ende zitierte Brief Gregors VII.: Ph. Jaffé, Bibl. rer. Germ. 2 (Berlin 1865), Epp. coll. 2.

Die Literatur in deutscher Sprache ist gering an Zahl. Am wichtigsten: R. Davidsohn, Geschichte von Florenz 1 (Berlin 1896), dem ich allerdings in der rationalistischen Hyperkritik nicht folgen kann; ders., Forschungen zur älteren Geschichte von Florenz (Berlin 1896). An eigenen Studien nenne ich: Reformpapsttum, Adel und monastische Erneuerung in der Toscana, in: Vorträge und Forschungen 17, Investiturstreit und Reichsverfassung (Sigmaringen 1973); Ausprägungen hochmittelalterlicher Frömmigkeit in vallombrosanischen Urkunden, in: Fs. K. Hallinger (Rom 1982).

Aus der italienischen Literatur seien genannt: B. Quilici, Giovanni Gualberto e la sua riforma monastica (Florenz 1943); R. Volpini, S. Giovanni Gualberto, in: Bibl. Sanctorum 6 (Rom 1965); R. N. Vasaturo, G. Morozzi, G. Marchini, U. Baldini, Vallombrosa nel IX centenario della morte del fondatore Giovanni Gualberto (Florenz 1973). – Über die quellenkritischen Überlegungen hinaus bedeutsam: S. Boesch-Gajano, Storia e traditione vallombrosane, in: BISI 76 (1964); P. di Re, Giovanni Gualberto nelle fonti dei secoli XI–XII (Rom 1974). – Besonders wertvoll: G. Miccoli, Pietro Igneo (Rom 1960); ders., Chiesa Gregoriana (Florenz 1966).

Papst Leo IX.

Unvollständige, unkritische Edition der Urkunden und Briefe MPL 143. Auch das Verzeichnis bei Ph. Jaffé, Regesta pontificum Romanorum 1 (Leipzig

1885) ist ergänzungsbedürftig. Man vergleiche, soweit bereits erschienen, die landschaftlich geordnete, von P. F. Kehr in Gang gebrachte Reihe der Regesta pontificum Romanorum: Italia pontificia, Germania pontificia, Gallia pontificia, Hispania pontificia, Papsturkunden in England.

Unentbehrlich, aber dringend durch Neubearbeitungen zu ersetzen, die Viten Leos IX. bei J. M. Watterich, Pontificum Romanorum... Vitae 1 (Leipzig 1862). Über die wichtigste dieser Quellen, die lange unter dem Namen des Wibert von Toul lief, entstand eine lange Kontroverse; zuletzt – sehr besonnen und schlüssig – dazu H.-G. Krause in DA 32 (1976). Wichtig zur Beurteilung der biographisch-chronikalischen Überlieferung ist die Feststellung, daß im Lauf der Verschärfung des Reformbewußtseins sich eine vielfältig zu beobachtende Umstilisierung der Quellen beobachten läßt. Prinzipiell dazu, unter besonderer Berücksichtigung der Frage, ob Leo IX. seine Wahl durch Heinrich III. nur unter Vorbehalt angenommen habe und in Rom eine Nachwahl in kanonischen Formen durchführen ließ, P. Schmid, Der Begriff der Kanonischen Wahl in den Anfängen des Investiturstreits (Stuttgart 1926).

Unentbehrlich eine Anzahl von Einzelstudien in der Reihe der Studi Gregoriani (Rom 1947ff., inzwischen 9 Bände). Als Gesamtdarstellung von hohem literarischen Niveau, aber mit scharf pointiertem Urteil: J. Haller, Das Papsttum, Idee und Wirklichkeit 2 (²Stuttgart 1952). Den gegenwärtigen Forschungsstand repräsentiert: Handbuch der Kirchengeschichte, hrsg. von H. Jedin, 3/1 (Freiburg-Basel-Wien 1966, mit trefflich ausgewählter Bibliographie). Die laufend zu Leo IX. erscheinende Literatur weist lückenlos am bequemsten nach: Archivum historiae pontificiae 1ff. (Rom, seit 1963).

NN, Bürger von Köln

Informant ist Lampert von Hersfeld, Annales, MGH Scr. rer. Germ. und zweisprachig FSGA Bd. 13 (Darmstadt 1962). Lampert bildet die Grundlage für den – um wenige Details angereicherten – Bericht der Vita Annonis, MGH SS 11, von einem Siegburger Mönch. In einem Brief an Udo von Trier hat sich Anno selber über den Aufstand geäußert: MGH Briefe der deutschen Kaiserzeit 5, Briefsammlungen der Zeit Heinrichs IV., Nr. 46.

Unentbehrlich ist G. Meyer von Knonau, Jahrbücher des Deutschen Reiches unter Heinrich IV. und Heinrich V., Bd. 2 (Leipzig 1894), obwohl der Bericht S. 392ff. teilweise nur Lampert paraphrasiert. G. Jenal, Erzbischof Anno II. von Köln und sein politisches Wirken, 2 Bde. (Stuttgart 1974–1975), geht nicht näher auf den Kölner Aufstand ein. W. Neuss – F. W. Oediger, Das Bistum Köln von den Anfängen bis zum Ende des 12. Jahrhunderts (Köln 1964) S. 194f. ist kaum weniger parteiisch als Lampert. Speziell zum Gegenstand: T. Diederich, Revolutionen in Köln 1074–1918 (Köln 1973). Ungemein lehrreich und in den meisten Beiträgen förderlich abgewogen der Ausstellungskatalog Monumenta Annonis, Köln und Siegburg, Weltbild und Kunst im hohen Mittelalter (Köln 1975).

Das quellenkritische Hauptproblem erwächst aus der fragwürdigen Glaubhaftigkeit Lamperts. Daß Passagen, welche ausschließlich rhetorische Topik enthalten, unberücksichtigt bleiben müssen, desgleichen alle Omina und Heiligenvisionen, ist selbstverständlich. Für Lamperts Bericht spricht die Genauigkeit aller Ortsangaben, die sämtlich zutreffend sind. Auch Annos Fluchtweg wurde nach dem Krieg archäologisch gesichert rekonstruiert! Daß man im nahen, Köln so stark verbundenen Siegburg auf Lamperts Bericht zurückgriff, bedeutet, daß man ihn für zuverlässig hielt. Natürlich könnte man argwöhnen, Lampert habe NN der dramatischen Schilderung wegen erfunden. Aber was war dann der aktuelle Anlaß für den Ausbruch des Aufstandes? Ein 'non liquet' bleibt, wie in jedem Fall, in welchem nur ein Zeuge berichtet.

Bischof Dionysius von Piacenza

Spezialliteratur in deutscher und italienischer Sprache ist mir nicht bekannt. Ein ganz knappes, nur katalogartiges Datengerüst: G. Schwartz, Die Besetzung der Bistümer Reichsitaliens unter den sächsischen und salischen Kaisern (Leipzig–Berlin 1913), auch für die Beurteilung der Gesamtsituation wichtig. Unentbehrlich für den äußeren Rahmen: G. Meyer von Knonau, Jahrbücher des Deutschen Reiches unter Heinrich IV. und Heinrich V., 1–3 (Leipzig 1890–1900).

In der Regel wird Dionysius von Piacenza – wie die meisten oberitalienischen Bischöfe, die in Opposition zu Gregor VII. und seinen Nachfolgern standen – rein negativ gesehen und als 'Reformgegner' grob verzeichnet. Ich hoffe, in einer in Vorbereitung befindlichen Untersuchung dazu Korrekturen zu bringen.

Wer über die Kirchengeschichte von Piacenza arbeitet, kommt auch heute nicht umhin, auszugehen von dem großen Werk von P. M. Campi, Dell'historia ecclesiastica di Piacenza, 3 Bde. (Piacenza 1651–1662). Vor allem durch die reichen Urkundenbeigaben ist Campis Schrift unentbehrlich. Einige weitere Urkunden (oder bessere Drucke) bei G. Drei, Le carte degli archivi parmensi del secolo XI, Archivio storico per le provincie parmensi NS 28 (1928). Im bischöflichen Archiv zu Piacenza befinden sich noch eine Anzahl von ungedruckten Urkunden des Bischofs Dionysius; ich danke für Benützungserlaubnis und Mikrofilm.

An anderen Quellen nenne ich nur: Gregor VII., Register, MGH Epp sel. 2; Bonizo von Sutri, Liber ad amicum, MGH Ldl 1; ältere Edition bei Ph. Jaffé,

Bibl. rer. Germ. 2, Monumenta Gregoriana (Berlin 1865); Benzo von Alba, MGH SS 11.

Bischof Benno II. von Osnabrück

Hauptquelle: Norbert von Iburg, Leben des Bischofs Benno II. von Osnabrück, MGH Scr. rer. Germ. und zweisprachige Edition in: FSGA Bd. 22: Lebensbeschreibungen einiger Bischöfe des 10.–12. Jahrhunderts (Darmstadt 1973, mit wichtiger Einleitung und Literaturangaben). Zu weiteren Quellen vgl. die dort angeg. Lit. – Osnabrücker Urkundenbuch 1, bearb. v. F. Philippi (Osnabrück 1892).

Für den historischen Rahmen unentbehrlich: S. Steindorff, Jahrbücher des deutschen Reiches unter Heinrich III., 2 Bde. (Leipzig 1874–1891); G. Meyer von Knonau, Jahrbücher des Deutschen Reiches unter Heinrich IV. und Heinrich V., 1–4 (Leipzig 1890–1903); A. Hauck, Kirchengeschichte Deutschlands 3 (^{8}Berlin-Leipzig 1954).

G. Krüger in: Westfälische Lebensbilder 4 (1933), nicht in allem kritisch und unparteiisch. Die Beurteilungsfrage, an der sich die Meinungen scheiden, betrifft insbesondere die Osnabrücker Fälschungen. Vgl. dazu u. a. M. Tangl, Forschungen zu Karolinger Diplomen, in: Archiv für Urkundenforschung 2 (1909); B. Schmeidler, Kaiser Heinrich IV. und seine Helfer im Investiturstreit (Leipzig 1927); D. von Gladiß, Heinrich IV. und der Osnabrücker Zehntstreit, in: Niedersächsisches Jahrbuch für Landesgesch. 16 (1939). Zum Problem im ganzen: H. Fuhrmann, K. Bosl, H. Patze, A. Nitschke, Die Fälschungen im Mittelalter, HZ 197 (1963). Namentlich die Ausführungen von Fuhrmann und Patze klaffen diametral auseinander. Verallgemeinernd läßt sich die scharfe Debatte auf den Gegensatz (?) Ordnungsfälschung – Fälschung als kriminelles Delikt zurückführen; ich glaube, daß die Frage in jedem Fall neu zu stellen ist und oft genug beide Elemente zugleich festzustellen sind. Von einer Beschönigung würde ich lieber absehen; die Leibesstrafen, mit denen man im Mittelalter den überführten Fälscher aburteilte, spiegeln doch wohl einiges vom 'allgemeinen' Zeitempfinden wider!

Bischof Adalbero von Würzburg

Unter Verwendung meiner biographischen Skizze in: Fränkische Lebensbilder 6, hrsg. v. G. Pfeiffer u. A. Wendehorst (Würzburg 1975).

Aus der Literatur: G. Juritsch, Adalbero, Graf von Wels und Lambach, Bischof von Würzburg (Braunschweig 1877); A. Wendehorst in: Studi Gregoriani

6 (Rom 1959–1961); A. Wendehorst in: Germania sacra NF 1: Das Bistum Würzburg (Berlin 1962); P. Johanek, Die Frühzeit der Siegelurkunde im Bistum Würzburg (Würzburg 1967); A. Wendehorst in: Bavaria sancta 3 (Regensburg 1973).

Für den Gesamtzusammenhang grundlegend: E. Steindorff, Jahrbücher des deutschen Reiches unter Heinrich III., 2 Bde. (Leipzig 1874–1881); G. Meyer von Knonau, Jahrbücher des Deutschen Reiches unter Heinrich IV. und Heinrich V., Bde. 1–4 (Leipzig 1890–1903).

Vita Adalberonis, hrsg. u. übersetzt v. I. Schmale-Ott (Würzburg 1954). Leider besitzt dieses späte Büchlein, das ein Lambacher Mönch in der zweiten Hälfte des 12. Jahrhunderts aufzeichnete, nur geringen Quellenwert. – Die Absageschreiben von Worms: MGH Const. 1 und FSGA Bd. 12: Quellen zur Geschichte Kaiser Heinrichs IV. (Darmstadt 1963). – MGH Briefe der deutschen Kaiserzeit 5, Briefsammlungen der Zeit Heinrichs IV. (darin bes. die Briefe Meinhards von Bamberg). – Vita Gebehardi archiepiscopi Salisburgensis MGH SS 11. – Herbord: Ph. Jaffé, Bibl. rer. Germ. 5, Monumenta Bambergensia (Berlin 1869).

Markgräfin Mathilde von Canossa

So häufig in der Literatur der Investiturstreit im allgemeinen – vgl. F. Kempf im Handbuch der Kirchengeschichte III/1, hrsg. v. H. Jedin (Freiburg–Basel–Wien 1966) mit weiterführenden Angaben – und Canossa im einzelnen behandelt wurden – vgl. H. Zimmermann, Der Canossagang von 1077, Wirkungen und Wirklichkeit (Mainz 1975) –, so gering ist erstaunlicherweise das Schrifttum über Markgräfin Mathilde. Eine Biographie in deutscher Sprache ist mir nicht bekannt; wichtig sind und bleiben A. Pannenborg, Studien zur Geschichte der Herzogin Mathilde von Canossa (Göttingen 1872) und: A. Overmann, Gräfin Mathilde von Tuscien. Ihre Besitzungen, Geschichte ihres Gutes von 1115 bis 1230 und ihre Regesten (Innsbruck 1895); R. Davidsohn, Geschichte von Florenz 1 (Berlin 1896); G. Meyer von Knonau, Jahrbücher des Deutschen Reiches unter Heinrich IV. und Heinrich V. 1–7 (Leipzig 1890–1909).

In italienischer Sprache: N. Grimaldi, La contessa Matilde e la sua stirpe feudale (Florenz 1928); G. Nencioni, Matilda di Canossa ([2]Mailand 1940); Studi Matildici, atti e memorie del convegno Modena e Reggio Emilia 1963 (Modena 1964).

Viele Annalen und Chroniken nennen Mathilde. Eine Vita in Versen schrieb der canusinische Hofgeistliche Donizo, Ausgaben MGH SS 12 und (besser, mit ausführlichen Erläuterungen und ergänzt um die Prosakurzfassungen) Rerum Italicarum Scriptores V, 2 (Muratori, nuova edizione, Bologna 1931–1940). Eine neue Gesamtausgabe der überaus zahlreichen Urkunden ist in Aussicht genommen, fehlt aber derzeit noch. Einzelne Urkunden in lokalen Editionen; die älteren Drucke weist Overmann nach. Unentbehrlich immer noch: C. della Rena – I. Camici, Della serie degli antichi duchi e marchesi di Toscana I–V (Florenz 1690–1781); F. M. Fiorentini, Memorie della gran contessa Matilda (²Lucca 1756).

Alle päpstlichen Urkunden und Briefe an Mathilde und ihre Mutter Beatrice weist nach P. F. Kehr, Italia pontificia V unter 'Canossa'. Am wichtigsten sind die 9 Briefe Gregors VII., auf die zum Teil im Text ausführlich Bezug genommen ist.

C. Frühe Stauferzeit (1125–1197)

König Konrad III.

Grundlegend sind immer noch die beiden in der Reihe ›Jahrbücher des deutschen Reiches‹ erschienenen Bände von W. Bernhardi, Lothar von Supplinburg (Leipzig 1879); ders., Konrad III. (Leipzig 1883). So wertvoll diese Werke durch die Materialzusammenstellung sind, so ist doch bei der Benutzung stets in Rechnung zu stellen, daß Bernhardi Konrad III. gegenüber ein negatives Vorurteil hegte und überhaupt in der Gesamtauffassung wie der Einzelbewertung nicht überall den spezifischen Denk- und Lebensformen gerecht wird. – An zusammenfassenden Darstellungen seien genannt: K. Hampe, Deutsche Kaisergeschichte in der Zeit der Salier und Staufer (¹²Heidelberg 1969 durch F. Baethgen); O. Engels, Die Staufer (Stuttgart–Berlin–Köln–Mainz 1972, Urban-Taschenbücher 154). Ferner sei verwiesen auf den fünfbändigen Ausstellungskatalog ›Die Zeit der Staufer‹ (Stuttgart 1977–79), mit reichen Literaturangaben. – Für den Wandel der Auffassung von Konrad III. besonders wichtig: F. Geldner, Zur neueren Beurteilung König Konrads III., in: Monumentum Bambergense, Fs. f. B. Kraft (München 1955); F. Hausmann, Reichskanzlei und Hofkapelle unter Heinrich V. und Konrad III. (Stuttgart 1956); ders., Die Anfänge des staufischen Zeitalters unter Konrad III., in: Vorträge und Forschungen 12: Probleme des 12. Jahrhunderts (Konstanz–Stuttgart 1968).

Im Wortlaut und in der Argumentation beziehe ich mich teilweise auf eine eigene Studie: Konrad III., der fränkische Staufer-König, in: 89. Jahrbuch des hist. Vereins f. Mittelfranken (1982).

Die erzählenden Quellen MGH SS und Scr. rer. Germ.; besonders wichtig: die Werke von Konrads Halbbruder Otto von Freising; vgl. u. unter 'Otto von Freising'. Durch die kritische Edition der Urkunden Konrads von F. Hausmann wurde eine neue Grundlage für die Erforschung der Geschichte Konrads gelegt:

MGH DD 9 (1969). Unter den epistolographischen Quellen der Zeit nimmt Abt Wibald von Stablo und Corvey mit seinem Briefbuch eine besondere Stellung ein. Edition von Ph. Jaffé, Bibl. rer. Germ. 1 (Berlin 1864).

Otto von Freising

Werke: Chronik, MGH Scr. rer. Germ.; jetzt mit Übersetzung: FSGA Bd. 16 (Darmstadt 1961). Die Taten Friedrichs, MGH Scr. rer. Germ.; Neuedition mit Übersetzung: FSGA Bd. 17 (Darmstadt 1965). Der Brief über Psalm 23,7–8: Ph. Jaffé, Bibl. rer. Germ. 1 (Berlin 1864), Wibaldi epistolae 387. Eine kritische Edition der Urkunden fehlt. Regesten sind nicht vorhanden: ein wahrer Skandal der Forschung! Man ist angewiesen auf: C. Meichelbeck, Historia Frisingensis 1 (Augsburg 1724).

Literaturangaben im Anschluß an die instruktiven Einleitungen der Neueditionen der FSGA (W. Lammers und F.-J. Schmale); ferner in dem stark auf Otto von Freising bezugnehmenden Sammelband Wege der Forschung 21: Geschichtsdenken und Geschichtsbild im Mittelalter, hrsg. v. W. Lammers (Darmstadt 1961).

Unbegreiflicherweise fehlt in dem reichen Schrifttum eine ausführliche kritische Gesamtwürdigung, die Ottos Leistung als Diözesanbischof und Reichsfürst einbezieht. Förderlich, aber stark hagiographisch: K. Haid, Otto von Freising, in: Cisterzienser-Chronik 44 u. 45 (1932/1933). Für Jugend und Bildungsgeschichte grundlegend: A. Hofmeister, NA 37 (1912). Vgl. außerdem P. Brezzi, Ottone di Frisinga, BISI 54 (1939).

Bruder Hermannus Judaeus

Hermannus quondam Judaeus, opusculum de conversione sua, MGH Quellen zur Geistesgeschichte des Mittelalters 4, mit trefflicher und wichtiger Einleitung hrsg. v. G. Niemeyer (Weimar 1963). Dort auch die ältere Literatur, aus der eigens anzuführen ist: G. Misch, Geschichte der Autobiographie 3/1 (Frankfurt 1959).

Äbtissin Sophia von Pratovecchio

Eine eigene Behandlung in deutscher Sprache wurde bislang noch nicht vorgelegt. Kursorisch und unvollständig hat auf Sophia hingewiesen: R. Davidsohn, Geschichte von Florenz 1 (Berlin 1896). Auch die italienische Literatur beschränkt sich auf den vornehmlich erbaulichen Zwecken dienenden, aber sorgfältig gearbeiteten Jubiläumsband: S. Maria di Rosano 780–1973 ([2]Selbstverlag der Nonnen 1973) und die Einleitungen der gleich zu nennenden Quelleneditionen.

Unter den Quellen am wichtigsten die ausgedehnten Bruchstücke des Zeugenverhörs von 1203, die sich im Staatsarchiv Florenz, dipl. Pratovecchio, befinden (mit Ergänzungen im Staatsarchiv Pisa, fondo S. Michele di Pisa). Edition eines ersten Fragments: L. Passerini, Una monaca del XII secolo, Arch. stor. it. III, 23 (1876), leider mit erheblichen Lesefehlern; Edition eines zweiten Fragments: R. Davidsohn, Una monaca del XII secolo, Arch. stor. it. V, 22 (1898), leider mit erheblichen Auslassungen. Das Pisaner Material ist ungedruckt. Eine kritische Gesamtedition, auch der im Staatsarchiv Florenz und in Rosano befindlichen Urkunden, wird der von den Nonnen in Rosano vorbereitete Codex diplomaticus Rosanus bringen. Ich zitiere nach den Handschriften, wie auch die urkundliche Überlieferung aus Pratovecchio (Staatsarchiv Florenz), die ungedruckt ist. Einzelne Dokumente bei J.-B. Mittarelli, Annales Camaldulenses III (Venedig 1758). Den Brief des Grafen Guido Guerra III. an Markward von Annweiler habe ich im Staatsarchiv Florenz gefunden, Provenienz Poppi. Edition: DA 32 (1976). Die Chronik des Sanzanome: O. Hartwig, Quellen und Forschungen zur ältesten Geschichte der Stadt Florenz (Marburg 1875); die des Tolosanus von Faenza: L. A. Muratori, Rerum Italicarum scriptores 28, 1 ([2]Bologna 1936–1939). – Bezüglich der Ordnungszahlen der Grafen Guidi folge ich dem älteren, mir richtiger scheinenden Brauch, nicht Passerini-Litta, wo die Ordnungszahl jeweils um eins erhöht ist.

Herr Bernhard II. von Lippe

Etwa vierzig Jahre nach Bernhards Tod wurde das Leben des westfälischen Edelherrn von dem Lippstädter Schulmeister Justinus im ›Lippiflorium‹ in lateinischen Distichen beschrieben. Leider enthält dieses an sich reizvolle historische Epos über erhebliche Strecken hin eher konventionelles Herrscherlob als individuelle Lebensinformation. Trotzdem ist der Quellenwert nicht gering. Ausgabe von H. Althof, Das Lippiflorium, Ein westfälisches Heldengedicht aus dem 13. Jahrhundert, lateinisch u. deutsch nebst Erläuterungen (Leipzig 1900). Von Althofs Übersetzung weiche ich teilweise erheblich ab.

Etliche zeitgenössische Quellen erwähnen Bernhard. Ich nenne nur den nicht überall zuverlässigen Arnold von Lübeck, Slawenchronik, SS 21 = Scr. rer. Germ.; Albert von Stade, Chronik, SS 16; vor allem als Hauptquelle für Bernhards Alter: Heinrichs Livländische Chronik, zu benutzen in der Neubearbeitung durch L. Arbusow und A. Bauer Scr. rer. Germ. (1955). Bernhard war persönlich Informant für den Zisterziensermönch Caesarius von Heisterbach, Dialogus Miraculorum, hrsg. von J. Stange, 2 Bde. (Köln–Bonn–Brüssel 1851); die ersten beiden Bücher dieser Schrift auch in: Die Wundergeschichten des Caesarius von Heisterbach 3 (Bonn 1937), vgl. darin bes. S. 56–58.

Die allermeisten urkundlichen Belege verzeichnen O. Preuß u. A. Falkmann, Lippische Regesten 1 (Lemgo-Detmold 1860). Volltexte: Westfälisches Urkundenbuch 1–8; F. G. von Bunge (u. a.), Liv-, esth- u. kurländisches Urkundenbuch 1–6 (Reval-Riga 1852ff.). Vgl. auch F. G. von Bunge, Liv-, Est- und Curländische Urkunden-Regesten bis zum Jahre 1300 (1881).

Bis heute grundlegend ist die biographische Behandlung durch P. Scheffer-Boichorst, Herr Bernhard von der Lippe als Ritter, Mönch und Bischof, in: (Westf.) Zeitschrift für vaterländische Gesch. u. Alterthumskunde, 3. F. 9 (Münster 1871). Genannt sei noch: H. Rothert, Westfälische Geschichte 1 (Gütersloh 1949). Unselbständig, nicht weiter förderlich, mit einigen gravierenden Fehlern: C. Laumanns, Edelherr Bernhard II. zur Lippe (Münster–Bielefeld–Bethel 1959).

D. Spätere Stauferzeit (1198–1254)

Wolfger, Bischof von Passau, Patriarch von Aquileia

Die ältere Forschung nannte Wolfger „von Ellenbrechtskirchen". Die irrige Benennung wurde 1912 durch V. Frhr. von Handel-Mazzetti korrigiert: Verhandlungen des hist. Vereins von Niederbayern 48.

Eine mittelalterliche Vita ist nicht vorhanden. Die historiographische Überlieferung nahezu vollständig in: MGH SS. Das Eingangszitat: Magnus von Reichersberg SS 17, 517. Zu den erhaltenen Briefen von und an Innocenz III.: F. Kempf (Hrsg.), Regestum super negotio Romani imperii (Rom 1947). Für die zahlreichen Urkunden sei auf die allgemeinen und regionalen Urkundenbücher verwiesen; doch mangelt es, namentlich was Aquileia betrifft, an einer modernen, kritischen Gesamtbearbeitung. Das wichtigste Material zu Wolfgers Rolle in der Reichsgeschichte ist verzeichnet in: Boehmer–Ficker–Winkelmann, Regesta Imperii 5 (Innsbruck, seit 1879). Vgl. auch J. Ficker, Forschungen zur Reichs- und Rechtsgeschichte Italiens (4 Bde., Innsbruck 1868–1874). Wolfgers Reiserechnungen wurden 1874 in Cividale entdeckt und erstmals von I. Zingerle ediert (Heilbronn 1877). Vgl. zuletzt: H. Heger, Das Lebenszeugnis Walthers von der Vogelweide. Die Reiserechnungen des Passauer Bischofs Wolfger von Erla (Wien 1970).

Zu Wolfgers Lebensalter: F. v. Krones, ADB 44 (1898), dem die handschriftliche Wiener Dissertation von J. Müllner (1906) darin folgt, behauptete ohne

Angabe eines Belegs, Wolfger sei im Alter von 82 Jahren gestorben, mithin 1136 geboren – was nicht mit den Quellen für Wolfgers Vater harmoniert. Wenn sich überhaupt hinter Krones' Annahme eine echte Überlieferung verbirgt, mag die nicht ungewöhnliche Verschreibung LXXXII aus LXXII zugrunde liegen. Ein um 10 Jahre geringeres Alter würde mit allen sonstigen Angaben vereinbar sein, denn Wolfger war nach Boehmer–Ficker–Winkelmann, Regesta Imperii 5,3 nr. 6177 (Innsbruck 1892) drei Jahre vor seinem Tode schon recht bejahrt, aber nach Meinung von Innocenz III. noch reisefähig. Ich gehe im Text davon aus, obwohl beide gemachten Voraussetzungen nicht sicher sind.

Eine voll befriedigende moderne Behandlung ist mir nicht bekannt. Aus der gründlichen, unter Berücksichtigung der gesamten älteren Literatur verfaßten, jedoch ungedruckten Staatsexamenszulassungsarbeit meiner Schülerin Ilse Merkel habe ich reiche Belehrung gezogen: Wolfger von Erla, Bischof von Passau und Patriarch von Aquileja (Erlangen 1980). Grundlegend zu Wolfgers Rolle in der Reichsgeschichte die entsprechenden Bände der Jahrbücher des Deutschen Reiches von Th. Toeche (Heinrich VI., Leipzig 1867) und E. Winkelmann (Philipp von Schwaben, Leipzig 1873; Otto IV., Leipzig 1878). Ich nenne außerdem noch: P. Paschini, Storia del Friuli (2 Bde., [2]Udine 1953/54); H. Schmidinger, Patriarch und Landesherr. Die weltliche Herrschaft der Patriarchen von Aquileja bis zum Ende der Staufer (Graz–Köln 1954); J. Bumke, Mäzene im Mittelalter (München 1979, passim).

Franz von Assisi

Generell verwiesen sei auf meinen Beitrag in der Theologischen Realenzyklopädie sowie auf weitere Nachschlagewerke und Handbücher.

Das Corpus der Legenden gehört zum reichsten, was die mittelalterliche Hagiographie aufzuweisen hat. Am wichtigsten: Analecta Franciscana 10 (Florenz 1926/1941) mit Thomas von Celano I und II, Julian von Speyer und Bonaventura. Dazu kommen vor allem noch: Legenda trium sociorum, krit. Ed. Archivum Franciscanum historicum 67 (1974); Legenda Perusina, hrsg. v. M. Bigaroni (Assisi/Porziuncula 1975); Speculum Perfectionis, aus dem Nachlaß von P. Sabatier herausgegeben, 2 Bde. (Manchester 1928/1931); I Fioretti di San Francesco, zahlreiche Editionen. Noch bedeutender sind natürlich die eigenen Schriften des Franziskus, jetzt zu benutzen: K. Esser, Die Opuscula des hl. Franziskus von Assisi, Textkrit. Edition (Grottaferrata 1976). Hilfreich der von M. Habig herausgegebene Band: St. Francis of Assisi, English Omnibus of the Sources for the Life of St. Francis (Chicago 1972), der auch in der vielumstrittenen Frage von gegenseitiger Abhängigkeit und Datierung trefflich informiert, ferner eine ausgezeichnet redigierte systematische Bibliographie enthält. Noch nicht ganz vollständig ist die Reihe: Franziskanische Quellenschriften (Werl, seit 1963: gute Übersetzungen mit kritischen Einleitungen und theologischer Würdigung; nicht alle Bände sind gleich gelungen.).

Die Zahl der Biographien und monographischen Studien ist unübersehbar. Hier genügt der Hinweis auf die folgenden Werke: P. Sabatier, Vie de Saint François (Paris 1894, édition définitive Paris 1931, auch ins Deutsche übersetzt: das Werk eines protestantischen Geistlichen, das am Anfang der modernen Franziskusbegeisterung und -forschung steht, nicht zuletzt durch den Widerspruch, den es hervorrief.); A. Fortini, Nova vita di San Francesco (4 Bde. in 5. Neuauflage Assisi 1959, durch die Beigabe urkundlichen Materials unersetzlich); O. Englebert, Saint Francis of Assisi (Chicago 1965; die englische Übersetzung ist um der Ergänzungen willen der französischen Urgestalt vorzuziehen); R. Manselli, San Francesco (²Rom 1981: das Werk keines Theologen, sondern eines Historikers). Wichtig zum geistigen Umkreis: H. Grundmann, Religiöse Bewegungen im Mittelalter (Berlin 1935, 2. ergänzte Aufl. Darmstadt 1961).

Herr Walther von der Vogelweide

Wie läßt sich nuancenreiche Dichtung aus einer Sprache übersetzen, die der eigenen so nahesteht? Wer einmal Verse aus dem Niederländischen übersetzt hat, weiß, was gemeint ist. Ich war ernsthaft versucht, dem Leser den Originalwortlaut zuzumuten, habe dann aber doch darauf verzichtet und mich teils mit einer Prosaübersetzung, teils mit neuhochdeutscher Nachreimerei begnügt. Merkwürdig, wie holperig-trocken die Verse selbst bei geringfügiger Veränderung klingen! Der Leser möge sich an Wagners Flieder-Monolog in den ›Meistersingern von Nürnberg‹ erinnern:

„Doch wie wollt' ich auch messen,
was unermeßlich mir schien?"

Wagner dachte dabei – er sagt es selbst – an Walther von der Vogelweide.

K. Lachmann – C. von Kraus – H. Kuhn, Die Gedichte Walthers von der Vogelweide (¹³Berlin 1965); J. Schaefer, Walther von der Vogelweide, Werke (Darmstadt 1972; mit Prosaübersetzung, die mir nicht überall einleuchtet, Erklärung und Bibliographie, die auch weitere Ausgaben verzeichnet). Zu den Reiserechnungen des Wolfger von Erla s. o.

Das aus der Vulgata übersetzte Bibelzitat: Dan. 4, 14 „Deus dabit regnum, cuicumque voluerit" = Lachmann–Kraus–Kuhn 12, 30 „Got gît ze künege swen er wil". Die Abhängigkeit bemerkte bereits, wie ich nachträglich von meinem Kollegen Bertau belehrt wurde, W. Wilmanns – V. Michels, Leben und Dichten Walthers von der Vogelweide (Halle 1916), doch verunklärt der kluge Kommentar den Sachverhalt wieder, indem er gleich auf mehrere Stellen verweist und die Wörtlichkeit verkennt.

Die uferlose Literatur ist hier nicht aufzuzählen. Zur Orientierung über Gegenstand und Forschungslage besonders hilfreich: H. de Boor, Geschichte der deutschen Lit. 2 ([10]München 1979, bearb. v. U. Hennig). Ein instruktiver Querschnitt durch die Walther-Forschung seit 1827: Wege der Forschung 112, Walther von der Vogelweide, hrsg. v. S. Beyschlag (Darmstadt 1971). Die Heimatfrage scheint mir unentschieden und schwerlich entscheidbar. Auch die Feuchtwangen-These R. Bayerleins hat mich nicht überzeugt; vgl. positiv dazu K. Bosl, Zs. f. bayer. Landesgesch. 32 (1969). Ganz fragwürdig ist, was H. F. Friedrich, Walther von der Vogelweide ([2]Neustadt/Aisch 1979) zu Herkunft (Frankfurt) und Person feststellen zu können glaubt.

Markgraf Otto III. von Brandenburg

Grundlegend mit genauen Hinweisen auf die Volldrucke: H. Krabbo u. G. Winter, Regesten der Markgrafen von Brandenburg aus askanischem Hause (wechselnde Erscheinungsorte: Leipzig, München, Berlin 1910–1955). Besonders reich an Informationen über Otto III.: Chronica marchionum Brandenburgensium, in: Forschungen zur Brandenburg. u. Preuß. Gesch. 1 (1888). Zu den Preußenfahrten Ottos III.: Scriptores rerum Prussicarum, Die Geschichtsquellen der Preußischen Vorzeit 1–6 (Leipzig 1861–1874, Bd. 6: Frankfurt a. M. 1968).

Leider konnte ich den einzigen bibliographisch ermittelten Versuch einer Biographie nicht einsehen: G. Sello, Markgraf Otto III. von Brandenburg, ein Vortrag (Brandenburg 1887).

Aus dem Schrifttum: A. F. Riedel, Die Mark Brandenburg im Jahre 1250, 2 Bde. (Berlin 1831); A. Bauch, Die Markgrafen Johann I. und Otto III. von Brandenburg in ihren Beziehungen zum Reich 1220–1267 (Breslau 1886); H. Krabbo, Die Stadtgründungen der Markgrafen Johann I. und Otto III. von Brandenburg, in: Archiv f. Urkundenforschung 4 (1912); H. Krabbo, Die Teilung der Mark durch die Markgrafen Johann I. und Otto III., in: Jahrbuch des historischen Vereins Brandenburg 43/44 (1912); B. Schulze, Brandenburgische Landesteilungen 1258–1317 (Berlin 1928); J. Schultze, Die Mark Brandenburg 1 (Berlin 1961); H. Steinbach, Die Reichsgewalt und Niederdeutschland in nachstaufischer Zeit (Stuttgart 1968; S. 50ff. über Ottos III. Kandidatur auf das Königtum).

W. Paravicini, Die Preußenreisen des europäischen Adels, in: HZ 232 (1981), irrt erheblich, wenn er „die Reisen zu den Litauenkämpfen des Deutschen Ordens in Preußen und Livland während eines Jahrhunderts, etwa von 1320 bis 1420"

„eine feste Institution adligen Lebens" im Reich und in Westeuropa nennt. Sie waren es schon viel früher, wie das Leben Ottos III. belegt, aber auch die anderen Quellen, die in den oben zit. Scriptores rerum Prussicarum enthalten sind, genugsam beweisen.

Herzogin Sophia von Brabant

Eine biographische Bearbeitung ist mir nicht bekannt. Aus der Literatur mit spezieller Zielsetzung: T. Ilgen – R. Vogel, Kritische Bearbeitung und Darstellung der Geschichte des thüringisch-hessischen Erbfolgekrieges, in: Zs. des Vereins f. hessische Geschichte und Landeskunde NF 10 (1883); K. E. Demandt, Geschichte des Landes Hessen (Kassel–Basel 1959); H. Patze, Geschichte Thüringens 2/1 (Köln–Wien 1974); W. R. Lutz, Heinrich der Erlauchte (phil. Diss. Erlangen 1977); zu Herkunft und Jugend: Sankt Elisabeth, Fürstin, Dienerin, Heilige, Ausstellungskatalog Marburg 1981/1982 (Sigmaringen 1981).

Die Quellenlage ist uneinheitlich und für eine biographische Studie äußerst unbefriedigend, dabei quellenkritisch reizvoll, da ungemein problematisch: Die zeitgenössische Geschichtsschreibung Hessens ist verloren, diejenige Thüringens wenig ausführlich und überaus einseitig. Vgl. vor allem MGH Scr. Rer. Germ. Monumenta Erphesfurtensia. Ältere Quellen verarbeitet und verfälscht zugleich Wigand Gerstenberg in seinen erst um 1500 verfaßten Chroniken Hessens und Frankenbergs: Die Chroniken des Wigand Gerstenberg, bearb. v. H. Diemar (Marburg 1909). Wieweit Details, die zur Zeit der Niederschrift 250 Jahre zurücklagen, glaubwürdig sind, muß mangels Parallelquellen eine Ermessensfrage bleiben. Eine Detailanalyse wird – möchte ich meinen – ein höheres Maß an Glaubwürdigkeit feststellen, als der Herausgeber meinte. Ich stimme darin mit H. Patze (s. o.) überein.

Die sehr reiche urkundliche Überlieferung bietet leider im wesentlichen nur einseitig-äußerliche Informationen. Sie wird verzeichnet und nachgewiesen bei O. Dobenecker, Regesta diplomatica necnon epistolaria historiae Thuringiae 2–4 (Jena 1900ff.); O. Grotefend, Regesten der Landgrafen von Thüringen 1 (Marburg 1909ff.). Siegelabbildungen: O. Posse, Die Siegel der Wettiner und der Landgrafen von Thüringen (1888/1893), dazu K. E. Demandt, Verfremdung und Wiederkehr der Heiligen Elisabeth, in: Hess. Jahrbuch f. Landesgesch. 22 (1972). Unbeachtet blieb bislang das Psalterium und Kalendarium der Gertrud von Altenberg, Aschaffenburg, Schloßbibliothek Ms. 5, insbes. 7r–12v.

ABKÜRZUNGEN

Allgemeine Abkürzungen

ADB	Allgemeine Deutsche Biographie
Arch. stor. it.	Archivio storico italiano
Bibl. rer. Germ.	Bibliotheca rerum Germanicarum
BISI	Bollettino dell'istituto storico italiano
Const.	Constitutiones et acta publica (Reihe der MGH)
DA	Deutsches Archiv für Erforschung des Mittelalters
DD	Diplomata (Reihe MGH, DH I = Diplom Heinrichs I.)
Epp. sel.	Epistolae selectae (Reihe der MGH)
Fs.	Festschrift
FSGA	Freiherr-vom-Stein-Gedächtnisausgabe (der Wissenschaftlichen Buchgesellschaft, Darmstadt; Reihe A: Ausgewählte Quellen zur deutschen Geschichte des Mittelalters)
HZ	Historische Zeitschrift
Ldl	Libelli de lite
MGH	Monumenta Germaniae historica (verschiedene Reihen)
MIÖG	Mitteilungen des Instituts für österreichische Geschichte
MPL	J.-P. Migne, Patrologia Latina
NA	Neues Archiv der Gesellschaft für ältere deutsche Geschichtskunde
NF	Neue Folge
NS	Nova Series
Rer. Brit. Scr.	Rerum Britannicarum scriptores
SB	Sitzungsbericht
Scr. rer. Germ.	Scriptores rerum Germanicarum ('Schulausgabe', Reihe der MGH)
ZRG germ. Abt.	Zeitschrift der Savigny-Stiftung für Rechtsgeschichte, germanistische Abteilung
Zs.	Zeitschrift

Abkürzungen biblischer Bücher

Dan.	Daniel
Deut.	Deuteronomium = 5. Buch Mose
Eccl.	Ecclesiasticus = Jesus Sirach
Ex.	Exodus = 2. Buch Mose
Ez.	Ezechiel = Hesekiel
Jer.	Jeremia
Jes.	Jesaja = Isaia
Joh.	Evangelium des Johannes
Kor.	Brief des Paulus an die Korinther
Luk.	Evangelium des Lukas
Matth.	Evangelium des Matthäus
Phil.	Brief des Paulus an die Philipper
Thess.	Brief des Paulus an die Thessalonicher